復刻版 韓国併合史研究資料㊶

朝鮮の風水（下）

龍溪書舎

調査資料第三十一輯

民間信仰
第二部

朝鮮の風水
（下）

朝鮮總督府

第二編　墓地風水

第一章　朝鮮の葬墓

第一節　墓地風水の觀念

現在朝鮮人一般の觀念からすれば、風水とは墓地の吉凶を相する法術の如く考へられて居る。風水は墓地の吉凶に限つたことでなく、地理の如何に依つて人生に及ぼす禍福の影響を研究し、その禍を避けて福を求めんとするものであるから、人の生活する處卽ち住居、住宅が風水の主要なる對象となるべきものであり、墓地は住宅の延長と見て後、始めて風水の對象となり得るのであるから、風水の本義からすれば、墓地は寧ろ住居、住宅、卽ち陽宅に對して從なる位置に置かるべきものでなければならぬ。然るに風水と云へば墓地の吉凶を相することであり、風水書は之を葬書又は山書（山とは墓地のこと）と云ひ、風水が專ら墓地に限られたるものの如く考へらるゝに至つたのはそも〳〵如何なる理由からであらうか。

多くの風水師は、この疑問に對してから說明してゐる。

風水が墓地に重きを置くからと云つて、總ての墓地に關してゞはなく、それは主として父母祖先の墓地に就てゞある。從つて風水上から見て墓地と陽宅との間には次の如き區別と輕重が見出される。

1.　墓地は父母祖先の安宅であり、住宅(陽宅)はこの父母祖先の子孫の住所である。然るに父母祖先は恰かも植物の幹根の如きものであり、子孫は枝葉の如きものであるから、一家の發達進長から觀れば、父母祖先の確固强大なるに依つて子孫の繁茂を來すであらう。だから一家の永久なる發展から見れば、乃至枝葉華果の盛麗を希望する處から云へば、幹根たる父母祖先に厚くすることが最も妥當な行き方であらう。枝葉華果に如何に手を入れても、その幹根に培ふことを忘れては、その發揚を望むことが出來ない。風水は、要するに陽宅に手を入れ、陰基(墓地)に培ふことであるから、父母祖先の安住する墓地卽ち幹根に培ふ方が子孫の住宅たる陽基、卽ち枝葉に手を入れるよりも、合理的に一家の發展を致すことが出來るとするのである。

2.　風水上から云へば陰宅も陽宅も等しくそこに居る者をして生氣に乘ぜしめ以て人生に於ける生々發展の效果を求めんとするものであるが、陰宅と陽宅とではこの生氣に乘ずることに差があつて、陽宅は陰宅程生氣の影響を享くることが著しくない。蓋し生氣に乘ずるは、その生氣を感受することであるが、この感受率は人體の部分に依つて相違があり、骨骸が最も感受率高く筋肉皮膚等は左程著しくない。これは骨骸は陰陽生氣の精氣が凝結したものであるに反し、筋肉皮膚はこの精氣から發展した本に對する末であり、眞に對する假なものであるからである。從つて生人はその中心に生氣の感受性强き骨骸を藏して居るにしても、その外部に感受性弱き筋肉皮膚乃至衣服等を纏ひめぐらして居るから、生氣を感受する事は不充分である。然るに死人は感受性弱き筋肉皮膚をやがて脫却し骨骸だけになるものであるから、生氣を感受することは生人に比して極めて良好であるのである。だから風水的效果は生人の住居たる陽宅よりも、死者の住所たる陰宅に於てその大なるものを望むことが出來る譯である。

3. 人は陰陽五行の生氣から生れたものであるが、それは父母を通じてである。この關係は『人は父母から生れ、父母は陰陽の生氣から生れたものである』と云ふ風に互に親子關係をなして居るのである。之を發生的に云へば、陰陽生氣の精が凝つて父母となり、父母の精が凝つて子となつたのである。從つて親子の關係は生氣の精とその所生との關係に他ならない。だから人は父母の精の延長發展であつて親子はその精の本末である。處が父母の精は骨骸であり、この精が天地の生氣を享くるのであるから、人が天地の生氣を享受せむとすれば父母の骨骸を通じ、この骨骸が生氣に浴することに依つて始めて完全にその目的を達することが出來るのである。かるが故に風水では父母の屍體の速に腐敗して骨骸となることの容易なる溫穴を吉地となし、永久に肉體の腐敗しないところや、骨骸そのものが速に腐汚するやうな穴を凶地として嫌ふのである。（子が父母の精から生れたものであると云ふ觀念は通俗に意識されて居る。精液、精蟲等の言葉はこの精の觀念から由來したものであることは云ふまでもない）

以上の如き陰宅と陽基との間に區別輕重が存在するが故に、風水では、父母祖先を葬むる墓地に重きを置き、子孫卽ち生人の住所たる陽宅に、墓地程の重きを置かないのである。

或は之を儒敎的見地から觀て次の如く說く者もある。

父母祖先を吉地に安葬することは孝の延長（追孝）である。昔は父母死するも之を野に棄てゝ顧みなかつたものであるが、この蠻風を改めて祖先崇拜追孝の美風を馴致せむとすれば、勢ひ利を以て誘はなければならなかつた。そこで父母祖先を尊崇することは子孫の繁榮を來すことであり、父母祖先の墓地の善惡に依つて子孫の運命に吉凶の差が生ずるものであると云ふ墓地風水をすゝめたので、この功利的誘導が功を奏して一般庶民に至るまで墓地を大切にし、立派な墓地に父母祖先を葬るやうになつたが、それと同時に風水と云へば墓地の占定だけのものであるかの如く考へられるに至つたのである。だから朝鮮に於ける墓地風水の普及は朝鮮に於ける儒敎振興とその軌を一にし、儒敎の最も重んぜられ、それが恰かも國敎の如く取扱はれた李朝に於て墓地風水も亦一般に普及するやうになつたのであると。

或は之を歷史的事實から說く者もある。曰く

風水說の朝鮮に傳承されたのは新羅時代からであるが、新羅及び高麗では生活上の脅威が寧ろ外來民族の侵犯、又は外敵の侵入にあつたので、生活上の主たる關心は國防、國都の安全と云ふ事であつた。だからこの時代に於ける佛事（各種の道場を開催して修法したものゝ如き）、寺塔の建設などは一としてこの意味から出發したものでないものはなかつた。從つて風水も亦この傾向に支配されて專ら陽宅風水に重きを置いたものであつた。處が高麗の後を承けた李朝になつては寧ろ國防をかゝる修法乃至法術に委し切つた爲めに前朝の國運が衰へたことに氣がついたので、修法的國防は次第に疎んぜられ、從つて陽宅風水は左程重視せられなくなつて來た。然るに一方、李朝に於て政權を掌握し繁榮をなす者は高麗時代に於て風水的吉地にその祖先父母の墓を定めた者の子孫であると云ふ事が知られるやうになつて來るや、國防と云ふが如き國家繁榮の爲めの事よりも政權を掌握して一家一門の繁榮を計らんとするやうになつた時代人の心を刺戟して、良墓選定卽ち墓地風水が漸く歡迎せられ遂に一般に普及するに至つたものであると。

以上の諸說にはそれ相應の理由が認められるが、風水が墓地に重きを置いたことには猶ほ次の如き

事が注意せられるであらう。即ち

一　墓地は獨居の可能なること。そも〱死者は之を嫌忌するところから生人の居所から離れたる處に置くのが葬法の發源である。だから後ち人情の發達して死者に對する觀念が敬愛に變化しても、死者を生者の住居から離れたる處に置くことには變りがない。或は父母の屍棺を速に隔離せる山野に移すのは人の子としての情に忍びない(中には死者に對して哀惜の情を表明しないと死者の靈魂が災禍を及ぼすと云ふ恐怖から、又速に屍體を運び出したのでは、孝子としての情もなく、禮も盡さない者と世間のそしりが怖ろしい處から、幾日も屍棺を家に止めて置く者も少くないのである)となして、出棺の日を延べ、或は埋棺の後、墓の附近に草菴を結んで其處に三年の間、逝ける父母への慰藉と惜別の情を盡せば孝子の模範となされたのではあるが、何れにせよ死者は結局生人の住居と離れた處に移すのが原則である。

この死者を人里離れた處に移し葬ることが墓の由來であるから、墓は生人の住宅とはこゝに著しき相違が見出される。即ち墓には獨居の可能があるが住宅には獨居の可能がない事である。生人は群居をその生活の本態とする。群居を本態とするが故にその住宅は墓地に於けるが如く風水の要諦たる『乗生氣』を專一にすることが出來ない。即ち墓地は獨居が可能であるからその地に流聚する生氣を獨占することが出來るが、住宅は群居すべきものであるから、そこに聚る生氣を獨占することが出來ないのである。從つて風水的效果を求めんとすれば勢住宅よりも墓地に重きを置かなければならない。況や生人が住宅に於て受ける生氣は地上に噴出せる場合であり、且つ生人は枝葉に等しきものであるから、たとひ生氣に俗してもその效果は不完全なるに反し、墓に於ける父母の死體は地中を流行し聚積する生氣に直ちに俗することが出來、のみならず、その效果は幹根に培ふものとして完全なるものであるから、力を盡しても風水的效果少なき住宅に意を注ぐよりも、努むれば努むる程效果多き墓地に風水的期待を繫ぐのは別に怪しむべき事でもない。

二　住宅の經濟的束縛。墓地は死者のすみかであるが、住宅は生人の生活する處である。死者には衣食に對する經濟的要求がない、だから死者のすみかたる墓地は經濟生產の皆無なるところに於ても定め得られる。然るに生人は一日たりとも生活の資用がなければ生きて行けない、從つて生產乃至生產物の交換が可能でない處ではその住宅を營む事が出來ない。如何に生氣が充溢せる大地であつても其處に居をトして、その日の暮しに困るやうな處では繁榮の幸運は愚か生きて行くことすら不可能である。從つて住宅には風水的に吉地にして、しかも之に加ふるに生活に支障なき經濟的條件を具備したところでなければならない。かゝる兩全の大地はざらにあるものでないから、探求に容易でなく、同時に一度がゝる大地を探し當てた以上は他に移轉すると云ふ事も容易でない。之に反して墓地は生氣の聚止するの地でありさへすればよく、別に經濟的條件を必要としないから、如何なる山間でも谷間でも一向差支がない。その探求が住宅の基地に比較して容易であることは勿論である。加ふるに、朝鮮はその地勢上、經濟的條件を具備せる土地（耕地乃至水利の良好なる土地）面積の方が、經濟的條件を具へない土地（山岳、丘陵多く乃至水利なく耕作に適しない土地）面積よりもずつと少ないのであるから、住宅探求の範圍は墓地探求の範圍よりも狹いのである。之を探求するに容易にして且つ探求し得る範圍の廣き處に於て墓地が風水上住宅よりも重きを置かれ、專念されるに至つた事は誠に當然な、なり行きであらう。

第二節　朝鮮の葬法

一　普通葬

朝鮮に行はるゝ葬法の最も一般的なものは次の如き順序で營まれる。卽ち招魂、小歛、成服、大歛、成殯、發靷、埋葬の行事を以て始終するのである。今之を一々に就て略述すれば『招魂』は死後死者の平生用ゐて居た着物を持つて屋上とか塀の上とかの高處へ登り『何某何日何時に別世す』と告げ後ち『復々々』と三度呼ぶと共にその着物を招くやうに打ち振り、この着物を死體の上にかけるのであるが、この『招魂』は死者あることを告示すると共に死者の靈魂が飛び去るのを呼び戻す爲めである。『小斂』は死者の手足や顏を香水で拭き、七つの無窮珠を口中に入れ、男ならば「額帽」と云ふ白紙を額に貼り、女ならば白粉で顏面に化粧し、衣を着更へさせ、手に手袋を足には黑の鞋を穿かせ「七星板」と云ふ板の上に仰臥させる式である。『成服』は小斂が終つてから喪主や親戚の者が謹愼の意を表するが爲めに喪服を着けるのであり、『大斂』は死者に「壽衣」と云ふ死出の旅に立つ爲めに新しく調へた衿を着せ、之を麻で十二ヶ所縛り、長方形の寢棺に納める納棺の式である。『成殯』は出棺までの期間、三日乃至三ヶ月間この棺に對して朝夕二回づゝ上食と云つて死者が生前好んだ飲食物を供へ(之を奠と云ふ)喪主や親戚が棺前に集まつて號泣する(之を哭と云ふ)のである。『發靷』は出棺の事であつて、酒果を供へ香を焚いて哭を擧げ、柩は輿に載せられ、輿丁にかつがれて門を出る。この時家族の女子は皆門の出口まで泣き悲しんで告別するが、夫《をつと》以外女子は葬列には加はらない。葬列はその前後に喪主、親戚知己並に「方相師」(惡魔拂ひ)「哭婦」などが附き從ひ、銘旗其他の儀具を列ね、歌舞樂音を加へて徐々とねり行くのである。『埋葬』は愈葬輿が墓所に到著するや一般送葬者は直ちに別を告げて引返し、喪主と親戚のみが最後の哭奠を擧げて土穴の中に棺を埋め、葬具を焚き拂ふのである。この『成殯』の殯に就ては金澤庄三郎氏は字源に『かりもがり、屍を棺に入れて將に葬柩に遷さんとする間、之を賓として遇する。』と解釋して居るが、朝鮮語辭典の解說に依れば、『殯所＝發靷の時まで柩を安置する房室。』『殯宮＝發靷の時まで、王世子又は妃の靈柩を安置する處。』『殯殿＝發靷の時まで王又は妃の靈柩を安置する處。』と殯を埋葬する前行々事として解釋して居る。之を事實に徵するに、殯はこの兩者の意味を備へたものであつて、埋葬するに先立つて或期日の間屍者を賓として慰藉する事であるやうである。現在朝鮮に行はるゝ成殯にはその場所の如何に依つて、家殯、野殯、草殯、土殯等の別があり、その期間には三日、五日、七日又は三箇月（この場合は通例百日葬と云ふ＝卽ち百日經つて埋葬するの意である。）乃至數年に渡るものと云ふ長短の差があるが、その何れにせよこの殯所に於て喪主及び親戚の者が集まつて、朝夕哭奠して哀悼の意を表することには變りがないのである。もしこの殯所を家から遠く離れた山野に置いた爲めに、朝夕哀哭しに往復することが困難な場合には殯所の前にさゝやかな草蘆を結び、喪主又は近親者が此處に宿つて哀哭することもある。

この成殯の觀念、卽ち何故死者を埋葬する前に屍體を容れた棺を或期間一定の場所に置いて哭奠の禮を擧ぐるかと云ふ事に關して現在では次の如く考へられて居る。曰く、殯を成して哭奠の禮を擧げるのは、死者の遺族が今まで衣食を共にして居た者が死したからとて直ちに土中に埋めるのは近親の情として忍びず、且つ親に離れたくないと云ふ衷心を泣いて訴へんが爲め、或る期間心ゆくばかりの慟哭をつゞけて永別を惜しむのであると。又曰く、成殯は父母尊族の死に對して惜別の情に耐えざる孝子のなすべき美事であると云はれて居るが、實はこの孝子惜別と云ふ美名の下にかくれて、葬送費用の調達が急に間に合はず、且つ死者の生前に豫め死して後葬るべき吉地を選定して置かなかつたので、この成殯期間中に之等の準備を整へんが爲めである。だからその期間は吉地の見付つかる時の長短に依つて、短時日に之を止め、又は長年月に渡つても成殯をつゞける場合があるのであると。

今殯をその構造から云ふに、殯殿殯宮がある特定の造營せる宮殿なることは勿論であるが、普通臣民の殯所卽ち家殯は、家内の居間（土間）又は大廳（板の間）を以て之に充てるか、又は構内の空地に假小屋を造つて柩棺を安置するのであり、（鄭若鏞の山林經濟に『凡そ喪家は成服の後仍ほ鄕村草舍の内に成殯を爲す、則ち不幸にして火を失せば慘變に遭ふ、情理缺くと雖も、家を擇ばざるを得ず、園後淨近の地に坎を作りて成殯し喪主朝夕に臨哭す』とあるが之である。）野殯は山野に假小屋を造つてその中に棺を安置するものであり、草殯は藁を敷きてその上に棺を置き、棺の上部から草又は木の枝を以て之を覆ふたものであり、土殯は穴を掘つて藁を敷きその上に棺を置き棺上に草を覆ひ、その外部に土を盛つたものである。

右は普通朝鮮に行はるゝ一般的な葬法であるが、朝鮮には猶ほ次の如き葬法が發見される。

二　特殊葬

1. トク葬(덕장 Tukchang)

朝鮮語の허덕(Hutuk)が草屋、假小屋の意味であるから、このトク葬は小屋葬とでも云ふべきものであらう。これは多くの場合、下賤の人とか又は遠く故鄕から離れて居る者が、死者を埋葬する私有地もなく、又之あるも吉地のない場合、或はやがてその骨になる時を待つて、その骨だけを納めて故鄕に持參せむとする者が行ふ葬法であつて、山野の一部に木、竹、萩等を組み立て又は編み合せて小屋を造り、草を以てその上を葺き、その中に屍體を入れた棺を安置し、その骨だけになる時を待つて土中に埋めるとか、或は故鄕に持ち運ぶとか適當の處置をするのである。

2. 風葬

これは死體を菰包として(或は瓮の中に入れたり、棺に入れたりする事もないではない)樹上に置き、樹に縛りつけ、吊し又は木架を組みてその上に載せ、木架に横木を渡して水平に吊り、或はそのまゝ地上に置きて、その上に草をかけ、人通りなき山野の中に放置するのであるが、之は永久にかうして置くのでなく、その脫肉解骨(骨だけばら／＼になる)を待つて、その骨を他の土中に埋葬するのであ

トク葬の一類

風葬の一種

朝鮮に行はれた風葬の種類

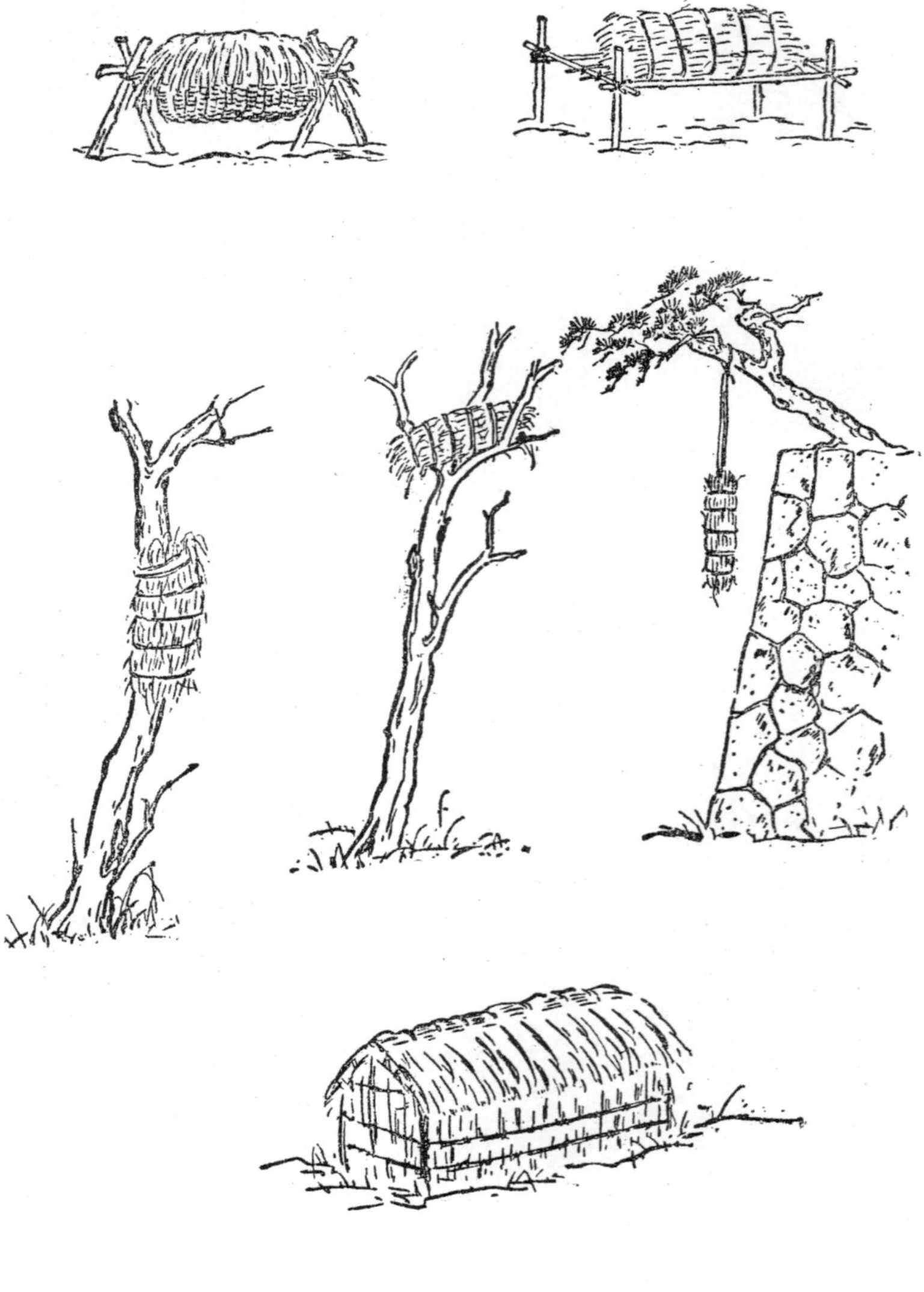

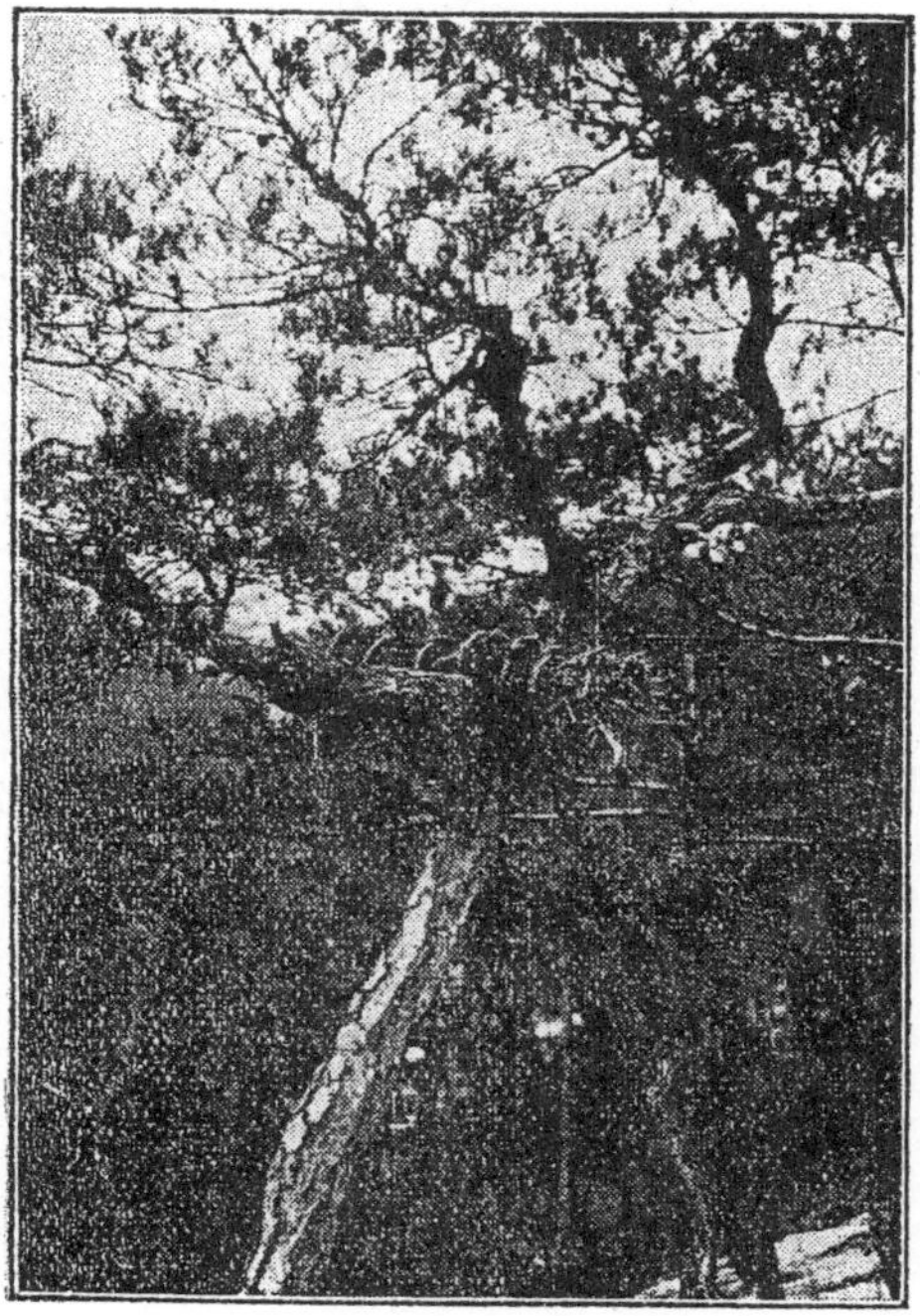

樹上葬の一實例

る。この風葬をなすものには二つの種類がある。一つは下賤の身分の者で、死體をそのまゝ埋葬すべき山を持たない場合、骨になるを待つてその骨だけを北邱山（屍捨山とも見做すべき、誰れの墓地とも決つて居ない墓地で貧賤にして私有墓地を定め得ない者又は幼少の死人を埋めるとこである）に移して埋めるが爲めであり、一つは痘瘡とかチブスとかの惡疫で死亡した者の場合である。この場合には、屍體は之を直ちに埋葬すると疫神の怒りに觸れて一層その惡疫が猖獗を極めるので、この屍體を供物として疫神に供し以てその容恕を乞ひ、他に患者の出でざる爲め犧牲に供する意味からのものと、疫病で死亡した者は疫神の祟りで死亡したのだから、疫神の許しを得て、その祟りが解ければ再び甦ることもあるであらうから、暫く風葬となし（直ちに埋めないで）一方疫神の祟りを解く祝禱をするものとの二つの動機から致されるのである。

3. 權　厝

又は權窆とも云ふ。意味は假埋葬の意味である。これは正式に本埋葬するのであるが、永久の墓とするのでなく、永久に埋葬すべき吉地の定まらざる場合、暫定的に或場所に棺を埋め置き、吉地の選定された後そこに改め葬るのである。貧賤の者の間には立派な墓地を選定するの資力がないから、死者のあつた場合は多くこの葬法に依つて行ひ、三日權厝とか五日權厝とかと云ふ。が實は即日埋めるのであるが、かく三日とか五日とか云ふのは、この三日五日を死者に對する奠哭、即ち成殯をなしたかの如く衒はんが爲めであり、永久に埋葬するに拘らず殊更に權厝と云ふのは父母の爲めに只今立派な墓地を選定中であると云ふ世間に對する見得からである。

4. 火　葬

死體を火で焚けば死者と生者とのつながりが全く斷絶すると云ふので火葬は一般の場合には行ふべきものでなく、次の如き特殊の場合にのみ用ゐられる。

（イ）有德の僧を葬る場合。僧侶は所謂世棄人であつて親族とその血族關係を絕つた者であり、且つ妻帶しないから血緣の嗣子がない譯であるので、一般に火葬すべきものとされて居るが、有德な高僧以外は埋葬よりも手數と費用が嵩むのであまり行はれない。さて僧侶を火葬にした時には灰燼の中から現れた舍利だけを拾ひ、他の灰骨は棄てゝしまう。拾つた舍利は浮圖と云ふ石塔の中に封じて葬るのである。

（ロ）惡疾者を葬る場合。これは惡疾例へば癩病などで死んだ者を葬る時に火葬するのであるが、これは火でその死體を焚けば病根を斷ち該病が子孫に傳はらないと云ふ信仰からである。之は正しく父母の死體を火葬すれば子孫が繁榮しないと云つて普通火葬を嫌ふのと正反對の考に他ならない。

（ハ）祟りのない爲めに。火葬は又祟りを恐れるところから行はれる事がある。それは父母の死體を普通に埋葬したに拘らず子孫に災厄や病氣の絶え間なく頻發する場合、卜占の結果それが父母を吉地に葬らない祟りであると知るや、家貧にして立派な吉地を探し求むる資力なき者が、寧ろ父母の屍體を焚いて子孫とのつながりを斷絶してしまうに如くはないと云ふので、埋葬してある屍體を掘り出して燒き、その骨を寺に納めるか、又は寺に納めるだけの費用のない時にはこの骨を粉にし飯にまぜて鴉に喰はせるか、又は風散させてしまうのである。

（ニ）戰場での死體處理の爲に。戰時、敵地に於て死亡者のあつた場合、之を敵地に埋めたのでは如何なる侮辱を受けるかも知れず、それかと云つて、その死體を遠く故郷に持ち運ぶのも困難である場合には詮方なく火葬にしてその遺骨を持ち歸ることもあつた。

5　水　葬

水葬は古い時代には正式の葬法として行はれた例もあるが、近來は餘程特殊の場合でないと行はれない。近來の一例に就て云へば先年京城の某富豪が打續き手を出す事業毎に失敗するので、之を占つて見たところ祖先の祟りであると解るや、憤怒の餘り墓からその屍體を掘り出して之を漢江に投棄してしまつた事がある。

6　擬　葬

これは變死者、例へば水に溺れて死亡した者、或は汽車に轢かれて死んだ者、又は土石崩壞の下敷になつて斃れた者などを葬るときには、その死體を埋葬までに先立つて巫女などをして溺死の眞似ごとをさせ、その時用ゐた水濡れの衣服を藁人形に著せてこの人形を死體と一緒に埋め、汽車で死んだ者の場合には鐵路上に石塊を置いて汽車に觸れさせた後、之を死者と共に埋め、又藁人形を土石の下敷として、之を一緒に埋める等の擬制葬を行ふのである。これは變死者の靈魂はそのうかばれない怨恨から遂に厲鬼となつて生人子孫に祟りをなすから、死んで行くのはその本人だけでなく仲間があるから、怨まずに冥せよと云ふ考へからである。之を殉死の遺風の一變形と見ることも可能であらう。

7 路　葬

これは年頃になつた未婚者、殊に女子の死亡したる場合はその怨恨は凝つてよく惡鬼となつて生人に祟りをなすと云ふので、その怨恨の情を慰藉して和げる爲めに人通りの多い道路の中央に埋葬するのである、かうすれば毎日その上や側を多くの人々(殊に男子が)が通行し踏んで行くので次第にその不滿の怨みが消滅させられてしまうと云ふ信仰からである。

8 合　葬

この合葬は普通夫婦を同一の墓穴に合葬するのと異なり、未婚娘の死亡した時には未婚にして死亡した男子の墳墓の隣に埋葬するか、又は成年に達した未婚の男女が死亡した時は、死後結婚式を擧げて合葬することである。これは若しかうしなければその怨恨が家族に祟るか、又はその父兄が死んで地獄に陥ると云ふ信仰からである。最近の實例を一つあげれば、昭和三年八月慶尙南道統營、投身自殺者金文錫(26)を花婿とし、同地富豪方正杓の妹、京城某女高普在學生病死者方姓女(19)を花嫁として結婚式が兩家の間に成立し、七日結納のとりかはしをし八日正式に擧式した。これはこの地方で古くからある年頃の未婚者が死んだ場合は必ず天國に行けないと云ふ迷信から行はれたものである。

9　再　葬

これは普通の埋葬法に屬するものではあるが、一度埋葬した後、程經て之を發掘し他の處に埋葬し直すものである。卽ち新しく死んだ屍體を古い墓に埋葬すれば其の家は將來子孫繁榮せず且つ災禍重なると云ふので、新屍は古い墓の傍、數間を隔つた處に埋め、數年經つてから古墓に合葬するとか（咸鏡南道地方）又は一旦埋葬後三年目に「退棺」と稱して棺を掘り出し、最初使用した七星板や壽衣等の古いものは焚いて新しいものと取りかへるが、その際骨色を檢し、もしその色が赤味を帶びるか黃色を呈して居れば地中に吉氣ありとして、そのまゝに再び埋めるが、若し骨色が白か、黑か、靑に變じて居れば不吉だと云ふので、更に他に吉地を求めて移葬するのである。かくてその骨色がよろしくない時には「退棺」を二回も三回も繰返すのであつて、もし吉地でなく骨色が赤色、黃色、飴色にならない處では子孫に災害が及ぶと云ふのである。（平安道地方）

以上の葬法は現在行はれて居るもののみであるが、（明治四十三年墓地規則が施行されてから、又衞生法規が施行されてから、路葬、風葬、トク葬、草殯等は禁止されて居るのであるが、全く皆無となつた譯ではない。）之等の葬法は殆んど悉く往昔から行はれて居たものであるから、現在朝鮮に行はるゝ葬法を考ふる資料としていま各種の記錄から往昔の葬法を窺つて見やう。

（甲）風　葬

三國遺事には新羅の始祖赫居世の葬法を次の如く記載して居る。

『理國六十一年。王升于天。七日後。遺體散落于地。后亦云亡、國人欲合而葬之。有大蛇逐禁。各葬五體爲五陵。亦各蛇陵。曇嚴寺北陵是也。』

この升天、七日の後に遺體が地に散落した、國人が之を合して葬らんとした等から察すれば、これは樹上に風葬したものが七日の後に腐敗してその骨がばら〳〵に地に落ちたのでこの骨を集合して埋葬せむとしたものであるやうに考へられる。

この「升天」に就ては「三國誌」に『辰韓以大鳥羽送死。其意欲使死者飛揚。』とあつて辰韓の風習では人の死んだ時は死者をして飛揚せしむる意味で大鳥（鴻か）の羽で之を送つたと云ふのであるが、この飛揚せしめんとするのは死者の靈魂は升天すべきものと考へられて居たからであらう。辰韓は新羅の前身であるから、辰韓時代に既に死者を升天せしめんとする思想の存在したものが新羅に傳承されたものと見ることが出來る。已に死後その靈魂が升天するものだと云ふ考へがあれば升天に都合よき手段を構ずることは當然なことであつて、辰韓で大鳥の羽で送つたものが新羅に至つてこの升天を容易ならしむるが爲めに天に近きところと思はれる樹上、又は山上、巖上等に屍體を放置するやうに進歩したものであるかも知れない。升天、遺體地に散落した等の三國遺事の記事はこの推想を如實に證明するものであるやうに思はれる。

（乙）　二 次 葬

前の赫居世を葬する處に於て死後先づ之を風葬に附しその遺體の散落した後に之を埋葬した如く明かに二次葬を行つて居るが三國遺事にはこの風の葬法に就て猶ほ一つの例を提供して居る。

『新羅第四王、脫解王在位二十三年。建初四年巳卯崩。葬䟽川丘中。後有神詔。愼埋葬我骨。其髑髏周三尺二寸。身骨長九尺七寸。齒凝如一。骨節皆連瑣。所謂天下無敵力士之骨。碎爲塑像。安闕內。神又報云。我骨置於東岳。故令安之。』

卽ちこれは崩後䟽川丘中に葬つたものを『愼埋葬我骨。』と云ふ神詔に依つてその骨骸を處理したものである。

處がこの脫解王の骨を納めて處理したのは可なり後のことであるやうにも見える。それは同じく遺事に、

『一云。崩後二十七世文虎王代。調露二年庚辰三月十五日辛酉。夜見夢於太宗（文虎王の父王）。有老人貌甚威猛。曰我是脫解也。拔我骨於䟽川丘。塑像安於土含山。王從其言。故至今國祀不絕。』

卽東岳神也云。』

と云ふ一說をあげて居る事であつて、若しこの納骨が文武王の調露二年（西紀六八〇）になされたものとすれば蹠川丘に葬つた建初四年（西紀二九）から數へて六百四十九年も經つた後に行はれたものとなる譯である。だから此頃には一次葬だけで別に納骨と云ふ第二次葬をしないで、そのまゝ放置して置いたものであつたが、納骨處理を求めた神詔があつたので第二次葬を行つたのかも知れない。

隨書に高句麗の葬法をあげて居るが、それはやはり二次葬で、一次は屋内殯であり、二次は屋外埋葬である。今文献備考に蒐錄せるその文を見るに、

『隨書。高句麗俗。死者殯於屋内。經三年、擇吉日而葬。歌舞作樂以送之。埋訖取死者生時服翫車馬。置墓側、會葬者爭取而去。』

とある。この屋内殯を三年もつゞけるのは可なり長期の殯葬と云はねばならぬ。而して之を墓地に埋葬する時は歌舞作樂して之を送ると云ふ。これは死者を慰藉する爲めであらう。この葬送に歌樂を用ふるの風は新羅にもあつて、文武王十三年金庾信を葬した時は軍樂皷吹一百人を給して金山の原に送葬したことがある。しかし金庾信の送葬は第一次葬で、後聖德王の十九年にその骸骨を埋めて居るから、高句麗のものと少しく相異がある。卽ち高句麗では第二次埋葬の時に、新羅では第一次葬の時に

歌舞作樂して居るのである。が高句麗のものは第一次葬を屋内に於てするのであるから送葬ではない。だから結局歌舞作樂は屍者を屋外に送り出す時に用ゐたものであると云はねばならぬ。埋葬後死者の生時用ゐた車馬を會葬者が爭ひ取るの風は、樂しく送つて呉れた者に對する死者からの贈り物であるから之に依つて長く死者を記念するためとも解せられるが、爭ひ取る事から察すれば死者をして生時愛翫した物が誰に奪はれたかわからぬので之等の物に對する愛著を捨て、此の世に心殘りなく冥目するやうにとの觀念からであるやうに考へられる。これは日本の各地に行はるゝ死後死者の用ゐた衣類などをかたみ分けと稱し親戚知己に分配するものと似通つた觀念に相違ない。

二次葬の一種に、第一次殯に於て骨となつたものを第二次葬に於て之を地中に埋めることなく一つの大きな木槨の中に一家のもの悉くを藏する葬法がある。それは後漢書に載せてある東沃沮の葬風であるがこの東沃沮は今の間島以東の地に在つた種族であるから、朝鮮中部のものとは可なり懸絶して居たものであらうが、半島にはよく此の方面から侵入する者が多かつたのであるから、北鮮からかけて、中鮮にもかうした葬風が入つて居なかつたとは斷言できない。さてその葬風はかうである。

『東沃沮之俗。葬レ人治二大木槨一長十餘丈開二一頭一作レ廬。新死者皆假埋レ之。使二屍形皮骨盡一。乃取レ骨置二槨中一。擧家皆共二一槨一。刻レ木爲二主形一。隨二死者一爲レ數。又有二尾鏗一置二米其中一。偏懸二於槨戸傍一。』（增補文獻備考禮考三十五）

卽ち長さ十餘丈の木槨を作り、その一方を開いて草菴を作り、屍體をこの草菴の中に殯してその骨となるを待ち、のちこの骨を槨中に置き、一家の者死すれば次々にかくして骨を一槨中に納め置くのである。而して死者ある每に木を刻して神主の家形を作り、その數に依つて槨中の納骨が幾人のものであるかを表示し、且つ尾鏗（鼎のやうなもの）を槨戸の傍に懸けその中に米を容れて置いたのである。この槨は長さ十餘丈と云ふから非常に大きなものであり米を入れた鏗を槨戸に懸けると云ふから、恰かも家屋の如き構造をなして居たものであらう。

この葬法に極似した葬法が琉球に於て現在行はれて居る。畏友金城朝永氏の報告に依れば現在琉球の墓にはカーミーヌクー墓《バカ》とカラフアーフ墓《バカ》との二形式が行れて居り、前者は龜甲型をなし後者は破風造型でこの方が龜甲型よりも古い固有型であり、龜甲型は支那の影響に依るものであらうとの事である。この型の何れによせ墓はコンクリート造りで前に長方形の前庭があり、その奧に前庭に面して一小戸を開くのみの墓室があり、室内には後方に小高き段があること次の圖の如くである。

カラフアーフ墓の圖

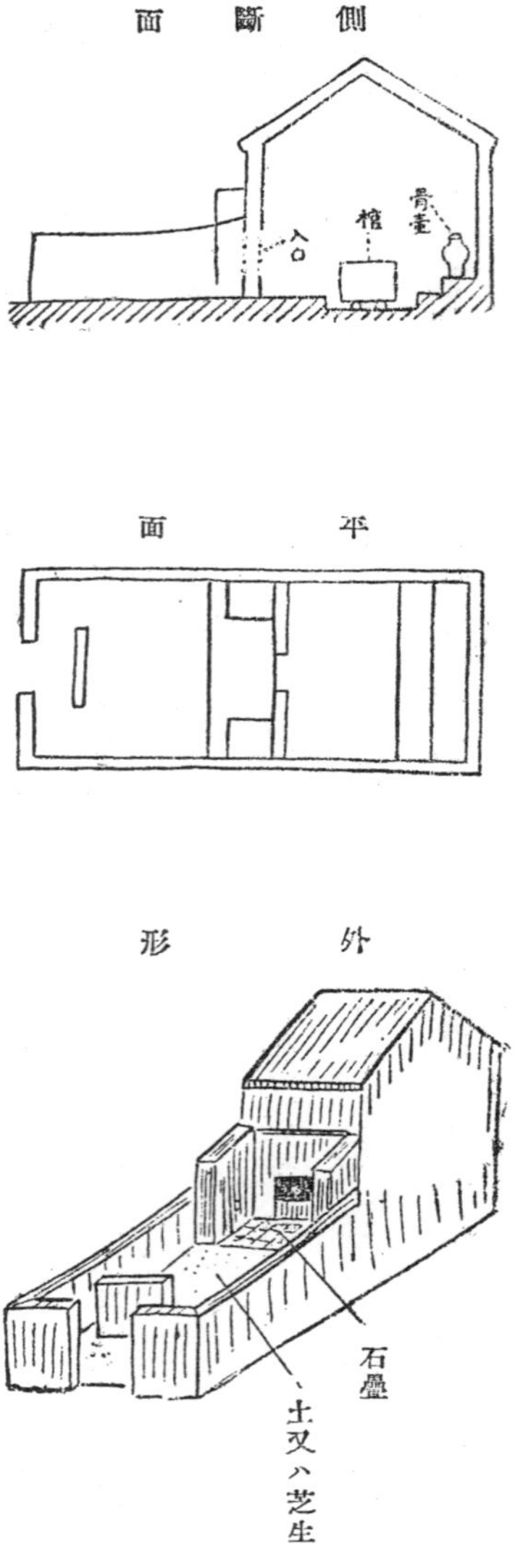

この琉球墓は一人に一つの墓を造るのではなく家族の者が次々へと運ばれるので、新死者があれば棺を墓室內に安置し後暫くして洗骨して骨のみを甕(骨壺)に藏めて墓室後壁の段上に列べて置くのである。だからこれは幾人もの藏骨所になるので多くは一門一個に限られて居るが、分家した場合には新に造營することも行はれる。要するに現今の琉球の墓は死體腐敗所と納骨堂との兩者を兼ねたものである。以上が金城氏報告の大略であるが、(民族第二卷第五號に伊波普猷氏の「南島古代の葬儀」中に

琉球の墓形を論じたものがあるが、金城氏のものと殆んど同樣である。）この琉球墓から東沃沮の墓を顧みるに兩者があまりに相似たる點の多い事に注意せざるを得ない。東沃沮の墓も琉球墓の如く一門の墓卽ち族墳であり、屍體腐敗所と納骨堂とを兼ねたものであり、その構造に於てもほゞ同樣なものであるやうに考へられる。たゞ東沃沮のものが木槨なるに反し琉球のそれはコンクリートであり、東沃沮の屍體腐敗が槨の前方に開いた處に作つた草菴の中に假埋してその骨となるを待つに反し、琉球のそれは墓室內に棺を安置してその腐敗を待ち、腐敗せる屍體を琉球では洗骨して之を壺の中に藏して室內に安置するのであるが、東沃沮では皮肉の盡くるを待つてその骨を槨中に納め、壺に入れる代りに木主を作つて之を標示する點などが相異するのみである。然かもこの相違は根本的の相違でなく手續上處理上の相違であつて、その根本觀念に至つては全く共通して居るやうに思はれる。

共通の觀念とは何か、それは生前に家族生活を行つて居る者は死して後も同居すべきものであると云ふ觀念であつて、つまりこの墓は彼《あ》の世の一家を意味するもので、槨は家であり骨壺又は木主は家族員の如く考へらるべきものであらう。從つてこの葬墓法は血族中心社會の明確になつた、卽ち家族結合觀念の强大なる、反映として生れたものであり（初めは風葬から後には骨を巖窟に放り込む巖窟葬の經路を辿つたか否かは別として）血族の遺骨は他人の遺骨よりも大切に取扱ふべきものであると云ふ考慮から企てられたものであると云ふことが出來る。血族の遺骨を大切にすることはやがてこの遺骨とその生ける血緣者との間に何等かの特別な關係があると云ふ信仰に發展するのは當然である。或はこの特別關係があると信ずればこそ大切に取扱ふやうになつたのかも知れない。血族中心社會の家族生活に於て最も慾求せらるべきものは家族員の增加であり、家族の强大である。從つてその增加を裏切る死亡者の出づること、强大を弱める病災に見舞はれる事は最も嫌忌せられる處である。だから血族の遺骨に注意を喚起する場合には、必ずやこの病災死亡等のなきこと及び家族員の增加することを、この遺骨と結び付けて考ふるに相違ない。と同時に遺骨は單なる遺骨でなくて、一種の力を發揮し得る對象となるであらう。力を發揮し得る者は原始信仰からすれば生物殊に人間と變りなきものである。だからこの力の衰へざらんやう食物が供せられなければならぬ。東沃沮が米の容物を槨戶の傍に縣けて置くのはかうした考を如實に行つたものである。

この供物に就て、或は、この供物は直接死者に供するのではなく、死者の住家を冒さんとする惡魔に供して、害を死者に及ぼさゞらしめんとする考からであるとも考へられるが、晋書に挹婁人の葬法をあげてあるものに依れば、

『挹婁人有二死者一。則其日卽葬二之於野郊一。不レ作二小槨一。投レ猪積二其上一。以爲二死者之粮一。』

と、猪を投じて葬上に置くのは死者の粮食に充てんが爲めであると云ふ信仰が原始人の間にはあつたのであるから、米を椰戸に懸けたのは惡魔を防ぐ爲めでなくて死者に贈つたものと云はねばならぬ。

（丙）殯墓葬

後漢獻帝建安四年（一九九）に駕洛國王首露が死んだ時には、之を殯葬に附したことが三國遺事にのせてある。

『以獻帝建安四年己卯三月二十三日而殂落。壽一百五十八歲矣。國中之人若亡天。只悲慟甚於后崩之日。遂於闕之艮方平地。造立殯宮。高一丈周三百步而葬之。號首陵。王廟也。有賊徒。謂廟中多有金玉。將來盜焉。初之來也。有躬擐甲冑。張弓挾矢。猛士一人。從廟中出。四面雨射。中殺七八人。賊徒奔走。數日再來。有大蟒長三十餘尺。眼光如電。自廟旁出。咬殺八九人。粗得完免者。皆僵仆而散。故知陵園表裡必有神物護之。自建安四年己卯始造。逮今上御圖三十一載大康二年丙辰（高麗文宗三十一年、大康は遼の年號、西紀一〇七五）八百七十八年。所封美土。不騫不崩。所植佳木。不枯不朽。』

之に依つて觀れば首露王の陵は死後宮闕の艮方平地に高さ一丈周三百步の殯宮を造立してその中に葬むつたものであるが、遺事の筆者は或は之を「廟」と云ひ或は「陵園」と云つて居り、且つ『所封美土不騫不崩』とも云つて居るから、この殯宮そのものが直ちに陵墓とされたものと云はねばならぬ。この殯宮は艮方の平地に造立したものだと云ふから、この造立と云ふ文字から考へ、又殯宮は埋葬に先立つて棺柩を假安する處と云ふ「殯」本來の意味からすれば、この首露の殯宮も木か草で造つた假りの宮殿の如くに想はれる。若しさうとすれば死後直ちに假安の殯宮を造りて殯葬し、然る後に高さ一丈周三百歩の陵に本埋葬したものではなからうか。或は死後殯宮に假葬し然る後にその遺骸を他に動かさずそのまゝにして置いてその上に封土を盛つて高さ一丈周三百歩の陵墳を造つたのかも知れぬ。殯宮がもし木造草造のものとすれば『高さ一丈周三百歩』が木造建築物の規模に不似合である。況んや草營のものとしては勿論のことである。

この推想をたしかめる葬法、卽ち殯所を直ちに墳所とする葬法は猶ほ他の例に於ても見出される。それは同遺事眞表律師を葬つた記事であるが、

『師遷化時。登二於寺東大巖上一示レ滅。弟子等不レ動二眞體一而供養。至二于骸骨散落一。於レ是以レ土覆藏。乃爲二幽宮一。』

この弟子等が眞體を動かさずして供養したのは殯葬の典型的なものであると云つてよい。處がその骸骨がばら〳〵になるや、之を他に遷すことなくその骨骸の上に土を覆つて、殯所の其處をそのまゝ

幽宮卽ち藏骨の墓としてしまつたのである。

かく殯所をそのまゝ墓地としてしまう葬法がある以上、駕洛の首露王陵も亦殯宮そのまゝを藏骨のところとしたものであると云ふ想像は、決して妥當を缺くものでないであらう。

以上上代に行はれた甲乙丙三者の葬風を併せ考察するに、風葬は升天の意味から行はれたものであり、王者貴族を除いての一般庶民はその死體を第一次葬卽ち殯葬だけにしてそのまゝ放置し、王者等に於て始めて第一次殯葬第二次埋葬の二次葬を行つたものであり、而してこの二次葬はその始めは第一次葬所と第二次葬所とは別々に定められたが後には殯所をそのまゝ墓地とする、卽ち第一次第二次を同一場所に於てする葬法が行はれるやうになつた事などが窺はれるのである。

（丁）火　葬

火葬の風は旣に新羅時代に於て行はれて居る。いま王者の火葬に附せられたものだけを擧げて見るに、

○新羅第三十四代孝成王の崩ずるや（七四二）法流寺に於て火葬し、後ちその骨を東海に散じた。（三國遺事）

○同第五十一代眞聖女王の崩ずるや（八八七）之を火葬に附し、その骨を梁西岳に散じた。（同上）

○同第五十二代孝恭王の崩ずるや（九一二）、師子寺の北に於て火葬し、骨を仇知堤東山の脇に藏した。（同上）

○同第五十三代神德王の崩ずるや（九一六）、火葬にして骨を箴峴の南に藏した。（同上）

○同第五十四代景明王の崩ずるや（九二三）、皇福寺に於て火葬し、骨を省等仍山の西に散じた。（同上）

等であつて、皆火葬の後その骨を散ずるとか又は地に埋藏するとか處理して居る。そこでこの火葬に依つて注意を喚起される事は、この火葬が死者の骨を處分する先行手段としてである事である。從つてこの火葬はさきに擧げた二次葬の第一次葬に相當し、屍體の骨になるのを待つ殯葬とその目的に於て變りがないと云はねばならぬ。卽ち火葬は死者を葬る最後のものでなくて死者の骨を得る爲の、死者の筋肉や皮膚等を除き去る爲の手段であると見られるから、風葬に依つて屍體の骨となるを待ち、殯葬に依つてその骨骸化を待つものとその意義を等しくするものである。或はこの火葬を佛敎の影響となし、右諸王の火葬が多く佛寺に於て火葬に附せられて居る事から推して、之等の諸王は佛敎に歸依して居たので佛式に依つて荼毘（火葬）したものであるとも考へられるが、この當時有名な僧侶を葬るものに火葬に依らざるものが多く、或は殯葬或はそのまゝ土葬にして居るものも少くないのであるから、右諸王の火葬が佛敎に歸依したので佛式に依つたものと速斷するを許さず、たとひ佛式に從つて之を行つたにしても、佛敎での火葬が死後の遺體を悉く空に歸せしむると云ふ主旨に添ふものであつたかどうかは明白でない。右の諸例中或は骨を海に散じ、或は山に散じて居るもの等はこの歸空の主旨に遵つたもの丶やうにも見えるが、骨を藏したものに至つては決して歸空の觀念からではなかつたに相違ない。であるからこの火葬は歸空の觀念よりも、寧ろ人の死屍を葬るはその骨を埋藏するものであると云ふ處から、その骨を得んが爲めに風葬、殯葬等の手段を取り來つたが、火葬はその手段としては簡便にして清潔なるものであるから、と云ふやうな進んだ手段の觀念に依つて採用せられたものであるやうに思はれる。

（戊）塑　葬

以上は概して埋藏葬、卽ち埋葬の法式であつたが、新羅時代には特殊の葬法として塑葬なるものが行れて居た。その例は前掲二次葬の條下に擧げた脫解王の場合及び僧元曉を葬つた場合に於て之を見ることが出來る。

『曰我是脫解也。拔二我骨於疏川丘一。塑レ像安二於土含山一。王從二其言一。故至レ今國祀不レ絕。卽東岳神也。』

（三國遺事）

『元曉。旣入寂。聰碎二遠骸一。塑二眞容一。安二芬皇寺一。』（同上）

この二例だけでは如何なる意味で骨を塑像としたかは明瞭に了解することが出來ないが、脫解は東岳神として永く國祀を享けた位の英主であり、元曉は新羅文化の功勞者として隨一に居る傑僧であるから、この塑像は英傑を永く標示せむが爲めに具體的なものとしたものであらう。卽ち脫解は東岳神（或は東岳大王）として、元曉は眞容（佛）として尊信の對象物とされたものであらう。もしさうであるとすれば骨がこの對象物の中心をなすもので、この骨を使用して像を塑することがその塑像に、この骨となつた者の全人格、全精神力が賦與されるものと思考されて居たものと見ることが出來、又この骨を以て像を造ることに依つて、生前は人であつたものが、よく神として、佛としての力を發揮することが出來ると信ぜられたものと見ることが出來る。從つてそこに、人の骨は人の全人格の精《エッセンス》であり、この精は神格となつて神力をあらはし、佛格となつて佛力を發揮することが出來るものであると云ふ觀念の存在を窺ひ得るであらう。

　人の神格となり佛格となることは、人格の躍進であり再生であるが、それが骨に依つて始めてなされると云ふことは、結局人は生前に於てかゝる躍進をなすものでなく、死後肉體を離れて骨となつた時に於て始めて發現するものであると考へた觀念に由來するものであらう。かうした觀念から風葬や殯葬が如何にしてその骨の散亂するに至るを待つて之を埋藏したかを顧れば、それは容易に解釋されるであらう。卽ちもし人が死者を恐怖したものとすれば恐怖を喚起する第一のものは人の精である所の骨であるから、葬の唯一の目的は骨を埋藏することであり、從つて風葬殯葬に依つて魂の升天するを待ち(肉體の腐敗するを待ち)て然る後に骨を埋藏したものであらう。又死者に對して追慕の念を懷いたものとすれば、その死後に於ける再生、神格、佛格への轉生を希ふところから、この再生、轉生の可能となる骨の露出するまで、風葬、殯葬と云ふ皮肉腐敗の手段を講じ、その骨骸のみと爲るを待つて之を生産の元であり、萬物の母であるところの地中に埋藏、還元したものであらう。

(己) 暗葬

勝れた運命の持主であつた人を埋めた墓地又は立派な人の墓地に、私かに暗葬すればその子孫は良好な運命を享受することが出來ると云ふ信仰は、新羅時代に於て已に在存して居たやうである。新羅眞平王時代有名な高僧で圓光と云ふ者が、唐の貞觀四年(六三〇)九十九歲で皇隆寺に遷化した時、皇隆寺の東北墟から妙なる音樂の調べが空に滿ち異香四方に薰ずる有樣であつたが、郊外に葬つた時はその葬具は全く王禮と同じきものであつた。その後この圓光の墓地に暗葬すれば子孫が絕えないと云ふので私かに屍體を埋めた者があつた。卽ち

『後有㆓俗人見胎死者㆒。彼土諺云。當㆓於有福人墓㆒埋㆑之。種胤不㆑絕。乃私瘞《うづむ》㆓於墳側㆒。當日震㆓此胎屍㆒。擲㆓于塋外㆒。由此不㆑懷㆑敬者。率崇仰焉。』（三國遺事）

と。この文の後段から見ればこの出來事は圓光が如何に高德の僧として世に尊仰せられて居り、且つその靈魂が如何に偉大な力をもつて居るかを誇張し修飾する爲めに特に取立てゝ記錄されたものであるやうにも察せられるが、『當《リテ》㆓於有福人ノ墓ニ㆒埋《ムレバ》㆑之《ヲ》。種胤不㆑絕《エ》。』卽ち有福、有德の人の墓に死產の屍を闇葬すればその種胤が斷絕しないで再び生れて來ると云ふ民間信仰（土諺）の存在した事、並にかゝる希望の對象となるやうな立派な人の骨骸は冥力を有して不敬の事をした場合には直ちに之を排斥してしまうものであると云ふ信仰の存在した事だけは事實であつて、この記錄はかうした事實を資料として圓光の偉大さを修飾したものと觀ることが出來る。

この有福人の墓に埋葬すれば種胤絕えずして再生が可能であると云ふ信仰の由來に就ては、有德の人はその子孫を顧念してよくその繁榮を保障するものであると云ふ觀念からではないかと考へられる。この觀念は新羅時代に於ては已に強き一般信仰となつて居たものであるらしく、この信仰を物語る傳說は三國遺事の中からでも幾つも拾ふことが出來る。いまその一つ二つを拾つて見れば、

『（新羅）第十三未鄒尼叱今。在位二十三年而崩（二八四）。陵在㆓興輪寺東㆒。第十四儒理王代。伊西國

人來攻二金城一。我大擧防禦。久不レ能レ抗。忽有二異兵一來助。皆珥二竹葉一。與我軍幷レ力擊レ賊破レ之。軍退後不レ知レ所レ歸。但見竹葉積二於未鄒陵前一。乃知二先王陰隲有一レ功。因呼二竹現陵一。』（其一）

これは儒理王の時代に伊西國が來つて金城を攻めた時の事、新羅軍は大擧して防禦に努めたが防ぎ切れない、愈危きに及ぶや忽ち弓珥に竹の葉をつけた異兵が來援し防禦軍と力を並せて賊を擊退してしまつた。賊軍が退くや間もなくこの援兵も消えてしまつた。翌朝になつて未鄒王陵の前に竹葉が堆高く積まれてある事が發見されたので、これは父王の未鄒王が子たる儒理王の世を愛護して冥助したのだと解され、それから未鄒の陵を竹現陵と呼ぶに至つたと云ふのである。

『惠恭王代。大曆十四年己未四月（七七九）。勿有二旋風一。從二庾信公塚一起。中有二一人一乘二駿馬一如二將軍儀狀一。亦有二衣甲器仗者四十許人一。隨從而來。入二於竹現陵一。俄而陵中似レ有二振慟哭泣聲一。或如レ告訴之音一。其言曰。臣平生有二輔レ時救レ難匡合之功一。今爲二魂魄一鎭二護邦國一。攘レ災救レ患之心暫無二渝改一。往者庚戌年。臣之子孫無レ罪被レ誅。君臣不レ念二我之功烈一。臣欲下遠移二他所一。不中復勞勤上。願王允レ之。王荅曰。惟我與公不レ護二此邦一。其如二民庶一何。公復努力如レ前。三請三不レ許。旋風乃還。王聞レ之懼。乃遣二工臣金敬信一。就二金公陵一謝レ過焉。爲レ公立二功德寶田三十結于鷲仙寺一。以資二冥福一。非二未鄒之靈一。無三以遏二金公之怒一。王之護レ國不レ爲レ不レ大矣。是以邦人懷レ德。』（其二）

これは新羅統一の功臣金庾信の靈が風雲に乘じて末鄒王のもとに行き、自分は生前邦國統一に盡し、死後も魂魄此處に止まつて國の爲に盡して居るのに、君臣はその功を顧みず我が子孫を罪なくして誅した、こんな事では勤める張合がないから、もう外の處へ行つてしまひたいから護國の役目を免じて貰ひたいと願つたところ、末鄒の靈は、我と公とが國を護らなかつたら國民は何うなるだらうか、そんな事を云はずに從前通り盡して欲しいと、三度庾信が願つたけれど三度ながら之を慰撫して思ひ止まらせたので、庾信の靈は自分の陵へと歸つて行つた。之を聞いて惠恭王は公に謝し、公の爲に冥福を祈るその菩提寺に實田三十結を給した。此事あつてからと云ふもの、誠心から護國を念とする末鄒でなければどうして金庾信の怒を遏めることが出來やうと、國民は一層末鄒王の德に感激したと云ふのである。

『新羅第三十文武王。以永隆二年辛巳（六八一）崩。遺詔葬於東海中大岩上。王平時常謂智義法師曰。朕身後願爲護國大龍。崇奉佛法。守護邦家。』『第三十一神文王開耀元年卽位。爲聖考文武大王。創感恩寺於東海邊。明年五月朔。海官奏曰。東海中有小山。浮來向感恩寺。隨波往來。王異之命日官占之。曰聖考今爲海龍。鎭護三韓。欲出守城之寶。若陛下行幸海邊。必得無價大寶。王喜。以其月七日駕幸利見臺。』（其三）

これは文武王が海龍となつて邦國を護らうと云ふ遺詔に隨つて海中の大岩上に葬つたこと。及び文武王の子神文王が、文武の遺志（文武は倭兵を鎭めんが爲めに東海邊に感恩寺を創めたがその業畢らずして崩じた。）を繼いで感恩寺を建てた處が、父王が喜んで守城に效ある無價《げ》の大寶を出したと云ふのである。この無價の大寶とは新羅三寶の一である萬波息笛と云ふ靈竹で製つた笛である。

之等の物語に依つて觀れば、祖先の靈はその子孫を愛護し、並に子孫の治むる邦家を鎭護するものであると云ふ信仰觀念が存在して居た事は確實であつて、三十三天の一天神が新羅の爲に遣はされて地に降つて大臣となつたと信ぜられて居る金庾信が、愛する自分の子孫の爲めには邦國を鎭護する念願も放棄すると迄怒つたと物語つて居るのは、祖先がその子孫を蔭護せむとする念慮の如何に强きものであるかを信じた事を傳へるものである。

子孫を愛護する力ある靈魂のすみかは墓であり、その力を現はすものは祖先の骨骸である。そこで圓光の墓に私に屍兒を埋めた卽ち『有福人の墓に之を埋めれば種胤絶えない』と云ふ民間信仰は、この祖先の墓地骨骸がその後人に蔭祐を致たすと云ふ觀念に聯想して、その屍兒を有福人の兒と假想して、之を埋め以てその蔭祐を受けることが出來るものであると信じたものであつたかも知れない。事實この時代では他姓を以て嗣子とする風があつたから、氏が異つて居ても、その人の兒とすれば出來たので、かくの如く屍兒を有福人の子となすの觀念も、決して無理な考へ方ではなかつたと思はれる。（他姓を嗣子とした例は遺事に林宗が吉達を嗣とした如し）

（庚）所持品葬

新羅眞平王（五七九―六三一）の頃釋惠宿と云ふ神僧があつて、各種の奇蹟をあらはしたがその一つに、彼が死んだので之を埋葬すると、塚中に穿いて居た鞋一隻を殘して行方知れずになつてしまつたと云ふ不思議な物語がある。

『未ㇾ幾宿忽死。村人轝葬二於耳峴東一。其村人有下自二峴西一來者上。逢二宿於途中一。問二其何往一。曰。久居二此地一。欲ㇾ遊二他方一爾。相揖而別。行半許里。躡ㇾ雲而逝。其人至二峴東一。見二葬者未ㇾ散。具說二其由一。開ㇾ塚視ㇾ之。唯芒鞋一隻而已。』（三國遺事）

宿が村人に逢つたのは耳峴の西であつて、話して分れた村人がふり返つて見ると宿は雲に乘つて見えなくなつた、と云ふ處などは西方淨土に雲に乘つて往生したものだと、佛敎の西方往生をとり入れて惠の奇蹟を修飾したものであらうが、村人の談しに驚いて會葬者が今埋たばかりの塚を開いて見ると果して宿の全身は影もなく、そこには只草鞋が一隻のみ殘してあつたのみであつたと云ふのは、少々解釋に苦しむ。これは神通力を得たものは雲を躡んで飛行自在であり、人の如く兩足で步く必要がなく、又乘つてさへ居ればよいのであるから、一本足で結構だと云ふ觀念から、西方往生を別な方面から證明せむとした作爲かも知れぬが、或はまた、右文の下記として、

『今安康縣之北。有㆑寺名㆓惠宿㆒。乃其所居云。』

ある處から考へて、村人が惠宿の名殘を紀念せむが爲めに、惠宿が他行した後に、恰も名僧の杖を乞ふて紀念とした如く、鞋を乞ふて之を埋め、以て永く惠宿を忘れざらんが爲のものとしたのかも知れぬ。もしさうとすればこの鞋塚は惠宿の紀念塚であると云はねばならぬ。然し如何に紀念塚であるにしても、惠宿の用ゐた鞋を埋めたと云ふことは、その鞋が惠宿の用ゐて居たので惠宿の靈が之に依つて宿り得るものとなす觀念からすれば、この鞋塚も、村人の信仰上には惠宿の全身塚と全く變りがなかつた筈である。

猶ほ傳ふる所に依れば、高句麗の東明王の陵(俗に眞珠墓)も東明王が升天して返らないので、遺品の玉鞭を龍山(平安南道中和郡龍山)に葬つたものであると云ふことである。(增補文獻備考禮考、及び輿地勝覽卷五十二)

慶尙南道花開の雙溪寺金堂を創始した三法和尙(六七六〜七三九)は、支那曹溪山の六祖慧能大師を尊仰するの餘り彼地に渡つてその頭を掘つて持ち來り、之を智異山の嚴冬尙ほ葛花開く地に埋めたが、それは石

を斫つて塔となしその中に首を入れたものである。この塔は今に金堂中に現存する。

（辛）　石中藏骨

傳說に依れば新羅第二十八眞德王(六四七―六五三)の大德慈藏は文殊菩薩の來降したと聞き、その眞容を拜せむものと光りを尋ねて南嶺にかけ登つたが及ばず、遂に落ちて卒した。そこで之を荼毘《だび》してその骨を石穴の中に安置した(遺事第四)。新羅第三十五景德王の崩ずるやその初め頃只寺西嶺に葬つたが、その陵は石を以て疊んだものであつた。(後に移して楊長谷の中に葬つた)。新羅惠恭王(七七六―七七九)の頃に遷化した僧眞表を殯所に於て直ちに墓墳を封じた事は已に之を擧げたが、後になつて再び之を改葬した時には石を立てゝ安骨した。卽ち

『岩上。至今雙樹存焉。凡有㆓致敬者㆒。松下覔㆑骨。或得或不㆑得。予恐㆓聖骨堙滅㆒。丁巳九月。特詣㆓松下㆒。拾㆑骨盛㆑筒。有㆓三合許㆒。於㆓大巖上雙樹下㆒。立㆑石安㆑骨焉。』(三國遺事第四)

この石中藏骨に就ては、前二者に於けるが如く石中に藏骨する理由を明記してないから、何が故に骨を石穴又は石を疊んだ中に葬つたか了解に苦しむが、眞表律師の場合に於ては明らかにその骨の散逸を恐れたからである事を理由として居る。之を以て察するに前二者の場合に於けるものも蓋しその骸骨の散亂を防止するが爲めであつたものであらう。

さて骸骨の散逸を恐るゝ處から石に藏すると云ふことは、右眞表律師の場合に於ける如きは明らかに偉僧の骸骨であるから分散せしめず永く之を藏することに依つてその至人格の力を保たしめてその蔭功を希ひ且つ長く尊崇の標的とせむが爲めの求福竝に崇敬の觀念からであるが、この石藏の葬法はかく死者に對して崇敬の念を懷くに至つた後に於て始めて使用されたものでなく、寧ろ死者を恐怖の對象とした處から、之を嚴重に封鎖する事を企てた恐怖時代の名殘りであると、考へる事も出來るのである。骨は血肉の如く腐散し滅失しない、人としての活力は死後この骨に集中され、この骨が化して不可思議の力を發揮すると聯想することは原始信仰意識の陷り易き經路である。已に人の骨が或種の威力を振ふものとして恐怖の對象となさるれば、人の死後この骨骸を處分して後顧の憂なからしめんとするに至るは自然の考へ方である。かうした要求から考へ出された葬法が死後解肉した骨骸を集めて之を地中に埋め、その上に石を堆むとか、之を石穴の中に入れるとか、或は壷の中に入れるとかの處理方法であらう。現に行はれて居る未婚者を道路に埋める葬法も、之を說明して滿たされざる怨恨をその上を通行する人々の接觸に依つて解慰するが爲であると云つて居るが、この說明は後に附會した考へ方で、その原始的な觀念に溯れば、未婚者はその怨恨からよく怨鬼として生人に害を及ぼすので、之をして地上に出でざらしめむが爲めに人通り多き道路に埋めて抑へつけたものであらう。石中葬法はこの意味に於て葬法の最も原始的なものゝ名殘りと見ることが出來る。增補文獻備考卷七十に『百濟の蓋鹵王が浮屠道琳の暗說に惑ひ大石を郁里河に伐つて以て其父毘有王を葬つたが、この造墓の爲めに民窮し財竭きて遂に高句麗に敗られ殺されてしまつた』ことを載せてゐる。僧道琳の呈言が如何なるものであつたかはたゞ之だけの記事で推測すべくもないが、その墓が大石を以て造營したものであり、しかもその造營の爲めに民力窮し國財竭きた程であるから、その工事がたしかに一通りの工事でなかつた事だけは想像される。現今百濟の古墳と認められるものの多くが石を疊んだ、しかも巨石を疊んで槨を造つて居るものから察すれば、この記事も相當信を置くに足るものであらう。然らば毘有王の墓は極めて巨大な石材をもつて營まれたものであるべく、巨石文化の遺物と稱せらるるドルメン（朝鮮の南、西に廣く散在する）とその構造竝に造營觀念に一脈の連繫があるものではないかと思はれるのである。猶ほ蓋鹵王の死は西紀四百七十四年であるから、この毘有王の大石墓は少くも四百五六十年頃に造られたものと云はねばならぬ。

この巨石に關して李朝四代世宗の二年（一四二〇）に元敬王后陵の石室蓋《ふた》石が廣厚で輸《はこ》び難いので太宗（この時は既に上王であつた）が石工に命じてこの蓋石を椎破し、

『上王謂レ上曰。陵寢蓋石。若用二全石一。則轉輸甚難。無レ益二於死者一。有レ害二於生民一。今日之事永爲二成法一。宜詳錄二簿籍一。以示二後世子孫一。』

と訓諭して居るものが『増補文獻考禮考山陵二』に載せてある。この全石とは一枚石のことであるべく、轉輸に困難である程廣く厚かつたと云ふのであるから、蓋石が如何に廣大な一枚石であつたかを略ぼ想像することが出來るであらう。而して今日以後、一枚石を使用しないやうにせよと云ふ處から見れば、それまでは皆蓋石は廣大な一枚石を使用して居たものと察せねばならぬ。この記事は、墓穴に巨石を用ゐたのはひとりドルメンのみでない事を物語るものではなからうか。

(壬) 路傍葬

東國輿地勝覽、慶州人物條下に新羅眞平王の時、金后稷と云ふ人が王の田獵を好んで度なきを憂ひ毎々切諫して居たが、王は之に耳を藉さなかつたので、后は死後遺言して自分の墓を王の田獵に出かけられる路傍に造らせた事を載せて居る。卽ち、

『金后稷。眞平王時人。王好二田獵一。后稷切諫不レ聽。將死、語二其子一曰。我爲二人臣一。不レ能レ匡二救君惡一。我死。須レ瘞二於王遊田路側一。其子從レ之。他日王出田。中レ路有レ聲。若下曰二王毋一レ去者上。王顧問レ之。從者曰。金后稷墓也。遂陳二臨死之言一。王潸然出レ涕。終身不レ復二田獵一。人謂二之墓諫一也。』

と。この例は金后稷が王の田獵を思ひ止まらせる爲めに故意にした葬墓ではあるが、當時路傍に人を

葬る風も皆無でなかつたものであるかも知れない。

（癸）宅　葬

東國輿地勝陵卷四十四江原道江陵の風俗條下に、後漢書の記事を載せて、

『忌二諱疾病一。死亡輒捐二棄舊宅一。』

と、當地方の古風俗に疾病を忌諱し、死亡者ある時はその舊宅の一部又は全部を棄てゝしまう慣はしのあつたことを傳へて居るが、これは死亡者のあつた場合、住宅の一部又は全部を殯所に充てたので、それが爲めに汚れを嫌忌して以後そこを住居としなかつたものであらう。この居室を以て殯所となすの風は江陵地方のみでなく他の地方にも行はれたもので、高麗の初期全羅南道南海縣にもその父の死するや寢室に殯して五箇月間平生と異ることなく膳を供した咸富と云ふ者があつた。（勝覽卷三十一南海孝子條）又李朝に入つては全羅道善山の烈女韓氏はその夫が疫に死するや、家人すら皆之を忌んで屋外に遯去したにも拘らず一人その柩を撫して悲泣輟めず、遂にその側に草庵を作つて三年の間之を守つたことがある。（同上卷二十九善山烈女條）

以上に於て往昔朝鮮に行はれた葬法の大體を列擧し、併せてその葬法の觀念をも考察した。然し之等の葬法は主として三國時代、新羅時代のものであつて現在とは時の流れに於て七八世紀の隔たりが

あるから、現在の葬法を考ふる資料としては可なり懸絶せる感がある。そこでその時代と現代とをつなぐ高麗朝より李朝初期のものを一瞥する事が必要である。以下少しく高麗時代の葬法に就て述べることとしよう。

(1) 一般の葬法

高麗に於て一般に行はれた葬法は新羅時代の二次葬と同じく死後先づ殯葬をなし次に埋葬をなしたものであるが、いまその代表的なもの一二を擧げて見る。開城玄化寺碑文に依れば、

高麗第八代顯宗の十二年(一〇二一)に何かの都合に依り妣の陵を他の處に改葬されたが、その時の葬儀を見るに、先づ靈柩を東郊なる歸法寺に於て權殯し、後ち風水に適する吉地を卜定して之を埋葬した。而してこの葬儀は改葬以前の儀卽ち初の時の葬儀と全く同じくやつたのであると云ふことである。(朝鮮金石總覽)

次に高麗明宗七年(一一七七)に作られた李應璋墓法(開城)を見るに、太中大夫李應璋が疾を以て四月二十四日私第に卒するや、五月七日に屍體を容れた棺を松林寺の境内たる栢洞山の麓に於て焚き(之を火棍と云ふ)、骨を梵福寺に移して假に安置し(之を權安と云ふ)、その後七月二十四日に京城(高麗時代の都今の開城)の西福城寺南山の下に埋葬した。(朝鮮金石總覽)

之等の例に依つて窺はれることは、人の死後之を本埋葬に附する前に必ず權殯又は權安と稱して或期間、死者を一定の場所(多くは寺)に置き後之を埋葬したものである事である。顯宗が妣を改葬した時の權殯は、權殯して後王親《みつ》から百寮を率ゐて風水的吉地を探したと云ふから、その目的が吉地の見付かる迄靈柩を權《か》りに殯居に安置したものとも考へられるが、若し權殯の目的が單に吉地を選定する迄の假安所に充てる爲であるとすれば、この葬儀が旣に一度は埋葬したものを再び改葬する場合であるから、吉地の見つかる迄もとのまゝにして置けばよく、何も吉地の見つからぬ先に掘出して來る必要はない譯である。だからこの權殯をなせる所以は埋葬をなす前行行事としてなさねばならぬものとされて居た慣習に從つたものと見ねばならぬ。而してこの儀式は總べて初葬の時と變りなく行つたと云ふのであるから、吉地を求めたる後、直ちに靈柩を舊陵より新陵に遷埋することの容易なるにも拘らず、埋葬をなすには必ず或期日の間殯宮に安置せねばならぬと云ふ慣はしから、かうしたものであらう。

さてこの權殯も李應璋の權安もその場所を皆寺に求めて居る。卽ち顯宗妣の場合には歸法寺に權殯し、李應璋の場合には梵福寺に權安して居る。この靈柩及び遺骨を寺に移安したことは、高麗時代は佛敎が盛であつて佛の加護冥助を深く信ずることが强かつたから、この寺に於ての權殯權安は必ずや死者の冥福を祈らんが爲めであつたに相違ない。冥福を祈ると云ふことは死者の靈魂を供養することである。供養は靈魂に對する慰藉《しや》であり、追福である。從つて當時埋葬に先立つて必ず權殯權安をなした事は之をなせば靈魂は心安く墓中に冥目することが出來、又佛力に引導せられて死出の旅路（極樂淨土に往生する）に上ることが出來るが、之をなさなければ、それが不可能であるか、不可能でなくても、安々と行かれぬものと信ぜられたからであらう。

この寺に於て「殯」をなすことが死者の靈を慰藉して安らかにあの世に往かしめるものであると云ふ信仰は、屍體を埋葬する前に死者の靈を慰めたところの原始葬法の觀念を明確に表現するものであつて、三國新羅時代に於ての殯が記錄の上では如何なる理由からであつたか明瞭でなかつたものが、高麗に於て佛敎信仰の鏡に照らされるに至つてその本來の面目をあらはしたものである。この死者の靈を慰める原始的風習は朝鮮の葬法に極めて深き關係を有する琉球に於てその代表的なものを見ることが出來る。伊波普猷氏の「南島古代の葬儀」に依れば、沖繩島の中部東海岸を少し沖に離れた津堅《つけん》島では十數年前まで人が死ぬと、蓆に包んで後世山（後生山）と稱する藪の中に放つたが、その家族や親戚朋友たちは、屍が腐爛して臭氣が出るまでは、毎日のやうに後世山を訪れて、死人の顏を覗いて歸るのであつた、死人がもし若い者である場合には、生前の遊び仲間の青年男女が、毎晩のやうに酒肴や樂器を携へて、之を訪づれ、一人々々死人の顏を覗いた後で、思ふ存分に踊り狂つて、その靈を慰め

たものであると、(民族、第二卷、第五號)

この屍體が腐敗して骨となるまでの期間毎日死人の顔を覗いて歸ること及び舞踊をなしてその靈を慰めたことは、一つにその死者が再び甦ることあるを豫想してであり、二つに死者の靈が此の世に未練なく滿足して彼の世に旅立つ行次を賑はしたものであらう。蓋し死者に對する生人の感情には自づから二つの働きがある。死亡者が生人の最愛者であつた場合には、その感情は愛惜戀慕であり、死亡者が生人に厄介視せられた者であつた場合には、その感情は寧ろ敬遠嫌忌、著しくは恐怖として發動するであらう。この二感情の發動は、文明人に於ては世間體等の複雜した考慮からどちらとも區別しがたきものとなる事もあるが、原始人の間に於ては判然として明らかにその別を立てたものであらうから、死者に對する見舞が一つは愛戀からと、一つは敬遠からとの動機に依つて行はれたことは決して想像に難くないのである。

愛著戀慕の情が强ければこの情はやがて死者の甦生を希望する慾念とならう。然るにたま〳〵この慾念に應ずる死者の甦生事實があるので、この慾念は一層熾烈なものとなつて死亡者はそれが腐敗して骨となるまでは、生きかへることがあり得るものと信ずるに至り、遂に或期日の間死亡者をその殯所の原頭に見舞ふこととなつたものであらう。

宮城縣芝田郡地方一帶に行はれる葬法では死者を容れたる棺を埋葬する時には必ず一本の長き木か竹を棺中より樹てて封土の上に之をあらはし、葬後一週間の程は朝夕近親者集りてこの木や竹を動かし、哀悼の意を傳ふることになつて居るが、これは哀悼の意を表すると共に埋葬せる死者が或は甦つて居はしないかと木竹に依つて檢するのであり、而して同郡川崎村にはかくすることに依つて埋葬後三日目に死者の甦りを發見し、この甦りし者はそれから二十年も健康で居た事實があつた。又同地方では死後甦生には八十日目に甦つた長期のレコードがあると云ふことである。(同地方の人、大沼喜久衞氏談)だから芝田地方で一週間墓上の木竹を動かすこと及び沖繩の腐爛するまで死人の顏を覘くのは何れも甦るや否やの見舞であり、腐爛するまで見守る沖繩の方は已に腐爛すれば甦生の望みも絕え且つ愛戀の情も起り得ないので、その見舞を打ち切る、具體的な原始的な方法であつて、芝田の方は葬後一週間、しかもこの木竹を動かすことに依つて哀悼の意を傳へると云ふ幾分抽象的な儀式的な方法となつた相違があるばかりである。

如何に愛するものであつてもその死體が已に腐爛して到底生きかへる事が出來ないと見きはめがついた曉には今度は安らかに往生することを欲するのが人情の自然である。沖繩の例に見るが如く、死人が若い者である場合には生前の遊び仲間の男女が每晚の如く饗飮舞樂の會を開いて死者の靈を慰めるのは、舞樂に依つて甦るものであるならば甦つて來るやうに（舞樂を以て人の心神の心を惹くことは古來何れの地方にも民族にも行はれて居る。朝鮮の巫女が降神に際して舞踏をするのはその標本的なものである）、もし甦り得ないものであるならばそのまゝこの饗飲舞樂を送別の宴舞として心よくあの世に旅立つやうにと行つたものであらう。而して若しその死者が嫌忌の對象であり敬遠すべき者であつた場合にはこれを慰めることに依つて、その靈をして滿足して、黄泉の國に行く事を欲したからであり、かうしなければ死者の靈魂が、此の世を思ひ切れず生人間に來つて祟りをなすの恐れありとしたからであらう。沖繩の場合には靈魂を慰めるに饗飲、舞樂を以てして居るが、この慰藉の方法は强がち、饗飲舞樂に限つたことでなく、靈を慰藉することは要するに靈魂の祟らぬやう、靈魂の心安く立ち行くことを希ふ目的であるから、靈魂が滿足して往生するであらうと考へられる方法であれば何でもよい譯であらう。だから現在朝鮮の葬儀に之が埋葬に先つて「殯」をなし、その期間近親者が集つて死者生前の好物を奠し、盛に哀哭をなすのも、死者の靈魂が、子孫近親の者達が如何に自己の死を哀惜して居るかを見て、之に滿足して速に生前の土地を離れんとすることを希望するに由來するものであり、高麗時代に於て殯期の間、之を寺に於て供養するのも同樣に佛力に依つて死者の靈を安らかに往生せしめ以て後顧の念慮を絶たしめんとする處から出發したものであらう。

そこで現在埋葬前に行ふ「殯」は、要するに死者甦生の見屆けから、死者の靈をして此の世に思ひ殘すことなく、心よく滿足して地中に埋めらるゝ爲めの慰靈手段が葬儀の一行事となつたものであると云ふことが出來る。と同時に朝鮮にも往昔琉球に於て行はれたるが如き原始葬法が行はれ、靈魂が戻るか、そのまゝ往くか、往くならば祟りのないやうにとの爲めに「殯」をなし、然る後その骨に靈あるを考へて、之を埋葬したものであつたが、文化のすゝむに從つて甦生、往生乃至恐怖等の觀念を離れ、全く儀式的の行事となつてしまつたものであると推論することが出來るのである。

(2) 火　葬

高麗時代に於ては佛敎の盛であつた影響であるか火葬は汎く行はれて居る。然しながらこの火葬は葬法の全部ではなく屍體を骨となすまでの手段であつて、火葬に依つて骨を得るや、之を收めて權殯をなし、然る後に之を埋葬するのが普通であつた。だから火葬は單に埋葬の先行手段の一部に過ぎなかつたものである。從つて嚴密の意味からすれば火葬と云ふ特別の葬法はなかつたと云はねばならぬ。いま火葬の例を二三擧ぐれば次の如くである。

『三韓復壁上功臣崔思全。己未年三月六日以レ疾卒。卽收ニ其骨一。越翼年二月二十七日。葬ニ于城南薔薇山麓瓦谷一。欲ニ遠其傳一レ强。——開城崔思全墓誌。高麗仁宗十七年己未（一一三九）』（朝鮮金石總

覽）

『金誠。大金皇統七年丁卯十一月八日卒。年七十二。其年十二月晦。焚二瘞于城南一。至二翼年秋七月二十六日一。葬二于松林縣馬山西麓一。—開城金誠墓誌高麗毅宗二年戊辰（一一四八）』（同上）

『正豐七年壬午二月二十七日。尙書戶部員外郞。隴西李公卒二于家一。越閏二月三日燒二葬于北山麓一。拾二遺骸一。越癸未四月十日。移葬二于此一皆禮也。—開城、李仁榮墓誌。高麗毅宗十六年壬午（一一六二）』（同上）

『金永錫。丙戌四月八日。薨。享年七十八歲。國家以二厚禮一葬レ之。子輩依二西域茶毘法一。收二其骸一。—豐德。金永錫墓誌。高麗毅宗二十一年丁亥（一一六六）』（同上）

『開城、李仁榮墓法銘—公之生世　眞不覇人　氣充二天地一　名冠二縉紳一　忽爾横レ館　倏然反レ眞　茶毘一日　蕩二滌六塵一　卜二其名處一　葬以二吉辰一　英聲玉振　萬世不湮—高麗毅宗十六年（一一六二）』（同上）

この最後のものなどは、この火葬が全くの骨骸を得る火氣洗骨の手段として用ゐたものである事を明確に示して居る。

猶ほ火葬後その骨を散ずるの法も行はれたが、それは子孫のない者に限られたものであつたから、子孫のある者は火葬に附してもその骨を埋葬すれば以て祀を享くることが出來ると考へられて居た。高麗宣宗九年(一〇九二)宗室金官侯丕の死するや、無嗣であるから先例に倣つて、やはり荼毘に附し然る後散骨するがよいと云ふ議と、吉地を卜定して厚葬し永く春秋の奠を享けしむるがよいと云ふ議とがあつた(高麗史、宗室)。だから高麗時代に於て、後の李朝時代に於けるが如く、火葬は死者と生者との關係を永く斷絕するものであると云ふが如き觀念はなかつたものと云はねばならぬ。

(3) 合葬と別葬

高麗では近親者を葬むる葬法に合葬と別葬とがある。合葬には墓域を同じくするものと、墓穴を同じくするものとの二者がある。例へば、

高麗恭愍王代の功臣李嵒の卒するや之をさきに洪夫人洪氏を葬つてあつた大德山の墓域中に埋めたもの(朝鮮金石總覽)。恭愍王陵が同塋內に墳を列べてあるが如き、高麗忠穆王四年(一三四八)貞烈公金倫の死するや遺命に遵つて大德山感寺の巽岡にある父文愼公の墓に祔(合葬)せしが如き、恭愍王十五年(一三六六)豊德李遂の死するや生前母の如く事へて居たその姉の墓に同穴して葬つた如きは皆合同葬の例であり、高麗高宗十四年(一二二七)に任益惇の墓地を定めた誌文に依れば、

『噫。我國無二宗阡祖陌族墳之法一。各占レ地而藏レ之。故今亦卜二吉于開州黃桃原一。以永厝焉。』(朝、

金、總)

即ちこの頃には近親者を一地に葬る法がないから別々に吉地を選ぶ慣はしに從ふて永久の墓地とすると云へるが如き、更に高麗忠惠王後位五年甲申(一三四四)に建てた李卓の墓記に依れば、

『以二土俗陰陽家法一別葬焉。』(朝、金、總)

と夫人金氏の墓地と異なる地域に葬りしが如き、何れも別葬の例である。之等の例に依つて考ふれば、合葬は配遇關係者なるが故に、親子關係なるが故に、或は同胞(姉弟)關係なるが故に、穴を同じくし塋域を同じうしたもので、近親者の間に於ける人情の自然に基くものであるから、當然同一墓地に埋葬せらるべきであるが、之等の例に見るが如く、多くは遺言に依つてこの合葬が行はれたものであるから、任益惇の墓誌にあるが如く、高麗には一族が墓地を同じくする族墳の風がなかつた爲めにこの合葬は寧ろ特別の場合に限られたものであつたやうである。從つて高麗時代に於ては一族近親の間柄でもその葬墓は各別々に定めるの風であつたと云はねばならぬ。然るに李卓の死するや、その墓を夫人金氏の墓地と別な地に定めたことに就て、誌文には前掲の如く土俗の信ずる陰陽家法に遵つて別々に葬つたと。この別葬の理由を土俗に遵つたと斷り書をしてゐるのは、もし陰陽家の法に遵はなかつたならば別葬しなかつたかも知れないと云ふ意味にも解せられるから、近親者を合葬する風が絕

對になかつたとも云はれない。けれども既に族墳の葬法がなく、且つ墓地に風水を考へたことは既に高麗の初期(顯宗の頃西記一〇二〇頃)に於て之を文獻に跡づけることが出來るから、高麗朝に於ての葬法は合葬よりも寧ろ別葬が普通な葬法であつたと云ふことが出來る。盖し風水では地氣卽ち生氣の獨占を必要とするから、幾つもの死者を同一の處に葬ることは之を望まないのである。

さて愈々李朝の葬法を一瞥すべき段になつた。李朝の葬法は李朝の文化が高麗の延長繼承であると同じく、加ふるに葬法の如き因襲の力強きものは統治者の交替があつたからとて直ちに變化を來すべきものでないから、李朝の葬法は高麗の葬法そのまゝを繼いだものであると云つてよい。從つて一般に行はる葬法をこゝに繰返して擧げる必要もなからう。たゞ李朝に於て國策として抑佛崇儒の方針を採つたから、葬法にも次第に若干の變形を來したものがあり、新羅高麗の葬法を窺ふ時に發見し得なかつたものが二三あるが故に、次に少しくこの一般葬の變形と、未發見の葬法を述べることとしよう。

一般葬に於ける變化は李朝に於ては火葬の風がそのあとを絶つた事である。この火葬は新羅高麗とも可なり廣く行はれて居たものであるが、李朝に至つては儒教が佛教に代つてその勢力を張るにつれ、祖先崇拜の觀念からその遺骸を完全に永く保存するのが孝子の務であるとなされたので、祖先の屍を火で焚くことは孝子としての情に忍びないと云ふので之を禁ずるやうになつたのである。この火葬を厭ふの風は李朝に於て始めてあらはれたものでなく、高麗の末葉に於て既に左記の如く之を禁止せむとするの意見があつたのである。

『恭讓王元年憲司上疏曰。葬者藏也。所以藏其骸骨不暴露也。近世浮屠氏荼毘之法盛行。人死則擧而葬之烈焰之中焦毛髮爛肌膚只存其骸骨。甚者焚骨揚灰以施魚鳥。及謂必如是、然後可得生天、可得至西方也。此論一起、士大夫高明者亦皆惑之。死而不葬於地者多矣。嗚呼不仁甚矣。人之精神流行和通生死、人鬼本同一氣、祖父母安於地下則子孫亦安、不爾則反是。且人之生世、猶木之托根於地、焚其根株則枝葉凋悴、燒其枝葉則根株亦病矣。安有發榮滋長之理乎。此愚婦之所能知也。聖人制、以四寸之棺三寸之槨猶恐其速朽。斂衣數十襲猶恐其或薄也。置穀棺中猶恐其螻蟻之或侵也。送終之禮如是。而反用裔戎無父之敎可謂仁乎。願自今一切痛禁、違者論罪。』（高麗史。卷八十五、禁令）

此の如く火葬を以て上天又は西方往生の信仰から出たものであるとなし、死者生者は木の根葉の如きものであるから、聖人はなるべくその根の速に枯朽を來さぬやうに送終の禮を制定したものであると論ずる處から察すれば、この意見は全く儒敎思想に根基を措くものである。それであるから儒敎の盛になつた李朝に於て火葬を非とするの論が勢を得て遂に火焚の禁を見るに至つたのも、まことに自然の趨勢と云はねばならぬ。然しながらもと〳〵火葬はこの上蹟に云へるが如き上天又は西方往生の信仰からだけでなく、殯所に於て腐肉解體を待つの期間を、手取り早くかたづけたまでのもので、要は死者の骨を得んが爲のものであつたものであることは忘れてならない。この觀念あるが故に、屍體の迅速に腐朽する溫穴を吉地とする風水說が歡迎せられた譯でもある。

だから李朝に於ても次の如き火葬が傳へられて居る。卽ち、優人君萬の父が一夜虎に搏られた、君萬は翌朝早速弓矢を持つて山に入ると、虎は已にその父を食ひ盡してしまつて居た。そこで君萬は一箭にして虎を殪し、劔を拔いて其腹を剖き、腹中から父の遺骸を收め焚いて之を葬つた。（勝覽卷三十晉州孝子條）これは已に遺骸となつて居るものを再び焚いたのであるから、蓋し虎の腹中に入つたけがれ《いふい》を清めんが爲めに焚いたものであらう。

特殊葬法、卽ち從來行はれて居たかも知れぬが、未だ見出されなかつたものに就ては次の如きものがある。

（イ）　族　墳

高麗朝時代には前旣に之を述べたるが如く一族の死者を同一地域に埋葬する所謂族墳と云ふものが一般には行はれて居なかつた。然るに傳說に依れば李朝の太祖は高麗の王家がその陵を各別の地域に定めたのでその展謁に不便なるのみならず、守墓乃至修繕等の經費が嵩み遂には手が屆きかねて誰のものか判明しないやうになつたのは、陵墓の本意に反し、かつは各地に散在するが爲めに國用の費が多かつたことを慮つて、一族の死亡者は一山に葬ると云ふ族墳の制度を採用することに決し、かくて無學と共に探求した結果、風水的にも、又一族が永く族墳として使用し得る規模大にして好適なる地を今の楊州郡東九陵の地に定めたのであると云ふことである。この傳說の如何は別として東九陵は、太祖の陵、健元陵を中心としてその周圍に接近して八陵を定めた處から觀れば族墳の墓地として選定されたものであることは想像にかたくない。

この族墳に就ての參考資料が「朝鮮金石總覽」下の八六一頁に見出される。それは李朝十六代仁祖十二年（一六三四）に出來た始興李元翼神道碑に、李元翼が李朝十四代宣祖のなくなられた時別葬の議に反對して、族墳の葬法に依るべきを主張した事が錄されてあるものであつて、その記錄はかうである、

『戊申（一六〇八）遭二宣廟喪一。宣廟嘗卜二葬地於建元陵之傍一。至レ是術官以レ葬レ近二祖墓一爲二不吉一。公（李元翼の事）力言二其不可一。曰皇朝諸陵皆卜二一山一。是古者族墳墓之意。而亦不レ違下於祔葬不レ筮之語上也。數三論啓不レ允。公於二術家之說一無レ所レ動。嘗曰生而同レ室沒而同レ兆。求二之天理人情一豈非二美意一。是後百世之遠皆葬二一隴一可也。』

この記錄にある宣廟が嘗て葬地を健元陵の近傍に卜定したことは、王家に族墳の制度が幾分殘つて居た事を物語るものであり、而してこの王家に傳はる族墳の考へは、李元翼が主張の眼目を皇朝卽ち支那明の王陵が族墳墓制を持つて居る事に置いて居る處から察して、李太祖が明の陵墓が族墳制を採つて居るものに倣つたものであると觀ることが出來る。從つて李朝の國初に於て明の族墳墓制の模倣が先づ王家から始められ、上のなすところ下之に倣ふの理に依つて一般臣民の間にもこの族墳制に依つて葬墓をなすものが少なくなかつたと考へることが出來るであらう。李朝二十一代英祖十年（一七三四）に樹てた高陽金柱臣の墓表に依れば、この墓は金家の『累代先兆』であつたと云ふから、之が族墳であつたことは明白である。現に各地に於てこの族墳制に從ふ墓地の殆んど悉くが皆李朝以後のものであることは、この推想を確實に立證するものである。

（ロ）詩　塚

慶尙北道永川郡柴陽面聖谷洞に鄭宜藩の詩塚碑と云ふ碑がある。これは壬辰の役に戰場の露と消えた鄭宜藩の遺骸を葬することが出來なかつたので、その人の生前に作つた詩を埋めて塚となし、夫人辛氏を祔葬した塚墓の由來を銘記したものであるが、詩を塚となすの理由は次の如くである。

『詩以塚ㇾ亡於禮之禮也。先儒論二招魂而葬者一曰。魂歸ㇾ天魄歸ㇾ地、苟無二體魄一廟二祀之一而已、魂氣不レ可二得以葬一也。然則矢二後而衣招一者皆不レ可二以塚一。獨詩者象二其人一者也可三以當二體魄一。以レ詩塚其亦不レ悖二於禮一乎。世必以二葬骨一爲レ幸、葬レ詩爲二不幸一。然纍々荒原葬骨何限、而終歸二於朽滅一。其人與詩終古而不レ朽者。茲塚也何其偉哉。』（朝、金、總）

卽ち、葬は體魄なければ出來ないものであるが、詩はその人を象るものだから體魄と見做すことが出來る上に、他の葬骨の如きは如何に丁重にしても終に朽滅するを免れないが、詩はその人の名と共に永久に朽ちないものであるから、詩を以て葬し之を塚となすことは寧ろ他の葬墓に勝つたものである、と云ふ理窟をつけて詩塚の理由として居るのである。この理由の適當なるものなるや否やは別として、この詩塚の由來が埋葬すべき遺體のない場合には、その人の生前にものした精神的作品を以て之に代へると云ふ觀念からであることを注意すべきであつて、これは新羅時代に異僧の鞋一隻を以て塚とした所持品葬の猶一層躍進した葬法であると云はねばならぬ。

（ハ）　壑　葬

これは死者を巖窟の中に遺棄する葬法で、琉球の南島に最近まで行はれて居た巖窟葬と極めて近似する風である。これは「增補文獻備考」に載せてあるものであるが、かうである。

『奇虔拜二濟州牧使一。濟州舊俗不レ葬二其親一。死輒委二之壑一。虔未レ上レ任。先勅レ州使レ備二棺槨一斂以二

歛葬一。州之葬二其親一自レ此始。一日夢見二三百餘人一。拜二於庭下一。叩謝曰。賴二公之惠一。得レ免二暴骸一。』

この夢に三百餘人があらはれて虔に叩謝したか否かは詮議する必要もないが、濟州島民が虔の牧使となつて行つた時まで、父母の屍體を巖窟の中に放棄するの葬法を用ゐて居たことは注意すべき事である。この一例だけでは單に濟州島民の間にのみこの葬風が行はれて居たものとしか考へられぬが、島嶼や海岸等の所では他にもかうした葬風を行つて居たものがあつたのではないかと想像させられるのである。猶ほ虔の濟州牧使となつたのは李朝四代世宗（一四一九―一四五〇）の時で、今から凡そ四五百年前の事である。

この壑葬がたとひ李朝時代に於て注意されたからとて、決して新しき時代のものではなく、原始人の間に行はれた葬法であることは想像に難くないであらう。「增補文獻備考」禮考には高句麗閔中王の壑に就て次の如く記錄して居る。即ち、

『閔中王四年王田二于閔中原一。見二石窟一顧謂二左右一曰。吾死必葬二於此一。不レ須下臾作上二陵墓一。薨從二遺命一故號曰二閔中王一。自レ是王薨皆以二葬地一爲レ號。』

とある。この石窟は壑窟の如きものであつたと考へられるから、若しこの記事が正しきものであるとすれば、この壑葬の風は既に西紀四十七年、今から一千九百年も前に行はれて居たものであると云は

圓墳墓（京城附近）

ねばならぬ。

第三節　朝鮮の墳墓

朝鮮では墳墓を主として山につくる。従つて墳墓を通俗には山所又は單に山と稱することもある。然しながら墳墓をなすの地は主として山に之を求むると云ふだけで、山にのみ限られた譯でなく、丘岡に於て、原野に於て、或は田畑の中に於てその造營を見ることが決して少くないのである。

支那明の使臣董越がその著「朝鮮賦」に

『王都設署備棺槨以濟貧窮。其棺槨多用松木。貧則皆葬山椒。自平安黄海一路。望見山巓如睥睨者皆墳也。貴者乃卜宅郊原擇形勢。有華表石羊之類。』

と、描寫せるは、よくその實相を捕へたものである。然しながら京城の十里以內(一里)及び人家から百歩以內には法典に依つて墓地とすることを禁ぜられて居た。

墳形は一般に土饅頭の觀を呈するが、之には大別して二つの形がある。卽ち王公以下士大夫の墳形は概して圓墳であり、私庶民のそれは概して乳形又は突形をなす。然しこれは鳥瞰視又は横から見ての事であつて、前面からすれば何れも半圓形をなすことは勿論である。

圓墳

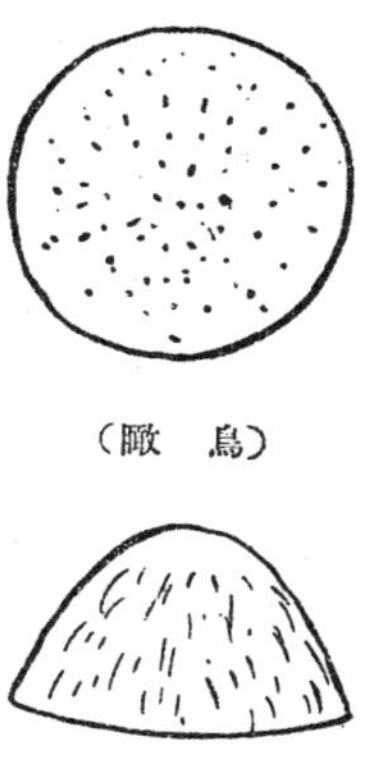

(鳥瞰)

(正面)

乳突墳

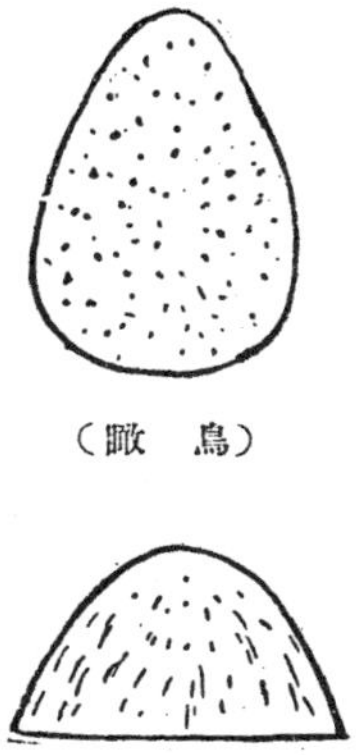

(鳥瞰)

(正面)

墳墓の規模構造には貴賤の差に依つて著しき相違があり、王公貴族はその規模廣大、その構造も亦壯大で　るが、一般庶民に至つてはその規模に於ても構造に於てもあまりに懸隔あるを見るのである。李朝の『經國大典』には墳墓の規模に關する規定を設けてあるが、それに依れば、

『墳墓定限。禁耕牧。

宗親(王族)　一品　四面各一百歩。

二品同　九十步。
三品同　八十步。
四品同　七十步。
五品同　六十步。
六品同　五十步。

文武官
一品四面各　九十步。
二品同　八十步。
三品同　七十步。
四品同　六十步。
五品同　五十步。
六品同　四十步。
七品以下、生員進士、有蔭子弟ハ六品ニ同ジ。

女ハ夫ノ職ニ從フ。』（禮典、喪葬條）

と、その品階に依つてそれぞれの差等があつた。而してその構造に至つては王陵は一般に次の如きも

高麗太祖の陵（李朝に修理したもの）

のであり、

『治葬。開二塋域一。祠二后土一。穿レ壙（深十尺廣二十九尺長二十五尺五寸）。開二南面一爲二美道一作二石室一。加二蓋石一。排二地臺石、（初地臺石二十四、正地大石十二）、隅石、面石、滿石、引石（各十二）。蓋石內畫二天形一。四房石、畫二青龍、白虎、玄武、朱雀一。作二鎖閉門扉石門一倚石外作二便房一。地臺石外置二欄干一（欄干十二面、周四百八十三尺、下地臺石外、支石、隅石、石柱、童子石柱各十二）。立二石柱童子石柱一。横置二竹石一（二十四）。繚以レ墻。設二石羊（四）、石虎（四）、石床（一）、石望柱（二）、長明燈（一）、文武石人（各二）、石馬（二）一。營二丁字閣、碑閣一。置二參奉、守陵、軍戸一。』（「五禮儀」）

王族は之に準じて規模を小にし、臣はその品階に依つてその構造を遞略したものである。

墳墓の形式に二者あり、之を王陵に就て見るに高麗王陵は石を疊みて段となし、石階を設けその上段に墳を起すのであるが、李朝王陵は段階を設けず、傾斜をなせる一土段の上部に墳を起すものである。この區別は王陵のみならず臣民の墳墓に於ても見られる。

李朝四代世宗が編纂に著手し七代世祖の時に出來た「五禮儀」は吉、凶、軍、賓、嘉の五禮を古今の儀禮に參酌して制定したもので李朝一代の禮典となつたものであるが、之に依れば、普通の槨は墳内に石灰、黄土、細砂を以て築きつくるものであり、(之を三合土と云ふ、その合せ方は石灰六割、黄土二割、細砂二割を糯粥にて煮合はすのである。)槨内に容れる明器は、木を刻して小さな車馬、僕從、侍女、其他各種奉養の物を造り、四品以上は三十、五品以下は二十、庶人は十五を用ゐたものである。又一つの笣に奠餘の脯を盛つたもの、五つの筲に五穀を盛り、三つの甖に酒醯醢を盛つたもの、及び牀帳、茵蓆、椅卓、靴笏幞頭の類を小さくしたものを入れるのである。

猶ほ王陵の墳中に入れるものに就ては、李朝十七代孝宗三十三年發布した「墳中雜物減定綸音」に依つてほゞ之を明にすることが出來る。

イ、從　者、　木造、奴婢、工、歌人人形。

ロ、衣冠、圭冕、上衣、下裳、大帶、中單、方心、佩玉、綬、蔽膝、紅襪、赤舃。

ハ、磁器、飯鉢一、匙楪一、爵一、簠一、簋一、香爐一。

ニ、瓦器、釜一、鼎一、甒一。

ホ、竹器、筲八、冪八、籩十二(後六)黍、稷、稻、粱、麻子、菽、小豆、麥を盛る。

ヘ、木器、豆十二(後六)、香盒一。

ト、樂器、銅鍾一、磁磬一(機を去りしもの)、瓦壎一、篪一、琴一、瑟一、笙一、簫一、鼓一、(機を除きたるもの)、柷一、敔一。

チ、役器、于一、甲一、冑一、彤弓一、彤矢八、管一。

リ、粧器、螺鈿、梳函、匣鏡之類。

ヌ、用器、土藤箱、唾盂、溲器之類。

ル、飲器、酒樽、酒盞之類

(以上三者は綸音に於て、適宜減ずることに定められた。)

李朝「經國大典」には棺槨の塗料に就て規定して居るが、それに依れば、大君、王子君、公翁主の場合は、棺には漆を、槨には瀝青(松脂に油を加へて練り合せた塗料)を用ふること、其の餘の人は棺槨とも皆な瀝靑を用ゐることとしてある。

第二章 朝鮮の墓制

第一節 ドルメン

朝鮮の墓地制度を繙くには、先づ石器時代の古墳と見做さるゝ、ドルメンから概観して行かねばならぬ。

ドルメンとは朝鮮の所謂「撑石」「支石」と云ふものであつて、天井に一枚の大石を置き、數枚の石にて之を支へ、其形狀恰も机狀を呈するのである。だからケルト語では之を石机と稱し、近代の英語も亦之にならつて、ストンテーブルと云ふ。朝鮮人が之を「撑石」或は「支石」と云ふのは、よく其名稱を附せりと云ふべきである。

朝鮮のドルメンはその構造四枚の石壁上に一枚の大石を置くのが普通である。然しながら是等のドルメンが、一度發掘せらるるや、殆ど其全部が石壁の一枚或は二枚を取去られるので、(其發掘者にして埋葬品を得んが爲めに、または好奇心より其内部を窺はんとすれば、必ず石壁の一枚を取除けなければならない)ドルメンは常に二枚乃至三枚の支石で蓋石を支へて居るものゝやうに考へ誤られることが往々にしてあるのである。

朝鮮に於けるドルメンの存在は平安、黄海、京畿、江原、忠淸、慶尙、全羅の各道に亙て分布してゐる。群在又は散在し、南鮮の多島海なる珍島、完島等にも夥しく存在する。而して是等のドルメンを其形式に依つて、その分布を二區域に分類することが出來る。卽ちその一は全羅道及び多島海諸島にあるドルメンで、之はその形、實に碁盤形を呈し、構造頗る簡單なものであり、その二は忠淸道より東北方の各道に於けるドルメンで、その構造稍や複雜にして幾分進步の跡があるものである。この事實は最も注意すべきことである。之等のドルメンは何れも石器時代のもので、彼の任那、新羅、百濟、高句麗等の所謂三國時代よりも更に遼遠の時代に屬するものである。

このドルメンは高句麗古墳の一種と稱せられる石構の古墳(龍岡郡黃山麓に存在する古墳群にあり)に類似する點が頗る多いから、或は後代のものではないかとも思はれる點もあるが、ドルメンの中から石器の發見された事や、蓋石が支石の外に恰も軒先の如くにはみ出して居るドルメン特有の形式から推して、高句麗時代などに出來たものでなく必ずや、石器時代のものであると云はねばならぬ。

ドルメンに類した構石墓にケールン(石塚)がある。ケールンとはもとケルト語の堆石の謂《いひ》であつて、死屍を葬する場合先づ不完全な石を以てその周圍に垣をつくり、これに其の上から谷間の自然石の破損したものを澤山積んだもので、崩壊を防ぐ爲めにその周圍下部には大きな石を堆積した墓地である。このケールンの朝鮮に存在する所は江原道春川、忠淸南道扶餘及び平安南道の高坊山麓等であり、高坊山麓にあるものは（四箇所以上）自然石を亂雑に堆積したもので、その周圍の下部には稍や大きな石を列べ置き、其他は溪谷の岩を無雑作に堆み重ねたもので、既に發掘の厄に遭つたものであるから、昔は尙ほ高く積まれたものであらうが、今では僅かに四尺位の高さかしか認められない。

黃海道殷栗郡山東里のドルメン

第二節　樂浪の古墳

平安南道平壤の西南にある樂浪郡治址（大同郡大同江面土城）を中心として、千餘の古墳が累々として散布さるゝを見、秥蟬縣治址（龍岡郡於乙洞古城）の附近にもいくつかの古墳があり、又帶方郡治址（鳳山郡唐土城）と思はるゝ地點を中心として其周圍にも數十の古墳がある。これ等は皆樂浪郡時代に屬すべきものである。

樂浪古墳の外形は何れも大小の墳壠をなし、長年月の間に土民の耒鋤にかゝつて變形されてゐるが、其最も明かに當初の形を想像することの出來るものには方台形がある。此の形式は支那に於て周漢時代に最も普通に行はれたもので、周の文王陵、成王陵、及び漢の惠帝の安陵、景帝の陽陵、宣帝の杜陵等は何れも方台形であるから、樂浪郡時代に屬する此墳が方台形であることは當然であらう。

この樂浪墓は、その內部の構造及び玄室の材料から見て、之を次の如く二つの形式に分けることが出來る。

(1) 木槨墓
- 一、木槨のみを有する墳墓
- 二、木槨の底部及び四圍に玉石を詰めし墳墓
- 三、木槨外部を塼にて包みし墳墓

(2) 塼槨墓
- 四、塼槨にして木製の天井を有する墳墓
- 五、塼槨にして穹窿天井を有する墳墓
- 六、塼の殘缺を以て槨を造れる墳墓

右は主として玄室の材料から見た分類であるが、先づ木槨墓の概要を檢するに、その代表的なもの

として見らるゝ大同江面石巖里にある第九號墳の內容は次の如くである。

此墓は先づ丘陵上に壙を穿つて底部に玉石を敷き並べ、其東西兩端に近く土台を置き、其上に栗の角材を並べて床となし、四方は同材を重ねて壁となし、其上に同材を架け並べて天井となし、木槨の四面地山との間は玉石を以て塡充し、玉石と木槨との間隙には木炭を塡め、さて其上に封土を盛りて方台形としたものであり、この木槨の中に木棺を安置したものと思はれる。而して木槨の大きさは多くの場合、夫婦を合葬することの出來る廣さを有してゐるのである。

次に塼槨墓の代表的なものとして、大同江面貞柏里にある、第一號墳について述べるに、內部の玄室は、其四壁と床を塼を以て築き、更に其前面に前室を設け、前室の旁に小側室を附し、その前方に羨道を有する處の穹窿天井をなすものである。而してこの形式は、前述の木槨墓が縦壙式であるのに引かへて横壙式であるから、造墓上から見て餘程進歩したものと云ふことが出來る。

之等の古墳には銅器、陶器、漆器、武具、馬具、服飾品に至るまで、豐富に而かも貴重なる品物が實に多量に副葬してある。服飾品としては長年月を經た關係上貴金屬品だけしか殘存してないが、それ等のもの例へば指輪、釧、帶鉤、櫛等が、其技工の精巧なること、實に驚嘆に價するもののみである。かゝる優秀な美術品の副葬されてあるのは、此頃の樂浪が後漢の影響を受けて厚葬の風が盛に行はれた爲めであらうと云ふことである。

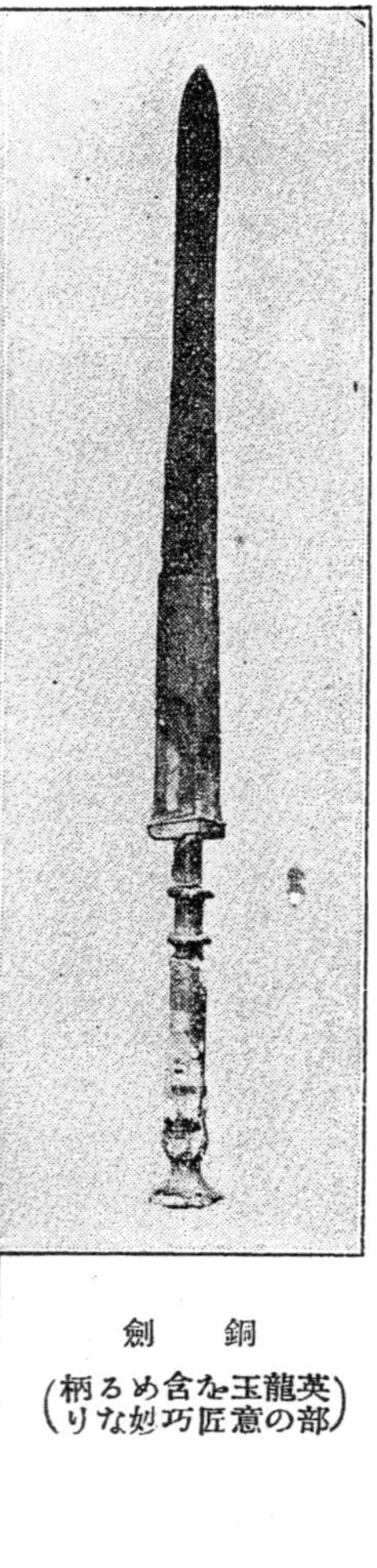

銅劍
（英龍玉な含める柄部の意匠巧妙なり）

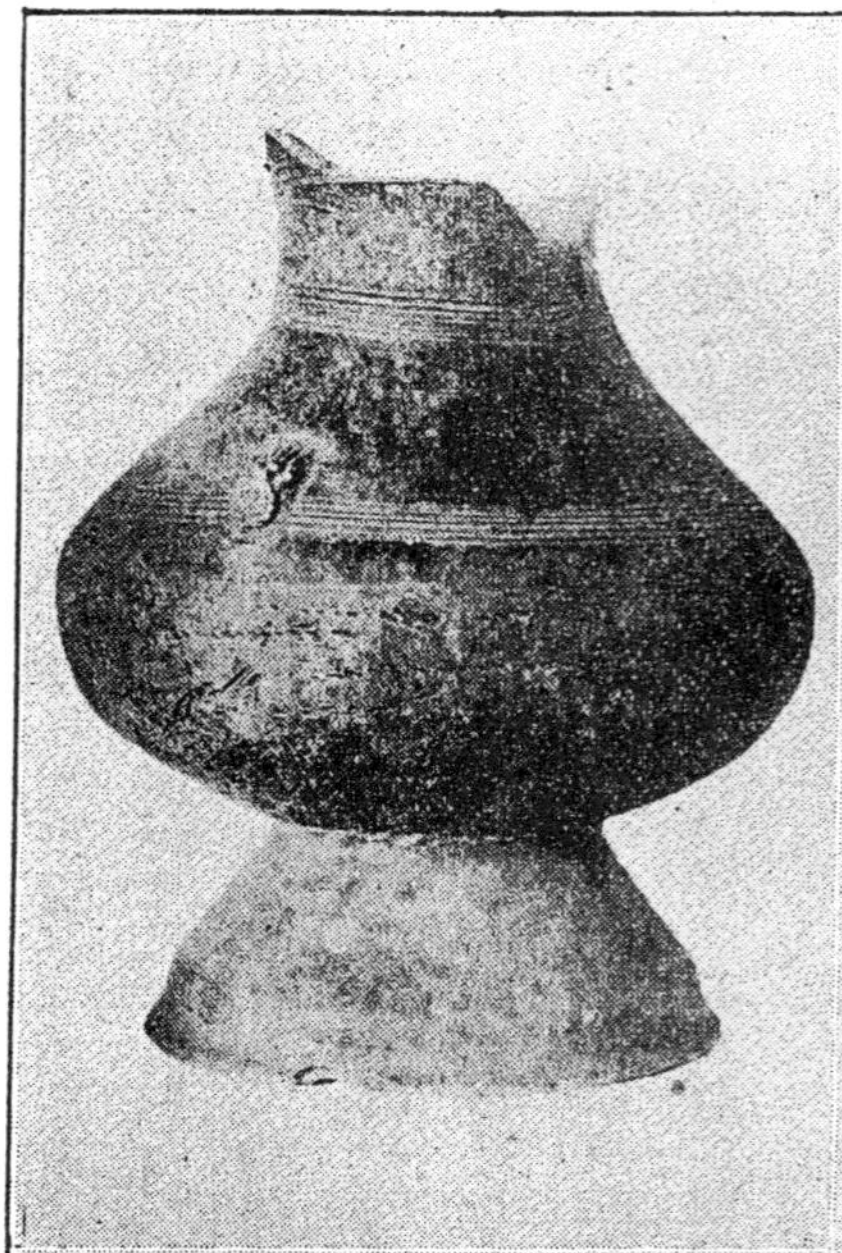

銅鍾（樂浪郡時代）

金銅馬（樂浪郡時代）

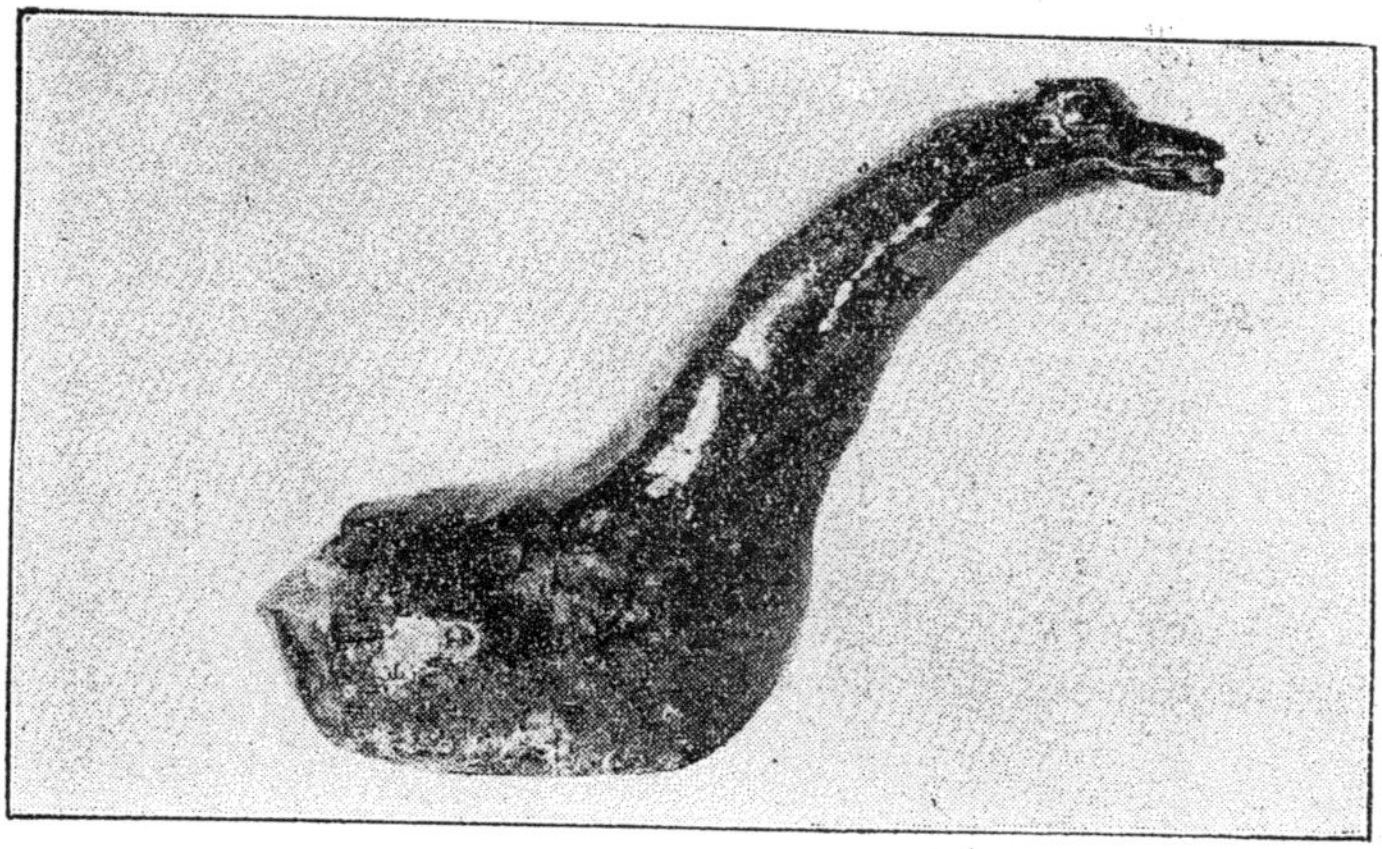

陶　鶩　（樂浪郡時代）

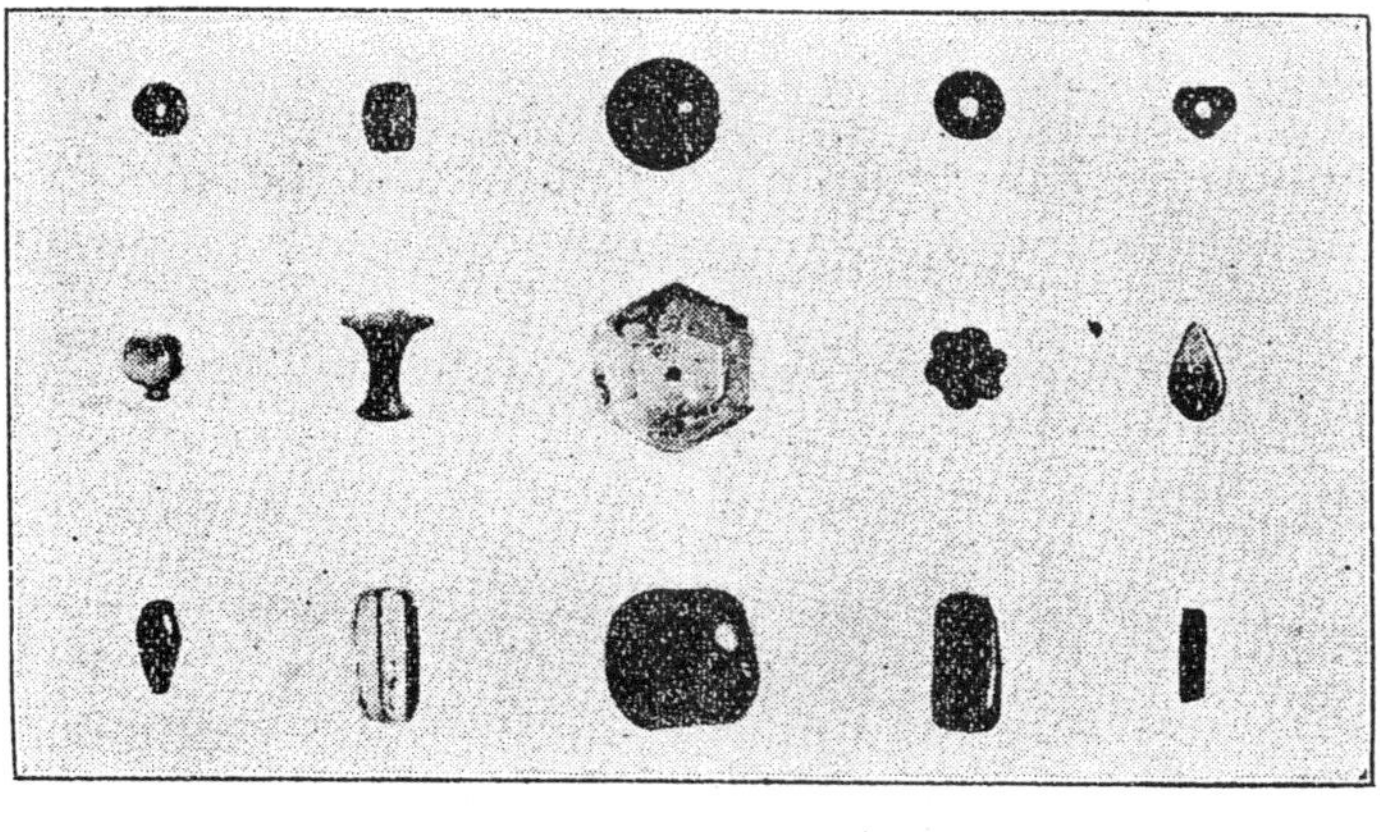

玉　各　種　（樂浪郡時代）

猶ほ同時代の副葬品たる器具及びその配置の仕方を窺ふに、上掲大同江石巖里第九號墳には、大體に於て槨内北壁に近き一帶に銅器物を東西列に並べ、その南前列に瓦器を並べ、西壁に近き一帶には武器、馬具類を南北に列し、棺の西方には案及び盃盤類、刀劍、鏡櫛などが秩序整然と配置されてあつたのである。之等の器具は何れも死者の使用に供し且つ死者を慰藉する爲めのものであり、その配置も亦死者の採つて用ふるに都合好きやうにしたものであらう。

塼槨墓に使用した塼は卽ち我國の所謂煉瓦であつて、支那にては早くより使用され專塼、磚甎又は甓等の名を以て呼ばれて居た。卽ち少くとも周時代には廣く用ひられたやうであり、兩漢時代に入りては或は宮室に、或は民屋の壁墻に、或は墳墓の玄室の槨壁に之を用ふることが、益々盛んとなつたのである。朝鮮に於ては樂浪郡時代に來住した漢民族が、其官衙、住屋、及び墳墓の内槨を築くに盛んに之を以てしたのである、(此附近の鮮民は從つて早くより、古墳の多くが其内部に塼を藏する事を知り、之を破壞して塼を運び去り、其住宅の基礎や竈や墻壁に盛んに之を使用したもので、大同江面の部落の民家は、殆ど之を利用せぬものは無いと云つてよい程である。)塼の形式文樣は實に多種多樣である。

(以上は主として古蹟調査特別報告第四册「樂浪郡時代の遺蹟」に依る。)

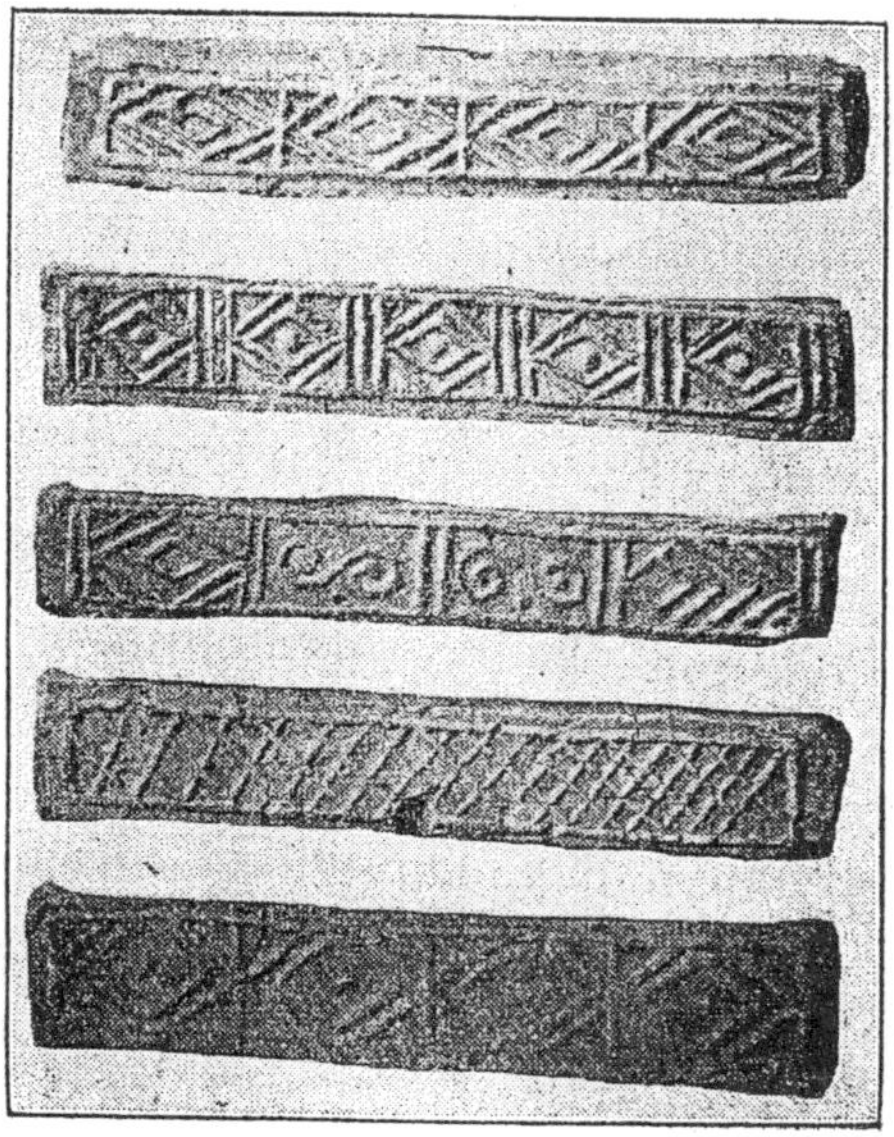

塼各種（樂浪郡時代）

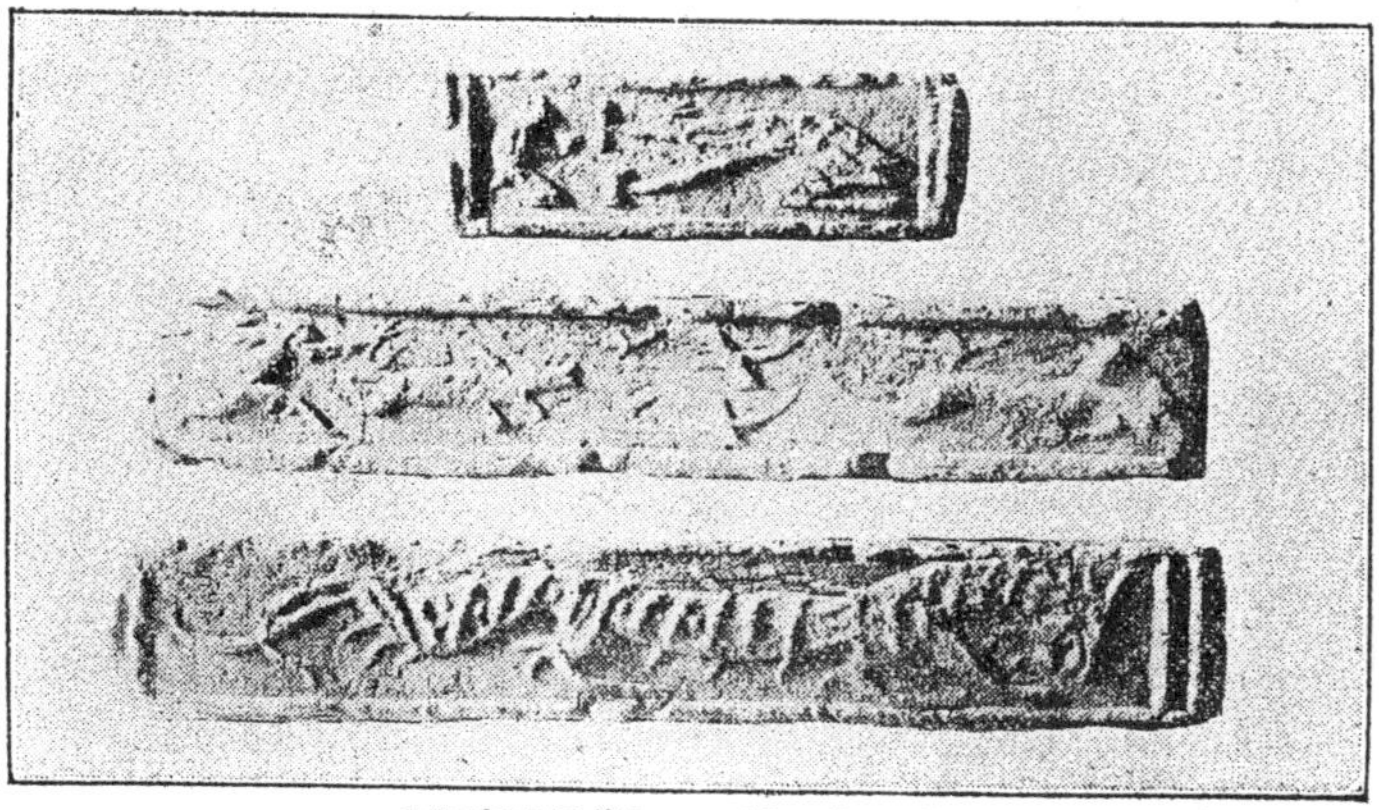

畫像塼（樂浪郡時代）

第三節　高句麗時代の古墳

平壤府の東北約三里に大城山と云ふ山がある。この山の南麓に、高句麗王宮と傳へられる安鶴宮址の東西に亙つて、千數百基の土墳、石塚が群在してゐる。是等の古墳群は何れも高句麗時代のものである。又平安南道順川郡仙沼面、同北倉面、同道龍岡郡黄山南麓一帶の地、其他平安北道雲山郡、渭原郡、黄海道鳳山郡にも高句麗時代に屬する古墳群がある。

此の時代の古墳は殆ど全部當初の外形を失つて荒廢した石堆に過ぎないが、その外形から觀て、概ね山の中腹にある石塚と山麓より平地に群在する土塚の二種に區別する事が出來る。今その代表的な者に就いて高句麗墓の一般を觀察するであらう。

(A)　將軍墳(廣開土王陵)

この王陵は高句麗時代古墳の一形式たる石塚式の稍や完全に保全されたものであるから、石塚形式墓の構造樣式を知るには最も代表的なものと云ふことが出來る。これは廣開土王の陵で滿洲通溝の東北約五十町許、土口子山の山腹にあり、山下には有名な廣開土王碑が立つてゐる。その構造は花崗石を以て七層の方壇を築き、頂部はコンクリートで饅頭形にしたもので、初層基邊の廣さ方百尺、全高約四十尺(現在)各層次第に其大さと高さを減じ、最も安定牢固の外觀を呈してゐる。初層の四面には各三箇の巨石を倚せかけて固めとなし、各層を築造せる石材は上下互に嚙み合せをなし、千五百餘年の歳月を閲しても、猶ほ且つ少しの歪みさへ見えない。羨道の入口は後世破壞されてしまつたものらしく、現在では第五層に其口を開いてゐる。玄室は廣さ方約三間、高さ亦約三間、四壁皆巨大なる石材を以て構成し、上部には各持送石を置き、其上に一枚の大石を載せて天井としてある。當初は四壁天井共に漆喰を塗つてあつた樣であるが、今は悉く剝落してしまつた。玄室內には木棺の座石と思はれる石が二個相並んでゐるのである。

(B) 三　室　塚

通溝の三室塚は小さい圓墳で、內部は橫に連續せる三室より成つてゐるものである。先づ長き羨道を過ぐれば第一室に達し、其左方に第二室、更に其前面に第三室があり、各短き通路により連接されてゐる。羨道の入口は石を以て閉塞されてゐたものであらう。其廣さ三尺四寸、長さ十三尺、高さ三尺四寸ある。第一室は方約九尺にして其周壁は野石を以て築き、壁の上部より五層の持送りを出して次第に天井の面積を狹くし、次に四隅に三角形の持送石を出だし其上に更に平らに三角形の持送石を重ね、最後に大なる石を以て頂を覆ひ巧みに天井を構成してゐる。第二室、第三室は稍狹くして長方形をなし、同樣の天井をもつてゐる。

三室共に壁天井とも厚く漆喰を塗り、其上に文樣や繪畫を施してゐるが、第一室の壁には樓閣、甲冑を着けた人物、腕押しをなせるが如き人物等を畫き、第一層の持送りには怪雲文樣を、第二層には蓮華文樣を、而して第三層の持送りには、蒼龍、白虎、朱雀、玄武の四神圖を描いてゐる。第二室、第三室の裝飾も大抵これと同樣であるが剝落して不明の處が多い。（壁面の繪畫はその手法頗る古拙であるが、持送りに施せる雲文及び四神圖は漢式の餘影を見るべく、蓮花文は北魏以前の特質を發揮してゐる。從つて此の塚は恐らく高句麗が平壤遷都以前の者なるべく、北魏藝術の輸入前東晋時代の樣式を傳へた者であらう。果して然らばこの壁畫は少くも今より約千五百餘年前の者であつて、東洋に現存する最古の壁畫である。）

（C）　魯山里鎧馬塚

この塚は平安南道大同郡柴足面魯山里長水院の南約七町大城山東麓に在り、外形略ぼ方台形をなせる土墳で、天井石の一角が少し許り露出して居る。封土の現狀は縱約八十尺、橫約六十五尺、高約十三尺であり、玄室は正南から約六十度東に面して羨道を通じ、四壁は割石を以て築き、天井は四壁より各二層の持送を出し更に隅及び平の二層の三角持送を以て頂石を受くること、高句麗墳墓に通有なる形式を有つて居る。

玄室の四壁、天井及び美道共に漆喰を塗り繪畫文樣を畫いてゐるが剝落甚しくして明瞭でない。兎に角玄室四壁には四神の圖を描き、天井左方第一持送には行列の圖を描き貴人歩行し、次に從者膝行し、次に王着鎧馬之像と墨書したる後に、二人馬鎧を着けたる乘馬を牽き、更に所謂高麗劍を捧持せる三人が續いて居る。第二持送左方には日象(今剝落して居る)右方には月象を圖し、其他蟠虬文に類せる文樣がある、玄室入口左方には力士の像と覺ぼしきものを、美道右壁には獅子に騎りて飛鳥を仰視せる人物を、而してその左壁には騎馬人物を畫いて居る。さてその大きさを見るに玄室は縱左壁に於て九尺三寸六分、右壁に於て八尺七寸、横前壁に於て八尺三寸五分、後壁に於て八尺二寸五分、高さ九尺八寸、而して室内には花崗石の棺臺二基を置く。美道は長さ十尺八寸、幅は外方に到るに從つて廣く入口に於て四尺二寸を有し、玄室の入口に接せる奥部に於て二尺八寸に狹まり、且つ玄室への入口は板石を以て之を塞ぎ更に割石を以て抑へてゐる。(此塚は其繪畫文樣からすれば約千四百年前の營造に係りしものなるべく、之等各種の壁畫はよく當時に於ける高句麗の風俗を徴するに足るものである。)

(D) 湖南里四神塚

この塚は長水院の東方約五十町獨立小連山の東部なる匡大山の南麓緩傾斜の地に在つて、前面には野石の巨大なるものを横に一列に並べて土砂の流下を防ぎ、墳は方台形でその底面、縱百三十五尺、横百十五尺、高さ基石上約二十五尺のものである。その構造、玄室は白大理石を疊んで連ね、四壁には彩色を以て四神圖を畫いてある。(筆力勁健六朝時代の眞髓を傳へたものである。)

（E）　順川郡八角天井塚

平安南道順川郡北倉面松溪洞北倉の西方約十町なる平野に孤立せる八角天井塚は、その横約四十五尺、縱約三十尺、高さ約十尺、內部は玄室及び前室の二より成り、前面に羨道がある。玄室は方形で廣さ九尺二寸、長さ十尺二寸七分あり、其天井の構造は實に奇巧を極めた者であつて、從來高句麗の墳墓に未だ曾て見ないものである。卽ち槪して三層より成つてゐるが、下層は八角形をなし、室の隅より奇なる蟇股を出して其隅を承け、上部は內方に彎曲し、各隅より斗肘木を出して以て中層の下を受けて居る。而して壁に梁及び蟇股を描きて恰も此肘木を支承するるが如き觀を添へて居る。中層はその下方八角、上方に向つて彎曲し遂に方形となつて居る。上層は方形であつて普通高句麗式の天井の如く、隅及び平の三角持送石並に頂石より成り、中層の四面より彎曲せる奇形の合掌を出して頂點に會せしめ、上に斗を上げ以て頂石を支へて居る。

壁畫は玄室の後壁に主人公夫妻の像を描き、三面の壁には龜甲形の内に羽扇狀をなせる蓮花を容れ、天井下層の梁形には蟠虬文を現はし、墓股の内には雲文及蓮花文を配し、外には雙人首蛇、鳳凰等を描き、中層以上は處々に星形を畫き出してある。

（F） 雲山郡東新面龍湖洞第一號墳

これは平安北道雲山郡龍湖洞にある高句麗墓で當初は大なる石材を重ねて數層の壇狀を爲せる石塚であつたが、今壞圮して纔かに下の三層の形迹を見るべきのみである。（塚の上部を築造せし石材は早く運び去られて其内部に充塡したりし玉石露出し玄室も亦崩潰し上部は多少凹窪して居る。）その構造大きさを見るに、初層壇の廣さ方約六十六尺、高さ約二尺六寸、前面地盤より現在堆石の頂までの高さ約九尺乃至十五尺であり、底部には地盤上に大なる割石を竝べ、砂利を以て間隙を塞きて基礎となし、玄室周壁の形迹がない。或は木槨を其上に構成したものか西方に當り恰も羨道の如く石を以て兩側壁を築きし處があり、その廣さ六尺六寸、而も其構造甚だ疎、謂ふに當初木材を以て羨道の側壁を築いたものであらう。こゝからは、玄室内羨道内と思はるゝ所より鐵製の焜爐、金銅板鳳凰形四枚、（多少缺損あり）金銅透彫金具の破片土器及玻璃の破片鐵製釘鎹鏃等の出土を見た。之等の出土品の様式に依つて見るに之等は約千六百年前に屬する者の如くである。從來高句麗古墳より副葬品の出たこ

高句麗墳（平安南道江西郡三墓里）

とは甚だ稀である。

（G）　龍岡郡黃山南麓にある高句麗古墳に就てその構造を窺ふに、

石槨の構造には

（甲）　天井が平石一枚より成るもの

（乙）　天井が持送式なるもの

の二種類があり、

玄室の壁は

（一）　一枚石より成るもの

（二）　割石を以て築かれしもの

との別あり、

又天井の持送式に

（イ）　四壁より二層內外の持送を出し、隅三角を置き、更に平三角を重ね頂石を覆ふもの

（ロ）四壁より二層内外の持送を出し、三角の持送を置かずして直に頂石を覆ふものの二大別があり（イ）は概して大規模のものに（ロ）は小規模のものに見られる。

以上大同郡柴足面及び龍岡郡黄山南麓（海雲面及瑞和面）に存する古墳の著しきものは何れも高句麗時代のもので、前者は長壽王が國内城より平壤城に遷りし以後遠からざる時代よりの營造に係り、湖南里四神塚及び土浦里大塚の如きは當時に於ける有力者の陵墓の代表的のものであらう。

高句麗墓墳を考究する資に供する爲め、左に大正六年度古蹟調査報告を摘錄する。

『支那奉天省輯安縣融和堡大高力墓子滿洲楡樹林子地方大高力子山麓古墳ハ高句麗時代ノモノト思ハルレバ其中稍當初ノ構造ヲ徵スベキ者六基ヲ選ミテ此等ヲ便宜、二室塚、無蓋塚、高塚、石槨露出塚、大塚、三室ト假リニ命名シテ左ニ說明セン。

（イ）二　室　塚

土塚ノ封土ヲ失ヒテ石槨露出セル者ナリ今墓ノ大サ前後徑約二十三尺五寸左右徑約二十一尺六寸高約四尺八寸アリ内ニ左右二室ヲ有ス其平面共ニ長方形ニシテ大ナル石材ヲ以テ天井ヲ覆ヒタリ、左室纔カニ内部ニ入ルコトヲ得ベシ其廣サ約三尺六七寸長サ六尺餘アリ。

（ロ）無　蓋　塚

前者ト同様兩室ヲ有セル土塚ニシテ封土及天井石ヲ失ヒ今唯左右ノ側壁ヲ遺セルノミ墓ノ廣袤前後徑約二十七尺三寸左右徑約三十四尺九寸七分高約三尺七寸九分アリ玄室ハ左室廣サ四尺餘右室廣サ約三尺五寸長サ約六尺餘共ニ前面ニ美道ノ形迹アリ。

（ハ）高　塚

方形石塚ニシテ壇狀ヲ爲セシ者ノ如シ、今大部分崩潰セルモ尙初重壇及二重壇ノ一部ヲ留メ三重壇ノ隅石ト思ハルヽ方三尺許ノ自然石モ存ス其上部ハ徑五六寸許ノ碎石堆積セリ美道ハ西南ニ向ヒ開ケルモノヽ如キモ明カナラス外形今長サ二十六尺廣サ二十三尺高サ六尺八寸餘アリ。

（ニ）石槨露出塚

封土流失石槨ノ半以上ヲ露出セルヲ以テ姑ク斯ク名ツク、今總高七尺六寸南面スレトモ西ニ偏スルコト甚シ殘存セル封土高サ約三尺基底ニテ東西約三十六尺五寸南北約二十五尺四寸不正ノ方臺形ヲ成ス玄室東西六尺五寸南北五尺七寸漆喰ヲ塗レル痕跡アリ、天井ハ崩潰甚シク石材散亂其構造明カナラサレトモ四壁ヨリ一二段ノ持送ヲ出シテ天井石ヲ支持セシモノヽ如シ、美道ハ南面中央部ニ通シ居レトモ土中ニ沒シテ其大サヲ知ル能ハス。

（ホ）大　塚

高句麗玄室壁畫、青龍（平安南道江西三墓里中墓）

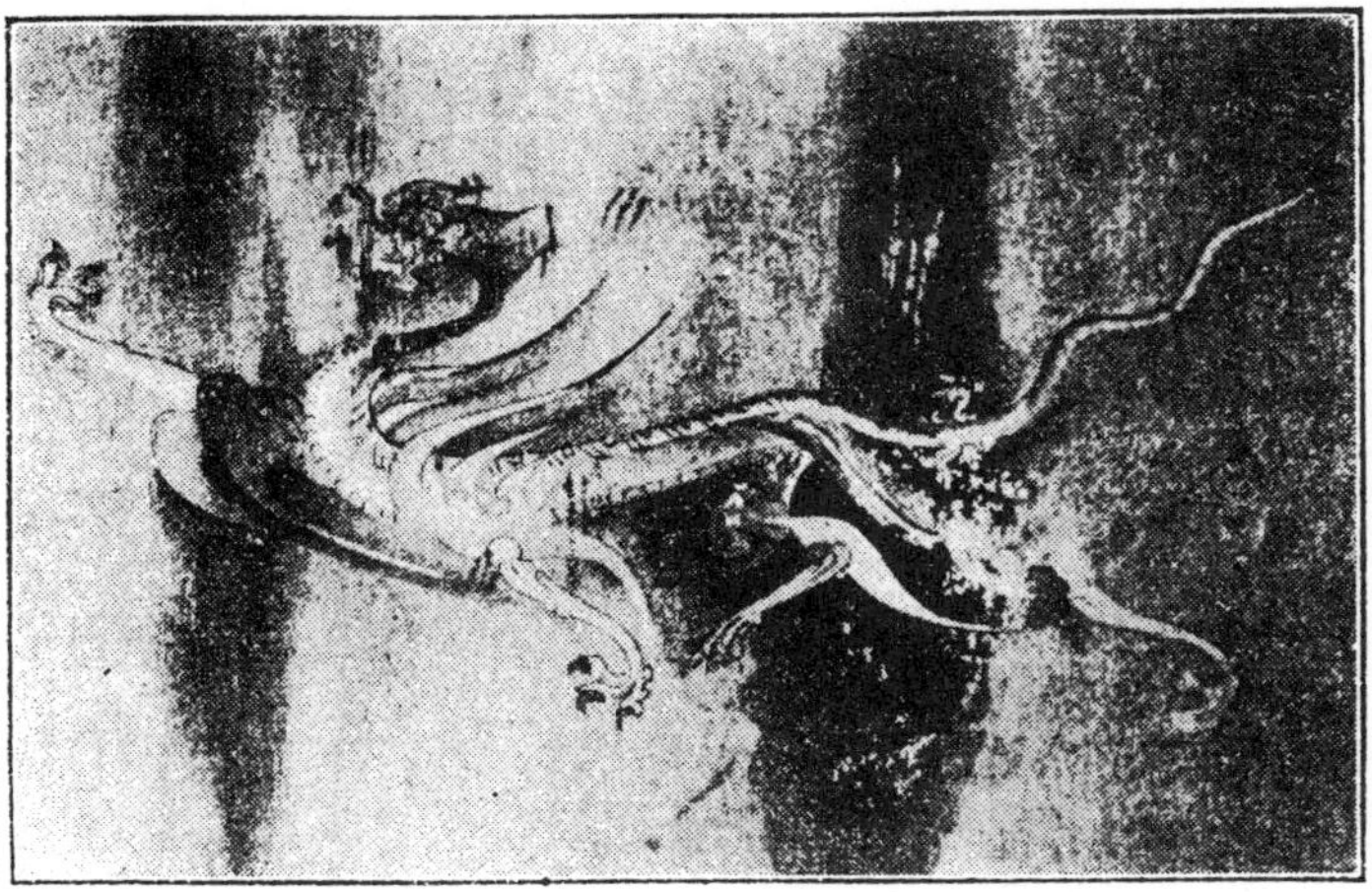

高句麗玄室壁畫、白虎（平安南道江西三墓里中墓）

廣袤三十二尺ニ二十八尺六寸方形石塚ノ崩潰セシモノニシテ總高六尺七寸アリ其對角線ハ略東西南北ノ方位ニ一致スルノ位置ニアリテ美道ハ西南方ニ開在スルモノヽ如シ、今存スルモノ二重壇以上ハ多少ノ大石ト無數ノ碎石ノ堆積セルトノミニシテ殆ド原形ヲ留メズ。』

以上の古墳から發見せられた壁畫は今より千三四百年前乃至千五百餘年前のもので、此等壁畫の正確な年代は不明であるが其樣式から判斷すれば、通溝三室塚の樓閣人物四神等の畫は恐らくは高句麗が平壤への遷都前の者なるべく、少くとも千五百年前支那東晋末頃の者であらう。(梅山里四神塚、湖南里四神塚などの壁畫も大體之に近い年代のものである。)

此等の壁畫は無論支那の影響を受けたものであるが、僅かに其餘流を汲んだのみで頗る古拙澁硬の筆致から成つてゐる。然るに眞池洞の雙楹塚に至りては其人物圖は細麗の筆を以て當時の風俗を遺憾なく描寫してゐる。特に人物の乘れる馬や車に駕せる牛は筆意我古土佐の繪に見るが如き雄健にして頗る寫生の妙を示してゐる、又前室の左右壁に描ける青龍白虎の如き後人の發掘のため甚しく毀損せられてはゐるが猶ほその豪宕の筆致を窺ふに足るべき者である。

墓壁及び天井の裝飾文樣は少くも今より千四百餘年のものであるべく、更に遇賢里古墳の壁畫は北魏の樣式を其まゝあらはせる者なることは、他の裝飾文樣の北魏式の直寫にして我飛鳥時代の藝術と親密なる關係を有せるもの丶樣である。この古墳の玄室の四壁に書かれたる四神圖は規模の雄大なる構圖の勁拔なる太細なき線條を自由に驅使して水の流る丶が如く、炎の揚るが如く、首尾照應一絲亂れず、以て雄渾豪快なる氣象を發揮してゐる。其畫風を見るに全く寫實を超越して作者の理想とする所を專ら線條の運用と色彩の照應とにより寫し出ださんとせる一の構圖である。

次に筆者の實地に視察した高句麗古墳を述べて見やう。

1　梅山里古墳、新德里古墳（平安南道龍岡郡）

この兩古墳ともその玄室の天井が枡型構造であること、及び壁上に四神（青龍、白虎、朱雀、玄武）を畫きたる點から云つて、全く江西の三大墓とその規を一にするが故に高句麗古墳と認むることが出來るが、この兩墳とも江西のものと少しく異なるところがないでもない。それは江西の壁畫は石面上に直ちに之を描いたものであり、且つその基地が平地にあるに反し、梅山、新德のものは何れも山麓にその基地を定め、而してその壁畫は花崗岩の面上に粘土層（厚さ一寸乃至四寸）の中塗りをなし、その上に石灰（三分―五分）を塗つて滑らかにして描いた點である。

之を風水的に觀察すれば兩者ともその北方に三和牛山（臥牛山）高く立ちその首頭と覺しき山勢の下降せる左右（東西）にその基地を定めたもので、梅山里のものが西方、新德里のものが東方にある。そ

の何れも黄海道の麗はしき連山と、白き海面を遠朝とし、附近の小高き諸岡を近對とし、前に案あり、

龍岡古墳の地形

青龍白虎その左右を擁し、その成局雄大廣濶、玄武の牛山にはその角も耳も明らかにそれと識別することが出來る極めて形勝の地である。而してその墓穴は來龍の龍角及び牛頭の鼻に相當する處に定めてあり、現在のところこの穴前を曲流する水が見當らないが（墓前を一二町距つたところは低處となつて居て今でこそ畑や道になつて居るが、この相當高い山あり程遠からぬ所に海もある地方であるから）この地勢は水流のあるべきところである。だから現在はなくても雨季には西方か東南方に流るゝ水流をつくるであらうし、從つて又山に樹木の鬱蒼と茂つて居た古昔に於ては確かに西北から出でゝ東南に流るゝ水があつたものと推想するにかたくない。

風水説では『龍耳不聽而其角聽。牛耳不聽而其鼻聽』となし龍角牛鼻を最も好適の吉穴とするのである。だからこの兩古墳と

も、風水的造詣深きものに依つて、占定されたものと思はれる。（右圖はその大略の地勢を示す）

眞池古墳正面見取圖

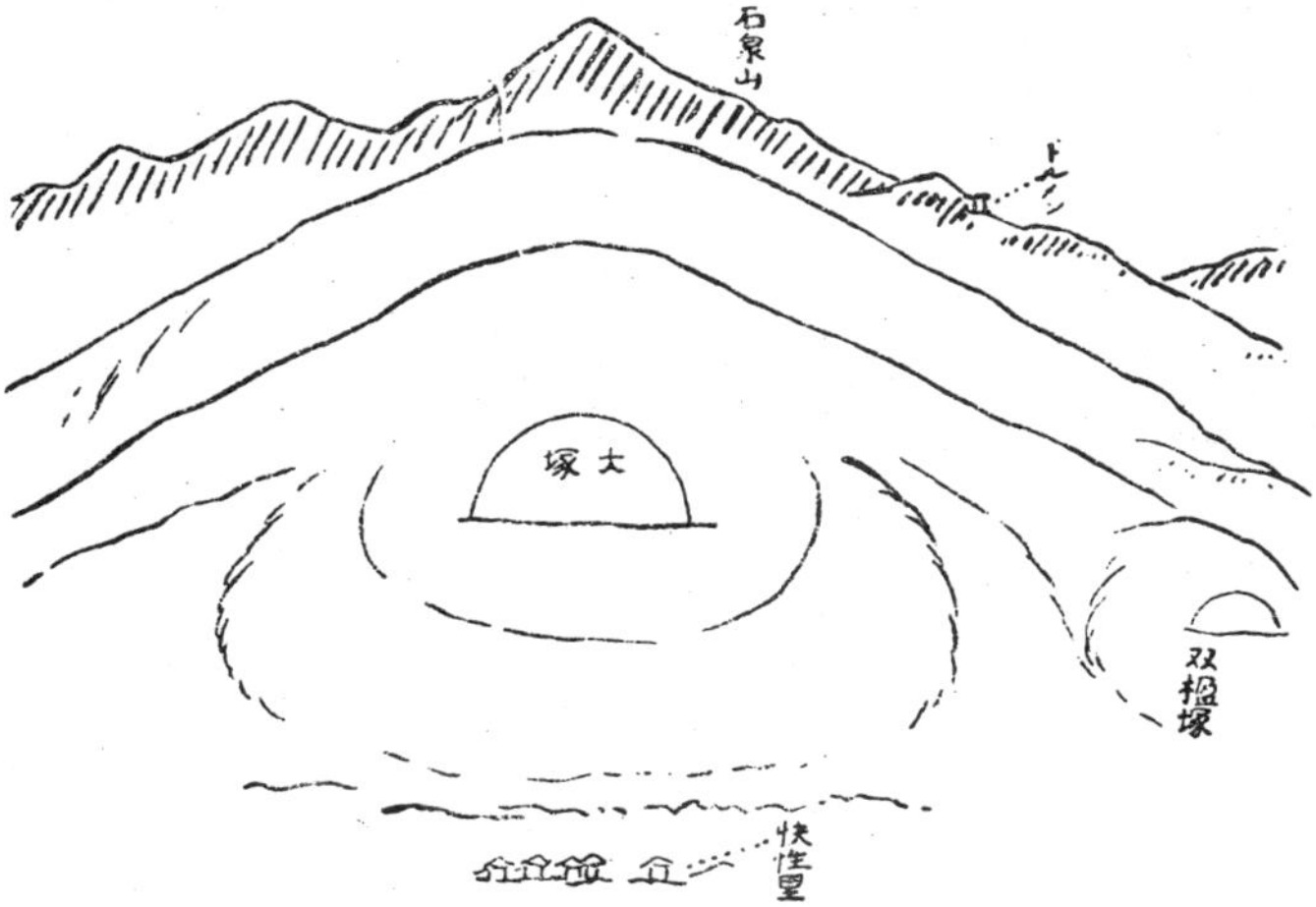

同上側面實寫（×印か墳墓）

2　眞池洞の古墳(平安南道龍岡郡)

眞池洞には二個の古墳があり、その一を大塚を云ひ、その一を双楹塚と稱する。その何れも高句麗古墳に共通な桝型天井と四壁に壁畫を有し、殊に大塚の壁畫には狩獵の圖を密描し、その人物の描寫法は實に立派なものである。その壁面は梅山里新德里の古墳と同じく花崗岩上に粘土の中塗を施しその上に石灰の滑面をなしたものである。

之を風水的に觀れば主山に石泉山の高峯あり、それが南方に金星の勢を以て脉々として下り對應整備し、成局廣大、前にニツカチ河北西より出でゝ南東に流れ、眺望絶佳、一點の批難すべきところなき極めて理想的の墓地である。大塚は成局の正面土星の上に位し、双楹塚はその土星を生ずる金星の左脉に位し、何れも子座午向をなして居る。

第四節　百濟の古墳

百濟時代初期の墳墓と認むべき者は京畿道廣州郡中岱面石村に大小數十基あり、又忠淸南道扶餘郡、公州郡に於ても多く發見される。

この古墳の外形は何れも封土の流下甚だしく原形を留めないが、土墳を繞つて圓形の基石があり、其基石は切石又は割石である。玄室は四壁に四神圖、天井に蓮華雲文を畫き、木棺と認められる者もあれば又見事な切石石槨を有し、棺座二所あるものもある。扶餘面陵山里にある王陵と傳へられるものと益山郡にある雙陵とは百濟王族の墳墓として知られてゐる代表的のものである。

今陵山里の古墳に就て其の構造内部を觀るに、その玄室長方形で前後に長く、四壁天井皆花崗石若しくは大理石の大材から成り皆な其の面を水磨きにし、南方入口の上には朱雀卽雙鳳を、東壁には蒼龍、西壁には白虎、北壁には玄武を描いてゐる。(今日白虎の頭部を髣髴することを得るの外殆ど剝落して辨じ難く、唯天井に蓮花、飛雲をあらはせるもののみ鮮明に遺つてゐる。)玄室の前面入口は石を立てゝ之を塞き、細長き羨道の入口も亦石を重ねて閉塞してある。玄室の内部は一段高く石床を設け其の上に棺を置いたものであるが、副葬品は一も發見せられなかつた。要するに扶餘地方に於ける百濟の古墳は樂浪、高句麗の者とは全く樣式を異にして居り、玄室の長方形である點から云へば、新羅任那の古墳に似てゐるが、其構造は又同じでない。

(附)倭人の古墳

全羅南道羅州郡潘南面なる紫徽山の周圍、新村里、德山里及大安里の臺地上に數十基の古墳が散在してゐる。是等の古墳はその外形圓形又は方臺形であつて、封土内一個又は數個の陶製甕棺を藏して

百済の古墳（南原舞童山）

同上蓋石

同上玄武

ゐる。之れは最初地盤上に盛土を爲し、上に陶製の大甕を横へ、之に盛裝したる死體を(今日も尙半島に於て行はるゝが如くに)布を以て卷き、之を板に載せて頭部より大甕の内に挿入れ、大甕の口部に於いて低き又は口部を缺きて低くしたる小坩を以て板を下より支へ、稍小なる甕を大甕内へ挿込みて死體の足部を覆ひ、大小の甕の合せ目は粘土を以て塗り、甕棺外足部の方に供物を納れたる坩を安置して土を封じたものである。

遺物としては金銅冠、金銅沓、大刀、刀子、斧、槍、箭、鋸、耳飾、勾玉、切子玉、小玉等がある。この古墳は是等の葬法、遺物から推して倭人のものであらうと云はれてゐる。

第五節 新羅の古墳

新羅時代の古墳は其舊都慶州の附近にあるもの無慮數萬、其他大邱、梁山、善山等の地方にも相當注意すべき者がある。

一般に新羅古墳は時代及び文化の經過發達に隨つて、

1 墳丘のみのもの

2 墳丘に護石を施し、時に更に石欄を設け前面に石床を配置したもの

3　更に第二に華表、碑閣、文武石人、石獅子を配置したものの三種に區分することが出來る。墳丘のみのものは新羅時代と云つてもその上期に屬するものであつて、この墳墓の外形構造等は次の如くである。

今梁山夫婦塚に就て墳丘の特色を觀るに、本墳は完全なる圓墳で封土の高さ二十七尺二寸基底部の直徑百八十尺を有してゐる。而して墳を築造するに當り丘陵上の適地を數尺掘り下げて床となし、こゝに石槨を置き側壁を積み上げ、天井石を架して石室となし後ち封土を盛つたものである。

石槨は封土の中央部に東西に長く築造せられ、長十七尺九寸幅七尺五寸、高さ八尺五寸を有し、四壁は徑一尺内外の野石を亂積となし、上部に至るに從ひ次第に室の幅を狹め以て天井の構架を容易にしてゐる。羡道は西壁の稍上部に設けられ、その幅五尺二寸、高さ五尺を有し同じく野石を以て不規則に閉塞せられてゐた。此の閉塞は最後に室外から爲されたもの故、室の內面には粘土を塗つてない。

次に玄室は四壁の表面に粘土を塗つて石壁面の亂雜を隱してあるが（今過半は剝落して幼稚な石積面を露出してゐる。）天井は（巨石故困難であつたか、或は其の必要を認めなかつたか初から）粘土塗りは施されなかつた樣である。此の粘土塗は下塗をなし上塗には白粘土を解いて薄く塗つたもので、石灰塗かと思はれる位白く且つやゝ淡黃を帶びてゐる。（此の塗り方も一回塗りより二回塗りとなり漆喰塗、石灰塗と次第に進歩し、花崗石の小叩きとなり、壁繪の裝飾と進んだものであらう。北鮮に於ける高句麗の古墳玄室には早くから漆喰塗が施され高級のものには壁畫が施されてゐる。然るに南鮮卽ち新羅任那のそれには、三國時代には漆喰塗は無く新羅統一後初めて其れを見る樣である。南北文化の差異はかゝる點にも顯れてゐる樣に思ふ。)

石室の底部は一面に玉砂利を敷き詰めて床となし、中央部に高い石壇が設けられ、小さい玉砂利が敷かれてゐる。此れが遺骸を安置せる石床である。此の石床は奧壁に接近して作られ。長さ九尺二寸餘、高さ二尺五寸、(此の石床は最初二段に造られ後一段に改造せられたるものである。)

さて梁山は新羅建國の後、四五代を經た頃新羅の領土に編入せられたらしく、而して辰韓の昔は古墳に槨を築造せなかつたと云ふから、此の古墳は新羅領となつてからのものであらう。此の土地は新羅南端の樞要地で伽倻日本に對する、新羅の根據地であるから、この古墳は邊境を守護せる武將の奧津城と思はれる。又石室は横穴式石廓で、比較的玄室の幅廣く天井も高く、新羅任那系統の石廓としては餘程進歩せる玄室である。然し新羅統一後のものらしくもないから新羅文化の黎明期に屬するものであらう。

猶ほこの梁山夫婦塚に類似した構造のものに、金冠塚、金鈴塚、瑞鳳塚、金鞋塚等がある。

新羅の王陵（統一以後）

古新羅時代の陵墓は唯だ一の墳隴に過ぎなかつたが、統一時代に入るや唐文化の影響を受けて、佛教盛んに起り名僧智識及術士排出し、所謂風水師も此時代既にあらはれてゐたから、墳墓も唐制に準ひ壯麗なる象設を施し且つ地相の如何を問卜し、遂に後の高麗、朝鮮時代の墓制の基をこゝに開いたのである。

この時代の王陵は一も發掘されたものがないから其外形を知るのみで玄室の構造朋器の配置等は之を知ることが出來ないが、王陵以外の者では、玄室は長方形にして切石を以て築き、大石を並べて天井となし、床上に低き棺座石を置き、前面に羨道を存してゐる。又一般に佛教隆盛の結果火葬の法を用ひ、厚葬の風大いに衰へ、王陵の外は墳隴を起すことも稀れとなり、山の上に石を以て小室を築き其中に骨壷を藏するのみのものが多かつた。

王陵の形式は之を外形から觀るに皆夫々風水にかなつた景勝の地を占め、太宗、武烈王陵前には唐制の碑閣を立て、文武王陵(掛陵)には更に唐制によりて石柱、石人、石獸を以て神道を飾り、墳の周圍には護石、石欄を繞らし石床を設け、陵墓の儀飾始めて壯麗となり、聖德、景德、憲德諸王陵から興德王陵に至りて益々完備し以て高麗墓制の先驅となつたのである。(併し一般民間には火葬の盛行と共に墳墓は小規模となり殆ど見るべきものがないのは注意すべきである。)

慶州郡江西面にある興德王陵は新羅統一以後の王陵中最も墓制の完備したものであるが、其の位置は山の中腹にありて南面し、後は峰を負ひ、前は平野に臨み、支峯左右相對して前を擁し以て龍虎の勢をなしてゐる。(此地相は高麗、朝鮮時代に最も吉地として考へられた者でこの思想が既に新羅時代に初まつてゐることは是に依つて知ることが出來る。) 墳の制度は掛陵及景德、憲德二王の陵と殆ど同樣にして護石の東石には方位(十二)神像を刻み周圍に石欄を設け前に石床を置き四隅に石獅子を配し、前方少しく離れて文武石人各一對、石柱一對を立て、以て神道を表はしてゐる、別に神道の東方に碑を立てゝゐたが、今は唯龜趺が遺つてゐるのみである。要するに此陵は當代後期の者にして制度次第に完備し次の高麗、朝鮮兩時代の陵墓の標準となつたものである。

第六節　伽倻古墳

洛東江流域の地は三國時代に伽倻聯邦の占據せし處、星州、高靈、咸安、金海、固城、咸昌は所謂六伽倻の故地であつて靈山、昌寧、陜川、晋州等亦當時重要の地點であつた。高靈は大伽倻の都せし處、其王宮址と稱する處は小丘の上にあり、其後方嶮岨なる主山の南に續ける山の頂より麓に至るまで無數の古墳大小碁布し、咸安(安羅伽倻の故地)は昔時日本府のありし處、亦王宮址及多數の古墳をなし、昌寧(比自炑の故地)には牧馬山城あり山麓亦古墳が多い。これ等の古墳は各地方皆同形式でその構造石槨及美道あり、石槨の平面の長方形なると共に其構造最もよく我國古代の陵墓に似、内部には木棺を安置せし形迹あり、副葬品中特に土器は其形狀及燒き方、我古墳より出ずる者と頗る類似して居る。

(三國鼎立時代に於て昌寧地方は所謂伽羅或は伽倻の一國たる比自炑の地たりしことは史家の所見略ぼ一致する處であり、比自炑は新羅眞興王の時、卽ち西曆第六世紀の中葉に至る迄伽羅の一國として存續し、其後新羅の一郡となり高靈亦大伽倻と稱し眞興王の時に侵滅せられるまでは伽羅の一國であつたから、之等の地にある古墳は新羅に併合せらる以前伽羅國の存在せし時代のものであらう。)

今之等伽倻古墳の代表的なものと目さるゝものに就きてその墓制を觀るに、次の如くである。

1　慶尙北道星山洞第一號古墳

古墳の外形、本古墳は上述星山洞(舊龍上洞)古墳郡中の西北端に位し、丘陵の尾端に營まれた圓塚であつて、封土の高さ約十二尺、基底部の直徑約四十五尺あり、表面全部を芝生で被ふて居る。

石室の構造、本古墳の石室は封土の中央部にあり、略ぼ東西に長き長方形をなし、石室の底部は封土頂點下約十三尺の平面に位し、長さ十二尺幅中央に於て四尺五寸ある。入口と思はるゝ東壁を除く外、三側壁は石材の平滑なる部分を內面として殆ど、垂直に近き側面を成し、其高さ五尺二寸內外である。

東壁の構造は之に反して壁面垂直ならず、石材の出入凹凸ありて外部から挿入した形跡が認められ、石材も亦た他の三面壁に比して稍々長大である。蓋しこの東壁は埋葬竣りて後之を閉塞する際に造つたもので、從つて此の東壁の部分が本石室の入口であつたものであらう。

石室の天井石は大石四枚を橫に並列し、底部には小割石の層があり、石塊を二三重に敷いて居る。而して側壁の內面には漆喰を塗つて化粧した痕跡が認められる。

遺物の配置、副葬品中顯著なる土器の配置は三つの群に分れて居る。其の一は奧壁に近く南側に群集したもので、高大な台上に大きな壺を安置し、其の台側に蓋附高杯二個がある。其の二は前壁に近き一郡で南側に二個の台付大形壺あり其北壁に小形の高杯五個を置く。其の內一個には抔中蟹の殼の遺存を見た。其の三は前二群の中間にあつて南北兩側壁に各二個の高抔を配置してある。

次に金屬器等の遺物には先づ大小二口の環刀がある。孰れも柄頭を西にして、中央土器群の東にあり、刀身を石室の長軸に並行して置く。其の北邊に接して亦刄を南にした刀一口がある。環刀の柄頭から南方高抔との間に當つて、銀製帶飾金具三十四箇、略ぼ輪狀に存在し、此の附近に齒牙四個があり其の西方數寸の處に頭蓋骨の一部が認められた。頭蓋の南方には箭狀銀製冠飾、北方には金製耳飾一箇、亦た頭蓋の東西に金環各一箇がある。(帶金具の南方に接して四肢長骨の斷片と思はるゝものあり、東方土器群に近く下肢骨指骨數片があつた。卽ち頭蓋下肢指骨間の距離約五尺三寸を測る可く、埋葬屍體は頭を西にした伸展葬たるを確め得られる。)

以上の外奧壁大土器群の南方、側壁に近く斧頭二箇あり、又大土器側の高抔に接して槍身二箇があり、前壁台附長頸壺の北方にも槍身二箇散在し、其の南方高抔群の西に接して刀子三箇斧頭一箇あり、更に石室前壁の南隅に近く小銅環十箇が散在して居た。

如上の遺物配置によりこの古墳の被葬者は一人であつて石室の略ぼ中央部に頭を奥にして大小の環刀を横へ、銀製帶飾金具を垂下せる革帶を纏ひ、耳に金環を附し、一種箭形の飾ある冠を戴いた男子であつたことを想像す可く、頭邊に近く大形台に載せた壺を置き、尙身體周圍に多數の土器を副葬し而かも鋲釘等の遺存せるを見ないから恐らく遺骸を納むるに木棺を以てしたものではないであらうと察せられる。而して之等遺物の種類と數は左の如くである。

一、土　器　15　一、銅　環　10　一、銀製冠飾　1　一、刀　劍　3
一、槍　身　4　一、不明金具　3　一、金　環　2　一、金製耳飾　1
一、銀製帶金具　34　一、刀　子　3以上　一、斧　頭　3　一、鐵器殘缺　3

2　慶尙北道高靈郡池山洞第三號古墳

本古墳は何等封土の存するを見ず、丘陵の傾斜面を穿ちて墓室としたもので石室は長方形をなし、其の長軸は略ぼ東西線に一致して居る。底部は地山を削平したのみで、何等の設備無く、四壁は大なる石盤石を並列して構成し、其の上部石材の不整より生ぜる間隙には割石を積み重ねて之を補足して居る。この石室は所謂箱式石棺の系統に屬するもので而かも內地に於ける阿波式石棺とも稱せらるゝ小箱式石棺に比較して、遙に長大なるばかりでなく、割石を以て壁面を補足してゐるのは積石石室との中間型をなすものと云はれやう。

3　善山郡洛山洞第二十八號墳

封土及壙の構造、封土は礫石なき土壤で近傍から採つたものであらう。前方より測れば約十三尺あるが後方から測れば四尺にすぎない。封土の裾石は深く埋沒して居る。壙の長さ約二十一尺、其幅、底部五尺六寸、上邊廣き部分三尺四寸内外、狹き部分二尺七寸五分であり、底面から蓋石下面まで高さ五尺五寸ある、左右兩側壁及奥壁は野石の割り面あるものを積み、壙底から蓋石下面までに五個乃至九個を積む(八九個を積める部分が多い。)前方壁は全く取り去られて不明。壙の四隅は角を成し、壙には蓋石を横架して居る。この蓋石は野石の長方形に近きものを選んで使用したものらしく些少の加工はあらうが其痕を認め得ない。各石の幅平均一尺七寸、厚さ約八寸あり、現存するもの九枚あるが、其の壙の長さより推すに尙ほ三四枚あつたものであらう。壙底には礫石を薄く敷いてある。

壙の内には四個の石棺がある。第一石棺は壙の東北隅に、第二石棺は第一石棺と其側面相接して壙の西北隅に、第三石棺は第二石棺の前に壙の東側に而して第四石棺は第三石棺と接して壙の側壁に在る。四石棺ともに其上端は略ぼ同一水平面にあり、石棺は板石を立て合せこれに蓋石の板を施したもので、各棺共に底板石なく、而して側板石及び蓋石は所謂石板石の類に加工したものである。厚さは約二寸内外、高さ約二尺。側板石は衝き堅められた地盤の上に建てられ、棺底には礫石を敷く、此の敷石面から上端までは一尺七八寸、蓋石其他には何等の裝飾を施してない。

棺底には礫石を敷き床を設けたもの丶如く、又二個の石枕を置き床界石の存在も認められる。棺外には坩(ツボ)、小淺甕(サラケ)、蓋附盌(マリ)等の遺物が發見された。

以上の構造遺物等から察するに、本墳は封土の形、狀、壙の構造等に於ては他の古墳と差異なきも、壙內に石棺あり、且つそれが四個までも存在するのは、この墳墓が一家族の共同墓壙であつて、第三棺に二石枕二床を備へてるのは恐らく夫妻を容れたものであらう。(第一棺も亦二床ありしなるべく、第二棺第四棺は二床を容る丶には稍狹き感がある。)其の副葬の瓦器より推察するにこの墳は新羅統一時代の造營にか丶るものであらう。

4　達城郡玄風面城下洞の古墳

此の古墳は玄室及び羨道を具備し、その玄室は方形に屬するもので、善山、咸安、昌寧に於て見ざる處のものである。その玄室は、長さ下部十尺六寸、上部七尺六寸、幅下部七尺五寸、上部四尺六寸あり、羨道の長さ四尺以上であつて、幅上部にて二尺四寸、而してその高さは五尺三寸、羨道も亦之とほゞ同じい。方向は南から西方約三十度の方向に向ひ、山の高き方に羨道を開いて居る。玄室の側壁面は底部に於て直角に交るが、上部前方の兩隅は內部に彎出して角をなさず、各側壁面は上部に至るに從ひ、積み出し、上端より一尺の間特に著しく、急角度の積み出しをなして居る。羨道兩側壁は上部一尺の間にのみ積出しをなし、それ以下は垂直である。蓋石は巨大な者三個を架し、內前方の一石は玄室より羨道に亘りて架してあるから、三個の內前後の二個は幅に於ても壙外にはみ出づる部分があつて、その幅不明であるが中央の一石は幅四尺三寸、厚さ端に於て約七寸ある。

第七節　高麗の古墳

高麗時代の王陵は主として高麗朝の都城であつた開城附近に營まれ、また長湍、江華等に散在してゐる。然し高麗古墳と稱せられるものに至つては其外各地に散在してゐるのである。

高麗の王陵は一般に邱山の岡の下方に在つて南向し、左(東)に靑龍、右(西)に白虎を成す岡あり、後方に主山あり、白虎は陵の前方に迂回し、而して主水は陵の右方の谿より出て、陵前を左に流るが如き地勢に營なんだものゝ樣である。斯る地形は新羅末より李朝に至るまで所謂地理風水說によつて墓地として吉祥地と認められたものである。高麗諸陵墓の中右の如き形勢の地にあるものは、顯陵、貞陵、安陵、泰陵、宣陵、成陵、英陵、智陵、洪陵、高陵、玄正兩陵、月老洞第二陵、花谷陵等である。然し此等の中にもその形勢稍不完全なるものもないではない。溫鞋陵、西龜陵等はこの地勢に適せず又月老洞第一陵は此地勢を缺くので人工を以て石堤を作り以て之を補つてゐる。全く此形勢に依らざるものは昌陵、順陵、憲陵、韶陵、東龜陵である。其他七陵群の韶陵群、冷井洞群の所在地は大體に於てこの理想的地形に近く、其の陵墳も此地域内の成るべく理想的地形に近き位置を擇んで構成してゐる。雙陵は玄、正二陵あるのみであり、一山に群をなせるは前記の七陵群、韶陵群、冷井洞群である。陵の位置の最も高いのは冷井洞が第一で最も低いのは康陵である。

今之等王陵の地勢圖を示せば次の如くである。（大正五年古蹟調査報告に依る）

高麗王陵の地勢

（イ）王陵地勢の一般形

（ロ）貞陵

（ハ）英陵

（ニ）英陵

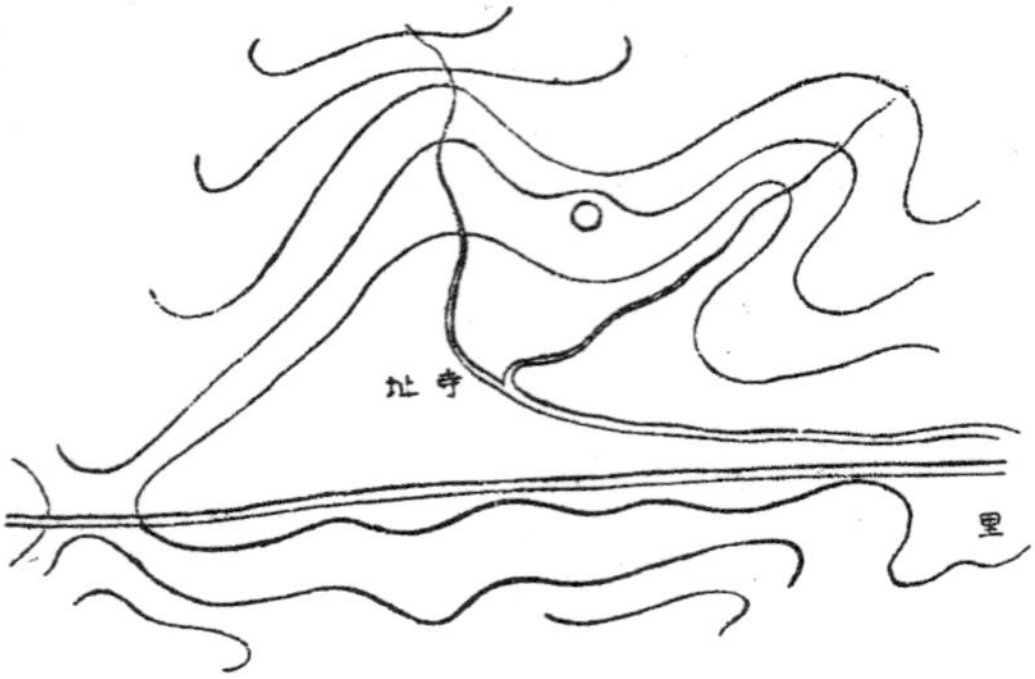

（ホ）智陵

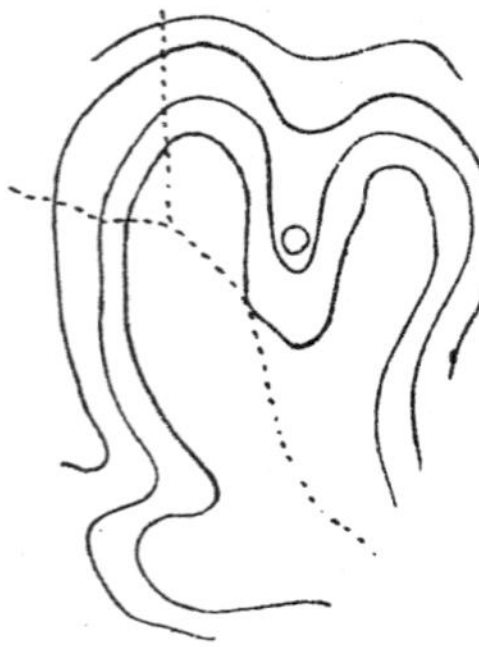

（ヘ）月老洞第二陵

（ト）花谷陵

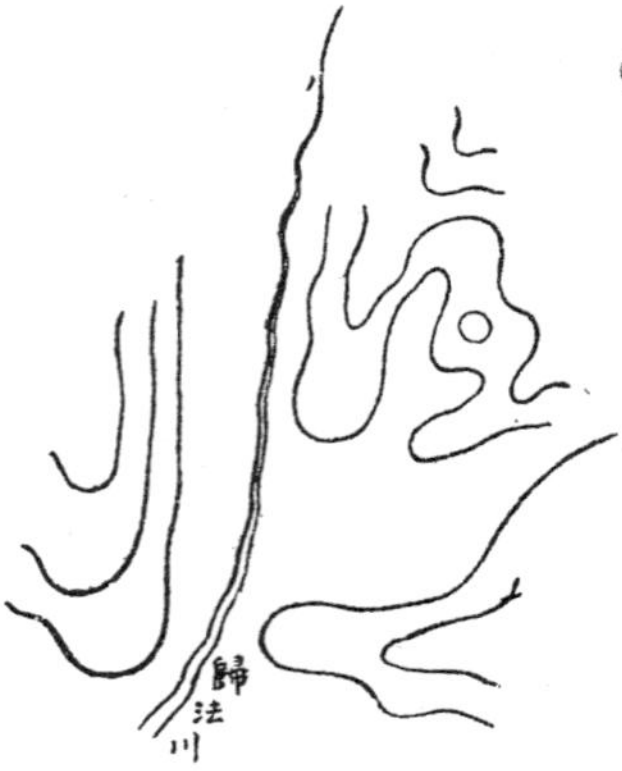

（チ）月老洞第一陵

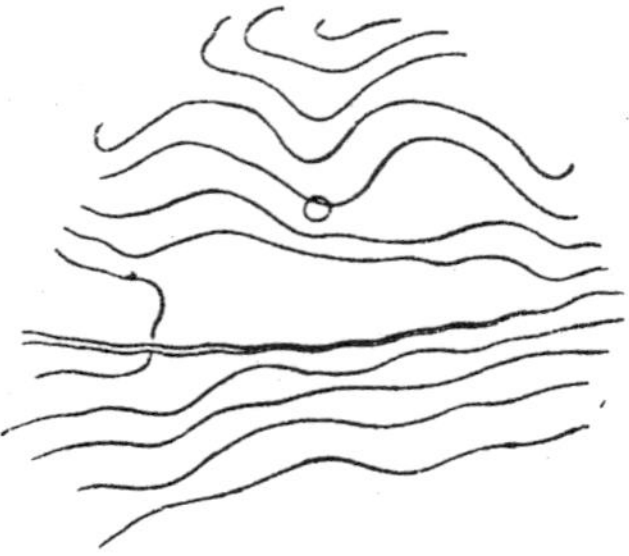

（リ）七陵

（ヌ）冷井洞第三陵

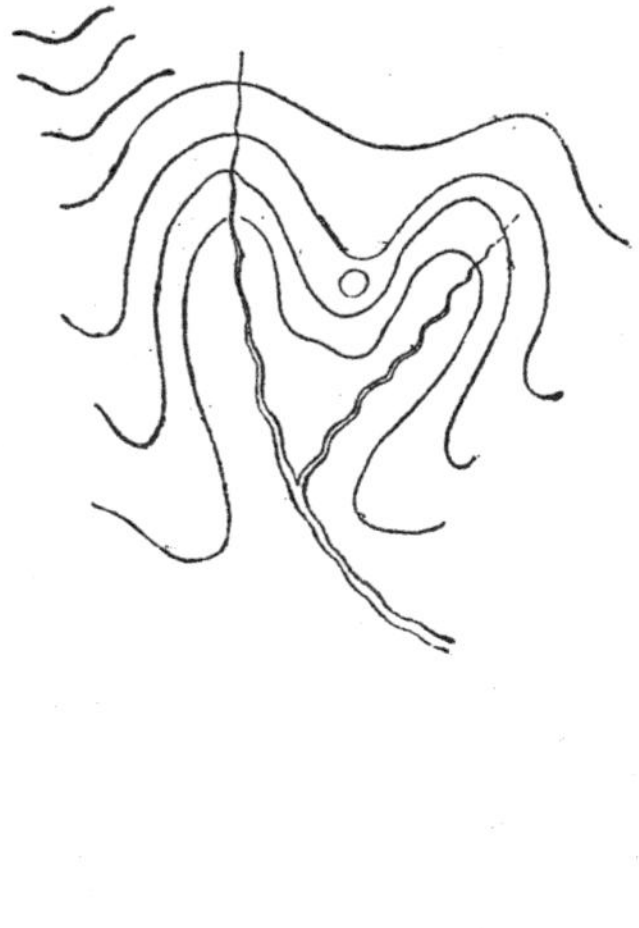

陵域の構造は、幅十間内外長二十間内外の長方形の地を劃して左右後の三方に石墻を繞らし、其區域内を四壇面とし、各壇面の前方石壁を築きて土留となし、石階段を以て各壇面を連絡し最上卽ち最奥の壇に陵を置く、陵は高さ十尺乃至十五尺徑二十尺乃至三十尺、封土の形半球形をなし石屏を以て其の裾を擁し、其周圍に石欄杆を繞らし、石獸を排置し、正面に長方形の石床を置き、左右に望柱石を建てる。第二壇の正面には長明燈を置き、左右に文石人を對立せしめ、第三壇には左右に武石人を對立せしめ、而して第四段は縦やゝ廣く、こゝに丁字閣がある。（第二壇と第三壇とは同一壇面をなす

簡略なものもある。）丁字閣前は傾斜をなし、邱下の平地に石段を以て之を連ね、且つ丁字閣の左方（向つて右）に陵碑を樹てたものである。猶ほ陵上には多く莎草を植ゑ、封土の周圍に繞らす屛石は十二面からなり、その各面には十二支に配した方位神像を刻したものが多く、その數十三陵に及んで居る。

陵側に列する石獸にはその樣式大體二樣の別あり、その第一は肥大にして前足を直立し高く頭を擧げて上遠の方向を脾睨するもの、第二は第一に比して精刻にして少しく瘠せ匍匐の形をなせるものである。陵前の石獸はこの第一に屬するものが常例で第二に屬するものは少ない。且つ第二に屬する石獸を置く陵はその欄杆石の柱頭にも亦加工して居るやうである。（高麗以後の石獸は多きは八軀のものがあるが、思ふに四軀が常例であらう、石欄杆外の四隅に向つて据置する。）

この石獸はもと石狗の一類のみであつたが、高麗末に至り石虎と石羊との二類に分れたのである。（李朝「五禮儀」には石羊四、石虎四を置き、又外方に石馬二を置くの制があるが、高麗の陵中に石馬を置いたものが見當らない。）

陵墓の正面は普通に屛石の第七面石（午）を正面（南）とするが稀には（正陵玄陵の如き）隅石を正面に當らしめるものもある。（李朝に於ては第六面石（己）と第七面石（午）との間を正面とするのが普通である。）

高麗王陵（玄正陵）

同上、屏石面に陽刻せる十二神像

欄杆石は屛石を去る三尺程の外方に屛石面に平行して建設した石柱、童子石柱、竹石の三部から成るもので、之を樹立すべき地面の構造には隅石、下地台石、博石、支石等の諸石を以てした。高麗王陵には殆ど盡くこの欄杆石の遺物若くは其存在した形蹟がある。

石柱、童子石柱は各十二本、竹石十二本、(時に或は二十四本であり)石柱は屛石の隅石角の外方に當る地點に樹て、童子石柱は其面石の中央外方に當る地點に建て、石柱の間に竹石を横架し童子石柱(短し)を以て竹石の中央を支へるのが常則である。從つて欄杆石は十二角形をなし、石柱は方柱、竹石は圓柱形をなして居る。

今之等高麗王陵の實例として玄正陵を擧げて見よう。この陵は高麗王陵の比較的完全に殘れるものとして、且つ比ひなき壯麗なものである。(然しながらこの陵は高麗末期のものであるから之を以て直ちに高麗王陵の標本となす譯にはいかぬ。高麗王朝を通じての陵式を物語るものは寧ろ憲陵と七陵の諸陵であらう。)

さて玄正陵の陵域はその幅十間内外長さ二十間内外の長方形の地を劃して左右後の三方に石墻を繞らし、其區域内を四壇面とし、各壇面の前方は石壁を築きて土留めとし、之を石階段にて連絡し、最上壇卽ち最奥の壇に墳を置く。墳は高さ十尺乃至十五尺、徑二十尺乃至三十尺の形半球形をなせる封

玄正陵正面（青龍低、白虎大高）

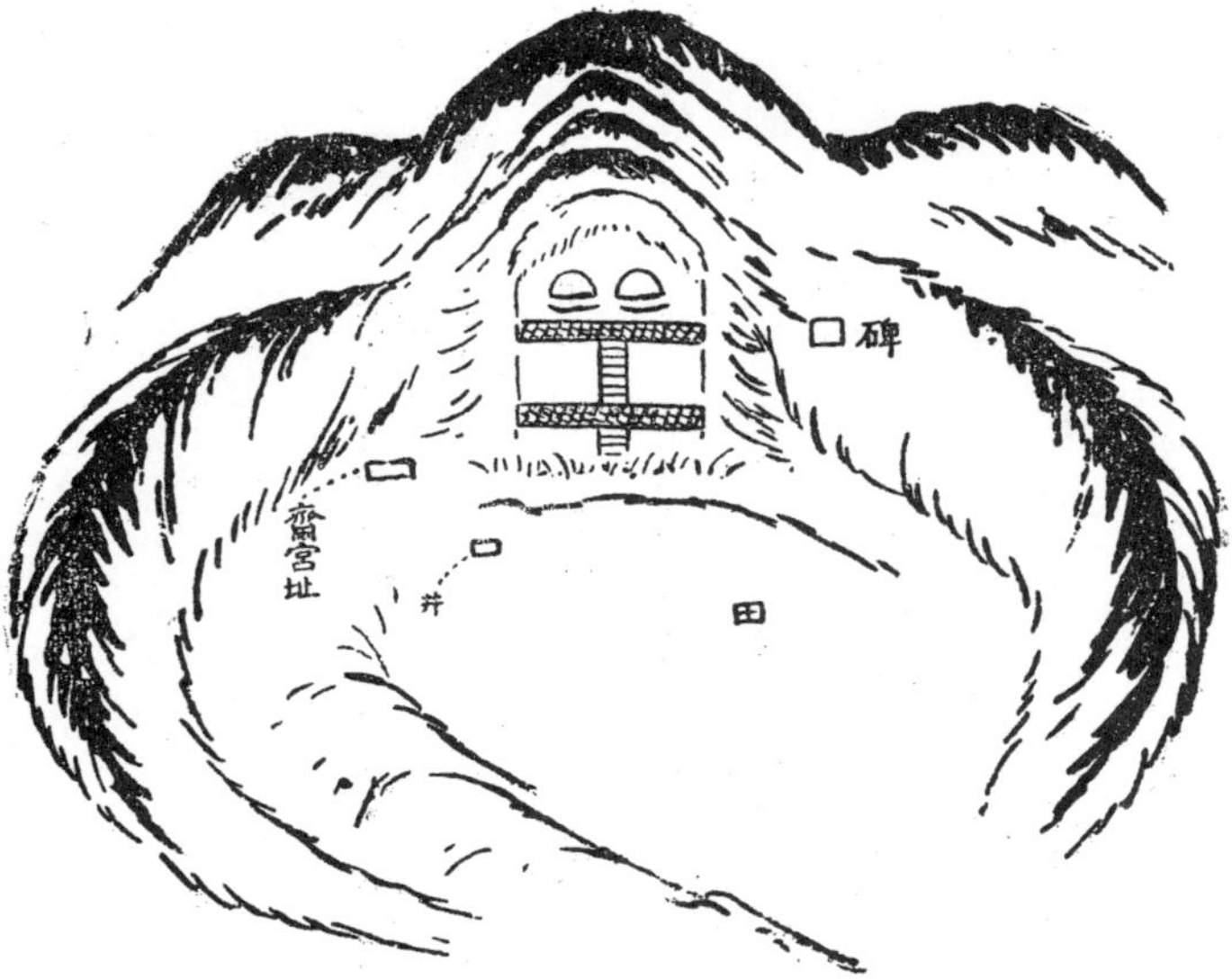

玄正陵鳥瞰圖

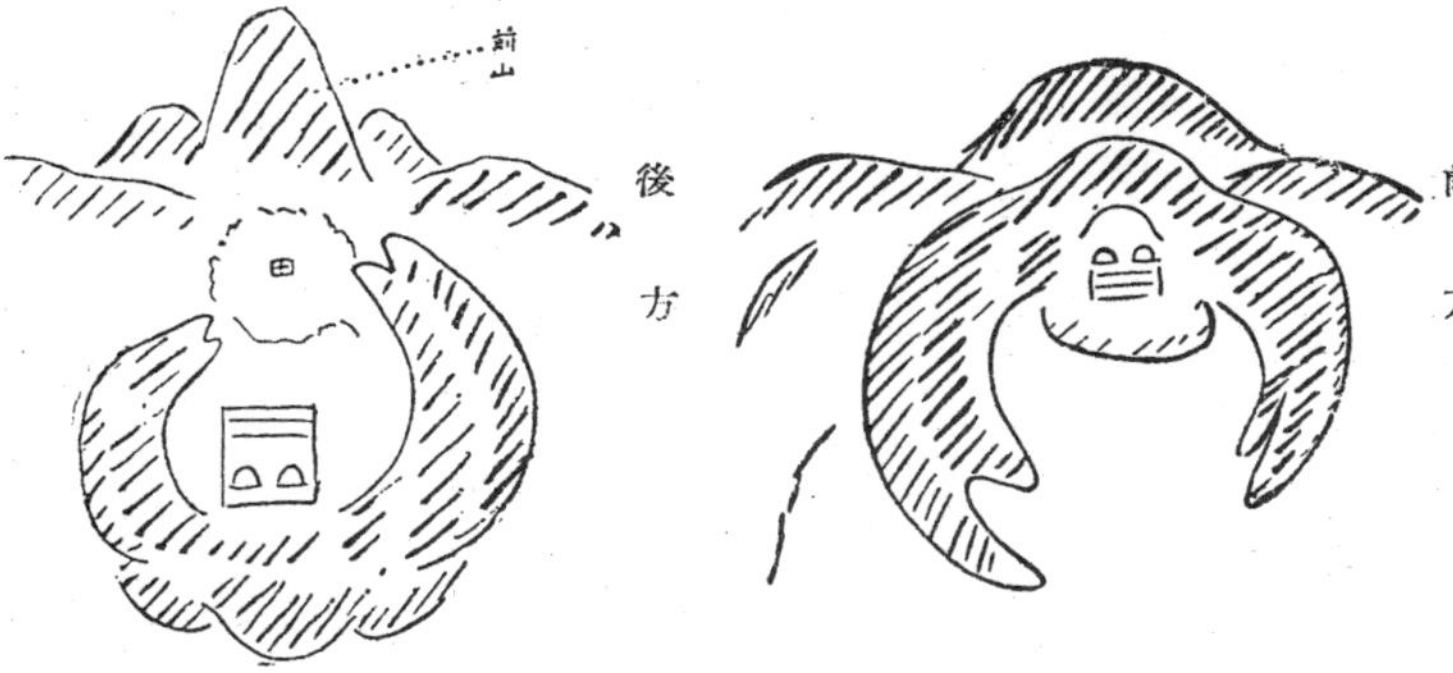

土で、墳は石屏を以て其裾を擁し、其周圍に石欄杆を繞らし、石獸を排置し、正面に長方形の石床を置き、左右に望柱石を建てゝある。第二壇にはその正面に長明燈を置き、左右に文石人を對立せしめ、第三壇には左右に武石人を對立せしめ、第四壇は奥行や廣く、こゝに丁字閣を建てた址があり、向つて右方に碑石を現存する。

高麗王陵と李朝の王陵とを比較すべき適例を、高麗太祖の陵たる顯陵に觀ることが出來るから、左にその大略を記述するであらう。

高麗太祖顯陵は開城郡中西面鵠嶺里にあり、「高麗史」(世家)に據れば太祖の遺命に依り、漢魏の園陵制に倣つて造營せられたものである。

『遺命喪葬園陵制度依漢魏二文故事云云』(高麗史)

尙ほ「高麗史」后妃列傳に據れば太祖の后神惠王后柳氏もこの顯陵に祔葬された事になつて居るが、恭愍王陵に於けるが如く兩墳並立ではなく一墳の中に合葬したものであるらしい。

陵の實側に關しては大正五年度「古蹟調査報告」に今西龍氏の調査記事がある。今之を引用すれば『陵ハ正地臺石、面石、隅石、滿石、引石ヲ完備スル屏石ヲ以テ十二角ニ包擁シ、各面石ニハ其方位ニ相當スル方位神ヲ陽刻シ、柱石、童子、柱石竹石ヲ完備スル欄干石ヲ廻ラシ、望柱石一對、石床一、甚石一對、石獸二對、長明燈一基アリ、前方陵域中央ニ丁字閣アリ入口ニハ紅箭門存在セシカ紅箭門ハ兩三年前朽壞セリトイフ（中略）面石ニ刻スル十二方位將神ハ立像ニシテ長袖ノ服裝ナリ、此面石ハ恐ラクハ最初ノ作品ニアラスシテ忠烈王二年ニ復葬セシ時ノ作品ナルヘシ、而シテ倘ホ像ニ後代補修ノ痕跡アリ、巳神ノ如キハ其左裾ノ缺ケタルヲ其マヽ修磨ヲ加ヘタリ、其他一二ノ神像中ニハ原ト獸首ナリシヲ修補ノ際ニ人面ニ近ク改修セシモノアルカ如シ。石獸モ亦當初ノモノトハ信シウヘカラサルモ他ノ諸麗陵ト同一ノ形式ノモノナレハ恐クハ高麗時代ノ遺物ナル可シ。（中略）本陵ニ就キテハ陵全體ノ構造配置カ他ノ麗陵ト異ニシテ全然李朝王陵ト同一形式ニ移變セル

（上）玄正陵從斷側面・（下）顯陵縱斷側面

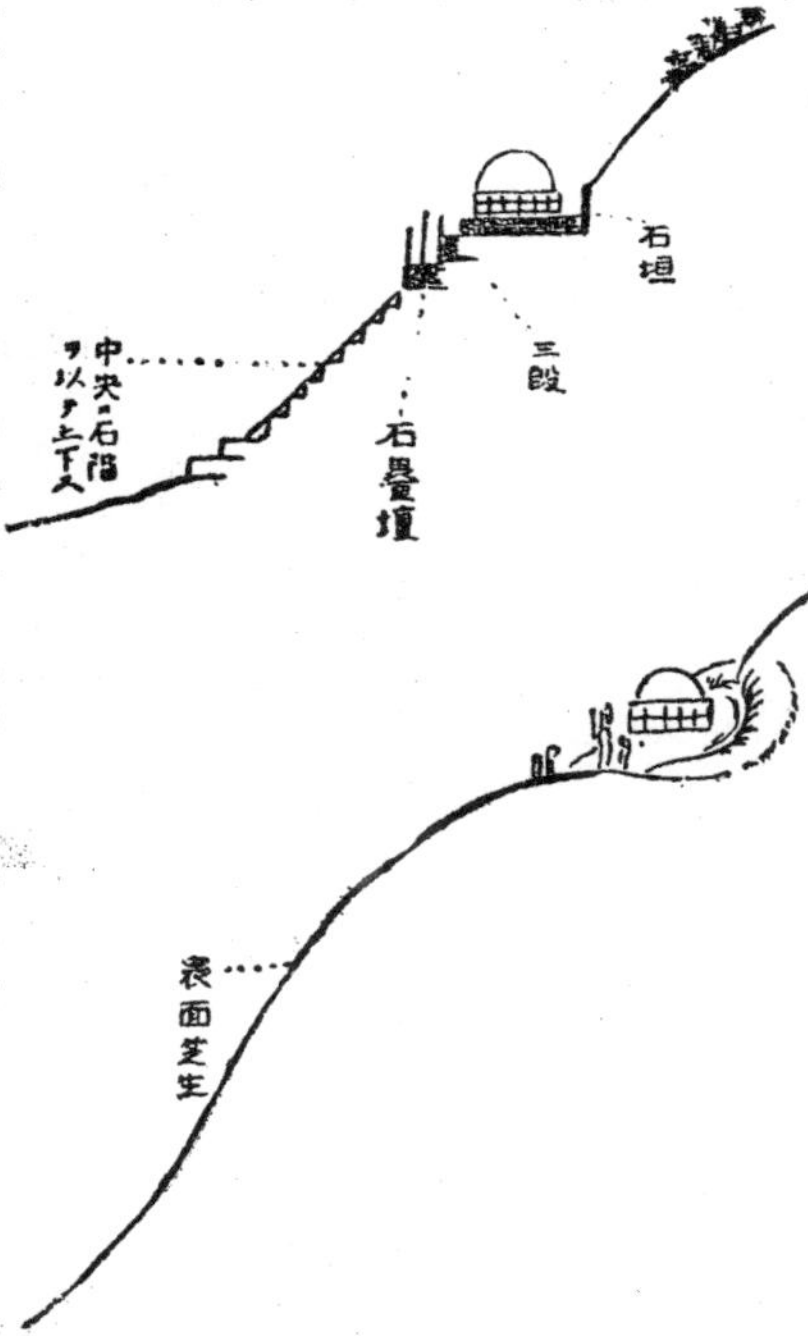

第一段　墓台、虎未八體（各四體）、文人四人（左右二人ヅヽ）
第二段　武人四人（左右二人ヅヽ）

顯陵、玄正陵の比較

高麗太祖顯陵（前面より望む）

顯　陵（後方より望む）

モノナルコトハ注意スヘシ。陵前ノ廣場ノ緩傾斜ニシテ石段等ノ設ナク其左右邊ヲ低クシテ所謂「蒲鉾形」ニ作レルカ如キ其著シキモノニシテ本來ノ形式ニアラス改修工事ニ因ルモノトス』とあるが如くである。

高麗王氏の末裔王羽淳氏の談に依れば、顯陵は李朝になつてから王陵としては廢止されたが、今から三百年前(明宗、宣宗の時代)王氏子孫の方から陵が荒廢した旨を上申して始めて之が修理をしたのであると。

そもそも高麗王陵の規模は一般に「方壇形」をその基本型とするものであるが、顯陵は高麗の太祖陵であるだけ特に李朝でも保護と改修を加へたので、その陵前の形ちを李朝式に變形したものと考へられる。卽ち顯陵は墓及び墓前の廣場は全く李朝王陵式に改變せられてあるが、之を風水的大局から觀察すれば極めて包藏緊密な成局をなし藏風得水ともに理想的なものと云ふことが出來る。

今その大體を略記すれば、後ろに標高二二七・七米突の萬壽山あり、その來龍は西南より東に向つて入首し、此處に南向せる左圖の如き局を形づくり、水は內靑龍と外靑龍との間を下つて陵前に注ぎ、西方より下る小流を合して巽方に向つて出て居り、內靑龍內白虎は本身より分岐してその尖端幾層にも分れ、而して墓前數町のところで突出せる墓地を擁くが如くに兩方よりせばまつて居る。而して穴は窩中に突出せる突に定められてあり、その陰陽衛護の良好なる、地理の智識なき者にも良墓地たるを首肯せしめるであらう。

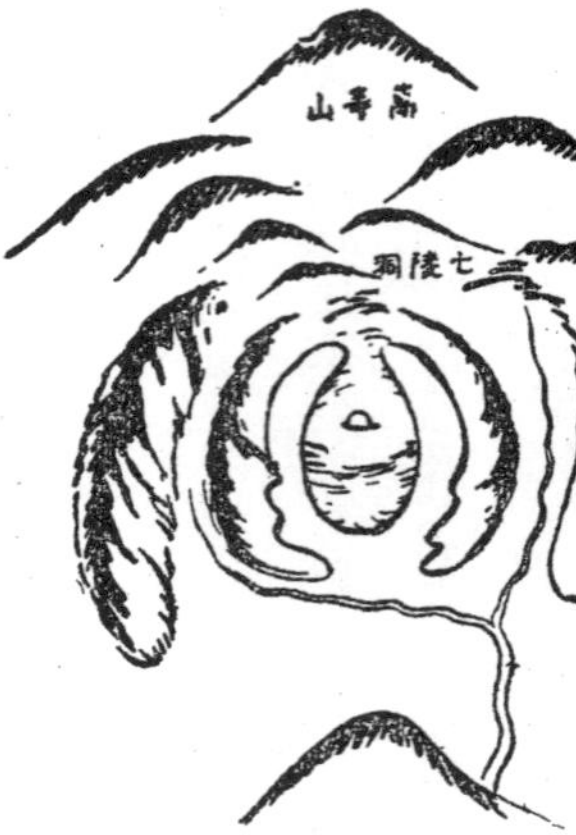

顯陵の地勢

たゞ惜しむらくは穴前の規模廣濶ならず、近對と青龍白虎に遮られて遠朝を見ることが出來ないことである。

次に高麗陵墓の内部を窺ふに、高麗貴族の墳墓は重に石槨を用ゐて居る。卽ち大きさ長三尺内外、幅二尺内外高一尺五寸内外の石槨を用ゐ、其四邊石の外面には前方南石に朱雀を、後方北石に玄武を、左方東石に青龍を而して右方西石に白虎を刻し、其内面には或は華枝を刻するものもあるが大方無文なるを普通とし、稀には之を墓誌石に兼用して誌文を刻することもある。王者及び大勢力ある貴族の墳墓は石槨を用ひずして木槨、木棺を用ひ、堅牢なる石室（墓壙）を築造して其内に之を安置することゝなつて居る。

以上は主として王陵及び貴族の墳墓の様式であるが、一般臣氏の墳墓はその制大むね次の如きものである。

一、墓壙は方向を南向にとるを常例とし、その長さ六尺乃至七尺、幅一尺八寸乃至二尺、深さ二尺二三寸より三尺内外、而して壙の周邊には何等の加工を施さないものが多い。

二、屍體は蓆などにて包み、棺を備へ得なかつた貧人はそのまゝ、棺を用ひたものは臥棺にして木製である。（高麗に於て火葬の行はれたのは事實であるが火葬しなかつたものも多かつた。）槨は富者でなければ具へなかつたものであらう。

三、棺は北部（若くは高處の方）を頭部とし、壙内に窆し、棺外の頭部には液體を容るべき壺と食器用磁器及匙を置き（但し匙なき場合もあり）、銅錢を棺上に置き、其他二三の物品を副葬した。

四、壺には磁器の蓋をしたものとしないものがある。

五、食器は伏せ置くことも仰むけ置くこともあつて一定しない。

六、瓶は食器の右に置くことあり左に置くことあり之も一定しない。

七、副葬の器具は日用の品を用ゐ、時には缺損せる廢器を副葬した。

等であつて、墳を造るは先づ壙に棺を窆し副葬品を配列せる後に、土を以て壙を充塡し、其上に封土を加へたものであらう、（だから棺の朽腐するに從て此土壤の幾分は墜落するを免れぬ、壙域內の土壤柔きは之が爲であらう。）

因に高麗王朝の陵墓でその所在地の明なるものは次の如くである。

高麗王朝所在地明なる陵墓

1	元昌王后溫鞋陵		開城郡松都面滿月町雙瀑洞（廣明寺址）
2	世祖昌陵		開城郡南面昌陵里永安城內
3	太祖王顯陵	神惠王后祔葬	開城郡中西面鵠嶺里
4	神成王后貞陵		開城郡上道面上道里鳳谷洞
5	惠宗王順陵	義和王后林氏祔葬	開城郡松都面高麗町紫霞洞
6	定宗王安陵	文恭王后朴氏祔葬	開城郡青郊面陽陵里安陵洞
7	光宗王憲陵		開城郡岺南面深川里狄踰峴
8	景宗王榮陵		開城郡進鳳面炭洞里
9	戴宗泰陵		開城郡中西面鵠嶺里海安洞
10	成宗王康陵		開城郡青郊面排也里康陵洞

11 安宗武陵　開城郡嶺南面玄化里
12 獻貞王后元陵　開城郡嶺南面玄化里
13 顯宗王宣陵　開城郡中西面鵠嶺里陵峴洞
14 文宗王景陵　長湍郡津西面(景陵里)
15 順宗王成陵　開城郡上道面楓川里豐陵洞
16 肅宗王英陵　長湍郡津西面板門里口井洞
17 睿宗王裕陵　開城郡青郊面排也里聽陵洞
18 明宗王智陵　長湍郡長道面杜梅里智陵洞
19 神宗王陽陵　開城郡青郊面陽陵里陽陵洞
20 熙宗王碩陵　江華郡
21 元德太后康宗妃坤陵　江華郡
22 高宗王洪陵　江華郡府內面菊花里
23 元宗王韶陵　開城郡嶺南面韶陵里內洞
24 順敬太后嘉陵　江華郡良道面嘉陵里

25　忠穆王明陵　開城郡中西面麗陵里明陵洞
26　齊國公主忠烈王妃高陵　開城郡中西面麗陵里高陵洞
27　忠定王聰陵　開城郡青郊面排也里聰陵洞
28　恭愍王玄陵　開城郡中西面麗里正陵洞
29　魯國公主正陵　同
30　（新羅敬順王陵）　長湍郡長南面高浪浦西方

第八節　李朝の王陵

京城を中心として楊州、廣州、驪州等に造營されてゐる李朝の王陵は、常に後に山を負うて其中腹に墳隴を築き、龍虎の勢をなせる岡巒その左右を擁し、南の方平野を距てゝ遠く朝山を望み、陵域の四圍は老松蔭森尤も形勝の地を占めてゐる。參道の入口には先づ紅箭門があり次に石橋を經て丁字閣に至る。丁字閣の前東西に守僕房、水刺房等があり、更に東方に碑閣が立つてゐる。丁字閣の後方地漸く高く之を登れば始めて墳隴の前に達するのである。墳の周圍には石欄を繞らし其前面に石床を設け、左右に望柱石を立て、周圍に石羊石虎を交互に配置して外に向はしめ、以て陵を守護するの狀をなさしめ、石床の前には長明燈を立て、墳の東西北の三面には所謂曲墻を繞らしてゐる。墳の前方一段低き處に東西に文石一對若くは二對を立て、更に一段低き處に武石一對若くは二對を立て、文武石人の後には各石馬を置いてゐる。要するに李朝歴代の王陵は高麗王陵を標準として更に一層の發達をとげたものである。

これは「五禮儀」に、

『治葬は塋域を開き祠后土に礦を穿つ。深さ十尺、廣さ二十九尺、長さ二十五尺五寸。南面を開きて羨道と爲し、石室を作り蓋石を加へ、地を排し臺石とす。初地臺石は二十四、正地大石は十二、隅石面滿石引石各十二。蓋石の內に天井を畫き四房石に靑龍、白虎、玄武、朱雀を畫き、鎖を作り、門扇を閉ぢ、石門倚石の外に便房を作り、台石外に欄干を置く。欄干は十二面、周四百八十三尺、下地台石は外支石、隅石、石柱、童子石柱各十二、石柱童石子柱を立て横に竹石を置くこと二十四、繞らすに墻を以てし、石羊四、石虎四、石床一、石望柱二、長明燈一、文武石人各二、石馬二を設け、丁字閣碑閣を營み參奉守陵軍戶を置く。』

とあるものと全く相等しきものである。

猶ほ陵所には次の如き制度が用ゐられて居る。

陵制

主山　陵上後峯　高きを良とす、主山より三小峯を經て四つ目の處に墓を定むるを最良とす。

青龍　陵より見て左麓、内青龍外青龍あり。
青龍が白虎より長ければ男子孫繁盛すと云ふ。

白虎　陵より見て右麓、内外あり。
白虎が青龍より長ければ女子孫旺盛なりと云ふ。

案山　陵上より眞向ひに見ゆる山、内外の別あり、共に主山より低きを良とす。
主山よりも高きは賤人格と云ふ。

曲墻　陵山後墻、陵園墓又は府院君内外。

屏風石　國王在位中兵亂を經たる王に用ふ。
屏風石を用ゐざるものは莎台石を用ふ。

裳石　瓦の如き形の石、屏風石の下外方に廣がる。

魂遊石　靈魂の遊ぶ石、長方形一枚石。

鼓石　魂遊石の臺石、四つ（四隅）あり。

山石　山神祭をするもの、丁字閣（又は寢殿）の側にあり。

望燎位　祝文を焚くもの、丁字閣（寢殿）の右後側にあり。

文石　金冠朝服せる文臣像、第二段の左右に立つ、
陵園墓に用ふ。

武石　武裝せる石像、第三段の左右に立つ。
陵に用ふれども、園基には用ゐざることあり。

馬石	文武石の後に並ぶ、文武臣の乘用、文武石の數に依る。
象石	陵には二雙、園には一雙。
虎石	同
望頭石	同
碑石	墳墓に向つて右側に立つ、碑閣あるを通例とす、臺石を龜坮石、蓋を加簷石と云ふ、碑石は臣下にも用ゐるが正三品以上の者に限られ、士庶人は碣石を、而して一般は表石のみの使用を許されて居た。
丁字閣	之には次の如きものあり。 神御床 祭床 香床 燭坮床 祝床 樽所床
水刺間	
守僕房	
紅箭門	
版位	

禁　川　橋　　前に田あれば不用。
淵　　池　　王の居所、參奉が王の代理として居住す。
齋　　室
典　祀　廳　　祭物を造る所。
香　火　廳（香祝𢫦）
內　垓　子　　陵園墓の境界、陵より見ゆる山の內側。
外　垓　子　　同上、陵より見ゆる山の外側。

次に王陵の代表的なものとして東九陵及び洪陵裕陵を擧げる。

1　東　九　陵

この陵は李朝王陵中族陵の代表的なもので太祖の建元陵外八陵と同一山所に營なんだものである。傳ふる所に依れば太祖は高麗時代獨立王陵の制が各種の弊害あるに鑑み、族墓の式を採用すべく、有名なる風水僧無學にその適地を占定めしめ漸くにして得たるものが此の地であり、その山谷の形相恰も日月の相抱合せるが如き稀有の大地であるとの事である。その配置及位號等は次の如し。

東九陵略圖

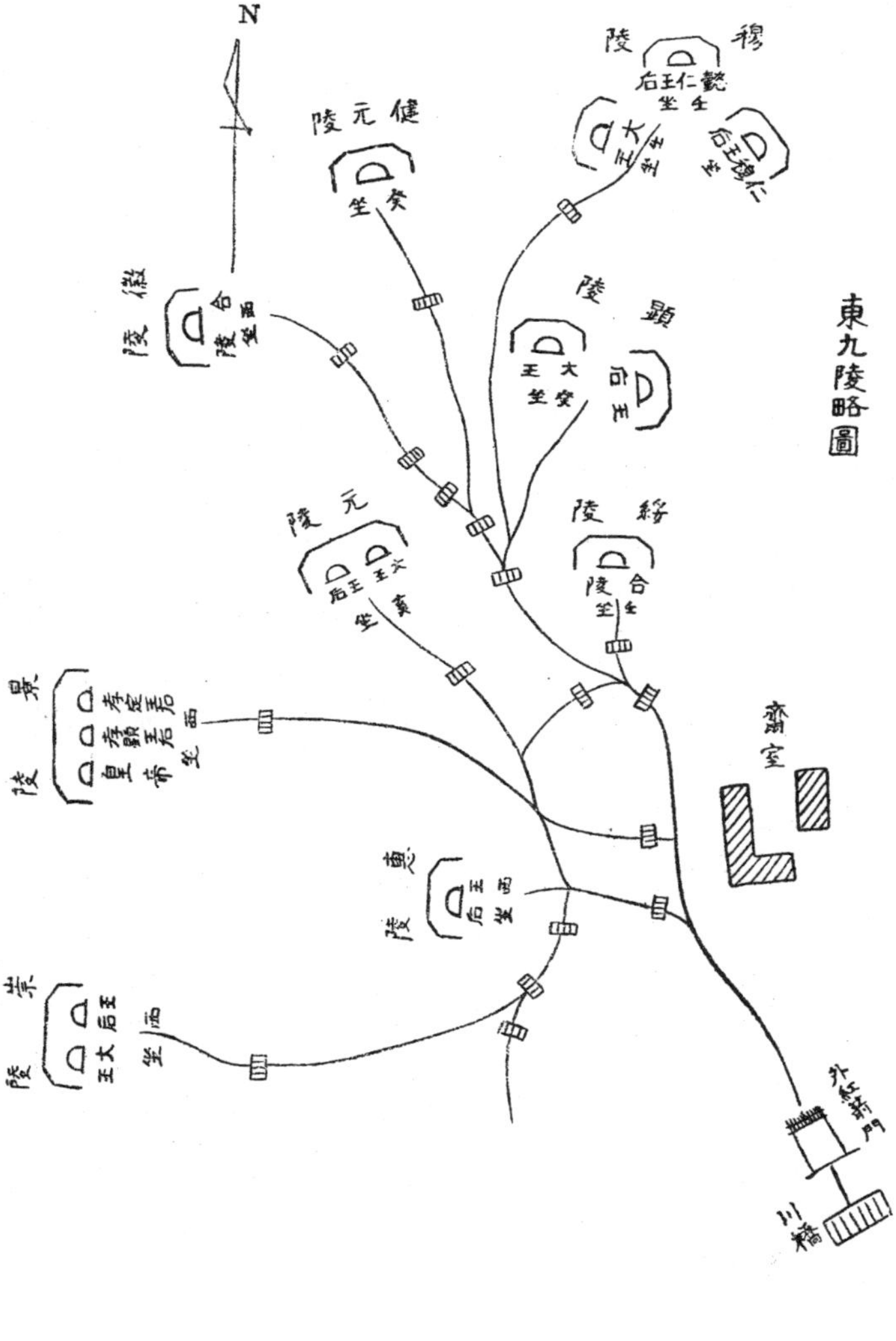

陵號	位號	奉安年月	享祀定日	位置
健元陵	太祖高皇帝	開國十七年九月日	清明祭　忌辰祭	楊州郡九里面仁倉里
顯陵	文宗大王	同六十一年九月日	清明祭	
	顯德王后	同一二二年四月日		
穆陵	宣祖大王	同二三九年十一月日	清明祭　忌辰祭	
	懿仁王后	同二〇九年十二月日		
	仁穆王后	同二四一年十月日		
徽陵	仁祖大王の繼妃莊烈王后	同二九七年十二月日	清明祭　忌辰祭	
崇陵	顯宗大王	同二八三年十二月日	清明祭　忌辰祭	
	明聖王后	同二九三年四月日		
惠陵	景宗大王の繼妃端懿王后	同三二七年四月日	清明祭	
元陵	英祖大王	同三八五年七月日	清明祭　忌辰祭	
	貞純王后	同四一四年六月日		
綏陵	文祖翼皇帝	同四六四年八月日	清明祭　忌辰祭	
	神貞翼皇后	同四九九年八月日		
景陵	憲宗成皇帝	同四五八年十月日	清明祭　忌辰祭	
	孝顯成皇后	同四五三年十二月日		
	孝定成皇后	同五一九年正月日（光武八年）		

2　洪陵

李朝第二十六代の王、高宗皇帝及び明成太后閔氏を併せ葬つたものが京畿道楊州郡金谷にある。之を洪陵と云ふ。この陵は李太王在世の時に當時の風水師諸葛、朱雲漢、金光石、全基應に命じて選定させたもので、その規模企畫は支那の古式に倣つたものである。

山脉は天摩山を祖山とし妙積山を主山とし、それから流れ下つた脉が卯(東)から入首して梅花落地形をなすその上部に乙坐辛向の墳を築いたもので、その青龍白虎は内外幾重にも抱擁し、朝山叉重圍、水は内外八字水幾筋も流れ包藏を極めた地形である。

先づ水口を經て大門を入れば左右に齋室あり、進んで紅箭門を入れば參道の兩側に文官石(左右一箇以下同じ)、武官石(以上石人)、キリン石、象石、獅子石、獬豸石、ラクダ石(以上石獸)及び文官の乘馬武官の乘馬を列ね、その盡くる所に祭壇あり、上り五段の石階中央左右三つあり、壇は石を並列せる平面をなし、その後方に寢殿がある。この寢殿の右方に離れて碑閣あり、寢殿の後ろ左に山神を祭る祭壇、山神床石と稱するものがあり、右にその祭文を燒く壼望燎位と云ふものがあり。そこから傾斜(30°位)を以て上り行く途中に御井水あり、かくてその傾斜を上り盡した所が墓板卽ち内明堂の平地となり芝生の第一段中央に長明燈があり、第二段の兩側に望柱石を立て、之を起點として曲墻をめぐらし、その中央に墳を安置する。

墳は屛風石を以てその下半を圍み上部は芝生の半球をなし、屛風石の下には定基石、定基石より放

洪陵の規模

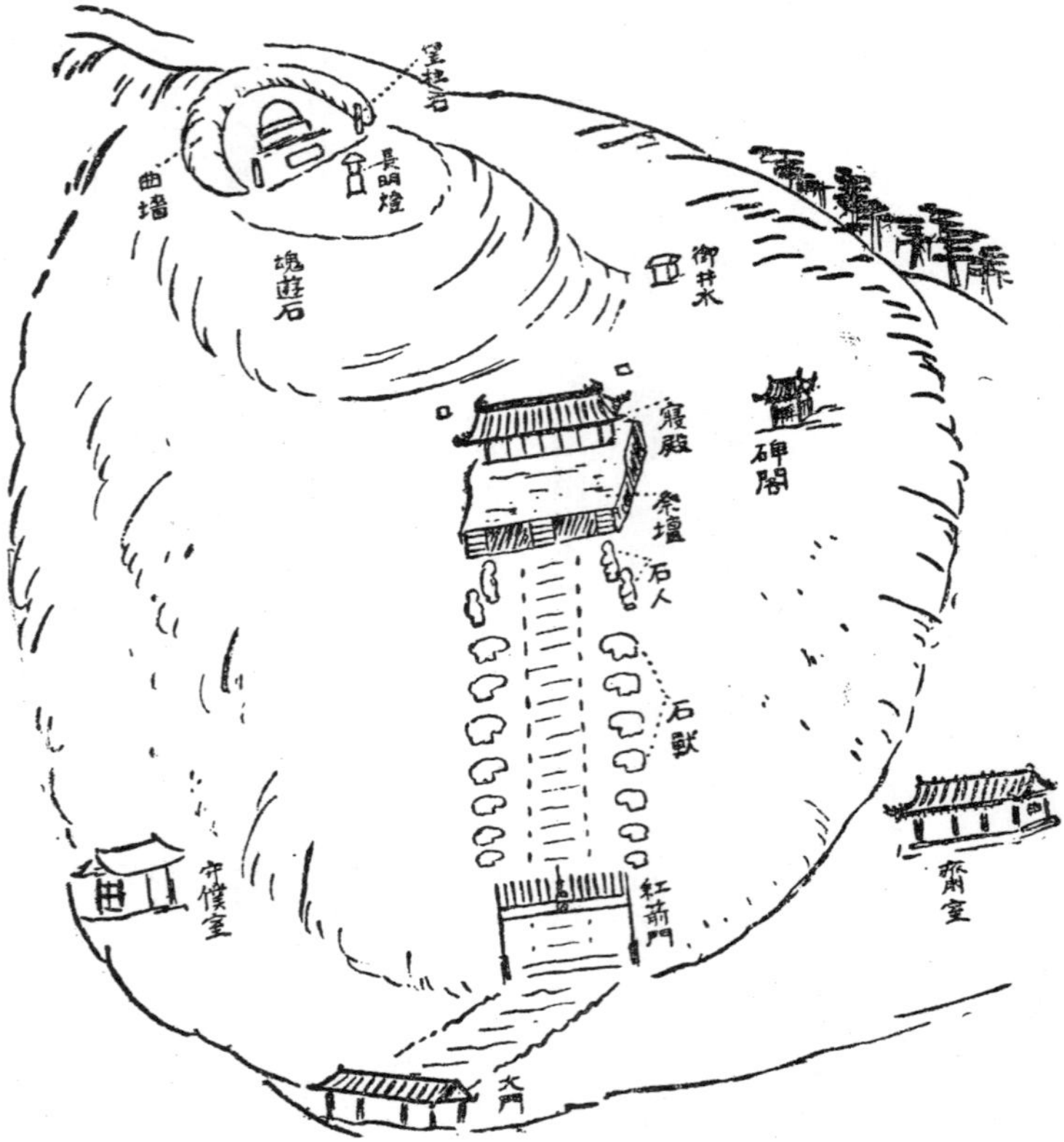

射状に瓦磚石を列して雨除けとなし、その外方に欄干石をめぐらし、正面前方に魂遊石香爐石を列して置く。屛風石と上球の接する所に蓮峯石と稱する十二個の飾石あり、瓦磚石の下土地深く棺を藏する。

この洪陵の地はもと張重應氏祖先の山所であつたもので、王陵を造營する際工事中墓中の棺側に石刻あり、その文は『五百年權措之地』としてあつた。これは李朝初期に僧無學大師が五百年後王后の墓所となるであらうと云ふことを豫測して定め、その旨を石刻して埋藏して居たものであらうと云ふ事である。だから王陵造營當時數名の地官が吉地として選定した時、地中から出たこの石刻を見て、五百年のその昔しに有明な明師無學がこの地を王陵となるべき地であると折紙をつけて置いたのだから、極めて好適地に相違ないと云ふ事に評議一決したことは當然であらう。

3 裕陵

京畿道楊州郡金谷里洪陵の右方に存在する陵を裕陵と云ふ。これは李朝二十七代の末王純宗とその妃とを合葬したもので、洪陵の靑龍内にあり、卯入首卯坐の「十字通氣形」をなして居る。

この王陵は、その規模ほゞ洪陵の式に依つて紅箭門、石獸、石人、寢殿、碑閣等皆その樣式を等しくして居るが、たゞ明堂を中心にしたその四圍の形が可なり他の普通の王陵と異つて居る。この陵は現李王職參奉、當時の地官全基應氏が主となつて選定したものであるが、全氏の親しく語る處に據ればこの「十字通氣形」は又「來八怯八形」とも云ひ地脉が八字形をなして上から臨むものと之に對して下から逆に八字形をなして迎ふるものとが相對し、而してその去八來八の相交叉する兩側に一つづゝ小高き圓丘がある、これは左右鋒砂と云ひこの去八來八左右鋒砂の四者相應じて十字形をなす中心に墳墓を定めたもので、之は生氣を融聚する點に於て比類なく、此の點洪陵に勝るものがあると云ふ事である。因に左右鋒砂は遺氣格又は留氣格とも稱し、子孫の繁榮を致す禽砂の一種であると。この十字通氣形は所謂「十道天心式」に類するものであらう。

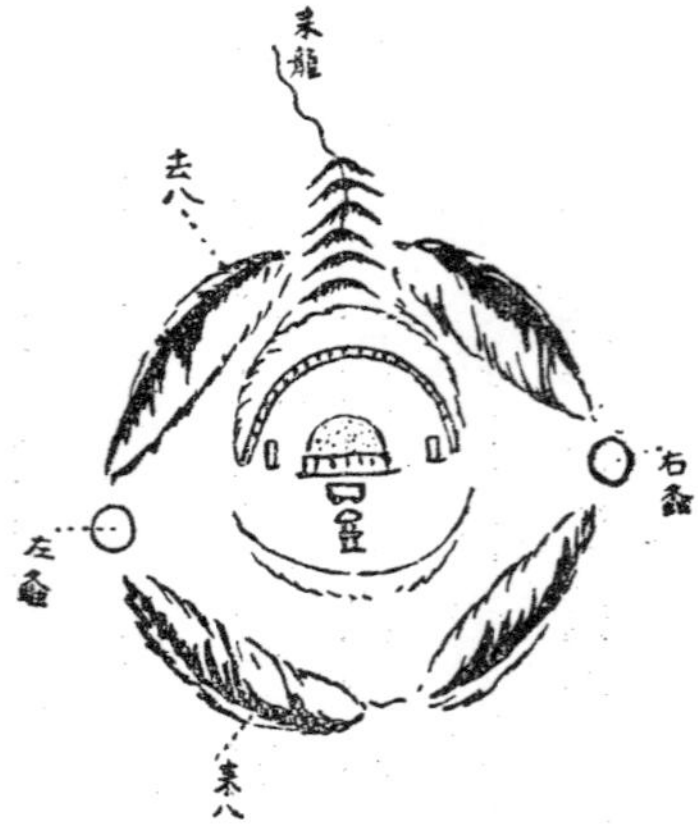

裕陵の地形（十字通氣形）

猶ほ李王家の王陵及びその所在地は次の如くである。

李王家王陵の規模

李王家主陵の封墳

李王家陵、園、墓

（一段の數字は代數、追は追尊に依るもの三段上部數字は日本紀元）

追	德陵	穆祖大王	二〇七〇（太宗一〇年）封陵	咸鏡南道新興郡加平面陵里
	安陵	妃孝恭王后李氏		同
追	智陵	翼祖大王	二〇五二（太祖元、十一）封陵	咸鏡南道安邊郡瑞谷面陵里
	淑陵	妃貞淑王后崔氏		同　文川郡都草面陵前里
追	義陵	度祖大王	二〇五二（太祖元、十一）封陵	同　咸興郡雲田面雲興里
	純陵	妃敬順王后朴氏		同　西湖面陵前里
追	定陵	桓祖大王	二〇五二（太祖元、十一）封陵	同　北州東面慶興里
	和陵	妃懿惠王后崔氏		同
一	健元陵	太祖高皇帝	二〇六八（太宗八、九月）	京畿道楊州郡九里面仁倉里
	齊陵	妃神懿高皇后韓氏	二〇五二（太祖元）封陵	同　開城郡上道面楓川里
	貞陵	繼妃神德高皇后康氏	二〇六九（太宗九、二）遷奉	同　高陽郡崇仁面貞陵里
二	厚陵	定宗大王	二〇八〇（世宗二、正月）	同　開城郡興敎面興敎里
		妃定安王后金氏	二〇七二（太宗一二、八）	
三	獻陵	太宗大王	二〇八二（世宗四、九）	同　廣州郡大旺面內谷里
		妃元敬王后閔氏	二〇八〇（世宗二、九）	

四	英陵	世宗大王 妃昭憲王后沈氏	二一二九(睿宗元、三)遷奉	同　驪州郡陵西面旺代里
五	顯陵	文宗大王 妃顯德王后權氏	二一一二(文宗二、九) 二一七三(中宗八、四)遷奉	同　楊州郡九里面仁倉里
六	莊陵	端宗大王	二三五八(肅宗二四、一二)封陵	江原道寧越郡郡內面永興里
	思陵	妃定順王后宋氏	二三五八(肅宗二四)封陵	京畿道楊州郡眞乾面思陵里
七	光陵	世祖大王 妃貞熹王后尹氏	二一二八(世祖一三、一一) 二一四三(成宗一四、六)	同　同　榛接面富坪里
追	敬陵	德宗大王 妃昭惠王后韓氏	二一三一(成宗二、正月)封陵 二一六四(燕山、一〇、五)	同　高陽郡神道面龍頭里
八	昌陵	睿宗大王 繼妃安順王后韓氏	二一三〇(成宗元、二) 二一五九(燕山、五、二)	同
	恭陵	元妃章順王后韓氏	二一三二(成宗三、一)封陵	同　坡州郡條里面
九	宣陵	成宗大王 繼妃貞顯王后尹氏	二一五五(燕山元、四) 二一九〇(中宗二五、一〇)	同　廣州郡彥州面三成里
	順陵	元妃恭惠王后韓氏	二一三四(成宗五、六)	同　坡州郡條里面
	靖陵	中宗大王	二二二二(明宗一七、九)遷奉	同　廣州郡彥州面三成里

十一	溫陵	妃端敬王后愼氏	二三九九（英祖一五、五）封陵	京畿道楊州郡長興面日迎里
	禧陵	繼妃章敬王后尹氏	二一九七（中宗三二、九）遷奉	同　高陽郡元堂面元堂里
	泰陵	繼妃文定王后尹氏	二二二五（明宗二〇、七）	同　楊州郡蘆海面孔德里
十二	孝陵	仁宗大王	二二〇五（仁宗元、一〇）	同　高陽郡元堂面元堂里
		妃仁聖王后朴氏	二二三八（宣祖一一、二）	
十三	康陵	明宗大王	二二二七（明宗二二、九）	同　楊州郡蘆海面孔德里
		妃仁順王后沈氏	二二三五（宣祖八、四）	
十四	穆陵	宣祖大王	二二九〇（仁祖八、一一）遷奉	同　同　九里面仁倉里
		妃懿仁王后朴氏	二二六〇（宣祖三三、一二）	
		繼妃仁穆王后金氏	二二九二（仁祖一〇、一〇）	
追	章陵	元宗大王	二二八七（仁祖五、八）遷奉	同　金浦郡郡內面豐舞里
		妃仁獻王后具氏	二二九二（仁祖一〇）封陵	
十六	長陵	仁祖大王	二三九一（英祖七、八）遷奉	同　坡州郡炭縣面葛峴里
		妃仁烈王后韓氏		
	徽陵	繼妃莊烈王后趙氏	二三四八（肅宗一四、一二）	同　楊州郡九里面仁倉里
十七	寧陵	孝宗大王	二三三三（顯宗一四）遷奉	同　驪州郡陵西面旺代里
		妃仁宣王后張氏	二三三四（顯宗一五、六）	

十八 崇陵	顯宗大王	二三三四(顯宗一五、一二)	同　楊州郡九里面仁倉里
	妃明聖王后金氏	二三四四(肅宗一〇、四)	
十九 明陵	肅宗大王	二三八〇(肅宗四六、一一)	同　高陽郡神道面龍頭里
	繼妃仁顯王后閔氏	二三六一(同　一七、一二)	
	仁元王后金氏	二四一七(英祖三三、七)	
翼陵	元妃仁敬王后金氏	二三三四(肅宗七、二)	同
二十 懿陵	景宗大王	二三八四(景宗四、一二)	同　同　崇仁面石串里
	繼妃宣懿王后魚氏	二三九〇(英宗六、一〇)	
惠陵	元妃端懿王后沈氏	二三八二(景宗二、九)封陵	同　楊州郡九里面仁倉里
二十一 元陵	英祖大王	二四三六(英祖五二、七)	同
	繼妃貞純王后金氏	二四六五(純祖五、六)	
弘陵	元妃貞聖王后徐氏	二四一七(英祖三三、六)	同　高陽郡神道面龍頭里
追 永陵	眞宗昭皇帝	二四三六(英祖五二、八)封陵	同　坡州郡條里面
	妃孝純昭皇后趙氏		
追 隆陵	莊祖懿皇帝	二五五九、一〇封陵	同　水原郡安龍面花山里
	妃獻敬懿皇后洪氏		
二十二 健陵	正祖宣皇帝	二四八一(純祖二一、九)遷奉	同

	妃孝懿宣皇后金氏		
二十三 仁陵	純祖肅皇帝	二五一六（哲宗七、一〇）遷奉	京畿道廣州郡大旺面内谷里
	妃純元肅皇后金氏	二五一七（哲宗八、一二）	
追 綏陵	文祖翼皇帝	二五一五（哲宗六、八）	同　楊州郡九里面仁倉里
	妃神貞翼皇后趙氏	二五五〇八月、遷奉	
二十四 景陵	憲宗成皇帝	二五〇九（憲宗五、一〇）	同
	妃孝顯成皇后金氏	二五〇三（憲宗九、一二）	
	繼妃孝定成皇后洪氏	二五六四、正月	
二十五 睿陵	哲宗章皇帝	二五二四、四月	同　高陽郡元堂面元堂里
	妃哲仁章皇后金氏	二五三八、九月	
二十六 洪陵	高宗太皇帝	大正八年三月	同　楊州郡渼金面金谷里
	妃明成太皇后閔氏	明治二八年一〇月（大八年三月清涼里ヨリ移轉）	
二十七 裕陵	純宗孝皇帝	大正一五年五月	同
	妃純明皇后閔氏	明治三七年十一月（大正十五年五月高陽郡纛島面ヨリ移轉）	
順昌園	順懷世子（明宗第二男）	二二二三（明宗一八）	同　高陽郡神道面龍頭里
	恭懷嬪尹氏	二二五二（宣祖二五）	
昭慶園	昭顯世子（仁祖第一男）	二五三〇、陞園	同　同　元堂面元堂里

	永懷園	愍懷嬪姜氏	昭顯世子嬪	二五三〇、陞園	同　始興郡西面老溫寺里
	懿寧園	懿昭世孫	莊祖第一男	二五三〇、陞園	同　高陽郡延禧面阿峴北里
	孝昌園	文孝世子	正祖第一男	二五三〇、陞園	同　京城府錦町
	順康園	仁嬪金氏	宣祖後宮元宗私親	二四一五(英祖三一)陞園	同　楊州郡榛接面內閣里
	昭寧園	淑嬪崔氏	肅宗後宮英祖私親	二四一三(英祖二九)陞園	同　同　白石面靈場里
	綏吉園	靖嬪李氏	英祖後宮眞宗私親	二四三七(正祖元年)陞園	同
	綏慶園	暎嬪李氏	英祖後宮莊祖私親	二五五九、陞園	同　高陽郡延禧面新村里
	徽慶園	綏妃朴氏	正祖後宮純祖私親	二五二三(哲宗一四、五)遷奉	同　楊州郡榛接面富坪里
	永徽園	純獻貴妃嚴氏	高宗後宮李王私親	明治四四年八月	同　高陽郡崇仁面清涼里
	崇仁園	王元孫晋殿下	王世子第一男	大正一一年五月	同
	肇慶壇	始祖司空公	墓基	二五五九、四月	全羅北道全州郡伊東面劍岩里
	濬源墓	將軍公	穆祖考	二五五九、四月封墓	江原道三陟郡未老面蘆洞
	永慶墓	妃李氏	穆祖妣	二五五九、四月封墓	同　同　同　東山洞
	大嬪墓	大嬪張氏	肅宗後宮景宗私親	二三八三(景宗三、四) 二二八三(仁祖元、一〇)	京畿道廣州郡五浦面文衡里
十	燕山墓	燕山君	成宗第一男	二一七三(中宗八、二)	同　楊州郡蘆海面放鶴里
		夫人愼氏	廢妃尹氏出	二一九七(中宗三二、六)	
十五	光海墓	光海君	宣祖第一男	二三〇一(仁祖一九、一〇)	同　同　郡眞乾面松陵里

—	夫人柳氏　恭嬪金氏出		
宜嬪墓	宜嬪成氏　正祖後宮文孝世子私親	二四四六(正祖一〇、一一)	京城府錦町
和嬪墓	和嬪尹氏　正祖後宮	二四八四(純祖二四、三)	京畿道高陽郡延禧面阿峴北里
慶嬪墓	慶嬪金氏　憲宗後宮	二五六七、五月	同　同　崇仁面徽慶里
完王墓	完王　高宗第一男	二五四〇	同　高陽郡崇仁面月谷里
貴人墓	貴人李氏　高宗後宮	大正三年二月	同
懷墓	廢妃尹氏　成宗後宮燕山君私親	未詳	同　同　同　祭基里
成墓	恭嬪金氏　宣祖後宮光海君私親	二二三七(宣祖一〇年)	同　楊州郡眞乾面松陵里
明嬪墓	明嬪金氏　成宗後宮	二一三九(成宗一〇年)	同　同　九里面峨川里
慶嬪墓	慶嬪李氏　明宗後宮	未詳	同　同　榛接面內閣里
安嬪墓	安嬪李氏　孝宗後宮	二三五三(肅宗一九年)	同　同　眞乾面松陵里
淑愼公主墓	淑愼公主　孝宗第一女	二三一一(孝宗二年)	同　高陽郡神道面紙杻里
明善公主墓	明善公主　顯宗第一女	二四三三(英祖四九年一一月)	同　廣州郡中部面炭里
明惠公立墓	明惠公主　顯宗第二女	二四三三(英祖四九年一一月)	同
寧嬪墓	寧嬪金氏　肅宗後宮	二三九五(英祖二年正月)	同　楊州郡榛接面長峴里
昭儀墓	昭儀劉氏　同	二三七(肅宗三三年)	同　高陽郡神道面津寬里
貴人墓	貴人金氏　同	二三九五(英祖二年)	同　楊州郡九里面仁倉里

元嬪墓	洪氏	正祖後宮	二四三九（正祖三年）	京畿道高陽郡崇仁面安岩里
淑儀墓	朴氏	純祖後宮	二五一四（哲宗五年）	京城府錦町
永溫翁主墓	翁主	純祖第四女	未詳	同
淑儀墓	羅氏	仁祖後宮	二五五五（一一月）	京畿道高陽郡神道面紙杻里
淑媛墓	張氏	同	未詳	同　同　恩平面新寺里
淑儀墓	金氏	憲宗後宮	二五五五、一一月	同　同　漢芝面杏堂里
貴人墓	朴氏	哲宗後宮	二五四九	同　抱川郡西面仙壇里
貴人墓	趙氏	同	二五二五、一一月	同
淑儀墓	金氏	同	未詳	同　高陽郡恩平面弘濟外里
同墓	范氏	同	二五四五、正月	同
同墓	方氏	同	未詳	同
貞昭公主墓	公主	世宗第一女	同	同　同　碧蹄面大慈里
仁順公主墓	公主	中宗第五女	同	同　楊州郡榛接面長峴里

陵　五〇
- 王陵　二五
- 追尊　九
- 后妃　一六

園　一二
- 世子世孫　五
- 妃嬪　七

墓　三四

王陵以外李朝に於ける墳墓の代表的なるのを擧ぐれば金構墓が其の一つである。この墓は京畿道廣州郡中岱面二里夢村土城内にあり、朝鮮大匡輔國崇祿大夫議政府右議政兼領經筵事監春秋館事贈謚忠憲公金構の墓であつて、夫人全州李氏をも合葬したものである。墓碑の陰記に據るに、金構は朝鮮肅宗三十年（西紀一七〇五年）十二月十八日に卒し、夫人は朝鮮英祖元年（一七二五）に卒し、その始めは兩墓各その所在を異にしたが、後並びに遷して此地に合葬したのであつて、實に英祖十九年（一七四三年）の營造に係るのである。此墓は花崗石から成る基石を圓形に繞らした圓墳であつて、高さ五尺許背面及左右周らすに障壁を以てし、前面左に偏して墓碑あり、石床の前、之に接して香爐石あり、其前方左右に一對の石望柱を立て、右長明燈は正面少しく右に偏して樹てられ、石羊は更に其前方左右に相對して立ち、何れも男性を模してゐる。是等墳前の石物よりも遙に離れて稍低き所前方左に偏して神道碑あり、その趺石及び蓋石は花崗石で、碑身は、白色中に淡き灰黑の斜斑を有する大理石を水磨とした高さ約九尺、幅三尺四寸、厚さ一尺七寸のもの、碑の總高約十四尺である。此墳墓は、實に當時に於ける朝鮮貴族の墳墓の代表的のなものであると云はれてゐる。

古　　墓（京城附近）

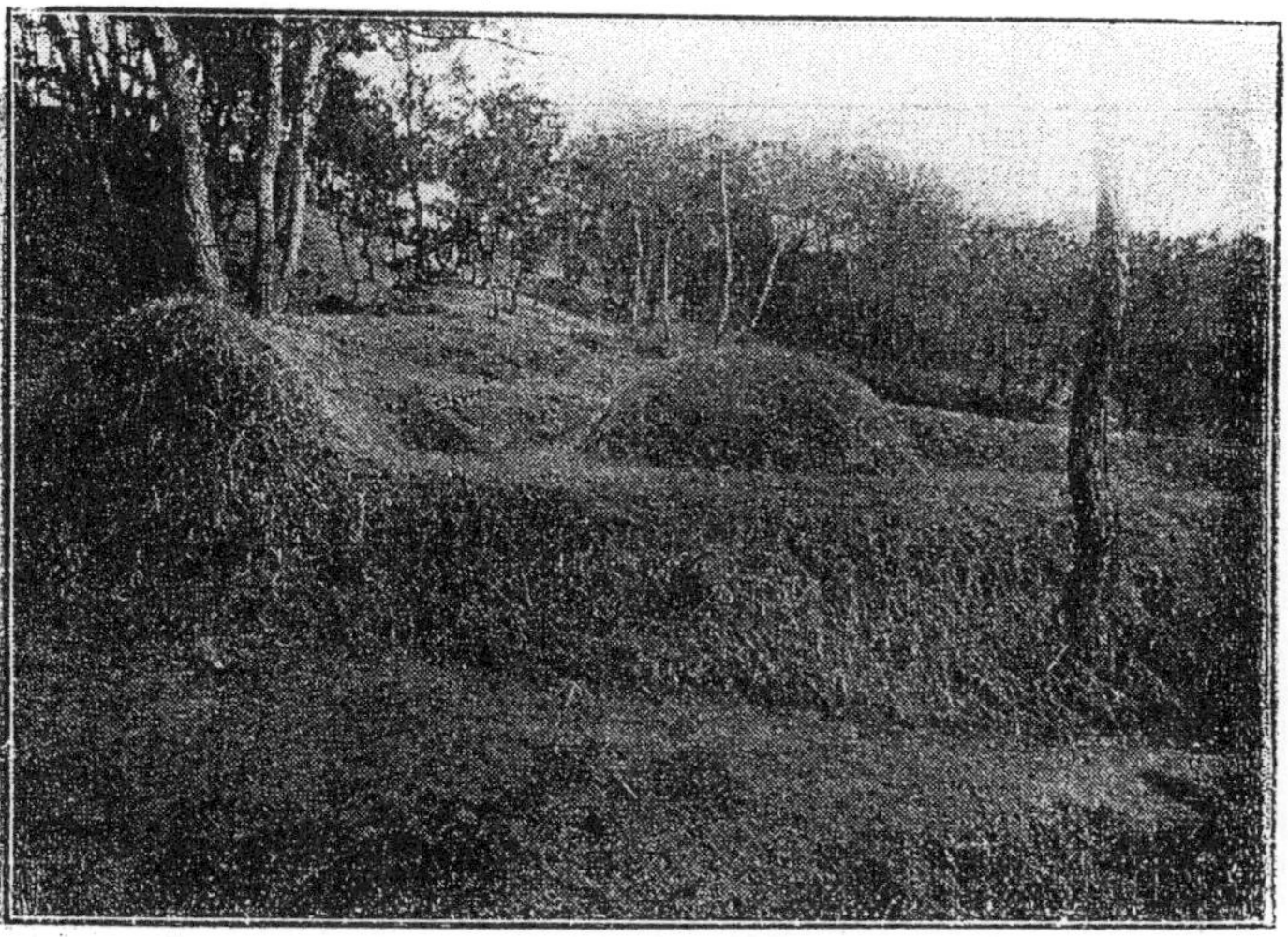

新設墓（京城附近）

現時の双墓（水原附近）

現時の共同墓地（濟州島）

共同墓地（京城附近）

第九節　朝鮮の浮屠

朝鮮の浮屠は又浮圖とも云つて居る。これは佛塔又は功養塔の一種であるが、もと〳〵佛舍利を含藏したものであるから、後には僧侶などの舍利をも之に藏することゝなり、墳墓の一種と見做されるものともなつたから、墓制を述べる序にその概略を擧げることゝした。

一　新羅の浮屠

新羅の浮屠として見るべきものに次の二者がある。

（イ）　佛國寺浮屠

佛國寺浮屠は明治三十五年頃、同寺無説殿の東北羅漢廳址の前に立つてゐたが、其の後何れへか運び去られて今在る所が分からぬ。これは石燈様の浮屠で、六角の地台石は豐肥の蓮瓣を刻み其の上に雲文を陽刻せる竿石があつて中台石を承けてゐる。中台石の下も亦蓮花を作り、皷胴様の塔身其上にあつて三面に佛龕を刻み手法頗る精麗である。蓋は十角形にして上に寳珠露盤を上げ、最も輕快の趣を示してゐる。要するに此浮屠は意匠豐富にして技工亦巧麗、新羅浮屠中の白眉と稱すべきものである。

慶州佛國寺浮屠

（ロ）　廉巨和尚浮屠

原州興法寺廉巨和尚浮屠は今移して京城パゴダ公園にある。平面八角にして基壇塔身及び蓋の三部より成り、基壇低く塔身大に、屋蓋輕く、上に寳珠飾を載せて、最も莊重の氣象をあらはしてゐる。塔身の正面には戸形を作り、四隅面には四天王像を陽刻し、基壇には獅子格狹間等を刻み、軒には垂木形を、屋蓋には瓦葺様を作つてゐるのである。

慶尙南道河東郡花開面三神山双溪寺の金堂にある六祖頂上塔は五層の塔であるが、その建設由來を尋ぬれば浮屠と異ならないものである。その由來と云ふのは同寺金堂緣起に依れば次の如くである。卽ち、新羅文武王十六年丙子に生れた三法和尙は、義相法師に就て戒を受けた者であるが、遠く支那曹溪の六祖慧能大師の風を慕ひ、一度拜眉して訓諭を受けむと思つて居たが、慧能は間もなく死んだので望みを果し得ず、憾みに思つて居た。後數年金馬國彌勒寺の僧圭晶が唐より還つて六祖慧能の法寶壇經を見せたが之を拜讀すると、中に『大師曰吾滅後五六年當有人取吾首』と書いてあるので、常々尊仰して居た彼は自分がこの豫讖に應じて大師の首を持ち來り吾邦萬代の福田となさうと決心し、金庾信の夫人法淨尼から金二千斤を借得し、商船に託して入唐し、洪州の開元寺に寓居せる同國の僧大悲禪(柏栗寺の住であつた)と相談の上開元寺の奴に二十金を與へて慧能の首を竊かに掘り來らせ、遂に之を懷いて歸國し、靈妙寺の法淨尼のもとに至つた。處が一夜大師の夢告ありて曰く『吾れ此土に歸するは佛國の因緣あるに依る、康州智異山下に葛の花が雪の中に咲いて居る處を求めて其處に埋めよ』とあつたので、三法は大悲と一緒にあまねく智異山中を探し步いたところ、時正に嚴冬十二月連峯積雪にとざされて居る中に、氣暖きこと春の如く葛の花が爛漫と咲き亂れて居る處が見出され

雙磎寺六祖頂上塔
（達摩祖師第六代慧能大師、頭骨龕像）

た。兩人はその不思議に再驚し、石を斫つて函となし深くその首を瘞安し上に塔を立てゝ之を葬つたのである。現在ではこの塔の中に首の代りとして、法華經、華嚴經、六祖壇經の三部を入れてあると云はれて居る。而してこの塔を造つた時は新羅聖德王二十一年壬戌（七二二）と傳へられる。

二　高麗の浮屠

當代前期は佛教隆盛にして朝廷の崇信亦篤く、多くの名僧知識輩出し、其浮屠の如き國王の命に成りし者多く、工巧の精を盡せし者亦少くなかつた。その初めは大體に於て新羅樣式の繼續であつたが次第に高麗特有のものを生じ、後期に入りてはその手法稍退化したが、新たに印度系に屬する樣式をあらはし、次の李朝時代に入つて、この様式が大いに行はれる様になつた。今其重なる浮屠を擧ぐれば、原州の廢興法寺眞空大師塔、驪州の廢高達院元宗大師慧眞塔、同逸名塔、忠州廢淨土寺弘法大師實相塔、原州廢居頓寺圓空國師勝妙塔、原州廢法泉寺智光國師玄妙塔、金堤金山寺眞應塔、大邱桐華寺弘眞大師塔、長湍華藏寺指空定惠靈照塔、驪州神勒寺普濟舍利石鐘、寧邊安心寺石鐘等々である。

△廢興法寺眞空大師塔は高麗太祖の建つる處、新羅系の形式を有し、基壇、塔身及び蓋の三部から成り、基壇は上下八角にして豐麗なる蓮花を刻み、腰部は皷胴様をなし、雲龍を高肉彫にしてゐる。又塔身は八角にして正面に戸形を見はし權衡稍小に過ぎた觀がある。蓋も亦八角にして軒は二重垂木を刻し、屋根は瓦葺を模し隅に各反花を作り、頂に寶珠寶蓋様を載せてゐる。

求禮華嚴寺舍利塔（新羅物）

廢高達院元宗大師慧眞塔は高麗光宗二十六年に立てたもので、蓋し朝鮮現存浮屠中最も傑出した者である。基壇の胴部には靈龜の塔を負へる狀を刻み出し、左右亦各小龍を作り、綴るに飛雲樣を以てし、極めて豪健雄麗の精神を發揮し、其上下に亦雄麗なる覆蓮仰蓮を彫りあらはしてゐる。塔身は八角にして稍小に、正面に戸形、四隅に四天王像を刻み、蓋は二重寶蓋狀をなし、軒深く隅に反花を作つてゐる。要するに此浮屠は形態奇拔にして而も權衡よく整ひ、手法雄渾にして技工亦精錬、啻に高麗浮屠の雄たるのみならず此種の者としては朝鮮の古今を通じて之に比肩すべき者は無いと云つてもよい。

金堤金山寺舍利塔（新羅物）

△鷄龍山中壯里高麗浮圖

これは鷄龍面中壯里、甲寺の上方なる鷄龍山に在り、八角の地覆石上に立つ八角の浮圖であつて、青色の花崗石より成る。八角二成の基壇あり獅子其他を刻し、更に其上に天人等を刻せる八角の台あり、中台には蓮瓣を彫り、塔身には前後に戸形あり、其間の四面には四天王を刻む。蓋は本瓦葺を摹し、上に受花、寳蓋等あり、總高地覆石上八尺一寸、塔身一面の幅八寸ある。蓋し、高麗時代に於ける優秀なる作品と稱すべきものである。

三 李朝の浮屠

李朝に入りての浮屠は麗時の隆盛に反し、その規模に於ても技工に於ても觀るべきものが少ない。其様式は石燈様、方燈様、石鐘様の範疇を出でず。石燈様は基壇及び蓋を八角形にして塔身を球狀となせる者が普通であつて、方塔様は基壇上に二層の方塔を起し頂に相輪を上げてゐる。石鐘様は極て簡單な手法より成れるものと、梵鐘に倣ひて四面に乳廓を作り上に寳珠様を載せたものがある。此等の中稍觀るべきは、

陜川、海印寺弘濟菴松雲墓塔。求禮、華嚴寺碧巖墓塔。淮陽、長安寺無竟堂靈運塔。報恩、法住寺世尊舍利藏塔。淮陽、金剛山白華菴桐潭墓塔等である。

海印寺弘濟菴松雲墓塔は普通の簡單なる石鐘であつて、碁石の上面に平らに蓮座を刻してゐる。華嚴寺碧巖墓塔は撓鐘様を模せるもので　四面に九乳を容れたる乳廓を作り、正面には位碑狀をあらはし、碧巖堂塔の四字を刻し、上には寳珠を冠し、基石の四隅には獸首を刻み出してゐる。金剛山白華

海南　大興寺浮居殿

菴楓潭大師の墓塔も亦石鐘様であるけれども、かゝる乳廊はなく、頂にいくつかの千鳥破風狀を作れる小屋蓋を載せ、上に寶珠を冠してゐる。長安寺無竟堂靈運塔は新羅、高麗を通じて行はれ來りし石燈様の塔で、八角の基壇の上に扁球狀の塔身を載せ、其上に割合に高き寶珠及八角蓋を載せてゐる。

以上第二章各節は本府の古蹟調査報告大正五年、六年、七年のもの、及び同特別報告、略報告を主たる資料とし、之に文獻備考、朝鮮史講座特別講義等を參考し、且つ實地に就て調査したものであることを附記して置く。

第三章　墓地風水信仰

第一節　墓地風水の由來

朝鮮の風水信仰は疑もなく支那から傳承されたものであるが、それが長き時代を貫ぬき民俗一般に行き渡つて、一の動かすべからざる民間信仰となつたことには、その由つて來る處がなければならぬ。殊に風水と云へば墓地を相することであり、墓地を談ずれば、直ちにその風水を思ひ起すまでに朝鮮の風水が墓地に重きを置くに至つた事には、それ相應の理由がなければならない。

さて朝鮮に於ける墓地風水の由來を考ふるに、先づ第一にあげなければならないのは支那から輸入された風水書の影響である。朝鮮に行はるゝ風水書の多くは支那風水書であり、朝鮮に於て著作されたものでも、多くは支那風水の拔萃編纂に成つたものであるから、朝鮮風水書は殆んど悉く支那風水書の領域を出でないものと見て差支ない。處がこの朝鮮に輸入された風水書の大部分、殊に經典として尊重せらるゝものは、通例葬書又は葬經と呼ばるゝが如く、主として葬墓の風水的理論並びに方法を講述したものであつて、風水の二大事項の一たる住居風水に就ては、殆んど之を附錄として取扱ひしに止まるのであるから、この風水書を唯一の典據となし、この風水書を學ぶ事に依つて風水の術に達する者は、勢《いきおひ》葬墓風水に詳しく、從つて一般も亦墓地風水に重きを措くやうになるのは當然の歸結と云はねばならない。

次に擧ぐべき事は、前既に說述せるが如く、同じく地に流るゝ生氣を目的とする陽宅（住居）、陰宅（墓地）でも、その生氣に浴するの良否及び生活上の關係等から（第一章第一節參照）、風水は住居よりも墓地にその重きを措くやうになる傾向を本質的に有するものであるが、朝鮮の風水に於てもこの傾向が著しくあらはれ、その始めは住居に重きをなせるものが、やがて墓地に重心を移し、遂に風水は墓地に限るかの如く一方化したものである。

第三に、墓地風水が風水の宗をなすに至る氣運を促したものは、佛敎の影響、とりわけて僧侶の風水行脚であることを忘れてはならない。佛敎は新羅高麗を通じて上下の尊崇する處となり寺塔の建造せられ、法會の開催されるもの夥しく、僧侶はそれに相應してその數を增し且つ上等な尊敬と待遇とを受けて居た。而して此の兩朝に渡つて佛敎の歸依せられ僧侶の尊敬せられたのは、佛敎は國を護り家の災害を防ぐものとして、僧はこの護國禳災の修法者としてであつた。又寺塔の建設が全く國運の進長からであり、その建設地の選定は一に僧侶の手にあつたのであるから、此時代に於ける僧侶はよく人の運命を支配する地を相する術に長ぜるものとして尊信せられて居た。新羅の國防寺塔が幾人もの名僧に依つて選ばれ、高麗五百年の王業が僧道詵の風水的占地に依つて效されたと信ぜられるが如きは、よくこの間の消息を語るものである。占地の術に長ずる者と信ぜられる以上、墓地の選定も亦僧侶の手を煩はしたことは論ずる迄もない。然るに高麗が亡びて李朝となるや、李朝は高麗朝が餘りに崇佛に偏した爲めに亡國の憂き目を見たのであるからと稱して、人心一新の策から抑佛崇儒を施政の方針とした。從つて高麗朝に於て芽を出し得なかつた儒教が反動的に勃興するに反し、佛教の勢力は日に日に縮少して、寺院も宗派も減廢され、僧侶も亦昔日の權勢なく、山寺に引きこもつて出世間的生活を樂しみ得る者以外は市井に出入することすら禁ぜられ、遂に最も低き社會階級なる賤民と同一視せらるゝに至つたのである。

かく世相が一變して佛教の影、日に薄きを加ふる趨勢にありては、僧の社會的存在を可能にし、幾分なりとも民庶の歸依を繋がんとするには、昔からお手の物であつた占地の術、風水の法術に依る外致し方がなかつたのである。その代表者は李朝太祖の爲めに國都漢陽（今の京城）を定め、且つ楊州儉巖山の麓に永世陵墓の地を相して太祖に年來の深憂を忘れさせた（今太祖王陵の入口に忘憂里と稱する部落がある。こゝは太祖が無學と共に今の東九陵を選定した時、これで年來の心配がなくなつたと云つて此處で一休みした處であると傳へられて居る。）國師無學である。漢陽の都を定める時には、太祖の臣僚中權仲和、河崙、鄭道傳等の如き風水術に長《た》けた者があつたに拘らず、主として無學にその選定を委ねたことは、占地の法術が從來僧侶の手に依つて始めてよくその目的を達し得るものと信ぜられた名殘りでなくてなんであらうか。

旣に社會的に賤視せられるやうになつては、如何に占地に長けた僧でも、公然と之をなすことが出來ない。從つて彼等は住居と云ふが如き公然たるものに向はずして、私人の墓地占定へと潛行するに至つた。これが風水を墓地風水となし、且つこの墓地風水を全半島に普及せしめた一つの力强き由來である。

第四に數ふべきものは朝鮮人の、死者並に墓地に對する觀念、信仰が風水を迎ふるに最も都合よき素地を造つて居たことである。之を單的に云へば、朝鮮人の間には死者の骨骸は永く此の地上に止まつてその生前に關係を有して居た者と密接な交捗をもつと云ふ信仰の存在したことである。この交捗は大別して二つに分れる。それはこの骨骸を丁重に扱へば、幸運を惠まれ、これを粗末にすれば災厄を與へられると云ふのである。この觀念信仰は朝鮮には本來固有のものであつた處へ、佛敎に代つて勢力を張つた儒敎の祖先崇拜乃至孝の敎が壓倒的に普及せしめられた爲めに、今迄單純な民族信仰であつたものが先王の教ふる理に協ひ、學者の支持證明する立派なものとなつたので、骨骸が生人に幸不幸を與へると云ふことは愈々動かすべからざる眞理であるとして信ぜられるに至つた。其處へ骨骸を吉地に葬れば子孫繁榮し、然らざれば子孫に災禍あり、絕滅することすらあると稱する風水の宜傳せらるゝに至るや、誰か祖先の墓地を風水に依つて定め以て幸運を招き、災禍を免かれんとするに奔らざるものがあらうか。

第五に、墓地は後孫に利するものであると云ふ觀念である。之は風水信仰の影響と、在來せる祖先の骨骸がその子孫と交捗を有つと云ふ信仰とが合流したものとも考へられるが、この墓地が後孫への祝福に供せられたことは可なり古き時代からのもので、古墳から發見せられた古鏡はこの信仰の存在を物語る好個のものである。樂浪時代の墳墓內に副葬されて居た古鏡に就て見るに、この古鏡に刻された銘文は多く長壽と子孫の幸福を祝福するものである。例へば平壤博物館に陳列されてある富田氏藏樂浪古墳出土の古鏡の如きは悉く長壽と子孫の幸福とを祝したものであつて、今その二三を示せば次の如くである。

一、內行花文鏡

銘曰。長宜子孫

位至三公

二、內行花文鏡

銘曰。長宜子孫

壽如金石

且佳好兮

三、四乳神獸鏡

銘曰。今氏作竟

多子孫上有東王公西主母長如山石令

四、龍　虎　鏡　（闕口半氏寄托）

銘曰。吾作明鏡四夷服多賀國家人民息

胡虜殄滅天下復風雨時節五穀孰得天力

之等の鏡はその銘文に依つて明なるが如く、鏡に備はる靈力を利用して死者並に死者の關係者、卽ち子孫の幸福を祝福せむとしたものであるが、死者を葬むるに當つて、この祝福鏡を副葬することは、つまり墓から子孫の幸福を導き出すことが出來ると云ふ、觀念が存在したからに由るのである。

以上のやうな觀念信仰から、墓地が子孫の爲めのものであると云ふことになれば、子孫の幸福の爲

夔鳳鏡
銘長宜子孫（樂浪郡時代）

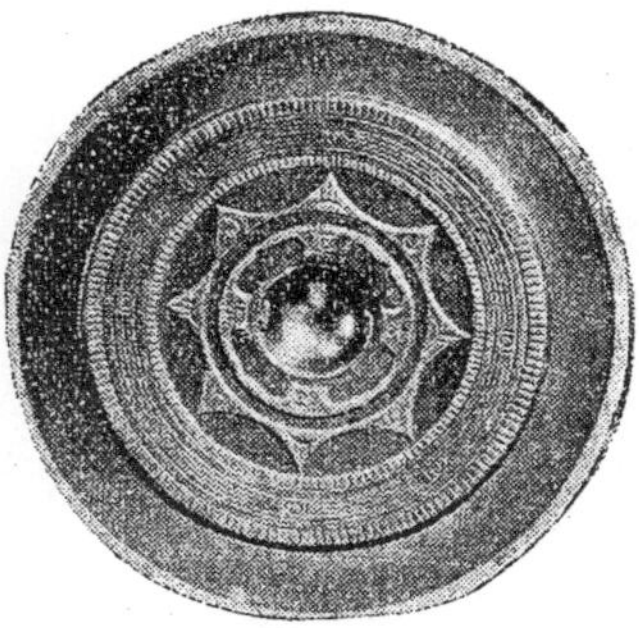

内行花紋長宜子孫鏡
（樂浪郡時代）

獸帶鏡
銘 翟氏作鏡幽湅三商競徳序
道配像萬疆曾年益壽富貴
番昌功成事見師命長
（樂浪郡時代）

單干盤龍鏡
銘 李氏作之鏡誠清明服之富貴壽
命長左龍右虎扶兩旁朱雀玄武
刊陰陽單干來匝座漢口子孫番
息樂未央　（樂浪郡時代）

めに墓地の善悪を相定すると云ふことは強いて風水說をまたずして考へ及ぼされる事であらう。だから朝鮮の墓地風水は實に風水を迎ふべき素地と風水を考ふべき氣運に向つて居た時丁度よく此處に迎へ入れられたものと云はねばならぬ。

さて次に之等の觀念を具體化したものに就て確實なる事例をあげ以て、墓地風水の由來を具體的に跡づける事としよう。

高麗顯宗十二年（一〇二一）

に出來た開城玄化寺碑の陰記、蔡忠順の（顯宗時代の功臣）選文を見るに、

『乃聖主之忻然。使令就此妙境剏置此名藍。所冀欲追薦二親用資冥福也。果符口鑿金以祐日邦得見。北朝差人再來請和結好。及至戈戟偃藏、人民蘇息。』（朝、金、總上）

これは顯宗がその二親（顯宗の父安宗とその妣）の爲めに玄化寺を建てたもので、その目的とするところは二親に追薦し、その冥福を祈ることに依つて、二親の子たる顯宗の治める邦國の安全を希つたものである。

この顯宗時代は契丹の侵寇に依つて開城を陷れられ、王公州に奔つたやうな國步艱難の時であつたから、寺塔建造に依つて國難を禳はんとする新羅の遺風に遵つて寺を立てたものでもあらうが、その二親に追薦しその冥福を祈ることに依つて國難のなからんことを望むだことは、こゝに死者に盡すのが生者の幸福を效す所以であると信ぜられたからに他ならない。

高麗睿宗五年（一一一〇）に立てた開城鄭僅配金氏墓誌銘に依れば、

『金氏、年甫七十二。於丁亥十一月二十二日以疾卒。屬纊《わた》不亂。殯于京北山地藏寺。後三年、太宗大觀四年、本朝乾統十年庚寅二月壬寅、葬于京東朝陽山南岳之南麓東蓮寺之東原。男西京留守判官禮部員外郎克、恭粗誌其略。銘曰、惟是先妣之室、旣固旣安。庶幾無窮、以利其嗣人。』

（朝、金、總）

とあり、その親の葬墓をして安固無窮の住地とすることが、卽ちその嗣人に利する所以であるとされて居る。嗣人とは子孫の事であるのは云ふ迄もない。（年號に本朝何年としてあるのは、此の頃高麗は遼を宗主國として遼の年號を用ゐて居たから、本朝とは遼を指したものである。死體を纊に屬して亂さず、とあるのは死體を纊《わた》に包んで棺に入れたものであらう。）

高麗仁宗十年（一一三二）に立てた長湍、朝散大夫徐鈞の墓銘に曰く、

『徐氏之世、干列有ㇾ光　惟公之偉　大臣之方　言寡行斂　動靜有ㇾ常　陰功厚德　厥後必昌　誌二其髣髴一　庶幾無疆』（朝、金、總）

その後必ず昌へむ、とは子孫の繁榮すべきことを意味したものである。

高麗仁宗十九年（一一四一）立、開城、興王寺圓明國師墓誌銘に曰く、

『生王宮　入佛域　□□□　兩全德　提一乘　福邦人　天不憖　返其眞　□無常　□□□　一彈指　三世具　宅兆吉　神遊安　一鹿中　大涅槃』（朝、金、總）

この圓明國師は高麗第十五代の王肅宗の第四子で、八歲で出家して僧となつた人、享年五十二、四月二十一日入滅、二十八日茶毘、五月二十三日に骨を收めて承天府藥山村の北原に葬つたのである。

この銘中に宅兆吉、神遊安とあるのは墓地が吉なれば靈魂はよく之に安住するの意を云つたものであつて、これ全く死者に安宅を供する觀念の表現に他ならない。

高麗仁宗二十四年（一一四六）正月二十八日崔婁伯の妻峯城縣君廉氏が死んだ、そこで順天院に殯し、五日の後棺を京城の北朴穴の西北崗に焚き、骨を緘して京城の東清涼寺に權安し、三年目の八月十七日因孝院の東北に葬つた。崔は妻が二十三歳から二十五年の間、よく艱苦に耐え、自分が戰場に往來する間よく空閨を守つて六子を養育したことを憐み、自ら墓誌銘を作つて毅宗二年（一一四八）に之を立てた。その銘には『尋レ信誓不二敢忘一。未レ同レ穴甚痛傷。有二男女一如二鴈行一。期二富貴世熾昌一。』とある。これは妻の早死を慰めると同時に子孫の富貴繁榮の望みがあるから以て冥せよと云ふ意であるから、死者はその後人の繁榮を見ることに依つて喜こぶものであると云ふ觀念が崔の頭を支配して居たものと云ふことが出來る。

『克施克守　克樹厥功　餘慶方興　子孫之承　乃子及孫　愈久益蕃』

開城、崔誠墓誌銘――高麗毅宗十四（一一六〇）（朝、金、總）

『形骸雖亡功不可朽　士庶仰之泰山北斗　恩及子孫孰能爲石』

開城、林景軾墓誌銘――高麗毅宗十五年（一一六一）（同上）

『厚其徳薄其祿將何其　以餘慶其有後宜無疑』

長湍、李勝章墓誌銘高麗明宗二十三年（一一九三）（同上）

『活人爲意　多有陰功……男五女四　蘭玉成叢　王孫作壻　更振家風　系連十世　積善所鍾』

開城、許珙墓誌銘－高麗忠烈王十七年（一二九一）（同上）

之等のものは、皆祖先の功業は必ずその子孫に及んでその繁榮を效すものであると云ふ觀念を表記するものであつて、祖先と子孫との關係の如何に緊密であるかを信じたものである。

「東國李相國集」所載吳闡猷墓誌銘、（高麗玄宗時）

『亹々夫子溫如玉兮直如矢行己礪去俯仰無愧宦不偶器亦豈介意有鬱其山今植々松梓孔寧且臧兮宜子之寢位以利于後嗣』（朝、金、總）

や、同じく尹承解墓誌銘

『遺子百金惟禍之召公獨以淸萬世之寶有鬱斯岡窾安宅兆公保於此迺子孫之保刻銘納竁爲後之考』（同上）

及び李奎報墓誌銘にある、

『宅名山側、原野畇々峯巒翼々、山旣靈兮子孫萬億』（同上）

などは何れも墓を以て子孫の繁榮を招來するものとしての代表的なものと云ふべきである。

かうした觀念信仰の存する上に、更に新羅の上代から土地には靈域があり、地勢の如何が人の生活を久遠ならしむるものであると云ふが如き地力信仰があり、人は山川の氣に依つてその性を稟賦されるものであると云ふ地力影響の信仰があつて、この信仰は高麗李朝へと傳へられたから、これまた風水說を普及せしむるに極めて有力な要素となり、遂に墓地風水信仰を完成したのである。いまこの地力信仰に關する傳說をあぐれば三國遺事に次の如きものがある。

一、新羅第四代脫解王が未だ王位に卽かない前、吐含山(慶州)上に穴居すること七日、その間山上から新羅の部域内に自分の居るべき地を望見物色して居たが、その内に一峯の三日月の如き形をなした所を發見した、その地勢は極めて良好で久しく居るべきの地であるので、山を下り之を尋ねて行くとそれは瓠公の宅である、そこで脫解は一計を案じ潛かに礪炭(けし炭)をその邸の側に埋め、明日瓠公の門に至りこの家は吾が祖代の家屋であるからと引渡しを迫つた。そこで爭訟となつて官に裁いて貰ふことになるや、脫解は我家はもと鍛治家であつたが、しばらく他鄕に行つて居た留守に人手に渡つてしまつたのであるから、若し屋敷内を掘り返して見れば必ず證據になるものがあると申立て、依つて掘つて見ると果して礪炭が出たので、遂に瓠公の家屋敷をうまく詐取してしまつた。

二、新羅二十七代善徳女王は女王ではあつたが極めて聰明な方で、或る冬の事、靈廟寺の玉門池に澤山の蛙が集まつてガァガァ三四日の間鳴きつゞけたので、冬の日に蛙が鳴くとはどうした事かと都中の騷ぎとなつたが、王は急ぎ武臣に命じて精兵二千を以て迅に西郊の女根谷に向はせ、其處に隱れて居る百濟の賊兵五百人を皆殺しにしてしまつた。稈經て群臣が王はどうして女根谷に伏兵のあるを知られたかと不審がつたのに對して、王は次の如く推知したのだと説明されたので群臣は王の聖智に服さないものはなかつた。卽ち

『王曰。蛙ニ有ニ怒形一、兵士之像。玉門者女根也。女根ハ陰也、其色白。白ハ西方也。故知兵在ニ西方一。男根入ニ於女根一則必死矣。以レ是知ニ其易レ捉一』

三、新羅には以前から四の靈地があり、大事を議する場合には、必ず此の地に大臣等を集めて謀議したもので、此の地で相談すればその事が必ず成功すると信ぜられて居た。それは東、靑杉山、南、弓知山、西、西皮田、北、金剛山の四箇所である。

四、高句麗二十八代寶藏王は大の道敎信者で、古から佛寺を無暗に道館に革め、又道士を尊敬して儒士の風上に据へ、道士の言に從つて古平壤の城勢が新月形であるから、國運を興すには之を滿月にしなければならぬと云ふので、道士等をして南河の龍を呪勅し新月城に加築して滿月城となした。然

るに滿つれば缺くるの諺に漏れず高句麗はこの改築の後幾年も經たぬ内に滅亡してしまつた。之等は新羅時代の地力信仰に關する傳説であるが、高麗に至つてからの地力信仰は、高麗の建國傳説が全く地力信仰そのものであるに察しても如何に深く信ぜられて居たかを知ることが出來る。猶ほ李朝に於ては高麗の信仰をそのまゝ引繼いで、寧ろ之を一般に普及するの趨勢をとつたのである。

以上に於て朝鮮に於ける墓地風水の由來を各方面から擧げ盡したのであるが、之を總括的に見て、朝鮮が墓地風水に重きを置くに至つた基礎的動因は實に朝鮮社會が長き歴史を一貫して血族中心社會に終始した事實である。卽ち統一的國家の外觀は備へてもその内容は各々分立せる血族團の群在衆であつた事である。社會結合は血族團を超へて、より大なる社會を成立することが出來なかつた事である。從つて國は出來ても、それは有勢者が國王の權力を掌握したに止まり、國民の統治―精神的有機的結合社會の―統治を實行したものではなかつた。卽ち國王は自己血族團の繁榮の爲めに國王の權力を握つて居つたもので、國民の有機的結合の中心としての存在ではなかつたのである。だから國王と臣民との關係は只權力の有無に依つて王となり臣となるもので、社會存在から見れば其の間少しも差等はなかつたのである。從つて王からすれば臣民の勢力增大すべきことを虞れ、之に反し臣民は自己血族の有勢ならむことを希つたのである。朝鮮が郡縣制に終始し、遂に封建社會の發達しなかつたのも實にこの血族結合に局して血族以外の社會結合をなさなかつたことに由來する。

血族團、一血族から分れた各血族團に依つて社會的成立をなさむとするには、同團の時間的延長と空間的擴張とを必要とする。この必要に應じて採用されたものが祖先崇拜と多子希望とである。忠よりも孝に遙にその重きを置き、早婚の風その弊を生ずるも辭せざる事實は皆この血族結合の要求から由來するものであるが、墓地風水も亦實にその根本をこの血族中心社會の要求に發するものに他ならない。血族結合に局する人々は血族以外の者に その生活と運命とを安心して依賴することが出來ない。安心して信賴し得るものは自分の屬する血族、殊にその祖先である。祖先の力に依つて子孫の榮達を望むより外に安全な生活發展方法はない。この要求に添ふものが墓地風水である。墓地風水が、朝鮮に於て汎くしかも根深く民間信仰の隨一となつたことは當然の歸結と云はねばならぬ。

第二節　墓地風水の所應

風水說の理論が如何なるものであるにせよ、それが民間信仰として支持せられる場合には一の信仰であるから、信仰は證明を必要としないと云ふ一般則に從つて、風水に依つて具體的な禍福を得た事實がなくてもその信仰としての存在には何等の差支がない。しかし、もし風水に依つて具體的に禍福の影響があつたと云ふ事實があげられるならばその信仰は一層力強きものとなつて精神界に有勢な地位を占むるものである。だから强き信仰の存在するところには必ず、その信仰を助け強むる處の實證が數多く傳へられ、物語られて居るものである。風水ではこの物語らるゝ實證的事實を所應と云ふ。朝鮮の墓地風水信仰には如何なる所應が傳へられて居るか。以下之等所應に就て先づ傳説から事實へと順次述べて行くこととしよう。

一　所應の傳説

一　父を吉地に埋めて王位に即く

高麗第六代の王成宗の叔父に當る人に郁と云ふ人があつた。その邸宅が第四代景宗の未亡人である妃皇甫氏の私第と隣合つて居たので、互に懇になり遂に不義のたねを宿してしまつた。事が露れた爲めに、成宗はかばひ立ても出來ず郁を泗水縣に流した。その流滴の日相手の皇甫は男兒を產むだが、產後の痛みで終に歸らぬ人となつたので、成宗は姆《うば》を擇んでその兒を養はせた。姆は常にこの兒に『お父さま』と云ひならはせて置いた。二歲の時である、或日成宗がこの兒を召して御覽になると、この兒は早速『お父さま』と云ひながら成宗の膝に上り懷かれて『お父さま、お父さま』と繰返すので、成宗も大變に可愛相に思はれ淚を出されて、この兒は父を慕つて居るから可愛相だと命じて泗水の父の處へ送つてやつた。郁は文辭に巧みであつたが、殊に地理風水術に精通して居たので、嘗て密かに金一嚢《ふくろ》をこの兒に與へて、若し自分が死んだ時にはこの金を風水師に贈つて、縣の城隍堂の南歸龍洞に伏埋して貰ふやうにと含めて置いた。かくて郁は成宗十五年に死んだので、この兒は遺言の如く術師に金を贈つて伏埋を請ふた。術師はこの伏埋が發福の迅速なるを察知して居たが、果せるかな埋葬した(乾陵)明年二月穆宗が卽位するやこの兒は迎へられて太子となり、後ち遂に王位に卽いたのである。第八代の王顯宗がそれである。(高麗史、宗室)

處がこの葬墓は一方その子を王位に卽たせた位の發福があると同時に一方災禍をも招くものとされた。卽ち埋葬した翌年顯宗は太子となり、十四年目に王位に卽いたがこの顯宗が王位に卽いた年契丹の來寇があつた。その當時は契丹の來寇が、この墓地の爲めであると知れなかつたが、第二十代神宗の頃厚陵をこの墓地の側に營むや又々契丹の來寇があつたので、これは歸龍洞に墓を築いた所爲であると云ふ事になつたのである。(高麗史、叛逆三)

二　給仕の子孫が巡察使に

忠淸南道舒川郡韓山に韓山李氏の祖墓がある。この墓地は郡の給仕がその祖先の骨を大地に入葬したので、その子孫繁榮し遂に多くの高官を輩出するに至つたと云ふ有名な墓地であるが、その傳說はからである。

高麗の何時の頃か明確ではないが、韓山李氏の祖先は極めて貧窮且つ身分も低かつたので韓山郡廳の給仕をして漸くその日の暮しを立てゝ居た。處が幾年か給仕をして居る内に一の不思議な事に氣が付いた。それは郡廳舍の中央に張つてある床板《ゆか》が毎年朽ちて役に立たなくなるので年に一回づゝ新しく張り替へなければならない事であつた。他の吏屬達は之を全く年中行事の一と心得て別に怪しみもしなかつたが、この給仕はこの板くさりに不審を懷き、古老や物識りに尋ねて見ると、それはこの郡廳の基地がこの地方での大地（吉地）で生氣盛なるが故に郡の基地と定めたのであるから、その板のくさるのはそこが丁度地中の生氣が溢れて漏洩するところに當つて居る爲であると云ふ事が了解された。そこで彼はかう云ふ地氣の旺盛な處に自分の祖先を埋葬したならば必ずや自分の一家は永久給仕で終ることなくきつと繁榮の所應があるに相違ないと考へ早速祖先の骨をその墓地から堀り出して來て人知れず之を郡廳舍の中央床下の地中深く暗葬してしまつた。その後韓山李氏には澤山の人材が輩出すると共に子孫も蕃衍したことは云ふ迄もないが、今から百年程も前の事、繁殖したこの子孫の中に巡察使になつた者があり、王命に依つて地方巡察の途次、この韓山郡に立寄つた時、少年の頃父や祖父から聞いて居た右の云ひ傳ひを思ひ出し、念の爲め韓山郡廳舍の中央床下を掘つて見ると、正しく傳說に符合した遺骨が發見された。そこでこの巡察使は大いに喜び、自分の金力で新しく郡廳舍を他に造營して韓山郡を移轉させ、舊韓山郡址卽ちその遺骨の發見された處に墓を築いて長く韓山李祖の墓としたと云ふことである。現在の墓碑には『高麗戶長李公之墓』と標刻されて居る。

三　渡し守りから統合三韓功臣

忠淸南道公州を北に距る約二里、錦江に臨んだ形勝の地(李棹山)に「回龍顧祖格」の墓地があるが、これは全義李氏の祖墓であつて此地方での有名な良墓地と推されて居る。

土地の人の傳ふる所に依れば、高麗朝の出來た前後の頃、この山の下に李某と云ふ一人の貧しき渡し守を業とする者が居た。大變慈悲深くて困つて居る者を見れば自分の貧しい暮しにも拘らず惠みをしてやるので公州附近に徘徊する澤山の乞食共には神樣のやうに敬はれ又父の如く親しまれもして居た。或日の事一人の旅僧が渡しを乞ふたので早速渡すと間もなく戾つて渡しを乞ふ。一休みしようと思ふ間もなくまたその僧がやつて來て渡しを乞ふ。かくすること四五回、大抵の者ならば怒つてしまふのであるが、この渡し守りはいつもイヤな顏もせず親切に渡したので、件の旅僧は大いに感心し、渡し守の顏をのぞき込んで、見れば喪中のやうだが、よい墓地が見つかつたかと云ふ。渡し守りは父が死んで三年にもなるがよい墓が見つからないのでそのまゝにして置く旨を答へた。と件の僧はこんなに厄介をかけたお禮心に一つその墓地を定めて進ぜると云つて、川向ふの山を指し、あの山腹が吉地だから早速父の墓地として父を埋葬するやう、然しこゝは良地であるから必ず後人に掘り返へされるやうな事があらう、之を防ぐ爲めに墓穴は石灰千俵で固めなければならず、又『南來妖師朴相來單知一節之死未知萬代榮華之地』の文字を石に刻んで墓の上層に埋めて置くの要があると敎へた。そこで李はかねて惠をかけてやつた澤山の乞食達の協力に依つて旅僧の敎へた通り石灰で壙をつくり、その中に父の遺骸を入葬してその上に石灰で幾層にも固め上層の下に刻石を入れて工事を終了した。

所應空しからずこの渡し守の子孫はやがてメキ〳〵と富貴榮達し、今全義李氏の始祖と仰がれる棹は高麗太祖から統合三韓三重大功臣の追贈さへ受くる身分にまでなつた。處が幾代かの後朴相來と云ふ地官がこの山を踏山して子孫に告げて云ふには、この裏山の龍卽ち來龍の節脈が中斷して居るから一時發福しても幾代ならずして一族絕滅するの虞があると云ふので、極力移葬をすゝめた。有名な地官の言を信じた子孫がそこで墓地を掘りにかゝつたが、墓地附近は一面石灰で堅く固めてあるので仲々容易に掘り返へせない。漸く上層をはがして見ると一枚の刻石が出た。それは『南來妖云々』卽ち朴相來と云ふ妖地官が來て此處を凶地となし他に移葬をすゝめる事もあらうが決して迷つてはならぬと書いてあるので、子孫は祖先の用意周到と讖書の符合したのに驚畏して、またもとの如く之を埋め、移葬をやめてしまつた。この李氏の一族は今や數萬餘人の多きに蕃殖して居り、禮安の李氏も亦この子孫の出であると云ふことである。「東國輿地勝覽」全義人物條下に李棹の小傳を載せてあるがそれは次の如くである。

『太祖(高麗)南征至錦江。水漲。棹護涉有功。賜名棹。官至太師三重大匡。』

と、これは傳說と似通つた事實であるから、この墓地傳說はこの記事をモデフアイしたものかも知れない。

四　寶劔の切尖から王妃連出

京畿道楊州郡、京春街道を京城から約二里忘憂里峴の右方に當つて閔氏の墓地がある。その位置は金谷にある李王家洪陵の外白虎中にあり、天摩山に對して「回聆高祖格」をなし、天魔山の支脉好積山に向つて「寶劔出匣形」をなして居る。傳ふる處に依ればこの墓地は今の閔氏(閔泳綺)を溯る十三代祖が王妃宰相を連出する族墳の地として選定したものである。就中寶劔の切尖に當る墓墳の主の子孫から愈々榮達すると云はれて居た。(寶劔の身も兩側も結構には相違ないが、劔は何と云つても切尖程銳利であるから劔としての價値はこの切尖にある。殊にこの寶劔は出匣形卽ち匣の中から出でんとする勢であるから、その切尖が最も有力なものであると云ふのである。)果せるかな代を經るに隨つて大官富貴が續々として輩出し、近世に至つて遂に李王家三代に亙つて王妃を連出した。即ち李朝第二十六代高宗(李太王)の父君たる興宣大院君昰應の妃閔氏、李太王熙の后閔氏(所謂閔妃と稱せられ、その父に當る大院君と勢權の爭奪から遂に非命の最後を見た女傑閔氏)及び李太王の第一子李朝第二十七代純宗の王妃閔氏は、皆この閔氏から立つて王妃となつたのである。猶ほ現朝鮮貴族中閔氏が最も富貴なることは世の認むる處であるが、この富貴繁榮は全く立派な大地にその祖先累代の墓地を選定した所應であると云はれて居る。

李太王が金谷の洪陵をその壽藏として選定し、王陵の墓地とした時に、此處から見ゆる限りの範圍(又は墓地を中心として二里以內)の地に墓地あるを禁じ、以前から存在するものは他に移轉せしめた。此の時移轉の厄に遭つた墓地は六百六十餘基の多きに上つたが、ひとり閔氏の此墓地だけはそのまゝにされた。これは、李太王の母君が閔氏であり、李太王の王妃も閔氏であるので、一は母方の墓地に手を下すことを心よしとしなかつた點もあり、一は勢力ある王妃閔氏の手前を遠慮した點からでもあらう。然しながら、兎に角動かさなかつたのは事實であつたので、王命を以ても如何ともすることが出來ない結果を持ち來したその原動力は、そも〳〵この墓地が偉大なものであつたからに由ると云ふことになり、世人の間には益々この墓地が有名なものとなつてしまつた。

五　生氣を拔かれた名墓地

慶尙北道安東郡佳川に李朝第十四代宣祖時代の有名な學者金誠一の墓がある。この墓地は有名なる人の墓であり且つはその形が金鷄抱卵形をなせる點から此地方での名墓地と稱せられて居るがこの墓の所應に就ては次の如き物語が傳へられて居る。それはかうである。

金誠一が死んだ時、その子孫は立派な吉地を選んで埋葬したいと云ふので協議の結果遠く京城からその頃風水の第一人者と目されて居た地官を招聘して墓地選定に充たらせることとした。そこで使を走らせてその地官を招いたが、地官もさるもの、田舍兩班の招請にさう易々と應ぜられるものかと緩くりかまへて早速に出發しない。再三期日を遲らせて漸く出かけて行つた。處が幾度も空《そら》待にまちあぐんだ金一家の者は大いに憤慨し、地官の到著するや否やその遲延を叱責し、旅の勞をねぎらう處か早速山へ伴つて墓地の選定を迫つた。京城から遠路出かけて行つたのにも拘らず、遲延を責め、早速引立てゝ選定を迫るので地官は金家の待遇に內心不快を感じた。けれども京城に於て一二を爭ふ自分の名に對しても下手な選定も出來ないので、彼處此處と探查の末に、風水術の第一人者としての名を恥かしめない「金鷄抱卵形」の立派な土地を相定した。さて愈墓穴を掘つて棺を埋める段になるや、土中に埋まつて居た宕巾岩を掘り出してしまつて埋葬した。處がこの岩は此の穴中に來つた龍(生氣)を押へて居たものであつたから、此の岩を除き去つた爲に、この來龍は最早この穴中に止まらずに逸失してしまつた。若しこの岩をそのまゝにしてそこに埋葬したならば非常に發福が豊かであつたのだが、地官の虐待からこの岩を除いたばかりに、墓地の外形は立派な金鷄抱卵形と云ふ吉相を呈して居ても、その内容が全く空になつてしまつたので、金誠一の子孫は以後繁榮しなくなつたのであると云ふことである。宕巾岩は今でもこの墓域に晒されて居る。（昭和五年）

六　鬼神を饗應して得た墓地から大富豪となる

全羅南道珍島郡珍島面南洞里富豪郭某はその祖が鬼神から吉地を授かつた處に墓地を定めてからメキ〳〵と富豪になつたのであると珍島地方の評判となつて居る。それはかうである。その祖郭某は赤貧洗ふが如く一定の生業もないので常に乞食同様諸處を徘徊して暮して居た。或る日邑内市場の某家に雇はれ仕事を濟まして其の日の日沒後郡内面水流里の自宅に歸る際、同里を距ること約二丁程手前の山腹に差しかゝるや、酒に醉つた鬼神（化物）が澤山集合して眠つて居るのに出會つた。郭某はハッと驚いて膽をつぶしたが、その物音に目ざめた鬼神等は某を指し此の人間は死んで居るから精氣のある地點を撰んで埋葬しやうでないかと相談し、皆して彼を擔いで郡内面壽城里の後山の絶頂に行き、其處の土を掘つて愈々埋めやうとした。その時丁度失神して居た彼は目を開いて見ると此の有様なので大いに恐れ詫を云つて許を乞はうと、『私はこのやうに大變皆樣の御世話になりまして、まことに感謝に堪へません、併しながら私の現在の暮し向きではこの御恩に對して謝禮をすることが出來ませんから、今暫く猶豫して貰ひたいものです。』と述べ、許されて愴惶逃げ歸つたが、ふと「鬼神に好きなものを與へて饗應すれば、その謝禮として自分の欲する要求を全部容れて呉れるものだ。」と云ふことを思ひ出したので、其の後種々の工面をして酒肴を整へ、再び鬼神に會つた處へ出かけて鬼神に會ひ、先日の禮を述べた上、何もないがと持つて行つた酒肴を振舞つて鬼神を接待した。すると鬼神等は非常に喜び汝に生氣のある良墓地を教へてやると彼を案内した。彼はその土地に後日の爲めの認標として石を以て暗標となし置きたる後鬼神に別れを告げた。その後三年程經つて彼は病床に就き餘命なきを知るや彼の長子に鬼神に面會した事及び吾身まかりし後はその地點に埋葬すべし然れば子孫繁榮疑ひなしと遺言して死んだ。彼の長子はその遺言の如く其の地點に彼を埋葬した。處が不思議なるかな、その後幾許ならずして郭家は巨萬の富を作るに至つた。現在その孫に當る前記郭某の代に至りては拾數萬圓の資産を蓄積し、郡内第一の富豪と稱せられて居る。然るに郭某は世に憚る所があつて、この事を誰れにも發表せず極秘に附して居たものであるが、此の程に至つてその秘密を洩したとの事である。猶ほ珍島では富豪となるには鳶を油揚となして深夜山谷に至り之を燒く時は、その臭を嗅いで鬼神が現はれ、其の際鳶の肉を與ふれば鬼神は大いに感謝して之を受け、其の謝禮として自己の欲する要求を全部容れて呉れるものであると云ふ信仰があり、現にかくする事に依つて富豪となつたものが昔より多數あつたと信ぜられて居る。(朝鮮墓制一斑)

七　墓地の爲に淫奔者を出す

全羅北道靈巖郡昆二始面犢川里にある犢川市場は今から凡そ數十年前、故あつて同面龍山里から移したものであるが、その故あつてと云ふのはかうである。現在この犢川市場に面して少しく離れた所に一の墓がある。この墓は靈巖面望湖里に住む李姓の祖墓で、風水上極めて發福豊かな吉地として定められたものである。處がこの墓地設定後、成程子孫の繁榮は見るが、同時に一族中に屢々淫奔者が輩出するので、段々調べたところ、その墓地は女根形をなしその根部から四時涸るゝ事なく泉を流して居る。この泉は地氣旺盛なるが故にそれが溢れて洩れ出るのであるから、子孫繁榮の上からはこの上ない墓地であるが、その泉の湧出が陰水であるので、この所應に依つて子孫に陰氣が勝つて作用し、その結果一族中に淫奔者を輩出するのであると云ふことが明かになつた。子孫の繁榮は望むところであるが、淫奔者の出るのは困る、他に移葬せずに何とか方法はないかと、いろ〳〵研究した末に、この墓地から作用する旺盛な餘り過ぎる陰氣を他に漏すか、冲和するかして、子孫に害とならない程度にこの陰氣を和げるのがよいと云ふ事になり、それにはこの墓地近く墓地に面して時々澤山の男子の群集をあつめ、その盛んな陽氣を以て墓地の發生する陰氣を冲和するがよく、この目的を果すには月六回づゝ澤山の男子が雜閙する市場を墓地の近くに開設するに如くはないと云ふので、望湖面の李一族は早速市場移轉運動を始め、首尾能く龍山里にあつた市場を彼等の祖墓の前に移轉したのである。その後李一族の間に淫奔者の出るのが全くあとを斷つたと云はれて居る。（昭和四年）

八　宋時烈の墓と市場

忠淸北道槐山郡靑川面靑山洞に靑川市場と云ふ一つの市場がなる。この市場は今を距ること約百五十年前（李朝正宗三年―一七七九）同面華楊洞に住する宋宗洙がその七代祖である恩津宋時烈（一六〇七―一六七九）。李朝十四代孝宗朝の大臣。老論黨の旗頭。尤菴と號す）の墓を京畿道水原から此の地に移葬した時、その墓地が風水說から云つて「將軍對座形」であり、將軍は兵卒あるを要し、若し兵卒がなければ將軍としての威力が伴はないから、從つてその發福もない、だからこの名墓地の所應を確實なるものとするには是非とも墓前に兵卒に擬する人衆の集合が必要だと云ふので宋宗洙は靑川洞民に謀り市場新設費として葉錢（孔開、常平通寶）三百兩を寄附して墓前に市場を開設せしめたその市場である。市場は月六回づゝは必ず群衆が集まつて恰も兵卒の群居に類し、且つ市場ある所には洞民が繁昌するから長くこの墓前を離れない、然ればこの人衆の集合はよく墓地の地勢に順應して子孫が永久に昌盛を來すと云ふ解釋からであつた。

この市場は山間の一小市場ではあるが、今日と雖も尙ほ相當の物貨が集散し人々の群衆もあり、可なりの賣買が行はれて居る。處が宋族の子孫は往事は兎に角、今日の處左程繁榮して居るとは謂はれない。往時の繁榮も時烈が有名な學者であり、その卜居せる華陽の家が門弟に依つて書院と仰がるゝや、その學風を望む者多く從つて宋家は富貴を來したのであつて、强ち「將軍對座形」の墓地に對して、お供の兵卒を供する市場の開設に依つたものではなかつたとも云はれて居る。(昭和五年)

この「將軍形」の墓地に對して市場を兵卒と見立る風は可なり汎く行はれたものと見えて、かうした例は猶ほ他にも少なくないのである。

九　興王の地に葬して王となる

李朝の太祖が未だ微賤の時であるが、たま〳〵父の死に遭つて咸鏡南道咸興のかくれ家に喪に服して居たが、早く立派な墓地を見つけて葬りたいものであると私かに焦慮して居た。その頃咸興に雲水の旅僧二人が通りかゝり風水地理に通曉せるものか、路傍に憩ふての會話に、師僧が東山を指して弟子僧に云ふやう、あすこに入葬すればその子孫王となるの地であるが汝にわかるかと。弟子僧言下に對へて曰ふ、あの三つの支脈の中央の支脈の落下して短き麓をなして居る處がその正穴のやうであると。師僧曰く、汝はまだ詳しくない、人の兩手に就いて考て見てもその運用上、右手が緊要ではないか、山もそれと同じくあの右の麓が眞穴だ。この問答をたま〳〵其處を通り合せた太祖の家僕が竊かに聽いたので、早速走つてこの事を太祖に申上げた。太祖は急ぎ馬を飛ばして二僧のあとを追ひ漸く咸關嶺の麓で追ひつき、懇請して迎ひ歸り、願つて路上で問答したその興王の地を占つて貰つた。そして其處に父を入葬したが、これ實に定陵(咸興郡北州東面慶興里)であつて、その所應實に神の如く、幾ばくもなくして太祖は遂に高麗王氏に替つて半島の王位を襲ふたのである。この時の師僧は懶翁であり、弟子は無學であつたと。(「北路陵殿志」に據る)

「增補文獻備考」には韻玉の記事を引いて、咸鏡北道慶興府に赤池坪と云ふ處があるが、坪の中央に高さ三十五步の圓峰があり、その四方は人の渡り得ない沮洳《ぬかるみ》でめぐらさせて居り、圓峰の上に李朝太祖の高祖(三代祖)穆祖の陵がある。此處に穆祖を葬して後、地理說に精通せる鎭撫白忠信なる者が、この陵を相して、此の陵の子孫には必ずや王家を興すものが出るであらうと云つたと、傳へて居る。(この陵は後遷されて咸鏡南道新興郡加平面陵里に德陵となつて居る。)

一〇　王妃を出した名墓地

朝鮮には各地に王妃を出した名墓地があり、前掲閔氏の墓が既にその随一であるが、猶ほその他の二三に就てその傳説を聽いて見やう。

黄海道殷栗郡殷栗面南川里に南陽洪氏の墓地がある。此墓地は黄海道に聳ゆる九月山の支脉が東南方に迂回して南川平野の中に屹立せる南山となり、その脉が平野を隔てゝ遠く九月山に對して除ろに下降する艮向の斜面にあるので、その地勢九月山に對して「回龍顧祖の格」をなし、その前方に南川の朝水を受け、墓地は「玉女彈琴の形」をなして居る。墓壙は祖墓二個が併立しその下方に十數基の子孫墓が段狀に造られて居る。傳へ云ふ、今から十三代前の人が（約三百年前）京畿道の南陽から恰も乞食にも等しい狀態で流れ來つたのであつたが（祖墓の標石には「南陽洪公學生、孺人韓山李氏」と刻錄してある。）この吉地に葬られた爲めに、その子孫繁盛し、李朝中葉には此一門から賢臣が續々輩出し二十四代憲宗の王妃洪氏も亦實にこの一族から出たものである。現在に於てもこの一族は衰へたる處なく、一族中籾六千石からの收入ある富者が幾人もあると云ふことである。この洪氏の墓地は族墳であるが、この祖墓の上に墓を設定した子孫は不孝不敬の罪に依つて（祖墓を無視した）衰微し、亦この族墓地の地域から離れて右方の山麓に墓地を定めた墓地の子孫は、その墓地が墓側を流れ去る凶水の所應に依つて遂に絶滅してしまつたと云はれて居る。（昭和五年）

京畿道開城郡中面食峴里に坡平尹氏の祖墓がある。墓名を金陵と稱し、墓形は、「伏雉形」と唱へられる。今その地勢を見るに、墓地の後方に鷲峯聳え、墓前に鷹峯立ち、その左に黄犬谷があり、鷲、鷹、犬の三者が互に相睨み合つて居るので、伏雉は何の恐るゝ事もなく永く安らかな孵育をつゞけ得ると云ふので、風水上之を「三獸不動之格」と稱して絶好の吉地とするのである。傳へ云ふ、現に同所に住む尹哲鏞(中面面長)氏から三十二代前の祖が慶州から來つて開城に居たが、その歿するや屍體を故鄕慶州に運び行く途中、此處まで來ると不思議にも俄に轎《かご》の捧が折れてしまつた爲めに、遂に此の地に埋葬したのであるが、それが偶然にも絶好の吉地であつたので、その後その子孫は繁榮して、坡山尹氏、南原尹氏、漆原尹氏等の分派を見、その子孫幾萬名なるやを知らぬ位であると。猶ほ大正十五年薨去された李王の妃尹氏はこの一族から出たものである。(妃家尹德榮は坡平尹氏の後孫である。)

慶尙北道安東郡豐西面素山洞に王妃を出した故を以て有名な「梅花落地形」の墓地がある、これは此地に現住安東金氏の十四代祖が十六代祖の墓を此處に定めてから子孫繁榮したので、一時黨爭の盛時には老論派の中堅人物を輩出したと云ふことである。現にこの地に住む金氏一族は約三百戸位であつて何れも相當の生活をして居る。(昭和四年、五月)

一一　聖人、武將、文章を輩出した墓地

京畿道開城郡中面德水里王岱洞（又は黃梅洞）に德水李氏の墓地がある。この墓は如尼山の西方にあり、卽ち「高麗朝贈金紫光祿大夫知門下省事上將軍判禮部事行通議大夫典法判書知三司事世子內直郞德水李公卲之墓」である。傳ふる處に依れば高麗の末期に支那の地官が、その術を盡して占定したもので、その形「也字形」をなし、支那の聖人孔子を產むだ尼山に似たる如尼山を主山とし、東に君子岩、北に聖人岩、西に大將岩、南に聖賢岩を繞らして、聖人君子文宰武將の英氣を集約して居るから極めて立派な墓地であり、六代以後に必ずや支那の孔子、諸葛孔明、李太白にも比すべき傑人が輩出すべしと豫想されて居たものである。一說には支那の地官が占定したのではなく、この墓地の出來た後ちに有名な支那風水師が來たので、李の子孫がこの墓地を見させた處、さすがの名風水師も一驚を喫し、必ずやこの墓の子孫に孔子、孔明、太白に比すべき聖賢が輩出するに相違ないと折紙をつけたものであるとも云はれて居る。兎に角その所應は豫想を裏切らず、果して六代目あたりから東方の君子として孔子にも比すべき李栗谷あらはれ、諸葛

德水李氏の先墓

葛にも比すべき李舜臣將軍あらはれ、而して李太白にも比すべき文人李澤堂が續いてこの一族から輩出した。（栗谷の墓は黄海道海州石潭に、潭臣の墓は忠清南道牙山郡陰峰に、而して澤堂の墓は京畿道楊平に在る。）（昭和四年）

一二　嫁の墓から大臣華族を出す

慶尙南道居昌郡神院面に「朴山匏地」と稱する丘陵墓地がある。これはその年代審ならざるも今から約二百年前此地の住民愼氏から潘南朴氏に嫁した嫁女の墓で、この墓の爲めに朴氏は繁榮を效したと云ふ有名な墓であるが、之には聞くも哀れな、又た忌まはしき物語りがある。それはこの愼家と朴家との間に婚約が成立して、娘愼氏は朴家に嫁したのであつたが何故か朴家では之を排斥して實家に追ひ歸して居た。新婦の愼氏はこの朴家に心よく入るを許されないのを煩悶し、懊惱の結果遂に實家に於て悶死してしまつた。愼家では一旦結婚して嫁した娘の事であるから、その埋葬處理を朴家にかけ合つたが、朴家では一向に取り合はない。そこで愼氏は詮方なく自家の墓地である「朴山匏地」の一偶に之を埋葬したのであつた。其の後幾十年かの歳月が流ての事、今迄繁榮もしなかつた朴家が急に旭日昇天の勢で隆昌に赴くので、大いに不審を懐き種々研究の結果、他に原因がないから、之は畢竟隱れたる祖先の墓地から發福するものに相違なしと想當し、考究せる結果遂にこの發福は朴家に嫁した愼女を埋葬した墓地が風水上極めて吉地であつて、そこから發福するものであることが解つた。そこで朴家では愼氏に對して、たとひ朴家に生活しなかつたにしても一旦結婚したる以上は愼女は朴家の人であり、從つて愼女は現在の朴家の祖先であるから、その墓地も當然朴家の祖先の墓地であると云つて、遂にその墓地を朴家の管理に移し、それからは朴家祖先の墓地として年々之が祭祀を怠らなかつたので、朴家は益々繁榮し、遂にその子孫に大臣(外部大臣朴蔡純)子爵(朴富陽)の如き貴顯を出すに至つたのであるが、一方愼氏は之が爲め自分の子孫に發福すべき墓地を朴家の祖先に奪はれたので、繁榮することなしに居るのであると傳へられて居る。(昭和四年)

二　所應の事例

以上は墓地風水所應信仰傳說の主なるものであるが、以下現在各地に信ぜられて居る墓地所應信仰の事例をあげることとする。而して之等の事例は昭和四年全鮮の警察署中一道に數箇處づゝその代表的な土地の警察署に依賴して報告を得たものであるから、朝鮮全體のものを盡さぬ憾はあるが、墓地所應信仰の大體は之に依つて窺ひ得るであらう。

1　男兒出生

京畿道長湍郡の某有識者は地官の鑑定により、某所に墓地を設置し、祖先を埋葬せば幸運を得べしとの言を信じ、該地を高價にて買受けて墓地を新設せるに、從來該一族には男兒を設けたる者皆無なりしに、其の後兄弟三名とも男兒の出生を得たりと。

2 子孫富盛

忠淸北道鎭川郡利月面中山里に「臥牛形」、「渴馬飮水形」、同面三龍里に「瑞龍上天形」柏谷面兩白里に「白鳥抱卵形」と稱する地があり、此の地に祖先の墓地を有する者は何れも富者にして子孫繁榮し居れり。又永同郡上村面林山里後山「臥牛形」の地は約二千七百七十年前南知言(別名三槐堂)と稱する者を此の山に埋葬したるに其の子孫は繁榮し大宗族を造るに至れり。

3 大提學輩出

忠北永同郡柳谷里三聖山にある「仙人讀書形」の地に慶尙北道金泉郡南山町權重般がその父親を埋葬したるに、權重般は後ち光州郡守となり漸次累進して大提學となりたりと。又同郡深川面耆湖里登雲山にある「飛龍昇天形」なる地は、同郡永同面邑內朴氏一族祖先の墓地にして同子孫より大提學を出したる地として近鄕に並びなき吉地と稱せらる。

4 財産を爲す

忠北永同郡梅谷面楡田里横小山にある「飛蛾附壁形」の地は、同郡同面老川里柳鳳欽一族の祖先の墓地にして、該墓地を設けてより漸次幸運に向ひ、三十年にして五千圓の資産を成するに至れりと。

5　子孫繁榮

忠淸南道論山郡楊村面山直里國思峯光山の金氏墳墓地は「上帝奉廟」の地と稱し、今より百餘年前に作られたるものにして、其の子孫は大いに繁盛したるもの多かりしと。又同郡可也谷面石西里內谷山は「萬代榮華の地」と稱し、經歷公光山金氏祖先を埋葬せし爲め子孫繁榮せりと云ふ。洪城郡龜頂面內峴里後山に「五代兵權之地」なる吉地あり、今より二百年前同面資產家田榮圭の先祖、同地にその祖墓を作りたるが爲めに其の後子孫繁榮するのみならず數名の兵士出で現今に於ても富裕者多し、これ吉地に祖先の墓を作りたるためなりと稱せらる。

6　富貴繁榮

全羅北道茂朱郡赤裳面三加里峰火山は「連火地」と稱し、古來此地に墓地を設定せし者はその子孫富貴火の如く急なるべしと傳へられたるが、現に赤裳面三柳里居住の柳氏が富貴を致せる所以は全く該地にその墓地を設定したる爲めなりと。又同郡同面斜山里時湯山は「飛龍上天形」の吉地なるが、茂朱面邑內里金氏がこの地に墓地を設定したるが故に現在の如く富貴子孫繁榮を效したるなりと。又同面斜川里吉旺山は「平沙落雁」の吉地にして、同里金氏此處に墓地を設定せしが、現に同氏の富貴なるは之れが爲なりと。又同面浦內里玉水洞淸凉寺十里內に「萬年維宅之地」あり茂朱面五山里の葛氏此處に墓地を設立せしが未だ發福を見ずと。

7　**王妃五、宰相七人**

全羅南道靈光郡法聖面新庄里後山に「龍蛇聚會形」と稱する吉地あり、此處は高麗時代韓平章事なる者墳墓一基を設定せしが、其の後より子孫中王妃五人宰相七人其他高位高官數十人を出せり。あこれ一にその祖先の墳墓をかゝる吉地に埋葬したるに依るものなりと云ふ。

8　**臥牛の所應**

全羅南道濟州島旌義面水山峯に「臥牛形」の吉地ありて、此處には現に同面古城里吳聖敏なる者の墓地あり、而して吳氏の家門繁昌し旌義面に於て最も親族多く大家族の門閥なるが、これはその墓地をかゝる「臥牛形」の吉地に設定したる所應なりと謂へり。

9　**郡守十三人を出す**

全南濟州島右面高內峯南麓に同面上加里邊氏門中祖先の墓地あり、該地はその墓地設立以來門中に十三人の郡守を出し、尙ほ子孫には豪傑多く輩出し附近に於ける吉地と稱せらる。但しその墓地の名稱由來は不明。

10　十年にして金滿家

全南濟州島西中面衣貴里班得田及び西中警察官駐在所は何れも吉地と稱せらるゝが、今を距る約一千年前慶州金氏の祖先某が前者に墓地を設けて父母の遺骨を埋葬し後者に家屋を築造せしかば、その後十年を出でずして島内第一の資産家となり、後ち馬千頭を時の國王に献じて監牧官に命ぜられ、世々その職を襲ぎて併合まで及びたる事實あり。

11　東方朱子の先墓

慶尙北道安東郡陶山面溫惠洞龍頭山は東方朱子の稱ある李退溪先生の祖先墳墓の地として有名なり。

12　子　孫　繁　榮

慶北、慶山郡押梁面油谷洞新地に突入する三聖山は「渴龍飮水形」と稱する好吉地にして、約三百年前朴(慶山郡南山面沙月洞に居住)の祖先が此地に墓地を設けたる爲めその子孫繁榮出世せりと云ふ。

慶尙南道密陽郡山內面鳳儀里の乾堂山は下南面大司里金氏の祖墓にして「飛鳳抱卵」の地と云はれ子孫繁榮したりと。又同郡下西面馬屹里の瓶山は山外面茶竹里孫氏の祖先墳墓の地にして「天高嘶風」の地として子孫に武人を出だし繁榮したりと。

13 虎は昌へて、犬は亡ぶ

慶南、密陽郡府北面徳谷里案山は密陽面孫氏の墳墓にして、その地形「伏虎形」をなし吉地なり。約五十年前に墓地を設けしより一族富裕盛運に向へり。然るに當時其の西方五丁餘の所に薛某が墓地を設けたるが漸次家運衰へたり。これ薛の設墓したる山は「臥犬形」にしてその地の勢が前記「伏虎形」の山に對抗し得ざりし結果なりと。

14 暗葬して共倒れ

慶南、密陽郡三浪津面三浪里曺將軍山は昔(年代不明)或る風水師その死に際し、自己は生前各地に吉地を選び標木を樹て置きたり、該場所に墓地を設ければ英雄出でゝ其家榮ゆを豫言したり。其の後曺某なる者この山に標木を發見し墓地を設けたるが、遂に將軍となりたり。これ今尙ほ曺將軍山の名ある所以なりと。然るに曺家は一時榮へたるも、或者之を猜み其の墓地內に暗葬したるに依り曺家並に暗葬者諸共子孫斷絕せりと云ふ。

15 風水師の言の知し

慶南、晋州郡大谷面丹牧里河禹治なる者は、今を距る四百年前徳谷里山中に於て一風水師に出會ひ風水師の曰く『お前は子孫の滅亡を好むか如何』と問ひたるに、河禹治答へて曰く『元より子孫の繁榮を望む者なり』と、風水師曰く『然らば此の山を墓地とするときは子孫の繁榮疑ひなし』と告げたる爲めその地に墓地を定めたるに、幾百年の今日大谷面丹牧里の河姓は何れも至る處に於て繁榮しつゝありと。又同郡寺奉面風谷里鄭基汝は、今より約五十年前風水師を連れ廻り墓地を選定し風谷里飛鳳山に先祖の屍體を改葬したる處、直ちに息子鄭象煥外七子が出生し、併せて資産家となりたりと。

16　代々監事

慶南、河東郡赤良面舘里錦岡山は「鼠象出動」と稱し、此處に墓地を設くるときは三相六判を出すべしと云はれしが、約五百年前趙某なる者此處に墓を設け、その子孫代々監事たりしと云ふ。

17　九代進士の地

黃海道遂安郡遂安面玉峴里芝峴洞望眞山に全州崔姓の先塋墳墓あるが、數百年前より風水の豫言に應じて九代進士の出現を見たりと。又同面沙珠洞鷄龍山に文化柳氏の先塋墳墓あり、その主山文筆峰なるが故に及第三名を出したりと。（及第は現在の高等文官試驗合格者にて之になれば直ちに高官大官に任官し得た。進士は現在の普通文官試驗合格者に相等する。）

18　半月に入葬して滿月の發福

黃海道遂安郡延岩面所彩里半月山に遂安李氏の祖墓あり、該山は名稱の如く半月形をなし居る爲め、半月は段々膨脹して圓く滿月となるものなるに付き、斯の如き土地に墓地を定めたるが爲めにその子孫繁盛したりと。

19　**地名に負ふ所應**

黄海道遂安郡延岩面延金里兵使峙山に遂安李氏の祖墓あり、今より三百七十年前、一風水師この地を見て曰く、兵使峙を墓地とせば其の子孫中兵使の榮爵を得べしと、依つて此地に墓地を定めしところ果して今より六十年前この子孫に兵使の官を出したりと。

20　**石を破りて吉運を得**

平安南道龍岡郡海雲面弓山里煙台山南麓にある「青龍呑珠形」は李姓の墳墓地なるが、その昔墳墓の傍に怪しき一個の石ありしを、ある風水師がその石を破壞せば幸運ありとの鑑定する處に依り、該石を破壞したる處之より子孫繁榮したりと。

21　**墓を舞鶴に定めて金卵を拾ふ**

平安南道龍岡郡海雲面白屏里屏山の東麓に「舞鶴形」の吉地あり、右は江西郡長安面居住柳姓の墳墓地なるが、今より幾百年前、祖先をこの地に埋葬するや、その後三日目に海邊に於て釣魚の際黄金の塊を拾ひしが、これよりその家富み榮えたり、これ祖先の墓地を吉地に定めたる所應なりしと。

22　**猫を渡して發福止む**

平安南道成川郡通仙面百源里朴氏山に朴氏の墓地あり、その山腹に突出部ありて恰も燕巣の形を爲せるが故に墓形を「燕巣形」と稱しその子孫繁榮をつゞけしが、該墓地前を流るゝ河川に橋を架したる後とみに家運衰微せり。傳ふる處を聞くに、對岸に猫岩ありしが架橋後この猫渡來して燕巣を食せしに依る爲めなりと。

23　**獵師岩を壞つて族滅す**

平安南道成川郡成川面順徳里趙氏の墓地は「伏獐形」と稱して山形獐の伏したる形をなし居たり。その昔この趙氏一門隆盛を極め居たる際一風水師が趙家に飼養せる良馬の讓渡を乞へしに肯ぜざりしを恨み他の風水師をして前山に獵師形をなして直立せる岩あり、該岩を破壞せば更に發福豊なりと云はしめ、遂にその岩を破壞し去りたる爲め、伏獐は直ちに逸走し趙氏一門は滅亡せりと。

24　**臥牛形進士及第**

平安南道徳川郡蠶島面陽村里に大坪里金姓の合族墓地ありその地形「臥牛形」にして吉地と稱せらるゝが今より百年前子孫中及第進士各一名宛を出せりと。

25　**子孫繁榮高官輩出の地**

平安北道泰川面北安洞可枝峴「風吹羅帶形」の地は、今から約五百年前に仙居士の選定したる墓地にして、該墓地の子孫丹陽李氏が先祖の遺骨を埋葬せし以來、其の子孫繁榮したること千數百戶の多きに及び、猶ほ主書、進士、及第の榮冠を得たる者十二名、郡守となりたる者五名、其他の官職及び富豪となりたるもの枚擧に遑なき程にて、富貴兼全の發福大なりと。

26 「蟹口形」の墓地

平安北道泰川郡泰川面旺井洞釰岩山にある「蟹口形」の墓地は、今より約三百年前死體を埋葬すべく運搬の際此處へ休憩中、その死體自づからその地に固著せるを以て、該地は極めて吉地と認め其のまゝ埋葬せしが、それ以來該墓地の子孫水原白氏は漸次繁榮して七百戶以上に達し、更に進士、及第等の高官大職に昇進したるもの多く且つ財產も相當裕福となるに至れりと。

27 高官を出す墓地

平北寧邊郡梧里面墨時洞德峴山に「飛龍上天形」の地あり、今より約三百年前同面松湖洞柳氏が祖先を此處に埋葬せしに子孫數百名繁榮し、尙ほ子孫中、及第及び進士となりたるもの十七名に達せりと。

28 子孫繁殖の墓地

平北寧邊郡延山面新泉洞笠峴山に「渴鹿飮水形」の地あり、此處は全部古城面南山洞金氏がその十八代祖の墳墓なるが、其の後裔今や全鮮に散在し、その戶數三千に餘り、人口數二百萬を算するに至れりと。

29　倒葬の禁を犯して出世を止む

平安北道寧邊郡鳳山面朝陽洞龍山谷避盜山の南峯に同洞李氏九代祖の墳墓あり「三日月形」の墓にして吉地と稱せらる。傳へ云ふ、この墓地は今より三百年前有名なる風水僧の定めたるものなるが、その時僧は此地に葬すればその子孫繁榮し財產も豐富なるべし、然れども如何に後代になりても決して倒葬すべからず、若し倒葬すれば財產の發福は差支なきも子孫の出世榮達は止むべしと誡めたり。(倒葬とは子孫の墓をこの祖墓よりも上位の地に墳することなり。) 然るにこの誡に背きその長男及び孫の遺骨を該墓より高き場所に埋葬したるに由り、同姓は現在に至るまで財產は相當あるも出世したるものなしと。

30　金龜陷泥形

江原道襄陽郡竹旺面野村里前坪の小山は同面三浦里居住魚姓一派の祖墓なるが、同墓は「金龜陷泥形」の吉地と稱せられ、魚姓一派の子孫繁榮は之が爲めにして、現在に於ても同姓は相當資產を有し郡內に於て相當勢力を有す。

31　九代目から繁榮

江原道春川郡東山面原昌里字新酒幕後山に現存する白承基九代祖の墓地は「渇馬飮水形」又は「伏虎形」と稱せられ、墓地設定後九代目以來子孫繁榮したりと。

32　玉女散髮から大臣を出す

咸鏡南道元山府豐下面古連里國師峰は「玉女散髮形」の吉地にして、今より約三百年前李漢英なる者その先祖の遺骨をこゝに埋葬したるに、同家はその後旭日昇天の勢にて繁榮し、漢英の長男李寛は時の國務大臣、工曹判書迄累進したり。

33　一代千孫の地

咸鏡南道甲山郡會麟面書堂にある慶州金氏の墓地は「將軍形」にして一代千孫の地と稱せられ、今より二百五十年前に定められたるものなるが、五十年前迄は該墓地の子孫中多くの英雄豪傑を出し、從つて高官貴職に在りし者數十名に達せりと。又同面松溪里嶺にある趙家の墓地はその形「半月形」をなせるが爲めにその子孫繁榮し居れりと。

34　高官輩出の地

咸鏡北道城津郡鶴南面琴山洞東幕村東方の斜乙浦山にある安東金氏の祖墓は「猛虎出林形」又は「玉

女彈琴形」と稱する地にして、其子孫は城津端川地方のみにても二千名に餘り、全鮮に散在する者を數ふれば八千名の多きに達すと。又此墓地設定以來五百年二十三代に及ぶ、その間多くの進士、大科、鎭撫使、參判等の高位高官を輩出し、現在に於ても相當知名の者少なからずと。

35 鷹峯下伏雉形

咸南、城津郡鶴西面院坪洞下南夕高崗に忠州金氏の墓地あり、此の墓は「鷹峰下伏雉形」と稱し、約二百年前の選定にかゝりこの墓の子孫中には十四代に渡つて富貴榮華を極めたりと。

36 追贈して大地に葬る

咸鏡北道鏡城郡朱乙面溫直洞に「將軍大座軍馬結陣形」の墳墓あり、此の墓地に至り四方の山勢を見れば他の山脉は悉く本山脉に應じ居りて恰も將軍の四軍を號令するが如き地勢なり。この墳墓は今の祭主馬寬錫なる者の七代祖が定めたるものにて、今を距る百二十年前同郡鏡城に住居せる一儒生として何等官職を有せざる貧困者なりしが、或日一人の老僧門前に來り食糧を乞ひしに本人は貧困なりしにも拘らず、老僧を誠意を以て優遇し、尙ほ出發に當りては旅行用履物迄與へたるに、老僧は大いに其の誠意に感じ主人に問ひて曰く、余曾て吉地を占ひたるものあり、此處に貴殿の祖先を改葬しては如何と、主人大いに謝意を表し翌日直に老僧の敎に依り改葬し、其後省墓せるに死體は何時の間にか外部に露出され居るを以て更に改葬したるに、又前同様露出しありたり、斯の如く數回反覆せしが常に露出しあるを不思議に思ひ、之を識者に聞きしに、此の墓地は大地なり、大地には大人を入葬すべきものなるに何等身分もなき屍體を其のまゝ埋葬するが爲めに山靈の怒に觸れたる結果なれば、死者に身分官位を贈りて埋葬すべしと、依つて更に金棺に納め、銘旋には「馬公某大夫」と書して入葬し百日間山神の祈禱を爲したるに其の後何等異狀なく、以後子孫漸次繁榮し其の子馬行日は進士、府使となり世代官祿を享受せりと。

37 改葬して大臣に進む

咸鏡北道會寧郡八乙面に元魚山と稱する山あり、この山に吳相奎の墓地ありて吉地と稱せらる。明治初年の頃、吳相奎は該山が墓地として最吉地なる事を地官に奬められ、遂に祖先の遺骨を此の山に改葬したるに吳相奎は間もなく韓國時代の大藏大臣に榮進したりと。

38 子孫繁榮の墓

咸北、會寧郡碧城面五鳳洞五峰山の中腹に吉地と稱せらるゝ墓地二箇所ありて、一を「金鷄抱卵形」と謂ひ、一を「風吹羅帶形」と稱す。而してこの墓の子孫は何れも一家繁榮し居れり。又同道吉州郡長白面英湖洞小字名上芝谷所在、開城崔氏一門の墓地は俗に始山墓地と稱し「猛虎出林形」をなす、こゝに埋葬後三百年を經過し來りたるが其子孫は現に一千名以上に達し居れりと。

之等の事例は前述の如く朝鮮の代表的地方に行はるゝものであるから、墓地の風水的所應に對する信仰事例は猶ほ多數に存在する筈である。かくの如く墓地風水の所應は啻に傳說として口碑に上さるゝのみでなく現在民間の信仰意識に力強く保持されて居るのであるから、墓地風水信仰が從來如何に強く朝鮮の民心に喰ひ入り、如何に深く生活意識に影響を與へて居たかを察知することが出來るであらう。而して之等の傳說乃至事例に見て明なるが如く、その所應が悉く子孫の繁榮、富貴榮達に限られて居ることは朝鮮社會生活に於ける生活要求が血族を本位としてのものであり、從つて血族以外のものにはその繁榮を信賴し得なかつた世相を反影するものであらう。

猶ほこの墓地所應の信仰に表明されたものに依つて、高麗より李朝にかけての朝鮮社會生活、人の慾求と願望を顧みれば、その第一は家族の增大と延長であり、その第二はその家族中から高官を出すことであり、而して財產を豊にすることがその第三であると云ふことが出來る。然るにこの願望にあらはれた家族員の增大及び高官となることが、事實上高麗、殊に李朝の社會に於ては各人の生活を、最も確實に、豊かに、且つ自由に保證し得たものであつて、この二つの願望を滿すことがあらゆる生活要求を解決するものと心得られ、同時にこの二つの望みを達する事が、朝鮮社會人の最も熾烈な慾求となつて居たのである。この慾求が熾烈なればなるほど、この慾求は各方面に向つてその進路を探すであらう。然るに血族中心社會では自己血族以外の者に依つて、之を達すべくもない、且つ現實生人の間には意思、感情、利害等の複雜なる障害から、充分に、その慾求に對して滿足を與ふるが如き事は容易でない。處へ墓地風水卽ち死者(自己の尊親)を吉地に葬ることに依つて、片時も忘れ得なかつた二つの重大願望が達成されると云ふ事になれば、誰かこの墓地風水に奔らざるものがあらうか。しかも吉地に祖先を葬るは孝子のなすべき事であると云ふ聖賢の心、儒敎の精神にも協ふとその體面を飾り得るに於ておや。

第三節　風水に依る墓の移改

墓地風水の所應が適確なりと信ぜらるれば、墓地風水の生人に及ぼす影響はたゞその幸福の方面のみでなく、災禍の方面にも深刻に作用するものであると信ぜられるであらう。蓋し何れの葬書にも亦何れの風水師も凶惡な地に祖先を埋葬すればその災禍は必ず生人に及ぶものであると敎へるのであるから、吉地の發福が信ぜられると等しく、否災禍は幸福よりもより一層人心を刺戟することが强烈であるから、凶地からの發禍は吉地からの發福よりもより確かなものとして信ぜられるであらう。災禍を避けて幸福に就かんとするは人生の常、是に於てか凶墓地から及ぼさるゝ災禍を轉じて、之を幸福を發するものになさんとするの方法が講ぜられるのは當然なことである。かくて轉禍成福の爲めに、或はその凶が空缺あるに依るものである場合には之を補ふ裨補の方法が行はれ、或は全く舊地を捨て他に吉地を求めて其處に改葬するの方法が行れるのである。然るに墓地は居基と異なりその選定を山間田野の中に容易に求め得らるゝが故にその轉禍成福の爲めには裨補の方法に依るよりも全然その地を替ふる改葬法に依るのが。最も普通である。だから一の墓地にしてよからずと信ぜらるれば直ちに他の吉地と認めらる地に改葬するのが朝鮮に於ける一般の慣はしとなつて居る。

かく改葬は墓地の惡しき爲めに、その生人に及ぼす惡影響を恐れて他の吉地に轉葬するものであるが、この改葬にも之を促がす一二動機が存在する。その一つは家內に不祥事、病人、災禍のあつた場合その原因がどうしても不明なる時、それが墓地の不吉なる爲ではないかと氣付き、風水師に依つてその吉凶を占はしめ、その凶なる所以が明らなるやこゝに改葬の擧に出づるものであり、その二つは發福豐かなる名墓地として定めたるにも關はらず幾年經つてもその所應がないので、云ふが如き吉地でなく、或は凶地を吉地と誤り定めたのではないかとの懸命から他の風水師をして之を踏査せしめ、その凶なりと決定せられた場合に之を改葬するのである。且又墓地に就ては發福の休囚と云ふ事が信ぜられて居る。墓地には入葬後或は三十年、或は五十年、或は百二百三百年の間福を發するが(子孫に繁榮の影響を與へるが)、その後發福しなくなる事がある。之を「休囚」と云ふ。この「休囚」の至る期間の長短には墓地の形勢力量の優劣大小に繋つて一定しないが、たとひ吉地であつても一度この「休囚」期に達すればその墓の子孫は艱難辛苦に陥らざるを得ない。然るに幾百年も又幾十代も確實に發福する墓地は容易に發見することが出來ず、又その數も至つて稀有であるから、永久に子孫の繁榮をつゞけると云ふ爲めにはこの「休囚」の遅速に依つて何等かの方法を構じなければならない。又墓地の發福にはその「休囚」の期あると同様にその發福の開始される時期に早晩の差があつて、入葬後或は翌年の迅なるあり、或は五年十年乃至は十代二十代の後に於て始めて發福期に入るものもある。この早晩の差は専ら墓地の地勢力量の如何に依ることは「休囚」のそれと同一である。然し人の望みには種々あり、如何に立派な發福豐かなる吉地でも、それが五代又は十代の後に至つて漸く發福を開始するのでは物足りない感を懷く者も少なくない。事實墓地を營んだ當代に於て發福の開始されることが最も多くの人の望む處である。從つて五代目に發福すると豫想された名墓地の發福が如何に絶大なものであつても、五代目までの人達は只だそれを期待する喜びしか味はれない。殊に二代三代の人達は寧ろ馬鹿らしい氣にならないとも限らない。かうした自分の代に發福を欲するの望みから、發福の時期を早めむとする者もないではない。

この發福の開始期、休囚期は墓地を占定する際、凡その見當はついて居る筈であるが、この墓地を定めた風水師が造化に徹するが如き達術の人でない以上之等の時期を明確に豫示することが困難である。從つて家運盛ならず・却つて衰徵の兆あるや幾人もの風水師を替へてこの發福、休囚の時期を占はしめねばならぬ。而してその占相の結果それが未だ發福開始期に入らぬ爲であるか、又は既に「休囚」期に入つたものであるかを窺知し、既に「休囚」期に入れるものであつたならば其の地を棄て他の吉地に改葬すべく、未だ發福期に入らず然かもそれが將來長年月の後なりと定まれば、その子孫の中にはその長期の期待を待ち得ないで、他に速發の地を求めて之に改葬する者もあるのである。以下史實及び現行事例に就て之を窺ふこととしよう。

1　高麗王陵の改遷

高麗朝ではその中葉に於て屢々契丹の來寇を受け第七代穆宗の時には契丹の年號を用ふるやうになり（九九四）顯宗の朝（一一〇一）には國都開城は契丹の爲めに陷られて王は公州に奔らなければならなかつた如く、その後も久しきに渡つて契丹は高麗の外寇となつて居た。そこで從來のしきたりに倣つて各種の呪法を行はしめたことは勿論である。その效少しも見えず外寇は頻りに至るので、注意は遂に墓地風水に向けられた。顯宗三年五月の事、契丹の兵が宣義門に迫り黃橋を焚て退いたので朝野振蕩した。是に於てか時の執權崔忠獻は安宗の陵と厚陵とを他に改葬する議を決してその改葬日をトはしめた。而してその改葬の理由はかうである。嘗て顯宗がまだ王位に卽かれぬ前に父なる安宗(郁)の遺言に依つて安宗を泗水縣の歸龍洞に葬むつたが、それから契丹の來寇が著しくなつて殊に顯宗の卽位した年翌年には王は公州に奔らなければならなかつた。然るに今また厚陵をこの歸龍洞の墓側に葬るや契丹の來寇となつた。だからこの契丹來寇は恐らくこの墓地風水の然らしむるものであるに相違ないから、早速これ等の陵墓を他に改葬しなければ外寇が止まぬと云ふにあつたのである。(高麗史卷一、二九)

2 德陵と安陵の移葬

李朝太祖の曾祖父母卽ち穆祖と孝妃の寢園(墓)を德陵、安陵と云ふ。この二陵はもと豆滿江外香角峰之南にあつたもので、傳ふる處に依れば、この陵をつくる時に鐵の龍を山背に埋めて以て地脈を補なつたと云ふことである。然るに後孫が之を江內に移葬した。この移葬は今の慶興の附近(赤池坪と云ふところ)に四面濕汝の中に小阜が突起したる處があり、風水上「金龜沒泥形」をなし且つ王たるべき人を出す吉地と認められたので此處に移葬したのである。處が李朝第三代太宗の時に再び之を咸鏡南道咸興府に移葬した。それは慶興が女眞に隣接して居るからと云ふ譯であつた(耳溪集)。この最後の移葬も謂ふに祖墓が女眞に近き地にあつては如何なる事をされるかも知れず、若し地脉を斷たれるとか遺骸を掘り出されるとか、遺棄されるとかしたならば折角王侯を出した程の發福の所應が、却つて族滅と云ふが如き發禍の所應に變ぜむことを恐れてからの事であつたに相違ない。

3　英陵の改遷

李朝四代の王世宗の陵はその初め廣州の獻陵(太宗の陵)局内に造營されたものであつた。然るに七代世祖の朝、英陵が吉地でないから他に吉地を選んで遷葬しなければならぬと云ふ論議が出た。そこで世祖は時の學者徐居正を召して下問すると居正對へて曰く、『山水方位を以て子孫の禍福と爲す、臣未だ知らざるなり。且つ世の葬を遷すは獲福を求むるなり。王者は更に何の望むところあらんや。』上曰く『吾復た遷陵に意なきなりと。』云ふ譯で世祖の時はこの遷陵は中止されてしまつた(增補文獻備考)。處が八代睿宗の元年(一四六九)に再び英陵を他に改遷すべしと云ふ議が持上つた。それは日官が

『英陵坐局所直之宿。有下不レ應二古經一者上。宜改建二玄宮一。以膺二丕休一。』

と上言した事からである。この上言あるや睿宗は早速之を群臣に下して論議せしめた。而してその結果は次の如くである。

『皆曰。改塋古矣。葬故有レ闕則尙且改レ塋。況今風水之司有レ言。必有レ所レ稽。不レ可レ不レ從。』

そこで睿宗は宰相を各地に分遣して改葬するに適する吉地を探求させた。

『羣臣啓曰。驪興(驪州)之北。有二一大洞一。岡巒列勢。主對粲然。法曰山頓水曲子孫千億。以二臣等所一レ相、陵寢所レ安、無レ右二於此一。』

この上說が採納されて、この年直ちに世宗の梓宮は驪州に遷されたのである。(金守溫「報恩寺記」)

この『法曰山頓水曲子孫千億』の文句は「青烏經」の文句であるから、日官が上言した中に『古經に應せず』と云ふ古經は「青烏經」であつたと推測すべきであらう。この記事に依つて見れば當時風水の司たる日官は「青烏經」などの風水書を典據として風水の吉凶を論じて居たものであることが窺はれる。

4 靖陵を遷す

京畿道廣州郡彥州面三成里に李朝九代の王成宗の陵宣陵と十一代中宗の陵靖陵とがあり、この二陵の願堂として造泡寺として有名な奉恩寺がある。(願堂とは冥福を追薦する爲の寺、造泡とは豆泡卽ち豆腐を造つて陵寢の祭需としたからである)この靖陵は「靖陵誌の奉恩寺事蹟」に依れば、李朝十三代明宗の十七年(一五六二)に此處に遷葬したものであるが、この遷葬に就ては次の如き出來事が傳へられて居る。卽ち、この奉恩寺に永く住持をして居た普雨禪師は大の野心家で、事每に佛法の擴張を企て機會ある每に自己の勢力を伸張するに努めて居た。その內に中宗の繼妃にして未亡人である文定王后尹氏の信任を受くるに至るや、奇貨措くべしとなし、中宗の陵なる靖陵をこの寺の附近に遷して以て己の寺の勢力を大ならしめんが爲めに文定王后を誑惑して、宣陵の近處にとても立派な吉地があるから此處に靖陵を遷されたがよいと請願した。文定王后は深く之を信じ時の大臣等にも亦異見一つ述べる者がなかつたので、遂に遷陵が實行されたのであると。(石潭日記)

普雨禪師は文定王后の沒後不揆を謀ると云ふ名の下に濟州島に流され牧使邊協の爲に殺された世に所謂妖僧と稱せられる者であつたが、八道の禪敎を統括した首禪宗(大本山)の奉恩寺に住持兼判禪宗事として長く居つた者だけあつて、その勢威は大臣をも動かす程であつた。然も猶ほその名を風水に假りて遷陵を爲し以て寺の勢力を固めんとしたことは、當時如何に風水の吉凶が人生に影響するか、不吉のものは速に吉なる地に改葬せなければならぬ、と云ふ信仰が强く浸染して居たものであるかを想はしむるものである。(普雨が未亡人たる文定王后に如何にして信任を得たかは問ふ必要もないが、靖陵を遷すことに就て文定王后の心を動かしたのには其處に巧妙な策略が企まれて居たやうである。それは中宗の陵はその初め中宗よりも先に亡くなつた中宗の繼妃章敬王后尹氏の葬つてある禧陵—高陽郡元堂面元堂里―と塋を同じくして在つたものである。而してこの禧陵と同塋の靖陵を引離して宣陵の近くに新たに陵を造營したのは文定王后の薨去後此處に塋を同じくして葬る爲めであつたのであるから―『將下於文定百歳之後使上レ得二同兆一』―石潭日記―普雨は 文定王后の女としての感情を巧みに囚へ、この感情を利用して文定王后の心を遷陵に注がせたものであらう。然るにこの遷葬した靖陵の地勢卑く丶、土を補ふに巨萬の費を敢てしたが猶ほ且つ毎年出水時に漢江の水が陵前に漲入し齊室の水に沒する事半に達すると云ふ有樣なので、文定王后の薨ぜられるや、已を得ずその入葬地を楊州郡蘆海面孔徳里に卜して之を泰陵とした。當時の物議は靖陵を泰陵に遷すべしと云ふにあつたが再遷することは、容易でないと云ふので採用されずに終つたのである（增補文獻備考）。これも運命のいたづらであらう。）

5　穆陵を遷す

李朝第十四代宣祖王の陵は京畿道楊州郡九里面仁倉里建元陵の第二岡にある穆陵がそれであるが、これは初め健元陵の西岡にあつたものを、原州牧使沈命世の上疏に、現在の地が不吉で且つ水氣があると云ふので、仁祖王は大臣禮官に命じて遷卜を議せしめる、咸な云ふ、健元陵の第二岡は實に先王（宣祖）の意を屬して居た所であつたが、葬時恰も年月が合はなかつたので此處を克く用ゐなかつたのであるから此地を捨て他に求めるのはよろしくないと、王はこの議に從つて遂に第二岡に遷すことに決し、舊陵を破り玄宮を啓《ひら》いて見ると水氣などは少しもなかつたので、上疏に水氣があるなどゝ出鱈目を云つたのを不都合であると憤つたが、兎に角遷葬することにしたのであるからと云ふので、遂に遷葬したのである。

6　長陵遷葬

李朝二十一代の王英祖七年（一七三一）に十六代仁祖の長陵を坡州の北雲川里から交河の舊治に遷葬した。英祖は、從來幾回となくこの長陵が風水上よろしくないと云ふ相臣の上跳に依つて遷葬を乞はれたにも拘らず、風水說などに依つて遷葬すべきものでないと、元來風水に信を措かなかつたので、之を聽許しなかつたのであるが、相臣だけでなく左議政李埠等が陵上に蛇虺が群を成して居り、且つこの陵を造營した當時の役僧が嘗て『正穴を棄てゝ蛇穴を用ゐた』と云ふ歌謠を作つたことがあつたが、それが正に的中したから是非とも移さなければならぬと建白した爲めに、英祖も是に於て心動き右議政趙文命に命じて之を審査せしめ遂に移葬したのである。

7　健陵の遷葬

李朝第二十三代純祖の二十一年（一八二一）に二十二代正祖の陵を華城（水原）の舊鄕校の基地に遷葬し

た。この遷葬は領敦寧金祖淳の上疏に從つたものであるが、それが風水信仰から出たものであることは勿論である。その上疏を見るに、

『臣於健陵宅兆之事。常有所憂懼菀結食息不敢忘者。昔朱文公議永阜陵狀曰。古人之葬必擇其地而卜筮而決之。不吉則更擇而再卜焉。近世以來卜筮之法雖廢。而擇地之說猶存。其或擇之不精地之不吉。則必有水泉螻蟻地風之屬。以賊其內使其形神不安。而子孫亦有死亡滅絕之禍。甚可畏矣。凡擇地者必先論其主勢之强弱。風氣之聚散。水土之淺深。穴道之偏正。力量之全否。然後可以較其地之美惡。凡此皆議狀之要旨格言。而可以爲萬世葬親者龜鑑也。臣竊嘗以文公之言潛心默驗。則健陵宅兆之大段憂悚。不可以爲千萬年之圖者明矣。伏乞下臣此章令大臣卿宰雜議而審處之。』(增補文獻備考卷七十二)

とあつて、朱喜の風水的葬論に依據して遷葬を强調したものである。

猶ほ「健陵遷奉部監儀軌」にはこの遷葬に就て詳細な記事を載せてゐるがそれに依れば、この遷陵は純祖の二十一年(一八二一)正祖の妃である孝懿王后が薨じたので、將に之を健陵に附葬せむとするや、かねて健陵の地が吉地でないと云ふ說論が少なくなかつた矢先であるので、遂に金祖淳の遷葬上疏となつたのである。だからこの上疏の大要は『懿孝大妃を健陵に合祔されると云ふことであるが、この健

陵に就ては自分は前から憂惧して居たのであるから、この際敢て萬死を冒して愚見を上る。自分は葬墓に就ては知識のある譯ではないが宋の朱文公の葬狀に依れば云云である。處が健陵は岡麓殘慢で磅礴蜿蜒の意を欠いて居るから主勢の强弱は論ずるに足らぬ。又その形局平露にして拱護遮障の勢がないから風氣の聚散も話しにならぬ。塋域は全く補築に依つたものでしかも沮洳四時乾かないから水土の淺深も論ずるに足らぬ。横落の支輔弼なくして單行右に逼りて高く左に傾いて陷沒して居るから穴道の偏正も問題にならぬ。龍虎備らず案對眞ならず禿城高擧巖石巉屼、廣野直連、大川經走、則ち力量の全否も論外である。封莎の崩縮止まず濕地に蠕虫の蝼息多きなどは勿論のことである。だから健陵の吉地でないことは朱文公の葬論に照して明かである。かく云ふは私一人のみでなく、健陵封陵以來心ある士大夫は皆ひそかに憂いて居り、術者や民間の噂、とり沙汰も尋常ではなかつた。つまり健陵を吉地でないとするのは擧國一致の意見である。然るに今まで默して居たのは陵は至重のものだから、皆愼重に考へて居たのであるが、今大妃の薨去に當り、之も亦健陵に祔葬されると云ふ議あるを聞いては最早默すべきでないから萬死を冒し意を決して上疏するのである。』と云ふのであつた。

そこで王はこの上疏を納れ、諸臣をして遷葬すべき吉地を撰定させた。この遷葬吉地選定の會議に於て論議した者は二三に止まらない。韓用龜曰『私は交河(京畿道坡州郡瓦石面)の長陵齋室の後及び華城(京畿道水原)の舊卿校基を見て來た。元來堪輿の術には全然素人であるが、山勢の雄偉なること、穴星の豐厚なること、龍虎の拱抱、案對の明麗なる點は兩地とも同等な吉地と思はれる。且つ相地官の云ふ處も亦同樣で皆立派なものと云ふだけで敢て甲乙をつけない。たゞ南陽進だけは華城の方が交河に較べて品格が上であると云ふ。だから華城に定められてはどうであらうか。』金載瓚曰『私は韓說に贊成する。然し王から地師達を召して實地に御詢ひになり、其上兩處の取捨を王窮ら斷定された方がよいであらう。』南轍曰『私も堪輿の論には達して居ないが、凡眼の見たところ、交河も雄深秀麗、華城も安穩豐厚ともに大吉の地であると思ふ。又諸卿もさう云はれ、且つ地相官連もさう云ふのであるから、この兩地を候補に定めることには皆異議なしとして、さてその何れに定めるかであるが、之を一般民言に徵するに皆、若し華城に吉地があつて其處へ遷葬されゝば之に越したことはないと云つて居る。』金祖淳曰『私は交河に二回、華城に三回往復してつぶさに之を實視した。その時その土地の人々は諸地師の言に徵しても皆上吉の地であると云ひ、華城がもし交河に及ばないのならば問題はないが、華城がこんなに立派な吉地であるから……と云つて居たが、この言葉から察すれば人情は華城に向つて居る。』南轍曰『近日以來會ふ人ごとに、山陵はどこに定まつたかと聞かれるが、その人々は皆若し華城に吉地があればよいと希望して居た。即ち華城を望むのは衆口一辭である。』遷陵都監堂上金履陽曰『右說に贊成。』山陵都監堂上李相瓚曰『右說同感。』禮曹判書金魚散曰『右同感。殊に正宗王はこの華城に由緒深くあらせられたのであるから華城に定められたならばこの上もないことです。』そこで王は『卿等の言旣にさうであり、相地官も大吉なりとなし交河に勝るとも劣らぬと云ふのならば更に他議あるべきでない。華城の舊卿校基に完定して可なり。』と斷定したのである。

この正宗が華城に由緒深しと云ふのには聞くも哀れな一つの歷史物語がある。それは正宗王の父は莊献世子であるが、この莊献世子は父英祖の逆鱗に觸れて投獄せられ、王子としてあられもなき獄舍の露と消えられたのである。その時正宗は歲十二、孤兒として父君の非命に斃れられた事を如何に痛切に哀しまれたであらうか。時は流れてそれから十四年の後英祖王が薨去するや、そのあとを襲ふて正宗は王位に卽いた。そこで正宗は早速父莊献の陵墓を楊州の拜峰山から華城にある花山の靈域に移し、終始この地に行幸して參謁しながら熱き淚をしぼられたのであつた。この父に對する哀戀の情がつのるに從つて正宗の心中には遂に此の地に遷都せむとするの念が湧出した。そこで地師をして先づ八達山に地を相せしめて行宮を造營し。後ち八達山に從つて城廓を定め、北部に水田たるべき沃野を置き、萬石渠と云ふ貯水池を掘らせて旱害に備へ、更に西部に長堤を築いて祝萬堤と稱し、東部に東湖、南部に南池を穿ちて水利を計り、且つ每年春秋植樹播種した。（楓、萬年枝、松、枳子、桑、栗、橡、李、桃、杏、柳、蓮等を夥しく植へたのである。）この城廓は三年の後に完成したが、落成と共に正宗が薨じたので遷都はこゝに事止みとなつたのである。（酒井政之助氏著「水原」に依る。）

8　骨の色を見て移葬す

朝鮮には從來入葬後一年乃至三年目に「退棺」と稱して埋葬せる棺を掘り出し、最初埋葬時に使用した七星板や麻布等の死體をつゝむものを新しきものととりかへる事がある。（古いものは燒き棄ててしまう）、その際もしその骨の色が赤味を呈するか、黄色味を呈する（概してあめ色）時は何れもその土地が吉地で生氣がある所となし、そのまゝ再び埋葬するが、若しその骨の色が白か、黒、青等の色に變じて居れば、この地はよろしくないと云つて他に移葬する。所に依つてはこの骨色檢査を二三回乃至四五回も繰返して見るものがある。而してその色がよろしからず、他に吉地を求めて改葬する時には三月と九月と二た月だけ『三九不動塚』と云つて移動を忌むのである。もし之を犯す時には災害を被ることがあると云はれて居る。

9　改葬を奨むる者

墓地風水の影響に依て子孫が繁榮し、また沒落すると信ぜられて居る處では、この改葬移葬に依つて衣食をなす者も出て來ることは自然である。大正十一年八月十六日全羅南道羅州警察署からの報告

墓地改修

に依れば、全羅北道高敞郡梧山面上坪里文時榮(六五)は自ら風水師と稱して墓地に關し巧言を以て金圓を詐取したが、それは改葬を種《たね》にしてゞあつた。卽ち彼は大正十一年十二月頃羅州郡平洞面連山里羅鍾昜方に行き、自分は風水師で墓地の設置に關し、その箇所の良否を選定する者であるが、元來墓地選定は頗る重大なことで、若し不良な所に墓地を設置せむか必ずや一家は滅亡するものであると言語巧みに說いたので羅は直に自己祖先の墓地選定方を依賴するや、彼は暫く默考の上羅州郡老安面伏岩里附近の山中が最も適當な地であるから直ちに其處に改葬するがよいと告げ、その謝禮金として金拾圓を羅から申受けた。又彼は同年三月頃、前記の方法で羅州郡老安面甘亭里朴秦老を說き、同人の祖先の墳墓としては務安郡林谷面僧達山が最も適當な處であるとて、其所に改葬を爲さしめ、その謝金として金二百圓を騙取した。又同年四月頃羅州郡平洞面月田里金良先方に往き同一方法を以て金を說き、改葬すべき墓地の選定をすることになつたが、金良先がその謝金何程かと問ひしに對し五十圓を提供せよとの事、處が金にはそれだけの大金がなかつたので遂にその選定を破約したとの事である。

10　改葬して七兒を出生し資産を增す

今から約五十年前慶尙南道晋州郡寺奉面風谷里に住む鄭墓汝なる者は風水師を連れて山野を廻り、同里飛鳳山に吉墓地を選定して先祖の遺骸を此處に改葬したる處、繼いで子息鄭象煥外七名を出生し、猶ほそれより資産家となつたと稱されて居る。(昭和四年)

この改葬移葬の風は今猶ほ盛んに一般民間に支持され、子爵尹某が吉地を全北に求めて移葬し、中樞院參議玄某が光州に數萬金を投じて改葬した如きは、最近の出來事としてその地方民間に喧傳されつゝあるに徵しても知られるであらう。

第四章　墓地風水信仰の影響

第一節　墓地風水信仰の概觀

朝鮮に於ける墓地風水信仰は從來深く且つ汎く民問にその勢力を張り、生活上への影響また決して些少なものでないのである。卽ち墓地風水の如何は直ちに子孫盛衰の分るゝ處なりとなし、從つて之が選定に當りては家産を盪盡するも敢て辭せざるのみならず、爲めに鬪爭、罪科を犯す者が多く、日韓併合前に在りては墓地に關する係爭犯罪一日として之なきことなかつた有様であつた。そこで併合の翌々明治四十五年新に墓地規則を發布して、斷然朝鮮舊來の墓地慣習を排し共同墓地使用の制度を施行した。之が爲め墓地に關する犯罪係爭は表面著しく減少したが、以後ひそかに暗葬するの風と、朝鮮古來の風俗慣習を餘りに無視したと云ふ處から、新政に對して不平不滿の觀念を釀成した。是に於てか當局も民情慣習の實況に鑑み、大正八年墓地規則を改正して墓地の新設手續を緩和したが、猶未だ舊慣に固執して、墓地を風水に依つて處理せむとするの風は決して劣へて居ないのである。以下少しく各地方の實況に就て之を觀察することとしよう。

（一）京畿道の墓地信仰

本道人の墓地に對する信念は甚だ深厚なるものあり、殊に古來の迷信として墓地の適否は一家の存亡及び子々孫々の禍福に繋るものとなし、之が設置に關し家財を蕩盡するも敢て辭せざるのみならず、從つて適地を發見せば萬難を排して此處に埋葬せむとするの慣習あるを以て幾多の紛擾を釀すこと屢々あり、延て衛生を害し、風敎を紊る事多く、且つ國家經濟に及ぼす所尠くない。故に明治四十五年墓地規則の發布せらるゝや、京城府内は其年九月一日より其他の地域には大正三年三月より之を施行した。該規則に依れば特別の場合を除くの外は總て共同墓地に埋葬せしむるものとし、各府面洞里に之が經營を行はしめ、其の墓地は主として國有山林野の無償讓與に依り漸次其の設備の完成を期し、之が取締を勵行し來つた。然し永年の經驗によれば該規則は鮮人の習俗に合致せざるを以て徒らに事端を滋からしめたるの嫌あり、仍て大正八年その規則改正され、鮮人舊來の慣習を認むると共に各種の制限を寬にし、諸般の手續を簡にせらるゝや規則改正前に於ける（大正八年の改正規則）墓地の數は共同墓地一千七十一箇所、此の面積一千四百三十四町歩餘。私有墓地二百七箇所、此の面積五町歩餘であつたが、大正十二年末には共同墓地一千七十六箇所、此面積一千四百三十八町歩餘。私有墓地一千六十八箇所、此面積五千七百八十三町歩餘を算するに至つた。尚ほ朝鮮に於ける慣習として從來火葬を行ふもの更になく、傳染病の死體と雖も總て之を土葬に付して居たが漸次火葬の習慣を馴致し、舊來の弊風を改善せしむことを期して居る。然し火葬場は僅かに十ケ所を有するに過ぎない。(筆者註、この火葬場は主として道内居住内地人の使用するもので朝鮮人には餘り使用されて居ない。)

(大正十三年「京畿道要覽」)

(二)　全羅南道に於ける墓地規則改正後の狀況

全南に於ては大正八年墓地規則改正せられ單獨墓地の設置を認められたるに依り鮮人一般に之を喜び爾來私設墓地を新設せむとする者漸く多からんとする狀況にして、又以て同規則改正に對する反響と見るべし。然れども中には右改正の趣旨を誤解し、恰も從來の規則は全然撤廢せられ墓地規則制定前の狀況に復せるが如く思料し埋葬の認許を受けずして若しくは墓地以外に屍體を埋葬するが如きもの尠からず。又共同墓地に埋葬したる屍體を擅に他に改葬し漸く整備に近かんとせる共同墓地を荒廢に歸せしめんとする傾向あるに付、一面鮮人の慣習を尊重して手續の簡易を期し規則の運用に注意しつゝあり。規則改正後大正十二年末までに許可したる單獨墓地十五、屆出墓地五十一にして、其の數僅少なるは林野整理未了の爲め林野に對する所有權確定せざるに依るものと思料せらる。共同墓地の總計は二千百七十七個所なり。(大正十三年「全羅南道要覽」)

（三）全羅北道の墓地狀況

全北管內に於ける共同墓地は其數一千百三十七、私設墓地八百八十七にして、火葬場は未だ普ねからず、群山、全州、裡里、井邑の四箇所に過ぎず。（この四箇所とも內地人の多き所である。筆者註）之等に對する取締の徹底を期し迷信打破に努め特に共同墓地に對しては手入れ及び植樹等を勵行せしめ設備の改善を計り一般に之が利用の風を馴致せしむることに努めつゝありしが、因襲の久しき迷信は容易に改め難く、今尙ほ共同墓地を嫌忌するの狀況にて、墓地以外の地又は他人の墓地に檀に屍體或は遺骨を埋葬（偸葬と云ふ。筆者註）したるもの、大正十三年中百七十一件、同十四年中二百六件、大正十五年（昭和元年）中百七十八件、昭和二年中二百十二件を出したり。（昭和三年「全羅北道要覽」）

（四）忠淸南道墓地狀況

大正八年墓地規則改正せらるゝや、朝鮮人上下を通じ頗る喜悅せるが、祖先又は配偶者の墳墓を有せざる者及び下層民にして土地を所有せざる者は此の恩惠を蒙る能ざるを以て、依然暗葬を敢てするものあり、或は全然墓地規則の廢止せられたるものなりと誤信し、隨意隨所に墓地を設置する者などありたるを以て、大正十一年各警察署一齊に取締を實施したる處違反件數實に四千百餘件の多數に達し、之を一々處罰するに於ては更に大正八年の如き不詳事(獨立萬歲騷擾事件のこと、筆者註)を惹起せしむるの虞ありたるを以て違反者に對し懇々將來を誡め爾後決して斯る違反行爲をなさゞる旨の請書を徵して整理したる結果漸次之等違反者の數を減ずるに至れり。(昭和二年「忠淸南道管内狀況」)

(五)　忠淸北道地方の墓地狀況

此地方では墓地規則改正後從來一定の墓地なきものは共同墓地に埋葬せしむる事になつて居るが、一般に共同墓地に埋葬することを嫌忌し、許可なくして新墓を設置したり、又他人の土地に私かに暗葬するものが決して尠くない。この暗葬の多い事實は死亡率と埋葬許可證下附數との差が多いこと及び山野の所有主からの告訴多きに依つて知ることが出來るのである。かうした暗葬は墓を他人のものと同一地域に葬むれば子孫に不幸があり族滅の厄があると信ずる處からである、又一般に火葬を忌み、傳染病で死んだ者でも決して火葬にしない。沃川郡の富豪某は道評議員もした程の開化人であるが、父が京城セブランス病院でチブスを療養中死亡するや、その屍體を一車買ひ切りで汽車に載せて自宅まで運び埋葬した。經費などは問題にしないのである。(昭和三年忠淸北道出調)

(六)　慶南蔚山地方の墓地狀況

此の地方は朝鮮の他地方より一層甚だしく、墓地風水に心を痛める。だから山と云ふ山の見晴しよき處、日當り良き處は、其處が誰れの所有地であらうが、一向おかまひなしに墓地を作り、又地師とか、物知り顔の人から吉地であると聞けば、直ちに其處に祖先の遺骨を掘り出して移葬する。この許可なくして新設したり、又は暗葬したりした事が知れゝば、罰金の處分を受け、直ちに改葬させられる事は充分承知して居るが、そんな事は何とも思つて居ない。兎に角萬難を排して吉地に祖先の墓をつくり、之に依つて大金持か、高官になり、又は家運隆昌、子孫繁殖せむことを希ふ者が、その跡を絶たない有樣である。(罰金を出すことは大官になる爲めの資本の如く心得て居るから仕末がつかない。)(昭和二年慶南出調)

(七) 咸鏡南道の墓地信仰

本道は古來墳墓に關する迷信的風習ありて、墓地の選定に就ては、地觀又は風水と稱し、人間に人相觀あるが如く、地相を觀るを業とする者あり、之等の觀相に依りて選べる地に對しては、全財產を投じて之を自家墳墓の地と定めむとし、若しその財なくして思ふに任せず、且又希望の土地を入手する能はざる時は、その土地所有者の知らざる間に該地に私かに暗葬して、その目的を達せむとする風あり。然るに明治四十五年墓地規則發布せらるゝや、餘儀なく共同墓地に埋葬する者ありしが、大正八年、その規則改正され、私有墓地の設置を認めらるゝに至るや、從前の如く舊慣に囚はれて、共同墓地以外に埋葬する者尠なからず。これ蓋し墳墓の位置如何は、家運の榮枯盛衰に大なる關係ありと信ずる處より來るものにして、この信仰は他の各道に於けると異なることなし。（大正十三年「咸鏡南道要覽」）

（八）　**忠南公州地方の墓地信仰**

公州地方では墓地に關して次の如き信仰がある。朝鮮は墓地風水に依らなければ開運の出來ない邦であり、風水に依つて吉地を定むれば開運の出來るのが朝鮮の地勢であり、朝鮮の特色であると。又此地方では墓地の左岡卽ち靑龍は文武顯官を司どり、右岡卽ち白虎は多子財富を司ると信じて居る。猶ほ優れて立派な吉地は、單に風水師の選定のみで、見つかるものでなく、陰德を積めば天から與へられるものであると云ふ信仰がある。公州の富豪金某は太田の地師から萬名の人命を救へば子孫繁榮顯貴に登るべき山（墓地）が天然に見つかると聞かされた言葉を信じて、それからと云ふもの各種の救濟事業に盡力したと云ふことである。（昭和三年出調）

（九）　**平安南道の墓葬信仰**

信　仰

1　地形の惡しき墓地に死體を埋葬せば子孫繁昌せず。（江東・安州・中和・德川・成川・平原）

2　墓地の方位惡しきときは子孫繁昌せず。（江東・順川）

3 墓地の地形、地質等良好なれば子孫出世し、且つ致富、繁昌す。(江東・安州・中和・成川・平壤)

4 先きに埋葬しある墳墓の後方に埋葬するときは、前者の子孫に不幸あり。(江東)

5 埋葬を六日、十六日、二十六日に爲すときは、子孫全滅す。(江東)

6 幼兒の死體を棺に納め、鄭重に埋葬するときは、他の幼兒も全滅す。(孟山・寧遠・順川)

7 幼兒の死體を東南向の日當り良き場所に埋葬するときは、他の幼兒も死亡す。(孟山)

8 普通死後四日目に埋葬するを例とするも、若し當日が死者の十二支と同一の十二支に該當するときは之を避ける。若し當日埋葬せば子孫破滅す。(寧遠)

9 埋葬の際穴を深く掘れば次男の子供殖え、何れも金持となる。(寧遠)

10 墓地の位置の良否に依つて、其の家族に禍福來る。尙不良なれば婦女姙娠せず、又病氣起る。(寧遠)

11 墓地に對面せる所に水車を建設するときは、死體若は遺骨に糠附着するとて建設せず。(寧遠)

12 寺の醬油甕を置きたる下に、密かに風水師をして方位を定めしめ埋葬せば、遺族は大臣となり、且つ寺には佛像も姿を隱し、僧は全滅す。(寧遠)

13 家庭に災厄生ずれば、墓地の位置不適當なるが爲なりとて、遺體を發掘して之を檢し、遺骨が黄色を帯び美麗なれば、災厄の原因は墓地に非ずとし、黒色其の他に變色せば、原因は墓地不適當なりと斷定し、密かに暗葬するものあり。（大同・德川）

14 死體を火葬するときは靈魂消滅し、子孫繁榮せず。（大同）

15 埋葬場所の適當ならざる墳墓に、墓參及墓修繕を行ふときは、必ず近親者死亡すと稱し、放任して殆んど無緣墳墓の狀態に置く。（大同）

16 墳墓に接近して植樹し根が死體に侵入するときは子孫に惡影響あり。（龍岡）

17 墳墓の後方に道路ありて人絕えず通行するときは、墓を踏む爲に子孫滅亡す。（成川）

18 改葬に際し、棺內より煙樣のもの立上る時は、子孫に不幸來る。（成川）

19 祖父母竝に父母の死體を共同墓地に埋葬するときは、子孫繁榮せず。（陽德）

20 長男、長女の死體を共同墓地に埋葬するときは、順次生じたる子は死亡す。（陽德）

21 墓地より急流の河川望見せらるゝ所に死體を埋葬せば、其の子孫必ず貧困に陷る。（陽德）

22 墓地の附近に人家あるときは、死者の頭を人家の方に向け埋葬せば、子孫繁榮せざるのみならず、廢家に陷り、又自宅の方に向け埋葬せば、家庭に紛議を惹起す。（陽德）

23 傳染病又は肺結核にて死亡したる者の、墳墓の上に釜を冠せ置くときは、絕對に傳染又は遺傳

せず。(陽德)

24 共同墓地と私有墓地を問はず、乞食其の他行旅病死者を埋葬するときは、禍ありとて之を嫌ふ。(价川)

25 埋葬したる屍體中に樹根が這入れば、其の家族に必ず其の通過したる部分不具となるとて、植樹を嫌忌す。(江西)

26 痲疹に罹つて死亡したる者の死體を菰に包み、繩にて松の木に吊し置き、一日經過埋葬するときは、爾後罹病者あるも輕症にて全治す。(德川)

27 惡しき土地に埋葬すれば、棺に入れたる死體が棺を破りて飛出す。(鎭南浦)

28 埋葬して十年以內に改葬するを可とし、十年後に改葬すれば家族に禍あり。(鎭南浦)

29 家門衰へ又は不具の子供生るゝは山禍ありと稱し、墳墓の改葬を爲す。(鎭南浦)

慣習

1 死亡者大人なるときは、必ず四日若くは八日目に葬式す。(江東)

2 小兒の埋葬は卽日之を爲す。。(江東)

3 火葬は慘酷なりとて之を嫌ひ、埋葬を爲す。(孟山・鎭南浦・安州・寧遠・龍岡)

4　小兒の死體は納棺せずして藁に包み、陰地に埋葬す。（孟山）

5　葬式に際し途中難路又は橋梁上に來るや、棺擔ぎ人夫等は前進せず、同一箇所を左右に旋廻して暗に酒代を請求し、喪主又は近親者は其の都度若干の酒代を與ふ。（鎭南浦）

6　夫婦は之を合葬す。（鎭南浦・安州）

7　墓地の選定を巫女に爲さしむ。（鎭南浦）

8　子供の死亡するは不孝者なりとして、特に葬儀を粗惡にし納棺せず、莚叺等に入れ二十四時間を待たずして埋葬す。（鎭南浦・龍岡・陽德・順川）

9　墓地の手入は寒食（舊二月末頃）、清明（舊八月十五日）に於て實施す。（鎭南浦・大同・江西）

10　墓地の撰定を風水師に依賴し、山勢と稱する著書に依りて撰定す。（安州・中和・寧遠・順川・价川・江西）

11　墓地は南に面し、東西に突出したる龍の形を爲せる山脈を最も適當とす。（中和）

12　自己の墳墓の四方五間以內の地に、他人の埋葬者あるときは、墳墓の妨害なりと稱して之を嫌ふ。（中和）

13　祖先の墳墓が不適地に在るときは、他に暗葬す。（中和）

14　子供の死體は法定期間經過後直ちに埋葬するも、父母及祖父母に對しては、死亡後五日間位經

過して埋葬す。（寧遠）

15 尊族の墓地は相當尊崇し祭祀を行ふも、卑族に對しては然らず。（大同）

16 父母及祖先の墳墓に近き處、殊に其の後方（高所）に他人の死體を埋葬するを甚だしく忌む。（大同）

17 埋、改葬の日時及場所方角を撰ぶ、家族は同一場所に埋葬を好む。（龍岡）

18 埋葬後滿三箇年以上を經過せば『セメント』又は『石灰』を以て遺骨を覆ひ、之が保存を確實にす。（德川）

19 葬祭當日友引なるときは、後日多數の者死亡するとて絕對此日に行はず。（成川）

20 成年者が死亡したるときは成服日に埋葬すると稱し、死後四日目に埋葬す。（成川）

21 死亡者の生年月日と、埋葬する者の生年月日と、埋葬の日を合せ不適なる日あり、依つて不適なる生年月日の者は埋葬に參加せしめず。（成川）

22 重復殺とて一月、四月、七月、十月の寅・申・己・亥・二月、五月、八月、十一月の子・午・卯・酉、三月、六月、九月、十二月の辰・戌・丑・未の該當日に死亡者ありたるときは、續いて死者を出すとて、埋葬の際棺の板に『六庚天刑』と朱書し之を豫防す。（成川）

23 幼少者の墳墓は輕視し埋葬後殆んど手入を爲さず。（成川）

24 古來より奇數日を選び、埋葬するの慣習あり、又小供の埋葬は犬猫同樣捨物扱とし、死亡するや直に埋葬して土盛を爲さず、石を僅かに盛るの慣習あり。（价川）

25 死體を火葬に附する時は、子孫繁榮せずとて之を嫌ふ。（价川）

26 十歲以下の幼兒の死亡に當りては殆んど之を顧みず、共同墓地葬場の如きも、自己割讓區域を撰ぶ等のものなく、他人に托し埋葬する爲、父母と雖も埋葬場所を知らざる風あり、故に祭祀も亦行はず、（江西）

27 幼にして引續き二兒三兒を失ひたるものあるときは、生母の實家の兄弟に相當する者、死兒の父母に知られざる樣にして、百日以內に埋所三箇所を轉ずれば、其の後の子は發育良好なり。（江西）

28 子孫として祖先の遺骨を共同墓地に埋葬し置くを不可とす。（寧遠）

29 埋葬日を祭主又は家族の生年月日と一致せしむるは不可なりとて之を避く。（江東）

30 埋葬に際し墓穴への入棺には、一定年齡に達せざる會葬者の立會を忌避す。（江西）

（昭和三年平安南道衞生課）

一〇　各所に行はるる墓地信仰

1 腸チブス病を治療するには祖先の墳墓を改葬す。(黃海)

2 墓地規則發布以來共同墓地に死體を埋葬しある者、若し其の子孫病氣に罹つた時は墓地の位置が不良なる爲め斯る病氣發生するものであるとて許可なくして他に改葬する。

3 家族が病症に惱むは祖先の墓地の位置が惡るい爲めであり、又病弱の者の生れるのも墓地惡しき爲めだ。(同上)

4 精神病及癩病は祖先の墳墓の祟りであるから改葬する。(同上)

5 死體に草木の根が侵入せば神經痛、癩病及び不具者を生ずるから墓には植樹しない。(同上)

6 祖先の墓の遺骨に黴が生ずれば子孫癩病となる。(同上)

7 未婚娘の死體は未婚男の墳墓の隣に埋葬しなければ家族に災厄がある。(同上)

8 成年に達した未婚者死亡したる時は死後結婚式を擧げなければ父兄死亡して地獄に入る。(同上)

9 未婚者の靈を慰むる爲め屍體を道路中に埋葬し衆人に踏ませる。(同上)

10 未婚者の死體を路傍又は田畑の側の墓地以外に埋葬せば家內に災禍がある。(同上)

11 共同墓地に埋葬すれば一家族滅亡或は子孫繁榮しない。(同上)

12 墓地の後に山なき時は子孫全滅する。(同上)

13　墓地の土黄色は吉、黒色は凶。（同上）
14　祖先の墳墓の上部に他人が墓地を設置すれば下部の墳墓所有者は其の家亡ぶ。（同上）
15　墓地に正面したる部落は死亡者多い。（同上）
16　村落の後面に位置する山の樞要地に墳墓を設置すれば其の子孫は繁榮富豪となるが、其の村落には惡疫流行或は殺人事件が起る。（同上）
17　死體を火葬せば子孫繁榮しない。（同上）
18　癩病患者の死體は火葬しなければ子孫に該患者絶へない（同上）
19　兄弟の死體を同一山谷に埋葬すれば死亡者續出す。（同上）
20　墓地の草木枯れば子孫變事發生する。（同上）
21　眼病は祖先の墳墓に木の根が入りたる爲めなれば春季中にその木の根を除去せば全治す。（黄海）
22　流行感冒にて死亡せしものをその家より北方に埋むれば災禍を招く。他患者の全快せざる前に埋葬すれば現在患者死亡す。（同上）
23　墓地の設定は其の影響甚しきに依り極めて選擇に注意する。（同上）

24　屢々不幸に遇ふのは共同墓地に死體を埋めた爲めであるから之を祖先の墳墓に改葬する。(同上)
25　病氣は祖先の墳墓の位置惡しきに依るとて改葬す。(平北)
26　祖先の墓を風の强く吹く所に定むれば子孫感冒に犯さる。(忠北忠州)

事例。(1)　平安南道陽德郡土城駐在所巡査が咸鏡南道咸興郡南大門外に住居する巫女を訪ふた時、巫女は同巡査に向つて『貴官は今日より四日後に死にます』と云ふのでその理由をただすと、同巡査の五代祖の墓が當地龍山にあるが、その白骨に豚子蟲がついて身體全部を食ひ終り、今や頭部を食ひ始め、これを食ひ盡したら同巡査が死ぬのだと。之を聞いた巡査は大いに驚き其旨署長に報告した處、署長も不審に思つて、その巫女を引致し龍山に行つて實地檢證したところ、巫女の言に相違はなかつた。(昭和二年平安南道警察部衞生課調)

事例。(2)　忠淸北道文義郡南面下山里辛在智は同郡同面上山里の辛善默が自己の祖先の墓と近接した土地に(辛善が新に他から買受けた土地)墓地を新設したので『自己の祖先の墓所近くに他人が祟葬される時は子孫の繁榮を妨げるのみならず災厄を受ける』と云ふ理由で一門協議の上辛善に新設墳墓の掘移方を迫つたが應じないので、親族百五十餘名を打ち連れ辛善の宅に押しかけ恐喝してその掘移

を迫つた。（大正二年三月二日、京城日報）

事例。(3)　平安南道德川郡新豐面楸洞里にある七箇の古墳、通稱唐葬はその石片砂土に觸れても祟りがあると云はれて居る。これには七十年程前、この古墳四箇の土中から澤山の金屬器具が出で之を採つて使用した者は一人殘らず病氣になつたので、早速その器具を原地區に戻して埋沒した爲め漸く事無きを得たと云ふ傳說からである。（大正二年四月三日、京城日報）

事例。(4)　江原道平康郡西化面漢文敎師金德慶は父の病氣に罹つたのが、十二年前死亡した母の墓地の爲めであるから、速に移轉しなければ生命危しと云ふので、許可なくして發掘移葬した。（大正二年七月十六日、京城日報）

事例。(5)　慶尙南道密陽郡上南山上にある墳墓二基を、祈雨の手段として附近農民二百數十名の者が發掘した。（大正二年八月二十三日、京城日報）

事例。(6)　江原道平昌郡珍富面金烟斗は、其の親族金連三が三年前、その父の死體を同族共同墓地に埋葬したのが不吉の爲、金烟斗の家族二名死亡し猶四名死亡すべしと云ふを信じ、金連三を怨み殺害せむとして傷害を加へた。（大正三年一月二十五日、京城日報）

事例。(7)　平安南道順川郡舍人面龍里二統四戶金益秋（五四）は、自己祖先の墳墓近くに車燐鎬と云ふ者が、その祖父の墓を十七年前新設したので、自分の子孫に禍を及ぼすと稱し、之を發きて懲役十箇月に處せられた。後再び發掘して笞六十の處刑を受けた。然るに車がその墓を修繕して舊に倍する壯麗なるものとしたので、十一月七日夜車の墳墓を發掘し、終に車の祖父の骨ばかりの遺骸を附近の河中に投棄し、翌日安州憲兵隊に『孝子金益秋車燐鎬祖父の墳墓を發きその遺骨を河中に投じた。國法を犯した事は誠に申譯がないが私は私の祖先及び後世子孫の爲に面目を施した』と自首した。(大正六年十一月二十日、京城日報)

事例。(8) 咸鏡南道地方では新しく死んだ屍體を古い墓に埋葬すれば其の家は將來子孫繁榮せず且つ災禍重なると信じ、新屍は古い墓の側數間を隔つた處に埋め、數年してから古墓に合葬する。又精神病、癩病等で死んだ者を祖先の墳墓に合葬すれば子孫に同病者が續出すると云つて居る。(大正六年八月二十六日、京城日報)

事例。(9) 京城府外延禧面の山中で人骨を燒いて居ると云ふ噂を耳にした西大門警察官が行つて見ると既に行方を昧まして居たが、これは多分災厄や病氣の頻發するのは墓地の方位が惡るいから之を掘り出し屍體を燒いて寺に納めるところを、寺に納めるだけの費用が無いので燒いた灰を飯に混ぜて鴉に食はせる習慣を實行したものであらうと。(大正十一年十月八日、京城日報)

事例。10　慶尙南道統營、投身自殺者金元鎬(二六)を花婿とし、同地富豪方正杓の妹、京城某女高普在學生病死者方姓女(一九)を花嫁として結婚談が兩家の間に成立し、七日結納のとりかはしをして正式に擧式した。これは古くからある年頃の未婚者が死んだ場合は必ず天國にはゆけないといふ迷信から來たものである。(昭和三年八月十一日、朝鮮每日申報)

これ等は皆災厄を免れ病氣を避ける爲めになされるものであるが、上擧の諸例に見るが如く祖先の墳墓の位置が惡い爲め、その墳墓が木の根に侵されたり、或は蟲につかれたり、遺骨に黴が生へたり、土が腐敗したりした爲め、或は埋むべからざる處に埋めたる爲め、その子孫が各種の災禍や病氣になるものと、墓地を設定した爲めその子孫以外の者が災厄を受けるものとの二つの觀念からである。

前者に屬する觀念は、不安の狀態に置かれた遺骸の靈魂が直接その子孫に祟ると云ふ信仰からであつて、換言すれば各種の災厄病氣の原因が不良墓に埋葬したる屍骸にあるから、この不良狀態を改めてその病源を絕たんとするのであり、後者に屬する觀念は他人が墳墓を設立したが爲めに自己の運命が衰へ、從つて各種の災厄と病氣が發生する、卽ち墳墓設定の爲めに、當然受くべき自分の幸運脉が中斷され、或はその及ぶ善影響が惡性のものに變じてしまふと信じて、その墓地設定を止め、除く事に依つて、その災禍病氣を避けむとするものである。

だから前者に於ては墓地の狀態不良なるが爲め、埋葬せる遺骸が受くべき生氣を受け得ず、從つてその遺骸の連鎖である子孫が、その影響を蒙つて、災厄病氣に罹るのであり、後者に於ては墳墓設定の爲めに、受くべき生氣がその墳墓に依つて中斷され、又は變化されてしまうから、災厄病氣になると云ふのである。

一一　墓地、埋葬に關する慣習及び信仰

最近、本府警務局衛生課に於て調査せる「墓地及埋葬ニ關スル調査」中に、全道に互れる墓地及埋葬に關する慣習と信仰をあげてあるから、之を左に摘錄して參考に供しよう。

道名	慣習及迷信
京畿	風水說ヲ信ズ。共同墓地ニ埋葬セバ孔子ノ崇ヲ受ク。祖先ノ墳墓ヲ離レ共同墓地ニ埋葬シタル二兒ヲ祖先ノ墳墓ニ改葬セバ不幸ヲ免カル。
忠北	墓地ノ犯罪ニテ處罰セラルルハ孝ノ一ナリ。火葬ハ死者ヲ再生セシメザルモノトシテ厭惡ス。墓ノ惡シキハ疾病ヲ生ズ。
忠南	墓地ノ良否ハ家運盛衰ノ基。墓地ハ年ニ依リ適否アリ。棺ニ木ノ根來レハ子孫ニ不具者生ズ。墓地ヲ發掘セバ子孫繁榮セズ。長子女ノ死體ハ川ニ投ゼザレバ其ノ

	後ノ子孫發育セズ。
全北	身分アル者ハ還暦ノ年ニ墓地ヲ選定ス。死亡日ヨリ起算シテ奇數日ニ埋葬ス。貧産家ハ家殯ト稱シテ屍體ヲ九日間五十日間又ハ三月間、家屋內ニ置ク。靈地ニ埋葬セバ部落ニ災禍アリ。
全南	風水說盛。濕氣アル墓地ヲ嫌フ。新シキ屍體ヲ古キ墳墓ニ合葬スルトキハ子孫繁榮セズ。精神病、癩病ニテ死亡セシ者ハ合葬セズ。共同墓地ニ埋葬セバ孔子ノ祟リヲ受ク。
慶北	風水說ヲ信ズ。孔子廟又ハ高位高官ノ墳墓ノ境地ニ暗葬セバ子孫ニ巨儒又ハ大官現ハル。部落ノ前面又ハ東南附近ニ墓地ヲ設置セバ部落ニ惡疫流行ス。
慶南	同右。
黄海	風水說ヲ信ズ。小兒ノ屍體ハ粗略ニ取扱ヒ、中ニハ棺ニ納メザルモノアリ。甲地ノ死亡者ヲ送葬スルトキ乙地ヲ通過セバ乙地ハ衰微ス。恨アル家ノ墓地ニ棒抗ヲ樹ツレバ其ノ家滅ブ。
平南	同右。
平北	同右。
江原	同右。
咸南	埋葬後骨色白トナルヲ可トシ、黑色ヲ不可トス。コノ色ヲ檢スル爲埋葬後四五年目ニシテ改葬スルノ習慣アリ。
咸北	同右。

第二節 暗葬

公然、墓地として認められた所以外の地に、竊に埋葬するを暗葬と稱する。墓地の吉凶が子孫の盛衰を支配すると信ぜられる朝鮮では往古からこの暗葬が行はれて居た。蓋し吉地には限りがあり、且つ之を探しあてるには相當の知識と經費とを必要とする。是に於てか自己所有の山野以外、他人の土地又は公有の土地に之を求めるか、或は已に他人の墓地として定めあるものを侵奪するに至つたのである。從つてこの暗葬の對策として國家は法律を定めて之を禁じ、部落は禁葬區域を定めて之を防ぎ、個人は官に訴へて之を爭ふたのであるが、一方之等の對策に對抗すべき各種の暗葬方法が講ぜられて、暗葬はその跡を絶たなかつたのである。殊に日韓併合以後墓地規則の制定ありて埋葬は原則として共同墓地に限ることと定めらるゝや、この暗葬の風は愈甚しくなり遂に大正八年該規則を改正して、一部私設墓地の設置を許可するの止むなきに至つたが、それは私設墓地の出來る者だけの恩典であり、而してその恩典に浴し得るものは極めて少部分の者に限るのであるから、概觀すれば暗葬の希望はこの改正ありしに依つて、より一層强烈の度を加へたやうである。

この暗葬は新羅眞平王時代に旣にあつて、名僧圓光の墓地にその兒屍を暗葬し、それは『有福人の墓に埋葬すればその種胤が絶えない』と云ふ信仰からであつた事は第一章第二節に於て既に述べた處であるが、かうした暗葬觀念は現在に於ても亡びず、次の如き實例となつてあらはれて居る。

昭和三年八月李王職は忠淸南道禮山郡新陽面晋溪里にある李朝十八代の王顯宗の胎封山の修繕をした。掘り返へして見ると胎壺は已に盜掘されたものと見えて、其處にはなく石棺の上部に一の大きな頭蓋骨が埋葬してあつた。これは、王の胎封山は吉地であるに相違ないから、この吉地に暗葬すれば子孫の繁榮を來し、立派な顯官が出ると云ふ信仰から、誰か自分の父か祖父の頭骨を竊に暗葬したものであらう。そこでこの頭骨は早速掘り出して同里民の共同墓地に埋めた。

この胎封山の修繕工事中は附近の婦女子が雲集して胎封の石棺に附著して居る朱砂を得んと競ひ合つたが、これは昔から、胎封の朱砂を得て之を呑む時は立派な貴子を産むことが出來ると云ふ信仰がある爲からであると云ふことだ。猶ほ胎壺を盜んだのは胎を包んである金箔を得んが爲めであり、里民の語る處に依れば盜掘は大正六七年頃に行つたもので、之を敢てした者の一家は必ずや一族死に絶えたであらうとの事である。（昭和三年十月出調）

甲が風水に適する吉地を乙の墓地に見出した時は、乙の知らざる間に竊にこの墓地に暗葬することを俗に偸葬と云ふ。かゝる場合、もし乙が之を發見してその不法を詰り、その移葬を請求するや、こゝに甲乙兩者の間に爭ひが生起する。之を山訟と云ふ。この山訟は結局智慧のある者、勢力のある者が勝つ事にきまつて居た。蓋し朝鮮の墓地、殊に風水的に造營した墓地は多くは族墳でなく孤立した墓地であるから、暫らく年所を經れば誰のものであるか判明しがたい。そこで、其處に甲乙兩者の墳墓が出來た時、元來この墓地が誰のものであつたかを立證すべきものがない。從つてこの訴訟は裁判する官吏に對して押しの利く勢力ある者、又はこの爭を自己に有利に解決するに巧みな智慧のある者が勝利を占めると云ふことになつたのである。(詳細は山訟の處で述べる)

他人の墓を自己のものとして墓地に使用することは、暗隱の内に之をなすのみでなく侵奪の方法に出づる事も少なくない。高麗朝の滅亡するや麗朝に臣事した名族は、多く墳墓の地をすてゝ遠き地方に流離しなければならなかつた。この名族の墳墓は多くは風水上吉地であつた。是に於てか時を得顔の李朝の臣民は、爭つて之等の墳墓を侵奪して自己の墓地としたのである。文學博士今西龍氏は大正五年の本府古蹟調査に於て次の如く報告して居る。

『本郡(長湍郡)ハ開城郡ニ隣接セシヲ以テ高麗貴族ノ墳墓甚ダ多シ、而シテ其位置タルヤ朝鮮人カ造墓ノ吉地ナリト迷信スル地點ニ在ルノ故ヲ以テ後人ノ爲メニ侵奪セラレ掘リ去ラレ新墓ノ地トナレルモノ多シ、邵侍郎山ノ如キ其一例ナリ、長湍邑誌ニ此山松南面羅尺洞ニアリトシ徐有榘ノ記文ヲ載セタリ、記文ニヨレハ此洞ニ士人傳ヘテ高麗侍郎邵公ノ墓ト稱セシ大墳ノ在リシヲ邑人姜奎ナル者之ヲ毀テ母ノ墓ヲ作ラムトセシニ、之ヲ諫止スル者多カリシヲ奎聽カス『塚中枯骨何能爲之』トテ母ヲ葬リシニ十日ノ後奎暴死セリトイフ、コレ古墓ヲ毀チテ新墓ヲ作レル一例ナリ、』以てその一斑を察することが出來るであらう。

暗葬は墓地以外の吉地と稱せられて居る陽基にも亦屢々行はれる。一般に高麗以後の國都邑落は概して風水的に吉地を選卜してその基を定めたものであるから、この陽基に生氣の聚融すること確實なりとされて居た。從つてかゝる基地が風水上の大地吉地と信ぜられると共に墓地としても好適の場所と考へられて居たのである。だからかゝる處は多くは禁葬地とされて居たことは勿論である。にも拘らずその發福を希ふ慾望の强烈なるやこの禁を冒して暗葬する者が古來少なくなかつた。（詳細は禁葬の條下に就て看よ。）いまその一二例を擧ぐれば、高麗恭讓王の時代宮殿の舊址に遺骨を暗葬せむとする者があり、調べて見ると亡父の遺言に依つてこゝに埋葬したのであるとの事であつたが處罰せられたのは勿論の事である。韓山李氏の祖先は父の遺骸を韓山郡廳の中央地中に暗葬した。（第二章第二節風水の所應參照）それは郡の小使であつた李氏の祖先が、この郡衙の中央床板が毎年腐敗の爲めに取替へなければならなかつたが、それが風水の良好にして其處が丁度生氣の蓄積する地上であることを知つたからであつた。

これは昭和三年三月中の出來事であるが、忠清南道論山郡魯城面豆寺里某家の弟嫁(二四)が午後六時頃夕食中突然目を廻はして氣絶してしまつた。一家はどうした事か騒ぎ廻り、近所の者も集つて哀哭しあつた。處が不思議や次の日の夕方六時頃となるや、今度は兄嫂が弟嫁と全く同一の狀態になつて苦しみ出し將に息を切らむとするに至つた。之は只事でないと云ふ事になり、あれかこれかとその原因を協議中集つた者の中に物知りがあり、『これはこの家の丁度前に當る山に誰か暗葬したものがあつてその祟りでかうした奇怪事が頻發するに相違ない。だから若しその暗葬を掘り出してしまはなければこの一家の者は次から次へと頓死して遂に絶滅してしまうであらう。』と云ひ出したので、それと之を警察署に訴へ出た。時の署長某はそんな事があるものかと思つたが、村民の迷を解いてやる心算で、早速公醫を同伴しその山に登つて探して見ると成程生《なま》新しい墓地が一つ見つかつた。そこで種々取調べたところこの土地の有力者某が、この山に父母の遺骸を埋葬すれば子孫が富貴繁昌すると古から云はれて居るので、暗葬を敢てしたのだと云ふ事が判明した。署長は直ちに暗葬者某に說諭を加へ其の夜の中に他に改葬せしめると、氣の所爲か知れぬが、病人の樣態は急に常態に恢復してしまつたので、村民一同は今更の如くこの山に暗葬することの恐しさを痛感し、以後再びかゝる暗葬者の出な

いやうに申し合せたと云ふ事である。（昭和三年十月出調）

暗葬は墓地規則の發布された後、乃至その改正された後に於て益々その數を增加して來た。その主なる理由は共同墓地に埋葬することを嫌忌するからである。殊に墓地規則改正後は私設墓地を有する者乃至特に私設を許される者は、共同墓地に埋葬しなくてもよいとされたので、一部の有力者間には幾分の滿足を得ることが出來たが、餘他の者には却つてこの暗葬の風を助長したのである。改正以前は誰彼の用捨なく一樣に共同墓地に埋葬せしめられたのであるから、詮方なしと諦めて居た者も、改正後一部には許し一部には許さぬとなつたので、許されない者は許されぬだけ一層私設基地に對する欲望が强まり、遂に暗葬へ暗葬へと傾いたのである。然し暗葬した事が發見されゝば罰せられて直ちに共同墓地に改葬を命ぜられる。是に於てか、暗葬にも各種の智能的な方法が考へ出された。

その一つは平葬でありその二は擬墳であり、その三は空葬である。平葬とは墓地となすべき私有の山野をもたぬ者が他人の所有山に暗葬し、その上に墳墓を形づくらずして平地の如く裝ふて置くことであり、擬墳とは將來墓地となすべき地に豫じめ墳墓をつくつて置き、恰かも古墓の如く見せ、一般に古墓であると認めらるゝ時を俟つて、私かにこの中に埋葬するのであり、空葬とは極めて智能的な方法で、死者あるや私かにその屍體を他の山野に暗葬し、共同墓地へは棺のみを、又は棺の中に藁人形を作つて之に衣服を着けたものを入れて、正しく屍體を埋葬するかの如くするのであつて、實は空棺を共同墓地に埋葬するのである。之等の暗埋法は今迄に知られたる一斑であつて、これ以外如何なる巧妙な方法が講ぜられて居るか解らぬのであるから、暗葬を摘發すると云ふ事は容易なことではないのである。之等の事實は、如何に朝鮮の民間では暗葬の欲望が强烈であるか、卽ち風水に依る墓地信仰が濃厚であるかを雄辯に物語るものではないか。

昭和四年五月、朝鮮民庶が何が故に共同墓地を嫌忌して私設墓地を希ひ、之をなし得ない時は暗葬を敢てするかの動機、理由に就て、全鮮六十九警察署に照會を發し、之に關する報告に接した。それ等に依れば、暗葬は皆墓地の埋葬如何が子孫の生活に至大の影響を及ぼすものであることを理由としないものはなかつた。次にその事例の著しきものを摘錄するであらう。

1　暗葬の動機理由が家運繁榮にあるもの

（事例一）　咸鏡北道慶興郡雄基面寬谷洞金姓女は、その夫趙明春の死亡後生活難に陷り居りたるが、昭和三年三月風水師に墓地の占相を乞ひたるに、夫の屍體を日當り惡しき現在の共同墓地に埋葬し置く時は、一家は惡運に襲はれ遂に滅すべし、然るに之を名高き山峰の中腹土地乾燥、日當り良き地に暗葬せば、惡運變じて一家富みまた家族は無病長壽なるべしと云ひしを信じ、同年四月同洞共同墓地

に七年前埋葬したる夫の遺骨を發掘し、龍岩洞奥地國有林に改葬したり。（雄基警察署報告）

（事例二）　昭和三年陰五月六日、全羅北道高敞郡五山面蛛谷里二七一、趙東玉（七二）は、最近自宅に不運續くは亡父の墳墓の位置適當ならざる爲なりとして、古水面隱士里より五山面峰山里柳忠義所有山に暗葬せむとし科料拾圓に處せられたり。（高敞）

（事例三）　平安南道德川郡蠶島面三童岩里居住李鍾洛は、今より約十八年前亡父を同面龍上里蘆花洞山中に埋葬せしが、後ち風水上この地は不適當なるを以て吉地と信ずる同山に連る無名山に許可なくして改葬し罰金二十圓に處せられ、三童岩里共同墓地に改葬せしめられたり（大正十五年）。然るにそのまゝ亡父の遺骨を共同墓地に埋葬し置く時は家運隆盛に赴くことなしとて、昭和二年九月再び月夜に乘じて自宅裏山に無許可改葬したり。（德川）

（事例四）　咸鏡北道慶興郡豐海面大楡洞金泰一は、漁業不良の爲め財產の損害を蒙りたるが、これ父の屍體埋葬墓地惡しき爲めなりとて、昭和三年七月實父の墳墓を他に改葬したり。

（事例五）　全羅北道金堤郡進鳳面加實里崔濬（五〇）は、同郡萬頃面萬頃里居住地觀師柳化京に誑惑せられ、自家の衰微するは亡父崔行源の墳墓不適なるが爲なりとし、大正七年十一月頃密に之を發掘して同郡白山面石橋里崔圭祥外二名の所有に係る同里山一一五番地所在、所有者四代の祖墓の側近き高

地に無斷暗葬したる爲め、雙方一族間に紛議を釀したり。（金堤）

（事例六）　京畿道長湍郡長湍附近には地官の鑑定せる墓地に祖先を埋葬せば幸運來ると信じ、又自己の貧困を苦にして父の屍體を他人の林野中に擅に埋葬し、以て將來の幸運を期待する者少なからず。（長湍）

2　病氣の理由動機から

（事例一）　全羅北道鎭安郡鎭安面梧川里八一二番地嚴明汝（53）は、數年前死亡したる實父石九を同里後山に暗葬しありたるが、爾來實母は眼病となり、自己は足痛（リユマチス）の爲め苦しみ居たりしが、これ實父の墳墓の位置惡しき爲なるべしと信じ、昭和三年四月十二日竊に之を發掘して同地を距る約四十間の地（嚴雲柱の所有林野）に暗葬したりしが、後發覺して罰金二十圓に處せられたり。（熙川）

（事例二）　平安北道熙川郡北面明文洞韓龍煥は、大正十一年三月頃自己の長女韓確實（二四）が精神病に罹りたるとき、之は亡父を共同墓地に埋葬したる爲なりと稱し、其の遺骨を共同墓地より發掘し、同洞自己所有の滿德山中部に暗葬したり。（熙川）

（事例三）　咸鏡北道慶興郡豐海面大楡洞金基變なるもの家族病氣ありたるにつき、實父の墳墓位置不良なる爲なりとて、昭和三年七月同洞上津洞山に暗葬したり。（雄基）

（事例四）　平安北道龜城郡東山面豊德洞朱琮龍及同郡同面車福洞表寛植は、昭和三年中病氣にて久しく呻吟し居たるが、其の際斯の如く病魔に犯さるゝは畢竟祖先の遺骨を共同墓地に埋葬したるが爲なりとて、墓地以外に窃に移葬したり。（龜城）

（事例五）　平安南道龍岡郡陽谷面南相里に金氏門中の墳墓一基あり。この墓に埋葬せる者の後妻死亡したる故、後妻の子息をこの墓に合葬せし處、偶々先妻側の孫男精神に異狀を來し次で先妻の曾孫も亦罹病せるより、先妻側の親族相寄りて、斯の如き不幸の續出するは祖先の墳墓に後妻を合葬せしに基因すると稱し、夜間窃に先妻側の者相集り、後妻の屍體をその墓より掘り出し之を他に暗葬したり。

（事例六）　慶尙南道居昌郡馬利面下高里四七〇金仁壽（五八）は、昭和二年陰十一月頃長男判乭、病名不詳の病氣に罹り、之が看護に努むるも荏苒として醫藥效を奏せず病勢日に昂まり行くを憂慮し、察するに之は六年以前死亡せる弟仁萬を共同墓地に埋葬せる亡靈の祟りしものと信じ、且つ爾後夜なく其靈覺に觸るゝを以て其屍體を淨化するにしかずと決意し、昭和三年陰二月十五日亡弟の屍體を共同墓地より發掘して之を火葬に附し、更に共同墓地に埋葬したり。蓋し風水說を無視せる共同墓地に屍體をそのまゝ埋葬せしが故にかゝる祟りありとて之をなしたるなり。（居昌）

（事例七）　忠淸北道報恩郡俗離面上板里盧先弼は里內一流の資産家なるが、昭和二年十月其の實父死亡したるも他に墓地を有せざるを以て止むなく同里の共同墓地に埋葬せしが、同地は濕氣多く墓地としては不適當なりと常に不本意に考へ居たる處、昭和三年一月以來家族中に病人絶えざる爲め、之れ全く實父の墓所の惡しきに因ると信じ、恐怖の結果每夜亡父の夢に襲はるゝと稱し、同年三月窃に同里鄭一族所有の山林中に暗葬したるが、後ち發覺檢擧されたり。(報恩)

(事例八) 全羅南道海南郡馬山面龍田里明某は精神病者となりしを以て、家族は巫女に托して卜占せしめし處、之は祖母の墳墓の位置不吉なる爲めなりとの言を信じ、夜陰に乘じて三里を距つる黃山面松湖山に暗葬せり。(海南)

3 子孫の出生なきを以て

(事例一) 全羅南道海南郡黃山面日新里金某(三四)は、かねて女子のみ產れて男兒なきを憂へ居たりしが、昭和三年十一月上旬頃、務安郡の風水師より、かく男兒なき理由は實父の墳墓の位置不吉なる爲めなりと云ふを信じ、金六十圓を謝禮として吉地の選定を同風水師に依賴し、八里を距つる康津郡瑞氣山麓にその地を求めて直ちに遺骨を持參暗葬したり。(海南)

(事例二) 平安南道寧邊郡永樂面松坪里金利道(三六)は、妻帶後二十有餘年に至るも未だ男兒の出生なきを、右は祖父墳墓の位置惡しきに依るものなりとなし、明治四十三年死亡せる實父の遺骨を埋葬

しありたる共同墓地より發掘し他に暗葬したり（寧邊）

（事例三）　平安北道泰川郡泰川面南部洞白宗重なる者は、實父の屍體を同洞の共同墓地に埋葬せし以來、その子孫に於て出産なく、却つて死亡多きを以て、之を風水師に聞きたるに、それは祖先の墓地惡しきに基因するものなりと告げしを信じ、直に吉地の選定を求め、昭和三年四月二日共同墓地に埋葬したる實父の遺骨を發掘し、同郡長林面雲石洞石峰山林野內に暗葬したり。（泰川）

（事例四）　平安北道熙川郡東面魚許川洞白楊初站徐應弼は、男子の出生なきは己の亡父を共同墓地に埋葬したる爲めなりと稱し、亡父の遺骨を共同墓地より發掘して墓地以外に暗葬したり。（熙川）

4　私設墓地、吉地を求むる爲めに

（事例一）　本籍全羅北道金堤郡金溝面上新里一〇九番地、住所京城府樂園洞八四、張仁奎は、昭和三年五月十七日その母の死亡するや私設墓地を有せず、さりとて共同墓地に埋葬するは體面上及び感情上忍ぶこと能はずとて、墓地新設を出願し許可を待望すること頻りなりしが急速に許可を得べくもあらざる處より、同月三十一日母の屍體を全羅北道井邑郡淨土面大寺里に窃に暗葬したり、（金堤）

（事例二）　慶尙南道密陽郡下南面守山里白順南（五〇）は、風水盲信者にして、亡父の死體を暗葬すること二回に及び、其の都度處罰を受け共同墓地に改葬せしめられたるが、尙ほ暗葬を企圖せる中、不

良者の乘ずる處となり、私設墓地設置運動費として數百圓を消費し、その上六百圓を詐取せられたり。（密陽）

（事例三）　慶南梁山郡上北面石溪里朴分幸は、昭和三年十一月二日其の夫嚴杜泰死亡せしが、同人の名義には私有墓地を設置し得べき基本墳墓地なき爲め、同月三日梁山面長より、梁山面北部洞所在共同墓地に埋葬すべき埋葬認許證を受け、同日同面新基里山所在、同面中部洞嚴正燮所有の山に埋葬したり。（梁山）

（事例四）　慶南梁山郡上北面所士里鄭萬壽は、昭和四年一月三十日頃、同郡下西面花濟里山所在、同郡同面同里林斗食の墓地に、後日こゝに暗葬するの目的を以て壙穴を堀り、松板を入れ土饅頭を設けて墳墓を假造し置きたり。これは該墓所所有者たる林斗食が之を知らず、又知るも其儘放任し置く時は後日何かの機會を利用して、此處に實屍體を暗葬せむとする意圖に出でたるものなるべしと思料せらる。（梁山）

（事例五）　忠淸北道報恩郡炭釜面九岩里にある共同墓地は特に障風向陽に適せずとて、當地部落民は、死者ある時は一應この共同墓地に埋葬すれども、その日の日沒を待ち、豫ねて選定し置きたる場所に暗葬する者ありとの風評あり、捜査の結果二名の犯則者を檢擧したる事例あり。（報恩）

之等の事例に徴して明かなるが如く、私設墓地を希望し得ない者の間には暗葬の風が盛であつて、或は親の遺言と稱し、或は體面上、或は病氣の故を以てと稱するが、結局は風水に好適なりと信ぜらるゝ地に埋葬して、以て幸福を求め災禍を免れんとする墓地風水信仰の濃厚なる處から發する現象に他ならないのである。全南求禮方面では殊にこの暗葬の風が盛んで、警察當局の語る處に依れば、此地方で共同墓地に埋葬して居るものの內、本當の屍體を埋葬して居るものは恐らく多く見積つてその二三割しかなからうとの事である。兎に角表面埋葬した事になつて居るから、一々片端から發掘して調べる譯にも行けず、又暗葬を摘發するにしても、如何なる深山幽谷でも之を敢てするのであるから、實際に調べ出されるのは適々巡察に廻つた警察官が新しい土饅頭を發見したとか、或は入葬の禁止區域を犯したるに依つて村人が騷ぎ出したとか云ふ場合、又は土地の所有者から訴へ出るものに限られる狀況であるから、容易に之を禁壓することが出來ないとの事である。

一方この暗葬を助長するものは、風水の術に心得あると稱する風水師であるから、この風水師を取調べる事に依つて暗葬の取締がつく譯であるが、暗葬の摘發された場合、土地選定を全く知らない行商人に依賴したとか、又は旅僧に定めさせたとかと曖昧に對へて、決して風水師の誰であるかを明答しない風があるので、風水師に依つて暗葬を取締ることも亦容易でない。且つ此頃では風水師に地相を見て貰ふことは昔程でなくなり、各自思ひ〲に吉地と信ずる所に暗葬する地方もあるから、之が取締りは決して完全に行はれ得ないであらう。

第三節　禁　葬

朝鮮の墓地風水信仰には二つの誡禁が附されて居る。その一は既設の墓地に任意に手を加へてはならぬ事、その一は或る一定の地域には墓墳を起してはならぬ事である。前者の禁誡は之を犯した場合、その災禍を蒙るものはその墓の子孫のみに限られるのであるから、之を墓地風水の影響、卽ち社會への影響から見れば、左程重視すべきものでなく又事實大きな影響ともなつて居ない。たゞ禁誡を犯したが爲めに災厄を蒙つたやうな事が生ずれば、それは風水師の言の信ずべきこと、延て風水信仰の眞に確實なるものである事の一助となる位のものであるが、後者卽ち或る一定の禁止區域に入葬を禁ずるものを侵した場合には、その害禍は、その墓の子孫でなく他の人、社會に向つて效されると信ぜられるが故に、この影響は極めて重大なものとされて居るのである。

前者に屬するものは、例へば黃海道殷栗郡殷栗面南川里にある南陽洪氏の墓地は、王妃を出した程の名墓地であるが、この墓地には始祖の墓地の上部に子孫の墓を定めると、その子孫が亡びると云ふので之を禁じてあつた。然るにこの禁誡を冒して上位に墓を定めたものがあつたが、果せるかな其子孫は絶滅に歸してしまつたと傳へられるもの、或は平安南道龍岡郡海雲面城峴里の鄭明煥(49)は、平素性質溫順人に反抗するが如き人ではなかつた。處がその父の死亡した時地觀師が云ふに、この父の墳墓は三箇年間その位置方向を變更し或は土盛りなどをしてはならぬ。若し之に反して變更したり土盛したりする時は、必ずや凶運が來り他人を殺傷するやうな事が出來するであらうと誡めて居たのである。然るに鄭はこの禁止に耳をかさず、自分の信ずる處に從つてその墳墓を南向きから東向きに變更した處、偶々數日過ぎて、山林境界の爭から遂に片倉組の雇人に對して、全治まで一箇月を要する程の重傷を加へたので、今更の如く如何に墓地風水の恐るべきものであるかに驚愕する者が多くなつたと云ふ(昭和四年龍岡警察署報告)などがその一例である。

地域に入葬を禁ずるにも自づから二の區別がある。その一は旣設墓地の附近に他人の入葬を禁ずるものであり、その一は陽基卽ち人家、部落、都邑の附近に入葬の禁止區域を定めるものである。旣設墓地に對する禁葬には法令の定めがあり、高麗では、文武兩班の墓地一品は方九十步、二品は八十步、三品は七十步、四品六十步、五品五十步、六品以下三十步を限つてこの區域內に外人の盜葬又は盜耕、盜伐を禁じ、若し之を犯す時は、盜葬は杖六十、里正に告げて移埋せしめ、盜耕者は杖一百、もし墳を傷けるものは徒刑一年に處し、墓塋內の樹木を伐るものは一尺杖六十乃至四十四、流三千里に處罰したものである。（高麗史卷八十五禁令）

李朝に於ても高麗とほゞ同樣で、「經國大典」の規程に依れば、その「墳墓定限禁耕移」條には宗親一品方一百步、二品九十步、三品八十步、四品七十步、五品六十步、六品五十步。文武官はその品に應じて宗親より十步を遞減したもの、七品以下生員進士、有蔭子弟は六品に同じ、卽ち方四十步、女は夫の職に從ふ定めであつた。又陵寢の火巢、外案、禁標內に偸葬したものは死一等を減じて定配に處し、大王の胎室は三百步、大君は二百步、王子は一百步と定めて、その禁標又は火巢（境界線の外で草木を燒き拂つて野火の類燒を防ぐところ）內に入葬並に斫木を禁じ、若し之を犯す者があれば「大明律」の「盜園陵樹木之律」（凡盜園陵內樹木者皆杖一百徒三年。若盜人墳塋內樹木者杖八十。若計贓重於本罪者各加盜罪一等。）と同斷に處罰することとなし、又宗親、文武官等以外、庶民にして墓地の步數に一定の限定なきものでも、その墓地の青龍白虎內及び養山處（風水上墓地の生氣を養ふところ）には他人の入葬を禁じたものである。處がこの龍虎及び養山處は大小規模一定すべきものでないから非常に廣く占める者も出來する譯である。だから龍虎濶遠五六百步に至るものがあり、養山處だと云ふので龍虎外に無限に禁葬の地域を定めむとする者もあるから、之を防止する爲めには、山訟のあつた場合、官は須らくその墓地の圖局山勢を參酌して其の龍虎養山の限界を定むべき旨の規定があつた。(「大典會通禮典刑典」)

之等は墓地に對する禁葬の令であるが、墓地以外の陽基に就て、李朝では次の如くその禁葬規定を設けて居た。卽ち、「經國大典」、禮典には京城底十里及人家百歩內、葬する勿れと總括的に之を禁止し、刑典には之を詳細に規定して、

一、京城十里內入葬者は盜園陵樹木律に依つて論罪す
東は大菩洞水踰峴牛耳川上下伐里長位松溪橋より中梁浦に至る、川を以て限と爲す
南は中梁浦箭串橋新村豆毛浦より龍山に至る、川江を以て限と爲す
北は大菩洞普賢峯猪噬峴峩嵋山延曙舊館基太棗里より石串峴西南合流處に至る、山背を以て限となす
西は石串峴時威洞沙川渡城山望遠亭より麻浦に至る、川江を以て限と爲す
二、有主山及人家近處偸葬者。禁斷。
一人家舍なりと雖も百歩內入葬すべからず
三、大村內及他人墳山至近地。冒占起訟者。指示地師刑權懲礪。主喪人定配。

四、觀察使守令占二山於道內境內一者。拿問定罪。鄉校案山望見處入葬者。家長論罪。並勒限掘移。

として居たのである。卽ち墓地は旣設墓地だけでなく他人の所有山、人家の近く、大村の後山、他人の墳山の近く、京城十里內、鄉校、案山の部落を望見し得る處には一般に墓地を定めることを禁じたのである。

併合前まで遵奉された「刑法大全」(今日の刑法と相等しきもの)には次の如く禁葬規定を設けてあった。卽ち次の如し。

葬埋違犯律

第四百四十八條　京城十里內ニ入葬シタル者ハ懲役三年ニ處ス

第四百四十九條　各地方官舍地界內ニ犯葬シタル者ハ左項ニ依リ處斷ス

一、闕牌奉安セル舘舍四面二百步內ハ懲役五年

二、校宮四面二百步內ハ懲役三年

三、官舍四面二百步內ハ懲役二年

第四百五十條　陵、(王、王妃及ビ薨去後王號ヲ追贈サレタ者ノ墓)園、(王ノ實父母、王世子、王世子妃ノ)墓(大君、君ノ墓)界限內ニ犯葬シタル者ハ左項ニ依リ處斷ス

一、陵寢垓字內ハ懲役終身
二、園、墓垓字內ハ懲役十五年
三、歷代帝王陵寢界限內ハ懲役七年
第四百五十一條　胎室界限內ニ犯葬シタル者ハ左項ニ依リ處斷ス
一、大皇帝胎室ハ懲役三年
二、皇太子、皇太孫胎室ハ懲役二年半
三、皇子胎室ハ懲役二年
第四百五十二條　各處封山、陞廡セル先賢ノ墳墓界限內、及ヒ祠院四面一百步內ニ犯葬シタル者ハ懲役一年半ニ處ス
第四百五十三條　有主墳墓界限內及ヒ人家五十步內ニ暗葬シタル者ハ懲役一年、勒葬（强力ヲ以テ敢葬）シタル者ハ懲役三年ニ處ス
第四百五十四條　賜牌ニヨリテ所得シ又ハ買占ノ文劵ヲ有スト雖モ衆ノ共知シテ年久シク禁養（樹木ノ斫伐ヲ禁ズル）有主山ニ入葬シタル者ハ笞五十ニ處ス
何が故に都邑、官廳舍、陵墓、胎室、祠院の界限內及び人家の近く、又は封山、禁養せる山に新た

に墓を作り入葬することを禁じたか。之には單に不敬に及ぶとか云ふだけでなくて、次の如き風水上の理由があるのである。

風水では地中を流行する生氣を享受することが主眼である。だから陰宅(墓)も陽基も共に生氣の充分に受けられる事を欲し、而して當然自分が受くべき生氣を他の者に障害され又は横取りされることを極力嫌ふのである。且つ朝鮮の民間では墓地風水の占地に就て、昔から『後人爲主之說』が信ぜられ『妓と墓とは後から入つたものがその主人となる。』など諺として汎く人々に膾炙して居る程で、新たに墓地を作つた者が、從來與へられて居た生氣―發福の源泉―を獨占するものであると信ぜられて居た。かゝる風水的信仰が存在するのであるから、風水的に定められた陰宅乃至陽基は、極力之を他の侵奪から守らなければならぬ。この守りの目的から、大村の後山(主山とも云ふ、これは風水上四砂の玄武であり、來龍して生氣を招來する風水上最も大切なものである。)に入葬するものあれば、山神の怒りに觸れて村落に災害が生ずるとか、又は天神の降遊する靈域を汚す爲めに、天神の怒りにあつて一滴の雨も惠まれず、村民は之が爲め餓死しなければならぬとか、又は村落を望見し得る地に入葬すれば、その部落は全滅するとかの畏怖すべき神罰的タブーをつくりあげ、之を傳承して、禁塋區域の不可侵を保たむとするのである。

以下暫らくこの禁葬信仰、入葬タブーに關する傳說事例を顧みて、之が具體的說明を聞くこととしよう。

（事例一）　京畿道長湍郡江北面孳浪里東幕洞徐致雄は、同郡江西面葛雲里禹劉鎭が明治四十四年陰曆四月二十四日、その亡父の死屍を東幕洞の墓地なる徐の十二代祖の墳墓を距る約六百步の地に移葬したることを聞知し、該個所は祖先の塚墓の腦後に該當するを以て祖塚の尊嚴を冒すものとなし、之が移掘を求めたるも、禹の之に應ぜざるに依り憤怒の極遂に六月四日午後八時禹の埋葬せる墳墓を發掘し、棺をあばき死屍を眞裸となして、附近の麻畑中に埋葬せり。（京城地方法院檢事局調）

（事例二）　京畿道楊州郡葦原面越溪里八統一戶農兩班李撰善（二〇）は、大正元年陰曆七月十六日親族なる李撰百が、その實父の屍體を同面鹿川里一輪山に改葬したるに、其の地恰も撰善の五代祖墳墓を距る僅に十二三步の地なりしを以て、撰善はかく近くに墓地を定めて入葬するは自家子孫の繁榮を損害する虞ありと思惟し、之を發掘して其の憂を絕たんことを企て、大正二年二月十七日夜陰に乘じて人夫尹允先外一名を雇入れ、自ら指揮して撰百の實父を入葬する墳墓を發掘したり（同上）

（事例三）　忠淸南道靑陽郡廳の裏山に學校林がある。此處は昔から此處に若し暗葬するものがあればその子孫は繁榮するが、靑陽邑內には立所に災厄が降ると傳へられて居る處であるが、昭和三年九月邑内の子供が一人邑内を流るゝ川に墜落して死亡した。この水死事件は邑内としては今まで曾つてなかつた事であるので、只事でないと語り合つた末、誰か禁を破つて裏山に暗葬した者があつた爲めではないかと云ふ事になり、早速裏山を探して見ると學校林の中に新しく埋葬した墳墓が發見された。そこで水死事件はこの爲めであつたと云ふ事が明白となり、振興會長からの出願でこの暗葬墓を發掘して他に移葬することとなつた。（昭和三年出調）

（事例四）　忠清南道瑞山郡富春山玉女峯（瑞山邑の後山）は古來暗葬の禁止地とされて居た。それは此の山に居る玉女神が非常に汚れを嫌ふからで、若し此の山に暗葬する者があれば、早速移葬して神域を清めしめんが爲めの神慮から何等かの兆《しらせ》があり、之に應じない時は山下の村民に災害が與へられると云ふ理由からである。大正十四年頃の事、一人の村童が此の山に薪拾ひに入つたところ、怪しげな女が現はれたので、彼は驚怖の餘まり後をも見ずに家に馳せ歸つた。その夜彼が眠つて居ると例の怪女が夢枕に立つて、山上の竹のある處に屍體が埋めてある、普通では見付からぬから、その竹藪を截り拂つて見ると入葬した形蹟がわかるから、早速その屍體を發掘して他にもつて行くべしと告げた。然るにこの村童は半信半疑、その告げの如くしなかつたので間もなく發狂し、十九歳を一期として夭折してしまつた。始めは狂人のたわ言と聞いて居た村民達も、この村童の死に依つて今更ながら昔から傳へられて居る禁葬の事を痛感し、この儘に打棄て置いてはまた如何なる祟りがあるかも知れぬと云ふので、早速相集つて山に上り竹藪のある處を掘り探して見ると、果して一個の頭骨がころがり出た。それから段々調べて行くと、之は此の地方の某金持が暗葬したものである事が判明し、この金持は墓地規則違犯で處罰せられた。その暗葬場所は玉女神祠の下方山腹にあり、まことに形勝の地點である。此處は同年春チブスの流行した時も暗葬を發掘した。（昭和三年出調）

（事例五）　忠清南道公州の人金準煥が、嘗て天安郡天安里に吉地あるを聞き、金にあかして之を手に入れ、祖先の墓地を設定せむとした事があるが、その時天安里の里民はその山が同里の後山で、古來この山に墓地を設ける時には、その墓の子孫は富貴になるが、その代り同里の住民は悉く滅亡してしまうと云ひ傳へて禁葬して居るからと、里民擧つて之に反對した。（昭和三年出調）

（事例六）　全羅北道井邑の近くに鳳凰山と云ふ山がある。この山も昔から禁葬地となつて居るが、人もしこの山に暗葬する者があれば、この山下部落に飼つて在る鷄が夜通《どほ》し鳴きつゞけるので、早速暗葬のあつた事が判明し發掘されてしまうと云ふことである。（同上）

（事例七）　忠清南道舒川郡鐘川面新儉里の後山は雄大な來龍、青龍、白虎及び朱雀（水）の山水に圍まれた風水上形勝な山であるが、むべなるかな朝鮮第一の大地なりと稱へられて、この地方の有力者達には勿論、各地の富豪の垂涎の的となつてゐるが、里民は、もしこの山に墓地を定められると里民一同擧つて流離の厄に陷ると信じて、墓地として賣買されることに極力反對するので、未だにそのまゝになつて居る。（同上）

（事例八）　平安北道泰川郡西面林泉洞林泉山麓の中腹は、今から五百年前に有名な風水師仙居士から折紙をつけられた吉地で、この地に墓地を設置すれば、其の子孫に高官大職が續出すると傳へられて居る。その爲め從來附近の住民は時々祖先の白骨をそこに暗葬したが、同地は奇妙なことに、同地に緣故のない者は如何に嚴重に埋葬しても、埋葬後は必ず暴風雨が起つて發掘するまで幾日でも續く、で暗葬することが出來ず。そのまゝ今日に及ぶと云ふことである。（泰川警察署報告）

（事例九）　慶尙南道密陽郡府北面終南山は郡内での名山で、この山に祖先を埋葬すればその子孫は直ちに繁榮すると云ふので、時々暗葬する者があるが、然し若しこの山に屍體を埋葬する時は旱魃を招くので、旱害の年には、昔は郡守が此山に上りて雨乞祈禱をしたる後、村民と共に暗葬墳墓を搜索し、屍體を發掘抛棄するのが例となつて居た。現今では郡守の雨乞はないが、旱魃の時は依前この雨乞と同時に暗葬墓發掘の行事を實行して居る。昭和三年九月にも旱《ひでり》が續いたので、附近の部落民數十名は雨乞に登山して府北面前沙浦里某の暗葬墓を發掘した實例がある。（密陽警察署報告）

（事例一〇）　慶尙北道慶州附近の少し小高き山、見晴しの良い山は悉く墓地として吉地であると云はれ、且つ名山に父母祖先を葬ればその子孫は富貴榮達すると云ふ信仰があるので、人々は爭つて之等の山々に墓地を設定せむと努める。然るにかゝる名山に屍體を埋めた場合には、旱魃が續いて雨が降らないと云ふので、之等の山附近部落民は何れもこの山を墓地禁斷の所として、暗葬者のないことを望むでゐる。處が別に山番を置いて保護する譯でもないから、富貴を希ふ人々の暗葬は何時の間にか行はれる。夏までは放つて置くが夏に雨が降らなくなると、これは暗葬のある所爲であると部落民多數が登山、それらしい處を掘り返へして屍體を出り出すのである。だから此地方一帶は夏季雨の降らぬ時は、何を差し置いても山上の墓掘りをやつて以て雨祈りにかへる慣しになつて居る。

大正十三年八月の事、慶州郡江西面山岱里武陵山上で屍體發掘騷ぎが演ぜられた。それは幾日も旱魃が續くので山下の部落民が山顚を調べて見た處、誰の墓か新らしい墳墓が出來て居る。雨の降らないのはこれが爲めである、自分一家の幸運を得んが爲めに吾等幾百の人命を飢渇に饑死せしむるとは不屆至極であると、部落民は多數登山して之を發掘した。この擧を耳にした墓地設立者側も、そのまゝにして居てはどんな侮辱を屍體に對して加へられるかも知れぬので、一族語らつて登山し發掘に抗議したが、これが爲めに激怒した多數部落民は遂に發掘した屍體を放棄し、墓の一族を毆打膺懲した。この騷ぎの報告を受けた駐在警官は直ちに現場にかけつけ、十數名の檢束を行つて漸く騷ぎを鎭撫したが、その日から雨が降り出して來たので、部落民は昔からの信仰が決して空しからざることを確信した。（昭和二年出調）

（事例一一）慶尙北道迎日郡に兄山と云ふ名山がある。この山は新羅衰亡にからまる幾多の逸話を物語る兄山江を挾んで弟山と竝び立つ高山であるが、この山の顚は昔から非常な吉地として信ぜられ山頂に一の石棺が埋めてある。この石棺またはこの石棺の附近に祖先の遺體を一部なりとも埋葬すれば、その反應は直ちに現はれ、幾月も經たない間にその子孫は富貴の身となると云はれて居る。處が此處に屍體を埋める場合には山神の怒りに觸れて必定して旱魃が續く、そこで此の山を中心としてその附近に散在する山麓一帶の住民は、この旱魃を恐れて此山を禁葬地となし、若し旱のつゞく時には早速此山頂に登つて其處此處を發掘し、埋葬せる屍體の一部なりとも止めないやうに掘り出して、神聖地の不淨を去り、山神の怒りを解いて雨を乞ふのである。

禁葬地であればある程暗葬者はそのあとを絕たない。だから每年夏になれば附近部落民の手に依つて此の山の顚は蜂の巢の如く掘り返へされる。以前はこの發掘を妨げむとする暗葬者側と發掘者側との間に喧嘩が始められ、遂には天雨未だ降らざるに先立つて血の雨を降らした事も尠くなかつた。發掘者の方で蜂の巣のやうに掘り返へす捜索法に對抗して一方暗葬者もその埋葬に巧妙を極め、祖先の遺骨の一片、毛髮齒などを氣付かれないやうに埋め、その上を地均《な》らして草を置いたり又は玉蓮寺(觀音を安置する小寺)の堂守の僧に金を握らせて御堂の下に埋めたりなどする。だから發掘者は平地でも岩かげでも處かまはず掘り返へし、昭和三年の夏など觀音堂下に暗葬してあると云ふ嫌疑から、部落民はその僧を縛し堂の一部を破つて堂下を掘り返へした事もあつた。

最近の實例では昭和二年八月旱が續くや、地方部落民は暗葬發掘の爲に數百人が申し合せて登山し鋤、鍬、ホミ、スコツプ等を振つて山顚を一齊に殘るくまなく掘り返し、遂に二三の骨片を掘り當てゝ之を放棄した。處が間もなく雨が降つたと云ふことである。(昭和二年十一月出調)

(事例一二)　慶尚北道蔚山郡江東面と下相面の堺に舞龍山と云ふ山がある。この山も墓地とすれば子孫は直ちに大金持になるが、その爲め雨が降らず旱魃が續くと云ふので他の地方と同じく禁葬の山となつて居る。大正十二年下相面民は、以前からこの山の一部に無緣墳墓があるから、一族一家の墓地でなく共同墓地とするには何等差支なからうと云ふので、大正十三年にかけて續々澤山の墓が出來た。江東面民は之を知らぬでもない、苦々しく思はぬでもない、が時勢が時勢であるから、舊習を荒立てゝは如何にも迷信に囚はれて居るものゝ如く見做されるのがつらいので默して居た。然るに果せるかな雨がさつぱり降らない。植付けも出來なければ、作物は枯死してしまう。これは座して餓死を待つやうなものだ。もう我まんが出來ないと江東面民の一部は擧つて舞龍山上の墓地發掘を決議し、數百人群をなして登山し、先づ以前からある無緣墓を發掘し、勢に乘じて下相面の共同墓地をも發掘した。この擧あるを知つた下相面民は一方急を警察に訴へると等しく、一方これまた群をなして登山し墓地發掘者に對抗した。どちらも殺氣立つて居るので、兩面民の間にはあわや修羅場を現出せむとしたが、急を聞いて駈けつけた警官連が早速發掘者二十名を檢束して鎭撫に努めたので漸く事なく解散せしめることが出來た。(昭和二年十一月出調)

(事例一三)　慶尙北道河陽郡安心面醲禮山(俗に祈禱山と呼ぶ)に墳墓を作れば、旱魃が續くと云ふので此程同地方里民數百名が集合して、李某外一名の墳墓を發掘せむとした。それはこの山に作つた墳墓を發見すれば忽ち雨が降ると云ふ古來からの云ひ傳へに依つたものである。(大正六年八、二一、京日)

(事例一四)　平安南道成川郡靈泉面朝陽里朴德煥は豫て胃腸病に惱んで居たが、それは附近に住む孤兒朴東英(五)の父の屍體を德煥の住宅裏に暗葬したからで、若し之を他の處に移葬しなければ恢復しないと聞き、朴東英の親族の者に屢々その移葬を請求したが應じないので怨を懷き遂に頑是なき東英を殺害してしまつた。(大正七年一二、六、京日)

（事例一五）　慶尙北道金泉郡南面玉山洞後山に墓地を設けると飲料水が變質するからと云ふ理由で、南面李達根等首唱となり洞民數十人して、善山郡龜尾面李容夏がその亡父の遺骨をこの山に移葬せむとするを妨害し、容夏外數名の者に傷害を加へ、且つ葬具まで破壞した（大正九、六、二四、京日）

（事例一六）　忠淸北道槐山郡近くの白馬山上に祖先を暗葬して三百日間他人に氣づかれない場合は、暗葬者は大金持となる、その代り暗葬のあつた年は大旱魃でこの山の附近は非常な凶作を免れないと傳へられて居るが、最近陰城郡遠南面馬松里里民中にこの白馬山上に暗葬した者があると云ふ噂があり、目下旱天長續きな處から槐山郡沙里面老松里及び笑梅里里民約百名は鋤、スコップ、棍棒等を携へて馬松里を襲擊し、馬松里民七名を白馬山上に拉致して、暗葬の發掘を迫り暴行を加へた。（昭和二、七、三、京日）

以上の諸事例に依つて朝鮮に行はるゝ禁葬信仰が如何なるものであるかは大概明白となつた。さてその禁葬の理由を或は尊嚴を冒すとか、子孫の繁榮を妨げるとか、災厄が降り、里民が流離するとか、病氣になるとか、飲料水が變質するとか又は旱魃が續いて凶作となるとかと稱し、その由來を說明して或は山神の怒りに觸れるとか或は聖域を汚すに依つて天神の冥罰を受くるとか唱へて居る。要するに之等の理由及び由來の說明は、禁葬地を保護し入葬を禁ぜむとする觀念を修飾するに、民間に最も古くから浸みこんで居る鬼神信仰を以てしたので、結局は風水的效果の障害される事を防止せむとする目的に出でたものであることは明白である。何故なればかゝる禁止があり、發掘の厄に遭ふことが明らかに解つて居ても、禁止地域に設墓暗葬する者があり、而してそのあとを絶つことなく續々としてあらはれるのは、皆かゝる吉地に入葬すれば子孫(暗葬の當事者及びその子孫)が富貴榮達するとか、又は大金特になるとかの信仰が熾盛であることの反映であつて、而してこの吉地に入葬すれば富貴を得るの信仰は、全く風水信仰に他ならぬものであるから、禁葬の目的もやはり風水的觀念から由來するものであると云はねばならぬ。

さてかゝる禁葬地域に入葬暗葬者の多きは何ぞや、他なしかゝる禁葬地域は風水の知識を必要とせず、風水師に相地を依賴して多額の報酬を與ふることなくして吉地を求め得るからであること、及び立派な名山などに葬ることは、萬人に賦與せらるべき幸福を自己一族に集束して享受し得ると信ぜられることの二つからである。立派な吉地を探し當てるには知識勝れた風水師に依賴してその費要を惜しまずにかゝらねばならぬ。然るにかく多額の費要を支辨し得るは、少數の權力ある者か又は富力ある者に限られ、一般多數の人々には到底出來ない事である。處が既設の墓地又は都邑、部落、人家は皆風水的吉地に定められたものであるから、之等の地域に入葬暗葬すれば、諺に所謂『妓生と墓は後入者が主人だ』の觀念に依つて新たに入葬暗葬したものが、その地の生氣に俗することが出來、適々發掘の厄に遭遇するけれども、若し運よくその厄に遭はなければ、これに越した勞少くして效大なる經濟的葬法、經濟的致富の方法が他にあらう筈がない。

　如何に經濟的致富法たるにせよ、他人に賦與せらるべきものを自己の幸運の爲めに獨占せむとすることは、あまりに反社會的なやり方であるから、さてこそ法令に於て禁止し或は鬼神信仰を以て禁葬して居るのであるが、この反社會的入葬又は暗葬は、つまり朝鮮の血族中心の社會のみを重んじて、他を顧みなかつた社會性の一表現に外ならぬものであつて、他に依賴し、他と協調して社會生活を發展せしむるよりも他を抑壓し、他を利用する事に依つて自己の繁榮を致さむとした生活意識、處世觀念からの投影に他ならない。だから之等暗葬禁葬の現象は墓地風水信仰が因をなして始めてあらはれた生活上への影響ではなくて、かゝる現象を生ずべき生活意識の存在して居た處へ、たま〳〵この生活意識に適應して之を發揚すべき墓地風水信仰が來つて之を援助したので、暗葬禁葬等の具體的現象が出現したまでゝある。故に之等の現象は從來存在した生活意識の發展過程として墓地風水信仰が利用せられた處のもの、要するに生活意識の風水に依る具體的表現に他ならないものである。

第四節　犯罪及び爭訟

墓地が人生の生活に重大な影響を及ぼすものであると考へられる所から、朝鮮には墓地に關する犯罪と爭訟が數限なく行はれた。そも〳〵かゝる信仰の存在する處では墓地は生活上に於ける重要な源益の一つである。だからこの源益を獲得し、保持し、或は之を保護せむとすることは生活上の他の源益卽ち衣食住乃至生活の資料を所有し、保護せむと努むる事と全く變りがない。殊に墓地は生活の全體とも稱すべき運命を支配するるものとなされて居るが故に、生活の資料たる他の源益、財産よりも、より重大なる關心事項たらざるを得ぬ。蓋し生活の本質は生命の維持發達であり、而して之に役立つものが他の多くの資財であるが、墓地はこの本質的生命の消長を左右するものであり、この墓地の吉凶如何に依つて生活に資する財貨は努めずしてその豐富を致し、或は餘儀なく之を失はしめられるものであるからである。且つ墓の源益は子孫の繁殖、名譽、富、地位その何れとして産出せざるものなき能力あるものと信ぜらるる點よりして、生活に對する萬能源益たるものであるからである。かゝる萬能源益に對する人々の直接行動が墓地犯罪であつて、その間接行動が爭訟に他ならない。

然らばこの萬能源益たる墓地に關する犯罪、卽ち直接行動には如何なる種類のものがあるか。大別して良好なる墓地源益を獲得せむとする積極的犯罪と、他人の墓地源益を阻害せむとする消極的犯罪との二となすことが出來る。前者に屬する所の主なるものは暗葬であり、偸葬、勒葬であり、後者は發堀であり、屍體冒瀆であり、材木斷脉、乃至犯禁等である。

暗葬は既に本章第二節に於て之を述べたから再び此處に繰返さない。偸葬とは他人の山野、墓地の狡獪なる侵奪であり、勒葬とは他人の所有にかゝる山野、墓地の强制的侵奪である。狡獪偸葬の一種に埋標占山の俗習がある。鄭若鏞の「牧民心書」に據れば、先づ偸葬せむとする吉地吉穴を豫じめ選定し『占得人何の誰、占穴何年月日、某親壽地』等の文字を白瓷器に書いて上下相合したものをその穴中に埋めて置き、後入葬の必要となつた時に之を堀り出し、從前から此處は自己の所有であつたものであるとして、之を以て此の地に埋葬を拒否する者に對抗したものである。之を埋標と云ふ。

而してこの埋標を他人が故意に掘り出した場合には其の罪塚を掘つたと同一であると云つたものである。これは用意周到な者が豫じめ父母乃至自己の入葬すべき地を生前に定め置き、死後入葬の時に埋穴の所に迷はない爲めの目標として之を埋めたものであるが、後には之を新羅時代に於て既に行はれた灰を埋めて他人の家宅を詐取した故智（新羅第四代の脫解王が未だ王位に卽かぬ前の事、最初吐含山上に石窟住をして居たが七日の間風水的に見て可居の地を城中に探望した結果、瓠公の宅が最も良好なるを觀たので、之が乘取り策を案じ、潜にその家の邸内に鍛冶の灰を埋め之を證として瓠公の家がもと鍛冶職をした自分の祖先の家であることを官に爭ひ遂に勝つて易々と自分の居宅とした「三國遺事卷第一脱解王條」)に倣つて、他人の所有に屬する吉地を占奪する手段に屢々利用したものである。

勒葬とは權勢ある者が權勢なきものの墓地又は所有土地に吉地を卜定した場合、所有主の拒否するを肯かずして之を强制的に占奪するものであつて、勢力なき者は當然その不當を官に訴へて之を爭ふことが出來たが、多くの場合に於て敗訴の憂目を味はなければならなかつたのである。そこで李朝の法典たる大典會通には、

『士大夫勒葬誘葬偸葬之類。各別痛禁。犯者。依奪入閭家律論。該邑守令。知而不禁者。拿處。常賤父母山繼葬處。士大夫占奪者同律。勒限移葬。』

と規定して、もしこの勒葬の行爲を敢てするを、其の土地の地方官たる守令が知つて禁せざる場合には守令を捕へて處罰すると、頗る嚴重な刑律を設けたものである。

消極的犯罪は墳墓發掘、屍體冒瀆及び葬墓の附屬物を盜むことである。之等の犯罪の目的は入葬を禁じた處へ入葬したから、それを他に移葬せしむる爲め、及び入葬せるものを掘り出し、葬具を盜み、墓地に必要なものを毀損して以て生氣の充溢を妨げ、入葬者の子孫をして發福を受くることなからし

めんとする處の犯罪であつて、之には次の如きものがある。

墳墓發掘。器物磚石を盜む。墳墓を發掘してその墳地を他人に賣る。屍體を放棄し、又は水中に棄てる。屍體を毀して棄てる。他人の墳墓に狐狸を薰して棺槨を燒く。他人の墳墓を地均して平地となし田園となす。山殯を破毀し、假葬の衣衾を剝取する。墳塋内の樹木を盜む。墳に放火し、木を挿し込み、或は穢物を投じて戲をなす。（以上「大明律」及「大典會通」に載錄せる刑目）

いま之等を實例に就て見るに次の如きものがある。

(1)　京畿道長湍郡江上面卒浪里東幕洞徐致雄は、自己所有の墓地に同郡江西面葛雲里禹劉鎭がその亡父を入葬したるを、祖先の塚の尊嚴を冒すものとなして之を發掘、棺を開きて屍體を他所に移葬した。依つて懲役二年の刑に處せられた。

(2)　忠淸南道牙山郡二北面農韓景履（五四）は、隆熙二年陰九月二十九日水原郡廣德面朴洞町山麓に入葬しありたる李鍾台の妻の塚を發掘して棺槨を取出したが、告訴される前に水原署に自首したので懲役五ヶ月に處せられた。

(3)　京畿道始興郡北面下坪村農金興天（三六）は、隆熙二年十一月十日京畿道果川郡上西面秀村に在る金天洙の從祖及祖父の墳墓二基を發掘し屍體二個の頭首を切り取り之を藏匿したので、懲役一年半處せられた。

(4) 京畿道楊州郡葦原面越溪里農李揆善(二〇)は、大正元年陰七月十六日親族なる李揆百が自己五代祖の墳墓を距る僅に十二三歩の所に百の實父の死體を改葬したるを、自分の子孫の繁榮を害する虞れがあると云ふので之を發掘して、笞九十に處せられた。

(5) 京畿道抱川郡内北面加采里農崔勉植(二三)所有の墳墓は、京畿道高陽郡九耳面城洞陵隅山に在り、八百年來代々同所に祖先を入葬し居るに、其の墓直にして彼の一族なる崔萬喜が、大正元年陰十月頃同墓地限界内に在る山斗理峯を、私かに京城西部仁達坊社稷洞三十七統二戶太德弼に賣却し、太は右斗理峯に墳墓を設置したるを聞き、勉植及び其の一族は之を拨拒したるに拘らず、之に應ぜざるを憤り、大正二年九月一日深夜人夫十數名を引率して同所に至り、人夫を指揮して該墳墓三個を順次に發掘し、入葬し在りし遺骨三體及屍一體を取出し、之等を附近柴原に運び各別に土を蔽ひかぶせて遺棄したり。依つて徵役三箇月に處せらる。

(6) 京畿道豐德郡西面中連好軍洞農李應春(三三)同所農李聖天(五四)同開城郡西部十川橋金大連(三〇)は、共に金錢を劫取せむ事を謀り其の手段として人の墳墓を發掘して死屍を取出し、之と引替へに墓の所有者より金錢を强請せむとし、隆熙三年陰九月十日夜三名は開城郡東部八字洞居住金鎭五所有の京畿道豐德郡北面河内洞にある墳墓を發掘し、死屍を掘出し其の頭骨を取り豫め作り來れる金鎭五に對し『金一萬五千圓と引替にこの首を渡すべき』旨を認めたる脅迫文を墓石の上に殘し置きて立歸り、其頭骨をば開城郡陵城谷の坂道の附近に埋め置き、同月十二日脅迫文中記載の會合場所なる陵城谷坂道に三名は至り、待構へたるも金鎭五の來らざりしより更に三名は共謀の上金五萬兩を持參せば首を引換へに渡すべき旨の脅迫文を作り、金大連をして金鎭五の叔父金圭奭方に持行かせたるも未だ財を得ずして檢擧され、各懲役五年に處せられた。

(7)　京畿道坡州郡條里面獐谷里二六李種益(三八)は、其所有に係る楊州郡白石面碁山里山一七〇番地林野六三〇〇歩祖先墳墓所在の山坂を姜一馨なる者の爲めに奪はれたるに憤慨し(姜一馨から民事訴訟を提起したる所、李が無學なる處から、闕席判決に依つて前記山坂の所有權を喪失させられた)大正十二年十月十八日同里所在姜一馨の五代祖姜宅齊及曾祖父姜彥成の墳墓に對し公然不敬の行爲を爲したる爲め、同年十二月二十七日京城地方法院開城支廳に於て罰金貳拾圓に處せられたるを以て、姜一馨の祖先の白骨を質に取り以て前記山坂を脅迫的に取戻さんと企て、大正十三年一月一日夜前記墳墓地に到り、携帶せる鍬を握つて姜宅齊夫婦合葬の墳墓を發掘し棺の上部の松板を拔取り其の附近に放棄し、且つ姜宅齊夫婦の頭骨及足部の白骨を持出し坡州郡條里面獐谷里山中に隱し置きたること發

覺し、遂に懲役八箇月に處せらる。（以上京城地方法院檢事局判決錄に依る）

以上は普通に行はれた墓地犯罪の概略であるが、此外猶ほ禁葬を冒犯する處の積極的犯罪が尠少でなかつたのである。その種類は既に禁葬の節に於て述べたるが如く、墓地の廣さの制限を冒して廣占することであり、禁葬區域に偸葬することであり、神聖とされる山又は生氣の主脈として保護される地域に入葬を犯す事などであつて、之が爲めに時ならぬ騷動を引起すこともあつたのである。この廣占は耕地の少ない朝鮮にとつては可なり非生産的な影響を及ぼすものであつて、一小墓域を養はむが爲めに幾十町歩の山野を、或は青龍白虎、或は垓字と稱して廣占することは、新葬ある毎に新たに墓地を選定する風習と相俟つて、多大の非生産的地域を占領することになつたのである。

かゝる犯罪が官の手に依つて充分に處罰せらるゝ場合には、その弊害も少かつたものであらうが、由來墓地は何處にでも定め得らるゝ性質を有するものなので、その設定せるものが官に知れるまでには相當の時日を要し、且つその知られるものの大部分は犯則に依つて設定されたものの幾割にしか過ぎないのであるから、告訴及び訴訟の提起されるまでは、官の手に依つて之を罰することが出來なかつた。且つ又たとひ告訴あり、訴訟が起されてもその判決は多くの時日を經過し、結局弱き者資力のなき者の敗訴に歸するやうな狀況であつたから、一般には寧ろ之が解決を官の手に依賴して公決するよりも、私の力に依つて解決せむとするものが非常に多かつたのである。

「大典會通」に『婦女を率ゐて山に上り葬を禁ずる者。軍を發して相鬪爭する者。劒を拔き、砲を放し、射を放するもの。黨を作りて喪を伐ち、喪轝を打破する者、柩を犯す者。金井（壙穴内のわく）を破り築灰を毀つものは、並に重く論ず。』とある之等のものや、前述せるが如き消極的發掘死體冒瀆の類の如きは、皆この直接行動に依つて墓地設定を拒否せむとする爭鬪である。（玆に婦女を率ゐて葬を禁ずるとは、甲が乙の入葬を禁止せむとする場合、他に手の下しやうなき時は、多くの婦女を率ゐてその墓地に到り、將に入葬せむとする處に群居せしめて動かぬのである。婦女に手を下すことは誰しも憚る風習が昔から存在するので、乙は遂に入葬の目的を達することが出來ない譯で、これは弱者を以て强者に對する唯一な無抵抗主義の一戰術である。）

墓地爭鬪の官に訴へられたもの之を山訟と云ふ。李朝純祖朝の人鄭若鏞は之を次の如く述べて居る。『墓地の訟今の弊俗と爲す。鬪毆之殺半ば此に由りて起る。』と。而してこの爭訟鬪爭の起る所由は『世人郭璞之說に惑ひ貪にして吉地を求め數年に至りて親を葬せざる者有り、旣に葬して不吉なれば一掘未だ已まざるに三四次に至る者有り、爭地に因つて訟を致し親未だ入土せずして家已に蕭條する者あり、兄弟各房風水の說に惑うて骨肉化して仇讎と化するに至る者あり、親を葬する者風水を溺信して他山を侵占し人塚を伐ち人の祖父母の骸骨を棄て、怨連訟結死を抵して勝を求め家を傾け業を敗るに至る。而して地は終に得べからず、福は應に尙ほ遠くして禍は應に近に至る、』の愚を演ずるからであり、『國典の所載も亦一藏の法なく、左すべく、右すべく惟だ官の欲す所、民志不定、爭訟以て繁し』であり、且つ之に加ふるに、地師の誘惑甚しきことを擧げて『案ずるに地師は中國の堪巫なり、凡そ葬巫の利は新占に在り、故に先塋の側餘穴尙ほ多しと雖も必ず毛を吹いて疵を覓めその不吉を言ふ、乃つて喪主と外に走つて山を求め新穴を占めんと圖る。凡そ新穴は皆他人の地なり、安んぞ訟なきを得んや、爭訟の繁、悉く地師に由る。』のであると云つて居る。猶ほ山訟の事件は官廳の近くにある場所では決して行はれず、必ずそこまで出かけるには澤山の經費を必要とする遠い地方であり、訴へるもの(侵奪されたもの)は、その門戶が凋零してしまつた爲めに侮蔑せられる所から奪はれたので、訴訟費を支辨するに苦しむ狀況であるから、多くは泣寢入しなければならぬ、處が一方侵奪する方では權勢も富も時めく者であるから腰も强く官の心附もよく屆くので、公平な截斷が容易に下さるべくもなく、事件は幾年も引つゞくのが普通であると述べて居る。

この墓地爭訟は當事者達にとつて單に土地所有權の問題のみでなく、實に一家の運命の消長を決する爭訟であるだけに、そのまた運命が金錢で見積りのつかぬものであるだけに、家産を賭しても烈し相爭ふのくで、之が截斷に立つ判官にとつては極めて厄介なものではあるが、同時に極めて有益な仕事でもあつた。だから地方官の中には、山訟あるを喜び、山訴以外の事務は、殆んで放棄して之のみに專念し、山訟當事者の雙方から致さるるものに依つて、莫大の富を積み得た者が少なくなかつたと云はれて居る。

第三編　住居風水

第一章 陽基と風水

第一節 陽基の意義

陽基とは生人の住居地の意味である。蓋し人の生死を別つて生者を陽、死者を陰となすところから、死者の住所なる墳墓の地を陰基、陰宅と稱するに對して、生者の住所卽ち個人の家垈又は生人の集團たる部落、都邑の基地を、陽宅又は陽基と名づけたのである。而してこの生死の住居を並べ稱する場合、風水上普通に陰宅陽基と稱して、陰基陽宅と云はない。そもそも宅と基とは同じく人の住居に使用せられる文字であつても、その用語の慣習上宅は人の入りて住するもの、基はこの宅を置き容るゝ土地を意味することになつてゐるのであつて、例せば人の住むべき家屋が宅であり、この家屋の據つて立つ地が基であつて、普通の住宅にはこの宅と基とが二つながら必要な存在物であるのである。然るに死者の住宅は地上に別に家屋を造營するのでなく、直ちに地中にその安住所を定めるのであるから、墳墓ではこの宅と基とは別々なものでなく、同一なものとなつてしまう。換言すれば墳墓は普通の家屋にとりて基地となるべき所を宅となすが故に、この宅には別段に基地と云ふものを必要としない譯である。處が生人の住宅卽ち普通の家屋では、たとひ穴居の風習が汎く各地方に行はれて居たにせよ、それは寧ろ例外であつて、一般生活方法の上から觀察すれば、地上に木石等の材料を用ゐて或種の建物を建築したものである。だから生人の住宅には人の入りて住むべき家宅と、而してこの家宅を載せて立たしむる宅地又は基地との二つを必要としなければならない。

さて風水は地氣に依つて、幸福を求めんとするものであり、主として土地に依つて、天地の生氣を享受せむとするものであるから、死者の墳墓及び生人の住居《すまゐ》が風水的に、考慮せらるゝ對象となる場合には、墳墓は宅そのまゝで、充分に生氣の享受をなし得るが、住居は家屋(宅)にあらずして、寧ろ宅地卽ち基地に依つて、始めて完全に地氣と交捗を保つことが出來るのである。從つて生死兩者の住居を風水的に云爲する時には、墳墓を陰(死者)宅と云ひ、住居を陽(生人)基(家屋にあらず宅地)と云ふ所以である。

以上を以て陰宅と陽基の別を明らかにしたが、陽基は生人の住居する宅屋を立つる土地の謂であつて決して人の住居する家屋そのものではないのである。だから風水的效果の追求からすれば家屋そのものゝ構造は左迄重要なものでなく、家屋を立つべき土地の善惡如何が極めて重大な關心事項となるのである。だからその上に家屋を造營すべき土地が生氣を享くるに良好な所であれば、その上に建つる家屋の大小壯陋は太した問題ではない。高麗忠烈王（一二七五―一三〇八）の時、觀候署が上言して、道詵密記に依れば地は多山を陽、稀山を陰となし、屋は高樓を陽、平屋を陰となすものであるが、我國はもとより多山の國であるから、もし高屋を作れば必ず國運の衰損を招くと、故に太祖この方《かた》宮闕でもあまり高くしないのみならず民家は悉く高屋を禁じたものである（高麗史）と云つて居るが、これは多山の地に高屋を造れば地德を害する旨を述べたものであつて、この高屋の禁は一國の地德を衰損することを虞れてのもので、もし地德を衰損しないものであれば高低も介意されなかつたものである。卽ちこの禁令は地力の爲のものであつて、住家から見れば地が主で家は從の位置に措かれて居たものであることが察せられるであらう。

この多山の地に高屋を造ると地德を衰損すると云ふことは風水說の陽來陰受に反するからで、地勢が陽ならば建物は陰を以て之と調和すべく、地勢が陰ならば建物は陽を以て之を受くべきものであると云ふのが風水說の云ふ處である。地勢からは山多きを陽となし、高樓となし、山稀なるを陰となし平屋となす。家屋は高樓を陽、平屋を陰とする。從つて多山の地に高樓を建つれば陽と陽の不和を來し、高樓と高樓との衝突を免れない。依つて多山の陽に對して陰なる平屋を以て調和しなければならないのである。もし地勢が稀山の陰であれば、高屋の陽を以てすべきである。蓋し陰陽は陰と陰、陽と陽とでは調和せず、陰と陽とに於て始めて調和し、そこに生氣の活動を發揮するのであるから、陽地には陰屋を陰地には陽樓を以てすべしと云ふのである。朝鮮には從來寺塔を除いては高樓高屋の殆んど見るべきものがなかつたのは、かうした風水信仰が不識の間に傳播されて居たからであらう。現在に於ても朝鮮の民間では衣服には頗る注意して贅を盡すが、その住宅に至つては左程の注意を拂つて居らず、壁破れ、柱傾くも意に介せず、立派な裝《なり》の紳士もその住む家たるや一小陋屋に過ぎないのは、居は膝を容るゝに足ると云ふ情貧を喜こぶしやれからのみでなく、全く、住居は住宅地にのみ重きを措きて、住家には更に重きを措かなかつた因襲の然らしむるものであるとも考へられる。

第二節　陽基の種類

生人の住居たる土地卽ち陽基には大別して二つの種類がある。その一つは國、都、州、邑の如き人衆の生活場としてのものであり、一つは個人家屋の宅地である。然しながら生人の住居は死者のそれと異なり、その生活關係からして人里離れた處に孤獨な生活を營み居ないものであるから幾許なりとも集團的住居をなすものである。從つて陽基の種類は嚴密の意味に於ては集團のものと個人のものとの別あることなく、集團住居の一つに局する譯であらう。然しながら風水的效果を目的とする處から觀察して、それが集團生活者全體の幸福の爲めであるか又は他の生活者の不運不幸は之を顧みることなく、只自個一家の幸福を專一とするかの別あるに依つて、集團生活者の幸福を目的とするものを集團陽基、自個一家の幸運を目的とするものを個人陽基と分けることが出來るのである。

集團陽基には一國、一州、一郡、一都、一邑、一部落の數種があり、その規模の如何に依つて各々大小の差はあるが、結局一國一都一邑全體の地勢が風水的效果の對象として考へられるのであるから、兎に角廣汎の地域を取扱ふのである。然るに個人陽基では一個人の家屋の宅地を風水的效果の對象とするのであるから、その規模に於て集團陽基の如く廣汎なものでは倒底あり得ないのである。然しながら個人的陽基は集團的陽基に比較して、その地域の狹小なるだけ良地の發見と其處への移動が容易であること、恰かも陰宅が陽基よりも容易なるが如くであるから、陽基の風水的追求から觀て集團陽基に劣らず個人陽基が强き信仰となつて居るのである。

蓋し集團的陽基は一度び之を設定したる以上、その後に於て地氣の衰へたるを推知するに至つても、その陽基が人衆の生活場であるだけに容易に他に移轉すると云ふことは次の二重の障碍に依つて容易でないのである。卽ちこの人衆を悉く容るべきより良好なる陽基を他に探し求むることに困難なること、又たとひ探し求めたにしても、そこに移轉することが距離の關係或は舊處に對する執著等の關係から決して容易でないのである。この事は高麗王氏の末葉國歩艱難に陷るや、國都開城の氣運が既に衰へたのであるから、須らく都を屢々平壤又は漢陽(今の京城)に移すべしと云ふ遷都の議が起り、既に遷らんとして尙ほ且つ遷り得なかつた例に依つて徵することが出來る。だから集團陽基は一度び設定せられたる以上、之を他に移動することよりも、其處の地力に旺盛を致すべき施設、衰運を防遏すべき施設をなすが如き消極的方策に出づるのが普通である。之を裨補と云ふ。

之に反して個人的陽基はその陽基の地域が廣大ならざることと、及び之を他に移さむとするに當り、他人に依つてその意志を妨げられることがないから、極めて容易であつて、某所に基地を定めて若しそこが不適當ならば再び他に之を移すことが出來るのである。だから用意周到の者に至つては家の基地を甲乙兩所或は數箇所に豫定し置き、若し甲地に住みて幸運を得られない時、又はその地が運氣衰微したる時は移つて乙地に住するやうにしたものである、例へば慶尙北道安東郡臨河面川前洞に住む金氏(金誠一を出した有名な家柄)の祖先璡金は今、から四百三十餘年前此處が後に至つて三南の四大地の一に數へられるが如き風水上良好なる土地なるを發見し、安東より移つて此處へ宅を建てやがてその息克一誠一の如き有名なる大官を輩出したが、猶ほ此地のみに滿足せず、この洞内がもしも馬上の人に依つて望見せられるやうになつた曉には最早此地の氣運の衰へた兆であるから、その時は江原道江陵に移居するやうにと、江陵にも廣き且つ良好なる土地を所有して第二の住居地(第二の陽基)と定めて置いた如きは、よく個人陽基の移轉が容易なることゝ、又容易に移つたものであることを物語るものであらう。

從つてこの個人陽基に適當なる陽基は可なり多くの者に依つて汎く探求せられたものであつて、その多くは秘密に附されて居たものであるが、李重煥の「八域誌」の如きは「八域可居志」と稱せられて寫本となり、印本となつて、廣く傳播されたものゝ一つである。(「擇里志」も亦この種の陽基探求錄である。)

第三節 陽基の風水

風水の本質が天地の生氣を地に據つて之を享け以て人生の幸福に資せむとするものであるから、この生氣に浴すること及び土地に據ることの本質からすれば陰宅も陽基も全く同一なものと見做されるのである。卽ち陽基に於てもその地の形勢が陰陽冲和し、五行相生し、依つて生氣の充溢する處を良好の吉地となすのであつて、藏風、得水、四砂方位など陰宅のそれ等と全く變りがないのである。たゞ陽基は陰宅に比してその性質上山谷の間に邊在する小規模の地たることが不可能で、可なり廣き土地と生活に必要なる資料の供給容易なる地でなければならぬので、その地の風水的形勢が陰宅のそれ等に比して形象整備の觀を缺き、遠くより望みての大觀でなければその四砂が明らかにせられないやうな點の存することが陰宅の形勢と相違あるが如く思惟せられるのである。しかしながら如何に廣漠たる形勢をなして居ても風水の原則たる藏風得水、陽來陰受、陰來陽受の如き生氣の充蓄と化生を捉進すべき陰陽調和の地勢でなければ、そこに如何なる高樓美屋を造營したからとて、風水的には極めて無意味なものであり、幸運を求むる目的にはづれて居るのであるから、必ずや陰陽冲和すべき地勢の要素を具備したものでなければならぬのである。

處が陽基の多くは一個の家屋の爲に探し求められたものよりも、百家千家の幸福の爲めに探し求められたものが上位の大地となされて居る(一戶の建物を造營することの出來るやうな小規模の地では、そ處が如何に立派な吉地でも大地と云はない。なぜならば百子千孫の繁榮を來す場合に分戶してよくその繁榮を永遠につゞけ得る幾百家屋の基地として不適當であるからである)。卽ち陽基の穴は陰宅の穴の如く方十步の內に局するが如き狹小なものであつてはならず、少なくも方數十步數百步數千數萬、多々益々歡迎せられるのである。何故なれば陰宅は木の根に培ふ處であるから狹くも生氣を享くること强ければ可いのであるが、陽基は枝葉の繁茂する處であるが故に廣くして而かも生氣に浴し得る處でなければならぬのである。從つて同じ生氣を受くるを目的とするにしても陰宅はその生氣の集注する穴の小なるを欲し陽宅はその大なるを欲するのである。

且つ陰宅はその生氣を享くるや地中に於て地中を流れ集まる生氣に直接浴するものなるに反し、陽基は生氣ある地の上に住家を造營して間接に生氣を享くるのであるから、その間自づから趣きを異にするものが存せざるを得ない。異なる趣きとは何ぞや、それは陽基に於ては陰宅よりも地物の形勢に重大なる意義を認めると云ふことである。風水が生氣の集まる局穴に、その周圍の形勢に重きを置き、その形勢の善惡順逆が大いなる影響を生氣享受に及ぼすとなす事は既に前述の如くであるが、陰宅の如く直接に地中の生氣に浴し得ない陽基に於ては殊にこの形勢の影響を重視するのである。なぜなれば陽基に於ては地中の生氣とはその關係間接なるにせよ、地上の形勢―類形からは直接にその氣を享くること、恰かも陰宅が地上の形勢から享くる氣の影響は間接であり地中の生氣を享くることが直接なると等しいのであるから、陰宅が地中の生氣の充溢如何に重點を置くと同樣に、陽基ではこの地上の形勢に一層大いなる注意を拂ふのである。だから陽基の風水信仰は、陰陽五行の根本觀念よりも寧ろ類形類物に依りて陰陽の調和、五行の相生相克を說明し、以て幸福を招來し凶災を免除せむとする原始的類形信仰の一種に外ならない觀があるのである。

例せば第一編第四章「風水と類形」に於て述べたるが如く、高麗の國都開城は仰刄の形をなす漢陽の三角山の爲めに滅亡し、舊昌原郡治は南方に聳ゆる大岩の爲めに不祥事を惹起せしが爲め移轉の止むなきに至り、平壤は古來「行舟形」の地であつたから鐵碇を大同江中に沈めて之が鎭護として居たが、近年それを引揚げたので未曾有の出水汎濫に遭ひ、江西は舞鶴形なるを以て之を永く留めんが爲めに卵邱を造營し、無學が京城に宮城を營むやこの地形鶴舞なるを以て先づ宮城を築いて鶴翼を押へ然る後に宮闕を立てたるが如き、陽基を風水的に考察する時、如何にその類形に重きを置くものであるかを物語るものである。

然しながら陽基風水もその類形のみに依つて考察せられるものでないことは勿論で、只陰宅に比して類形に重きを置くことが大であると云ふまでゞある。蓋し陽基も陰宅と同じく風水の原則たる藏風得水を忘却してはならないのであるから、その根本に立至つてはやはり類形よりも寧ろ四神砂の如何に重點を置くべきものとされて居るのである。然らば陽基に於ける藏風得水。四神砂は如何なるものを選ぶべきであるか、「地理新法」の著者胡舜申は陰宅に適するものにして規模大、山水の都會して局を成すの地にして山遠く來り水深く之をめぐるが如き處を以て陽基の代表的なものとした。而して朝鮮の學者李重煥はその著「八域誌」に於て、陽基風水はかくあるべきものであると云ふことを具體的總括的に述べて居るがそれは次の六項目である。

『何以論二地理一、先看二水口一、次看二野勢一、次看二山形一、次看二土色一、次看二水理一、次看二朝山朝水一。』（陽宅論）

一、『水口―斷踈空濶なれば良田萬頃、廣厦千間《かん》ありと雖も傳世する能はずして自然に消散耗敗す、故に陽基を尋ね相するには必ず水口の關鎭あり内に開野する處に著眼すべし、然れども山中は關鎭を得易しと雖も、野中は以て固密なり難ければ必ず須らく逆水を用ふ、高山と陰坂に論なく有力なる溯流ありて當局を遮欄すれば吉なり、この關鎭遮欄の一重なるは固より好く、三重五重なれば尤も大吉にして完固綿遠の基と爲すべし。』

二、『野勢―凡そ人は陽氣を受けて生る、天は陽光なり、天を見る少き處には決して居るべからず、故に野は廣ければ基は愈美にして、日月星辰の光をして燦然として恒に照らし、風雨寒暄の候盎然中を得れば人才多出し疾病また少し、最も忌むべき處は四山高く壓して日出づる晩くその入るや早きの處なり、或は夜北斗靈光を見ざれば小陰の氣乘じ易きが故に神叢鬼窟となる、朝夕嵐瘴の氣ある處は人をして病に罹り易からしむ。』

三、『山形―凡そ山形はその祖宗堪輿家の所謂樓閣飛楊の勢ありて、主山は秀麗端正清明軟媚なるものを上と爲す、後は綿々野を渡りて忽起高大、峰巒紆回し枝葉結んで洞府を作りて宮府の内に入るが如き、而して地勢豐碩穩重して恰も重屋高殿の如きものを次となす、四山遠く却きて平濶、山脉平地に落下して水に遇へば卽ち止むものを野基となし、又之に次ぐ、最も忌むは、來龍懶弱頑鈍にして生氣なく、或は破碎欹斜して吉氣少きもの。』

四、『土色—凡そ地に生色吉氣なければ人才出でず、凡そ村居は山中水邊に論なく土色砂石堅密なれば井泉また清冽なれば此の如き處には居るべし、若し粘里礫黃細なれば、これ死土なり、この地の出す所の井泉には必ず嵐瘴あるが故に此の如き處には居るべからず。』

五、『水理—山は必ず本と配水を得て然る後に方に生化の妙を盡す、然して水は必ずその來去理に合して然る後に方に鍾毓の吉を成す、陽基は陰宅に異りて水は財祿を管す故に積水の濱に富厚の家、名村、盛墟多し、山中と雖も亦溪澗の聚會するあれば方に世代人遠の居と爲る。』

六、『朝山朝水—凡そ朝山には或は麁惡なる石峰あり、或は欹斜せる孤峰あり、或は崩落の形、或は窺闖の容あり、或は異石恠岩ありて山の上下に現はれ、或は長谷冲砂ありて左右前後を見得るの處は皆居るべからず、山は遠ければ清秀、近ければ明淨にして一見人をして歡喜せしめ而して峻嶒憎惡の狀なければ則吉なり、潮水は所謂水外の水なるが故に、小川小溪は逆潮するを吉となす、大川大江に至りては決して逆受すべからず、凡そ大水に逆する處に定めたる陽基陰宅はその初め興ること旺なりと雖も久しければ則ち敗滅せざるなし、戒めざるべからず、來れば又必ず龍と向合して其陰陽を合し、又屈曲悠揚して朝來し、一直射るが如くなるべからず、是の故に將に建宅立舍して子孫傳世の計を爲さむと欲せば地理に就て之を相せざるべからず、而して之を擇ぶには右六者を以て乃ち要旨となす。』(八域誌陽宅論、原漢文)

卽ちこの六項目はそれぞれ一として陰宅を相するにも亦缺くべからざる要素であつて特に陽基のみに限られたものでは決してないのである。だからこの六項目から考察して李重煥は可居の地を江居、溪居の二者に分ち江居に平壤、春川、驪州をあげ、溪居に陶山、河回をあげてその代表的なものとして居るが、猶ほ且つ平壤は「行舟形」なるが故に古來鑿井を忌むと稱し、慶州は「回龍顧祖形」なるが故によく新羅の國都たり、善山は山川淸明肆秀にして朝鮮の人才は過半嶺南にあり、嶺南の人才は過半一善に出づと稱せられて居たと云ひ、開城の案山進鳳山が「玉女粧奩形」をなすが故にこゝに都せる高麗の王家は累世中國の公主に婚し、筆山ありしが故に此地の人は多く科甲を占め、また白虎の山强くして靑龍の山弱きが故に國に名相なくして屢武臣の亂があつたと述べ、朝鮮全體の風水に關して、朝鮮はその形狀恰も老人が中國に對して拱揖して居る狀であるから、往昔より中國に忠順であり、且つ千里の水百里の野がない故に昔から巨人が生れず西戎北狄、東胡女眞皆中國に入りて帝たらざるものなきに反し、獨り我國のみはかゝる事なく惟一圖に封域を謹守し事大を恪謹して居たのであるとまで論じて、陽基風水の類形信仰に重きを置くことを縷述して居るのである。

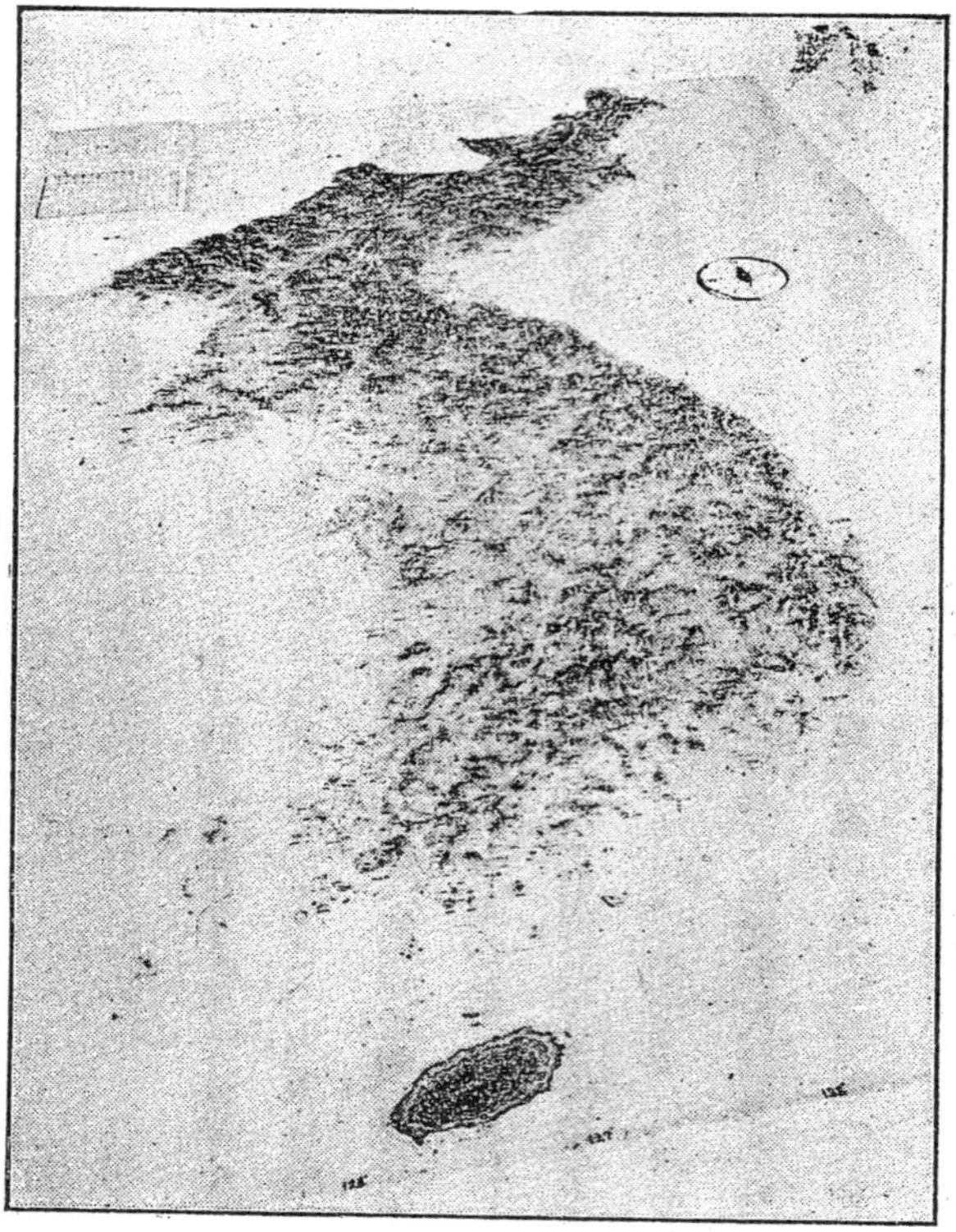
朝鮮の地形

いま陽基風水の一般形式を一二の實例に就て觀察すれば「東國輿地勝覽巻二十七、靈山、古跡條」に、吉谷部曲の風水を詳述して居るのがその一つである。卽ち、

『李詹箕谷谿堂記。鷲城（靈山のこと）之東有レ谷。呀然三面高。其南稍下。類二箕之狀一。故名レ之曰二箕谷一。吾東方本箕子所封之域。且箕（星名）之分野也。谷之爲レ箕。始雖二狀類而名一。考二其名之義一。不レ爲レ無レ據矣。夫箕所二以簸揚一之具。故有下內二君子一外二小人一之義上。泰卦之象也。賢者

然後可得居是谷。不肖者蓋難以容其身矣。君子人李府監於兹考焉。歳戊戌作堂於居第東。鑿池觀魚。引溪養鴨。樹竹千挺。以代笙簧。植松百本。以勵節操。此皆谿堂之所玩。君子之所樂也。及其登丘以望。則鷲峯却立者。非箕之踵歟。洛水前横者。非箕之舌歟。其他殘山斷港之類外杵糠星者亦多矣。天有箕星。地有箕谷。光嶽之氣。相感毓德。以遺其溪堂主人乎。不然。焉得致李府監之壽且康。其嗣之碩且蕃哉。』

同書巻四、開城佛宇條、甘露寺縁起に權近（一三五二—一四〇五）の書いたものが、その二つである。

『松都之西。碧瀾之北。濱江面有寺。曰甘露。俯臨長江。山圍野潤。風雲變態。朝夕萬狀。最一國之勝境也。高麗盛時。昌華李公子淵。奉使中國。游觀潤州甘露寺。心甚樂焉。既返。求其形勢之相似者。六渉寒暑。乃得此地。樂而營構。因冒其名。以建道場。其女。卽是文宗（高麗第十一代の王）之妃仁睿太后也。仁睿乃誕順、宣、獻三宗（順宗は第十二代、宣宗は第十三代、獻宗は第十四代の王）相繼卽位。仁宗（高麗第十七代の王）之妃睿太后重創此寺。以爲願刹。亦誕懿、明、神三宗（明宗は第十九代、神宗は第二十代の王）。是知此等非惟形勝可貴也。乾坤儲精。山水孕秀。發祥毓慶。以衍金枝。厥靈之赫々。彰彰明矣。』

第二章　國都風水

第一節　國域風水

第一章の終りに於て掲げたるが如き「八域誌」の著者李重煥が、朝鮮半島の形狀が恰かも老人の中國に對して拱揖して居る狀であるから、朝鮮は往昔から中國支那に附庸國となり忠順を盡して居るのであると云ひ、且つ千里の長水百里の巨野がないから朝鮮には昔から巨人が出生せず、西戎北狄東胡女眞一として皆一度は中國に入つて中國の主權者となつたのに反し、獨り朝鮮のみはかゝる事なくたゞひたすら封域を謹守し、事大(支那に事ふること)を恪謹して居た、だから自ら一の例外區域であつたので箕子衞滿等の逃避地となり、古昔から中國の文化に比肩すべきものを有することが出來たと云つて居るものや、高麗忠烈王の時觀候署が上言して、道詵密記に依れば我國は多山であるから高厦を造營してはならない、もし之を冒せば地德を損耗するであらうとなし、又新羅第二十七代善德王の五年(六三六)慈藏法師が、西支那の五臺山に於て文殊から親しく敎へられたと傳へられる「三國遺事」にある次文の如きは、皆朝鮮國域の全體に渡る地德吉凶を風水的に考察したものである。卽ち

『文殊又云く、汝の國王は是れ天竺刹利種なり、王豫め佛記を受く故に別に因緣あり、東夷共工の族と同じからず。然れども山川崎嶮なるを以て人性麤悖にして多く邪見を信ず而して時に或は天神禍を降す、然れども多聞あるの比丘國中に在り、是を以て君臣安泰、萬庶和平なり。言已つて現はれず。藏是れ大聖の變化なるを知り、泣血して退く。中國太和池の邊を經由せしに忽神人あり出で問ふ胡爲《いつくんぞ》此に至る。藏答へて曰く、菩提を求むる故に。神人禮拜して又問ふ、汝の國何の留難あるか、藏曰く、我國北は靺鞨に連り、南倭人に接し、麗濟二國迭に封踵を犯し、隣寇縱橫、これ民の梗と爲す。神人云く、今汝の國女を以て王と爲す。德あれども威なきが故に、隣國之を謀る、宜しく速に本國に歸るべし。藏問ふ、鄉に歸れば將に何の利益するところあるか。神曰く、皇龍寺護法の龍は是れ吾が長子が梵王の命を受けて是の寺を來り護るなり、本國に歸りて九層の塔を寺中に成さば隣國降伏、九韓來貢、王祚永安ならん、建塔の後八關會を設け罪人を赦せば則ち外賊害を爲す能はず。（越て七年國に還り、建塔の事を上聞す。王之を然りとし、百濟の工匠を招いて塔を樹つ、塔三年にして成る。）樹塔の後天地開泰。三韓一と爲る。豈塔の靈蔭に非ずや。』（皇龍寺九層塔）

之等の記錄に依つて見れば、朝鮮には古來から一國の盛衰興亡が地勢、地形、地理の如何に依つて決定せられるものであると信ぜられて居た事が想察される。

新羅高麗時代に於ては何れも佛教を尊崇して國教の如き觀があつたが、その盛況を要約すれば造寺建塔と法會執行の二行事に總括することが出來る。而してこの二行事とも等しく鎭護國家の意味からであつて、その目的とする處は國利民福と云ふ現世利益であつた。處がこの二行事の一たる造寺建塔は專ら地理的欠陷から生ずる國運の衰頽を挽回し、地勢を裨補することに依つて國運の進長を計らむとしたもの、卽ち地德、地力を補ひ盛ならしむる事に依つてその目的を達せむとしたものである。だからそれがたとひ立塔建寺と云ふ佛事に於てあらはれたとしても、地力地德の如何に依つて國家の盛衰興亡が左右されたと信じた陽基風水信仰の一發現であることは云ふ迄もなき事である。

三國（新羅、高句麗、百濟）以來國に主たる者は、その祖廟と等しく天地の神祇を祭つたことは勿論、尙ほ且つ山川を神として祭祀を怠らなかつた事は、國運が天地山川の力に依つて影響されるものであると云ふ信仰からであつて、この信仰こそ直ちに地理風水信仰への一歩を踏みこんだものに外ならない。故に山川神祇を祭祀した尊仰の意識內容が、山の力川の力を是認し天の力地の力に依賴して人生の幸福を求めむとするものであるに從つて、地力地德の善惡盛衰がやがて人生の運命に大いなる影響を及ぼすものであると云ふ風水信仰を受入れるには極めて好適な素地を供へて居たものであり、そこに陽基風水信仰が動かすべからざるものとして民間信仰に根蔕を下したものに相違ない。

この國域風水信仰は前述の如く既に三國時代から新羅時代に亙つて傳承されたものであるが、高麗朝に於て最もその著しさを加へ、遂に國策遂行の一に之を加ふる迄となつたのである。卽ち「高麗史」に依れば、高麗の太祖は癸卯二十六年(九四三)夏四月內殿に大匡朴述希を召して訓要十條を親授した。この訓要なるものは『朕聞大舜耕歷山終受堯禪高帝起沛澤遂興漢業朕亦起自單平謬膺推戴夏不畏熱冬不避寒焦身勞思十有九載統一三韓叨居大寶二十五年身已老矣第恐後嗣縱情肆欲敗亂綱紀大可憂也爰述訓要以傳諸後庶幾朝披夕覽永爲龜鑑』と後世國王となりて政治をなす者の遵守すべき方策としたものであるが、その中には幾箇條にも分つて國域風水に關するものを擧げて居る。卽ち、『其一に曰く我が國家の大業は必ず諸佛護衛の力に資す故に禪敎の寺院を創め住持を差遣して焚修し各々其業を治めしむ。後世姦臣政を執り徇僧請謁各業寺社爭つて相換奪すること切に宜しく之を禁すべし。其二に曰く諸寺院は皆道詵山水の順逆を推占して開創するものなり。道詵云く吾が占定せし所の外妄りに創造を加ふれば則ち地德を損薄し祚業永からずと。朕念ふ後世國王公候后妃朝臣各願堂と稱して或は創造を增さば則ち大に憂ふべきなり。新羅の末競つて浮屠を造り地德を衰損して以て亡ぶるに到る戒めざるべけんや。其五に曰く朕三韓の山川陰佑に賴つて以て大業を成す。西京は水德調順、我國地脉の根本大業萬代の地と爲す、宜しく當に四仲巡駐し留ること百日を過ぎて以て安寧を致すべし。其八に曰く車峴以南公州江外の山形地勢竝趨背逆、人心も亦然り、彼下州郡人にして朝廷に王侯と參與し、國戚婚姻して國政を秉れば卽ち或は國家を變亂し或は統合の怨を啣し、蹕を犯して亂を生ず、且つ其の曾て官寺に屬せし奴婢津驛雜尺或は勢に投じて免を移し或は王侯宮院に附し姦巧言語權を弄し政を亂り以て災變を致す者必ず之あるべし。其良民と雖も在位用事に使ふべからず。』

かくて高麗第二十五代忠烈王時代(一二七五—一三〇八)に、王が支那の規模に倣つて高樓を建てむとした時、觀侯署が上言して之を諫止したのは全くこの太祖訓要の祖述に他ならなかつたのである。曰く謹んで道詵密記を按ずるに稀山を高樓となし多山を平屋と爲す、多山を陽と爲し、稀山を陰と爲す、高樓を陽と爲し平屋を陰と爲す、我國は多山なり、若し高屋を作らば必ず衰損を招くと。故に太祖以來惟に闕內其屋を高からざらしむるのみに非ず民家に於ても悉く皆之を禁ず。今聞く造成都監上國の規模を用ゐて層樓高屋を作らむと欲す。是則ち道詵の言を述べず、太祖の制に遵はざる者なり。天地剛柔の德備らず、室家唱隨の道和せず。(この處から案ずればこの層樓高屋の建營は中國公主たる王后の主張したものであらう)將に不測の災あるべし愼まざるべけんや。王其の言を納ると(高麗史卷三〇)。或は太祖訓要を以て太祖の親作親授にあらずして後代に至り名を太祖の親授に藉りて作爲したものであるとも云はれて居るが、その眞僞は兎に角として訓要の精神たる國域風水信仰の力が如何に深く浸染し、如何に強く諸行爲の規定となつたかは之に依つて窺ふことが出來るであらう。

この諸行爲卽ち生活上への規定影響の著しきものとして認むべきものに、高麗の末葉恭愍王の時に國域風水信仰から風俗の改變を企てた事がある。それは次の如くである。恭愍王戊申(一三六八)司天少監于必興上書して言ふ。玉龍記に云く、我國は白頭(白頭山)に始まり智異(智異山)に終る、其の勢、水根木幹の地、黑を以て父母と爲し青を以て身と爲す。(白頭山は北方に聳ゆる高山、朝鮮の地勢はこの白頭山より地脉を引きて南方の智異山に到ると、故に智異山を一名頭流山＝白頭が流れて此處に來りしものの意＝と云ふ。卽ち地脉上から考察すれば朝鮮の地勢は北に根ざし幹を東に伸ばしたやうである。然るに北は五行五色に配すれば水にして黑色、東は木にして青色である。故に風水上では水根木幹、黑根、青幹となし、根は父母に相當し、幹は身に相當する處から、黑を父母となし、青を身となすのである。而して玉龍記は、道詵が玉龍寺に住んで居たので玉龍子と云ふた處から道詵秘記を玉龍記又は玉龍秘記などと稱するのである。)若し風俗土に順ずれば則ち昌へ、土に逆すれば則ち災ありと。風俗なるものは、君臣の衣服冠盖樂調禮器是なり、今より文武百官黑衣青笠、僧服は黑巾大冠女服は黑羅とすべく、又諸山に松を栽えて茂密ならしめ、凡ての器用、鍮銅瓦器以て土風に順すべしと。この上言は納れられて風俗はこの提議に從つて改變せられることになつた。(高麗史卷三十九)

李朝に入りて國域風水信仰とその類物的信仰を物語るものは、民間に流布された僧道詵の國域鎭護說である。それはかうである。曰く、道詵が西の方支那に遊學して得る所あり、因つて朝鮮の土病を救正し、風氣を洩して邦基を鞏固にし民物を安阜にせむと志した。思ひらく我國の地形は行舟の如くであり。太白山金剛山が其の首(舳)、月出山瀛洲山がその尾(艫)、扶安の邊山がその柁、嶺南の智異山がその楫、而して綾州の雲柱山がその腹を爲して居る。さて舟の性として之を水に浮ばせるには物を以て其の首尾背復を鎭めなければならず、柁楫を以て其の進路を規制して始めて破壞漂沒の厄を免れることが出來るのであると。是に於てか彼は寺塔を建てゝ之を鎭め佛像を立てゝ之を壓し、特に雲柱山の下蜿蜒起起する處には(今の全南和順郡道岩面)別に千佛千塔を設けて其の背腹を實にし、金剛山月出山にはその建造に尤も精を致した。蓋しこの兩山は行舟の首尾であつて最も重しと爲したからである。世に月出山を稱して小金剛となすのは之が爲めである。この鎭壓の事を了してから道詵は一錫を曳きて飄然千里の旅程に上り、八道の山川を遍歷して足跡至らざるなく寺を置くべき處でなければ浮屠を建て、塔を立てる處でなければ佛像を立てゝ缺處は之を補ひ、傾者は之を培つた。又月出山天王峯の下に普濟壇を設け此處を每年五月五日に祭を致して祈福禳災を爲すの地とした。かくてこれ以來朝鮮の地理に變化があらはれ、山の沓拂なる者は變じて軟美となり、地脉の橫翕なる者は變じて停富をなすに至り、國に分爭の患なく、人に軆瘥の歎なきに至つた。高麗が三韓を統一したのも、又李朝が北方に彊土を拓いて六鎭を設けしが如き國運の發展を致したのも皆この道詵鎭護の力に職由するのであると。

この記事は「道詵國師實錄」に據つたものである。而してこの書は著者名なく、朝鮮英祖十九年(一四七三)に重刊されたものである。文體は漢文であるが、その行文流麗ならず、且つ著者名を逸して居る處から、及び李朝の出來事を「我朝」と云つて居る處から察すれば、此の書は李朝に入りてから作爲されたものであり、左迄文字に達しない者の手に依つて、民間に傳はつて居た道詵說話を取扱つたものであると云はねばならぬ。その何れにせよ此の書が英祖十九年に重刊された印本であると云ふより考へて、當時の民間信仰界にこの國域風水信仰が重きをなし、且つ如何に多くの信奉者を有して居つたかが思ひ合はされるであらう。

第二節　國都風水

朝鮮に於て古來國を立てた者は皆適當な地に國都を建設した。而してその適當な地とは群居する多數都人の生活を維持するに足る條件と、この生活を破壞する外敵を守るに好都合なる條件の具備した處である。卽ち一方生活維持の經濟的好條件を具へ、他方生活保護の軍事的好條件を具へた處であつたのである。さて經濟的要求に於ては耕食、採燃、吸水の可能なる地域を必要とする。而して生活防護の要求からは、越えがたき險峻の山、渡りがたき大深の水を必要とする。從つて國都は、之等の經濟乃至防衛の要求に應じて山河襟帶してその間に可なり廣き基地の存在する處でなければならぬのである。然るにこの山河襟帶の地勢は風水信仰の對象となす地勢と共通なものであるから、國都の地勢は直ちに風水信仰の對象として取扱はれ得る素地を有するものである。從つて風水信仰の傳承される事があれば容易に國都は風水的に考究せられることとなるであらう。加ふるに國都は國の首腦部であり、この國都の安全に保證されると否とは只に國都に住む君王臣民の生活に關するのみならず一國安危のかゝる處であるから、國都の住者はこの國都の安全を望むことに於て極めて强烈である。この强烈な希望は人力以上の運命を信賴するに至る。故に國都に於ける天神地祇乃至山川の祭祀に誠を盡して努力するのである。この强烈な希望と運命に依賴せむとする信仰が、一地域の運命はその地域の地勢の善惡吉凶に依るものであると云ふ風水信仰に遭遇する時には、直ちにこの風水信仰の影響を受け入れることになるのは極めて自然の數であると云はねばならぬ。

「三國史記」高句麗本紀に據れば始祖東明王朱蒙が三賢臣を得て漢の元帝建昭二年（紀元前三八年）に

國都を沸流水上に建てたが、それは、

『至二卒本川一。魏書云室紇升骨城觀二其土壤肥美、山河險固一。遂欲レ都焉。而未レ遑レ作二宮室一。但結二廬於沸流水上一居レ之。國號二高句麗一。因以レ高爲レ氏。』

の如く、國都建設の必要條件たる經濟的條件と防衞的條件の具備せる土地を撰定したのであつた。土壤の肥美は以て多くの都人を養ふに足り、山河の險固はよく國都の安全を防護することが出來る。むべなるかな、東明が此の國都を建設するや四方の民庶この立都を聞いて來附する者が衆かつたのである。

高句麗の國都は間もなく國內城に遷された。それは東明王の二十二年であつたが、これも亦次の如く經濟的條件、防衞的條件の觀點から見て卒本よりも一層良好なることを察してからの事であつた。卽ち、

『二十一年春三月。郊豕逸。王命二掌牲薛支一逐レ之。至二國內尉那巖一得レ之。拘二於國內人家一養レ之。返見レ王曰。臣逐レ豕至二國內尉那巖一。見二其山水一深險。地宜二五穀一。又多二麋鹿魚鼈之產一。王若移レ都。則不二唯民利之無窮一。又可レ免二兵革之患一也。九月王如二國內一觀二地勢一。二十二年冬十月。王遷二都於國內一。築二尉那巖城一。』

祭祀の犧牲に供すべき豕が逃げたので掌牲官が探しに行くと、その豕は國內尉那巖附近の農家に飼

はれて居た。豕を探しに行つた彼は追つて來たもの以上に大きなものを發見した。それは此の國內尉那巖の地が經濟防衛兩方面から觀て最も國都に好適の地である事である。彼は歸つて早速之を東明に話した。そこで東明は親らこの國內の地勢を觀察し然る後遂に此處に都を遷したのである。而してその著眼點は民利の無窮と兵革の患を免れることであり、その基くところは山水の深險であり、五穀に宜しき地であつた。百濟の建都に關しても亦同樣な事が云はれる。百濟の始祖王溫祚は卒本に居ては太子の容るゝ所とならざるを恐れて、遂に烏干、馬黎等十人の臣下と衆多の百姓を率ゐて南行し、遂に漢山に至つて負兒山獄(今の北漢山)に登り國都となすべきの基地を望觀し、而して河南の地が北に漢水を帶し、東は高岳に據り、南は沃澤を望み、西は大海に阻たり、天險地利、誠に得難きの地勢をなして居るから、此處に都を作興したら宜しいと云ふ十臣の議を容れて、遂に前漢成帝鴻嘉三年(紀元前一八年)河南の地に國都を建設したのである。(三國史紀百濟本紀第一)卽ち山水の天險に依る防衛と、沃澤を控ゆる生活經濟上の條件の具備せるの地であつたのである。

のみならず朝鮮には往昔から、或地域は人事に幸福を與へ或地域は之に反すると云ふが如き、地域の人生に及ぼす影響に善惡良否の差別あるものと信ぜられて居た。例へば「三國遺事」紀異卷一眞德王條下に據れば、新羅第二十八代眞德王(六四七—六五三)の代に閼川公、林宗公、述宗公、虎林公、廉長公、度信公が南山弓知巖に會して國事を議したが、これは古來新羅に四つの靈地があり、國の大事を議せむとする時には必ず此の四靈地に大臣を召集して會議せしむれば、その議事が屹度成功するとせられて居た一例であつて、その四靈地と云ふのは東方青松山、南方弓知山、西方皮田、北方金剛山の四箇所であつた。百濟に於ても亦この風があつて、國家將に宰相を任命せむとする時には、第一次選擧に依つて當選せる三四人の候補者名をそれ〴〵別函に嚴封して、これを虎嵒寺の傍にある巖上に置き須臾してその函を開き見て、候補者名の上に印跡あるものを以て宰相とした。そのでこの巖を政事巖と稱して居たのである。(三國遺事卷第二南扶餘條)

江原道五臺山は白頭山の大脉であり、五萬眞身(佛菩薩の眞身)が常住して居ると云ふので古來邦家の輔益を祈る處となつて居たが、傳ふる所によればその昔、新羅の二王子淨神太子と弟の孝明太子とが世をのがれこの山に隱れた。それは太和元年(八二七)八月五日の事であり、それまではこの兄弟は各一千人から衆徒を領して毎日各地を遊翫して居たのであるが、五日五臺山に隱れ入つてから、衆徒は極力搜査に努めたが遂に探し覓めることが出來なかつたので國に還つてしまつた。一方隱れた兄太子は中臺山の南下眞如院堪下の山末、青蓮の開く處を發見してその地に草菴を結んで此處に居り、弟太子は北臺南山末に青蓮開く處を見付けて、これ亦草菴を結んで此處に居たのである。(「三國遺事」卷第三、又「三國遺事」卷第三天龍寺條下に記載してある「討論三韓集」には『雞林土內客水二條、逆水一條あり、その逆水各水二源、天災を鎮めざれは則ち天龍覆沒の災を致す。俗傳に云く逆水は州の南馬等烏村を南流する川是なり。又この水の源は大龍寺に致る。中國よりの來使樂鵬龜來り見て云く、此寺を破れば則ち國の亡ぶる日なし矣』と傳へて居る。この客水とは外方の水にして順水（我に順じて流るゝ水）であり、逆水とは我に向つて來る水の事である。卽ちこの天龍寺（大龍寺は天龍寺の誤傳なちむ）はこの逆水を鎮める爲の寺であつて、中國來使の言葉は、若しこの鎮護の寺を破壞せば新羅は日ならずして亡び去るであらうと云ふ事を云つたものである。（この天龍寺は慶州南山の南に屹立する高位山の南にある寺で、高寺又は天龍寺と云つて居た。）

以上は往昔より既に地域に、人事をなすに適當なる吉地の存在し、又人生に災をなすの水ありて之を鎮めなければならないと信じた一二の例を擧げたのであるが、寺塔の建設は殆んど悉く、其處に寺塔を建つれば以て國家人生に補益となるべしと云ふ地域を求めてその基地と定めたのである。高麗恭讓王の時に、前典醫副正金瑣の上書したものがよく此の間の消息を述べて居るが故に、それを「高麗史」から拔いて此處に揭げることとしよう。

五臺山寶叱徒太子傳記）

『上書に曰く、太祖創業、山水の逆順を觀、地脉の續斷を察し、寺を創め佛を造り民を給し田を與へて福を祈り災を禳ふ。此れ三韓基業の根本たり。比來《このごろ》無識の僧徒創業の義を顧みず、民土の產を收めて自ら其業を營み、上佛に供せず、下僧を養はず。嗚呼其徒の自ら其の法を滅するや甚だし。今狂儒の淺見薄識者、三韓の大體を顧みず、徒らに寺を破り僧を斥くるを以て懷と爲す。噫聖祖創業の深智反つて豎儒の計に如かざらんや。伏望殿下上は聖祖の弘願に順じて佛寺を重營し、田丁を加給して以て釋敎を興さむことを。前戶曹判書鄭士偶も亦た上書して佛法は福利を爲す、國家宜しく當に崇奉すべしと。王その言を嘉納す。時の言者多く王の佛を好むの弊を斥く、琠及び士偶此を以て王の心に中る。』

猶ほ、この良好なる地域尊重の觀念は、高麗時代に及んで殊に著しく具體的となつたが、今その例證をあげるならば次の如くである。

一　國業延長の地

所在地　西江餅岳の南

由　來　道詵の「明堂記」に『西江邊。有二君子御馬明堂之地一。自二太祖統一丙申之歲一至二百二十年一。就レ此創構、國業延長。』とあるところから、

建　營　文宗十年太史令金宗允等に命じ、此の地を相して長源亭を作つた。この文宗の十年（一〇五六）は太祖丙申歳より第二の丙申に當り丁度百二十年目になるから、明堂記の讖に應じて此の亭を建營したのである。從つて建營の目的が國業延長の希望からであつたことは自明。

地　相　君子御馬明堂之地

二　併天下、他國服貢之地

所在地　平壤林原驛

地　相　大花勢之地

由　來　仁宗六年僧妙淸等が撰定して、『若し此の地に宮闕を建營して之に御すれば天下を併せ、金國贄を報じて自ら降り、三十六國皆高麗に臣妾となるべし』と上言したるに依り、

建　營　仁宗六年八月地を相し、七年新宮を建營した。

三　重興の地

所　在　白州兎山半月崗

地　相　山朝水順（「道詵記」に依れば庚方客虎掩來の地。）

由　來　毅宗の朝太史監侯劉元度、平章事崔允儀等此の地の風水を相し、若し此處に宮闕を營めば七

年の内に北虜を呑むことが出來る重興の地であると上言した。

建營　毅宗十一年十月宮闕の建營成り王は殿名を重興、額名を大化と賜ふた。

出來事　然るに王が十月白州に幸し、この重興闕に入り大化殿で賀を受けるや、天地昏黑大風拔木と云ふ恐ろしい荒れとなつたので王は頗る疑心を起し、差し當り種々の祈禱をしてこの不祥を攘つた。處がこの荒れも無理がない、「道詵記」をよく調べて見ると此の地に就てはかう豫讖して居るのであつた。卽ち『闕を此に創すれば恐らく危亡の患あるべし』と。

四　國祚延長の地

所在　三角山面岳の南

地相　主幹中心太脉壬坐丙向、山水の形勢古文に合す。

由來　肅宗六年此の地が「道詵秘記」に國都たるべき地なりとあるに依り、崔思諏、尹瓘等を派遣して實地調査せしめ、その地勢記文に符合して居るので遂に建都の地と定む。

建營　丙申此の地を以て始めて南京となし宗廟社稷山川に告げた。

五　國祚延長の地

所在　南京、故の楊州の地

由　來　高宗の朝一僧が『讖に據れば、此の地は扶蘇山より分れた左蘇で阿斯達と云ひ、若し此地に宮闕を營み王之に御すれば國祚八百年を延長することが出來る』と獻言したので、王は二十一年秋七月甲子に、內侍李百金を遣はして御衣を南京の假闕に奉安せしめた。(自分が行つて御する代りに衣服を以てしたのである。)

六　延基の地

所在地　江華の三郎城及び神泥洞、

由　來　高宗四十六年の事、王は術士郎將白勝賢を召して延基の地を問ふ。賢は穴口寺に幸して法華經を談揚《あげつらい》し、又古宮闕を三郎城に創營すれば良いと對へた。そこで王は群臣をして之を議せしめた處、中には疑議を懷くものもあつたが遂に賢に說服された。

建　營　かくて王は賢の議を採用し、命じて假闕を三郎城及び神泥洞に建營した。

七　逆臣必生の地

所在地　崇教寺

由　來　忠惠王後三年、王は術士及び書雲観の上言たる『此の地に寺あれば逆臣必ず生ず』と云ふを信じ、命じて崇教寺を撤去せんとした。

辯解　處が王の寵を得て居る僧翯仙が之に對し『この寺は今を距ること遠き穆宗の時から旣に存立して居たが、今までこの寺のあるが爲めに幾人の逆臣が出たであらうか、たま〳〵曹頔の如き者が一人位出たからとて、それは斷じて此の寺の所爲ではない。』と辯明したので、寺の撤去は事止みとなつてしまつた。

八　他國朝するの地

所在地　漢陽(今の京城)

由來　恭愍王六年二月、僧普愚讖を以て王に說いて曰く、漢陽に都すれば則ち三十六國朝すべしと、

建營　王はこの說を信じて直ちに李齊賢に命じて宅基を漢陽に相し宮闕を築かしめた。後七月書雲觀が上書して曰く『道詵密記に地理衰旺の說あり、宜しく漢陽に幸し以て松都の地德を休ましむべし』と、依つて王は評理裵克廉を遣はし往いて宮闕を修理させた。

九　國業延基の地

所在地　平壤

由　來　恭愍王十六年、僧辛旽は「道詵記」にある松都氣衰の説を以て王に平壤に遷都するやう勸めた。それは辛が之より先に平壤の地が國業延基の地であると相定して居たので遂にかく上言したのである。（以上「高麗史」、「朝鮮佛教通史」）

第三章　京城の風水

第一節　京城の概観

史家の說く處に依れば、上古三國時代百濟がその二十世蓋鹵王の時、高句麗の痛擊を受けて南方熊津(今の公州)に徙都を餘儀なくせられたまで百二十餘年今の京城に都したと云ふ。これが京城の王都となつた最初で、その後高句麗の平原王も亦一時此地に都したと云はれて居る。其後世は新羅を經て高麗となるや、その中葉から京城の木覓山(今の南山)に宮闕を營みて南京と稱し、その末葉には此の地に遷都の議さへあつたのである。李朝太祖が高麗に代つて開城に王位に卽くや王師無學の說を聽いて奠都の議を決し、白岳の南麓に宮闕(今の景福宮)を營んで三年の十月一日官と共に徙り、定宗の朝、一時開城に還都したが、太宗の五年より爾來五百年此の地を國都と成し、城廓の周廻九千九百七十五步(四里二十六町)累石の城壁高さ二十八尺餘、門を立つること八、皆闕門を開き上には樓閣を構へ、竣功までに二十萬餘の賦役人夫を使役した。而して城內を東西中南北の五署に區ち、更に四十九坊、三百四十洞に分つて堂々たる國都の形式を劃したのである。

京城は東經百二十六度五十九分、北緯三十七度三十四分に位し、北に白岳、南に南山、西に仁王、東北に駱駝の諸山が蟠踞し、連山環擁して天成の城廓を形造り、城壘は之等諸山の山巓をわたり溪を跨り蜿蜒長蛇の如く、漢江の水は城外の東南一帶を繞り山河襟帶の形勝地である。

さてこの形勝を成す山河に就て一瞥するに、北方に三角山白岳の二山がある。三角山はその高さ六百三十六メートル、華山又は北漢山と稱し、江原道の分水嶺より來り、連峯疊岳逶迤屈曲して楊州の西南に道峯を起し、その餘脉突起して此の山をなす。白雲、國望、仁壽の三峯並びて雲中に突出し、恰かも三朶の芙蓉の如く、三つの角を並べたるが如き形をなすが故に三角の名が用ゐられた。國望峯は萬景臺の事、萬景の名は此處に立てば山河の萬景自ら臻るに由來し、國望と稱するは、嘗て李太祖が無學をして國都の基を選定せしめた時、無學が此の臺に立つて國都の地を相した、卽ち國都を望相したに起因する。仁壽峯は、白雲の東方にあり、「仁者樂山」、「仁者壽」の意をとつて名づけたものであると云はれて居る。

白岳は一名を北岩山とも云ふ、その高さ百四十三メートル、三角山の南面にあるところから、高麗時代には面岳として知られ、三角山萬景臺の支脉が突出し之をなし、恰かも牧丹花の將に開かんとする蕾の如き形をなして居る。京城の鎭山でその麓に宮闕の基が定められて居る。

南方に聳ゆる二百六十五メートルの山を南山となす。終南山又は木覓の別稱がある。木覓と云ふは南山の字訓讀みを當てたのであると云ふ、卽ち木は鮮語ナモ或はナム、覓は岳の音を取つたものである。最高峯を蠶頭、俗に加乙頭と稱し、又龍頭とも名づけ、南を大雪馬峴、西を小雪馬峴と云ふ。京城の城内案山である。

「東國輿地勝覽」に漢城の地理を説明して『北據華山、南臨漢水』及び同書所錄權近の詩『一水繞レ南流盪漾。三山鎭レ北聳峰嶸。』同じく鄭麟趾の序『京都背負ニ華山一。面對ニ漢水一。形勝甲ニ天下一。』と詠ぜる漢水こそ今の漢江であつて、その源遠く漾々たる水北東より來りて南山の南を繞り、南面に流れてその去るを見ざるものである。白岳と仁王山との間に發し東流して都城の中央を横貫するものを開川又は清溪川となし、白岳仁王、南山諸谷の水を納めて南方三水口に出で、而して中梁浦に於て漢江に合流する。だから京城の水に就て云へば、城内の開川は宮闕の前方を北西より東南に繞つて明堂水をなし、城外の水漢江は北東より西南に南山を繞つて都城を擁して居る。恰も開川は襟の如く漢江は帶の如く京城の前方を約して居るのであるから、實に山河襟帶を文字通り具現して居る。

之を概觀するに、京城の地理は、まことによく風水的に求めらるゝ國都の基に適合するものであるから、古來王朝の業を樹てる者に依つてその首都の地と選定されたことは敢て怪しむに足らざる處である。この地の形勝は、國都の二條件たる生活の防衛及び經濟の要素を具定するに充分であつたか否かは暫らく措き、之を風水的に見て此處に如何なる價値が認められ如何に取扱はれたかを檢討しよう。

第二節　高麗の南京

京城はその昔から王者の都として目され奠められて居たことは前節に略說せる處であるが、之を確實に風水上から王都として定めたのは高麗の肅宗元年（一〇九六）からである。之より先き京城は高麗の初めに楊州と稱して居たが、文宗の二年（一〇四三）陞して南京としてこゝに新宮を築き、離宮の所在地とされたのであつた。然るにその後肅宗元年秋七月に至り此の地に國都を遷すべしと云ふ說まで起つた。これが高麗以後京城を國都の候補地とした最初である。この遷都說は衞尉承同正金謂磾の上跡に端を發し、群臣亦之に和して遂に同四年秋九月肅宗親ら此の地を巡閱するとまで進んだのであるが、その上跡と云ふのはかうである。

『道詵記に據れば、高麗の地に三京がある。松岳を中京と爲し、木覓壤（壤は地の意、卽ち今の京城）を南京と爲し、而して平壤を西京と爲す。十一、十二、二箇月の間、中京に住し、三、四、五、六月の四箇月を南京で送り、七、八、九、十の四箇月を西京に過ごせば、三十六國來朝すべしと、

現京城の全景（南面）

又開國の後百六十餘年に至り木覔壤に都を營むへしと謂つてあるが、今が丁度その時期に當つて居る。然るに今中京、西京はあつても未だ南京が缺けて居るから、須らく秘記に從つて三角山の南、木覔の北坪(平地)に都城を建設して、時を定めて巡驛すべきである。』と。(高麗史)

そこで肅宗は宰臣及び日官(天文陰陽官)に命じて南京建設に關する論議を戰はしめ、後その決議に本づいて王は王子及び王后を並び伴へて三角山に幸きし親しく楊州に至つて奠都の地を鑑相した。既に諸臣の決議あり王の親閱に依つて鑑定された程であるから京城の地が南京として宮闕を建營されることは最早時日だけの問題である。だから越えて六年秋九月更に南京開創都監を置き、門下侍郎平章崔思諏、御史大夫任懿、知奏事尹瓘等を派遣して宮基を愼重に相せしめた。之等新都相地派遣員一行は十月にその調査選定を終つて還り、詳しくその基地を復奏した。この復奏したものに依つて見れば、之等の派遣員は盧原(今の往十里)、海村、龍山等の地を踏査して實地にその山水を審察したが、之等の地は建宮に適しない。そこで歩を山手に進めて三角山を上下し面岳の南を視察してみると、その山の形勢悉く秘記にピツタリ符合して居るので、宮基はこゝより外にないと云ふ事に一決した。その築宮プランはこの山勢の主幹中心大脉の通る處に宮基を壬坐丙向に下すべしと云ふにある。(この宮基のプランこそ後代李朝の太祖が國都を京城に定むるや、その宮闕のプランと、全く一致するものである。卽ち今の景福宮がその主幹中心大脉の通る處に當り、而して景福宮の坐向も亦壬坐丙向である。この一致は風水上動かすべからざる原則からの一致でなく李太祖の建宮が全く高麗肅宗の建築せる宮址そのまゝ襲踏したものであるからである。李朝太祖實錄卽位元年秋八月壬戌(十三日)の條に『敎二都評議使司一移二都漢陽一。』及び同月甲子(十五日)の條に『遣二三司右僕射李恬干漢陽府一修二葺宮室一』とあるに依つても都を漢陽に遷すならば高麗南京の舊宮基を用ゐんとした意嚮が察せられるであらう。)

肅宗の南京經營は單に之を離宮としてでなく、金謂磾の上䟽に基づき國都三京の一として駐蹕すべきの都とする爲めであつたが、七年三月には再び中書門下の奏言に從つて新に南京の規模を定め、山形水勢に從つて東は大峯、西は岐峯、南は沙里、北は面岳までを都城の城界としたのである。この城廓プランも亦後世李朝の國都となるに及んで城廓を築營したものと大差なきものである。

爾後高麗歷代の君王はこの南京たる都城(京城)を神秘の地疑問の鄕となし、此の地に行幸することを年中行事の主要なるものとして居た。卽ち睿宗は前後四回此處に巡幸し、その一回など太后を奉じて三角山の法義寺に僧伽窟を訪ねられた事さへある。次で仁宗一回毅宗二回、而して高宗は一僧の讖說に依つてその二十一年に內侍李百全を遣はして王の御衣を南京の假闕(この假闕と云ふ所から察すればまだ本建築されてなかつたものらしい)に奉安せしめ、又二十二年には太祖の神衣を此處に移安した。この御衣神衣の奉安は「道詵秘記」の所謂三京駐驛説に從つたものであつて、御衣奉安は之を以て王の幸臨に、王の身代りとして代用したものである。卽ち三月から六月までその御衣を中京(松都)の宮殿に安置し、七月から十一月まで西京(平壤)の康安殿に安置し、而して十二月から翌年二月までを南京の假宮に移安すれば國内安全、國威發揚以て三十六國(あらゆる國の意)を朝貢せしめることが出來ると云ふ信仰から出た事である。

忠烈王はその十年(一二八四)に公主と一緒に此處に幸し、三角山文殊窟に臨み、二十七年には此の地に畋獵を試みたことがある。

忠肅王も例に依つて行幸した。

恭愍王はその六年(一三五七)僧普愚の圖讖説を信じて此の地に國都を遷さんとし、李齊賢に命じて地を相せしめ、宮闕を築いたが、遷都の事は他の卜者の言に依つて決行しなかつた。

辛禑王はその八年(一三八二)八月に歷代崩した遷都の氣運が熟し、遂に此の地に遷都を斷行したが、翌年春中京(開城)に還都した。

恭讓王も亦その二年秋(一三九〇)九月此の地に遷都し翌三年中京に還都した。

此の如く京城は高麗の初期より國都として取扱はれ、その始めは王の御衣を奉安して國都としての實質(王が君臨すること)を擬制的に充當して居たが、後には代理たる御衣を以てするに安んぜず、王親ら冬季の間此の地に遷都して王都たるの實を示した。而してこの地を國都となし、宮闕を築きて御衣を奉安し、又王親ら之に臨御したことは、一に「道詵秘記」に依る風水的信仰からに外ならないのであるから、京城が國都としての出現は三國時代は措いて問はず、高麗以後全く國運を地德に依つて旺ならしめんとする風水的要求に依ってであつたことは明白である。卽ち今の京城は純然たる風水の都として高麗朝の初より既にその出現と存立を確實にしたものである。この高麗に於ける風水の都京城が、李朝の國都と定めらるゝに當り、これまた全く風水的見地からであつて、李朝に於ても亦風水の都となつた。京城はだから半島に於ける風水千年の都と云はねばならぬ。

第三節　奠都と論議

李朝鮮の太祖が高麗の後を承けて半島の王位に卽くや、舊都開城を棄てゝその三年都を漢陽に徙した。これが今の京城である。太祖は卽位元年早くも遷都の意を發表し、その初めは歷史上又地理風水上前朝以來國都として注目された處であり、且つ讖文(「代」王者李、當都「漢陽」)「道詵圖讖」)にも李氏の都漢陽說があつたので、專ら高麗の南京卽ち漢陽に遷都すべき考であつたが、風水地理等に通ぜる政堂文學權仲和が忠淸南道鷄龍山を踏査し、その風水の良好なるに驚き、適々太祖が國都を他に遷すことに專念するを思ひ、此の地を國都としての都邑圖までも作製して奉つたので、之を納れた太祖は一も二もなく鷄龍山下を國都の第一候補地として親らその形勢規模を視察すべく、卽位二年(一三九三)正月早卒として公州鷄龍山行幸を斷行し、群臣を率ゐて松都を發し、その途次楊州檜岩寺より王師無學を伴ひて鷄龍山に向つた。而して此處に留まること五日、群臣、無學は勿論王親ら此の地の中央高阜に就いて形勢を觀望し、還御に當り二三の朝臣を止めて新都の經營に任ぜしめ、工を起して著々新都建設の業を進められた。然るにこの新都建設工事は同年十二月一日に於て突然停止せられたのである。この新都建設工事の中止は、當時京畿道觀察使であつた河崙の反對に依つてゞあつた。然らば河崙の反對は如何なる根據からであつたか。それは左の上言に依つて明なるが如く、

『都邑は宜しく國の中(中央)に在るべし、鷄龍山は地南に偏し、東西北面と相阻つ、且つ臣嘗て臣の父を葬して粗ぼ風水の諸書を閱せり、今聞く鷄龍の地、山乾より來り、水巽より流れて去る。是れ宋朝胡舜申の所謂「水の長生に破するは(流れ去る)衰敗立どころに至るの地なり」。建都に宜しからず。』

であつて、要するに鷄龍山が國の南に偏在して國の中央に位すべき國都の本義に合はぬこと、及び胡

舜申の「地理新法」と云ふ新來の支那風水書に依つて考ふれば、鷄龍山は水が吉方に流れ去つて風水上衰敗立どころに至るの地であるから、國都建設に宜しくないと云ふのであつた。そこで王は群臣と河崙と立合の上で、前朝の山陵圖に就て胡舜申の地理法を檢討して見るに、一としてその法に符合しないものはなかつた。かくて鷄龍山の新都築造は遂に罷められたのである。(太祖實錄二卷)

然し新都の地を選定して之に遷都せむとする太祖の素志は鷄龍新都建設中止に依つて阻止せらるゝことなく、高麗朝以來の書雲觀所藏の風水秘錄を河崙に與へ之を考閱して更に新都の地を選定せしめた。鷄龍新都の工事を自分の反對で中止させた河崙は、その責任上からも默しがたき處へ加へて太祖の命令あり、彼は爾後專心内外の秘錄、風水書を精讀批判し、且つ實地に山川を踏査して、遷都の候補地は母岳の南地(母岳は今の京城の西にあり、新都の位地は今日の高陽郡延禧面新村里一帶)に及ぶものなしと言上した。そこで翌三年三月十八日太祖は左侍中趙浚、領三司事權仲和等十一人をして書雲觀の員吏等を率ゐ「地理秘錄撮要」に依て母岳の南なる遷都の候補地を相定せしめた。一行は二十三日母岳より歸り啓して曰く、母岳の南地は地狹くして都を遷すべき處でないと。この復命は母岳の南が敢て風水地理的に國都としての條件を缺くと云ふにあらずして、その地の狹少なることが國都として不適當であると云ふにある。この實地踏査の任に當つた權仲和は嘗て鷄龍山を見て新都として相應なるところと判斷し、都邑圖まで作製して太祖にすゝめた位、風水的知識に於ては充分造詣があつたのであるから、母岳の地勢が風水より見て良好なることは敢て否定しなかつたであらう。殊に書雲觀員等風水專門の隨員を多數帶同し秘錄撮要を持つて檢分したのであるから、此の他の風水的善惡は明瞭にされたに相違ない。だからその復命に、風水上不可なりと云はずして、土地狹少なるが故によろしからずと云つたものであつて、この土地狹少云云の反對理由は、自分が嘗て鷄龍新都の進言をなしそれが著々實行せらるに當り、河崙が土地偏在、風水不適の二理由を以て反對したものに對して、河崙に一矢を酬ひんとする心持が多分に含まれて居たと察せられる。

この復命に對して河崙は獨り飽く迄自己の主張を抂げず、成る程母岳の明堂は狹窄のやうであるが之を松都の康安殿、平壤の長樂宮に比すれば、むしろ稍や寬廣な位である。且つ此處は前朝の秘錄及び中國に行はれる地理の法に等しく合致するから新都として決して不適當な所ではないと斷言した。河崙は前人未見の支那地理書を解釋して遂に鷄龍山新都の工事を中ばにして罷めさせた程風水地理には造詣が深い、且つ命に依り書雲觀所藏の秘錄及び内外の風水書を考閱して居るのであるから、彼の提言は他の者の所論と異なり無下に之を斥けることが出來ない。そこで太祖は、親しくその地を實査した上、新都となすや否やを決定しようと云ふ事で、一先づ論議を打きり、やがて十餘名の宰相を差遺して再び實地踏査をなさしめた。處がこの時の宰相等も河崙の風水的造詣の深さに敬意を表したものか、多くは母岳新都說に加擔したやうである。

然しながら書雲觀員及び一部の者には此地の不適當なるを說き、新たに適當な候補地を定めて言上するもの屢々あり、その都度諸宰相を派遣して實地檢分に當たらして居たが、甲論乙駁、一として滿足な決定を見るものがなかつた。新都建營地の選定に就き、かくも議論の百出するは畢竟、之を相定する地理風水說に就て確固たる定見が樹つて居ないからである。と云ふことに氣が付いた都評議司（後の議政府）は、先づ風水地理書の討究の根本急務なること、及び之を專らにする調査委員會の設置を奏請した。そこで太祖は三年七月十二日「陰陽刪定都監」と云ふ臨時官廳を置き、權仲和、鄭道傳、成石璘、南誾、鄭摠、河崙等諸臣をして諸雲觀員と共に地理圖讖の書籍を蒐閱して之を參考刪定し、愼重に建都の地を撰定せしめんとしたのである。

この都監が設置された後一箇月卽ち八月十一日、太祖は親ら母岳南地に臨みて實地精査の上、その可否を決定すべく各宰相及び多くの專門委員を率ゐて母岳に至り、新都の地を視察した。判書書雲觀事尹莘達、書雲副正劉旱雨等風水地理專門家が『地理風水上より相するに此の地は決して都邑となすべき所でない』と云つたに端を發して、是に一場の御前會議が開かれ、群臣互にその意見を鬪はせた。

今その論爭の分野を見るに、

一 反對論

（イ） 書雲觀側、（崔融、尹莘達、劉旱雨等）曰く、地理の法を以て相すれば此地は國都として不適當である。朝鮮國内に於ける國都たるの地は、風水的に見るとき扶蘇明堂（開城）が第一で、南京（漢陽）がその次である。と、

（ロ） 政堂文學鄭摠、曰く、扶蘇（開城）は道詵以來三士（三韓）統有の說あり、前朝の始祖此の地に都して三國を統一して以來、五百年を經て今日に終つたのであるが、この王朝の終焉は王朝の運數の爲す所で、地德の衰運からではない。だからそのまゝ開京に在都しても害ありとも覺えぬ。さて母岳はその明堂甚だ狹隘、主山低くして溺るゝが如く水口閉鎖し難い。且つもしこの地が吉地であつたならば、どうして古人が用ゐて居なかつたであらうか。開京を是非とも棄てて他に新都を求むる必要があるならば、須く遠方に求めた方がよい。と、

（ハ） 中樞院學士李稷、曰く、東方密說に「三角南面」と云ひ、又「臨漢江」とか「母山」とか云つてゐるのは、總て此の地を取卷いて居るから、こゝもその密說に適したうやにも思はれぬでもないが、凡そト地選都は重大なことであるから、必ず天に應じ、人に順ふ後に行ふべきであり、且つ母岳明堂

は兎に角狭隘で仕方がなからうと思ふ。と、

二　贊成論

僉書中樞院事河崙、曰く、母岳の明堂は決して廣寛なりとも思はない。然し彼の國を享くること長久なりし鷄林（新羅の國都）平壤（高句麗の國都）の宮闕地に比すれば寧ろ此處が寛廣である。のみならず此處は國内の中央に居り、漕運通じ、山河表裡の地勢であり、且又東方前賢の密説に據つてもその契合を見、支那地理諸學の説く山水朝聚の形勢とも悉く近似する事は、豫て陳べた處であつて、今も亦變りがない、都を建つるに前賢の言に聞き、萬世の基を立てむとすれば、此地を措きて他に求むる處はないであらう。と、

三　遷都尚早論

（イ）　判三司事鄭道傳、曰く、母岳は一國の中央であり、交通も便利であるが、併しこの地は谷間であつて、内に宮殿、外に朝市宗廟を容るゝの餘地が無い。それは兎に角として、今日は革命後日尚ほ淺く、一意民力休養と民心の歸嚮を察すべき時であるから、相地や宮闕造營の如きは宜しく之を他日に讓るべきである。

（ロ）　門下侍中贊成事成石璘、曰く、此の山は山水の會、漕運の通にして吉地と謂ふべきも、明堂傾

窄、且つ後山低く、その規模王者の都としては不適當である。開京は山水の逆ふ所あるも、左右蘇巡住の說により、扶蘇明堂を本闕とし、近處に地を卜して巡住地として置けば、別に新都を定めて遷都する迄もなからう。

（ハ）反對論の一人鄭摠もこの尙早論に賛した。

の三說であつたが、母岳建都に賛するものは只河崙一人のみであつて、他は悉く之に反對したので太祖は、それでは南京の地を實地視察するであらうと、母岳から直ちに漢陽に向ひ諸臣と共に南京の闕を相し、山勢を觀望し、こゝを國都としてはどうであるかを專門地師に相せしめた。地師尹莘達曰く、我が國の境內では松京が第一であり、此の地がその次である。只遺憾なのは乾方（西北）低く、水泉（明堂水）の涸れてをることであると、太祖之を聞いて曰く、如何に松京だからとて、何うして不足のないことがなからう。今此の地を觀るに、その形勢は王都たるに適して居る。況んや漕運に便し、道里均ひ、人事にも亦便多いではないかと、此の地を唯一の國都候補地とした。然し之を側に待した無學にたゞした所、無學は、此の地、四面高くして中央平坦であるから宜しく都邑を成すべき所であるが、しかし衆議に隨つて決定した方がよいと答へたので、太祖は諸臣に之を諮つたところ、群臣は異口同音に遷都するからには此の地が最も適當であると賛成した。一人河崙は從來の行きがかり上地理法から見れば王都の地でないと反對したが、太祖は衆議に從つて遂に此の地を王都として遷都すべきことを決定したのである。(かゝる間に猶ほ種々の新都候補が呈案されたが、己に漢陽が太祖の意にかなひ、且つ衆議も之を是としたので、之等の候補地も一應は太祖の視察するところとなつたが結局漢陽に勝るものなきの故を以て棄てられてしまつた。その主なるものは密書に合致するとなす積城廣地院の東地、長湍郡都羅山下、臨津縣の白鶴山等であつた。)

是に於て太祖は九月、權仲和、鄭道傳、沈徳符、金湊等六人の重臣を漢陽に派遣して、宮闕、宗廟、朝市、道路の基を定めしめ、權仲和等は高麗肅宗の時に造營した宮闕の舊址に因つて宮基を定めた。こゝは北岳を主とし壬座丙向の位を取る局面平坦の地で群龍(山)朝揖するの勢をなす良好の處である。又東方十數丁の地を相し坎山を主山となし宮闕宗廟の基地を定めた、(今の昌徳宮)そこで新都經營の工事に著手する事となつたが、工未だ始まざるに太祖は漢陽府客舍を臨時離宮として十月二十五日に遷都を決行し、十一月に至り都評議司の奏言を納れて工作局を設置し、都城宮闕の起工に著手することとしたのである。

次で十二月に三司事鄭道傳をして皇天大神后土(神祇)を祭りて工事始めのことを告げしめ、又參贊內下府事金立堅を遣はして山川の神に祭告して工事を開始し、翌四年正月諸山の僧徒を使役し、七月には京畿、湖南の民合計一萬五千人を徵して大廟と新宮(景福宮)の落成を見、又都城造築都監を置き、翌五年正月慶尙、全羅、江原及び西北面安州以南、東北面咸興(その頃は咸州)以南の民十一萬八千餘人を徵發して都城築造の工を起し二月末役民を歸農せしめ、七月に至り再び江原、慶尙、全羅三道より七萬九千人の民丁を徵發して殘部の工事に從はしめ九月遂にその工を竣功した。新宮及び諸殿の名稱は鄭道傳の撰するところ、而して都城は天地の八方に象つて八門となし、正北(坎)を肅靖門、東北(艮)を弘化門(後に惠化門と改む)正東(震)を興仁門(後に興仁之門と改む)、東南(巽)を光熙門、正南(離)を崇禮門、西南(坤)を昭德門、正西(兌)を敦義門、西北(乾)を彰義門、と名づけた。(此節朝鮮通信、李丙燾氏の「國初の建都問題」に負ふ處多し)。

第四節　奠都の動機

李朝鮮が高麗朝鮮に代るや、易世遷都の例に倣つてその國都を他に遷すことは政治政策上極めて策を得たものであらう。從つて李太祖が高麗王氏に代つて王位に卽くや、王氏永業の國都であつた開城を棄てて他に新しき李氏の國都を建設せむとしたのも當然なことでなければならぬ。高麗王氏が新羅に代つて半島を統一するや、新羅の國都慶州に於て王位に卽いたのではない。王氏はその祖先より開城に風水的に見て良好な基地を有して居たから、そのまゝこの開城を國都として王位に卽いたのである。從つて舊き國都をすてて新たに新都を探求する必要がなかつた。然るに王氏に代つた李氏は自分の據つて都となすべき地を有して居らなかつたので、百官を率ゐて王位に卽くには是非とも高麗王氏永業の都であつた開城でなければならなかつた。前朝の舊都に於て新政を施くと云ふことは策の得たものではない。故に李氏にとつては何れは他に國都の地を求めて國都を新にすると共に人心を革むべき必要を感じたに相違ない。新都に遷つて人心を一新するの必要、これが京城奠都への一動機である。

若し京城奠都の動機が右の如き新都革心の必要だけであつたならば李太祖が遷都を敢行した如き性急な方法に出でなくても、徐ろに吉地を相して之に新都を建設し。然る後に遷都しても差支へなかつたであらう。然るに李太祖は王位に卽くや否や、その年に旣に遷都の意志を發表し、急急三年の間に各地を巡視し各地の良否を論じ、群臣の提議と幾多の論議を重ね、心中私かに遷都を喜ばなかつた群臣の多きをも顧みずして漢陽の地を遷都の地と定め、猶ほその遷都は新都の經營未だその緒に著かざるに先立つて行はれ、新都の面目が國都としてその體を具へたのは遷都の後に於てゞあつた程性急であつた。遷都後三年、定宗元年正月王室の變異あるに乘じて定宗が都を松都に還へすや、

『初め都人皆は舊都を懷ふ。都を還へさむと欲すると聞き相與に喜悅す。(是に於て)提携貧戴し、

路に絡繹として(溢れ)守門をして之を止まらしむ。』(太祖實錄)

即ち舊都たる松都に都を還へすと聞くや、都人の喜悦は提携負戴絡譯として路も狹き位、城門を出ずるに先を爭つて紛雜を極め、門番をして、之を整理しなければならなかつた程熱狂的有樣であつたのである。

之に依つて見ても如何に一般民には新都よりも舊都開城が愛着されて居たかゞ推察せられる。この愛着强き松都民の望みに反し、且つ群臣の遷都尙早論多きにも一向耳をかさずして新都漢陽に遷都を決行した李太祖の心意は、專ら松都の地位衰微と云ふ風水信仰に依つて占められて居たものとも見ることが出來る。河崙の上言に依つて新都の候補地を母岳に視察するや、群臣を會してその良否を議した。その時になせる書雲觀員たる旱雨と太祖との問答はよく太祖の意中を物語るものであらう。

太祖曰く、其方等は妄りに非難すれども、若し此の地を宜しからずとなさば、何れの處に都を奠めんとするか。旱雨曰く臣は能く之を知らず。太祖曰く、其方は書雲觀の地位にありて、之を知らずとなすは無責任ならずや、松都の「地氣衰旺說」を聞かざるや、旱雨曰く、「地氣衰旺說」は圖讖の說く所にして、單に地相のみを學びたる臣には、圖讖を判ずること能はずと、太祖曰く、古人の圖讖は總て地相の學を基とせしものなり、決して根據なき荒唐無稽の說あらず。遷都につき其の方の信ずる處を陳ぶべし、旱雨曰く、前朝の太祖、松山明堂を相して宮闕を造營せしが、中葉以降君主屢次離宮に移居せり。臣竊に惟ふにこれ明堂の地德衰へたるにあらず、一時廢せしものなるが故に、更に彼の地に宮闕を造營し、松都を以て王都とせらるゝを可とす。太祖曰く、予は旣に都を遷すに決意せり、萬一近く適當の吉地なくんば三國時代の都たりし處、吉地なりしに相違なければ、それに遷すも可なりと。

李太祖は武人であつた。その信ずる處に向つて邁進し、斷行することに於ては他の優柔不斷の文相の比ではない。嘗て無學に釋王の夢占を得てからは、深く自任する處ありて、遂に王位を握るの大業を遂行したと傳へらるゝ俗傳(註)はよく太祖の性格を物語つて居る。だから高麗中葉以來、開城の地德衰微說から代々の王が別都建營又は遷都問題に腐心して居た事實を見た太祖にはこの地德衰微說が强く腦裡に印象され、この地德衰微の開城に逡巡して他の新都に遷都を敢行しなかつたが故に高麗の王業が遂に倒れてしまつたものであると、考へ合せては一日たりとも此の地德衰へたるの地に止まることを好まなかつたのであらう。

されぱこそ權仲和が鷄龍山を可しとすれば、遠きを介意せずして之に臨みて親しくその地勢吉凶を視察し、之を可とするや直ちに新都建設の工事に著手し、河崙が鷄龍を批難して母岳の南に吉地を相するや、また群臣を率ゐて親臨し、群議之を排して漢陽の地を適地となせば此處に巡視し、其の他二三の候補地を呈出するものあればその何れも親しく視察してその良否を論評せしめ、且つ漢陽が第一候補の地と定まるや、直ちに新都經營の官を置きてその經營に從はしめ、のみならずその都計未だ成らざるに速に遷都して、宮闕都城の竣功は遷都の後に見たるが如き、如何に地德の衰へたる松京に止住するを恐れ、如何に風水的良地を新たに撰定するに急にして、且つ如何に風水的良地を求むるに奔走せしかを推知する事が出來るであらう。だから李太祖の京城建都は風水的地理的革命に依つて李氏の王業を王氏滅亡の墟地より救ひ、以てその安泰を希つたものであると云ふことが出來よう。

（註）釋王夢占傳說。釋王寺緣起に依れば、李朝の太祖李成桂が明の洪武十七年、高麗の辛禑十年、高麗の讓を受けて王位に卽く八年前に安邊に寓居した時、或夕の夢に萬家の鷄が一時に鳴き、又た千戶の砧が一時に聞え、自分は破屋の中に入りて三椽を負ふて出づると、花落ち鏡落ちると見て驚き目覺めた。この夢の吉凶が氣になつたので近傍の一老婆に問ふと、老婆は自分にはよく解らないが、此處より四里の雪峰山に異僧が居るから、之に問へと云ふ。依つて李成柱は往いて其の僧にあひ、夢の吉凶判斷を乞ふと、その僧容を改めて曰く、これは君王と成るべき夢である、卽ち萬家の鷄の聲は高貴の位を賀し、千戶の砧の音は近く當るを報じたもの、花落つれば實を結ぶ、鏡落ちれば聲あり、三椽を負ふは王の字であり、花も鏡も亦王業の成功を促す夢であると。又曰く、今公の

顔を熟視するに滿面に君主たるの相あり、今日の事は愼みて口外する勿れと。成桂は心中大いに喜び、その報酬如何程と云へば、僧は若し王となつたならばこの所に一寺を建立して、この出來事に因み、釋王寺と名づくれば結構であると。この僧こそ李太祖の帷幕に參した、後の無學國師であり。此の寺は永く李朝の祈願所となつた。（咸南の史蹟名勝）

第五節　風水傳說

風水に依つて奠都された京城卽ち漢陽には、それに相應した風水傳說が無數に存在する。いまその顯著なるものを擧ぐれば次の如くである。

一　漢陽は李氏の主たるべき都なること

この傳說には風水僧道詵の秘記に依るものと、漢陽の地勢に依るものとの二者がある。前者は道詵の秘記に『繼レ王者李、而都二於漢陽一』とあるので、高麗では此處に李樹を種へ、その繁茂するを待つて伐除し以て之を厭勝して居たるが如く、漢陽は先天的に李氏の王都となるべき地として運命づけられて居たと云ふのである。この傳說を記載して居るものは、徐居正の「筆苑雜記」と李重煥の「八域誌」とであつて、雜記には高麗がこゝを南京とした條下に

『李樹を種え、李性を擇びて尹と爲し、王亦一巡幸を爲し、龍鳳帳を埋めて之を壓す。』

と錄し、「八域誌」には

『麗の中葉に尹瓘をして地を白岳の南に相せしめ、仍つて李を種へ繁茂するに及びて輒ち之を芟伐して以て厭勝せり。』

と述べて兩者の記事に多少の相違はあるが、結局王氏に代るべき李性に對する厭勝を行つた事だけは共通せる處であるから、兎に角漢陽が李氏の都たるべき土地であると云ふことは、高麗朝は知らず、李朝に於ては汎く喧傳され信ぜられて居たものであることは確かであらう。

後者の李氏漢陽奠都說は地勢上から出た事で、それは京城の後ろの山が遠く咸鏡道の安邊鐵嶺の一脉が南行五六百里、楊州殘山に到り、艮方(北東)より斜に入り、忽起して萬丈石峰の道峰(楊州郡柴菴面にあり、山勢高嶮にして眺望絕佳、山中の望月寺は新羅の古刹なりと)となり、此より坤方(南西)に向つて行き、小斷又特起して三角山白雲臺となり、こゝより南下して萬景臺となり、その一枝猶ほ南に伸びて白岳となる。この來山の地勢は風水上木體來龍とも貪狼木星來龍とも稱するものである。

八域誌には

『形家の「衙天木星爲二宮城之主一」と言ふもの之なり。』

と云つて居るが、この衝天木星とは尖頭木體山卽ち貪狼木星來龍の事であり、この木山が京城の主となると云ふのである。これは木星がこの都の主人となると解釋される。之を逆に說けばこの地は木星の都であると云ふことになる。さて李氏の李は木であり。之を破字すれば木の子である。天にありては木星、地にありては李、故に李氏が天の命を受けて國都を建設するならば必ず漢陽のやうな地勢の所でなければならぬ。處が李氏王となるや各地に國都の候補地があげられたけれども遂に他を措いて此處に奠都することとなつた。これ卽ち天人符を合するものであると。

二　都城は降雪の天啓に依りて營む

漢陽の都城は李太祖が此處に遷都してから工を起し、前後二十萬餘の役夫を使役して築いた周廻九千九百七十五步（一步は六尺）その高さ二十八尺餘、闕門樓閣ある八門を開いた規模雄大なものである。傳ふる處に依れば（八域誌にもこの傳說を載錄してゐる）宮闕の出來上つた後外城を築かんと欲して居たが、未だその周圍遠近のプランが出來ずに居ると一夜大雪が降つた、翌朝になつて見ると雪が一線を劃して、その外方には積んで居るがその內方は消えて居る。この光景を見た太祖は、これ必ず天吾が苦衷を察して天啓を垂れたものであるとなし、遂にこの雪裾の線に從つて城址を立て、之に由つて築城したのであると。

三　壬辰丙子の二亂は風水の缺陷から

この都城に就て風水的缺陷の傳說がある。漢陽の城壁が降雪と云ふ天啓に出でたものか否かは兎に角、城壁は山に因つて蜒蜿之を築いたものであるが、この山勢は東方と南西に衰へて居るから、城壁も亦東方と南西は低虛たるを免れない。

『震坤低虛にして且つ雉を設けず濠を浚はざりしが故に、壬辰丙子の二亂に皆守る能はざりき。』

と八域誌の著者は云つて居る。卽ち城壁が地勢上低虛なりしこと、城のかいを設けざりしこと及び濠を深くして置かなかつたので、壬辰丙子の二亂に守ることが不可能であつたと云ふのである。しかし壬辰丙子の二亂に能く守ることの出來なかつたのは、たゞ之だけの理由でなく、そこに風水的缺陷があつた爲めに壬辰、丙子の二亂は先天的に防守し得なかつた、と云ふのが都城缺陷の風水的傳說である。さて壬辰の亂は、李朝第十四代の王宣祖の二十五年（一五九二）日本の關白秀吉が、支那明を膺懲するに先つて、之を妨げたる朝鮮を一蹴せむとした所謂文錄の役で、京城の陷落はその年の四月であつた。丙子の亂は、李朝第十六代の王仁祖十四年（一六三六）支那淸の太宗が、さきに朝貢を求めた使節を斥けたるに依り大軍を發して親征したもので、この時も京城は一戰に及ばずして淸軍に蹂躙されてしまつたのである。卽ち壬辰の時には日本の人の爲めに、丙子の時には支那の人の爲めに、何れも京城が陷られたのである。

之を風水的に云へばこの壬辰丙子の京城陷落は、その當時城にかきを作らず、又濠を深くしてなかつた如き皮層な理由からでなく、都城を築造した當初より已に、一は東方よりの侵入者に依つて、一は西南よりの侵入者に依つて陷らるべき運命を有つて居たのである。その理由如何。李太祖の築城は山勢に隨つたものである。然るに漢陽都城の地勢は四面山を以て圍むと雖も、東方卽ち震方と南西卽ち坤方とが空缺して居るが爲めに、山勢に隨つて築き來つた城壁は自づからこの震方と坤方に於て低くからざるを得ない。風水ではこの低所を虛と云ふ、虛は外より犯される虞ありとして最も之を忌む。卽ち漢陽はその東方と南西方から侵入せらるべく運命づけられて居たのである。而してこの運命の實現が、震方に當る日本人の侵入となり、坤方に當る支那人の侵入となつたのである。且つ震方は木の源であるから李氏の都漢陽が『兩木、相爭』の理に依つて相克するものであり、坤方は土の源なるが故に『木克土』の理に依つて相克する關係にあるから、漢陽に都した李は、城廓の風水的缺陷がないにしても、先天的に日本の勇者と支那の覇者とには必ずや相爭はなければならないものであつたのである。然るに之に對する防衛を怠たり、加ふるにその殺氣に充てる震坤兩方を虛にして居たものであるから、壬辰丙子の兩役には苦もなく陷落の憂き目を見なければならなかつたのであると。

四　無學と鄭道傳との坐向論

鄭道傳は學者にして法術に通じた人である。京城の奠都にはこの鄭道傳と無學とが主としてその任に當つた。この無學と云ふ僧は嘗てその師懶翁大師のお供をして諸國遍歷の途に上つた時、その途次偶然にも咸州(今の咸興)に於て、その當時は微賤であつた成桂に遭つた。時恰も成桂がその父桓祖の爲めに吉墓を求むるに苦心して居たので、無學は成桂の懇請に依り、父を葬るべき墓地を占定した。(これが今の咸興にある定陵で。この墓の爲めで成桂が王になつた處から、爾來王侯の地と稱して居る。)その後成桂が安邊に一夜異夢を見、老婆のすゝめに從つてこの夢の解釋を雪峯山の寺僧に賴みに行つたが、その住寺こそさきの無學であつて、成桂の爲めに將來必ず王たるべき古夢であると釋いた事がある。成桂が高麗王氏に代つて王位に卽くや、その國都を選ぶに當り、種々の異議があつて容易に選定されさうもないので、一度ならず二度までも確實に的中した豫見をした無學の事を懷ひ起し、奠都の事もこの神僧に依賴するに若かずとなし、當時旣に黃海道谷山郡高達山に隱居して居た彼を强て召し出して吉地の相定をなさしめたのであつた。

奠都の地が決定されて愈宮闕の基地を相し坐向を定める段になつて、鄭道傳と無學との間に意見の相異が生じた。鄭は古今の學理に通ぜし學者、無學はその豫言神の如く的中する術僧、何れもそこに

京城仁旺山（明治三十八年寫）

京城白岳（同上）

深遠の考慮が含まれて居たものであらう。無學の意見は、仁旺山を鎮山とし、南山と白岳とを左右の龍虎とする坐向、卽ち酉坐卯向にすべしと云ふにあつたが、鄭道傳は之に反し、古來君主たるものは皆南面して政を見たもので未だ東面して朝に臨みしものあるを聞かないと論じ、自説を固持して下らなかつたので、宮闕の基は南面卽ち壬坐丙向と定められたのである。

坐向論に破れた無學は、後之を歎じて云く、我が言にして聽かれざれば二百年に至りて我が言の空しからざるを覺るであらう、なぜなれば新羅の名僧義相大師の「山水秘記」に依れば『都を擇ぶ者が僧言を信聽せば國運延長望むべく、若し鄭性の人出でゝ是非を挾めば五世ならずして簒奪の禍生じ、二百年內外に板蕩の厄あり』とあるから、而してこの秘記は一として的中しないものがないのであるからと。果せるかな間もなく太宗の兄弟骨肉の變あり、世祖反正の變あり、且又壬辰の亂が次いで到つたのであると。

五　鶴翼を押へて宮柱を樹つ

神僧無學が宮闕建設の基礎を定むる任を仰せつかつて、天神地祇に祭告し、さて礎柱を打立てたが、間もなくそれが地に仆れてしまつた。再び三たび如何にしつかり立ててもやがて仆れてしまう。流石の無學もどうした事やら見當がつかず、一本の柱を樹てるにもてあまして居た。時に程遠からぬ畑で、一人の老農夫が黑牛を使役して地を耕して居たが牛が、彼の意のまゝにならぬのを叱責して曰く『此奴のトンチンカン奴、貴樣の氣のきかなさ加減は丁度あの無學のやうだ』と。この言葉を耳にした無學は一寸腹立だしい氣持になつたが、心中非常な驚きを感じ、その老農夫のもとに走つて、今しがた牛を叱つた言葉に就て自分のトンチンカンさを諷刺されたが、この柱を樹てるには如何にしたらよいものであるかと丁寧に敎を乞ふた。その農夫答へて云ふ、この漢陽は御覽の通り鶴の翼を張つた形をして居る、この地は恰もその背に當るところである、若しこの地に建物を營まんとすれば須らくその羽翼を壓して後でなければならぬ、然るにその羽翼をそのまゝにして置いて、直ちにその背に柱を樹てんとするが故に、どうしてそれが仆れずに居よう、この位の事は有名な貴僧、夙に御存知の事と思つて居たのに、今その實際を見て居ると變な事をされて居るから、遂にそれが牛を叱る言葉の中に交つたのであると。

無學はこの老農夫の言に依つて大いに悟るところあり、先づ以て宮城を築き、その後宮闕を建てたところ、この度は何事もなくすら〳〵と工事が進捗したと云ふことである。この俗傳は確かな典據なき口碑であるから、後世に出來たものであり、南山から見た宮闕の後山が恰かも鶴翼を張れるが如き形狀をなして居る處から出發した物語りであるかも知れない。

六　啞陶を以て聾啞防壓

古老の語る處に依れば、李太祖が漢陽に都を定めた時、近臣鄭道傳と僧無學とをして漢陽の風水を精査せしめ、若し災厄を及ぼすものがあれば之を厭勝するやう命じた。兩人がいろ〱相して見ると、左右の山川に啞聾者を多く出す形をして居るものが多いので、將來都人の間に多くの聾啞者が輩出する虞れがあるから、之を防遏する爲めに啞陶店を設けて、その啞陶を都民の各戸必ずその一個を使用せしむることとした。それはこの啞陶が口があり、耳があつても聞えず、もの云はない物であるから、之を各戸に一個づゝ置けば、之を以て聾啞を出すべき山川の影響を免れることが出來ると云ふ理由からである。

啞　陶

七　火防の蓮池

李圭景の「五洲衍文」に依れば今の南大門外に一つの蓮池があり、「輿地勝覽」にも『崇禮門外南池あり、一に蓮池と號す、雨を禱りて應あり』と記載してあるのがそれであるが、これは李朝九代の王成宗の十四年癸卯(一四八三)に韓明澮と云ふ人が『臣聞く國都の主山は乃ち大山なり、故に定都の時慕華館前及崇禮門外皆な池を鑿りて以て之を鎭む、丙午(四代世宗の八年—一四二六)以來火災が絶えないので、これまで里中の者に鐸をならしながら道路を廻つて相警飭せしめて居たが、どうか此の池を復舊して火を鎭めることとしたい。』と啓言して居るから、漢陽定都の時に既に火防の目的で鑿られたものであつたが、いつの間にか涸れて廢池となつてしまつたものであらう。と。

猶ほ此の蓮池に就ては、この池を濬《ふか》くして淸くすれば南人(朝鮮中葉以後に現はれた黨派の一つ)が登庸せられると云ふ俗信があつた。それは二十三代純祖の二十三年癸未(一八二三)初夏の頃崇禮門外の人々が錢穀を集めてこの蓮池の涸れたるを濬《ふか》くし水を貯へて舊の樣に復した。すると謠言あり、許眉臾が入閣した時が此の池を濬くした時であつた、今また之を濬くしたから、誰か登閣するであらうと。處が果して蔡相洛恭が復爵した。而して之等の人々は南人派の者である。之を說くもの此の池が南方にあるから南人に所應があるとなしたが、この年南人派の及第する者四名に上つたので、益々此の蓮池と南人との關係が偶然でないと信ぜられるに至つた。と。

八　火防の水獸

もと光化門前にあり、今朝鮮總督府正面玄關前庭に並立する怪異の石獸は、獬豸と云ひ俗に之を海

舊光化門前の獅豸

駄(鮮音해태)と云ふ。何れも爛々たる眼光を以て南方を睥睨《へいげい》して居るが、この睥睨の對象は、南方に聳ゆる冠岳山である。それは京畿道始興郡に聳ゆる三聖山が、その形火體をなして居るので、之に直面する景福宮が屢々火災の厄を蒙むると云ふ術者の言に從ひ、大院君がこの景福宮を重修する時、その正門前に水獸を据えてこの火山を壓勝せむとしたものであると云はれて居る。(朴齊炯撰「朝鮮近世政鑑」)

九　蠶に桑を、鷹に肉を以てす

これは鎭壓厭勝とは反對に、その地德を培養せむとした風水的作爲の傳說であるが、京城の南に聳ゆる南山の頂はその形蠶頭の勢をなして居る。故にこの山の地德を旺んならしむるには桑を與へねばならぬとあつて、沙坪里に多くの桑樹を種え、そこを蠶室と號した。この桑は

蠶頭南山の遠望

宮中に於ける飼蠶に用ひられたとの事である。

昔の成均館、今の經學院の基地は鷹峰の下にある。そこで鷹は肉食の鳥であるからと云ふので京外の肉屋を移して此處に居らしめたと傳へられる。しかし肉を割く者は文廟の祭奠に用ふる牲を供するが爲めに此所に住んで居り、牲を供する傍ら肉を賣つたものであらうが、たま〳〵その後山が鷹峰と呼ばるゝ處から遂にかく附會して傳へられたものであらう。

一〇　城門に就ての風水傳説

京城の八大門は易の八卦に象つて之を作つたもので、その門名は鄭道傳の撰に成りしことは已に述べた處であるが、この城門に就て、風水の都京城の城門にふさはしき風水的厭勝の數々が興味深く語られて居る。

（イ）　南大門、その額銘に依つて一名崇禮門と云ふ。この崇禮の禮は五行に配すれば火、五方に配すれば南方であるから、南をあらはすものであることは云ふ迄もない。さてこの城門に就て注意を喚起されることは、他の諸城門の門額が何れも横額横書體なるに反し、ひとり此の門の門額だけが縦額であり縦書きであることである。これは崇禮の二字を以て火の炎上を象徴し（崇禮＝炎）、以て宮闕に正面する南方冠岳山の火山に對抗せしめた、風水的厭勝に出たものである。（冠岳山は正殿に正面する火山であるので之を厭勝する爲めに、戀主峯に九個の防火符を入れた瓮を埋めてあると云ふ。）

（ロ）　東大門、この門名を興仁門と云ふ。仁は木に屬し、木は東に當るから、興仁は東方を意味する目出度き命名である。處がこの門額も亦他のものと異なつたものが發見される。それは餘他の門名が皆「何々門」と三字名であるに反し、この門名だけは「興仁之門」と四字名になつて居ることである。これは漢陽定都の時には他の諸門と同じく興仁門と三字名であつたのであるが、壬辰の亂後都城の東方が低虚なるが爲め、東人の陥る處となつたのであるから、この虚を補はんが爲めに門名に之の字一字を加へて四字名となしたのであると。（この城門のみに附屬する曲城《そで》もこの補虚の意からであると云はれて居る。）若し果してこの之字を加ふることに依つて、東方の虚を裨補せむとしたものであれば、これは東方に山を築く代りに、この之の字を門名に加へたものであらう。と云ふのは之の字玄の字は風水上では、よく來龍卽ち山脉の左折右曲して來るものを、形象的にあらはす文字として使用されて居るから、東方の低虚を塞ぐに、實際に山を築くことは非常な勞力を要するから、そこで厭勝的に山脉をあらはす文字之字を使用して之に代へたものであると思はれる。

（ハ）彰義門、傳ふる處に依れば彰義門外の地勢が恰かも蜈蚣の形をなすので風水術者の言を用ゐて木鷄を雕み、これを門上に懸けて以て之を刻制したと。その何れの時代になされたかは審かでない。

（ニ）肅靖門、南小門卽ち今の北門のことである。「五洲衍文」に依れば、この門は楊州北漢山に通ずる門であるが、何時の頃よりか閉鎖したまゝ開いたことがない。その廢閉された理由として俗の傳ふる處では、此の門を開く時は城內閭巷に桑中河間の風（淫亂の風）が增すので遂に廢閉したものであると。都城の巽方に開く南小門（光熙門）も亦睿宗元年己丑に、陰陽家の、巽方を開くは最も忌むとろとなすと云ふに從つて、命じて之を閉塞してしまつたと。

（ホ）大漢門、これは德壽宮の宮門である。この門は元來大安門と云つて居たが、李太王執政當時、寵臣玄暎運の妾裵氏が洋裝して屢々この闕門を出入するので、近臣中之を慊忌する者が王に奏して、秘記に大安門の安字は女が冠を戴いた形象であるから、若し冠をつけた女子がこの門を出入すれば國亡ぶとあるから注意しなければならぬと。王は痛くこの上奏に動き、卽時に裵氏の宮門出入を嚴禁し、

京城南大門（崇禮門）

南方冠岳山（火山）ヲ厭勝スル爲ニ崇禮門ト縱ノ額ヲ用フ

京城東大門

東方ノ虚ヲ補フカ爲メニ興仁之門ト四字額ヲ用ヒ且ツ曲城（袖）ヲ附ス

京　城　大　漢　門

京　城　肅　靖　門

不吉とあつて門名も亦大漢門と變更したと。（別乾坤四卷六號「八大門と五大宮門の由來」）

一一　淸溪川の濬渫問題

これは「東國輿地勝覽」に載せてある事であるが、李朝四代世宗二十六年（一四四四）、李賢老と魚孝瞻との間に京城都內を流るゝ川渠（恐らく淸溪川であらう）に就て風水的討論が行はれた。それは、李賢老が風水說に依つて都內の川渠に穢物を投ずることを禁じて以て明堂の水を淸くせむことを上請したのに對して、集賢殿校理の魚孝瞻が上疏して曰く、臣「洞林照膽」を按ずるに、この書は范越鳳の撰するものであるが越鳳は五季の一術士に過ぎず、其の所謂明に臭穢不潔の水あれば、これ悖逆凶殘の象なりとなすは、葬地の吉凶に就ての論であつて、都邑の形勢に云つて居るのではない。蓋し越鳳の本意はかうである、謂へらく神は潔を尙ぶ、故に水性不潔なれば神靈安んぜず故に是の如き應ありとなすので國都に就て論じて居るのではない。都邑の地と云ふものは人烟繁盛を常とするもの、旣に庶く旣に繁ければ臭穢斯に積まむ、必ず通溝廣川ありて都門を經緯し、以てその惡物を流し、然る後に以て都下を肅淸にすべきものである。だから都門を流れる水に淸くなるべき理がないのである。今李賢老の意見は都邑の水をして全く山間の水の如く淸淨にせむとすれば、實際に於てたゞ行ふ能はざるだけでなく、理窟から云つても葬地と都邑とでは死生途を異にし、神人體を異にするから、塚地に就ての事を以て國都に用ふることが出來るものでないと。世宗はこの跡を御覽になり近臣に謂つて曰く、孝瞻の論が正しい。かくて遂に賢老の言を用ゐられなかつた。と。

一二　往十里傳說

京城の東約一里に往十里と云ふ部落がある。この部落名は李朝太祖が京城を都として定める時、此の地で一人の神婆から今の宮闕の地を敎へられた、それはこゝから十里往つた處であると告げたので、それから此處を往十里と呼ぶに至つたと云ふのである。これはとりとめもなき僞作の傳說であるが、京城の都を風水的に選定する場合、如何に苦心し、如何にあれこれと迷つたかを物語る一說話として、興味あるものであるから次に紹介して置く。（往十里の十里は今の約一里にあたる。）

李太祖が忠南鷄龍山に國都の地をトして建都の工事に著手するや、鷄龍の山神が太祖の夢にあらはれて曰ふやう、此處は將來鄭氏の都すべき地で、李氏の都は漢陽にあるから其處を尋ねた方がよいと告げたので、太祖は僧無學等を從へて漢陽に向つた。さて漢陽に來り漢江に沿ふて王城宮闕の地を相すべく實地檢分に日を重ねて居たところ、或日のこと、可なり山野を踏破して午下り頃今の往十里附近に辿りつき、北岩の陽より分れて南山との間を東南に流るゝ水流が漢江に合流せむとするに佇み、眼を放つて王都となすべき地を探究し、やがて北岳と南山との間に相當廣き明堂あるを望見して、ここが王都としての好適地であると考へて居たが、さてどの邊に宮闕の基地を定むべきものか見當がつかなかつた。と、そこへ一人の老媼が現はれ、太祖に向つて何を探して居るのかと問ふ。太祖は國都の選定に苦心して居るのだと答へるやその媼は、それならばこゝから十里往つた處ですと事もなげに告げた。こんな老媼が事もなげに宮基の地を告げるは不思議だと思つて、その老媼の顏を見直すや、最早そこには老媼の影さへ見えない。二人はこれこそ神人の告げであると思ひ、遂に北岳の麓に往きてこゝを宮闕の基地としたのである。と。

一說にはこの時老媼の告げた往十里と云ふのは、西とも東とも云はなかつたから、北岳の下のみに目をつけて居た太祖や無學には直ちにそれが、こゝから西北に十里往つた處と判斷されたのであるが、實はこゝから東北に十里往くものと解釋したならば、そこには規模雄大にして、漢陽が五百年の運命ならば、そこは千年の國運を保つべき大王都が出來たものであらう。然るに神人の告げを北岳の下と解して、神人の提出した、一本は千年の國都を、一本は五百年の國都を引當てる、くじの、五百年の方をひいたものであるとも云ふて居る。

第四章　開城の風水

第一節　風水の都開城

朝鮮に於ける國都風水の史乘並に傳說の上に、最も色濃く描き出されて居るものは、高麗の國都開城のそれである。朝鮮の國都としては新羅は慶州に、高句麗は平壤に、各その國都を建營したものであるあ。これ等の國都は、或は風水的見地から定められたものであるかとも考へられが（殊に平壤の如きは後說するが如く新月城を道士の進言に依つて滿月域とした爲めに滅亡したなどの傳說がある處から見れば、相當風水的に取扱はれたものであるやうであるが）、史實乃至傳說の上に於て高麗以後の國都程豐富な材料が蒐集し得ないので、國都風水を論ずるに當つては、これ等は何れも風水的なものとして擧げ得ないのである。これ高麗以前の國都に關する史乘の今に傳はるものが少なきこと、時を隔つること悠遠にして傳說の上によくその跡をとどめ得なくなつた事にも由るであらうが、蓋し支那からの風水說が既に高句麗新羅時代に傳承されて居たにしても、未だ國家の運命を托せむとした佛敎程に、強く深き信仰を得なかつたのがその主なる理由であらう。

現開城の全景

然るに高麗に至つては、佛教に依賴したことも勿論であるが、新羅時代に於て已にその萠芽を出して居た風水說を利用して以て國都の搖ぎなき基礎を定め、民間信仰の上に高麗國都の動かざることを立せむとする滿全の策から、新羅時代より民心を支配せる佛教以外に新興民間信仰の風水を利用して、國業の永遠と國都の確立を考究したものであると思はれる。從つて高麗に於ては、その建國の初めから國都の確立まで風水信仰を以て一貫して居るのである。(この政策は李朝の建都にも應用され、李太祖の國都を漢陽に定むるや、全く時の民間信仰たる風水說を利用して居るのである。)

高麗五百年(九一八—一三九二)の古都開城は、松岳を直後の裏山となし、その右後方に五冠山、その又後方に天摩山を列し、之を南の方長湍驛乃至寶城驛から遠望すれば、極めて麗はしき連天峯の下に開かれた都會であつて、その盛時には都城の人口二百萬を算したと傳へられて居る。宮闕の地滿月臺は松岳の山麓にあつて南面し、高麗の首宮として高麗王氏が五百年の間此處に君臨した處である。

この松岳は往時扶蘇岬と云ひ、文崧山、神嵩、鵠嶺、蜀幕等幾多の名稱を以て呼ばれて居り、高さ一千六百十尺、その大きさ開城郡中、松都面、嶺南面及び中正面の三箇面に跨り、全山悉く花崗石の巨巖突兀たるものから成り、その分脈は之に添ふて營まれた舊城壁を載せて先づ東に去り嶺南面の境を成して北折、北小門の下に、西方は中正面を限りて南下、北城門から都察峴を經て訥里門に去り、以て東西より相擁して開城の都會を成して居る。その山頂は風景雄大、後方に天摩山の嶙峋を負ひ、前方に進鳳山德物山の朝貢を受け、遠く漢江西海の碧波を望むことが出來るのである。

第二節　松岳と王氏の祖

高麗の古都開城の風水は主山たる松岳から出發する。この山が松岳と命名され、この山下が國都とされたに就ては、此處が高麗王氏の國都であるだけに、先づ高麗王氏の發祥傳說から說き起さなければならない。さてその發祥傳說はどんなものであるか。それは「高麗史」世系編及び高麗史編纂の據本となつた金寬毅の「編年通錄」に載錄されたもので、次の如くである。

『虎景(高麗王氏の遠祖、始めて開城附近に移居した人)舊妻を忘れず(この事は後述に依つて明かになる)、每夜夢の如く來り合ひて子を生む。之を康忠と云ふ。康忠體貌端嚴才藝多し。西江永安村の富人の女具置義と名くる者を娶り、五冠山摩訶岬に居る。(このト居に就ても後に說述するであらう)時に新羅の監于八元なる者、風水を善くす來りて扶蘇郡に到る。郡は扶蘇岬の北にあり。山形優勝なれども童山(樹木なき山)なるを見て、康忠に告げて曰く、若し郡を山南に移し、松を植ゑて岩石を露さざれば、則ち三韓を統合する者出ずべしと。是に於て康忠は郡人と居を山南に徙し、松を栽ふること嶽に遍し。因て郡名を松岩郡と改め、遂に郡の上沙粲となり、且つ摩訶岬の第を以て永業の地となして往來す。家千金を累ね二子を生む。季弟を損乎述と曰ふ。後ち名を寶育と改む。寶育性慈惠出家して智異山に入りて修道し、還つて平那山の北岬に還り、又摩訶岬に移る。嘗て夢に鵠嶺(松岳)に登り、南に向つて便せしに、旋溺三韓に溢れ、山川變じて銀海となる。明日以て其の兄伊帝建に語る。伊帝建曰く、汝必ず支天の柱を生まんと。其の女德周を以て之に妻はす。遂に居士となりて摩訶岬に木菴を構ふ。新羅の術士あり之を見て曰く、此處に居らば必ず大唐の天子來つて婿と作らんと。後ち二女を生む。季を辰義と云ふ。美にして才知多し。年甫めて笄す。其の姉夢に五冠山の項に登り溺を旋らして天下に溢る。覺めて辰義と說く。辰義曰く、請ふ綾裙を以て之を買はむ、姉之を許す。辰義更に夢を說かしめ、攬つて之を懷《いだ》くもの三たび。既にして身動き得る所あるが如し、心に頗る自負す。

唐の肅宗皇帝潛邸の時遍く山川に遊ばんと欲し、明皇天寶十二載癸巳(唐の玄宗皇帝天寶十二年、卽ち新羅景德王の十二年、西紀七五三年。この年より三年の後、肅宗は唐の天子になつた。)の春、海を涉りて浿江の西浦に到る。方に潮退き、江渚泥淖なり。從官舟中の錢を取り之を布きて乃ち岸に登る。後其の浦を名けて錢浦となす。遂に松岳郡に至り鵠嶺に登りて南望して曰く、此地必ず都邑をなさん。從者曰く、此れ眞に八仙の住處なりと。摩訶岬の養子洞に至り、寳育の第に寄宿す。兩女を見て之を悅び、衣の綻を縫はむことを請ふ。寳育是れ中華の貴人なるを知り、心に謂ひらく果して符術の士の言の如しと。卽ち長女をして命に應ぜしむ。纔かに閾を踰ゆれば鼻衂出づ。代ふるに辰義を以てし、遂に枕を薦む。留ること期月。娠めるあるを覺ゆ。別れに臨んで曰く、我は是れ大唐の貴姓なりと、又弓矢を與へて曰く、男を生まば之を與へよと。果して、男を生み、作帝建と曰ふ。後に寳育を追尊して國祖元德大王となし其女辰義を貞和王后となす。」國祖元德大王の祖父虎景は聖骨將軍とも稱し、もと異鄕の人で白頭山から名山を巡曆して松岳に至り、松岳の山神たる女神と婚して康忠を生むだと云はれて居る。卽ち「偏年通錄」の記事に依れば、

『聖骨將軍、扶蘇山の右谷に居る。一日同里の者九人と鷹を平那山に捕ふ。たまたま日暮れたるを以て岩竇に就て宿す。虎あり竇口に當りて大に吼ゆ。十人相謂つて曰く、虎我等を啗はんとす、試みに冠を投じ、その攬らるゝ者之に當らんと。遂に皆之を投ず。虎聖骨の冠を攬る。聖骨出でゝ虎と闘はんとすれば虎忽ち見えずして竇崩る。九人皆出るを得ず、聖骨歸りて平那郡に報じ來りて九人を葬る。先づ山神を祀る。其神見はれて曰く、予寡婦を以て此の山を主る、幸ひに聖骨將軍に遇ふ、與に夫婦となりて共に神政を理めんと欲す、請ふ封じて此の山の大王となせと、

言ひ訖つて聖骨と共に隠れて見えず。郡人因て聖骨を封じて大王となし、祠を立てゝ之を祭る。聖骨の孫寶育出家して智異山に入りて修道し、還つて此の山の北岬に居る。』

之を「中京誌」には、次の如く述べて居る。

『虎景と名づくる者あり、自ら聖骨將軍と號し、白頭山より遊歷して扶蘇山の左谷に至り妻を娶りて家《す》む。富んで子なし、射を善くし、獵を以て事と爲す。中略 虎景舊妻を忘れず、夜常に夢の如く來り合して子を生む。康忠と曰ふ。』

作帝建に就ては猶ほ次の如き記述がある。

『作帝建幼にして聰睿神勇、年五つ六つ母に問ふて曰く我が父は誰ぞ。母曰く唐父と。蓋し未だ其名を知ざる故のみ。長ずるに及び六藝を兼ね、書射尤も絶妙。年十六、母與ふるに父の遺せる弓矢を以てす。作帝建大いに悦び、之を射るに百發百中、世に神弓と謂ふ。是に於て父を觀んと欲し、商船に寄りて行いて海中に至る。雲霧晦瞑舟行かざること三日、舟中の人卜して曰く、宜しく高麗人を去るべし。』（中京誌）

『作帝建長ずるに及び父の遺す所の彤弓を持ち、射を習つて精妙。商船に從ひ海に泛んで唐に入る。海中に至るに舟儃佪して去らず、舟人大に懼れ約して笠を投じて吉凶を卜す。惟だ建の笠のみ水中に沈む。遂に粮を具へて建を島に下ろし、舟の回るを待たしむ。建獨り島中に在り。一童子水中より湧出し、謂つて曰く龍王見えんと欲す請ふ但だ瞑目して自ら至れと。建之に從ひ水府に至りて一老翁を見る。曰く老夫此地に居るや久し。近頃一白龍あり窟宅を爭ひ約するに來日を以て會戰せむとす、君射を美くす、吾を助けて彼を射るべし。建曰く何を以て之を知るか。曰く明日午風雨波浪あり、これ戰の時なり、戰甘にして各背を出す、背靑者我なり、白きは彼なりと。建諾し、島に出でて之を俟ふ。翌日果して其の言の如し。建、島中にありて射て白者に中つ。少頃《しばらく》して天晴れ波平ぐ。童子出でゝ復建を邀へて水府に至る。小女を出し之を妻《めあ》はして曰く、君は貴種なり、鄕に還つて自ら大祚を有《たもて》と。久しく之を留め妻と幷せて之を島中に送る。商船適ま至る。遂に龍女と歸つて昌陵に泊す。太守、帝建龍女を娶つて並び至るを聞き、資を損し力を出して室を築き以て之に居らしむ。昌陵より又移つて松岳の下に居る。』（「八域誌」）

之等は松岳と、此處に居をトした高麗王氏祖先に關する傳說である。この傳說中王氏の遠祖自ら聖骨將軍と稱する虎景が、松岳山神と隱れて大王と祀られたこと、その孫寶育の女が唐の肅宗に幸せられて作帝建を生むだ事などは、王者の尊嚴を誇示せむとする脚色傳說に過ぎないかも知れぬが、虎景が白頭山から各山を巡歷して遂に居を松岳にトした事や、新羅の八元が康忠に風水的陽基の選定法を告げた事由や、康忠寶育がともに摩河岬に卜居して永業の地となした事などは、單なる誇示傳說でなく、新羅第四代の王脫解が既に、吐含山に上つて卜居の地を刳江の宅たる月城に相定したるが如き、風水的に居を卜するの風が新羅時代から行はれて居たもので、虎景の白頭山から巡歷して松岳に止まつたのも、この卜居法の一つの事實的あらはれであるとも見ることが出來る。

新羅の監于八元の勸告、卽ち扶蘇郡が扶蘇岬の北にあり、その山形優勝なれども樹木なき童山なるを見て、康忠に若し郡を山南に移し松を植えて岩石を露さなければ則ち三韓を統一する者が出るであらうと告げたこと、及び、康忠がこの言を容れて郡を山南に徙し山一面に松を栽えつけたことは、何れも風水說から云つて風水の本質に適中するものである。山南は今の松岳の南麓、松都面一帶の地であつてその山水の都會し、四砂(青龍白虎朱雀玄武)の完備せる、羅城(都會の盆地を圍繞する四周の山々)優秀なる、藏風の典型的大局を成して居る。この藏風大局の主山(玄武をなす山)が童山では、折角の吉地も生氣の畜積を效すことが出來ない。それは塋經「青烏經」にも七凶山の首位に、童山卽ち草木を生ぜざる無衣の山は、凶地であるから決して之を用ゐてはならぬと嚴誡して居るのである。そこで八元は折角の大地がこの山の童なるが爲めに風水的效果を齎すことが出來ないことを慮り、彼の風水に對する造詣を傾けて、人爲的にこの天作の吉地を生かすべく、この山に松を栽えしめて、童山を生氣ある常綠の山に變じてしまつたのであらう。

さて傳說には康忠が八元の勸告に從つて扶蘇岬に松を栽殖し、郡をその山南に徙して名を松岳郡と改めたと云ふ。この扶蘇郡を松岳郡に改めた事に就て少しく風水的興味を喚起さう。傳說に依れば扶蘇岬に松を栽えたので之を松岳となしこの山の南に郡を徙したので松岳郡と改めたと云ふ樣に見えるが、何が故に特に松を栽えたか、何か故に扶蘇郡を松岳郡と改めたかに就て明確な理由を說明して居ない。然しながら之を風水的見地から考ふれば決して理由のない事ではない筈である。そこで先づ第一に何が故に松を栽植したかを研究して見ることが必要とならう。朝鮮の禿山は現在に於ても經驗するが如く（木を植えて砂礫の崩流を防ぐ砂防工事の例に見るが如く）殆んど全く土壤と云ふものを止めて居ないから他樹種の栽植には適せず、之に適するものはたゞ松ハンノ木の二種のみであり、殊に松がその主要なものである。これと同じ理由、卽ち古來山に木を栽えるには主に松を以てした慣はしであつたので、扶蘇山の童山を變化させる爲めにも亦松を栽えたのであるとも考へられる。しかし若しかういふ風にして松を栽えたのであるならば、どの山にもその童山を變ずる場合には松を栽える譯であるから、この扶蘇岬だけを特に松を栽えたるの故を以て松岳と改める譯もないであらう。

然るにこの扶蘇岬だけに松を栽えて松岳と改名したと云ふのであるから、そこに何等か特別の理由がなければならない。特別の理由とは何ぞや、それは風水的理由である。而してその理由の一つは松の常綠木である處からと、一つは朝鮮の國域風水信仰からである。松は常綠であり、且つその葉の尖鋭なること、及びその葉が必ず根部を合して二本に分れて居るのが恰かも陰陽冲和の意義を象どつて居るので、古來民間信仰界には貴重な祝福樹として取扱はれて居る。だからこの祝福すべき松を栽えてその山を四時變らぬ色の常綠山とすることは、扶蘇岬を生氣に充ちた主山、玄武、卽ち來龍として、生氣を新都松岳郡に融註することとなると信じ、加ふるに新都の邪惡を祝禳することとしたのであらう。次に之を國域風水信仰からすれば、朝鮮は水根木幹の地、之を色に配すれば黑を父母とし靑を體とするの地勢である。だから聖骨將軍が白頭山から各山を巡歷して扶蘇に至り、此の地に卜居したと傳へられて居る以上、風水說に從へば白頭の父母から出發した者の子孫は、國域風水に應ずべき木幹の地に於て、始めて朝鮮の地氣に感應し以てその旺盛を期すべしとするのである。風水說に造詣深き新羅の術士八元も亦之を知り之を信じて居たであらう、而して松を栽ることを康忠に告げたものであらう。松は常綠にしてその色靑、松を扶蘇岬に遍植して以てこの山を靑化すれば、水根木幹、黑親靑子の國域風水に適合し、水生木の五行相生に順應するが故に、その生氣を受くる者はよく隆盛を來すのであるが、若し之に反して扶蘇岬を童山たらしむれば、童山は死龍にして風水上凶殺の氣を發するのみならず、その色赤或は黃であつて、之を五行の生克より論ずれば、赤は火、水は火を克するが故に凶、黃は土、土は水を克するが故に凶、二つながら水に對して凶惡たるを免れない。だから若し扶蘇山に依つて郡をなす山南の新地が、如何に藏風的に良好でも國域風水の大局から觀て、やがては衰滅を免れないのである。從つて扶蘇山南の天作地に陽居を定めむとすれば、風水上必ずこの陽基の主山たる扶蘇山をして靑化せしめなければならないのが風水上の約束である。

以上の諸點から考究して、松岳はこの風水的約束に從つて松を栽え、而して名は體をあらはすの信仰から、その名までも水根木幹卽ち黑根靑幹に合するやう松岳＝靑岳＝と改め、以て新しき陽基の運命を風水的に祝願し希望したものであると云ふことが出來るであらう。高麗の太祖が將に興らんとするや、新羅の崔致遠が上書した文句の中に『雞林黃葉。鵠嶺靑松』の語があつたので、致遠は羅王の惡むところとなり、身を置くところなくして遂に家を携へて伽倻山海印寺に隱れたと云ふ傳說は、松岳栽松の意義を物語つて居るものである。（實際に於て聖骨將軍と云ふ者があつて、白頭山から扶蘇岬に來つて止住したか、又果して新羅の風水師八元がこの地に來つて康忠に松を栽え、郡を山南に徙すことを勸告したか否やは確實でないが、かゝる傳說（高麗史其他の記錄）が存在する以上、高麗の國都開城は、その建設が全く風水信仰に依つたものであることだけは確實である。卽ち高麗の國都は、之を傳說に徵すれば悉く風水的に出來たものである。傳說の國都開城は風水の都であつた。）

第三節　摩河岬と貴種偉人

白頭山から名山を巡歷して扶蘇岬に到り山神と婚して山に隱れ、大王と祭られた聖骨將軍虎景の子康忠が、西江永安村の富人の女具置義を娶つて居所とした五冠山下の摩河岬、新羅の風水學者八元に依つて將來三韓を統合すべき君王が出づべしと折紙を付けられた摩河岬、その子寶育の代に至り、寶育が智異山に入りて修道後歸りてその兄帝建の女德周を妻とし居士となりて木菴を構へるや、新羅の術士が之を見て『此處に居らば必ず大唐の天子來つて婿と作らん』と豫言した摩河岬は、高麗王氏發祥の地として史乘傳說の上には有名な土地である。その所在は開城郡嶺南面靈通洞靈通寺址附近であると傳へられて居るが、之を里民に就て訊ねるに靈通寺址山門のあつた右方溪流の

摩訶岬全景

木菴の基址

上方に左程廣からざる（約三畝位の）畑地（昭和四年十月踏査の時大根畑となつて居た）がそれらしいとの事で、現在では確實な證跡がない。この畑地が果して高麗王氏祖先の宅基であつたか否かは、傳說と里民口碑とのみに依つて速斷を許さないが、此處は五冠山下水淸く、後世規模小ならざる靈通寺の建設された處だけに、その風水的形勢も決して凡なものではない。（靈通寺は高麗王氏の出である大覺國師が高麗の太祖十八年に生れ、十一才にして出家した時その師僧景德國師に隨つて此寺に居つたと云ふから—朝鮮金石總覽上卷三〇六—高麗國初に旣に存在したものであらう。）

摩河岬が何の山を指して云つたものか審でないが、里民の稱して木菴の基址とする畑を中心とせる此地一帶は一つの盆地をなし、その規模廣大ならざるも、後ろに五冠山あり、その後方に天摩山、七星山、極樂峰の峻峰を控へ、東に日出峰西に月出峰聳え、南方又高く峴をなして絕好な四神抱擁の地をなして居る。卽ち天摩、七星、極樂の三秀山が合して五冠の精となり、この精氣の蓄積するところがこの盆地であり、四周には秀麗なる山を連ね繞ぐらして居るから、所謂山大局（藏風局）の雄なるものであり、且つ天乙（日出峯）太乙（月出峯）の星峯が竝に照臨して居るから、この盆地は天地の靈氣を貯藏すると考へられるには最も適當な處である。加ふるに處々に玉の如き泉の湧出するあり之等が合して盆地の前方を灌漑し、西北より東南に流れて水口を隱くして居るなど、自作自給の耕作に適するのみならず、風水上極めて得がたきの基地たるを失なはない。卽ち生活維持の經濟的方面よりも、又生活保護の防備からも理想的な處であり、且つ秀麗なる山氣の集積する、この地に生を養ふもの自づから天地の生氣に浴し、自然の感化に依つて偉人の氣象を發揮するやう育ぐまれるであらう。

傳說に依れば大唐の天子肅宗が太子として來遊するや、太子の心を囚へて久しく足を留まらしめた寶育の次女辰義も此處に生れて生長し、肅宗と辰義との間に生れ遂に高麗王氏王業の基を開拓した作帝建も亦此處に生れて生長した。太子の此處に留まること期月、肅宗にとつては長旅の慰藉であつたとは云へ、よく彼を囚へて期月の間枕を共にしたことは、辰義の端麗の質、淸溫の情が、かたく肅宗の心を魅了したからに相違ない。而してこの麗質溫情は、此の地の自然に負ふところ大なるものがあつたであらう。(朝鮮民間唯一のドラマとしてもてはやされる「春香傳」のヒロイン、南原の春香も亦白頭山の流れを汲んだ秀麗な名山、智異山の靈氣を禀けて生れたるが故に、美質と貞潔とを並び備へたのだと云はれて居る。)

作帝建が事實辰義にのこされた肅宗の遺子なりや否やは、唯傳說に聞くのみでその眞僞を決することは出來ないが、この秀麗な地に出生し悠々山野に遊んで生長しただけでも、凡人に勝れた精神の持主となることは別段に怪しむの必要もないであらう。中華大姓の遺れがたみであると告げられ、猶ほ之を證すべき弓矢を與へられた少年の心理に、如何に偉大な感動が湧き起つたかは想像するに難くないが、この遺品を與へられ大志を懷くまでに感動し且つその志を遂行せむと決心したその意氣の源泉は、やはりこの秀拔な山川の感化と云ふ滴りに依つて養培されて居たものと云はねばならぬ。

新羅の八元が此の地を統三君王の出生地となし、後ち復た新羅の術士が此地に大唐の天子を婿となす女性の出生を豫言したか否か、又果してこの豫言が順次に的中して、遂に三韓統一の王業の基を拓いたか否かは、傳說以外に徵すべき確證がないから、今にして之を論難することは出來ない。然しながら、この摩河岬の地勢卽ち風水的勢から考察すれば、よく麗人偉人の出生を可能ならしむる所の局に適合した處たるを失はない。だから、前述の如き諸傳說も、或はこの地勢の非凡なる處に附會して、王家の統三君臨が、全く天地の運命に依つて效されたもので、人力の如何ともすることが出來ない旨を、民庶に信じせしめんとして作り出されたものであるかも知れない。若しさうとすれば、この摩河岬は高麗王家が國祚を掌握するが爲めに風水信仰を□用した基地として、極めて高麗に緣あり、否朝鮮革命に意義あらしめた處である。

猶ほ口碑の傳ふる處に依れば、康忠が雙瀑洞に邸宅を構へて居た時、新羅の監于八元と云ふ風水師が來て、この邸宅を見、康忠に告げて『三建の成りし後擎天の柱成る』と豫言したが、果してその豫言の如く寶育の孫作帝建、その子隆建、隆建の子王建に及んで遂に三韓を統合し高麗國を建設したとも云はれて居る。この口碑に云ふ雙瀑洞が何れの地であるか不明であるが、前掲の諸傳說から云へば、これは摩阿岬に相當するものでなければならぬ。或は摩阿岬はその山に名づけ雙瀑洞はその山下の地名であつたのではなからうか。然し偉人偉業の發祥地は得て後人の作爲に依つて各所にものせられるものであるから、この雙瀑洞が若し所謂摩阿岬と別異な處であるとすれば、作爲の例に漏れざるものであるかも知れない。前者が史乘に載錄されて居るに反し、後者が單に口碑に傳はるものであるだけに、この想像が許されるであらう。

第四節　滿月臺と藏風局

高麗太祖王建に依つて建營され、その後永く高麗の王宮となつた滿月宮の基卽ち滿月臺に就て、その傳說を窺ふに、先づ「八域誌」には、

『長湍より西行四十里開城府と爲す。卽ち高麗の國都なり。松岳を鎭(鎭山)と爲し、その下を滿月臺と爲す。宋史に所謂大山に依つて宮闕を立つる者、卽ち此の地なり。金寛毅の通編には此を以て金豚の臥する處と爲す。道詵の所謂種穄之田なり。』

滿月臺は今に於てもその別稱を金豚墟と云ふ。これは前掲金寛毅の通編に傳へた滿月臺を『金豚の臥する處』と稱したからであらう。この金豚墟、金豚の臥する處に就ては次の如き傳說がある。

『初め作帝建龍女を娶り（前掲作帝建が龍王の請を容れて島上に白龍を射殺した。その報酬として龍王は龍女を建に贈つた。）將に七寶を得て還らむとするや、女曰く、父に錫杖と豚とありて七寶に勝る之も亦請へと。作帝建七寶を還し、願くば錫杖と豚（金豚）とを得んと請ふ。翁（龍王）曰く、此の二物は吾の神通なり、然れども君の請ひあり敢て從はざらんやと、乃ちその豚を與ふ。（還つて後）永安城に居ること一年、その豚牢に入らず、乃ち之に語つて曰く、若し此の地居るべからざれば吾將に汝のゆく所に隨はんと。詰朝、その豚松岳の南麓に至りて臥す。遂に新第を營む、即ち康忠の舊居なり、（嘗て八元の言に從つて康忠が郡を山南に徙し郡宰となつて居つたところ）云云』（『東國輿地勝覽五』）

次に道詵の所謂種穄之田に就ては帝建の子隆建の時に、後世朝鮮風水の宗師と仰がれる僧道詵が來つて風水的に作宮をすゝめたと云ふ傳說であつて、「高麗史」世系にそれをかう記載して居る。即ち、

『世祖（隆建）松嶽の舊第に居る年あり。又新第を其南に創めんと欲す。即ち延慶宮奉元殿の基なり。時に桐裏山祖師道詵唐に入り一行に地理の法を得て還る。白頭山に登り鵠嶺に至る。世祖の新

に第を構ふるを見て曰く、穄（くろきび）を種るの地何ぞ麻を種るや、言ひ訖つて去る。夫人聞いて以て告ぐ。世祖屣を倒にして之を追ふ。見に及び舊識の如し。遂にともに鵠嶺に登りて山水の脈を究め、上は天文を觀、下は時數を察して曰く、此の地脈壬方白頭山より、水母木幹にして來たり馬頭明堂に落つ。君又水命、宜しく水の大數に從つて宇を作るべし。六六三十六區を爲せば則ち天地の大數に符應す。明年必ず聖子を生まむ、宜しく名を王建とすべしと。因つて實封を作り、其の外に題して云く、「謹奉書百拜獻書于未來統合三韓之王大原君子足下」と。時に唐の僖宗乾符三年四月なり。世祖其の言に從つて室を築いて以て居る。是月威肅（王后）娠むあり、太祖を生む。』

道詵が唐の一行から地理法を得て還つたと云ふ事も後世の誤傳であり、未生の聖子に對して『謹奉書百拜獻書于未來統合三韓之主大原君子足下』と題した一封の書を隆建に渡して置いたなど云ふ事は極めて芝居氣タツプリな傳說であるから、實際に道詵に依つて新居を造營する指示を受けたか否かさへその眞僞を疑はしめられるが、地脈が水母木幹にして來り、隆建の本命が水性であるから、水の大數之を重ね合して六六三十六區の室を構築すれば、天地の大數に符應するから聖子を出し一家を興して君王の位に上るべしとなした事は、全く風水的造詣に依つたものであることに疑ひがない。蓋し風水によりて之を論ずれば、五行の水は壬の天水と癸の地水との結合したものであり、之を河圖生成の數から云へば天水は一にして地水は六、だから水は一六の數に依つてあらはされ、その大數は六である。從つて此の地大數たる六に隆建本命の大數を重ねて屋宇を構へて此處に居れば、水は一六の合成であるから、地六のみに依つて造られたこの屋宇は必ずや天一を呼び求むるであらう、而して地上自然界に於ける天一の所應は國内を統合して一にすることであり、人間に於ける天一の所應は一人たる君王であると解釋し得られて、統合三韓の一君主の出生がこの三十六區の構屋に依つて結果せられると附會し得られるのである。而して道詵の獻書説がもし附會したものとすれば、この獻書説を附會せしめた程の含蓄ある地理法に從つて地を選び屋宇を構營した伎倆は決して常人の企圖し得ざる處である。

滿月宮は太祖統三の後に於て建てられた、而してこの宮殿も亦道詵の指令に基いて風水的に築營したものである。八域誌の著者は之を次の如く云つて居る。

『滿月臺は卽ち仰面長坡、道詵の留記に「以爲不レ毀レ土。培以二土石一而爲二宮殿一。」と、故に麗太祖石を錬りて層階と爲し、麓身を護りて宮殿を立つ。麗亡ぶるに及び宮殿毀撥して只階砌宛然たり。久しくして官護守せず。開城の富商大賈、輙ち盜舁して墓石となせり。』

此の記事に依れば、高麗の滅亡後開城の富商輩が、その石階を盜んで墓石に舁き去つたと云ふのであるが、現存する石階及び墟址に依つて見ても、滿月臺が石を積みて宮基となした規模が、全く八域誌の記事の如くである。從つてこの宮殿も亦、風水的考慮に依つて造營されたものであることが察せられるのである。

さてこの滿月臺を中心として開城一圓を風水的に大觀するに、五冠山を宗山とし、松岳を鎭山として、その來龍亥より入首し、こゝに子坐午向の滿月臺を形ち作り、左右內外の龍虎幾重にも緊密に之を抱擁し、對朝の山又重疊、四郡護衞の點から見て極めて堅固な局であるが、水に就て云へば小流滿月の右方より出でゝ臺前をめぐり、左方より南に向つてその姿を消す處の金水であり、その水流はこの成局に對して可なり見劣りのする程小さなものである。故に此の地の風水は、その成局から云へば、山大局又は洞府局とも云ふべく、風水の原則たる藏風得水に就て云へば、その藏風に偏したものであると云はねばならぬ。

虎景、康忠、寶育が繼續して永業の地として卜居し、遂に統三の王業を發祥したと傳へられる五冠山下の摩河岬、卽ち今の靈通洞の地も、之を風水的成局から觀察すれば、山嶽四重の中にある盆地であつて、西北よりめぐつて東南にかくるゝ水流はあれども、その水は之を四圍の山脉に比すれば餘りに小なる流水であつて、その成局は開城よりも一層藏風的な山局である。これから推して考ふれば、作帝建がその初め龍女を娶つて歸るや昌陵に居り、永安城附近に居つたにかゝはらず、後一年その地

開城の藁家

をすてゝ滿月臺(今の廣明洞)を選んだのも、龍王から贈與された龍王の神通物である金豚のなすがまゝに從つただけでなく、その當時陽基風水の思想信仰に、陽基は須らく平陽の地よりも山陰の洞府多き處を可したものがあり、之を風水的に云へば、得水よりも藏風に適する地勢を良好なものとする觀念があり、その觀念に遵つて居を松岳の山麓滿月臺に遷したのではないかと想はれる。(風水的に見て開城が藏風局であることを如實に示す一事は、開城邑內の民屋が、その屋根を藁を以て葺いたものに、古來、その藁が風に依つて吹き除かれるを防ぐ爲めの壓への繩をかけたもののの少い事である。)

松岳と滿月臺

イ　松　　岳
ロ　滿月臺宮址
ハ　石　　階
ニ　中　　臺
ホ　朱雀峴（前案）
へ　蜈　蚣　山
ト　廣明堂水

滿月臺宮址

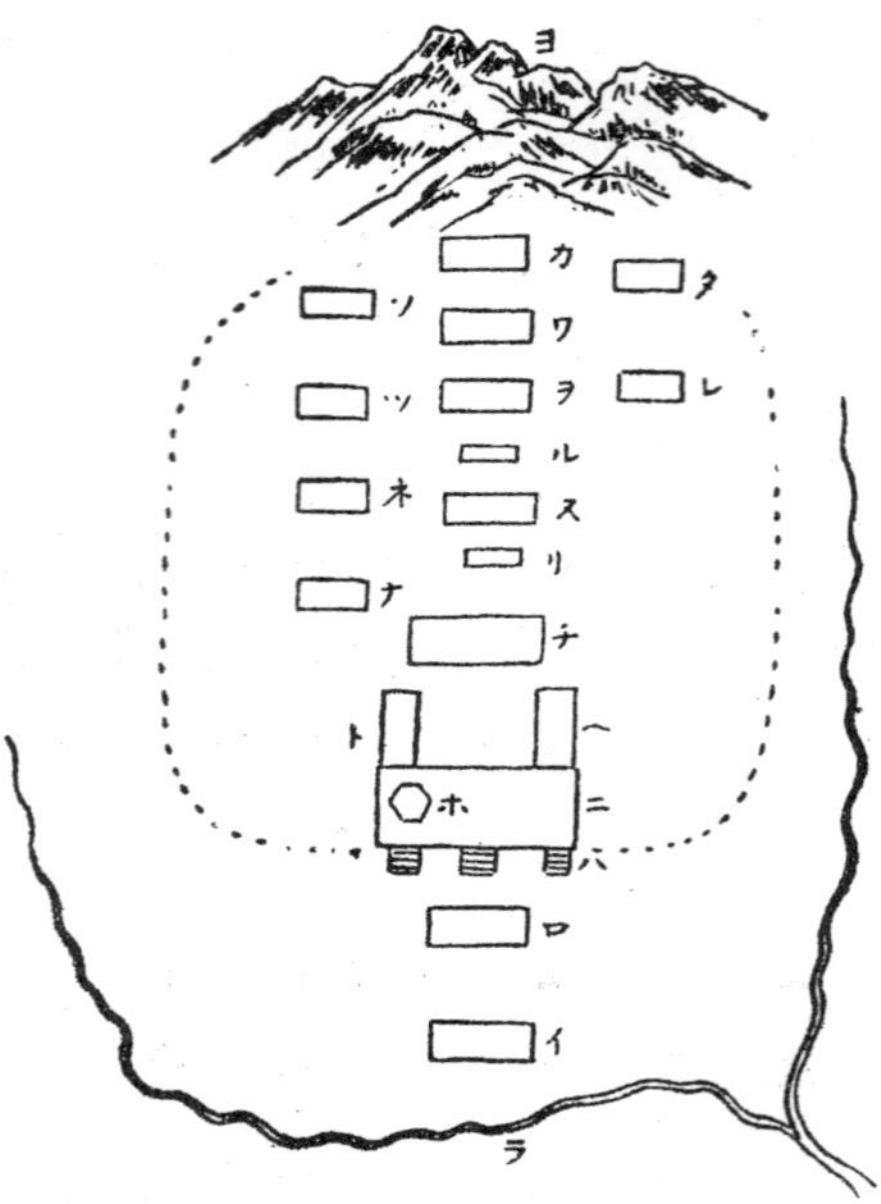

イ　神鳳門
ロ　閶闔門
ハ　石階
ニ　會慶殿門
ホ　亭
ヘ　東行閣
ト　西行閣
チ　會慶殿
リ　殿門
ヌ　長和殿
ル　殿門
ヲ　元德殿
ワ　萬齡殿
カ　長慶殿
ヨ　松岳山
タ　東宮
レ　宮門
ソ　內殿
ツ　乾德殿
ネ　松南齊
ナ　女官室
ラ　廣明洞水

滿月臺を中心とせる開城の平面圖

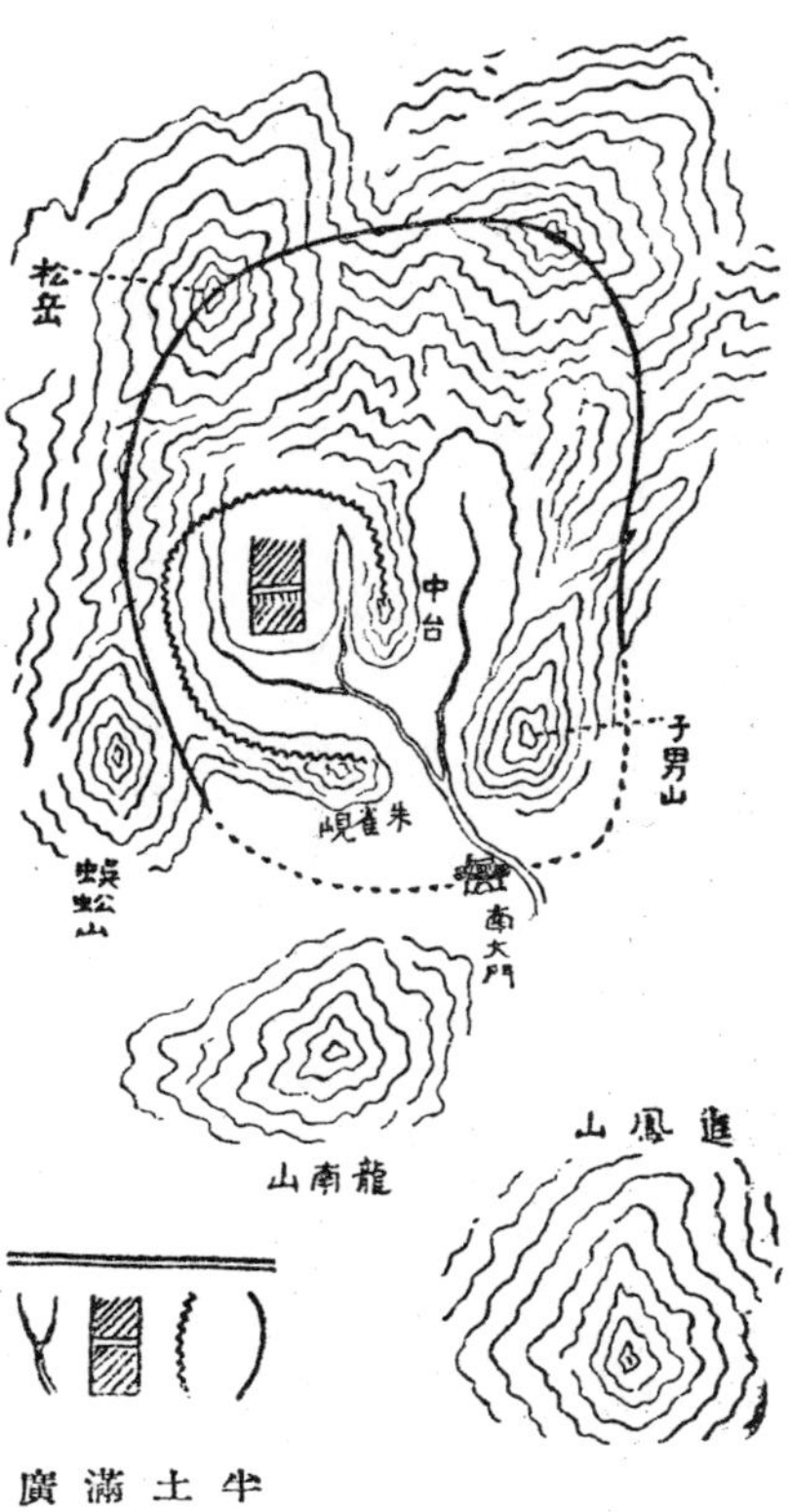

高麗の國都開城が風水の都であつたことは、支那宋の使臣徐兢がその紀行錄に述べて居るものから、その當時(高麗仁宗一一二三の頃)のすがたを知ることが出來る。今參考として次に揭載する。

『高麗素知レ書、明二道理一拘忌陰陽之說。故其建レ國。必相下其形勢、可レ爲二長久計一者上。然後宅レ之。(中略)其城北據二崧山一、其勢自二乾亥一來。至二山之背一、稍分爲二兩岐一、更相環抱。陰陽家謂二之龍虎臂一。以二五音一論ㇾ之、王氏商姓也。西位欲高則興。乾、西北之卦也、來崗亥落。其右一山、屈折自ㇾ西而北、轉至二正南一。一峯特起、狀如二覆盂一、因以爲ㇾ案。外復一案、其山高倍。坐向相應、賓主丙壬。其水發源自二崧山之後一、北直子位、轉至二艮方一。委蛇入ㇾ城、由二廣化門一稍折、向北復從二丙(南)地一流出二巳上一。蓋乾爲ㇾ金、金長生在ㇾ巳、是爲吉卜。自二崧山之半一、下二瞰城中一、左溪右山、後崗前嶺、林木叢茂。形勢若飮澗蒼虬。宜其保二有東土一歷ㇾ年之久、而常爲二聖朝臣屬之國一也。（高麗圖經「形勢」）

第五節　鎭壓と所應

風水の都開城には古來傳承する風水的傳說が頗る數多く存在する。いまその主なるものを擧ぐれば次の如きものである。

一　開城の鎭護、五獸不動格

俗傳に依れば滿月臺は風水の類形から見て老鼠下田形（大きな鼠が田に下らむとするの形）であつて、その東南に當る子南山がこの老鼠の子鼠となつて居るのである。さて若しこの子鼠が何處へか遊び去るか又は他のものに脅かされて遁逃する時は、その親たる老鼠は意を安んじて居る事が出來ない。老鼠が安居しなければ滿月の宮殿も之をめぐらす都城も安寧たるを得ない。そこで宮基の永く搖ぎなきを欲するにはこの老鼠をして長く此處に安居せしめなければならぬ。それには、その愛子たる子鼠をいつまでも安らかに止めて此處一寸たりとも動かさないやうすることが肝要である。かく考へた上で何時の頃か審でないがこの子男山を中心としてその周圍に猫、象、狗及虎の四類形を置いて、この子鼠を動かさないやう、しかも萎縮してしまはないやうにした。卽ち猫を以て子鼠の番をさせ、しかも之を脅迫せしめざるが爲めに、狗を置きて猫を睨ませ、狗を壓するに虎を、而して虎を制するに象を以てしたのである。象は鼠にやさしいから、かくすることに依つてよく互に相制肘し合つて子鼠を見守り、引いて老鼠を止め以て滿月臺の鎭壓としたと謂はれて居る。現存する開城市中の猫井、狗岩、象岩、虎泉及び子男山はその遺址でありその名に依つて名殘をとどめるものであると。

二　戟巖に備ふる長明燈

開城郡嶺南面の中央、天摩山の南、五冠山の隣側に負兒峯と云ふ五百米突餘の山がある。これは南正面から見上げる時にはその形恰も嬰兒を負へるが如くであるので負兒峯の名ある所以であるが、之を西方側面から窺へば、全く嵯峨たる崖峰をなし裸々一土を著けず、戟を樹えたるが如き形である。故に之を戟巖と云ふ。之を松岳の滿月臺から見れば癸方より戟を擬して宮殿に殺到するの勢をなして居るので、これを防ぐ爲めに風水燈を置いた。而してその燈を聖燈と呼び、この燈守りの菴を聖燈菴と稱したのであると。いま權近（高麗末に生れ李朝太宗の時死せる名文章家。李朝太祖の時大提學を拜す、陽村と號す）の物した「聖燈菴記」を引いてこの俗傳を詳說せしめよう。

『五冠山の西峯に石ありて屹立し、銛利戟の如し、人之を戟岩と云ふ。其の背逶迤として西折し、南は松岳に接す。王氏太祖（王建の事）三韓を統一して都を松岳の陽（南）に肇建するや、是れ三災發作の所たり、若し之を攘はんとせば宜しく石幢を立つべしと。是に於て其の陽、崖臣石の上に於て石柱を四方に立て列すること屋の如くし、長明燈を置きて以て戟巖の灾を鎭め、且つ明君相繼き、忠臣絕えざるを以て願とす。故に王氏世々大府寺をして其燈油を供せしむ。』（開城郡面誌）

三　窺峰を防ぐ犬と燈

高麗の國都開城は有名な風水の明師道詵に依つて相定され、且つ「千年の國都」であるとの折紙までつけられたものであつた。然るに時の經つに隨つて國運漸く動き、群臣の間には國都開城の運數が旣に衰滅したのであるから、他に吉地を選定して其處に遷都すべしと云ふ議をなす者も少なくなかつた。然し他に吉地を求むるにしても皆悉く道詵の秘記又は密記に依つてその良否を判斷したのであるから、その信仰せられる秘記の著者道詵が直々に定めた開城に衰運の兆あるを疑ふ餘地がなさゝうなものであるが、端しなくこの國都選定には一の重大な手ぬかりがあつた事が發見されてからは、道詵に對する信仰は薄らがないにしても國都開城に對する信頼は大いなる衝動に依つて覆されたのである。

その手ぬかりと云ふのはかうである。道詵は唯一の風水師であつたから、その相定に些のくるいはなかつたのであるが、彼が開城の地理を察して都城の基を定めた、その日は恰も天氣がどんより曇つて居たので遠望が利かなかつた。處がその後晴天の時には遙か巽《たつみ》の方に當つて漢陽(京城)の三角山が恰かも賊の如く開城を窺つて居るのであつた。(この三角山は以前は立派な山形をなして居たが高麗時代に落雷があつて、之を崩し削り、今見るが如き三つの角《つの》を並べた如き形となつたのであると云はれて居る。)この窺峯を發見した松都民は始めて國都の運勢が日に衰へ行くを了解したのである。卽ち道詵の發見しなかつたこの窺峯が、常に開城の虛を窺つて居るが爲めに松都の運勢は消衰するのであると。

そこで考へ出されたのが先づこの窺峯を防ぐ方法である、卽ち常明燈一個を巨岩の上に置き、鐵製の犬十二個を鑄造して、それ等を都城の東南陽(巽の方)に列し、以て遠く三角山を厭勝したのである。蓋し窺峯は風水上より見て恰かも賊が人の虛を窺つてその生命財產を奪はんとするが如きものであるから、三角窺峯を防ぐには恰かも賊を警戒するに必要なる犬と燈とを以て之を厭勝したのである。

現在青郊面德岩里の燈擎岩(燈をかゞけた岩)及び、松都面と青郊面との界をなす烏川に架せる善竹橋

開城の坐犬橋

の南方にある坐犬橋は何れも三角窺峯を厭勝した燈と犬との名殘を留めるものであると云はれて居る。

この坐犬橋に就て一説には、これを前項に於て述べた、滿月宮鎭護の爲めに五獸不動の風水厭勝に用ゐた石犬を置いた處であると云つて居る。卽ち滿月臺（延慶宮基）は老鼠田に下るの形であるから、道詵がその基を定むる時、石猫を造つて宮の前山に具へ、又石犬を子男山下に造り据へ、石虎を蘿蔔山下に置き、相を以て勝を壓した。坐犬里、虎井洞等の名は皆其時に稱せられた所であると。（開城郡面誌）

四　周山の所應

滿月臺の南方に龍首山、進鳳山の二山がある。これは何れも滿月明堂に對して案山となつて居るのであるが、この進鳳はその形、風水上玉女粧臺形をなし、龍首は筆の形をして居る爲めに、その影響松都に及び二つの現象を惹起したと云はれて居る。その一つは案山の進鳳が玉女粧臺形であるが爲めに高麗の諸王累世中國公主（支那の帝王の娘）の婿となるの榮譽を負つたのである。（然しながら事實は之あるが爲めに闔權の厭抑を忍ばなければならなかつたのである）。龍首が筆山をなすが故に松都人は多く中國の科擧（試驗）に甲第（優秀の成績で及第）することが出來たのである）。然しながら松都の局をなす靑龍白虎に就て云へば白虎の山その勢强く、靑龍の山その勢弱きが故にその所應として國に名相なく屢々武臣の亂を繰返し經驗しなければならなかつたのであると。（八域誌）

五 風水の影響

風水に依つてつくられ、風水に依つて生活した開城には少なからぬ風水的影響に依つてあらはれたものがある。次にその代表的なものに就て述べるであらう。

（イ） 高樓の禁

忠烈王の時觀候署が上言して曰く、道詵密記に依れば多山を陽となし高樓を陽となす（而して平屋を陰となす）我國は多山であるから若し高屋を作れば必ず衰滅するであらうと、故に太祖以來上宮闕より下民家に至るまで悉く高屋の造營を禁じて居たのである。然るに聞く處に依るに造成都監が上國

（支那の宮闕）の規模に倣つて層樓高屋を作らむとするとの事であるが、是則ち道詵の言に悖り太祖の遺志に遵はざるものである。若し之を敢てすれば不測の災禍があるに相違ない、忠烈その言を納る。と高麗史に傳へて居るが、之に依つて見れば高麗の國都ではその初めから風水の效果に鑑みて家屋の高さに制限を加へ、決して高層の建築をしなかつたものと推知せられる。

（ロ）衣服器具の定色

恭愍王の時（一三六八）、司天監が上書して曰く、玉龍記には、我國の地勢白頭に始まり智異に終る水根木幹の地であるから黑を父母とし青を身と爲すの地德である。若し風俗地德に順ずれば則ち昌へ、逆すれば則ち災ありと云つて居る、この風俗と云ふのは上は君王より、下臣民に至るまでの衣服樂調禮器等のことであるから、今より文武百官黑衣青笠、僧服は黑巾大冠、女服は黑羅とすべく、又諸山に松を栽えて繁茂せしめ、凡ての器具悉く土風に順ずるやうにしたいものであると。この上言は王の納るゝ處となつた。（高麗史）

（ハ）尙藥局を毀つ

高宗二年（一二一五）時の權相崔忠獻は擅まゝに風水の故を以て尙藥局を破毀したその理由はかうである、この尙藥局、卽ち王に上る藥草を調劑する所は宮闕の西にあり、常に杵を以て藥を擣いて居るので、この杵で擣く爲めに山西の旺盛なる地氣を損すると云ふのである。忠獻の居宅が山西にあるので、その旺氣を損耗されては自家の運命に重大な致命傷を蒙むると考へて遂に藥局の破毀を敢てしたものであらう。（高麗史）

（ニ）溝を鑿つて厭勝

恭愍王十五年（一三六六）鷹揚年の上護軍たる武將金元命は時の怪僧辛旽に黨《くみ》して竊かに政權の掌握を目論んで居たが、朝に居る臺諫の文臣がその奸を發かんことが恐ろしくて計畫を順調に進めることが出來ない。そこで風水術家に聞き、溝を市の北街に鑿ち以て朝廷を壓せむとした。それは術家の言『經レ市鑿レ溝。武盛文衰。』を用ゐてしたことである。（高麗史）

（ホ）秘記の利用

高麗の國は風水に依つて興り、その國都は風水に依つて定められたが、その風水を驅使したものは道詵であつた。だから高麗朝ではこの道詵を神の如く尊崇し、何事をなすにも道詵の手に成れると稱する秘記、密記を金科玉條と信じて、之に據つて事を決する程であつた。太祖が既に大の道詵信奉者であつた爲めでもあらうが、道詵記に云云とあるとその記事を引用した臣下の上書は一も二もなく時の王に納れられると云ふ勢であつた。從つて之を利用して自分の意見なり主張なりを貫かんとするの風がいつしか廷臣の間にあらはれたのも當然なことである。その一二例を擧ぐれば忠烈王三十一年(一三〇五)夏四月、王は江南の僧給瓊と云ふ者を召し出し宮中に於て淑昌院妃と一緒に王も菩薩戒を受けた時の事、中贊の韓希愈、承旨の崔崇兩名が入啓して「秘記云、國君敬二南僧一必致二覆亡之禍一。願殿下愼レ之。」と云つた。然しながらこの入啓は王の聽くところとならなかつた。(高麗史)次は恭愍王時代の出來事、王の十四年(一三六五)五月僧遍照を師傅となし號清閑居士と賜ふて國政を相談することにした。この遍照と云ふ人は靈山縣玉川の奴であり幼にして僧となつたが、その母賤しきの故を以て、いつも仲間はづれにされて居たのであつた。處が王一夜、刺客の劍に刺されむとする處を一人の僧があつて之を救ひ、依つてその危きを免れた夢を見、翌日その談しを太后にして居ると其處へたま〱將軍の金元命が遍照を伴れて謁見した。見ると遍照の容貌が夢中に王を救つた僧にそつくりなので王は大に之を異とし、ともに語つて見ると聰慧語るところ悉く王の意に適中した。王は素より佛を信じて居り殊に夢の事もあるので遂に右の如く師傅としたのである。爾後王の信頼愈々厚く、七月には眞平侯に封じ、十二月には守正履順倫道燮理保正功臣壁上三韓重大匡領都僉議使司判監察司事鷲城府院君提調僧錄司事兼判書雲觀事と爲した。かくて遍照は始めて姓を辛と稱し名を旽と改めた。一介の名もなき賤奴が一朝王の信任を得るや遂に政權を一手に握るの勢であるので他の朝臣等は不平の憤りと空恐しさの怖れから遂に之を除かんことを計り、十六年冬十月知都僉議呉仁澤、前侍中慶千興、前評理睦仁吉等が集つて辛旽排斥の密議を凝らしたが、その時に議せられた排斥の理由は道詵記に『非僧非俗の人政を亂り國を亡ぼす』の語があるが辛旽こそ非僧、非俗の人であり擅に政を亂して居るから秘記はこの人あるを豫言して居たものである、と云ふのであつた。處が排斥の對象たる當の辛旽も亦默して居らず、彼も同じく道詵記にある松都氣衰の說を以て平壤遷都を王に勸めたのである。（高麗史）

第五章　都邑の風水

第一節　都邑と鎮山

人の集團せる地域に就てその風水的影響を考ふるものを都邑風水となす（第一章第二節參照）。この都邑には州、府、郡、里、洞の名に依つてそれぞれ規模の大小はあるが、それが何れも集團陽基である以上、いま取扱の便宜からして之等を纒めて都邑と見做し、以てその風水的考察を下すこととする。

この集團的陽基は個人的陽基に對してのものであるから、一個の家居卽ち個人的陽基とは異なる點があるやうに考へられるが、之をその規模上より見て個人的陽基が大なるものである場合には優に集團的陽基に匹敵するものがあり、又その風水的見地から之を云へば集團陽基も個人陽基も全くその趣を一にするものであるから集團陽基と個人陽基とを區別して論ずる必要毫も存せざる譯であるが、集團陽基は個人陽基とは異なり一人又は一族姓の住地でなく二人、二姓以上の群居地であるから、個人陽基よりもその移動が困難であり、譬へ移動が可能にしても他に新しき住地を選定することが、個人陽基の如く一人の意見を以てすることが出來ず、二人以上の協議を必要とする處から容易でないのである。從つて若し一部落の風水的效果が不吉となつても直ちに之を他に遷すことが出來ないので、こゝに風水上個人陽基には見受けることの出來ないものが附隨するのである。それは裨補であつて、移動の容易ならざる缺を補ふが爲めに、その地の地氣の欠陷を或る人爲的施設に依つて滿すことである。

然しながら個人的陽基でも、その家族員數が增殖して、之を他に移すことが容易ならざるに至れば、新らしき吉地を選ぶよりも裨補を以て舊地の地氣を補益せむとするものもあるから、裨補風水はあながち、集團陽基に專屬するものとも云へない。けれどもこの家族員の增殖に依つて他に移居することが困難になつたと云ふことは、之を姓別の上から見て一族一家であつてもその生活狀態からすれば純然たる人衆の集團部落であるから、この部落は旣に個人陽基の域を脫して集團陽基に變化したものである、從つて集團陽基に附屬する裨補が使用されるものに外ならない。

さて朝鮮の集團陽基を風水的に觀て最初に注意せられることはその大部分が山を後ろにした平地にその基を卜して居ることである。この後山を鎭山と稱して居る。この鎭山はその陽基を鎭護する山の意であることは勿論であるが、陽基を卜するに當り必ず山を以てその鎭護とすると云ふことは風水上極めて興味あることである。

この鎮山は、神は上方に居ますと云ふ觀念から、神は山上に居ますとなり、この神に依つて生活の安居を保護して貰ふと云ふ、部落保護神の鎮座する山となす觀念に依つて名づけられたものであらう。だからこの鎮山のなき海邊、平野の部落、又はこの鎮山から遠く隔つた所の部落では一本の老樹を以て神木となし、この神木に依つて天神の加護を享けんとして居るのである。然しながら一本の大樹を神木となし、之に依つて天神を招かんとするの觀念は神の認識と云ふ點からも、又神の安住期間の長短と云ふ點からも、山と比較して極めて抽象的であり瞬間的であるから、神の加護を受けんとする念の强ければ强き程、山を求めるのが自然であらう。蓋し山は溪谷あり幽藪あり森林あり、何者か神性の實在を想像するに、晴れ渡る天空に神の存在を信ずるよりも極めて容易であり、大樹は如何に大樹なればとて、天神がいつも其處に宿るとは信じにくい。然るに山は之に反し神の常住の聖域として仰がれるに最も適當なものである。從つて神の保護に依つて生活の安らかさを希ふ人々にとつては山を後ろにした土地をその住居の基地として選定するのには少しも無理がないのである。

由來朝鮮の集團陽基は、それが州にせよ、府にせよ、郡にせよ、苟しくも都邑であるものは殆んどその總てがこの鎮山を有し、この鎮山の下に群居して安らかな生活を送つて居たのである。この事は「東國輿地勝覽」の「山川條」を見る時思ひ半ばに過ぎるものがあるであらう。

この鎮山を求めて邑を定め、鎮山の下に集團陽基をなした朝鮮の都邑は、後來の風水說と交捗をなすに極めて好都合なものであつた。風水說より見れば、朝鮮の都邑は悉く風水說に依つて卜定されたものとなすことが出來る。從つて風水說が人々の信仰を得るに至るや都邑風水は直ちに朝鮮の各都邑に依つて採用されたと想像するに難くないであらう。如何となれば風水の主眼とするところは生氣の流れ來る地を求むるにあり、その生氣の流來は山脈に依つてゞある。この山脈を來龍と云ふ。從つて風水的に吉地たるにはこの來龍の山ある處でなければならぬのである。この來龍はこれを朝鮮の都邑に就て云へば全くその鎮山に相當する。嘗ては都邑を保護する山神の鎮座する山が、都邑の住民をして幸福な盛榮を來さしむべき生氣の由つて來る來龍であると教へられるに至れば、念を入れて行つた祭祀が空だのみに終りし經驗もある山神の鎮座する山として鎮山を尊崇するよりも、陽陰五行の深き哲學的根據を有し、人生の吉凶は全く生氣を享くるの厚薄にありと、理論的體系を具へる風水說に依つて生氣を齎らす來龍、成局の玄武として、この後山を目するのが、都邑の幸福を確實に約束するやうに信ぜられるであらう。

　朝鮮各都邑の後ろに聳ゆる鎮山がそのかみは山神の居ます聖山として考へられ、その後都邑風水の來龍として重視せらるゝに至つたことは、朝鮮民間信仰意識がその尊崇對象として天神より地氣への變遷となり、神力に依りて幸福を齎らさむとする幼稚な原始的な考へより、生氣に依つて繁榮を效さむとする理論的人爲的な考へ方に變化したことを物語るものであつて、朝鮮都邑の後に默々として立つ山は、この意味に於て朝鮮民間信仰が鬼神信仰から風水信仰へと、その歩みを進めたことを示すものであり、神力信賴が地力信賴に遷り行つた事を語るものとして看過すべからざる存在である。

第二節　都邑の類形

朝鮮の集團陽基たる都邑が風水信仰の上から最も重要視せられて居るものは、藏風得水と云ふ風水の本原的なもの或は青龍白虎朱雀玄武四砂朝案等の形勢如何に依つて生氣の貯積を論ずると云ふよりも、その基地の形が何に類するか、その形狀如何に依つて吉凶を云爲すると云ふ風水上寧ろ皮層に屬する類形觀である。四砂朝案と生氣の關係乃至藏風得水と生氣旺盛の關係などは本來風水說の上に於てこそ重要なものであるが、それは理論的であり抽象的であつて、風水の理論に通ずる有識者間にのみ價値あるものとされても、風水の理論に精通し得ない者にはその了解が困難であると同時に信仰せられることも容易でない。風水の理論に精通すると云ふことは萬人の能くするところでなく、一般の信仰するものは抽象的な理論でなくて具體的な形相に他ならない。從つて都邑風水が一般民庶の信仰

平壌全景

沈鍾の練光亭下

意識の中にその存立を占むるにはその理論にあらずして具體的な類形であるを免れないであらう。朝鮮の都邑風水が全國的に普及して居る程一般的であるだけ、その風水信仰の對象となるものが、風水の本原的なものでなくて、その外相的な類形であることは必然の歸結と云はねばならぬ。

いまこの都邑類形の風水信仰を實際に就て見るならば、

一　平壤の行舟形

平壤の邑基は萬壽臺の南麓にあり、現に大同郡廳舍のある處である。この萬壽臺は牡丹臺(東方)の支脉が平壤平野中に下つて、邱岡をなすもので、之を穴とすれば其の青龍は短く、白虎は長い。而して大同江の長流がその前方を北東より南西に彎曲して流れ、この江を隔てゝ朝對遠く連なり、こゝに偉大な水大局を形成して居る。この平壤は古來その形『行舟形』を爲して居ると云ふ。李重煥の「八域誌」にも平壤の地理は『行舟形』をなして居るので鑿井を忌む。舊時鑿井したら火災が多かつたので遂に之を湮塞してしまつた。それで公私とも皆用水を大同江から汲んで使つて居ると載錄して居る。又邑形が『行舟形』であるので、之を鎮める爲めに現在でも、鐵の碇を練光亭下の深淵中に沈めて置くのである。

二　清州の行舟形

忠清北道廳の所在地である清州は、高麗太祖二十年に州となし牧を置いたのであるが、「東國輿地勝覽」に依れば、州城内に在る龍頭寺の址に高さ十餘尺の銅檣があるが、この銅檣は高麗太祖の時此處に州を設けた初め風水術者の言を用ゐて、この銅檣を建て以て行舟の勢を表はしたものだと云ふ傳説を有つて居ると述べて居る。「清州沿革誌」には、この鐵幢が清州警察署の構内にあり、周り四尺七寸、長さ二尺一寸三分の鐵筒を積み重ね、其の數三十であつたが今は二十を餘すのみであり、幢の頂には寶珠形の光頭裝飾があつたらしいが現存しない、清州城を舟と見做し此の鐵幢をその檣として建てたものであることは、清州を呼んで舟城と云ふ點からもあながち牽强の說でないと記して居る。

三　茂朱の行舟形

全羅北道茂朱郡茂朱面邑内里は、古來よりその形『行舟形』にして前七屯山後七屯山あり、邑基が舟を浮べたるが如き形なるを以て、この邑内里には財産家絶ゆることなく永久に續出すべしと云はれて居る。(昭和四年五月茂朱警察署報告)

四　掛津洞の蓮花浮水形

江原道襄陽郡竹旺面文岩津里字掛津洞は、古來その地形が『蓮花浮水形』の吉地なりと傳へられて居るが、同里は現に戸數四十餘戸の集團部落で、何れも中流以上の生活を營み、殊に近來は漁獲物が多く殷賑を極めて居る。(昭和四年六月江原道襄陽警察署報告)

五　彎弓形と武士輩出

咸鏡北道城津郡鶴西面院坪洞及び德仁洞の中央を貫流する院坪川は、之を『彎弓形の流水』と稱し、この川があるが爲に約五十年前迄は、兩洞内に多數の武士が輩出したと云ふことである。(昭和四年六月城津警察署報告)

六　王字城と五龍爭珠の地

忠淸南道天安は、高麗太祖の十三年に風水術師倪方の言を聽いて天安府を置いたのであるが、それはかうである。太祖が百濟を征した時風水術師倪方が、郡の東北にある鎭山は、その山形王字形をなし、郡の基地は『五龍爭珠』の地であるから、若しこの山に壘城を築き、三千戶邑を置きて鍊兵すれば百濟は將に自ら降るべく、統三して王と爲ること立つて待つべしと云つたので、太祖は早速風水を相してこの山に王字城を築き、此の地を天安府となし、後十萬の軍を此處の鼓庭に駐屯せしめ、遂に甄氏を破つたのである。（東國輿地勝覽）

七　公州の行舟形

忠淸南道廳のある公州も亦古來その州勢が『行舟形』とされて居た。故にその附近の山名に、舟尾山（州南半里）艇止山（州西北半里）及び沙工巖（沙工は船頭、州南約十二町）等のものがあるとの事である。（同上）

八　半月城

忠淸南道扶餘郡に半月城址がある。「勝覽」の記する處に依れば、これは往昔百濟の都城であつて、石築、周一萬三千六尺、扶蘇山を抱き兩頭白馬江に抵りてその形恰も半月の如きが故に半月城と名づけた、嘗ては縣治をこの城内に置いたものであると。この半月城は新羅の都であつた慶州にもあつた。また高句麗の都であつた平壤にもあつた。これは高句麗の寶藏王が道士の言に從つて、半月は滿月に比して缺くる處があるから滿月にすれば以て國運を盛ならしむる事が出來ると、暗に半月城である新羅、百濟を厭勝する心算りであつたが、半月は新月であるから、その將來は益增大する運命を有するが滿月は最早滿了したものであるから將來はたゞ缺ける運命しか有つて居ないので、高句麗はそれから間もなく滅亡してしまつたと傳へられるが如く、三國の都城が一樣に半月城を以て都城としたことは、その頃三國に共通した築城形式が用ゐられたものか、又は新月は次第に滿つると云ふ風水的類形信仰から由來するものであらう。(新羅第四代の王脫解が未だ王位に卽かぬ時吐含山から居所の地をトした時、その時は瓠公の邸であつたこの半月城の地を、最も有望な地として遂に之を手に入れたと云ふ傳說から考ふれば、その頃は已に風水的智識が存在し、三國ともこの風水的類形に依つて國運の發展を祝福する目的から等しく半月城を築いたものであるやうに想はれる。猶ほこの半月狀をなせる所が將來國運發展を來すべき地であると云ふ信仰は高麗時代に於ても存在したことが窺はれる。それは高麗第十八代毅宗王の時、白州に宮闕を造營して重興闕、大化殿と名づけ、王之に親幸して賀を受けたことがあるが、之は時の太史監候劉元度が『白州兎山半月岡は實に我國重興の地なり、若し宮闕を營まば、七年の內に北虜を呑むべし』と奏したことから近臣の差遣、風水の相地となり、遂に吉

慶州の半月城

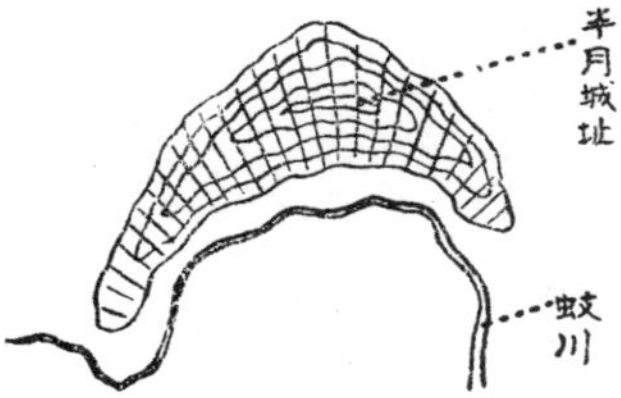

地として宮闕を營なんだのである）

九　飛鳳愛竹

慶尙北道永川郡に鵲山と竹防山との二山がある。何れも郡邑から近き處にある山であるが、その名の由來は、郡の地勢が飛鳳に似て居る、鳳は瑞鳥であるが飛び去つては郡邑の滅亡を來すことになるから、そこで鳳は竹を愛するの理に依つて鳳の飛去を防ぐ意味で、その南方にある山を竹防山と名づけ、又鳳は鵲の噪音を耳にすれば、之を獲へんとして飛去らないからと云ふので、同じく邑南の山を鵲山と名づけたのであると傳へて居る。（東國輿地勝覽）

この飛鳳形の厭勝に就ては仝南咸安に實例がある。咸安郡治の後山は飛鳳形なので、萬曆年間時の郡宰鄭逑（寒岡）が、郡治の基地を地盛りして鳳卵となし、郡の東北方に碧梧千株を植えて大桐藪と名づけ、大山里に竹を植えて竹藪となし（今の竹嶺）以てこの飛鳳を永久にとゞめむとしたと傳へられて居る。而してその飛鳳形は圖の如きものである。（竹の實は鳳凰の餌と謂はれて居る

咸安の飛鳳

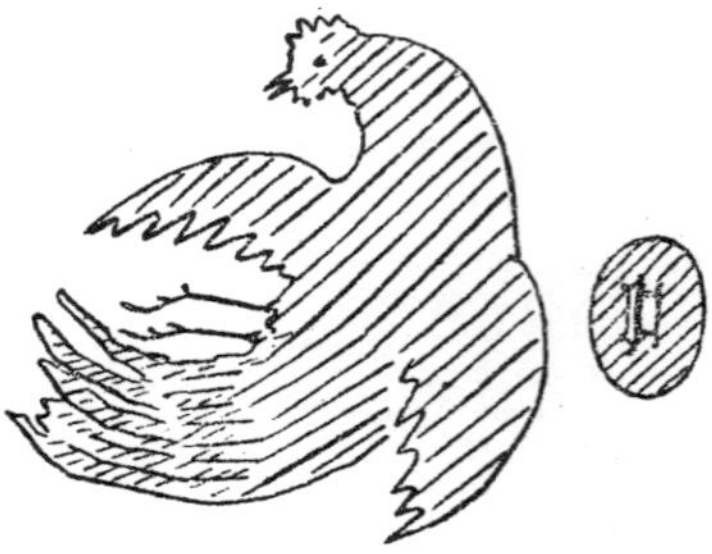

一〇　淸道の吠城

慶尙北道淸道郡邑の東に吠城と云ふ城があつた。傳ふる所に依れば、高麗の太祖が東征してこの郡境に至るや、嘯り聚つた山賊共が此城に據つて服さない。そこで太祖はその攻擊法を奉聖寺の僧寶壤に問ふた。壤は犬と云ふものは夜を司つて晝を司らないもの、又その性前を守つて後を忘れるものであるから、宜しく晝間城の後方に當る北方から攻め寄せれば奏功すべしと答へた。太祖はこの言に從つた處、果して賊は大敗してしまつたと。(東國輿地勝覽)

一一　江界の玉女開花

平安北道江界郡江界邑は玉女開花形(?)の地勢をなし、禿魯江を隔てゝ獨山(男根類形の山)

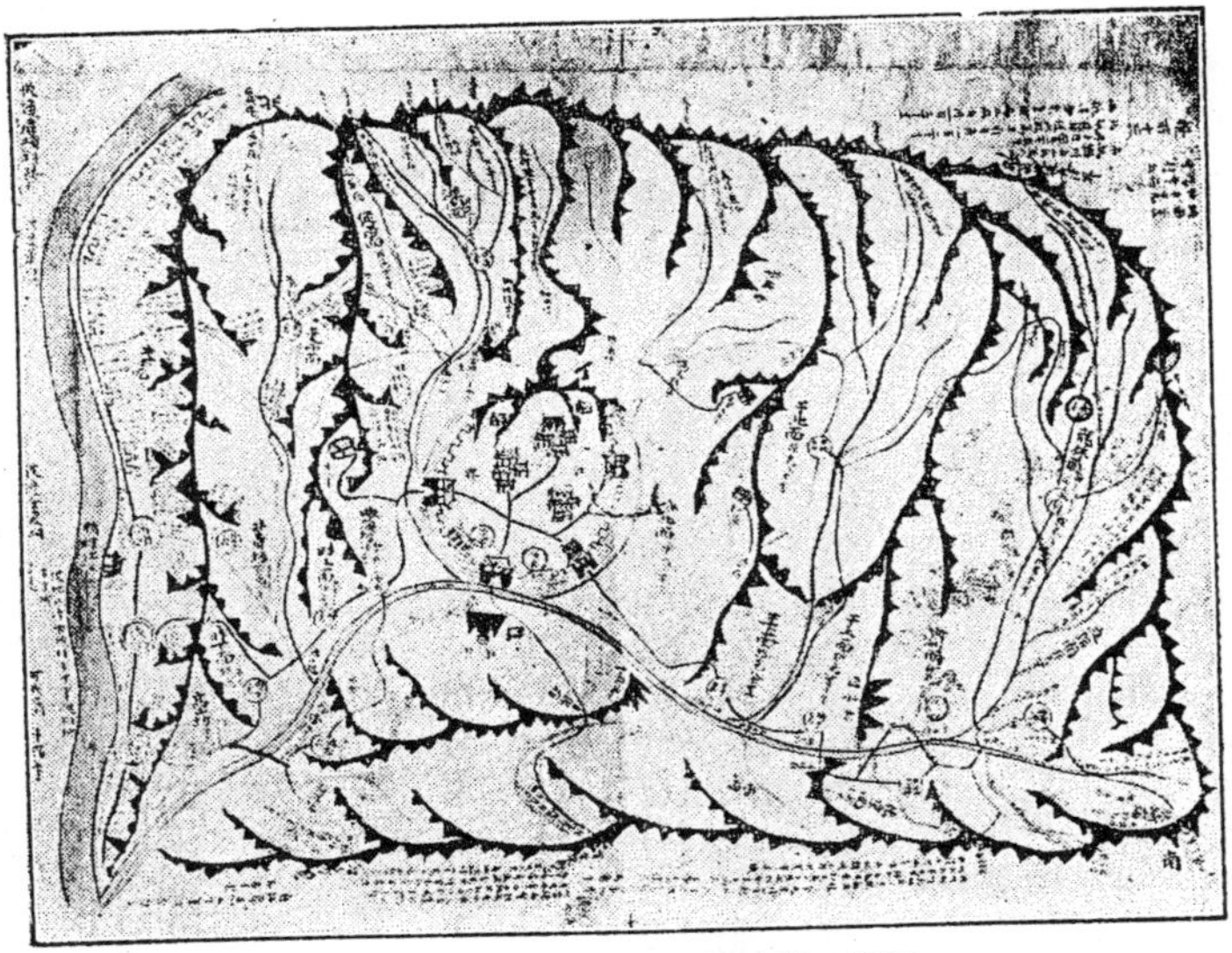

江界の輿地圖　(イ)開花形　(ロ)獨山

が之と相對峙して居るので、永遠に旺盛な生氣の湧出を蒙るが爲め、江界はこの附近に稀なる繁榮を古から今に繼續して居るものであり、且つ女氣盛なるが爲めに古來此地には淫風の絕ゆることがないと云はれて居る。(詳細は第一編第四章第一節參照)

一二　江西の舞鶴

平安南道江西郡の郡邑はその後ろに美しき舞鶴形の鎭山を有して居る。この山を形に依つて舞鶴山と名づける。邑の繁榮はこの瑞鳥である鶴の舞ふが故に效されるの

江西邑と舞鶴山

であるが、若しこの鶴が舞ひ終つた時には他に飛び去るであらう、若し飛び去れば江西邑は衰滅の厄を蒙るであらう、と云ふので今を距ること數百年前時の郡守某が、術者をして風水的考究からこの舞鶴を永久に江西に止めるべく、前方に鶴卵丘を築き、その南方九龍山を栖鶴山と名づけ、鶴棲池を鑿り、卽ち鶴栖の巢と舞鶴の休憩池と而して愛着の卵とを供して以て厭勝とした。(「輿地勝覽」に依れば九龍山は縣南十五里、鶴卵丘は縣南三里にある。それが爲めに今に

邑内五百の民戸中貧民一戸をも出して居ないと云ふことである。）（第一編第四章第五節參照）

一三　老鼠下田形の都邑

高麗王氏五百年の國都であつた開城、及び黄海道殷栗郡の邑基は、ともに『老鼠下田形』をなして居る。この『老鼠下田形』の所應は、親鼠が田に下つて食を求むるのであるから、その氣運恰かも鼠產の如く繁殖するにあるので極めて良好な地形として喜ばれるのであるが、然し鼠は猫に脅かされる虞れがあるので、『老鼠下田形』にはこの猫を厭勝することを忘れてはならない。それであるから開城でも之を押へるが爲めに虎石を置いて居たが、殷栗でも亦南方に猫來山が聳えて邑基を睨んで居るので、邑治の基を定むる際にはその廳舍の門を南面とせずして西向とし、而して邑の南西を流れる南川に、多くの樹を殖えて猫の越え來らざるやう並びに睨みの視線を妨げるやうにして居る。（昭和四年）

一四　金鷄抱卵

忠清南道瑞山郡泰安はもと泰安郡廳のあつた所で（大正三年廢止）、その後にこの邑の鎮山たる約三百メートルの白華山が立ち、その中復に太乙庵があり、庵後には巖に刻りつけた石佛像二座がある。この邑基は、古來風水家の所謂『金鷄抱卵形』なりとして傳へられて居るが、現に面事務所、普通學校、金融組合、郵便所、警察官駐在所、市場、屠獸場、避病舍等が皆此處に存在して、殷富の都邑となつて居る。（大正十四年「瑞山郡誌」）

猶ほこの白華山は京城に背いて立つて居るから、李朝時代には泰安人の科擧に及第するものがなかつたが、後世には金貫子三斗、玉貫子三斗の貴人が續出すると稱して、望を將來にかけて居たと云ふことである。（昭和四年）

一五　筆山と書家、虎岩と寡婦

全羅南道濟州島濟州面甫木里の南方に森島が横はり、其處に筆の如き形をなせる大石が突出して居る。之を俗に文筆峯と云ふ。この文筆峰あるが故に、甫木里には古來書家が多いと謂ひ、同面西歸里の海岸通りは、同面法還里の南方にある虎島の石窟(俗に虎口と云ふ)に向つて居るが爲め、此處の男子が多く夭死し寡婦となるものが多いと謂はれて居る。（昭和四年）

これを風水的に説明すれば虎は陰性のシンボルであるから、陰氣盛んなる爲めに陽性の男子が夭折して寡婦が多く殘るのであらう。

文筆峯とはその形、山巓尖りて恰かも毛筆の穗さきの如き形をなせる山を云ふのであつて、之あるが爲めにその麓の地方に及第者が多く輩出するところから、一名壯元峯とも呼んで居る。この壯元峯は幾多の地にあり、光州の壯元峯、咸安の壯元峯などは、之あるが爲めに名官文章の士が輩出したと傳へられるもの丶一二例である。

猶ほこの類形の風水的影響に就ての實例は、本編第六章第三節に幾多の實例をあげてある。

第三節 都邑の厭勝

都邑風水が前述せる如く、概してその類形に重きを置く場合には、この類形がその地に居を定むる集團の運命を左右するものと考へられて居た。卽ち『行舟形』の陽基は、行舟が人及び物を滿載して將に出發せむとするものであるから、人々の蕃殖と財貨の蓄積を惠まるゝ運命を享けるが、然し行舟は、舵、檣、碇、船頭を缺く時は、よくその任を果さず或は覆沒漂流の虞があるから、之等のものを必要とし、猶ほこの地に井を掘ることは、恰かも舟底に穴を穿つに等しいから、絶對に之を忌まねばならぬとなすが如く、又『飛鳳形』、『舞鶴形』は、之等の鳥が何れも靈鳥であつて、聖人君子の出で、極めて目出度き時でなければ舞翔しないものであるから、若しこの形をな

慶南咸安の壯元峯

す所の都邑には、この形に相應すべき立派な人物の出づる運命を享受するが、然し鳥は飛行する性のものであるから、之が飛び去つてしまつては、そこの運命も逸去してしまうと云ふので、是非とも永久に此の地に止むべき卵丘をつくるとか、棲池を供するとかする必要があると云ふが如く、その地の人に及ぼす力は、全く類形の有つ靈力と同一視せられると同時に、この幸福を齎す運命を永久に、充分に享受せむとするには、是非とも之をして充分の力を發揮せしむる必要から、こゝに之等の類形に對する厭勝が用ゐられなければならなかつた。且又集團陽基は、卜定の後凶なる運命を受くることが發見されても、之を他に移轉することが事容易でないので、その惡運を壓迫してその力の及ばざらむやう、人爲的に厭勝するの方法も講ぜられなければならなかつた。

かうした厭勝風水は都邑風水に於て全く缺くべからざる必須のものとなつたのである。いまそれらの主なるものに就て左に列擧して見よう。

一　飛鳳を壓す

全羅北道金堤郡金溝の東に鳳頭山と云ふ山がある。これはその昔金溝縣のあつた頃の鎭山であるが、その山の形が飛鳳の勢をなして居るので山名とした。その左に楊翅山があり、前に卵山があるが、飛鳳が永く此の地に止まらざるを虞れて、風水術家が、縣の南にある掘褌山に開同寺と云ふ寺を

建てゝ以て鳳鳥飛動の勢を壓した。（「東、興、」巻三四）

2　行虎の勢を壓す

京畿道始興郡の東一里に虎巖山と云ふ山がある。これはこの山の巖に、北に向つて馳らんとするが如き行虎の形をしたものがあるので山名としたのであるが、この虎が飛行し去つてしまへば衿川縣（今の始興郡）の運命が衰敗してしまうと云ふので、風水術に依り、この巖の北隅に寺を建て、その北に弓橋を架し、又その北に獅子菴を設けて、虎の逸北の勢を壓した。（同上巻一〇）

3　龜を以て山を壓す

忠清北道清州郡清安に龜石寺と云ふ佛宇がある。これは清安が高麗初期に清安縣として建邑の時に、その南東に聳ゆる俗離山があまりに高きに失するので、邑の南方山上に龜石寺を刱建し、その山を座龜山となして之を壓した。この寺名を龜石としたのは、水族の神名に依つて俗離山を壓したのである。（同上巻一六）

4　改名裨補

忠清南道瑞山郡泰安の西に安興梁と云ふ渡しがある。こゝはもと難行梁と云ひ海水が險惡で、屢漕船の難敗するものがあつたので、その名を安興と改めて、その厄を免れむとしたものである。又西方知靈山に安波寺と云ふ寺があるが、これも高麗の時、水路險惡にして漕運屢敗れるので、この厄を裨補せむが爲めにこの寺を建てたものであつた。(同上巻一九)

5　驛名を變じて壓勝す

忠淸南道鶴山の東に宿鴻驛がある。これはその古き名を非態と云つて居たが、李朝太宗元年鴻山縣の地勢が飛鴻の勢をなして居るものを厭勝するが爲めに、風水術者がこゝの驛名を宿鴻驛と改めて、その飛勢を防遏したものである。(同上巻一九)

6　縣を廢して類形の影響を免る

忠淸南道牙山郡桐林山の東北麓に、佛巖と云ふ佛像に類似した岩石が、數町に渡つて布列して居るものがある。嘗て牙山縣に赴任した縣監が、或は發狂し、或は鄕吏の凶奸なるに依りて落付く者がなく、三年の間に五人も更迭したことがある。これはこの佛巖の影響に依つて、守令は痴狂となり、鄕吏は凶奸になるのであると云はれて居たので、李朝世祖の朝、忠淸道觀察使黃孝源が、巡視の結果この影響を厭勝するが爲めにその地を三分し、各それを溫陽、平澤、新昌に分屬せしめ、其館舍及官田は黃の所有とすることにした。しかしその後邑人官金鉤、趙圭等の復縣上申に依つて、世祖が溫陽に幸した時復び縣を置くこととした。(同上巻二〇)

7　石龜を埋めて鎭とす

慶尙北道大邱府の南に連龜山と云ふ山がある。これは大邱府の鎭山であるが、傳ふる處に依れば、建邑の初め、石龜を作つて山脊に藏し、南頭北尾地脉に通じて以て邑を鎭した、故に連龜と云ふのであると。（同上卷二六）

8　火鐵を池に沈めて盲を壓す

慶尙南道河東郡理盲岾は郡東二里にあり、俗に之を東京の裨補と傳ふ。その由來は、この山の頂に古き龍のすむ池がある、この龍池の爲めに慶州（東京）の人に盲者が多いと云ふので東京人は極度に之を憂ひ、遂に鐵石を火に燒いて之をその池に沈めた。それが爲め池水が熱し、居ることが出來ないので龍は昆陽の辰梯山下の深淵に徙つた。この後東京人に盲者が絕えたと云ふのである。（同上卷三一）

全羅南道長興に之に似よつた傳說が、邑の東方に聳ゆる獅子山に就て物語られてゐる。卽ち今は昔何時の頃であるか不明であるが、長興邑內はこの山の爲めに、その繁榮がさまたげられると云ふ事が風水的に發見されたので、遂にこの山の頂に鐵の大釘を打込んでその旺氣を壓した。それから長興は災害なく榮え、この山の下には佳氣が溢れて何處も吉地と稱せられるに至つたと。（昭和五年）

9　王位簒奪の五峰山

京畿道開城郡進鳳面興王里に五峰山と云ふ山がある。これは五つの、高さ約百メートル位の山が水田の中に並び立つものであるが、傳ひ云ふ、この山は高麗の末葉微賤より身を起し、王寵を得て權勢を擅にした居士辛旽が、王位簒奪の左望を達せむが爲めに、自分の住宅のあつた興王里の南方開虛せるを風水的に裨補すべく築造したものであり、その結果彼は敢えなき最後を遂げたが、その血統から王位に上る者を出したと。（昭和四年）

10　**山名を改め寺を建て瞽目を壓す**

慶尙北道安東郡安東の近くに天燈山と云ふ山があり、その山に開目寺と云ふ草菴がある。この山と寺に就て傳ふる處に依れば、今は昔、安東府使として有名な風水術に長じた孟思誠と云ふ人が赴任した頃の事、安東には眼を患ふ者が非常に澤山ある。府使が不思議に思つてよく調べて見ると、府の西北方に當つて一の山があり、これが安東邑基に對して瞽砂となつて居た。邑人に眼疾者の多きはこれが爲めであると覺つた府使は、直ちにこの山に登り、山名を天燈山と改め、その山腹に開目寺と云ふ寺を創設して以て、この山の運氣を變壓した。この事あつて後は邑人に眼疾を患ふ者が全く絕えたと云ふことである。（後出安東輿地圖參照）

11　**胃石を立て、淫風を厭す**

安東邑内の後方をめぐる映南山脈中、今の小學校の裏山に當る處に女根の形をした小山がある。俗呼んで之をコンアル《（陰谷）》山卽ち陰核山と云ふ。此處には一つの湧泉があり、四季を通じて臭氣ある流水を見る。傳へ云ふ孟府使の著任した時安東邑内に女子の淫風盛にしてその行を失する者が夥しかつた。そこで彼はこの淫風を革むるに努めたが、先づ之等の失行者を罪すると共に、その由つて來る原因の探究に意を注ぎ、遂にこの淫風が全く風水的缺陷に基づくものであることを明にした。卽ちこの女根山が邑内に臨んで居るので、その陰氣盛なる影響を享けて邑内の女子に淫風が溢るのであると云ふことを發見した。是に於て彼はこの盛んなる山の陰氣を冲和し壓勝するが爲めに、この山の麓に一つと、この山の最もよく見ゆる邑内二箇所に、各一個づつ都合三箇所に三個の腎石（男根石）を立てたのであつた。（この腎石は今の刑務所前の路傍、今の電氣會社のある附近及び南門外五層塔の附近にあつて、十數年前までは殘存して居た。目擊者の語る處に依ればこの腎石は地上に露出して居るところ、長さ四尺位、その周圍三尺位の圓柱狀のものであつたと云ふことである。）（後出安東輿地圖參照）

12　蜈蚣山に對するがま石

安東の西部、木城山の麓にある文廟の裏山に一つの大岩石がある。半ば土中に埋まつて居るから、全體の大きさは計り知れないが、露出して居る部分だけでも一坪位の大きさはあらう。その露出せる

安東文廟後山のがま石

部分は鈍三角形をなして約三十度の上向き姿勢で南東方に面して居る。俗傳に曰く、その昔安東邑の巽方に當つて蜈蚣山が聳えて居り、この山から安東邑内に向つて毒氣を吹きかける爲めに邑人に癈疾者が多出するので、この毒氣を防遏する目的を以て文廟の後山にこのがま石を据えたのであると。而してこの大岩石の露出せる鈍三角形の部分がその頭部であると。

13　邑内安定のマスト

安東邑内南門外、魚菜市場の裏手畑中、五層塔と南池との中間に二本の石柱がある。それは徑三尺程の臺石の上に二本の石柱を對立したもので、その高さ約八尺、上部は缺落した跡があり、地上五尺位の處と七尺位の處に横に丸穴が穿つてあつて、横棒を挿入したものらしく見え、臺石の中央は徑一尺三寸の中高圓盤狀をなし、その周圍に二方の吐口を有する二寸幅の溝を掘つてあるので、打見たるところ長き柱を支へた架石としか思はれない。傳へ云ふ、これは安東邑内の形が『行舟形』なので建邑當時から、舟には檣がなければ安定しないと云ふので、此處に鐵のマストを樹てゝ邑の鎭めとした。その時に用ゐた臺架がこれであると。然るに星霜の久しきその鐵檣は腐壞したので、次で鐵檣に代ふるに大木の木檣を以てし、それが腐れば又新たなものを樹て直したものであるが、今から十年前頃その木檣が朽ち折れてから、そのまゝに打棄てられてしまつたのであつて、實見者の談に依れば檣の大きさ、周り三尺餘り、長さ三丈位のものであつたと。

邑內安定のマストとして傳へられるものの現存する代表的なものは、全羅南道羅州郡羅州邑內の東門外にある石檣がその一である。この石檣は例の如く羅州が舟形をなすので、その安定の爲めに樹てらたものであると傳へられて居るが、その高さ約三十五尺、檣の周り約七尺、長さ七尺位の石柱を數本つなぎて檣となし、基部には檣に鐵輪をはめ、鐵輪から突出せる鐵棒を以て兩側の支石に挿入締結し、石柱と石柱とのつなぎは交互に柱端を半ば喰ひ合はせ、鐵棒二本を以て止め其上に二箇所鐵輪を以て締め合はしたもので、一番頂上に八面の蓮蓋石を載せその上に寶球形を置いて居る。羅州には猶ほ東門內に木造のものがあつたと云ふが、それは現存しない。之を略圖示すれば次の如くである。

羅州東門外の石檣

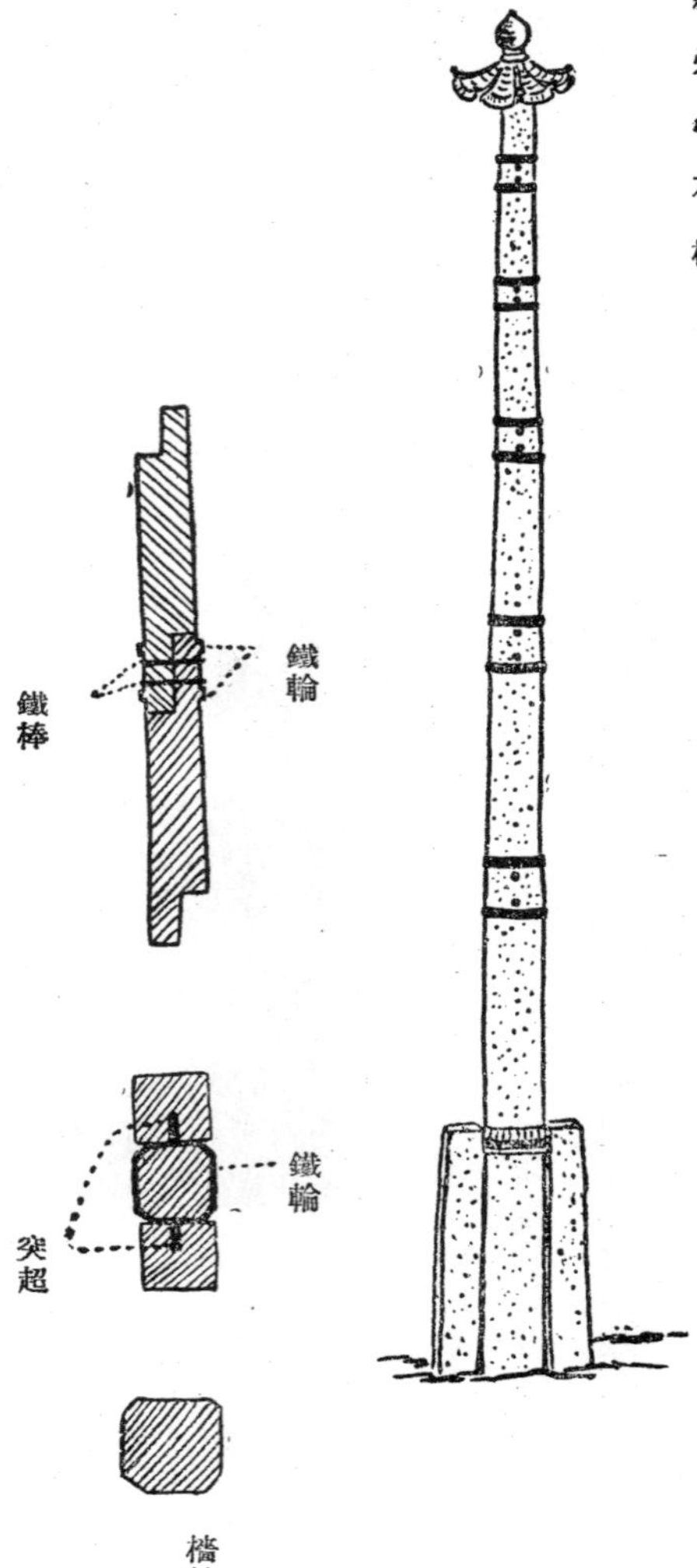

羅州の石檣

14　多士輩出を嫉んで斷脉

慶尚北道善山はその山川が清明肆秀であるので古から次の如き諺があつた。曰く『朝鮮人才の半は嶺南に在り、嶺南人才の半は一善にあり』と。事實この諺に背かず古から文學の士が多く輩出した。傳ふる處に依れば、壬辰(文錄の役)の役に明の遺將が此地を過ぎた時、朝鮮にからした人才の多く輩出する處があつてはいけないと云ふので、術士に命じてその風水を考へ、兵卒をして善山邑の後にある山脉を切斷し、その上、炭を熾《おこ》して之を炙き、大きな鐵の釘を挿してんで以てその旺氣を壓した。それからここから人才の出るのがとまつたと云ふことである。(八城誌)

15 咸安の厭勝

慶尙南道咸安邑には風水的厭勝に就て三つの物語りが傳へられて居る。それは邑基の後山が飛鳳形なので之を抑留せむが爲めに卵丘を置き、桐藪、竹藪を造設したのがその一つであり、邑基を中心とした成局上、南方に高き山が聳え、北方が水口となつて低く遂に南江の低地となるので、之を壓するが爲めに、南方の高山を水に因んだ名を附して艅航《いい》山とし、北方低地の部落名に竹山面《い》、大山面《い》、南山面《い》、代山面《い》等の山名を附し、名に依つて南北高低の權衡を保たしめたのがその二であり、而して郡邑は古くは南面して居たものであつたが、南方に聳ゆる艅航山が峻鋭な火山の形をなして居るが爲めに、屢々火災の難を免れることが出來なかつたので、この災難を避くるが爲め、郡城の正門を南向から東向に變更したのがその三つである。(昭和五年十一月)

第四節　裨補塔

地氣の充溢する自然の吉地が容易に得られるならば問題はない。然るに完全なる吉地の發見は決して容易なことでなく、殊に陽基は陰宅と異なり生活に適せざる處であつては、如何に其處が吉地であつても之を以て定住の陽基とすることが出來ない。且つたとひ建邑の當初は無二の吉地と考へられて居ても、或は地德の衰ふるに依り、或は建邑の時に發見しなかつた不吉の點が後に至つて發見されたことに依つて、其處が安全な陽基たるの資格を喪ふ場合がある。若しこの地德の衰敗又は缺陷の發見に依つて其處が安全な住居でなくなつた場合に、之を棄てて他に吉地を求むるとすれば、生人の住所たる陽基は益々その探求範圍を狹めてしまうであらう。しかし人口の數に比して地表が廣き時、即ち人烟稀な原始上古の時代に於ては、衰へたる舊地を棄てゝ新たに他の吉地に轉居すると云ふことは決して難事ではなかつた。殊にその生活がその住居地と經濟的に人文的に密接な交捗を取り結ばなかつた時代には、住居せる土地に對して何等の執著も惜し氣もなくに離れることが出來たのである。然るに人烟漸く繁くなるに從ひ、生活方が住居地と離るべからざる密接な交捗を有つやうになつては、他に移動すると云ふ事は決して容易なことではない。假りに生活の住地に對する密接な交捗から來る執著の强さより、地力の衰微せる乃至缺陷あるの地に住居することが、生活意識に對してより大いなる恐畏であるとしても、行く處未開の山野のみ多き時と異なり、新たに住居を定めんとすれば、舊地を非常に離れたる山間水邊の荒地か、又は旣に人の住居地となつて居るの地に之を求めなければならぬやうな、地表の廣さの一定せるに反し人口の增殖せる場合に於ては、他に移動すると云ふことは、まことに困難なことでなければならぬ。

旣に集團部落の移動が困難であれば、勢ひ舊地―それが如何に面白からざる所と考へられるにしても―に甘んずるか、乃至は何等かの方法に依つてこの面白からざる原因を除き去るかの二途に出づる外他に方法がないであらう。然るに從來安住の地と信じて安らかな生活を送つて居た者に向つて、その地が實に不吉の地にして災害を致す不安の地なりと、その地力の缺陷を指摘することに依つて脅かした風水術は、一方新たに吉地を他に求めて其處に移動しなくとも、舊地の缺陷を裨補することに依つてその地氣を吉變し、地力を恢復旺盛ならしむることが出來るものであると云ふ、人力を以て自然の造化を左右するの方法をも敎へたのである。

この裨補、卽ち地力を補ふの觀念は、單に風水說に依つて創められたものでなく、古來原始民族に於て或種の靈力ありと信ぜられるものを以て、弱き力を强め、劣れる力を增さむとした借力信仰乃至呪符信仰に、既にその端を發して居る。卽ち或種の呪物を持參し、符文を貼付すれば惡魔に對抗し得る力を增すと云ふが如き風習の存在がそれであつて、この種の裨補信仰の、土地の力を增加することに應用されたものが、寺塔建設に依りて國運を旺ならしめんとしたものが卽ち裨補塔である。

朝鮮に佛敎の入つたのは三國時代の初期であるが、三國とも盛んに寺塔の建設に依つて、その國運の隆盛を期圖した事實は、實に當時渡來した佛敎が既にこの立塔裨補の信仰を伴ない、加ふるに現實的利益を得るに專らなる三國が、偏に佛敎の高遠なる宗敎哲理よりも、その附帶信仰たる裨補信仰に依つて之を歡迎したものであることを物語るものである。しかも三國時代に於ける建寺立塔は、一として國利民福にあらざるなく、しかもその國利民福を效す手段が、寺を建て塔を起すことに依つて地力の旺盛を來し、この地運に浴して以てその目的を達せむとするにあつた。この地力を强めることに依つて國利民福を圖るの觀念は、やがて後來の風水說に含まるる裨補方術にその歡迎の門を開き、その普及を容易に且つ速かならしめたものであつたと云はねばならぬ。この由來を傳說に就てあとづけるならば、次の如きものがよく之を物語るであらう。

一　駕洛王后石塔を船に載せて風濤を鎭む

「朝鮮金石總覽」下卷一三二八頁に金海駕洛國太祖陵崇善殿碑文を載せてあるが、この碑文には太祖

の后許氏が太祖に嫁し來る時船に乘つて來たが、その船には石塔を載せて以て風濤を鎭めたと云ふ傳說を記してゐる。卽ち、

『太后姓許氏名皇玉。蓋云阿踰陀國君之女。或曰南天竺國君之女。或曰西域許國君之女。亦云許黃國。方外別國譜及金官古事、東史綱目等書雜出者不一也。駕洛七年戊申后乘大舶浮海而來。王設幔殿以迎之。自言妾阿踰陀國君之公主也。年今十六。父語妾曰夢上帝命曰。駕洛元君未定配偶。宜遣王女以后之。爾其往哉。乃載石塔于船鎭風濤。故妾得以至此。王遂立以爲后。』

と。この傳說に依れば塔を船に載せることが風濤を鎭める、卽ち石塔には風濤を鎭めてよく船を護るの力があるものとして信ぜられて居たものと見ることが出來るであらう。

2 新羅護國の塔

「三國遺事」に皇龍寺九層塔に就ての傳說がある。それに依れば、新羅第二十七世善德王は女主であるので、諸外國の侮りを受けるから之を壓するが爲めに皇龍寺に九層の塔を建てた。その規模は鐵盤已上高さ四十二尺、已下百八十三尺慈藏法師の支那から奉持して來た舍利を塔中に安置したもので、この塔を樹てゝから天地開け泰らかに、三韓が統一されたと。而して「東都成立記」に依ればこの九層なるものは第一層は日本よりの災を鎭し、第二層は中華、第三層は呉越、第四層は托羅、第五層は鷹

新羅塔の一（全北、益山郡、金馬面にあるもの）

遊、第六層は靺鞨、第七層は丹國、第八層は女狄、而して第九層は穢貊よりの災を鎭するが爲めであつたと云ふことである。卽ちこの九層塔は一方隣國を鎭壓すると共に、一方女主を君王とするが爲めに他の侮りを受ける新羅の威力をしてこの九層塔の建立に依つて國運を旺盛ならしめ以て他國の侮を受けないやうにすることが出來ると信ぜられたものであるやうに思はれる。

3　寺塔の建設に依り三韓を併す

「三國遺事」卷第三阿道基羅條下に、新羅佛敎の盛昌を叙する一節中、

『於是家々作禮。必獲世榮。人之行道。當曉法利。眞興大王卽位五年甲子（五四四）。造大興輪寺。大淸之初。梁使沈湖將舍利。天壽六年陳使劉思幷僧明觀。奉內經幷次。寺々星張。塔々鴈行。竪法幢。懸梵鐘。龍象釋徒。爲寰中福田。大小乘法爲京國之慈雲。他

方菩薩出現於世。西域名僧降臨於境。由是併三韓而爲邦。掩四海而爲家。』と、佛敎の盛なる狀況を敍し、この佛敎盛行に依つて三韓を統一し四海に君臨するに至つたのであると云ふて居る。（事實新羅が三韓を統一したのは文武王八年（六六八）で眞興王より六代百餘年を經てからであつた。）これは佛敎の功德、現世利益の大なることを賞歎したものであるが、寺々星張、塔々鴈行と云ふ所から見れば、當時如何に寺塔の建設が夥しかつたものであるかが察せられるであらう。その法幢を竪て梵鐘を懸ける佛事も國運隆盛を招來するものと考へられたものであらうが、夥しく行はれた建寺立塔は必ずや之に依つて地德を增益するもの、以て國土に靈威あらしむるものと信じたものであることは想像に難くないのである。卽ち之は全く佛敎的裨補信仰の表現に他ならないものである。

之等の數例に依つても想像し得るが如く、三國乃至新羅時代に於ける建寺立塔は主として佛敎的裨補信仰の表現であつて、たとひ當時旣に風水的知識が渡來し居り、その法術はよく陰宅陽基兩方面に適用されて居たにしても、未だ佛敎の如き信仰的勢力を得たものでなかつた爲めに、之が佛敎の裨補信仰と並んで國運、地德の裨補に用ゐられる處までは至つて居なかつたもののやうである。

然るに時移りて高麗の世となるや、新羅佛敎の勢をそのまま繼承し、一層之を國敎として尊崇したものであるから、その盛行は寧ろ新羅よりも著しきものがあつたやうであるが、新羅に於て左迄顯著ならざりし風水信仰は、高麗に入りて漸くその頭角をあらはし、遂に佛教と並んで半島民間信仰界の二大立役者となつたものである。從つて高麗時代に於ける地力裨補は、一方佛教的裨補信仰と一方風水的裨補法術との兩者に依つて行はれ、遂には風水說が佛教に比して、單に信仰のみでなく若干地理的理論を有し、殊に東洋文化の一大源泉となつた陰陽五行說に、その根據を措くとなしたので、地力的裨補には、專ら風水法に依りて之をなすこととなつて、佛教の裨補信仰の勢力圈をも一手に合せ握るに至つたのであつた。いま之等の推移を史實並に傳說に依つて窺ふこととしよう。

1　創寺統三

「東國輿地勝覽」、晋州佛宇條に、

『龍巖寺。高麗朴仝之記す。昔道詵曰く。若し三巖寺を創立すれば三韓一と爲り、戰伐自ら息むと。是に於て仙巖、雲巖と此寺とを創む。』

とあり、朴仝之の「龍巖寺重創記」には

『昔し開國祖師道詵智異山主聖母天王の密囑、曰く若し三巖寺を創むれば三韓統一すべし云云に因りて云云。』

とあるものに依れば、三つの寺院を創立する事に因つて三韓を統一することが出事ると云ふ、智異山

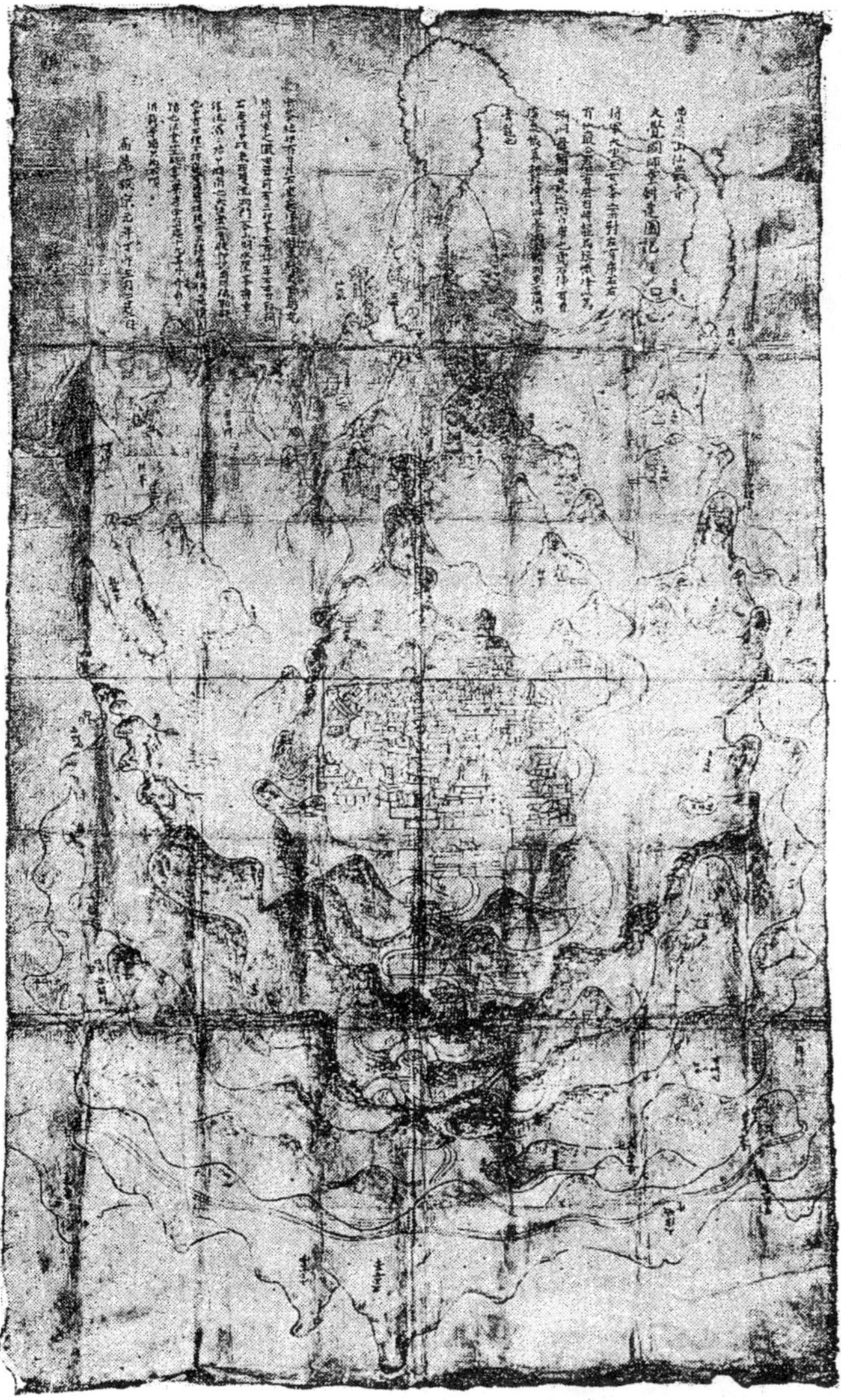

仙巖寺の輿地圖

全南順天郡仙巖寺全景（三巖寺の一部）

神の托宣を受けて道詵が昇平の仙巖寺、晞陽の雲巖寺及び朗州の龍巖寺の三巖寺を創設したと云ふのであるが、智異山神の密囑云云は別として兎に角この傳說は寺院創立に依つて國運に變革の影響が與へられるものと云ふ信仰のあらはれであると見ることが出來る。

2　地德を益するの寺院

高麗太祖が子孫に遺して永く社稷保有の誡となした訓要十條、其二に曰く

『諸寺院は皆道詵の山水順逆を推占して開創せるものなり。道詵云く、吾が占定せし所の外妄りに創造を加ふれば則ち地德を損薄し祚業永からず。朕念ふ、後世國王公侯后妃朝臣各願堂と稱し、或は創造を增さば則ち大に憂ふべきなり。新羅の末、競つて浮屠を造り地德を衰損して以て亡を底す戒めざるべけん

や。」(「高麗史」世系太祖二)

こゝに云ふ願堂とは、祈願のために建てた寺院堂宇の事であり、浮屠とは石塔のことである。卽ちこの遺訓は、願堂浮屠等の寺塔を亂設することが却つて地德を損耗する由を誡め、道詵の占定した寺院は道詵―風水術の明師と信ぜらるゝ―が半島の山川順逆を考査したる後、愼重に推占したものであるから、之を無暗に増減すれば地德を衰へしむる事を敎へたのである。之の遺訓に依つて見れば、高麗時代に於ける寺塔が、如何に風水的意義を多分に含んで居たものであるかゞ推察せられるであらう。殊に新羅末の僧道詵は後世半島風水術の開祖の如く尊仰せられ、且つその當時に太祖の祖先に王者の出づべき地を占定してやつたと稱せられた程風水術に長じた者であるが、この風水術に長じた道詵の推占した寺院のみを以て、地德旺盛從つて國祚安全に效あるものと指定したところなど、高麗に於ける地德裨補信仰は表面寺塔と云ふ佛敎裨補に依るが如くにして、その本質は全く風水的方術に依る地德裨補に變遷したものであることが窺はれるであらう。

而して道詵推占の寺院は、高麗末王辛禑の十四年大司憲趙浚等の上言に依つて寺社田の給付範圍を定めたものに依れば、國家の裨補所と定められた五大寺、十大寺、及び「道詵密記」に記されたものであつた(「高麗史」百官)。道詵の裨補寺院は、山川のどんな處に推占したものであるかを考ふるに、「黄

州成佛寺事蹟碑文」に依れば
『在昔道詵國師。𥘉設叢林道場。岳瀆流峙之勢。國門關防之形。有以燭照於慧眼。要作千百世鎭護之地。」』(「朝鮮金石總覽」下卷一一一五頁)
とあつて、山水襟帶の處、水口閉鎖の處等、風水的に見て吉地と見るべき處であつたやうである。
道詵の推占に依つて創設した裨補寺院の數に就て、「朝鮮寺刹史料」中に載せた「高麗國師道詵傳」にはその數を明記して居る。この道詵傳は、高麗沙門宏演撰の名に依つて撰述されたものであるが、選述者は、傳記の內容乃至高麗沙門と自稱する點等から推して、李朝の者であると考へられる。今その大要を譯記すれば、道詵が入唐して風水の明師一行に師事した時、道詵が高麗國(朝鮮半島圖)の圖を一行に示すと、一行はこの圖を熟視して、この山川の形勢では永久に戰場とならう。然しこれは人身に病氣があると同じく山川の病患あるに依つてだから、人身の血脉處に針灸を施せば病が癒ると同じく、山川の裨補處に建寺立塔すれば、この國運を革めることが出來ると云つて、その三韓圖の山水中三千八百ヶ處に筆で點をつけて裨補處たるべき箇所を敎へた。道詵の建寺立塔はこの敎示に依つたもので、彼の建てた裨補寺院は五百刹であつたから、高麗の治世は五百年であつたのだと云ふ、可なり索强附會の甚だきしものであるが、李朝風水信仰に裨補觀念の强烈なものがあつたことは、之に依つ

て窺はれるであらう

猶はこの訓要の精神は後々までも遵奉せられたもので、十一代の王文宗の十年(一〇五七)王が德水縣(今の開城郡中面德水里)を楊川に移して、その跡に王興寺を創設せむとしたとき、時の中樞院事崔惟善が王を諫めた事が「東國通鑑」に載せてあるが、その諫言も亦訓要の精神に出てゐる。卽ち、

『我太祖訓要に曰く國師道詵國內山川の順逆を察し、凡そ伽藍を創造すべきの地は爲さざる所なし。後世嗣王及び公侯貴戚后妃臣僚爭つて願宇を修めて地德を虧損する勿れと。今殿下祖宗積累の基を承け昇平日久し、固より宜しく用を節し民を愛し、能く盈を持ち城を守り以て後嗣に傳ふべし。如何なれば民財を罄し、民力を竭して以て不急の費に供し邦本を危くせんと欲するや臣竊に惑ふ。』と

3 童山に松を植えて王者を出す

高麗王氏の遠祖康忠が、五冠山摩訶岬に居つた時新羅の監干八元が、扶蘇山(今の松岳)の童山なるを見、この山に松を遍く植えその山の南に郡基を遷せば、將來三韓を統一する王者を出すと云つた。康忠がその言の通りにした處、遂にその子孫に至つて三韓を統一して高麗國を建てた(高麗史世系)。と傳へられるものは、純然たる風水に依る地德の變改であつて、佛者に依る地德裨補から獨立したものである。而してこの童山を變じて青山となし、以て三韓統一の基となした風水術者八元は新羅の人

であり、その時代は新羅末葉であるから、之に依つて考ふれば高麗の前期新羅時代に於て旣に、佛敎的裨補信仰を加味せざる、風水的法術のみに依る地德裨補法が、獨立して用ゐられて居たものであると云はねばならぬ。若したとへこの八元の助言傳說が、高麗王氏が新羅に代つて王業を繼いだのは全く天地の氣運に應じたものであるとなす、所謂君王天命說の例に倣つて作爲したつくりごとであるとしても、この傳說を正史に載錄してある點から見て、この八元助言說は時人の眞なりとして是認したものであるべく、時人が眞なりとして是認したことは畢竟當時の人々の間に、新羅には優秀なる風水術師があり、それ等の風水師はよくその法術に依つて地德を裨補し變改することが出來る者であると云ふ、先入的觀念が存在して居たからであらう。從つて新羅から高麗にかけては、全く風水術のみに依つて地德裨補の實際に行はれて居たものであると斷ぜざるを得ない。

猶は松岳に對する植樹裨補は睿宗の朝にも行はれた。卽ち「高麗史」世系に、『王の二年(二〇七)二月日官奏して曰く松岳は乃ち京都の鎭山なり。然るに積年の雨水に依り、沙土漂流し岩石暴露し草木茂らず。宜しく栽植裨補すべし。詔して曰く可。』と云ふのがその一例である。

4　**山川裨補都監を置く**

高麗二十代神宗の元年(一一九八)に宰樞及重房崔忠獻等が、術士を集めて國內山川を裨補することに依り、地徳を復活して以て國運延基を議し、遂に山川裨補都監と云ふ臨時官衙を置くこととした(「高麗史」百官)。この山川裨補都監は、山川を裨補することに依つて國運を延ばさむとしたのであると云ふから、恐らく山川の順逆に應じて建てた寺塔に關し、並に無暗に創造した寺塔の整理等に關することを取扱つたものであらう。

5 補虚の高岸

高麗十一代文宗の時に御史臺の上言した風水的記事を見るに、

『工部尙書が、王都羅城の東南隅が水の爲めに崩れて平地となつて居るが、此處はもと〳〵都邑の虛缺を補ふ爲めに岸を高く築いて置いたものであるから、それが平地となつてしまつては羅城に虛缺が生じ、不息の災を免れ得ないであらう、須らく役夫三四千人を徵して修築し、以てその缺虛を防がなければならぬと申請して居るが、當司が實地檢分する處、その岸邊は皆田畑となつて居るから、今すぐに修築しては折角植えつけた穀菜がだめとなるが故に、その收穫《とりいれ》を待つて修築する方がよからうと思ふ。之に從ふ。』(「高麗史」卷七文宗一)

と云ふものがあるが、この羅城と云ふのは風水上に於いて、都邑の周圍をめぐる山を云ふのであり、陽基ではその東南方卽ち巽方の低きか又は缺けたるを殺風の入る所として忌むのであるから、この高岸なるものは、風水的に補虛の目的から築かれたものであることは論ずるまでもない。

以上に於て、人爲に由つて地德を旺んならしむ裨補法が、その初めは靈威を有するものを以て地德を養ふところから發し、寺塔建設に依る佛敎信仰を經て遂に風水地理の法術に依つてなさるゝに至つたことを知ることが出來るであらう。

いまこの風水寺塔が如何なる變遷を經來つたかを、よく簡略に記述した「開城演福寺塔重刱碑文」(年時朝鮮太祖三年甲戌)をそのまゝ轉載して參考に供する。

『佛氏之道。以二慈悲喜捨一爲レ德。以二報應不差一爲レ驗。其言極濶大。譯二傳中國一。覃二及四海一。綿歷千禩。愈久而愈熾。上自二王公大臣一、下逮二夫婦之愚一。希二冀福利一、靡レ不二崇信一。寺院塔廟之設。巍業相二望彌天之下一。吾東方、自二新羅氏之季一。奉事尤謹。城中僧廬多二於民屋一。其殿宇之宏壯峻特者至二于今一尙存。一時崇奉之至、可二想見一矣。高麗王氏統合之初。率用無替。以資二密佑一。迺於二中外一、多置二寺社一。所謂裨補是已。演福實據二城中闤闠之側一。本號二唐寺一。方言唐與レ大相似。亦謂二大寺一。爲レ屋最鉅。至二千餘楹一。內鑿二三池九井一。其南又起二五層之塔一。以應二風水一。其說備載二舊籍一。玆不二贅陳一。』(「朝鮮金石總覽」下卷七二五頁)

以下風水に依る裨補、裨補塔、風水塔の種類とその應用に就て列擧するであらう。

1　鐵龍を埋めて地脈を補ふ

「北塞記略」にのせてある「北關古蹟記」に依れば、

『舊德陵。穆祖寢園。舊安陵老妣寢園。初在幹東地香角峰之陽。陵之左山腰稍低。鑄レ鐵爲レ龍埋レ之。以補二地脈一云。』

と。卽ち李朝太祖の先祖の墓地は、その左方の山腰稍や低虛であつたので鐵を以て龍を鑄造し、之を其處に埋めて地脈を補つたと云ふのである。この裨補は都邑の裨補でなく墓地卽ち陰宅のそれであるが、その地脈を補ふの點に於ては陰宅も陽基も同樣であるから、只地脈を補ふに鐵龍を埋める風水的方法の一例としてこゝに擧げた。而して鐵龍を埋めたことは、風水上龍は地脈として考へられ、又鐵は金屬であるから、之を土中に埋めれば「土生金」の五行相生にかなひ、生氣の運行を盛ならしむるとなす風水的法術を以てしたものであるに相違ない。

2　寺を以て補虛となす

朝鮮憲宗十二年（一八四六）に建てた「平壤永明寺碑文」には

『余惟らく、寺廢さるれば則ち僧散ず、僧散ずれば則ち北城虛《むな》し。借《も》し一朝急あれば北城守らず、是に箕城なし。箕城なし、是に國の西門なし。然れば則ち寺の修、それ綏ふすべけんや。此れ經世慮遠者の前後に汲々たる所以なり。或は是の擧を以て之を佞佛求福の資に歸するが如きは、則ち亦陋ならずや。』(「朝鮮金石總覽」下卷一三〇三頁)

とあつて、平壤牡丹臺にある古寺永明寺が北城の虚を補ふ爲のものであるから、之が堆敗は一日も忽にせず修築しなければならぬ。儒者輩の中には寺刹の修築を以て或は佞佛求福の爲だなどと譏る者があるやうだが、それは目の先の見えない者の言で、かゝる事は前後を考へ遠きを慮る經世の士にして始めてなされるのであると云ふのである。是に由つて觀れば卽ち當時の永明寺は、國防上の裨補寺として考へられて居たものと見ることが出來るであらう。

3　山城守護の寺刹

朝鮮哲宗六年(一八五五)になれる「楊州(京畿道)北漢山僧徒節目」には

『北漢山城は卽ち保障の重地なり、寺刹の刱建、僧徒の募入、これ豈徒然ならむや、卽ち山城の守護たらしむるの意に由る。』(「朝鮮金石總覽」下卷一三〇八頁)

と。之に依つて考ふれば、北漢山上の寺刹は之に住む僧徒をして一旦急事の際に、大切な保障すべき重要地である所の北漢山城を守護せしめんが爲めであると云ふのである。是に於ては、寺刹が單に地徳を裨補するの故に必要なるものよりも、其處に住む僧徒を急事の際に城を守護せしむる、實用上の役に立たしめんが爲のものとなつて居るのが注意されるであらう。

4　石佛防虚

全羅北道益山にある雙石佛重建碑（朝鮮哲宗九年に成れるもの）に就ては「郡南石佛重建記」に次の如きことが記されてゐる。卽ち、

『邑の南に雙石の嵋峻魁傑、その形佛の如きものあり、窃に想ふに昔人刱立の始め蓋し水門の虚を防がんが爲なりしならむ。』（「朝鮮金石總覽」下卷一三〇八頁）

と、二體の石佛を以て水門の虚なるを防いだと云ふ事を記して居るが、これは益山邑を刱建する時、水流の流出口が低くして空虚なるが故に、この空虚を裨補せむが爲め、二體の石佛卽ち陰陽の雙佛を石刻して之を鎭したものである。

5　基址を護る寺

咸鏡南道咸興にある歸州寺重建紀蹟碑（李太王十八年卽ち明治十四年―一八八一）を見るに、

『昔我が太祖康獻大王咸山の東十五里、歸州洞雪峯山下に龍潛讀書す。伊時緇徒も亦蘿を闢きて處る。噫この山は實に基王の跡なり、國初寺を建てゝ聖址を衞護す。』（「朝鮮金石總覽」下卷一三二四頁）

とあるから、此の歸州寺は朝鮮王李氏發祥の聖地を衞護し、その根を培ふことに依つて枝葉の繁茂を

望んだ、風水的地力裨補の一種であると見ることが出來る。

6　古き裨補寺を願刹とす

「五臺山獅子庵重建記」(權近の撰述する處)に依れば、

『建文三年(李朝第三代太宗王の元年、一四〇一年)太上王殿下(李太祖)命じて參門下府事臣權近を召し次の如き旨を傳へらる。曰く予嘗て江陵府五臺山の奇秀の稱古より著しきを聞き願刹を置きて以て勝果を植えんと思ふや久し矣。去年夏老衲雲雪岳なる者あり是山より來り告げて曰く、山の中臺庵あり獅子と云ふ國の裨補なり、創久しくして廢すれども遺基猶存す。予聞て悦び工を遣し楹を起す、佛を安んじ僧を寓する所以なり。下に十一間を置く、門與洗閣と爲す所以なり、功既に訖りを告げ、冬十有一月親しく之に臨みて以て其の成を落す。盖し先逝に追福し後世を推利し物我均霑、幽冥共頼の爲にすと云爾。』

卽ち李太祖は退位後太宗の卽位元年に舊來の宿願を果して五臺山にある獅子庵を重建したのであるが、その目的は名山に願刹を建てゝ勝果を植える事であつた。この五臺山は新羅時代から已に一國の名山、聖山として尊崇されて居た山であるに加へて僧雲雪の告げに依り、中臺の獅子庵が古き時代より國の裨補寺であつたことが知れたから、上王はこの先聖に依つて撰定された寺の基址こそ最も地德を得るに適した處であり、此處に願刹を建てれば充分に勝果を植える事が出來ると考へ悦こんで工を遣して重建させたものであらう。而してその勝果なるものは上王一人の死後の冥福を祈るのみでなく、福を先逝に追ひ、利を後世に推す、と云ふ。地力に依つて死生兩者に利益せむとする風水的目的であつたのである。つまりはこの裨補寺刹を重建することに依つて李氏家門の繁榮と、その王業の永遠ならむことを希望したものに外ならない。

7　興佛を妬みて地脉切斷

「朝鮮佛敎通史」(朝鮮總督府編輯官李能和氏著)に次の如き興味ある說話が載錄してある。

『朝鮮明宗(一五四六―一五六七)の朝、名僧普雨和尚が廣州(京畿道)修道山奉恩寺に住持となるや、僅か十年の間に此の寺から佛法が大いに勃興して王家の歸依も厚きものとなつた。固より排佛を主義とせる當時の儒者達はこの勢を見て甚だ忌嫉し殘念に思つて居たが、普雨和尚の逝去するや、遂に奉恩寺の主山(後山)を切斷してその首を袪り、鷄岾村にある案山を堀り開いてその足を除き、以て此地に集る地氣を漏洩して佛道の興隆を妨げんとしたと云ふことである。』

この說話は必ずしも裨補塔の例として擧ぐべきものではないが、裨補が地氣の漏洩を防ぐ爲めのものであることを、反面より物語る資料として參考に供したものであつて、當時風水信仰が盛んであつて、山脉地勢に空缺をつくれば以てそこに集る地氣を漏洩して、その陽基は衰微するものであると信ぜられ、かく信じたればこそ當時の儒者が正々堂々と儒學の造詣に依つて佛法の興隆に對抗せず、普雨の死するや佛法の勃興は普雨の偉才に依るにあらずして奉恩寺の基地が生氣に充ち滿つるが故なりとなして地脉掘り返しの土工を敢てしたものであることが、之に依つて明確に窺はれるであらう。

8　火防の石龜

慶尙北道大邱府廳を南に距る十二町、鳳山町の南端に月尾山と稱する山丘がある。この山は昔時大邱府創設の際に、石造の龜二頭を火神として祀つたので連龜山とも稱した。この連龜の内一頭は今猶ほ存して山の頂上から府內を展望して居る。（大邱府勢一斑）

「東國輿地勝覽」には、この連龜山に就て次の如く記して在る。

『連龜山。府南三里に在り。鎭山なり。諺傳建邑の初め石龜を作りて山背に藏す。南頭北尾以て地脈を通ず。故に之を連龜と謂ふ。』

と。大邱府の創設は新羅景德王の時であるから、若しこの石龜をその時に造つたものとすれば、景德王は新羅の三十五代で（七四二）から（七六四）まで位に在つたから、少なくも今から一千百六十餘年前のものである。而して勝覧ではこの石龜を山背に藏して、頭を南にし尾を北にして地脉を通じたから連龜と名づけたと云ひ、府勢一斑では二頭の龜を置いたから連龜だと云つて、其の間傳說の一致がないが、府勢一斑に、山上に現存するものが一頭であると云へば、或は元より一頭しかなかつたものであるかも知れぬ。若しさうとすれば勝覽の傳ふるものと一致し、從つてその目的は地脉を連通する爲めであつた。然るにその後、府內に火災があり、之を防ぐ爲めにこの龜石(龜は水神と信ぜられるから)を祀つたことがあつてから、それから後火神として祀つたものだと傳へられるやうになつたものであらう。

9 建塔伏敵

忠淸北道忠州郡邑州末訖山下には「東國輿地勝覽」に依れば龍頭寺と云ふ寺があるが、この寺は三國時代北狄が屢々侵入するので、それが爲めに寺を創め塔を建てゝ以て之を禳つたものであると云ふ。猶ほ忠州には邑の北西可金面塔坪里に中央塔と稱する九層の石塔がある。これは新羅元聖王十二年(日本の桓武帝の御宇、西紀七九六)に建設したものであるが、その由來に就ては二の說が傳へられて居る。一說は、此の地が其の當時三韓の中央に位置するので、此處を重鎭とすべく立塔したものであると云ひ、一説では、此の地忠州が三韓の中央であり、且つ此地に王氣があるので、この王氣を厭勝せむが爲めに立塔したものであると云つて居る。その何れにせよ風水的裨補の塔であることには兩說とも同樣である。

10　開慶院を構へて客の管攝となす

慶尙南道晋州郡晋州の東部に開慶院と云ふ驛院があつた。これは鄭以吾の院記に依れば、晋州の地勢は鎭山たる飛鳳山がその兩袖をのばして晋州の邑を抱き、智異山東南山谷の水が匯して江と爲りてその南を橫截し、この山川が合した左抱の中に、北より南にのびる長阜を形成して居る。この山は郡誌に所謂玉峰と云ふのであるが、その峯の形狀恰も賓客を迎へたにもかゝはらず之を饗應しないやうであるので、これを禳するが爲めにこの開慶院を構へたと云ふことである。蓋し開慶は慶宴を開設するの意を偶したものである。（「東國輿

忠州中央塔

海印寺大藏經版庫

地勝覽」卷三〇）

11　風水寺、海印寺

慶尙南道陜川郡伽倻山の西に在る海印寺は新羅哀莊王の創立した寺で、古記に依ればこの伽倻山の形勢が天下に絶したものであり、地德も海東第一で眞に精修の地であるのでこの寺を建てたのであると。猶ほ高麗時代にこの寺で大藏經を刊行し、現にその經文と版木とを藏して居る。（「東國輿地勝覽」卷三〇）

12　千寺建立を以て山靈を禱る

全羅南道沃溝郡千房山に千房寺と云ふ寺があつた。李膺梃の「重修記」に從へば、むかし新羅の名將金庾信が百濟を攻めんとして兵を唐に請ふた。唐は蘇定方をして水軍十二萬を將ゐてこの千房山下に艇泊した。時に烟霧蔽晤、天地晦暝、咫尺を辨じない。

そこで庾信は山靈に禱つて、若し開霽して下されば當に千寺を建て功養すべしと誓つた。卽日天地淸明からりと霽れた。因つて庾信は山に登つて周覽した處、地勢狹窄、到底千寺を建てることが出來ない。然し誓が誓であるからと云ふので、千箇の石を排列して寺形に象どり、別に一寺を建てゝ之を千房と號けた。その寺が卽ち之であると。（「東國輿地勝覽」卷三四）

13　風水寺を建て、災厄惡疫を防ぐ

咸鏡南道元山府府內面三越里にある尼寺再星菴は、その昔德源郡邑內に災厄が甚だしかつたので、當時風水師に之を觀相せしめた處、德源邑內は狗の形であり、三越里は虎の形である、この虎が常時狗を睨んで居るので、この災厄が頻出するのであるから、三越里に寺院を建てればこの災厄を免れることが出來ると判斷した。この觀相に從つて當時の郡守がこの寺を建立したが、不思議にもその後は惡病其の他の流行を見ず災厄を免れたと。（昭和四年）

14　補虛の造山

風水裨補の一種に造山と云ふものがある。これは補虛又は防殺の爲めに、封土の山を造り或は石を堆んで丘をなすものである。この造山は都邑の羅城（周圍）に虛缺ありて、風水上完全ならずと思はれ

た處では、皆之を造つたものである。いま慶尙北道安東に於ける造山をその代表的なものとして擧げて見よう。

安東はその地勢映南山を後方に屏立し、洛東江の流域に面した都邑であるから、之を風水的成局の上から論ずればあまりに開濶にすぎたるの觀がある。たとへ洛東の本流が帶の如く流れて居り、得水に

安東古輿地圖

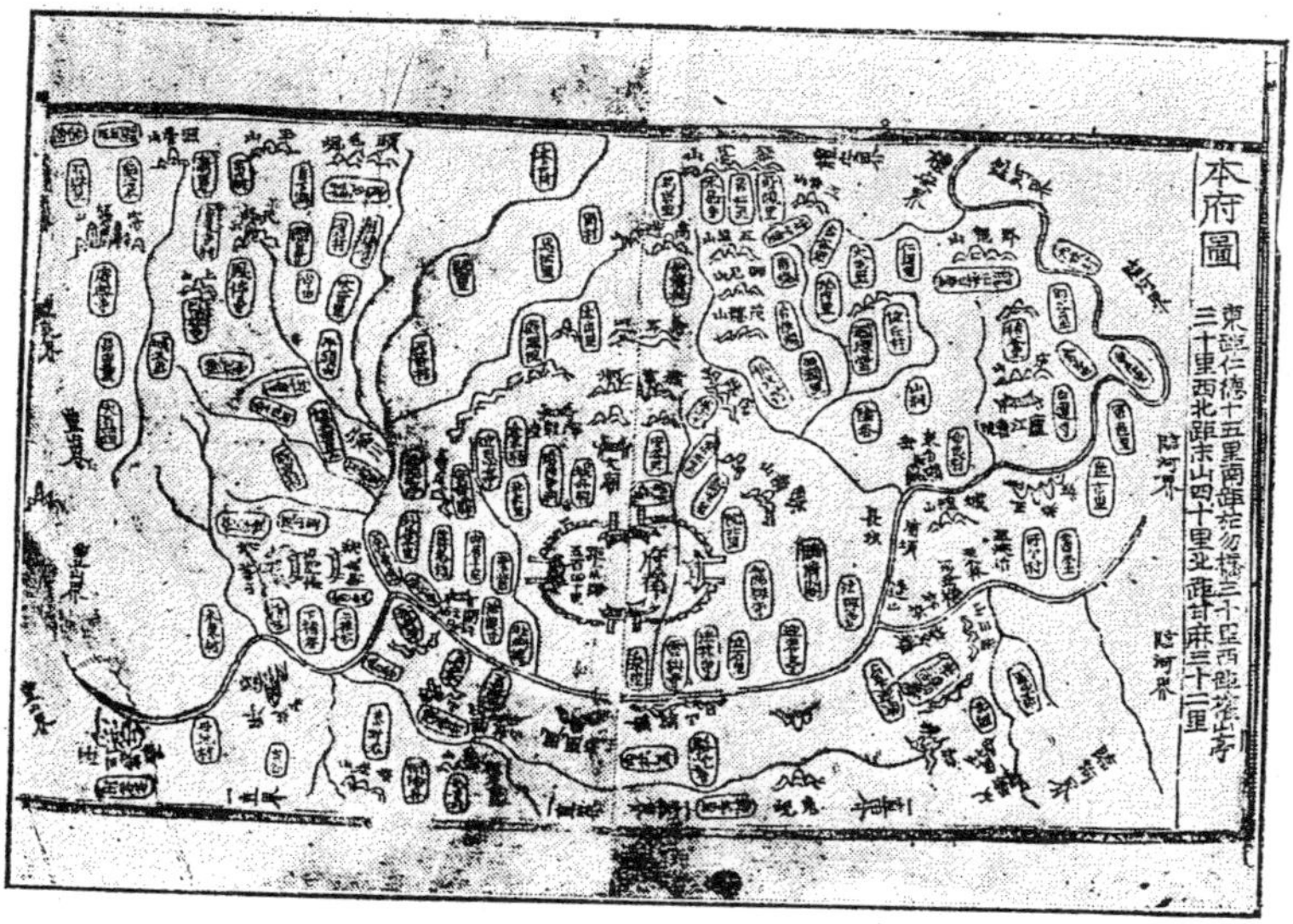

依つて生氣を停むるにしても、地局が廣濶なる空野をなすが故に、その生氣の貯積を期待し得ない憾みがある。
故にその昔建邑の時には(新羅時代)邑の前面に幾十となく寺塔を建設して邑基を包擁し以て邑基を鎭したと云はれて居るが、この寺塔は時の經過に從つて漸く廢絕したので(現

安東の古磚塔

在殘存するものは塼塔二基と古刹二個のみ）この寺塔に代はるべきものとして營まれたのがこの造山であらう。いま李朝宣祖四十一年（一六〇八）に出來た安東の古邑誌「永嘉誌」に就て、この造山の錄せらるゝものを見るに、それは次の如くその數十五を算し、何れも風水的裨補として置かれたものである。卽ち

（一）　安莫谷造山、三

一は府城北門外二十步許の路東溪西に在り、
一は氷庫の前溪西路に在り、
一は北門外北洞三里許り石佛下大路の東に在り、
右三山は何れも北渠洞口の虛を鎭塞するが爲めに造る。

（二）　城內造山、四

一は官廳前公須の西にあり、人吏の爲めに設く、
一は營廳前大路の中央に在り、官奴婢の爲めに設く、

一は司倉の東にあり、民人の爲に設く、

右三造山は三臺貴人に準じたるものである。

一は司倉の南大池中に在りて恰も島嶼の如くである。昔は邑内に罪人ある時は此處に定配（島流しとした）した。

（三）　三街造山、一

城の西門外二十歩許、三路の合する處にあり。

（四）　栗谷里造山、一

西谷洞口にあり、以て洞口が府基に直向するを塞ぐ爲めである。一說にこの洞裏に古塚の石槨があるので之を塞ぐ爲めに設けたと。

（五）　新世里造山、二

一は映南山下大路の傍にあり、

一は法興寺（同の法興洞）下犬項上頭大路東林の邊にあり、

（六）　柳林造山、一

浦松項兩水の間にあり、

（七）　尊堂造山、一

慕恩樓の西諺的里の南にあり、安東府の府基が「行舟形」であるので、此の造山を舟を繫ぐ島嶼に象どり金鐵を埋めて以て金氣を旺にしたと云ふ。この造山には、或時一府官がこの鐵を取らうと、此の造山を掘り返した時、一天にわかにかき曇り風雨大作、竟にその目的を達し得なかつた、と云ふ逸話も傳へられて居る。

（八）　安奇造山、一

神堂の前、迎恩亭（府北にあり）の西にあり、上に楡、柳を植えて北洞を鎭した。

（九）　犬項造山、一

迎春亭（府東にあり）の西大路の東にあり、立春の日献官を定めて東皇を此に祭り、祭日には五穀の種子を器に盛りて造山の上に置き、而してその穀の滋潤《しめり》を觀て其の年何れの穀がよく茂り實るかを占つた。

猶ほ一直縣にも造山が五つあり、皆な縣の西洞近くにあつて其空虛を鎭し、豐山縣にも二つの造山があつて、縣南の空虛を鎭したと記錄してある。

第六章　住宅風水

第一節　宅地の風水

陽基風水の一たる個人的陽基風水の、朝鮮風水信仰界に於ける地位は、從來集團陽基風水にも增して盛んなものであつた。現今に於ては「風水」が墓地相定法の全部であるかの如く考へられて居るけれども、風水は旣に述べたるが如く吉地相占を目的とするのであるから、陰宅なる墓地のみに限らず、陽基たる住居住宅にも汎く利用されたものである。殊に住宅は個人的陽基であるが故に、集團的陽基の如く移動の困難少なく、集團陽基の如く廣汎なる地域を必要としないので、その探求と選定が容易であるから、國都都邑にもまして普く各階級の人々に依つて利用せられたのである。

さて朝鮮に於ける個人的陽基たる住宅の風水的觀念は如何なるものであるか。それは後に例擧する具體的說明に依つて明瞭にせらるるであらうが、集團的陽基のそれと同じく、宅地にはその地の形勢如何に依つて吉凶の差異があり、その吉なるの地に居宅を造營せむか、自づから幸運に浴して立身出世富貴榮華を來し得べく、之に反し若し凶地に住宅を營まんか、直ちに災害疾病不幸の運命に制せられて、遂に流離絶滅の厄に陥るとなすのである。

然らばその吉地とは如何なるものであるか、それは天地の精氣が貯積して鬱勃たる生氣を發するの處であり、風光明媚、一見賞歎に値すべき形勝の地であり、靈草異獸の出現する處であり、生活の發達伸張を祝福すべき形象に類するの地である。要するにこの吉地は集團陽基に於けると等しく、風水の本質をなす生氣に乘ずる觀念よりも、山河の形勢の類形類象が人生に影響を及ぼすとなす類形風水にその重きを置く觀念から出發したものである。蓋し陽基は陰宅と異なり、その居を地上に營むものであつて、墓地の如く地中に之を造るものでないから、地中に埋藏して直接生氣に乘ずることの出來る墓地よりも、生氣に對して幾分重きを置かなくなるに反し、類形は日常直接に之を眺望接觸する機會が多いので、遂に類形影響の力を重く强く價値づけるやうになつたものであらう。

かくの如く住宅風水はその選定が小規模のものであり、且つ主としてその表面的な象徵に依つて吉凶の判別がなされるから、一般に風水的智識造詣を他の墓地や集團陽基に於ける程に必要としない。從つて住宅造營の爲めに風水師の手を煩はすと云ふことは餘り頻繁でなく、造營者が常識的な見方に依つてその吉凶を判斷し之を相定する事が多いのである。かゝる理由からして住宅は風水說に依ること少なきが如く見做され、風水說の造詣深き風水師の手を煩はすこと多き墓地のみが風水の唯一な對象であるかの如く考へられるに至つたものである。(この點に關しては集團陽基も墓地ほど風水に密接な關係を有つて居ないもの丶如く考へられて居る。それは蓋し墓地の創設は時々日々死亡者のある毎に各地に於て營まれ、その度毎に風水的知識を必要とするから、墓地と風水との結合は繰返し〳〵人心に印象せられるが、集團陽基は生者ある毎に之を創設選定するものでなく、一度び之を卜定すれば或は意外の災害ありて、その原因が風水的缺陷から來るものであると説明されるか、又は人口増加の結果其地が生活の本據として適當しなくなり、他に移動すべき必要に迫られるかの事故が生ぜざる限り、永久に風水師又は風水的知識を必要とせずに濟むのであるから、集團陽基創設者から二三代と過ぎた其處の住民は自己の住む集團陽基が如何なる風水的な存在であるかさへ顧みなくなる。從つて集團陽基は墓地に於ける程風水的關心の度數が屢々ならず、その人心への印象も亦墓地風水程強く著しくないからである。)

然らばその常識的判斷とは如何なるものであるか、それは後例に於て明なるが如く、美を美と感じ醜を醜と見るの一般的見地から、その吉凶を判斷するものであつて、多くの住宅地選定は將に盛ならんとする形あるの地、盛んなる氣運の上昇せむとする勢のある地に於て下されて居る。卽ち發展的な趣きを有する形勢の地が吉地として選ばれて居るのである。この發展的形勢を以て吉となすは、東西何れの民族を問はず共通の現象であり、何れの民族と雖ども、この發展的形勢を以て幸福將來の兆として、之を喜び迎へるものであつて、これ實に生々發展して止まざる人類の本能的要求の然らしむるものである。

例せばその昔新羅第四世脫解王が未だ新羅王たらざる前、舡に依りて新羅に上陸し、家を成すべき基地を探し求め、詭計を設けて他人の住居を奪つたが、それは次の如く全く發展的な目出度き形勢を相してからであつた。卽ち、

『其童子（脫解）曳レ杖率二二奴一。登二吐含山上一作二石塚一。留七日。望二城中可レ居之地一。見下一峯如二三日月一。勢可レ久之地上。乃下尋レ之。卽瓠公宅也。乃設二詭計一。潛埋二礪炭於其側一。詰朝至レ門云。此是吾祖代家屋。瓠公云否。爭訟不レ快。乃告二于官一。官曰。以二何驗一是汝家。童（脫解）曰。我本冶匠。乍出二隣鄕一。而人取レ居之。請掘レ地檢看。從レ之。果得二礪炭一。乃取而爲レ居。時南解王（第二世の王）知二脫解是智人一。以二長公主一妻レ之。』（「三國遺事」紀異第一）

この『城中居るべきの地を望み、一峯の三日月の如く、勢久しかるべきの地を見乃ち下つて之を尋ぬ』が脫解相宅地の眼目であるが、『その形三日月の如く、その勢久しかるべき』は、新月の將に日々に增大すべく、天にあらはるゝ月影では三日月が最初であつて、最もその將來があるものであるから、

この三日月の增大と末長きとの發展的目出度き運命をシンボライズした地を可居の基と相定したのである。この相地は、主として常識的な類形に依つてその吉なりと云ふことが明識されるから、別段に風水的知識を必要としない。(この脫解は後に第四代の王となり、此の宅基はやがて半月城と云ふ新羅王城の雄なるものとなつた。こゝに注意すべきは、その初め脫解の相した時は三日月の勢であつたが、之が王域となつた時は半月城と名づけた事である。この三日月が半月になつた處にも、增大發展を祝福する信仰が、如何に強く且つ具體的に表現されて居たものであるかゞ察せられるであらう。)

かうした類形信仰はやがて風水的觀念と結びつくべき運命を有つて居た。如何となれば、風水說に於ても亦この類形信仰を採用し、之に依つてその生氣說を具體的に說明せんとしたからである。新羅第二十七代善德女王は聰明な女主であつたが、この王の三大逸事の一として傳へられる靈廟寺の玉門地に蛙の鳴き聲を聞き、兵を遣はして女根谷に潛む百濟軍を皆殺にした物語りは、よく此の間の消息を傳へるものであらう。その逸事と云ふのはかうである。

『於二靈廟寺玉門地一。冬月衆蛙集鳴三四日。國人怪レ之。問二於王一。王急命二角于閼川、弼呑等一。鍊二精兵二千人一。連去二西郊一。問二女根谷一。必有二賊兵一。掩取殺レ之。二角干既受レ命。各率二千人一問二西郊一。富山下果有二女根谷一。百濟兵五百人。來藏二於彼一。並取殺レ之。百濟將軍弓召者。藏二於南山嶺石上一。

又圍而射之殪。又有後兵一千二百人來。亦擊而殺之。一無子遺。……群臣啓於王曰。何知蛙事之然乎。王曰。蛙有怒形。兵士之像。玉門者女根也。女爲陰也。其色白。白西方也。故知兵在西方。男根入於女根。則必死矣。以是知其易捉。於是群臣皆服其聖智。」（「三國遺事」紀異卷一）

この逸話が果して善德女王の逸事であるか、或は聰明なる女主に寄せて作爲したものかは兎も角として、この逸話中には類形信仰と風水信仰との摺合がほの見えて居るのである。玉門が女根であり、蛙がその怒形からして軍兵であり、男根であり、この男根が女根に入れば必ず死するが故に、女根谷に潛む軍兵は容易に捉へることが出來る、などと云ふは全く類形信仰であるが、女を陰と爲し、陰の色白、白は西方の色なるが故に西郊に女根谷あるを察したと云ふは、陰陽五行の配屬觀念からであり、この陰陽五行の配屬觀念は等しく風水信仰の基礎をなすものであるから、この逸話は、類形信仰を陰陽五行にて說明する風水的類形信仰とその內容を一にするものである。

新羅文武王の時、唐の高宗新羅の非違（唐の平定した高句麗の地を掠併した）を糾彈する爲めに五十萬の兵を起して新羅を伐たんとした。文武王は群臣を會して防禦策を講じ、角干金天尊の動議から龍宮から秘法を傳來したと稱する明朗法師を呼んで之を謀り、明朗の上奏に從つて四天皇寺を創立して其處に修法の道場を開設することゝして、その敷地には狼山の南にある神遊林が選ばれた。然るにこの議を決定した頃は既に唐兵が近く殺到したとの報があつたので、寺を建つる遑なく、明朗の指圖に依り彩帛を其地にめぐらして寺の如く裝ひ、草で五方神像をつくて祈禱した。と「三國遺事」巻二に傳へて居るが、これは四天王が國界守護の神將であるから、その神將たる四天王を供養する寺は、やはり神衆の遊樂する所と傳へられた、神遊林に創建する方が適當であると考へたからであつて、神遊林は神の遊樂する所だけに、最も神聖な靈驗ある場所と信じられて居たものに相違ない。

この外、新羅三十代の王文武王とその夫人善化公主とが龍華山下の大池の邊に幸した時、その池から彌勒三尊が出現したので、此處(この池を塡めて)に公主の願刹たる大伽藍を建てたる事や(「三國遺事」巻第二)。駕洛國の始祖首露がその宮闕を定むるや、その地形蓼葉の如く、秀異にして十六羅漢の住地たるべきの地なるを以て殿宇の基と定めしが如き(同上駕洛國記)。義相法師が、靈驗ありし正趣菩薩の石像が川から出た處に寺を構え(同上第三)。新羅の二太子寶川、孝明が道を求めて五臺山に隱るゝや、何れも山中に靑蓮の開く處を以て結庵の地と定めた如き(同上興法第三)。又新羅第二十一代神文王の時、鷹匠者の放つた鷹が雉を逐ふて歸らぬので蹤《さが》して見ると、雉は井中に兩翅を開いて二雛を抱いて居り、已に傷付いたものか井水は赤色に變つて居り、一方鷹は傍の樹上にとまつて惻隱の心に動かされて敢て攫ふとしない。この光景を見た時の宰相忠元公は大いに感ずる處あり、王に啓して此處に靈鷲寺を建てた(同上)。眞表律師が、俗離山中吉祥草の生ずる處に精舍を創立すべしとなせしが如き(同上第五)。又金剛山楡岾寺が、五十三佛の來臨して此處に棲む池の九龍と爭ひ、龍を逐ふて此處を安住の地としたから、その池を塡めて立てたものであると傳ふるが如き(同寺緣起)。皆其の地に靈氣あるが故に靈物あり、靈驗ありとして此處を建寺の基地と定めたものである。

三相(總理大臣格の者三人)を產出する靈室ある家として、又た盜賊の目を奪ふ南門のある家として、及び不死の間のある家として有名なる、慶尙北道安東邑新世洞(塔洞)李相龍の家は、今から約四百年前その祖先が安東城の南門外から此の地を卜して移り構へた建坪九十九間(約二百坪)と云ふ大きな建物である。この家の構造平面圖は東方から見て「用字形」をなして居る。この家の敷地は後ろに象山あり前方東南に洛東江を帶し、風水上極めて良好な地勢にある處から推して、この家の構造も亦風水的方術に依つたものである事は容易に想像される。

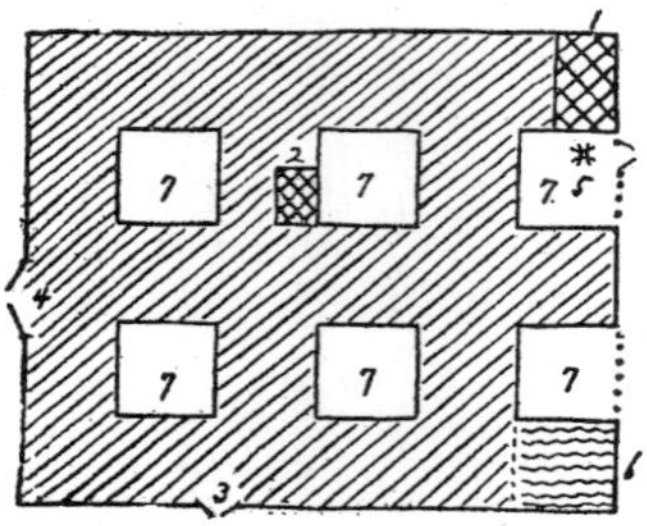

安東李氏家平面圖
(用字形)

1 大臣を三人產む室
2 不死の間
3 退盜門
4 西門
5 靈泉
6 馬屋
7 內庭

慶北安東新世洞李氏家

仝上退盜門

仝上三相産出室

さてこの用字形のプランは如何なる意味のものであるかと云ふに、これは家を造るに「日字形」、「月字形」、「吉字形」等、目出度き文字の形に造るを可とする類形信仰に依つて、日月を合した形であつて、右圖に於て見るが如く、その下半は日字であり上半は月字であり、之を合して「用字形」となしたものである。從つて用字の左側一角を厩として使用するのは、家屋の左部を日字形として表象する爲の用意であることが察せられるであらう。この「日形」「月形」乃至その合形の「用字形」を地上の家屋構造に用ふるのは、天の日月を地上に招き以て天地の精氣を和合せしめ、其處に生ずる生氣に浴せむとする風水的方術であるが、かかる風水的知識なくとも「日字形」「月字形」乃至その合字形たる「用字形」を用ふることは、日や月が天の精であつて吉祥なものであるから、この目出度き類形に依つて家居の先途を祝福せむとする常識的な考へからも爲さるべき事であらう。

こゝに用字を日と月兩字の合字となすのは、（日月を合せた文字は明字であるとするのが普通であるが、）風水法に於ては日月の合字を明とせずして、用を日月の合字とするからである。それは明字は日月の並列するものであつて決して合したものではない。然るに用字は日月全くの合して一字となり、之を分割しては（明字がまたもとの日と月となるに反し）、獨立の文字をなさないからである。風水では陰陽の冲和融合に重きを置くが故に、日月を合せる形に依つて吉祥を求むる場合、分離し得る月日の合字明字をすてゝ、分離し得ざるやう全く冲和せる日月の合字用字を用ゐるのである。

猶ほこの用字類形が吉形として風水上重要視せられるのは、惟だに陽基だけでなく陰宅たる墓地に於ても亦大吉の地とされて居る。李王家の陵山である東九陵の地も亦之を大觀すれば「用字形」であり、之を「天地陰陽日月都合格」と云つてゐる。日月に次ぐ字形の好まるゝものは「多」「也」「乃」等であつて、その何れも抱擁の勢をなすのみならず、多は『多祥』を、也は「有終」を、而して乃は子を加へて「孕」即ち生産を意味する處の目出度きものであるからである。

この吉祥字形の地を陽基とせる實例は慶尙南道咸安にその代表的なものを見る。こゝの文廟は以前は主山鳳山の尾に當る也字形の處にあつたが、後ち此處よりも現在の處が乃字形で貯藏深きの故を以て遂に移轉したのである。いま舊新兩處の基地を圖示すれば次の如くである

咸安文廟の基地

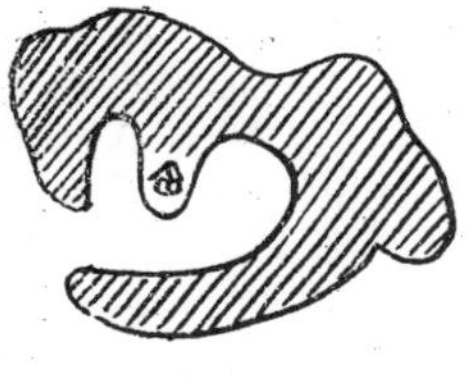

舊文廟基地形
（也　字　形）

新文廟基地形
（乃　字　形）

以上の如く住宅風水は主として類形の發展的なもの、吉祥事物の發生する處、又は靈地と思惟せられるの地を吉基となす、比較的常識的な見方に依るものが多いのである。然しながら風水の理論に準據して吉地を相定することも亦決して少なくないのであるが、この理論に依るものは、他の墓地又は集團陽基の理論とその軌を一にするが故に、此處に取立てゝその撰定法を贅する要もない。

たゞ鄭若鏞の著と稱せらるる「山林經濟」第一卜居編に、李朝近世まで（正宗の朝一七七一—一八〇〇）卽ち今から二百年前頃までの住宅風水に關する俗信を載せてあるから、當時住宅風水の內容が如何なるものであつたかを考ふる資料として次に之を摘錄するであらう。

○卜居總論

△凡そ一區を卜築するの計ある者は、率爾に居を定むべからず、必ず先づ其の風氣の藏聚、面背の安穩を審擇し、永久の圖をなすべし。

○地　勢　論

△治生は必ず須らく先づ地勢を擇ぶべし、水陸並び通ずる處を以て最と爲す。故に山を背し湖に面するを乃ち勝れりとなす。然も亦た須らく寛大なるべく、又緊束なるを要す。蓋し寛大なれば則ち財利出づ可く、緊束なれば則ち財利聚るべきなり。

△凡そ宅を定め、墳を安んずるは、陰陽の別ありと雖も、而も山川風氣の聚散を論ぜば、理は則ち同一にして、そのやゝ別なる所は、龍の到頭手脚開けば則ち陽居を爲し、手脚收まれば則ち陰宮と爲すなり。

△陽居は要するに坐下平衡、左右迫らず、明堂寛暢、土潤ひ泉甘く、光澤陽氣あり、竹木叢茂してその氣の盛なるを見るべきは吉。若し土乾燥、潤澤ならざれば凶なり。

△陽居は、一山一水情有るも、その局小なれば好しと雖も長遠ならず。大勢大形の入局は卽ち大局なり、富貴にして悠遠なり。

△凡そ家居は大山に靠れば、則ち必ず沙汰(流土)の患を被むり、江海に迎臨すれば、則ち漲境の慮ひあり。且つ水惡く、極めて瘴、柴草に便ならず、豹虎縱橫盜賊出沒の處は皆な居るべからず。又舟車湊集し、市井利を爭ふの處も避く可し、熱鬧厭ふべきのみに非ず民俗も必ず美ならず。

△平支の地一望際無きは亦た必ず龍の來歷、穴の結作あるを以て、泉地よりも高き處を眞となす。平地は一樣に坦にして高下の分ち無く或は高低定めなきは非なり、所謂る高は只だ尺許或は數寸なるも皆之を高と謂ふ。中原平澤にして砥の如きは、祖宗の起る處なり。

△凡そ山谷の陽基は、その脫落の平地を欲す、その基寛廣平夷にして、四面拱衞し、空缺凹陷なく、

下手力あり、水口固交、明堂開暢、河に據り、溪に據るを上となす。若し狹容なれば則ち吉ならず。又た高明を要す、切に四山高壓し三陽を窒塞するを忌む。山谷の陽基は最も風を藏するを要し、龍氣に乘得するを吉と爲す。切に妄に掘鑿して之を寬くし氣脉を傷殘すべからず。

○宅址論

△凡そ宅址は東高く西低くければ生氣隆んなり。西高く東低くければ富豪ならず。前高く後低ければ門戶敗絕す。後高く前低くければ牛馬多く、世に英豪を出だす。四面高く中央低くければ先に富むも後に貧す。平坦を大吉となす。

△凡そ宅址は卯酉に居るべく、子午に居るは大凶なり。南北長く東西狹きは吉。東西長く南北狹きは初凶後吉。右長く左短きは富。左長右短は子孫少。前濶く後狹きは貧。前狹く後濶きは富貴。

△凡そ住宅の左に流るる水を靑龍と云ひ、右に長途あるを白虎と謂ふ。前に汚池あるを朱雀。後に丘陵あるを玄武と謂ふ。貴地となす。

△凡そ住宅は、宮觀仙居の側處に近ければ主人壽を益し、齡を延べ、人安く物阜《ゆた》かなり。神前、佛、古獄、戰場、祭丘、廢址、爐冶、碓房、油房、壞塚、石斷、童岡、衝水、割交、道間、隍居の、殃ある處に居るべからず。

△址土の吉凶を判ずるには、址上の浮上を去りて生地に就き、其面を平正にし、之を掘ること方深さ一尺二寸、土を細く粉にしたる後、復た之を原《もと》の圈《ところ》に納め、之を按抑することなく、明朝之を看、その粉土凹めば則ち凶、土噴けば則ち吉なり。

○水論

△大抵水はその洋々たるを欲す。悠々とし我を顧みて留らんと欲し、潴して後ち洩すがよく、疊々たる水田は海潮に勝り、倶に朝堂に宜し。或は背後に纏ふもの最も貴格となす。若し横に満ち、背を衝き、脇を射、臂を穿ち、或は當面に直去或は斜走し、反逃直射の類は皆凶なり。

△凡そ水の響は、柯を鳴らすが如きものは吉、凄切、瀉渓のものは吉ならず。

△水口は周密を貴ぶ。水口に圓山土墩あるを羅星と謂ふ(土は石に如かず)その力萬山に敵す。或は奇砂怪石、禽の如く獸の如く、頭は流に逆つて上に向ひ、尾は拖て流に下るは大吉なり。羅星は水口を見るを喜び明堂を見るを忌む。

△水中に沙洲あつてその首上流に逆すれば可、一洲は巨富、三洲は更に好し、忽ち水口を見るは最も吉、洲若し低くければ則ち貴ならず。

△凡そ水を放つの法は、陽局は陽に放ち陰局は陰に放つ。切に陰陽錯雜せしむる勿れ。乾(北西)震(東)坎(北)艮(北東)

を陽と爲し、坤(西南)巽(東南)離(南)兌(西)を陰と爲す。

○砂　論

△凡そ宅の左右前の砂、尖秀端圓なれば科擧に及第。巽辛に卓筆形を見れば文貴。堆甲屯軍形は武貴。頭側項斜は盜賊。孤曜(一山)は僧道。燥火瘟疫火災。掃蕩は爭訟。男遠遊、女無狀。其の方向は皆な木星輪圖を用ゐて之を推詳す。(木星輪圖とは申方を胞とせる二十四方位圖)

○風　論

△子風射入すれば子孫水に落ち、癸風は男女淫慾、丑風は軍に投じ陣に落ち、艮風は瘟癀瘴疾に、寅風は虎狼に傷害され、甲卯風は道路に死亡し、乙風は子孫靑盲し、辰巽風は主人頭風し、己丙風は蛇傷し、午丁風は水灾あり、未風は勞瘵咳嗽し、坤風は公訟あり、申庚風は敗覆し、辛風は艱苦し、戌乾風は跛癱し、亥壬風は貧賤す。凡そ凹より吹射する風あれば則ち氣散じ、風左入すれば則ち長房欠け、右入すれば則ち少房欠く、皆宜しく避く可し。

○造屋論

△凡そ家舍は口(人數)の半を計りて造る。多くも二十四五間《かん》(一間は約一坪半)に過ぎず。最も高大を忌む。大屋は尸至り、小舍は人吉なり。

△屋は太だ高明なる勿れ、多陽盛にして魄を傷く。亦た太だ卑暗なる毋れ、多陰盛にして魂を傷く。（明なれば簾を下し、暗なれば之を捲くを吉とす）

△凡そ造屋は其の形、日月口吉の字の如くせば吉、その形工尸の字の如きは不吉なり。

△凡そ造屋の間《かん》數（坪數の如し）は必ず單數を用ゐるを吉と爲す。一間三間の數の如し。柱の尺數及び布椽の多少を量るも、亦た單數を用ゆ。

△先づ住房を起造し、次に廳房、次に群房とし、完きに臨みて大門を造る。大略内よりして外に至る。先だつて大門を蓋造す可からず、主完からず。先だつて墻を築き後に工を起こす可らず、困の字を爲し大に不吉なり。

△厠室は人家の内外に必ず各一所を設く。高敞明朗にすべく、暗幽にすべからず。且つ日々積糞を出だし、常に厠中を淨潔ならしむべし。夏月は蕁菜一把を以て厠中に投すれば蛆虫なし。

△灰室は西方（西方）に宜し。然れども必ずやゝ厠に近づけて可なり。灰屋の三面に垣を築き椽を架し、泥を塗り茅を蓋ふ。毎に人の溺を聚めて灰上に潑ぎ、兼て熱灰の火を生ずるを防ぐ。（朝鮮では溺盆又は尿罐と稱する尿壷を室内に備へ、小用は之にて足すのが慣はしである）。是の故に灰室は必ず風の當る所を避けて門を開く可し。

○造門論

△春は東、夏は南、秋は西、冬は北の門を作るべからず。

△門小にして屋大なれば財聚まり、門大にして屋小なれば虚耗し、大門中門宜く相對して開く可らず。

△兩門栓或は大或は小に、及び兩畔の墻壁或は高く或は低く一般に非るは、或は災を招き、或は門壁破壞す。或は門搧の墻壁より高き、或は門口に水坑し、或は門被に水射し、或は水路門に冲し、或は門中より水出で、或は門に井水を著け、神社に對門し、糞屋の門に對せる、倉口の門に向へる、墻頭の門を衝ける、交路の門を夾める、衆路の門を衝ける、門前の直屋、皆切に之を忌む。東北に門を開けば怪異多し、宅戶二三門相對するは不吉なり。門の左右に神堂を安んず可らず。門前の大樹楊青竹の類を忌む掃箒竹を門下に置けば人をして歷骨風を患はしむ。

○井竈論

△井を開くは、本山(玄武)の生旺を取るの方を吉とす。(本山の金體なるか木體なるか等に依りてその生旺の方位を異にす　本山若し木體ならば旺方は東にして若し金體ならば西なるが如し。)

△井を堂の前後、房前廳內に開くを忌む。凡そ井と竈とは相看せしむる毋れ、主たる男女亂るが故

なり。井泥を以て竈を作るを忌み、竈土を以て井を塡むるを忌む。又切に舍を作りて古井を塞ぐを忌む。これ人をして聾盲ならしむ。

△五月辰日に猪頭を以て竈を祭れば治産萬倍し、四月丁巳の日祭れば治産百倍し、正月己丑の日に白雞を以て祀れば蠶に宜し、女子は竈を祭るべからず、不祥なり。犬を用ゐて祀れば凶敗す。

△竈を作るは西南に向ふは吉、東北は凶。先づ辰巳方の地面上の浮土五寸を除き、即ち下面の淨土を取り、井華水香水美酒一升猪肝を以て泥に合し新磚及び細土を用ゐて之を構ゆ、壁泥又は竈餘及び井餘の土泥を以てすべからず大凶なり。凡そ釜を安んずるは日月に象り、或は三釜を安んじ三光に象るは吉。廳後に竈を作るを忌む。

○宅木論

△凡そ人家の居地に樹を種ゆるは、惟だ蒼松翠竹を栽ゐば、四畔鬱然として、ひとり生旺にして自ら俗氣無きのみならず。蓋し陽居は陰を喜び、陰居は陽を喜び、陽陰相和するの理なり。

△庭心の樹木を名つけて間困と曰ふ、禍殃を主どる。

△果樹盛茂して屋の左右を被ふを忌む、疾者を主どる。又大樹の幹に當り、或は門に當るを忌む。

△戊方の大樹を忌み、屋頂の枯樹は鬼聚む。門前の枯樹或は柿樹の陰大なるを忌み、門樹の兩股な

るを忌む。獨樹冬青を忌み、又た楓を忌む。冬青斗の如きを忌み、兩樹の屋を夾むを忌む。

△樹或はその本腫れ、或は腰腫れ、或は心を空うし、或は樹の外とに向ひ、或は樹頭垂倒し、或は枯樹に藤纏ひ、或は樹に眼を穿ち、或は蹺蹻するの樹は並に不吉なり。亟に之を伐る可し。

△凡そ家敷内に多壽の木を種ゆ可らず、久しき後に除き難きの患あり。百年の大樹は輕々しく伐る可らず。必ず災殃を免れず。

△凡そ樹根の屋簷下に入るを忌む。

△棗は宅の西に宜し牛を益す。柳は東に植ゑれば牛馬を益す。楡は未の地に宜く、又屋後に宜し、鬼敢て踰へず。桃は南土に宜く井邊を忌む。李は東に宜く西南北を忌む。杏は北に宜く辰方を忌む。桐は戌亥の方に三株植ゑれば奴婢を盛にす、庭前を忌む。槐は中門に三株植ゑれば世々富貴、宅前大吉、申方に植ゑれば盜を避く。柰は辰方宜し邸內を忌む。柘(山桑)は西に宜し。梅は南に宜し。槿は宅內を忌む。石榴は庭前に植ゑれば賢子を出だす、又嗣多く大吉なり。榛は北に宜し。

△屋に近き楓樹を鬼棲となす。大低中庭は植樹すべからず。陰を取るには花を栽培して欄と作す。

△凡そ宅の左に流れ、右に長途無く、前に汚池、後に丘陵なければ則ち必ず、東に桃柳を、西に柘楡を、南に梅棗を、北に柰杏を植ゑて、青龍白虎朱雀玄武に代ふるも可なり。

△宅の後ろに墳あれば、墳宅氣を集むるが故に、墳興つて宅退く（何れもその所應の興退するを云ふ）。墳の後ろに宅を立つれば、宅、墳脉を截つが故に墳退て宅興る。宅も墓も、その後來龍脉の上を行尸及び嫁娶の行き過ぐるを忌む、其生氣を奪ふが爲めの故なり。

△宅に五虚あれば人をして貧耗せしむ。

一虚、宅大にして人の少なき。

二虚、宅門大にして門小なる。

三虚、墻垣の完からざる。

四虚、井竈その處を得ざる。

五虚、宅地多くして小屋に庭院の廣き。

△宅に五實あれば人をして富貴ならしむ。

一實、宅小なると人多き。

二實、宅大にして門小なる。

三實、墻垣全完せる。

四實、宅小にして六畜多き。

五實、水溝東南に流る。

△密に富家の地下土を取り來り、浄水を用ゐて大門上に泥《ぬ》れば財旺を致し、しかも富家を害せず或は牛角を取りて丑の土に埋め、牛骨を南方に埋むれば吉。

△大石を宅の四隅に置けば災異起らず。以上。

第二節　吉基の所應

住宅風水が風水信仰の他のものと等しく、民間信仰の隨一なるものとして信ぜられ、可居の地はその住宅風水に依つて選定すべきものであると云ふ事が、全く日常の常識となり慣習となるまでには、是非とも之を信ぜしめ、その信仰を鞏固にする處の所應、卽ち住居風水に依つて得たる實證がなければならぬ。處が事實この實證は無數に存在する。

之を嚴密に云へば住居風水に依る所應の實證が、實際風水に依つて效果せられたものなるや否やは輕々に斷定することを許さないが、旣に信仰現象である以上、たとひその所應と目さるゝものが他の原因に依つて效されたものであるにせよ、その效果を考ふる場合に、風水的原因を探求して之を得たる時には、その效果は他の原因に依るものでなく、正しく風水的原因に依つて效されたものであるとなすのが、信仰現象説明の常則である。從つて幸福なる繁榮を來たした人々の住居を、風水的に觀察して、それが風水的に吉地なりしならば、この幸福繁榮は直ちにその住居基の風水に由るものとなされるのが自然である。だから所應の實際はやはり、風水の原因に依つて幸福なる結果を得たりと信ぜられ傳へられるものに他ならないものである。

いま數多き所應の內、數者の代表的なものを左に擧げるであらう。

一　三日月形の基地に住居して王となる

新羅第四王脫解は三日月形の基地にある瓠公の宅を詭計を以て之を奪ひ此處を自分の居宅とした。處がその時の王南解王はその詭計を用ゐて瓠公の宅を奪つた事から脫解の智の非凡なるを知り、早速長公主を以て之に妻はした。かくて後愈々王の信任を受け、三代の王弩禮王の崩するや遂に王位に登つたのである。脫解の王位に登つたのは、單にその奪つた住宅が三日月形で將來發展すべき目出度き地であつたが爲めに、遂に王位に登つたのではなく、その智の勝れたると且つは次の如き神術を有つて居たので國人の尊敬することとなり、智力あり且つ神術あるが如き非凡の者は、直ちに王位に迎へられた新羅初期の國情に從つて、王位に登つたものと考へられるが、その間の消息を審にし得ない後世には、三日月形の吉地の宅に居つたから王位に登つたと、之を全く住居風水の所應と信ぜられたのも當然なことであらう。而してその神術と云ふのは次の如きものである。

『或日脫解は白衣の僕一人を率ゐて東岳に登つた。その歸途渴を覺えたので腰につけて居た角盃をその僕に渡して水を汲んで來るやうに命じた。水井は遙か遠くにある。處がこの僕も渴して居たものか又はその器《うつは》に好奇心を起したものか、それに汲んだ水を持つて來る途中で一口お先に失敬した。處が不思議やその角盃が僕の口に貼り付いて離れない。脫解が之を見て責めるとその僕は痛く驚愕し以後決してかゝる不法をしないと誓つて詫びたので、漸く口からその角盃を離すことが出來た。これからと云ふものこの僕は決して欺罔を敢てしなかつた。』(三國遺事紀異第一)

猶ほ三日月が、將來の發展を意味する吉祥のシンボルとして考へられて居た事は、百濟滅亡の傳說に於て最も明らかにあらはれて居るから、之を次に掲げて置かう。

『百濟の末王義慈が王位に即くや淫亂殘虐飽くなく、その國將に亡びんとする時に先ち國中には不祥事が續出した、(例へば顯慶四年己未—六五九—烏會寺に大きな赤馬があらはれて晝夜六時寺を遶つて行道した。二月には澤山の狐が義慈宮中に入つて一匹の白狐が佐平の書案上に坐つた。四月には太子宮の雌鷄が小雀と交婚《つが》つた。五月には泗沘河の岸に長さ三丈の死んだ大魚があがり之を食つた者は皆死亡した。九月には宮中の槐樹が人の哭するが如く鳴き、夜々鬼が南路上に哭した。五年春二月には王都の井水が血色に變り、又西海邊に死んだ小魚があがり、いくら取つて食しても盡きない。四月には蝦蟇が數萬樹の上に集り、王都の市人故なくして捕捉せられるが如驚走し爲めに驚き仆れて死する者が百餘人、財物を亡失する者無數。六月は鹿の如き大きな犬が泗沘から出て王宮に向つて長吠すれば城中の群犬之に和して路上に集り或は吠え、或は哭し、しばらくにして散じた等々)此の時(六月)一鬼が宮中に入り、大聲に「百濟亡百濟亡」と叫んですぐに地に入つてしまつた。義慈王は恠しく思つて地を掘らせたところ、三尺ばかりの下から一匹の龜が出た、その甲背を見ると文がある、曰く「百濟圓月輪新羅如新月」と、そこで之を或る巫に判斷させると、その巫は圓月輪は滿である。滿つれば虧ける。如新月は滿ざるものである。滿たざるものは漸く盈ると判じた。之を聞いた王は激怒してこの巫を殺してしまつた。かくて後三年にして百濟は滅亡した。」(三國遺事紀異第一)

2　高麗王氏の發祥傳説

住宅の地が風水上から見て非凡な處から、遂に無上の榮達を致したことは、高麗王氏發祥傳説に於てその代表的なものがある。之を「高麗史」世系に就て觀るに、後に追尊して國祖元德大王となした賓育が、その兄甲帝建の女德周を妻とし、居士となりて摩訶岬に木菴を構えて居るや、新羅の風水術士が之を見て『此處に居れば必ず大唐の天子が來つて婿となるであらう』と云つたが、果して唐の粛宗皇帝が微服して山川を遍遊の途次此地に來り、寳育の二女辰義に幸して作帝建を生んだ。後に追尊して世祖大王となつたこの作帝建が、龍女を妻として金遯の墟に居るや、時に新羅の僧で有名な風水師道詵が、半島風水行脚の道すがら、この地に足を入れ、たまたま帝建が新第を創立せむとして居るので、敎ふるに山水の理を以てし、依つて新宮の基地を定め、將來統合三韓の主を生むであらうと告げた。その豫言的中して、新第に移り住んだその月に王后娠むあり、月滿ちて生まれ出たのが、實に高麗の太祖王建であつたのであると。

之等の傳說は、よし王氏の王位天命觀念を國民に信ぜしめんとするが爲めに作爲せられたものとしても、すでに高麗史と云ふ正史に載錄されて居る以上、且又後世高麗の諸王が皆この事を信じて居たる以上、高麗時代は勿論、李朝に於ても住宅風水所應の確實なる事證として、之を信じて居つたものであることは疑ふ餘地がないであらう。

3　李王家發祥傳說

咸鏡南道德源郡赤田面湧珠里（元山の北西約一里許）は李王家發祥、李朝肇基の地として傳へられるが、この地は新赤田川を帶する北方の山麓に南面せる一小村であつて村內に瓦葺の小碑閣があり、その碑文に李朝祖先と此の地との因縁由來を記してゐる。之を風水的に見るに里名からして察知せられるが如く、規模大ならざれども藏風得水自然天作の地で、まことに湧珠の名に背かないものがある。

そも〳〵此湧珠里の由來を尋ぬるに、李太祖李成桂の四代祖李安社（追贈穆祖）はもと全羅北道全州に居たが、何かの事から全州觀察使の嫌忌する所と爲り、その地に安居することが出來なかつたので江原道三涉に移り住んだが、尙ほ安心が出來ぬので三涉から此の湧珠里を尋ねて移住した、時は高麗の高宗時代であつた。かくて此の地は李太祖に至るまで四代の居宅となつたのである。卽ち李安社は此處で生れた李行里（追贈翼祖）と一時宜州德源防禦使に任ぜられて蒙古軍を高州（今の高原）に防いだが、遂に蒙古に降服して元朝に仕へ、今の咸北の慶興なる豆滿江外の幹東に居住した。李安社の歿後李行里は北方の難を避けて再び湧珠里に還り住み、後ち咸興に移つて此處にて李椿を生んだ（追贈度祖）、李椿も亦湧珠里に還り住み再び咸興に行きて李子春（追贈桓祖）を生んだ。この李子春は湧珠里よりも咸興を本據の地となし、元の末に至り再び高麗に復仕して柳丙仁と共に北進、今の摩天嶺までの土地を收得した。この子春の子が實に高麗に代つた李成桂（李太祖）である。

此の如く四代に亙つて本據の地となつたのが湧珠里であるから、此の地は李王家發祥の地となされ、爾來この地を聖跡として猥りに人の出入を禁じられて居た。（元山開港條約文中に日本人の湧珠里に立入る事を禁じた條項のあつたのはこれが爲めであり、又十餘年前迄元山中學校附近國道の交叉點に閑人猥りに湧珠里に入るべからずと刻した大石標を立ててあつたのもこれが爲めであつた。）

咸鏡南道永興郡順寧面亭子里に濬源殿があり、その近く黒石里に本宮がある。この亭子里及び黒石里こそ李王家にとつて最も尊崇すべき紀念の地である。卽ち黒石里の本宮は李子春の舊居にして元の順宗至元二年、高麗忠肅王復位五年（一三三六）李朝鮮第一代の王たる太祖（李成桂）が此處に於て呱々の聲を揚げた處であり、濬源殿は太祖の胎を附近の龍淵中に藏した處であるから後に名づけて濬《ふか》き源の宮殿卽ち濬源殿としたのであると。この濬源殿及び本宮の地は周圍約一里に餘る丘陵であり、老松蒼々として常盤の榮を見せ、龍興江はその西北を繞り、その四神朝對よく整備し、何れも皆奉仕衞護朝貢の勢を以てこの丘陵をめぐつて居るところ、蓋し王氣自づから發するの風水的吉地であらう。

むべなるかな此處より西南半里許に在る薪寺に居つた僧無學が、この丘上に王氣の漂よふを望み不思議に思つて或日此の地を尋ねて見ると、其處に李子春の宅が發見された。そこで無學は子春に向つて、公は將さに貴子を生むべき氣運ありと告げ、後娠めるあるを聞くや再びに來り米と藿《まめ》と醬《みそ》の三種を贈りて曰く、王者必ず生れん須らく善く保養せよと。かくて生れたのが實に李太祖であると傳へられて居る。猶ほ濬源殿も、亦無學の指示に基くもので、その初め胎を龍淵に藏したるも、又後この胎を仐維道珍山郡方伋山に移封し、淵を塡めて其處に殿を建てたのも（殿を建てたのは太祖五年丙子五月）無學の指示に因るものであると傳へられて居る。（「朝鮮金石總覽」下卷、赤田社紀蹟碑、朝鮮太祖誕生舊里碑。「咸南の史蹟名勝」等參照）

4　國母王后を出せるの宅地

咸鏡南道安邊郡衛益面琴基里に、李朝第一代の王太祖の妃神懿王后韓氏の誕生舊基と稱する處がある。この地は純祖朝の中樞府事喆濟をして云はしむれば、

『神懿王后誕降の舊基たる琴龜の地は、前、葦巖に對し、旁、龍淵に接し、風流山その南に在り、此の洞は安邊世家たる韓氏の世々住める處、王后の父たる安川府院君の私第であり、風流山はその祖塋の安藏するところ。而して此の私第で王后が誕生した時はこの山の頂に綵雲を出だし、雲中に音樂聞えた。』（「朝、金、總」）

處である。その地勢は平衡にして岡巒環抱、山川の炳靈を集め天地の儲福を享くるの地であるから、王后はこの靈德を享受して始めてこゝに誕生したのである。故によく太祖に配して家を化して國と成し、定宗、太宗を生んでその統を無極に垂れたのである。之を時の本道觀察使能岳、安邊府使致謙等の言に徵すれば、

『后妣の興るは天の命に依ると雖も蓋し亦地靈の助あり。』(「朝鮮金石總覽」下、神懿王后誕生舊基碑參照)であると。卽ち神懿王后の出生は天命地靈の致すところであり、この琴龜洞が天地の靈氣を享くるの地であつたが故に、此處を私第とした安川府院君の家によく國母を誕生せしめたものであると云ふのである。

黄海道谷山郡雲中面林溪里は、李太祖の第二后妃神德王后康氏の誕降せる私第の舊基として傳へられて居る。正祖二十三年己未に建てた祟祿大夫行議政府參賛洪良浩の碑文に依れば、此の地は谷山の東に神冒山があり、この龍峯の峯を負ひ龍淵の淵に面する巋然たる形勢をなし天作の合、地靈協祥の處である。こゝが象山府院君の舊基で、此處で神德王后が誕生したのである。之を風水的に云へばかゝる天作協祥の地氣を享けたればこそ王后康氏は太祖未だ王位に卽かざる時この龍淵に渴を醫せむとするやたま〳〵康氏其處にありて、水を勸めた事から遂に迎へられて妃となり神懿の死するや正后となるに至つたのであらう。(舊傳に依れば、康氏が太祖に水を進めた時、溪水を瓢に盛りその上に楊の葉を泛べて差上げた。太祖はかうした心づかひ—卽ち渴して居る時つめたい水を鯨飲すると害となることがあるから、楊の葉を泛べて急に飮み盡せないやうにした、周到にして愛情のこもつた用意に感心して遂に王妃としたのであると)。(同上神德王后私第舊基碑參照)

5　瓢巖より二千年千億の雲容を生ず

慶尙北道慶州郡川北面東川里に新羅佐命功臣乃梁部大人李公諱謁平遺墟碑がある。俗に之を瓢巖碑と云ふ。李朝純祖六年丙寅(一八〇六)後孫大匡輔國崇祿大夫李敬一の記せる碑文に依れば、瓢巖峰の下に乃梁大人の遺墟があり、慶州李氏の根基であるが、此の遺墟の地こそ『崧高靈淑之氣鍾。精毓英篤生哲人。理之所必然者』の故を以て羅麗の間、簪組、蟬聯、名碩相望み、李朝に逮びて枝達派分、子孫千億、迺ち公、迺ち卿、世々厥の美を濟し二千年の間赫烏として吾東の望族(名族)たる所以であると。卽ち天地の精氣を享けて哲人が生じ、この哲人の庇庥に依つて子孫の繁榮を效して居るのであると、風水的所應を明確に語つて居るのである。(「朝鮮金石總覽」下卷瓢巖碑參照)

かくの如く天地の精氣を受くるの地に住居して、その靈氣を受けたる哲人を生じ、この哲人の庇庥に依つて子孫の繁榮を續け得ると信ぜらるるに至れば、住宅風水の效果はこゝに全く墓地風水の效果と相一致するものとなつた譯である。墓地風水の目的は父母の遺骸を地中の生氣に溶せしめ、この遺骸の融化に依つて子孫の繁榮を計る、卽ち父母の屍を介して生氣を享けむとするのであるが、良好なる住宅を營み此に鍾る精氣の結晶として生れた者を介して、その子孫の繁榮をつゞけむとするものと解せられるならば、兩者全くその趣きを同じくするものとなつたに他ならないであらう。朝鮮に於け

安東川前五子登科宅

る父母尊崇、祖先崇拜の禮儀が、かうした風水的功利的な觀念に依つて培かはれて居るものであることを看逃がしてはならない。

6　五子登科宅

慶尙北道安東郡臨河面川前洞に世に稱して五子登科宅となす風水的吉基がある。この地は李朝の初期高麗に臣事した金璡（その子金誠一が觀察使と云ふ高官になつた爲めに後に吏曹判書を追贈された）が子孫永業繁榮の地として此處に居をトしたのである。この地は大峴山を後ろに負ひ、川前に面し、遠くその左を洛東江に通じた南向の地であつてその風水形を「浣紗明月形」と稱し、三南四大吉地（1慶州の良佐洞、2豊山の河回、3臨河の川前、4乃城の西谷）の一として世に稱せらる處である。浣紗明月は之を風水的に云ふと、紗はもとより美麗なる織物で高貴の人の召物となる目出度きものであるが更に之を明月の下に浣濯すれば愈々その美麗を増すが如く、この形の所應は子孫に名聲ある高官を出すものとされて居るのであるが、果して此處に家居した後その五子金克一金誠一等兄弟相並んで登第しそれぐ高位高官に任じられ、爾來富貴繁榮今に及び、現在此の地に住むもののみにて百七十戸を算して居ると云ふことである。

7 蓮華と行舟との盛衰

慶尙北道安東郡河回は柳氏一族の（約二百戸）同姓部落であるが、ここには住居風水の所應から見て興味深き物語が傳へられて居る。此地は洛東江東南より入り西南に紆回して一平坡を包み、この江の北岸に添ふて秀麗しかも險崖の石壁を立し、文字通り襟帶の山河に守もられた平坡地であり、その耕作に適するの點、その防禦に適するの點、及びその風景絶佳なるの點、どの點から見ても良好な處たるに相違ない。之を風水から云ふに、この圓形平坡の河岸に近き處が「行舟形」であり、之をその中央から見た時には「蓮華浮水形」をなして居ると云はれて居る。

さて風水では、「行舟形」はその檣、舵、碇を備ふればその所應吉にして、若し之を欠き又は井水を穿つときは漂流覆滅を免れないとなし、「蓮華浮水形」は華も實も一時に具備した有終の美をなすと共に芳香高き圓滿な美花であるから、その所應は子孫永久に繁殖し且つ名擧靑史に芳しき傑人を輩出するのであるが、かかる目出度き華も、水外、水中に於ては開かず、水面に浮んで始めて開花するのであるから、家居の基地を水面より高すぎても亦低くすぎてもよろしくないのである。處が今から凡そ四百年前、現住柳姓一門の祖たる柳公綽が豊山の上里洞から此の地に移住した頃は、その河岸近くに許姓と安姓とが部落を成して居た。傳說に依れば、此の地に最初足を入れた者は許姓であり次で安姓が來りその次に柳姓が來たのであり、この部落の出來る頃から一つの豫言が行はれて居た、それは『此の地は此の地に住む者の外孫のものとなる』と云ふ事である。然るにこの豫言は適中して安姓が許姓の外孫を産むに至つてから許氏は滅びて安姓がこの地の主人となつたが、こんどは柳姓が移住の後安姓と緣組して安姓の外孫を産むや、それから

慶北安東河回遠望

と云ふもの安姓は一戸減り二戸去つてその影をひそむるに反し、柳姓は日に增し繁盛して現に三百戸からの同姓部落となるに至つたのであると。しかしこの三姓の更替は一方風水的影響からであつて、河岸に住んだ許も安もその地の「行舟形」なるを知らずして裨補をなさなかつた爲めに滅亡したのであるが、柳は許安兩姓の故地を嫌つて平坡の中央に卜居した、卽ち「蓮華浮水」の蓮華の中心に居を構へた、しかも水平面にすれ〳〵に基地を定めたので、それが爲めに隆々として盛運に向ひ柳西厓等の名相を出すに至り、今に河囘の柳氏として、その名を半島に稱へられて居るのであると。

第三節　全鮮の吉地

以上に於て述べたるが如く、住宅はその風水の吉凶に依つて生活上に多大の影響があると信ぜられるのであるから、風水上から見て吉地となすの地は、萬人の爭つて之を得んと努むる目的となつて居るのである。從つて吉地と目さるゝの地は、ここに幾人もの收得競爭者を生じ、同時に耕地として何等の價値なき地もそれが風水に適するの點から、耕地の價額の幾倍乃至幾十倍にもその價が競り上げられるのである。故に一般に認められて吉宅地と稱せられるものは皆悉く金力と權力あるものゝ手に歸して居るのであるが、一方、かうした競爭的收得熱が盛んであるから、秘かに吉地を撰擇して自己の用に供し、並びに秘かに之を探知し置きて之を有力者に世話し、媒介して多額の手數料を得んとする風水術者も出づるに至つた。

かくしてあらはれたものが之等の風水術の手に成れる各種の秘記、秘書、踏山書である。然しながら之等の書册は、皆風水に長ぜしものが各自の見解に依つて定めた秘密記であるから、一のものに就ても可なりの相異があり、何れを眞なりとして信ずべきか疑問に屬するものが多いのである。さう云ふ譯であるから、此處では之等の風水的吉地の記錄に一切依らずして、現在各地に實際に喧傳され信ぜられて居る住宅吉地に就て、住宅風水の吉地と云ふものが如何なるものであり、如何に確信せられて居るかを擧げることゝした。而して次に列擧するものは昭和四年六月の調査に依つて知られた全鮮に於ける代表的なもののみである。

1　京畿道驪州郡興川面外綠里附近に、風水上「金盤形」と云ふ吉地がある。此處に家屋を建てゝ居住するものは高貴富者となるべしとの傳說があつたので、昔時は僅かに三十戶位の小村部落であつたものが、近來忠淸南北道、江原道等から盛に移住する者多く、現在は百數十戶に達して居る。

2　京畿道漣川郡積城面紫長里紫長村二六二番地は、西山東流が此の居地を包圍して流れ「生陽無窮」の地と呼び、古來長壽富貴の地として稱せられて居るが、今から約二百年前韓國々務大臣某氏が一家を建て、代々富貴の地位を續けて今日に及んで居る。

3　京畿道水原郡楊甘面大陽里三〇一番地は「天宮仙女玉盤選珠形」の吉地と稱せられて居る。その由來を尋ねるに、現居住者梁箕煥の五代祖の時代に始めて此の地を宅地と定め家を建てた處、それから漸次資産が殖へ現在に至るまで、その子孫は面內唯一の資産家としての地位をつゞけて居ると。

4　京畿道江華郡河岾面陽五里辛成默の家垈は「玉女奉盤形」をなし、子孫繁榮の吉地と稱せられて居るが、この家から嘗て韓國王の侍臣を出したことがあると。

5　京畿道江華郡內可面旭下里に「掛燈形」の地がある。幾百年以來此居に居住した者は皆な裕福となるのみならず仕官する者が絕えないと云ふことである。

6　忠淸北道鎭川郡栢谷面葛月里李護鍾宅の敷地は「金盤形」であるが、各地官師(風水師)の說に依ればこれは此の地の前方約五丁の處に杓子山と稱する山があるので、此處へ居をトする者は富貴繁榮すると云ふのであるが、同家は此處に居を構へてより六代を經、その子孫の蕃殖著しきみならず面內一流の資産家となつて居る。

7　忠淸北道鎭川郡草坪面龍亭里嚴在永の家基は「龜尾形」と稱し、子孫代々官職に就き且つ相當の富をなすの應ありと傳へられて居る。

8　忠清北道永同郡梅谷面敦大里橋洞姜漢秀の宅地は「玉女散髮形」の地と稱し、此處に居住する者はその子孫繁榮すと謂はれて居る。姜が此處に居をトしたのは三四十年前であり、それまでは既に二十三才に達しても子女の出生がなく且貧困の暮しをして居たのであるが、此處にト居してからと云ふもの漸次開運し、僅か三十數年の間に三萬餘圓の資產を作り加ふるに男子四人を得、現に一家皆健康にして家庭圓滿、面內屈指の有力者と推されて居る。

9　忠清北道永同郡梅谷面長尺里李愚邦の宅地は「臥牛形」の地と稱し、此處に居住する者は一生安樂に過すことを得ると傳へられて居る。李愚邦の養父李在和(八〇)は三十才位迄は他人に雇はれて下男奉公又は海產物の行商等に從事し、極めて貧困の生活をして居たのであるが、妻女を娶りて現住地に居を定めてから幸運に向ひ、約五十年間に十萬圓からの資產を有つに至つたのであると。

10　忠清南道論山郡可也谷面六谷里は「巽坐乾向」の吉地と稱せられるて居るが、徐氏が此處に居住せし以來數百年、子孫の斷續せる事例なく、その子孫繁榮且つ一千石以上の小作料を收納する者も一名は必ず何時もあるとの事である。

11　忠清南道舒川郡時草面新爲里に「狗臥形」と稱する吉宅地があり、現に具秉喜と云ふ資產家が此處に住居して資產家となつたと云はれて居る。

12　忠清南道舒川郡東面水城里には「雲中落梅」と稱する吉地がある。此處には現に約二十萬圓の資産を有する富豪申泰英が居住して居る。

13　忠清南道洪城郡龜項面五鳳里李秉厚の宅地は、その前方が高く遠方が見えないので、かうした地形は資産がたまり、浪費者が出ないと云はれて居るが、今から三百年程前李秉厚の祖先が同所に居住してから子孫連綿、その間高位高官も出し、且つ相當の資産を有し、現在に於ても土地の有力者となつて居る。

14　忠清南道唐津郡松嶽面盤村里具翰書の住宅地は「金盤形」と云ふ地形で、これは金製の御膳であるから、金製の御膳を前にして飲食する程の富貴になることが出來るとなされ、昭和三年に右具氏が居家を新築した。具氏は郡内の資産家である。

15　全羅北道錦山郡南二面下金里四六六番地金龍述の宅地は、彼の五代祖金壽永がその弱年時代極貧にして行商に依つて漸くその日を送つて居たが、或時この地（下金里四六六）に差しかゝるや突然美妙優雅な樂の音聞え、恰かも身神境に入れるが如き感動を受けたので、暫く此處に滯留して居たところ毎夜時を定めてこの樂の音が繰返へされるので、此の地の非凡な吉地であることを悟り、此處に住居を定めたところ、その後旭日昇天の勢を以て家運隆昌に向ひ、三十年を出でずして郡内屈指の素封家となり、その子孫中から代々任官者を出したと。

16　全羅南道靈光郡邑內公立普通學校敷地は古來吉地と稱せられ、韓國時代には此處に客舍を建てであつたが、現に壯大なる學校の建築を見且つ每年數百名の卒業生を出すの盛運を齎して居ると。

17　全羅南道靈光郡法聖浦は古來「臥牛形千基」の地と稱せられ吉地と目されて居たが、往時はこの附近十二郡の國稅(米)を取立てたる處となり、今も猶吉地と唱へられて居る。

18　全羅南道和順郡道林面求禮里に「山水秘訣中」に載せてあると云ふ「分財谷」と稱する山がある。附近の里民は之を解して、此處は財物を分つ意味の處だから、何時かは此の山の爲めに多大の財物が分たれるであらうとのあこがれから、その附近を離れずに居住して居たが、果せるかな現に進捗しつつある南鮮鐵道の線路敷設工事中、最も難工事とせられるトンネル工事を此の山麓に開始したので、附近の里民達は、今更の如く秘記の所應が確實であることに驚いて居る。

19　全羅南道和順郡には從來から郡邑中の吉地として外南面沙坪里、道谷面月谷里の二つをあげて居るが、この地の所應は何れも富貴を致すものであり、現に兩部落の住民には富貴の者が多いと。

20　慶尙北道尙州郡中東面于勿里地內愚川と稱する部落は、太白山、俗離山、八公山等三大山脈の終端地にして且つ洛東江、渭江がここに合流するので古來「三山半落靑天外、二水中分白鷺州」と稱せられた如き吉地とせられ、此處から韓國時代左議政の官職に就いた柳厚祚なるものが出で、その子孫今尙ほ居住して居ると。

21 慶尙北道青松郡縣東面道坪洞第一區、現警察官駐在所のある地は古來住居としての吉地と稱せられ、就中同洞六九一番地南錫翰の宅地を最も優秀のところとする。此處は嘗て今の南氏十代祖南墩なる者が慶尙北道英陽から來つて此處に居を卜したものであり、その居宅の吉地なりしが爲め代々學士絕ゆることなく、且つ富裕にして幸福に滿ちて現在に至つた。因に南錫翰は資產一萬圓を有し、曾て縣東面長たりし經歷がある。

22 慶尙北道慶山郡龍城面谷蘭洞崔濟久の住宅地は、その地形「芙蓉花」と稱する居住地として最吉のものとされて居るが、崔氏は現に十五代引續きその子孫繁榮し居り、且つこの地の吉地なるが爲め、韓國時代にわざ〱政府から特使を遣して宅地を視察せしめるの光榮に浴したものであると。

23 慶尙南道密陽郡三浪津面鵲院の院門(現在の鵲院トンネル附近)は古來名山の稱あり、今から數百年前、名高き地師が此處を檢分し、此の地は密陽郡の咽喉を扼する地勢にあるから此處に院門を建てれば密陽郡内に富者大官續出すべしと豫言した。そこで當時の郡守及び有志が此處に院門を建設したが、果して郡內に、孫氏、朴氏等多年間榮華を續くるの盛運を見た。然るに京釜鐵道敷設の際院門敷地が鐵路に編入されたので、この院門は他に移轉の止むなきに至つた。かくてこの院門の移轉と院門の風雨に依る崩壞と共に、郡内から富貴榮達の傑物が出なくなつたと云ふことである。

24　平安南道成川郡靈泉面抑洞里、韓正烈及び韓益烈の住宅地は、數百年前から子々孫々富豪を出すの地として一般に稱せられて居る。

25　平安北道寧邊郡鳳山面朝陽洞龍山谷避盜山の南麓に位する、現住李鉉の住宅地は「白鶴抱卵形」の吉地と稱されその地勢、後方より避盜山が一直線に來り、これが家屋の後ろに於て左右に分れ圓形に家屋を圍ひ、遂に前方約一丁位の地點に於て合して居る。同家は約三百年以來財產家が居住し一時は小作米百五十萬石を得る金滿家であり前峰に別莊を建てた事もあると。

26　平安北道龜城郡梨峴面擇仁洞三〇七番地文明河の宅地は「燕巢形」の吉地とされて居るが、同家には八十歲以上長命し直系男嗣子の絕ゆることがないと。

27　平安北道龜城郡梨峴面院倉洞一四九ノ二番地崔子賢の宅地は「猛虎出林形」の地であつて今より約五十年前から資產家となつたと。

28　平安北道龜城郡龜城面下端洞延安、車姓部落は「雞巢形」の地として稱せられ、風景明媚なるが上によく子孫繁榮を致すと。

29 平安北道熙川郡長洞面舘洞倉站の金海金姓部落は「臥牛形」の地と稱せられ、その祖先の來居した頃は極貧にして他人の小作人となつて下流生活をして居た處、風水師を招聘して現在の處に居住の基を選擇したのであるが、爾後相當資產を有することゝなり、現在も子孫多く繁昌して居ると。

30 平安北道熙川郡直面長坪洞李枝華の住宅地は「行舟形」と稱し、船の荷物を積み降ろす如く速成速敗するの地と云ひ、十年以上該家に居住せば不利だとの事である。それが爲め李枝華は昭和四年一月十年に達したので居を他に移した。

31 江原道襄陽郡巽陽面水全里李鍾燁の宅地は「蟹眼形」又は「龍眼形」の地と稱し、今を距ること三百五十餘年前此處に家を建てたる後、鍾燁の九代祖は全羅北道興德郡守に奉職し、且つ三百石の秋收を有する資產家となり、爾來終始一貫中途破產することなく子々孫々に傳へ來りしと。

32 江原道金化郡近南面六丹里車谷と云ふ山は、その山端同里の無名川に臨んで、その形勢恰かも馬が首を下げて水を飮み居るが如くであるので(所謂「渴馬飮水形」)同山の所有者たる同面沙谷里李姓は、渴馬の水を飮むが如く無限に財を收め得ると云はれて居る。(水は財のシンボルであるから)

33 江原道原州郡興業面茂實里具滋明の住宅敷地は「金鷄抱卵形」の地であつて、古來此の地に居を定むれば金滿家になると云はれて居たので、同人の曾祖父が此處に家屋を新築した。爾來約三萬圓の資產を積み現在に及ぶと。

34　咸鏡北道會寧郡碧城面五鳳洞二七八番地及び七八四番地は、何れも吉地と稱せらるゝ土地であるが、その地勢、野原の先端に位置し三日月形をなして居るので「半月形」と呼び、今から二百年以前に兩地とも現住者の祖先に依つて卜定建家するところとなり爾來二家とも繁榮をつゞけて居ると。

35　咸鏡南道甲山郡會麟面松溪里は「櫛形」の吉地と稱して居るが、同所に居を卜した現住金姓一族は韓國時代より豐饒にして相當出世せる者があつたと。

36　全羅南道光州社町(古來社稷壇のあつた處なので社稷村、鄕社里とも稱した)は、その後山が紫鶴形をなし前を曲流する光州川が半月形をなして居たので、古來顯官富豪の出づる吉地と云はれて居た。それは後山の紫鶴形なるが爲に、その氣に依つて紫衣鶴紋の官服を着る高官を出し、前を流るゝ半月形の水は財產の增加する影響を及ぼすからである(水は財を司る氣であるから)。面白いことには、この流水が出水の爲めに邑內の方に片寄れば邑內が富み、社稷村の方に片寄れば社稷村が富むと稱され、この片寄りは天意に依るものとして人工を加へなかつたが、現在は河川工事を施したので如何に出水しても水流の片寄る事はなくなつてしまつた。同時に片富の影響もなくなつたと。(昭和五年十月)

第四節　移居信仰

上古の人々の間には、水草を逐ふてその居を移した風が何れの處にもあつた。近代は生活の自由と享樂と文化とを逐ふて大きな移住群が田園から都市へと動いて居る。その時代時代の生活世相の變化に從つてその移動し行く目的地に相違はあれ、よりよき生活の希望と云ふ原動力には些しも變化がない。朝鮮にもこのよりよき生活の爲の移動は各方面に於て行はれ來り、また現に行はれて居ることは、世界の他の處に於けるそれと全く變りはないが、只一つ他になき特異な移動が行はれて居る。それは田園より都市への移動、朝鮮より日本內地の工業界へ、朝鮮より滿洲支那の農業界への移動等の如きものでなく、風水上吉地と稱せられる土地を目ざして、その土地に定著して以て地中の生氣を享け、かくして生活の運命を幸福のそれに導かんとする移動である。從つてこの移動は、都市の生活圈內に入つて其處に釀さるゝ文化生活を享受せむとか、或は工業地帶に於て職を見付け之に依つて多くの賃金を得んとか、或は肥沃の農業地帶に入りて農業生產の收得に努めむとかするが如き具體的な活動に依るものでなく、風水と云ふ地力に依賴して從來の衰方に向つて居た運命線を盛方に轉換せむとする全く抽象的な運命信仰に依るものであるから、如何に農耕に適しない片田方の野山でも、決して不足を云はないのである。人の生活を律する信仰の力が如何に偉大なるものであるかは、此處にもその顯著な例を示して居る。

かうした風水的移居の風は、朝鮮では三國の上代より已に行はれ、高麗中葉以後に於ては著しくその頻發を見たが、之等の多くは、その國都の移動以外史記の錄せるものがないので、之を詳細に論ずることを得ない。然しながら現在朝鮮の地方聚落構成が、同姓を以て一部落をなすものが絕對多數を占めて居る處から察し、且つ同姓部落の創設者は多くは子孫の繁榮と富貴とを期待すべき地を探求して之を定めた者である處から考へて、高麗以後李朝鮮にかけて汎くこの風水的移動が行はれたかを推知することが出來る。古きは之を措き、現在に於て行はるゝものに至つても、その傾向決して少なくない。いま次に二三の實査せるものを掲げてこの風水的移居の一斑を示すことゝする。

一　子孫繁榮、富貴榮達の地として各所から人の集まる場所

（イ）求禮の金環落地

全羅南道求禮郡土旨面金內里及び五美里附近一帶。此の地は大正元年頃から移住者の集まる處となり、忠淸南北道、全羅南北道及び慶尙南北道の各地から相當な兩斑までが金を持つて來て家を建て始め、現在移住し來つたものゝ戶數百戶餘に上り、猶ほ續々として增加しつゝある。これは此の地一帶

のどこかに、秘記に所謂「金龜沒泥」「金環落地」及び「五寶交聚」の三つの眞穴があり、（以上三つを上台、中台、下台と云ひ、下台が最吉とされてゐる。）それを尋ねあて其處に家を建て住めば、勞せずして天運の幸するところとなり富貴榮達は意のまゝであると云ふ信仰からである。

五美里の遠望

柳氏家藏の「龜石」

かうした信仰を裏書した事證として此地きつての舊家である柳氏の宅が五美里にある。この宅地は柳氏現主の遠祖柳富川と云ふ人が今から三百年程前に卜居したものであり、この富川と云ふ人は李氏倒壞を企て其處から京城まで毎夜雲に乘つて往復した程の方術に通じた者であつたので、良き風水を相して家の礎石を定めんとしたところ、圖らずも其處から龜石が出土した。そこで秘記に所謂る金龜沒泥の地は正しく此の地である事がたしかめられ、爾來柳氏は繁榮をつゞけて今に土地一番の豪家であり資產家となつて居る事である。(この出土した龜石、卽ち秘記に所謂る金龜沒泥の金龜は現に柳氏の家寶として重藏されて居る。それは大きさ兒頭大の龜形をした石塊で、これを入れてある箱蓋には「崇禎紀元後三丙卯年五美洞兎家開基時所出石云耳。壬戌五月十一日乙巳書」と書してある。

斯の如く三眞穴の一つが確實にさがし當てられたる以上、他の二者も必ずこの附近に存在して探り求めらるべきものである事は疑ないことゝなつた。けれども上台の金龜沒泥が柳氏に依つて占められた外、他の二者は依然としてさがし當てられてない。そこで柳氏の宅地が上台ならば、中台下台は柳家より數町を離てた茫漠たる野原(柳氏の宅から次第に緩き傾斜を有つた一帶の台地)にあるであらうと云ふ處から、かくは移住者が續々として入り來るのである。此の地に移住する者の大部分は、吉地に卜居して一攫千金との幸運に浴せむとする人達で(多くは兩班)、故鄕にあつた自分の財產は大部分社會事業とか宗敎團體等に寄附してしまい、殘つた僅かの金を携へて來る者である。この台地に數軒の荒廢したあばら家のそのまゝ遺棄されて居るものがあるが、之等の家は大正元年頃逸ち早く來住して家を構へ、人より先きに富貴榮達の幸福を獲得せむと待つてゐる中に、何の奇蹟も現はれず、僅かばかりの財産は幾程もなく徒食し盡くし、遂に流浪の旅を止むなく始めた、あはれな末路を物語るものである。然しながら堅き信仰に對して之等の失敗例は何等の反省とならず、かゝる失敗は基地の卜定の相違及び幸福の期待にあまりに性急であつたからだとなし、我こそ愼重にその吉地を探求してその發福にあづからむものと來住者は益々その多きを加へて居る。

昭和四年春此の地を訪ねた時など、廣き台地のこゝかしこ十數戶の家がその新築に急がしく、附近一面には新しき木の香がたゞよふ有樣であつた。

猶ほ此附近で、かくの如く吉地として他地方から移住し來る土地は、全州郡高山面及び茂朱郡安城面にもあると云ふことである。

（ロ）京畿道驪州郡興川面外綠里の近くにも其處に居を構へれば子孫繁榮し富貴富豪となれる吉地があると云ふ。それは「金盤形」と云ふのであるが、この金盤形の適地に卜居せむものと近來忠淸南北道、江原道方面から續々移住し來る者があり、以前は三十戶位の部落であつたものが現在では已に百數十餘戶に達して居る。（昭和四年）

（ハ）慶尙北道安東郡安東邑內南門外の畑地は、安東邑後をめぐる映南山の支脉と西方鶩頭山とが此處に會して「双龍合口」の形をなすので此處に兩山の生氣があつまる最も住き處であるとなされ、殊に新羅時代の昔に於てこの地に寺塔(五層塔今猶ほ畑中にあり)を建てたのは、こゝが吉地であつたればこそであり、又現に塔洞に住む李姓が安東に來つて始めて卜居したのは此處であつた(この李姓はその後水害に遇つたので法興寺の傍に移居した)から、住宅として吉地に相違ないと云ふので、近來盛に此處に住宅を新築し、それが爲めに土地の賣價も從つてつり上がり、此地と同樣な耕地が一段步五十圓位であるのに、此處だけは百圓以上でなければ手に入らないと云ふ程の勢である。(昭和五年)

二　將來國都たるの所として移居するの地

忠淸南道論山郡と公州郡との中間に、將來國都となるべき大吉地であると云ふので、各地から移住する者が多く、又各種の信仰業者がその本據を置いて、その勢力を張らんとする土地がある。之を鷄龍山新都內(新都內は新都の城內の意)と云ふ。

この新都內と稱する地は、鷄龍山脉中の最高峰鷄龍山を主山として、その山麓にある論山郡豆磨面中の四個里及び大田郡の一少部分、公州郡鷄龍面の一部分を包含した面積約一方里、その東西北の三方に山を繞らし南面傾斜開濶せるの地である。此處が新都たる名稱の起源に就ては傳說と史實との二

つがあり、傳說では新羅末の風水僧道詵の秘記中に此の地を、

『松都は五百年、李氏其の國を奪つて漢陽に遷都す。漢陽は四百年、鄭氏國權を簒奪して鷄龍山に築く。新都は山川豐厚朝野廣く、人民を治むるに皆遜順、是れ、八百年都邑の地なり矣。』

と豫言してあると稱し、史實では李太祖が高麗に代つて王位に卽くや國都を他に遷さんとし、風水に適するの地を八道に求めた處、たま〳〵近臣の一人で風水に長じた者が胎を封ずるの行途此の地を過ぎりて、此の地が國都としての資格あるを視察し新都の圖まで作製して之を上奏したので、太祖は遂に此處に幸し親しく形勢を見て直ちに新都の工事に著手せしめたが、大臣の中に此地の新都として適當でない事を指摘して反對する者があり、朝議の決果、國都は他に定むることとなつたので、遂にその工事を中止してしまつた。當時工事の規模は鍾路、南門、北門、東門、西門、水原並びに新都畿內に屬する州縣、部曲、鄕を凡そ八十一に定める等、新都としてその體を具備したものであり現に殘存する四十二箇の礎石から觀ても壯大な計畫であつたと考へられるが、此の時より此處を新都內と稱するに至つたと云ふのである（本編第三章京城の風水參照）

さて此の地が將來朝鮮の王都たるの信仰は、風水的圖讖と風水的類形との二方面からその源を發して居るのである。圖讖の一は風水術に長ぜる明師鄭某と李某とが、朝鮮の山川を考察して國運を勘考

算定したと稱する「鄭鑑錄」に『鷄龍鄭氏八百年之地』とか、その時期は『鷄龍石白、草浦行舟……大小中華偕亡矣』、又は『漢陽李氏三百年之地在於天數、若有小運則四百年、以後至七甲子、以後申年可知也』など云ふ豫言的記事であり、他の一はその昔からこの山の連天峰に隱語で石面に彫りつけた『方百馬角、國或禾生』の豫識文字である。

次に風水的類形から云へば、この山の名が鷄龍山であり、その山の形が之を大觀すれば帝字をなし、分觀すれば上帝峯が中央に聳えて主山となり、金鷄山が青龍をなし、日龍山がその白虎をなして居る。そこで此處には鷄と龍と上帝とが揃つて居るので、これらは鷄林に君王(龍)たる者が上帝即ち帝位に上ることを天然に暗示したものであるから、將來朝鮮に王たるべき者は必ず此地に於て王位に即き、此處を王都とするに相違ないと云ふのである。且つこの金鷄と日龍とが抱擁する新都內の左右に一つづゝ小高き圓丘があるが、その東にあるが金鷄抱卵の卵丘であり、その西にあるが日龍弄珠の珠丘であつて、金鷄日龍ともに生きたものであり且つ此處に止住するの勢であるから、風水的に見てこの位立派な所はないと云ふのであ

鷄龍山上の方百碑

る。もと〳〵此處を鷄龍山と稱するのはこの金鷄抱卵と日龍弄珠の地なるが故にその名が起つたと云はれて居る。

鷄龍山新都は此の如くその風水的類形より見て王都としての天造の地であり、且つ既に李太祖が此處に都を定めむとした事のある地であり、加ふるに秘記「鄭鑑錄」にも此處が國都たるべしと豫讖して居るから最早何等の疑ふべき餘地がなきものと信ぜられるやうになつた。然らば何時此の處が國都となるであらうか。「鄭鑑錄」ではその時期を『鷄龍石白。草浦行舟。大小中華偕亡矣。漢陽李氏三百年。若有小運則四百年。以後至七甲子。』等と漠然と指示して居る。又連天峯の讖刻には『方百馬角、國或禾生』と全く隱語破字的に示して居る。この連天峯の石刻『方百馬角國或禾生』は世に傳へられる「秘書光嶽遺訣」に『連岐郡近地。石詩題名。忠淸道鷄龍山。方夫人才國或多禾。小六八年李

金鷄抱卵の丘（新都内）

花落地。』とあるものに似たものであるから、李朝がその天命を失ふ時機を指示するものであらうと察せられては居たが、適確に之を解明することが出來なかつた。

「鄭鑑錄」が李朝の國運を卜する處のものとして如何に人心を惹付けたものであつたかは、抑西崖(成龍)の「懲毖錄」を物せしに依つても徵せられる。李覺鍾氏の「鷄龍山迷信の由來」(朝鮮社會事業七卷四號)に依れば『世は降つて壬辰の亂となり戰後の創夷容易に恢復せず國運益々衰亡に傾いた時端なくも彼の「鄭鑑錄」の李朝三百年說が高調されて八道の人心益々離散したのであつた。そこで時の宰相抑成龍(西崖)は親から「懲毖錄」を著して戰亂の由來を明かにし、大いに安逸を戒めて民風の作興を圖ると共に私書鄭鑑錄を公開し李朝五百年說を流布して人心の安定に努めた。後世「河回出鄭鑑錄」と云ふのは此の關係を云ふのである』と。

明治二十七年(一八九四)崔水雲に依つて始められた東學黨が猖獗を極め、之を緒として日淸の間に戰端が開かれ、韓國の山野は全く戰場と化するの時に當つて、鷄龍山連天峰上の讖文『方百馬角國或禾生』は次の如く解說された。卽ち方は四、馬は午、午は八十の合字、角は普通二本なるが故に二、國或は合せて國の字となり、禾生は合して移の古字たる秏であるから移となるから、つゞけて『四百八十二、國移』となると。依つて李朝は「鄭鑑錄」に示せるが如く五百年にして國滅ぶるであらうと云ふことになり人心恟々たるものがあつた。そこで大院君は此の浮說を掃蕩すべく八道の「鄭鑑錄」を收めて之を焚き、鷄龍山に人の往來居住を嚴禁した。次いで李太王が韓國皇帝となり、帝位に卽くやその翌年鷄龍神祠を廢し（この神祠は嘗つて太祖がこゝに幸した以後安置したもの）更に天子五嶽封禪の古義に則り之を中嶽壇と改め、旣に王國五百年をここに打ち切り、新たに帝國の新紀元を開くと云ふ意味から神院寺を改めて新元寺と爲し、王后閔妃も亦竊かに僧徒をして連天峯上騰雲庵の舊址に壓鄭寺を建てて鄭氏の王氣を壓する祈願所とした。（傳ふる所に依れば、閔妃は身代りの女官を遣はして連天峯上の靈泉に身を淸め「願生㆓貴子㆒」の祈禱をやつた、その靈驗あつて李王垠殿下の降誕を見たので每年三十石の供養米を賜はつと云ふことであるが、これは此地に王氣あるを信じ、この王氣を亨けたる王子を生誕して國祚を强固にせむとせられたものであらう。）

然るに新紀元も永くつゞかず、明治四十三年日韓併合條約成り李王朝はここに全くその終りを告げてしまつた。明治四十三年（一九一〇）は庚戌の年である。そこで「光嶽遺訣」の讖文たる『方夫人才國或多禾』が吟味され、方夫は庚の破字、人才は戊の破字、口或は國の破字、多禾は移の破字で、之を合すれば「庚戌國移」となるからこの讖文は全く的中したと云ふことになつた。と同時に國移は李王垠殿下の時であり、この垠殿下は恰かも開國四百八十二年に誕生された御方であるから、連天峯上の石刻

『方百馬角口或禾生』即ち四百八十二國移も的中した譯であると云ふことになつたのである。

次いで明治四十四年朝鮮鐵道湖南線の開通するや、ここにまた、「鄭鑑錄」の豫言が的中したと稱せられた。それは汽車の通行は恰かも船舶が陸上を走るに等しいものであるから、豫言中の『草浦行船』說がここに實現されたと云ふのである。

以上の如く一ならず次から次へと讖文が實證（信仰的に）されて行く處を見れば、新王朝があらはれて此の鷄龍山に國都を建つるの日はやがて間もなきことであらう、と云ふのが鷄龍新都信仰と此の地移住の根據をなすものである。

いま大正十五年末の調査に依つて、此の地に移住し來る戶口を見るに左表の如く、

種別＼年次	大正七年	大正八年	大正九年	大正十年	大正十一年	大正十二年	合計
戶數	七〇	九一	一四二	六一〇	一四八	六三	一、一二四
人口	三五〇	四五五	七一〇	二、四四三	七四四	二三七	四、九三九

約一千戶五千人からであり、之を土著（大正七年以前に移住し來りしもの）五百十五戶、二千三百十七

人に比すれば、戸口とも優にその二倍に達して居るのである。而して之等移住民の生活を見るに、その餘裕あるもの僅かに二百五十戸、衣食に窮せざるもの六百五十戸、辛じてその日を送るもの七百三十九戸と云ふ有樣であるが、猶ほ將來國都たるべきの時を夢見て、苦しき生活に甘んずる者多く、此の地に見切をつけて故郷に歸還した者は、前後僅かに百十一戸四百五十三人に過ぎない有樣であり、移住者は年々續々としてあとを絕たず、旣に學校の開設、市場の設置を見たる勢である。

民間信仰第二部 朝鮮の風水 終

昭和六年二月二十五日 印刷
昭和六年二月二十八日 發行

朝鮮總督府

京城府南米倉町一五九番地
印刷所 行政學會印刷所

韓国併合史研究資料㊶

朝鮮の風水（下）

2003年６月復刻版第１刷 発行
2009年12月復刻版第２刷 発行

揃本体価16,000円（＋税）

編著者　朝鮮統監府
発行者　北村正光
発行所　株式会社 龍溪書舎

〒179-0085 東京都練馬区早宮2-2-17
TEL 03(5920)5222 振替 00130-1-76123
FAX 03(5920)5227

落丁・乱丁はおとりかえします。
揃：ISBN978-4-8447-5470-1

印刷：大鳳印刷
製本：光進印刷

復刻版 韓国併合史研究資料㊶

朝鮮の風水（上）

龍溪書舎

調査資料第三十一輯

民間信仰
第二部

朝鮮の風水
(上)

朝鮮總督府

序

調査資料第三十一輯「朝鮮の風水」は當課囑託村山智順が朝鮮文化の研究資料として調査しつつある民間信仰の第二部であつて、第一部「朝鮮の鬼神」(調査資料第二十五輯)に次いで、稿成るに從ひ印刷に附したものである。

昭和六年二月十五日

朝鮮總督官房文書課長　萩原彦三

自序

一　本調査書は朝鮮文化の根底に流るる民間信仰の一部分を明にせむとしたもので、前に出版した民間信仰第一部「朝鮮の鬼神」及び後に出版すべき民間信仰第三部「朝鮮の巫卜」と合して朝鮮民間信仰の概要を窺はむとするものである。

一　本調査書には第一編に於て朝鮮風水の一般概念を、第二編に於て墓地に關する風水を、而して第三編に於て家屋住居に關する風水を取扱つた。豫じめ風水の史觀を第四編にする考へであつたが、都合に依り之は後日に讓ることとした。

一　この調査をなすに當り現李王職參奉、もとの地官、北青の人全基應氏に負ふところ尠なからず、ここに感謝の意を表する。

昭和六年二月十五日

著　者　識

民間信仰
第二部

朝鮮の風水

朝鮮總督府囑託
村山智順

民間信仰
第二部

朝鮮の風水 目次

第二編　墓地風水（陰宅）

第二章　朝鮮の墓制……四二五

寫眞及挿圖目次

寫眞

挿圖

緒言

朝鮮の文化は古くより此の地に住して生活を營なんだ人々に依つて作り成されたものである。而して之が作成は、之等の人々がその生活の維持と發達の爲めに必要なりと考へ信じた生活理想、卽ち生活に對する思想信仰に基づくものであつて、朝鮮の文化が他の文化と多少の異同あるは、その人々の生活に對する思想信仰の他と若干の異同あるが爲めに外ならない。從つて朝鮮文化を理解するには此の地に生活して居た人々の生活に對する思想信仰を窺ふことが最も妥當である。

旣に文化は人の生活に對する思想信仰の表現であるから、逆に何れの文化からでもその生活理想を觀察することが出來る筈であるが、文化には自づから表裏があり本末がある。その表面的なもの枝葉的なものは、直ちに人の注意を惹くものであり、比較的華麗な姿を呈して居るから、文化と云へば直ちにこの表面的なものを意味するのが普通である。然しそれが如何に華麗であつても表面的なだけ、眞の生活理想には遠ざかつたものであり、恰かも丹青を凝らした表衣の如く美しくはあつても裝飾にすぎないものである。

處が裝飾を施した表衣の下に著する內衣は、如何に何等の飾がなくてもそれが身體に密著して居るだけに身體の眞相を如實に透視し得るが如く、文化の裏面的なもの、根本的なものは、たとひ絢爛たる美しさはなくても、生活理想、卽ち生活に對する思想信仰をそのまゝの姿であらはして居るものである。それであるから文化を理解するが爲めに、その根基たる思想信仰を窺はんとするには、是非とも、生活理想をそのまゝの姿で表現して居ることの多き文化形相、卽ち裏面的な根幹的な、飾りなきの文化を考察しなければならぬ。

朝鮮文化の裏面的な根底的な形相の一つに風水と云ふものがある。この風水は現在表面的な文化形相のみを以て朝鮮文化を云爲する多くの人々、所謂新人中には、舊時代の陋習、文盲の間にのみ支持さるゝ迷信として、これを朝鮮文化の一に加ふることすら嫌忌する者があり、又較眞摯な朝鮮文化研究家に於てすら、之を舊時の風習であり、民度低級なるものに依つて成された文化であるの故を以て左程重要視すべきものとして居ないやうである。然しながらこの風水は、少なくも十數世紀の長き間、朝鮮の民俗信仰界にその地位を占め、高麗を經て李朝に入りては半島の到る處之を信ぜざるものなき迄に一般に普及し以て今日に及んだものであるから、他の文化に比してその支持の强固性と廣汎性との大なるを認めねばならぬ。かく長く廣く支持せられた所以は何處に存するか、他なし、それは最も根本的な生活要求に應ずるものであり、最も直接的な生活理想の表現であるからに外ならない。朝鮮の風水は朝鮮半島にその生活を營み來つた人々の生活理想、如何にしてより良き生活をなし得るかの思想と努力とを如實に物語るものである。

朝鮮半島に住み來つた人々は、その人々本來の性質として鞏固な統一社會を作り得ず互に相反噬し合つた事、及び半島の地理的地位がその北方滿支の大陸に接し、東西南の三面は海を繞らす一小半島に過ぎない處から、古來幾多の外寇を避けることが出來なかつた事との内外二大弱點に依つて、恒常平和な夢を結ぶことが出來ず、不安の内にその生活をつゞけなければならなかつた。この不安は前述せるが如き二つの弱點からである。この弱點は畢竟自己一族以外の者には依賴することが出來ない、一鄕の人々以外の者は皆之を敵として恐れなければならないと云ふ生活への不安である。且つ又外圍から侵迫の脅威を繰返し味はなければならなかつた人々にとつては、その生活の安全を保障することは人力に依つてその目的を達することが出來ると云ふ望みを懷くことが不可能であつた。人力に依賴し得ない者は人力以外の不可思議力を信じて之に依賴せむとする。かくて半島の住民はその依賴の對象を鬼神と天地の生氣との二つに認め、之に依つて生活保證の目的を達せむとした。こゝに鬼神信仰が活躍し、占卜信仰があらはれ、風水信仰が朝鮮に於て重要な役割を演ずるに至つたのである。

風水は地中に存する地力（地中を流るゝ生氣）に依賴して生活の運命を良好ならしめむとする一種の運命信仰である。朝鮮半島に住む人々はこの地力に依つて生活の安固と繁榮とを效さむとした。それが朝鮮の風水信仰である。

朝鮮に於ける風水信仰は、他の地方例へば支那に於ける風水信仰に等しく、風水の二大範疇たる陽基と陰宅とに利用されて居る。しかもその宗とするところは陽基よりも寧ろ陰宅であつて、風水と云へば直ちに陰宅卽ち墓地の吉凶を云爲するものと解せられて居るのである。而して朝鮮に於ける陰宅風水の目的とするところは要するに、吉地に祖先父母の遺骸を埋め、その遺骸を透して地の生氣を享け、以て子孫の繁殖と一家の興隆を招來せむとするものである。

子孫の繁殖と一家の興隆を希望することは特に朝鮮に生活した人々のみに限つた事でなく、何れの民俗と雖も皆この慾求なきものがないのであるが、祖先父母の遺骸を吉地に埋葬する事に依つてその目的を達せむとするに熱烈なるは、他にあまりその例を見ない特色である。これそも〳〵自己血族以外の者に信賴し得なかつた朝鮮社會性の特質に由來するものであり、生活の保證は父母乃至家長の地位にある尊屬に依つて與へられた朝鮮家族制度の特性に歸すべきものである。この血族中心の社會性と家長專制の家族制は朝鮮の長き歷史を彩どつた一貫せる特色であつて、朝鮮文化の諸相は實にこの社會的特質の地下莖から芽生いたものに外ならない。而してこの特質を最もよく表現して居るものが朝鮮の風水信仰、殊に墓地風水信仰である。

血族中心の朝鮮社會には、それ等の血族團が國家社會の形を成すに到つても、遂に家族から統一國家への中間結合たる封建社會を形成し得なかつた。上代の昔に於て各々獨立せる血族社會が統一社會に結合せらるゝや、直ちにその社會は郡縣制の統一社會であつた。從つて統一國家の君王たるものも大綱の地位に立つて庶姓を體系的に摠括する者でなく、百姓の間からその優勢なる力に依つて崛起して、その政權を獲得した者である。從つて血族の優勢なること、血族中に英傑の出ずることは以て自己血族の生活發展を無限に增大することが出來る澤であるから、自己血族の繁榮を望むことは至大の希望でなければならぬ。然るに封建制度なき所ではその血族の發展を期するには之を他の血族に依賴することが出來ない。隣里の他族は勿論、牧民官たる地方官すら、隙あらばその瓜牙を逞しくせむとする者が少なくないのであるから、自己血族を除きては四面楚歌の觀ある環境に生活を維持して行かねばならない。故に若し自己血族の維持と發達を望み得る爲の援助者が地力にありとするならば一も二もなく之へと趨くであらう。是に於てか風水は單にその祖先父母の遺骸を通して子孫繁殖と立身出世を希ふ墓地風水のみでなく、住居の基地に依つてその目的を達せむとする陽基風水に迄へも押し及ぼされたのである。

かくの如く朝鮮の風水は朝鮮社會の特質に添ひ、その特質を活かして、遠き三國時代より、新羅、高麗、李朝と云ふ悠久なる長年月を經て今日に及び、その浸馴の深さと普及力の强さとは猶ほ將來に於ける生活上への影響を充分に約束して居るものである。

第一編　朝鮮の風水

第一章　風水の意義

第一節　風水の名義

『風水』は之を或は『堪輿《カンヨ》』或は『地理』或は『地術』とも稱する。『堪輿』はもと天地のよく萬象をもちこたへ、のせる事を云つたものであるから、天地の意であるが、之を造化と云ふ點から觀れば天よりも寧ろ地に重きを置く處から、之を『地理』や『地術』と同じやうに取扱ひ、堪輿に通ずると云へば、地理の吉凶を判別するのに詳はしく、堪輿家とは人を葬るべき地をうらない求むることを專門とする者とさへ目せらるるに至つた。

『地理』は山水の地勢、地形及びその動靜の意であつて、近代の地理學に比すれば地を生的、動的に考へ、地と人生との關係を直接なものとして觀察するの相違がある。卽ち地理學は地を礦物、無生物として取扱つて居り、その人生との交涉は人々居住の地域を提供するものとして、人の生活を資くる財貨の生産場として、乃至氣候、風景の變化を作爲する物としてであつて、地の人に對する關係は人の利用に任すと云ふ所動の位置に立つものとされて居る。然るに所謂『地理』では地を能動的なものとして之を觀、地には萬物を化生する生活力を有し、この活力の厚薄如何に依つて人生に吉凶禍福を賦與するものであり、且つ地に存在する生氣は直ちに人體に至大の影響を及ぼすものと謂ふのである。要言すれば地理學に云ふ所の地は之を物質的に觀て之を人生の利用厚生に役立たしむるものとして取扱はれ、所謂『地理』の地は之を活物的に考へ、之が直ちに人生の吉凶禍福を左右する能動者であるから、如何にしてその凶禍を免れ吉福を與へられむかを考究するのが『地理』の目的とする處である。

『地術』は地理の術の意である。そもく『地理』の說くところ、地の人生に與ふる吉凶禍福はその勢相にあらはれる。故に地理は實に地相に依つて觀察しなければならぬ。而してこの地相を占ふ法を『地術』と云ふのである。以上『堪輿』、『地理』、『地術』の三者はその意義殆んど同樣であるが『堪輿』は地と人との關係をその根本的、發生的關係から觀察し、『地理』は地と人生との關係を學理的に說明し、而して『地術』は之を避凶、求福と云ふ術法に重きを置いたものであるから、その所歸の目的は同一であつてもその名稱の異る所以は玆に存するのである。

『風水』の目的とする處も全く右三者と異りがない。然るに右三者がその名稱こそ各多少の相違こそあれ、皆地の意味を有し、若くは地の文字を使用して居るに反し、この『風水』は地の意味を少しも含まず、之と離れた風と水とを以てその名として居る。而してこの『風水』の名稱の方が一般に通用されて居り、地の吉凶に關することであれば、それが人の住居の占定、葬墓地の相定にも通じてその相占法を風水と稱して居る。又之等の法術に達した者の名稱に「堪輿家」、「地理家」、「地家」、「地師」「地官」等それぞれの呼稱あるにも拘らず、朝鮮ではおしなべて「風水師」又は單に「風水」と云ふ。堪輿、地理等の名稱は知らない人が多いが、風水の名に至つては何處、如何なる者も知らない者がないのである。かく地を吉凶禍福の對象とする地理法を呼ぶに、地理に直接關係ある『地理』を以てせず、寧ろ地とは間接であり、且つ可なり抽象的なものと考へられる風水を、その主名として用ゐるには相當の理由がなければならぬ。さて堪輿にせよ地理にせよ風水にせよ、皆支那からの傳承であるが、支那明の嘉靖四十三年甲子(一五六四)に出來た「人子須知」を見るに、この書の著者徐氏はその敍文中に「論二風水名義一」の一款を設けて、この風水と云ふ名稱は郭璞の葬經から由來することを述べて居る。それに依れば風水名義の由來は次の如くである。

郭璞葬經の主眼は「葬者乘二生氣一也」であるが、この生氣は風にあへば散じ、その地中に行くや水に界されゝば止る、故にこの生氣に乘ずるには生氣を貯積する事を必要とし、この必要から郭璞も「得水爲レ上藏風次レ之」と云つて居るが如く、風を藏することと、地を界する水を得ることが葬法の根本原則であらねばならぬ。この原則あるが故に地理法を普通風水風水と名づくるに至つたのである。或者は天地初めて分れ、未だ混沌たるの時、只風と水とのみがあつて、この兩者が相推盪して居り、それから宇宙萬象が生成したから、造化成生に依つて吉凶を窺はんとする葬法がその別名を風水と呼ぶに至つたものだとか、或者は風水の原義を説明して、風は萬物を揚ぐる所以、水は萬物を滋す所以からであるなどと論ずるけれども、之等の諸説は皆な葬理に適切でなく寧ろ迂遠の論であると。

かく風水の名稱が徐氏の云ふが如く、葬法の根本原則を直ちにとつて以てその名としたものならば、地理書は悉く風水の名を題とし又は冠すべきものであらう。然るに徐氏の著「人子須知」そのものも「人子須知資孝地理心學統宗」と書名をつけて、風水の文字を採らず、且つ當時以前以後に出來た地理書は幾百の多くに上るが一も風水名を冠したものがなく、又朝鮮に於ても地理書を山書とは別稱すれ、風水書とは呼んで居ない。たゞ日本に於て古書名の中に風水を題名とせるもの數書あるを見るのみである。

して見ればこの『風水』と云ふ名稱は、地理の説、學名でなく、地理法の術名であり、法名であつて、その理學に達した地師、地理先生(支那の稱呼)等が實地に學理を應用して吉地を定むる時、藏風の善惡、得水の吉凶等を注意したので、一般民庶はこの術師を呼ぶに風水師を以てし、遂に地理法、葬法を風水と呼びなすに至り、術名がやがて地理學の俗稱となつたものに相違ない。而して俗稱なればこそ學者術師は之を書名に題し又は學術語となすことを嫌つたものであり、俗稱なるが故に地に關する吉凶占卜法は皆風水として誰知らぬ者なく普遍的に呼ばるゝに至つたものであらう。

郭璞の葬經を披見するに『經曰。氣乘レ風則散。界レ水則止。古人聚レ之使レ不レ散。行レ之使レ有レ止。故謂二之風水一。風水之法。得水爲レ上。藏風次レ之。』と靑鳥經の文句を引用して風水の説明をして居る。この古人以下謂之風水の十數字及び風水之法等から見れば、この風水と云ふ言葉は郭璞以前から使用せられて居たものであり、而して、それは主として相地の法術として考へられて居たものであると推せられる。もしかゝる推想が許されるならば筆者はこの風水名義に就て次の如く一說を懷ふ。

古來支那ではその生活上風と水とに多大の關心を有たなければならなかつた。寒冷な北風は北支那一帶の恐威であり、雨を含み來る南風は南支の河川を汎濫せしめる。北風を防ぎ流水を害する事は古來生活上の重大事項であり、その居を安んじその生を樂しむには先づ第一にこの風とこの水に禍されないやうな地を相し、家を構ふことをしなければならなかつた。そこで土地を選定するの必須要件は風と水とを觀察するの慣習を生じ、かくて土地卜定はやがて風水觀と考へられ、地相を觀ることを風水を觀ると稱し、遂に居宅にまれ、墓地にまれ、苟も地勢地相を考ふる行爲は悉く之を風水と呼び、この相地法が墓地と居宅とに限定せらるゝに至るや、恰も相地法が墓地と居宅とに限られたものとされた如く、風水と云へばこの兩者を選定するの法に限られたものとなり終つたのであらう。

かく觀察すれば風水の名が地理說の通俗名として用ゐられた事も自づから解釋される。卽ち古來一般民庶の間に相地を、風水を觀る事、相地卽ち風水と考へられて居たから、後の地理學者が權威を持するが爲めに『地理說』『堪輿』等の六箇敷い文字を使用しても、それは地理學者の間にのみ使用され、通俗には相地を風水と云ふ慣はしに從つて、名こそ高尙なれ地理說も相地法に他ならないから、一般に風水と通稱したものであらう。

もし風水が「藏風得水」等の葬經の文句から出たものとすれば、一般民衆の文字なき者の間には之を理解する者少なく、又どんな文盲の者にまでも普唱される事はあり得べからざる事である。之を奪つて云へば、葬經の著者郭璞が、葬法の原則として提唱して居る「藏風得水」も、實は古來支那民庶の間に地を相するには風と水を觀察しなければならぬと云ふ慣習を採用して相地法の原則としたものとも思はれる。果して然らば風水の名は郭璞の葬經から由來するものでなく、古來より相地の稱として存在した風水觀が、却つて郭璞にその葬法の原則を暗示したものであらう。

猶ほ郭璞がその錦囊經の依據とし原典としたと稱せられる靑烏經（大唐國師楊筠松の靑烏經註）を見

るに、『陰陽符合。天地交通。內氣萌生。外氣成形。內外相乘。風水自成。』と云つて、己に風水の文字を用ゐて居る處から考ふれば、風水の名義が徐氏の云ふが如く郭璞の錦囊經から始めて由來したのではなくて、靑烏經の出來た漢代に於て己に一般相地術の名稱として通用されて居たものであると云はねばならぬ。且つ之をその行文上から察するに『……風水自成』とありて、風水の意義を說明すべき一言半句の文字をも使用することなく、直ちに風水自ら成ると、風水の文字を用ゐて居るが、之はこの風水と云ふ言葉が何等の說明なくして直ちに採用しても、誰にでも、それが何であるかを了解するに苦痛とならなかつた處に由來すると云ふ事が出來やう。もしさうであるとすればこの風水なる言葉は、靑烏氏の時代に於て既に一般的に了解され、使用されて居たものであつたと推斷しても差支ない譯である。

從つて風水の名義は、古來住居を相するに風と水とを考察すべき必要から、相地と卜居の意義に風水の名を附し、風水と稱すれば直ちに吉地を相する事の如くに一般の人々に依つて理解せられて居たものであつたのを、靑烏或は郭璞がその經典を作るに際して或は直ちに採用し、或は幾分の解說を加へて使用したものであり、地理學、堪輿、等の名稱は寧ろ後代(或は唐以後か)に風水術を他の學說と肩を並べる爲めに、權威あらしむるが爲めの必要から名づけたものであるかも知れない。

第二節　風水の目的

風水の根本目的は人生を天地の間に托して榮華を效さんとするにある。蓋し人は天地の間に生じ、天地の間に生きて行く者であるから、その終始、その盛衰は全く天地に依つて規定せられる。從つて天地以外のものに依つて生きて行くと云ふ事は全然出來ない譯である。

さて人生は天地に支配せられるにしても、この支配する天地を天と地の兩者に分つならば、それ等の人生に對する能動力には自づから直接間接の差がある。人の生活は地上に於て營まれ、而してその生活資料の大部分は地の與ふるものである。人生は天なしには勿論成立しない。けれども、生産保育は主として地に俟つものが多い。故に天は父の如く地は母の如しと信ぜられ、人生に働きかけるものはこの母の如き地であつて、その人生に對する關係は天よりも直接であるとされた。風水はこの人生に直接影響ある母の如き地に依つて、その生活の發展を求めんとするものに外ならない。

地を母と見做す觀念は古くから存在するもので、殊に風水說の發生發達した本場たる支那では、この地母に對する觀念は著しき强固な信仰となり、哲學となつて代々傳承された。風水說は實にこの地母觀念に立脚して樹立されたもので、風水の目的はこの地母の生産力に依頼し、この地母の保育力ある懷に投じて、その生活の發展を效さんとするものである。

風水の地に對する觀念は、地を人の生母と見做してからであるから、その求むる處も亦飽迄、地を人を生み育てる女姓と見て、この女性卽ち母としての能力の出來得る範圍內の事どもである。前節にも述べた如く、風水は近代科學の地理學の取扱ふが如き人文乃至經濟的方面から、外面的に利用厚生を論究するものでなく、吉凶禍福を卜して以て內面的に人生の幸運を享受せむとするものである。卽ち風水の地に俟つは、農產物、礦產物、水產物、及び林產物等の經濟的財物の勞働的收穫――之等は古來男子のなすべき仕事として之を外事と稱し、女子のなすべき生兒保育の內事と區別し、人生生活に於ける仕事に、男女各々その本有の性質に從つて內外の分業ありと考へたのは支那の上代からである、――でなく、地の占有する女としての生產力に依り、母としての愛情に訴へて、以て幸運を增進せむとするものである。

だから風水說は地理科學の如くその目的を達するに學理に精通するを要することは同樣であるが、その實際應用の段に至つては自づから差を生じ、前者の勞する所なくしてたゞ運を地におまかせするに反し、後者はあくまで勞働を以て之に臨まなければならない。この差異は科學地理が地を一箇の無生物と見做して之を取扱ふに拘はらず、風水說では地を母と見てゞあるから、人の之に對する態度は自づから子、而も求むる處のみあつて何等の所勞なく、ひたすら母の愛に信頼する乳兒の對度を以てする所から由來する。風水說はその究極するところ一種の信仰であつて決して科學ではない事を看過してはならない。

風水の目的が地力に依賴して人生の發達幸福を求めんとするにある事は前述の如くであるが、之を具體的に云へば、住宅を吉地にトして幸運を求むることと、祖先の墓を吉地に相して子孫の繁榮を計らんとする二つである。住居を北風や水害から避けて、而かも燃料、飮料水乃至食物の採取に容易なる地に選び定める事は、古來どこの定住民族間にも行はれた事例であるが、之等は未だ所謂風水と云ふことが出來ない。風水住居法は、かゝる古來からの事例に學術的見解を加へ、同樣に南面せる山麓にト居せる甲乙兩家（又は部落）が、同樣なる運命を負ふべきにも拘らず、甲は繁盛し、乙は衰亡に歸するは、どうした事であらうか。この疑問を解決するが爲めに各種の無益なト占法が講ぜられ、最後にかゝる差異を生ずる原由は、一に甲乙兩家の基地、竝にその周圍の地相地氣に、吉凶の別あるが爲めであると說明したのがこの風水說である。

之を要するに住居に對する風水法は、住居をその經濟的環境、或は氣候風土的影響からでなく、この住居に住む人々への盛衰吉凶の影響、約言すれば風水は、之等の住居竝に其處に住む人々の運命の消長を說明し、その指導に依つて住宅竝に住者の運命を幸福に且つ繁榮に赴かしめむとするものに外ならない。

墓地は住宅の延長として考へる事が出來る。住宅が地相の吉凶如何に依つて住人の運命を左右するものとすれば、墓地も亦その地相の善惡に依つて死者を幸福ならしめると否とが定る譯である。然かも墓地は先人卽ち父母祖先の永久に安住すべき宅であるから、その子孫たる者は少しでも安善な宅地を選定してその先人の靈を安んせんと努むるのが祖先崇拜、報本反始の意義にかなふであらう。故にこの墓地の善惡吉凶を相する事、卽ち墓地に對する風水は住宅よりも一層重視せられなければならない。

墓地に對する風水の目的は、かく報本反始祖先崇拜から一步を進めて、先人を良好なる墓地に葬すると否とは直ちにその子孫の盛衰に重大な影響を及ぼすものであるとなされ、その子孫に於て不幸の續く場合、これは先人の墳墓が不良なるが爲めであるの故を以て、他の吉地に改葬移葬する事さへ敢てするに至つた。從つて墓地に對する風水の目的は、先人に對して安住の地を捧げ、以てその靈を永く鎭まらしめんとする一次的追孝觀念よりも、寧ろ子孫卽ち現人の繁榮幸福を招來せむが爲めに、先人の墳墓を良好な地に求むると云ふ、第二次的な利己的、現實的な觀念に依つて支持せられて居る。

墓地風水は、やがて子孫の現實的繁榮をその目的として居るのであると云はざるを得ない。

だから風水の目的は一は直接に、一は先人を介して間接に、地力を亨受して以て人生の幸福發展を增進せむとする、運命開拓法であると云ふ事が出來るであらう。然し玆に云ふ直接間接は目的を達せむとする手段の上から云ふのであつて、現人の生活發展から云へば寧ろ墓地風水の方が住宅風水よりも一層密接な關係があるとされて居る。それは後章に於て詳論するであらうが、墓地は父母の宅地であり、住宅はその子孫の居宅であつて、父母と子孫との關係は恰かも根幹と枝葉との如きものであるから、枝葉の繁茂を計らんとせば、その枝葉そのものに手を入れるよりも、寧ろその根幹に培ふ方がその目的を達するに確實にして速かなると同樣に、枝葉に等しき子孫の住宅から子孫の生活に寄與する效果よりも、根幹に相當する父母の安宅卽ち墓地からの影響が、より直接であり迅速であると云ふのである。

この理由からして、通俗には風水說は住居よりも主として墓地の吉凶を相するものと解され、風水の目的と云へば直ちに墓地の善惡を判斷し、吉地に父母の屍體を安葬して以てその子孫の發達幸福を效さんとするものであると考へられ、住宅に依つて幸福を致さむとするものは特に之を陽基風水と云はなければならないやうになつて居るのである。

第三節　風水の術語

風水說では地脈を「龍」と稱し、この地脈の生氣を結ぶ處を「穴」と名づけ、而してこの「穴」の周圍をかこむ山、岡等を「砂」と呼ぶが如く、他の地理學等に使用されるものとその名稱を異にして居る。いま之等風水說に使用する術語を列擧し、而して之が解說を試みる事としよう。

陰宅　墓地の事、生人の陽に對して、陰なる死者の安住地であるからかく稱する。

陽基　死者の安宅たる陰宅に對して、陽たる生人の住宅地又は都城邑村の基地を云ふ。

龍　地の起伏を龍と云ふは、その狀恰かも龍の如しと云ふ處からで、徐善繼が人子須知瑣言雜說に次の如く說明して居るに依つて詳細を窺ふことが出來る。

「地理家以レ山名レ龍何也。山之變態千形萬狀。或大或小或起或伏或逆或順或隱或顯。支壠之體段不常。咫尺之轉移頻異。驗ニ之于物一惟龍爲レ然故以名レ之。取ニ其潛見躍飛變化莫一レ測云爾」。又龍は陰陽造化の物であるから、山の變化窮りなく、造化の測りがたき事恰も龍の如しと云ふ意義からであるとも云はれて居る。

脈、節　龍は主としてその形から名づけたものであるが、この龍身に從つて陰陽の生氣が流行すること、恰かも人身の脉絡に氣血が運行するやうであるから、生氣の運行から云ふ時には之を「脉」と云ふ。而してこの龍脉が一起一伏左折右曲する處を木幹の支枝を分出するところ、竹に節のあると同樣であるからこの處を「節」と云つて居る。

穴　龍脉中に最も生氣の聚注する處がある、卽ち精なる處がある。此處を「穴」と云ふ。これは鍼灸學上、人體の要處卽ち鍼灸を施すべき處を「穴」と云ふのと同一觀念から出たものである。

砂　「穴」の周圍の形勢を砂と云ふ。これは古人が好適な山勢地理を說示し、又この相地術を傳授する時、砂を以てその形勢を描く事を例としたので、一定地の山水の形勢を呼ぶ時には常に之を「砂」と稱するやうになつたと云ふ。

局　「穴」と「砂」とが合して陽基なり陰宅なりの一つのまとまつた規模を成すものを「局」と云ふ。

來龍　之は一局、一穴に至るまでの龍脉に名づけたものであるが、この脉が將に「穴」に入らんとする處を特に指して云ふ事もある（後述之玄參照）。兎に角穴後の山勢を云ふのである。

祖山宗山　廣い意味の來龍中、その穴から最も遠く且つ高大なる山を「祖山」と稱し、近くして高きを「宗山」と稱する。

主山、後山　これは來龍脉節中、穴後に高く聳ゆる山を呼んで云ふもので、大抵の部落又は墓地にはこの山があり、部落の場合には之がその部落を鎭護する意味から「鎭山」と呼ばれる事もある。

入首 狹義に於ける來龍が穴中に入らんとする處を「入首」と稱する。之は地理では穴又は局を龍頭が入つた處と見做すから、この龍頭の將に局に入るところを入首と呼んだのである。

頭腦 入首と穴との接合點にやゝ高く、盛り上つた處を、それが丁度龍頭の額に相當すると云ふので、之を「頭腦」と云ふ。

城、砂城 この頭腦から小脉を起して穴の周圍を繞衞するものを「砂城」と稱する。この「砂城」は如何に立派に諸砂を具備した處でも自然に出來て居るものは稀であるから、多くは人爲的に造營する。普通墓地の「砂城」は墳墓の後方左右側面を圍むのみで前面之を欠くが常であり、石を以てするもの土を以てするものの別がある。而して陽基の「砂城」は殆んど悉く人爲になつたもので土或は石を堆みて之を築き、四方乃至その中間に幾多の門を開いて四方を繞圍する所謂邑城、都城、城壁なるものがそれである。

青龍白虎 穴が南面するものとすれば穴後の來脉から出で、穴の東方を繞つて穴前を過ぎ穴の西方に終る山脉を「青龍」と稱し、穴後の來脉から出で穴の西方を繞つて穴前を東方に奔り終る山脉を「白虎」と稱する。この青龍白虎は守護神たる四神（青龍、白虎、朱雀、玄武）の中その東方と西方とを護衛するものであるが、風水でも、この守護の意味から東方の豚を青龍、西方の豚を白虎と名づけたのである。その東を青龍、西を白虎とするは穴が南面して居る時の事で、穴の向きが南面して居ない時はその位置は東、西と決まつて居らない。しかしもと〳〵南面して居る時に東に(卽ち左方に)あるものが青龍で、西に(卽ち右方に)あるものが白虎であるから、一般に左青龍右白虎と云つてその方位を定めることにして居る。

もと〳〵この龍虎は穴の護衛として考へられて居るのであるから、著衣に於ける襟の如く兩者互に緊密に相拱合して穴内の生氣の漏散を防ぐを可とし、且つ幾重にも襟を重ねる程衣服の身體を保護する力の增すが如く、この龍虎に於てもその幾重にも重なり合ふを理想とする。この場合は之を內外に分つて、內青龍外青龍、內白虎外白虎と呼ぶが、この重層を佳とする處から、外龍虎は穴より遠く離れた地域にまで及び、墓域は廣大な地を占むるに至ることが往々にしてある。

明堂　これは穴前(墓ならば墳前、陽基ならば主建築物の前方)の地にして靑龍白虎に圍抱せられる處を云ふ。之に內外の別あり、穴の直前平坦なる地(墓ならば墓板と稱する處、陽基ならば主建物の前庭)を內明堂と稱し、それより前方內明堂に比して較々廣大なる平地を外明堂と分稱する。この明堂と云ふ名稱は、天子が群臣の拜賀を受くる處を明堂と云ふ意義からであり、此處が穴に對して參拜を致す處であるのでかくは名づけた譯である。

得（水口） 穴或は内明堂の兩側から、及び龍虎内から發源し流るゝ水流の發源處を「得」と呼び、

山局之圖

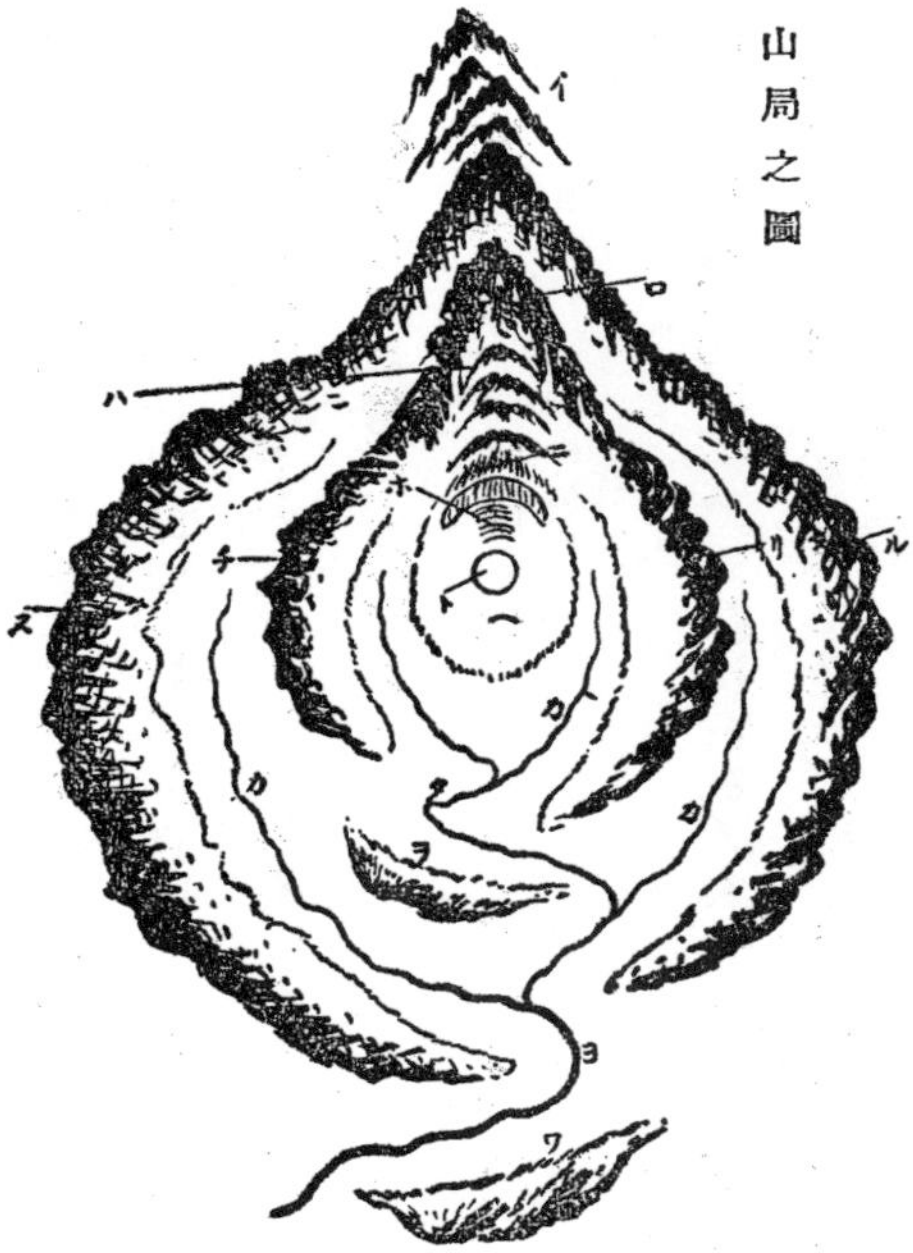

イ	祖宗山	
ロ	主山	
ハ	入首	
ニ	頭腦	
ホ	眉砂	
ヘ	明堂	
ト	穴	
チ	内白虎	
リ	内青龍	
ヌ	外白虎	
ル	外青龍	
ヲ	案山	
ワ	朝山	
カ	水	
ヨ	外水口	
タ	内水口	

その水流が龍虎の拱抱する問を流れて去る處を「破」又は「水口」と稱する。之にも龍虎に内外あると等しく内得、外得、内水口外水口の別がある。又一般に穴前を流れる水に就て穴前に見はれる處を「得」、その流れ隠れて見えなくなる處を「破」又は「水口」と稱する。

之玄 これは來龍が將に入首に移らんとするや、その脉形が「之」の字の如く或は「玄」の字の如く屈曲して進み來る處を云ふのであつて、その脉の屈曲する狀が恰かも「之」「玄」の文字に酷似す

るが故にかく名づけたのである。

眉砂　これは入首に於て頭胸から穴に移る小高きカマボコ狀又は瓣膜狀をなした處を云ふのであつて、その形の如何に依り蛾眉砂、月眉砂、八字眉砂等の名稱がある。卽ち「蛾眉砂」は穴後の小丘が瓣膜狀をなしその形恰も蛾の眉（觸角）に類するものであり、曲線的に左右に分れ、恰かも新月の連續せるが如きを「月眉砂」となし、その左右に分れたる狀が八字形の如きを「八字眉砂」となすのである。これは墓墳に水の流れ込まない爲のものであるが、一方墓穴の生氣を盛ならしむる爲のものである。

案山　穴前砂の一、穴前の低小なる山を案山と云ふ。穴の倚案となるの意からかく名づけたものである。

朝對山　之も穴前砂の一、穴前にある高大なる山、恰も賓客の主人に見ゆるが如く、臣の君に面し、子の父に奉じ、妻の夫に從ふが如く、穴に對して朝拱するが如き山を云ふ。之は主に對して賓あり、君に對して臣あるが常態であり、之を欠く時にはその主、君は主君として品位を失ふが故に「穴」にはなくてならぬものとなつて居る。

この山も穴の衞護を任とするもので四神に配すれば朱雀に相當するものである。

五星 風水では山の形を「星」「曜」と稱する場合がある。これは山形を五行に配した時、又は九星九曜に配した時に名づけるのであつて、木星の山とは山形が木形、木體をなせるものを云ひ、金星の山とは山の形體が金體に類似する山の事を指すのである。之を星と稱するは五行が天に在りては象を成し地に在りては形を成し、天地象形相應ずるものであると云ふ處からである。その山形は次の如くである。

木星の山、その形狀、木の直立するが如く聳ゆるもの。

火星の山、その山形、火焔の如く尖利抜秀するもの。

土星の山、その山形、平正にして臺の如きもの。

金星の山、その山形、項圓く脚濶き、伏鐘の如きもの。

水星の山、その山形、屈曲して動き波浪の狀をなすもの。

九星 五星の正形から變形したものを九星の山、九曜の山と呼ぶ。九星は貪狼（木星の變體）。巨門（土星の變體）。祿存（同上）。文曲（水星の變體）。廉貞（火星の變體）。武曲（金星の變體）。破軍（同上）。左輔（同上）。右弼（同上）。であつて五星の正體から變形したもの、而して九曜は再び九星から變形したものであり、その名稱は次の九者卽ち太陽。太陰。金水。紫氣。天財。天罡。孤曜。燥土。及び掃蕩である。

樂山　山龍が穴を結ぶ時には必ず之にもたれかゝるべき枕樂を必要とする。この枕樂を樂山と云つて、穴の後ろにあるものである。

看龍尋龍　山脈の來往を尋ね、その眞僞（生死）を看るを「看龍」「尋龍」と云ふ。

形勢　龍の穴を結ぶ場合、內面的に生氣の來止融結を窺ふには山局の勢を察し、護衛、諸砂の具備するや否やを知るには、外面的な形を看て穴を定めるのである。

坐向　穴の中心、陽基ならば主屋を建つる處、陰宅ならば棺を藏する處を「坐」と云ひ、この坐の正面する方位を「向」と云ふ。だからこの坐向は一直線上にあつて、之を定めるには明堂（內明堂）の中央に指南針を置き磁針の囘轉軸と坐とを結び付けた線が甲方位（普通二十四方位を用ゐる）の上を奔る時この坐を甲坐と呼び、この線の延長線が反對側の乙方位を奔るとき、之を乙向と呼ぶ。例へば「子坐午向」とは坐が正北方にあつてその向きが正南方に向つて居る事である。（正北は二十四方位の「子」に當り、正南は二十四位の「午」に當る。而して風水では方位を云ふに東、西、南、北の稱呼に依らずして四卦、八干、十二支を組合せた二十四方位名を使用するのが普通である。）

第四節　風水の構成

風水說に於て吉地を相する時に、その基本的觀點となるものは一山、二水、三方位の三者である。風水の構成はこの三者の吉凶及び三者の組合せに依つて成立する。處がこの山、水、方位の三者は風水說にのみ限つた要素でなく、人生に於てこの三者は缺くべからざる必要條件である。從つて風水說の未だあらはれなかつた時代に於ても、又風水說の行はれて居ない處に於ても人の生活を營む處、其所には必ずこの三者を必須の生活要素とした。山を後ろにして水を得ることの出來る處に居を占める事は、風水說を知らない、原始人の間にも、殆んど本能的に行はれたものである。山と水は狩獵を業とする者にせよ、農耕を職とした者にせよ、その生活を維持する食糧、燃料、飮料の供給を得る資源として誠に重要なものであつた。だから生活の本據を定めるにはこの山と水との具備せる處を選び、その良否を見分ける事が人生の重要事項であり、重要事項であるだけ、何等の知識技術を必要とせずして誰れでもなすことの出來るものであつた。

方位も亦住宅竝に耕作物に對する氣候風土の影響から、日當り、風向きの良好なる方位に面した地を選ぶ上に於て、原始時代から人生の大切な關心事項であつて、風水說にのみ限られた要素ではない。

風水說がこの山、水及び方位の三者をその構成要素としたのは、だから、原始時代より人間の生活上、必要缺くべからざるものとして考へられて居るこの三者を取り入れ、之に吟味を加へ、而して之をその目的達成に利用したものに外ならない。人生の幸福增進を地理に依つて致さむと努むる風水說が、古來人類生活の上に重要なる役目を有つて居るこの三者を看逃さなかつた事は、風水說が實に生活上の適地を相する考から出發したものである事を確實に物語るものである。

然しながら風水說は、他の科學的地理學と離れて特異の存在をなすだけ、他の地理學がこの三者卽ち山、水及び方位に對して下す、吟味方と全くその趣を異にして居る。卽ち他の地理學に於てはこの山、水及び方位の三者を人の生活の本據として、又生活資料の生產者として之を考究するに反し、風水ではこの三者を人間の運命を支配し、開拓するものとして、之を取扱はんとするものである。人生に於ける諸ゆる吉凶、禍福、榮枯、盛衰は一にかゝつて山、水及び方位の三者に依つて規定せられ、支配せられて居るから、この三者を究明し、この三者の吉凶を判じ、三者の好適なる組合せ方を考へて以て人生の發展に資せむとするのが風水のこの三者に對する本領である。風水說は山に依つて草木鳥獸等の如き、燃料となり食料となるものを求むるにあらずして、人生に於ける幸福と繁榮の運命を掘り出し探りあてんが爲めに山を相し、水を選ぶに外ならない。從つて他の地理學上から見て何等の價値なき山水でも、之を風水說から觀て無上の好地として珍重せられ、風水上一顧の値なしとせられる土地が地理學上非常に良好な沃土であるかも知れない。これは風水說が他の地理學と山水に對する價値判斷を全く異にするからである。

然らば風水說ではこの山、水及び方位の三者を如何に考へ如何に取扱ふであらうか。この疑問に答へむとするには、吾等は先づ風水說の本質から解決の緒を引出さねばならぬ。

第五節　風水の本質

風水の本質は生氣と感應との二つに存する。

この提言は筆者の獨斷でなくて、古來支那地理說、風水說の本源であり、貴重な經典として取扱はれ、朝鮮に於ても、編纂された始めての法典たる李朝の經國大典中にも、その禮典陰陽科の試驗課目中に地理學の主要なるものとして、受驗者は之だけは暗誦して居なければならないと規定してある「靑烏經」及び「錦囊經」の二經典に據つて、その要を約したものである。今少しく之が說明を試みるに、靑烏經に、

「百年幻化。離㆑形歸㆑眞。精神入㆑門。骨骸返㆑根。吉氣感應。累福及㆑人。東山吐㆑焰。西山起㆑雲。

空吉而溫。富貴延綿。其或反レ是。子孫孤貧。」

と、之は人が老いて死ぬのは假の和合體たる形態が分離して和合以前の眞體に歸る。この眞體は精神と骨體とであるが、精神は宇宙の精靈界（天）に入り、骨體は根卽ち地に返る。この地に返つた骨骸が吉氣に感應すればその子孫に幸福が及ぶ。それは恰も東山に焰が出れば西山に雲が起る如く、同氣相應ずるから、父母の骨骸が吉氣の充ちた溫穴に埋藏せらるれば、その子孫は富貴延綿を將來するが、若し是に反すれば子孫は衰微すると云ふ意味である。この吉氣感應と親子感應とが實に風水の本質を云ひあらはして居るのである。

錦囊經は晉の郭璞の作とされて居る。唐の國師楊筠松の靑烏經註解に依れば、錦囊經は郭璞が靑烏經を祖述して著作したものであると云つて居り、その內容を通觀するに確に靑烏經に示されてある原義を採つた點が多くあるやうに思はれる。而してこの錦囊經は後世地理書の源流と尊崇されて居るものであるが、この錦囊經を窺ふに、風水の本質を述べて次の如く云つて居る。

「葬者乘二生氣一也。五氣行二乎地中一。人受二體於父母一。本體得レ氣。遺體受レ蔭。經曰。氣感而應二鬼福及一レ人。是以銅山西崩。靈鍾東應。木華二於春一。栗芽二於室一。」

「夫陰陽之氣。噫而爲レ風。升而爲レ雲。降而爲レ雨。行二乎地中一。則爲二生氣一。」

卽ち葬は生氣に乘ずる事である。五行の氣は地中に流行する。人は父母の遺體である。父母の本骸がこの五行の氣に浴すれば、父母と子孫とは同氣相求むるが故に、恰かも銅山西に崩るれば靈鍾東に應じて音を出すが如く、本骸の受氣は子孫の發福となつてあらはれる。さてこの地中を行く五氣は何であるかと云ふに、之は陰陽の元氣である。この元氣はその發揚如何に依つて風となり雲となり雨となるものであるが、之が地中に流行する時には萬物を生ずる處の生氣となるのである。然るにもともと陰陽の元氣が發現する場合には必ず五行となつてであるから、之を五氣とも云ふのである。つまりその質に名づけて五氣となし、その働きに名づけて生氣と云ふのであつて、五氣と生氣とは同一なものである。と云ふのである。

以上が青烏經、錦囊經にあらはれた風水の本質に關する記載であるが、要するに葬は生氣に浴することと、親子兩者の感應に俟つこととの二者に歸著するものであると云ひ得るであらう。

この生氣に關しては「風水と陰陽」の章に於て評論するであらうが、宇宙の萬象は陰陽の兩氣が五氣（木火土金水）となつて活動して始めて生じたものである。だから之等の氣を呼んで生氣と云ふ。而して萬物はこの生氣の厚薄消長に依つて精粗を異にし、衰盛の差を來す。故に同一なる生氣から生じたものでありながら、萬物皆それぞれの特色と運命とを有つことになるのである。人も亦二五の精氣卽ち陰陽五行の生氣に依つて生れ、この生氣に依つてその生を保ち、生氣に浴することの多少に依つてその運命を異にする事、他の萬物と相違がない。例へば夭折する者はこの生氣を享くる事の少なきものであり、長壽者はこの生氣を享くる事の大なるものである。人生に於ける貴賤、强弱、貧富、盛衰はこの生氣に浴することの多少に依つて起る現象である。宇宙の造化力を有するこの生氣は、從つて人生萬物の運命を支配する處のものである。と云ふのが風水說の本質をなす生氣論である。

如斯運命の支配力を有つて居る生氣が、人爲的に取扱はれ得るならば、人はこの生氣を利用して自己の運命を自ら左右することが出來るであらう。風水說はこの生氣を一の流動物と見て之を人爲的に取扱ふ事にした。卽ちこの生氣は或は風となり或は雲となり雨となるがその主潮は地中を流行して居る。大地が萬物を生產し哺育する事多きが故に古來「母」として考へられて居たが、この母と見られる大地の生氣哺育力は、土砂そのものではなくて實にこの地中を流行する生氣の作用發現に他ならない。故にこの大地の中を流行する生氣の存否を確かめ、その來往止住を明にすれば、生氣の充實する地を發見することが出來、其の地に居を定むれば充分なる生氣に浴する事が出來て、衰へた運命を盛にし、貧弱な生命を富强なものとする事が出來る譯であると。

以上の生氣觀だけでは風水を陰宅、陽基の二部門に分つ必要がない。生氣の充溢する地を求めて此處に居をトすれば、それが陽基にせよ、陰宅（卽ち墓）にせよ、その生氣に浴することは同様であらう。從つて風水が陰宅だけを取分けて論究し、且つ陽基風水よりも陰宅風水を重んずる必要もなかつたに相違ない。

青烏經や錦囊經は、葬書と稱せられるが如く、その論述は主として葬法を取扱ひ、陽基は陰宅に準ずるものとして左程の重點を置いて居ない。且つ所謂地理、風水と云へば直ちに墓地相地法と想ひ起させる程、又陰宅風水が恰かも風水の全部であるかの如く考へられたのは、今始まつたことでなく遠き過去からの慣はしである。

かく風水の創唱當時から今に至るまで、風水が陰宅風水に重きを置くの理由は那邊にあるか。この理由を說明せむとすれば、勢として風水の第二本質たる感應論を窺はなければならぬ。

風水では親子の間に密接の關係があつて、親の幸福と否とは子の幸福と否とを招來するものとされ、同様に親の屍體の骸骨と子との間にも密接な關係があり、この親の本骸が生氣に浴すればその遺體たる子孫はその蔭に依つて幸運を受けると云ふのである。これは親の本骸が地中の生氣に感ずれば、この生氣の齎す效果が親子間の感應に依つて子孫に與へられる爲めであり、その感應は恰も西方にある銅山が崩壞した時は遠く離れた東方にある鍾が自分から鳴り、陽春木木の梢に華を咲けば、室内に貯へられた栗も亦芽ぐむが如く、兩者は同氣から出發したものであるからである。

この屍體と地中の生氣との間に於ける生氣感應と、親子間に於ける同氣感應とが、風水の第二本質をなす感應論であつて、詮じつめればこの生氣感應、同氣の二者は實は同氣感應の一理に歸著するのである。萬物は地を母として生ずる。人も亦この地の生氣の產物に外ならない。故に人體殊に人體の精である處の骨骸は、地中の生氣と同氣でなければならぬ。譬へて云へば地は親であつて骨骸はこの親から生れた子に等しい。從つて生氣に充ちた地は幸福の運命に富める親の懷である。此處に人を入葬することは恰かも溫き母の懷に抱かれるが如き關係である。

それであるから風水の陰宅法、卽ち墓に依つて人生の幸福と發展を求めんとするは、親子の間に於ける同氣感應の原理に應じて、地を親とし、此地に入葬する屍骸を子として、この親子間に於ける同氣感應を豫想し、次にこの入葬せし屍骸と、之を親とする子との間に親子の同氣感應を認め、卽ち親の屍骸を母たる地の子とする事に依つて地中の生氣感應を地上に現生する者に致さんとするものである。換言すれば陰宅風水法の主とする處は親の屍骸を介して、地福を現人生に來さんとするものであり、同氣感應の理をその本質とするものである。

之を要するに風水の本質は天地の生氣說と親子の同氣感應論とから成り、この本質から出發して人世の幸福を增進せむと爲すのが風水の努むる處である。

第二章　風水の法術

第一節　法術の可能

風水が地中に生氣の存在することを信じ、同氣感應、親子感應の理を認めてこの生氣と感應とを利用し以て人生に幸福を招き凶禍を避けむとするものである事は第一章に於て已に述べた。然し如何に生氣の存在を信じ、感應の理を是認しても、果してこの親子感應の理に據つて、希望の目的が達せられるや否やが明かでなければ實際には利用されない。然るに風水の經典たる青烏經には

「藏於杳冥。實關休咎。以言諭人。似若非是。其於末也。一無外此。」

と述べて人の運命が地力に依つて支配せられる事は確實であつて、而してその所應は或は疑を挾む者あるも、事實の的中は兎角の言論を超越して餘りあるものであると力説し、次に錦嚢經には

「乘其所來。審其所廢。擇其所相。避其所害。禍福不旋日。是以君子。奪神工。改天命。」

と論じて、生氣の來往を觀、その適處を擇び、不適を棄てゝ之を用ふれば福重り、之に反すれば禍なること極めて迅速であるから、その所以を考察して地を相し得るの士は、神工に勝る造營をなし、自

然の賦與する運命を如何やうにでも變改することが出來ると、力強く云つて居る。又青烏經には

「察以二眼界一。會以二性情一。若能悟レ此。天下横行。」

と經典の經論に風水可能を斷々乎として是認して居るのである。

青烏の「天下横行」及び錦嚢の「奪神工。改天命」の二句こそ自然的なものを人爲に依つて變改し得る事の可能であることを說いたものである。從つて風水の法術に通じた者はよく人生への幸福を致すことが可能である譯である。卽ち適當なる風水の法術があれば、風水の目的は疑ひなく之を達し得られると云ふ。法術の可能はこの二句に於て立せられたのである。

以上は風水の經典たる青烏經、錦嚢經の明文であるから、風水家にとつては無上の格言として絕對に尊信せられて居る。然しながら如何に經典の明文なればとて、この法術を用ゐて如此效果を得たと云ふ實證の擧がらざる以上、一箇の理論であり空文に外ならないから一般民間の信仰とはなり得ない。支那に於ける風水說が、その發生を晋漢の上代に已に見たるに係らず、時降つて唐に至り漸くその盛況を呈するに至つたのは、つまりは理論の論議に終始して未だ實證的說明を加へなかつた爲めであらう。

然るに唐に至るや之を實證的に取扱ふやうになつた。いまその一例を擧ぐれば、唐の玄宗帝時代の風水學者であつた僧一行は、次の如き物語りを葬書の中に發表して居る。

「玄宗皇帝が未だ東宮の時、一日白雲先生張氏と溫泉の野に遊獵した。馬を驅けること二十餘里、轡を緩めてとある小山にさしかゝると、其處に造つて間もない新墓が一つ見つかつた。この道にかけて造詣の深い白雲先生は、暫くこの新墓に注目して居たが『墓穴が法にはづれて居る』と云ふ。東宮の『どうしてか』と云ふ質問に、白雲は『之は龍頭を下つて龍角に枕すると云ふ形だから、三年經たぬ內に、屍體が自づと銷爍してしまう』と答へた。其處へ丁度一人の樵が通り合せたので、誰の墓かと尋ねるとこの山の南に住む崔巽を入葬したものだとの事。東宮はこの凶穴から蒙る子孫への災厄を救つてやりたいと思つて、その樵に案內させて崔の家に行つた。巽の子は果して喪服をつけて客を迎へたが、訪問者が東宮であるとは知る筈がない。東宮がこの前山の新墓はその葬法を誤つて居る旨を告げると、父の遺言通りにした事だと云ふ。その遺言はどんな遺言かとの問に對して喪主の答へた言葉はかうである『父の云はれるのには、この葬法は龍頭を安んじて龍耳に枕すると云ふ葬法であるが、この法通りにすれば葬後三年ならずして萬乘の天子が直々に此處に御出になるに違いないとの事でした。』と。この喪主の言葉に東宮の驚きは勿論の事であるが、さすがの白雲先生も之には一言の辭な、く歸途『臣學未ㇾ精。經曰。毫釐之差。禍福千里。とはこゝの點だ』と赤面して深く自分の不明を恥ぢたと云ふ事だ。」

このエピソードは唐の開天十六年(七二八)九月玄宗皇帝の命に依つて燕國公張說、僧泓師及び僧一行と三人で錦囊經の論註を試みた時、錦囊經の第七形勢篇に論及するや、その形勢の容易に識別しがたき事を說明する材料として物語つたものであるが、學理の說明材料としてかく實際にあつた事例を持ち出した事は、當時風水說の說明に多くのかうした事實的說明、卽ち實證法が用ゐられて居たことの一例として考へることが出來る。而して唐以後、明に至り、淸に至り風水說が愈々流行して一種の民間信仰とまで普及するや、當時に出版された葬書卽ち風水書は殆んど悉く『何山は何形にして何某の祖墓なり』と云ふが如く實例を添附して以てこの風水法術の可能なるを力說して居るを見れば、風水法術の可能なることが單に理論だけでなく、事實に立證せられてこそ始めて力强く民間に支持せられる事が察せられるであらう。

朝鮮に於ける風水信仰が新羅よりも高麗に於て用ゐられ、高麗に於ても概して貴族、有識者のみに限られたるが如き觀ありしに反し、李氏朝鮮となつてからは社會の各層に普及し、この風水說が民間信仰の有勢なる一部としての地位を占むるに至つたに就ては、幾多の理由が存在するであらうが、李朝に於ける風水の普及は、高麗に於て用ゐられた風水の所應を實視するに及んで、之に對する一般民心の信仰が强くなつた爲めでもあると云はれて居る處からすれば、やはり風水說はその理論の可能よりもその法術の實際的可能、卽ち實證に依つて力强き信仰を民心の間に下種したものであると云ふことが出來る。

第二節　看　龍　法

已に第一章第四節に於て述べたるが如く風水の構成が山と水と而して方位の三者から成るものであるから、風水の法術も亦この三者を如何に觀察し、如何に組合せるかの外に出ずるものでない。從つて風水法術の說明は、やがてこの三者卽ち山と水と及び方位の硏究から與へられねばならぬ。風水では山を稱して龍となす。風水が龍卽ち山を如何に看るか、これ實に風水法術の第一步である。以下暫く龍(山)論を試みよう。

一、龍の幹枝、支壠

朱文公が「踏山賦」に於て『山崑崙之子孫、水東海之朝臣。』と云つて居るが如く、多くの山は名山から發出し州郡に連延して千里に亘るもの、及びこの山脈から分派せる枝脈に總括することが出來る。風水ではこの初發の名山を(支那ならば崑崙山、朝鮮ならば白頭山)を太祖山となし、之から出でて蜒蜿長く州郡の脊嶺をなすものを幹龍、この幹龍から分脉した三四節乃至五六節の山脉を枝龍と稱する。

處が龍はこの地表に隆起した所謂山脉のみに盡くるものでなくて、平地にも又平野の中に突起する高山にも存在する。之を稱して前者を支龍、後者を壠龍と云ふ。だから風水說に從へば龍は山にのみ限つたものでなく地表至る處として龍の存在しない處がない譯である。

もし龍を所謂山にのみ限るならば、生氣の流行は山なき處に求むることが出來ず、山なりとも平野に孤立する山には山脉の續きがないが爲めに之に生氣ありと云ふ譯に行かぬ。然るに風水では水ある處に山あり龍あり、地の高さ一寸あるを龍となし、地の一寸低きを水と認めて、普通に山と認められず水と認められなくても、その高低關係から、高きを龍、低きを水となす事に依つて、地表に於ける龍脉の分布を密にし大にして居る。卽ち風水說からすれば、流れの兩堤が山であり、龍であるから、雨の降つた場合一寸低き地に水が流れゝば一寸高き地は堤となり、從つて山となるから、たとひ雨降らず、水流れなくても一寸低きを水、一寸高きを龍とするのであつて、地表に寸分の高低關係あれば其處に水あり龍ありと認めるのである。だから風水說の所謂龍は殆んど地表全體に行き渡つて居る事になる。これは生氣は地中を行くと云ふ、風水の本質をなす、生氣觀念からして當然な歸結と云はねばならぬ。

二、龍の祖宗父母

龍脉に於てその發原する處の遠大なる山を「太祖」となし、その次を「宗」その中節を「少祖」而して玄武頂後（穴の後來龍の末節）の一節を「父母」となし、この脉の下降する處を「胎」氣（脉形）の束する處を「息」玄武の頂を「孕」、融結して穴をなす處「育」と云ふ。

龍節に就ての之等の名稱は、龍が生氣を有する事から考へ付かれたもので、生氣は物を生産する。之を人の場合に見れば、人の出生は祖宗を繼いだ父母に依つてなされ、その出生の過程は胎息孕育であるから、人に對する生氣の發現も亦この人體に於ける生氣の發現と同樣なりとしたものに外ならぬ。だから「地理大全」は之等の名稱を解釋して、落脉の處を胎となすは父母の血脉を稟くるを胎となすが如く、束氣の處を息となすは、母の懷胎養息するが如く、玄武頂を孕となすは、胎の男女性を成し頭面の形體あるが如く、融結の穴處を育と云ふは、子成り出胎して之を育するが如きを意味する。と述べて居る。

三、龍の貴賤、長短、老嫩

貴秀の祖山を有するが貴龍、然らざるものが賤龍であり、長龍は三四百里乃至千里に亙るもので、その結作（生氣を融結すること）大であり、短龍は三十里以下のものでその結作小なるを云ふ。州郡都邑の基には須らくこの結作大なる長龍を求めねばならぬ。而して龍の粗大にして連亙するものを老龍、巧小にして退卻するものを嫩龍と云ふ。老龍は山巒の蠢動少く、その星體混濁なるを特色とし、嫩龍は活變百端、新しき枝柯を發するをその特色とする。

四、龍節の星體

龍の行くやその處々に結節をなす。卽ち山脉の處々に脉より隆出する山を形作る。風水ではこの結節乃至山を、天にある星曜が地にその形を成したものであるとして之を星曜と云ふ。この山星には五星と九曜とを認め、それ以外のものはこの五星九曜の變格とするのである。而してこの九星も亦詮じ詰れば五星の變化に外ならぬとなすが、これは五星を五行と見做し、五行は生氣の發現とする處から、あらゆる山體を五行の發現として說明せむとする要求から考へられたものであらう。

五星の正體は木は直、火は尖、土は橫、金は圓、水は曲であつて、九星九曜はこの五星の變格中から選ばれたもので、その山形は次圖の如くである。

五星正體

九星正體

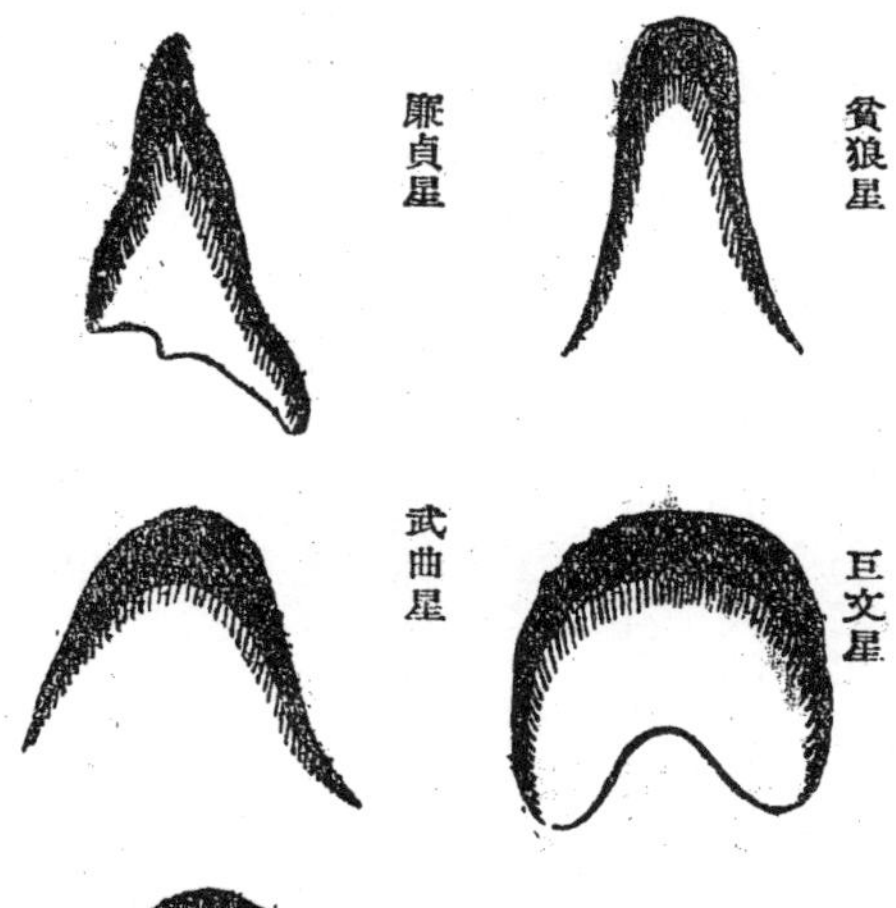

この五星の形體に就ては「地理大全」に『五星は五行を云ふ。天に在りては象を成し、地に在りては形を成す。條達を象つて直を木。炎焔を象つて尖を火、厚重を象つて方を土、周堅を象つて圓を金、流動を象つて曲を水となす。』と述べて居るが如く、在天の星象が地に形を成すと云ふから、在天の五星を象どつてその形となすかと云ふにさうでなくて、木の直立する形、火の燃ゆる形、土の方平な形、釜や鍾の圓き形、水の流るゝ形を取つて木星、火星、土星、金星、水星となすのであるから、この山形五星觀は全く同樣な形をなすものは同氣ありと云ふ類物信仰から出發したものであつて、五行說の出典

たる書經の洪範に説明せる五行の性情『水曰潤下。火曰炎上。木曰曲直。金曰從革。土爰稼穡。』から由來するものでない事を注意しなければならぬ。六圃氏が『山象物形。取其彷彿。若或逼眞。則山川靈氣。鍾于此峯。』と述べて居るのは、山の星形觀が全く類物信仰からであることを示すものであらう。

六圃氏の言の如く風水では、この星體が眞に逼る程立派なものとして居るから、山形は清秀なるを吉とする。而してこの清秀なるものの司る運命は木星は文、火星は顯及び武、土星は祿及び文、金星は官及び秀、水星は富及び秀である。しかしその山形が醜惡にして殺(凶)を帶する時には木は形星となつて蠢、火は殺星となつて愚、土は滯星となつて頑、金は厲星となつて蕩、水は蕩星となつて凶を招致する。

如何に美しい、眞に逼る星體でも、その司る運命を完全に發揮し得ない事がある。それはこの山星が五行の相生に適する時はその力を發揮するが、若し五行の相克に當る場合にはその力を發揮し得ず、從つて固有の運命を致し得ないと云ふ事である。この五行相生相克の説に就ては、後章に詳説するであらうが、木は火を生じ、火は土を生じ、土は金を生じ、金は水を生じ、水は木を生ずると云ふのが五行の相生であり、水は火を克し、火は金を克し、金は木を克し、木は土を克し、土は水を克すると云ふのが五行の相克である。相生とは次のものの性能發揮を助けることであり、相克とは次のもの丶性能を止め害することである。

だから高官を出し、秀才を出す運命の司配者たる金星(金山)でも、それが、その他の山と相生關係に於てある時だけであつて、若し之が相克鬪係に立つ場合には何等の發福をも見ることが出來ない。例へば山が水山↓木山↓火山↓土山↓金山と來た時には、水木火土金は相生關係にあるから、發福確實であるが、若し之が木山↓土山↓水山↓火山↓金山と次を以て來た時には、木土水火金は相克關係であるから、折角優秀な運命も發する事が出來ないのである。こゝに看龍の必要なる所以が察せられるであらう。然らばどの星體でも相生關係に立ちさへすれば可なりやと云ふに、玆に一つの例外がある。それは火星だけは如何に相生關係でも之を玄武(穴後の山)となすを不可とする事である。なぜならば火は炎上を性とするから、生氣が發揚してしまうか、又は地氣を枯燥させてしまうが故に、穴を結ぶことが出來ない、況んや相生關係を以てその性を强めたならば一層、穴を結ぶに適さなくなる譯である。だから火星は左右の衞護にも前對にも不適當で、たゞ天外に窺はれる位がよしとされて居る。

五、龍の生死

山はその形具はりても生氣の流行する脉なきものがある。それは恰かも樹の幹から分出する幾多の枝があつても、その中に枯枝があり、一見他の生枝と變りはないが、この枯枝は絕對に華を咲き、實を結ばないが如く、山の形體は具へて居ても、生氣を蓄積して人生に發福することの出來ないものがある。之を風水では死龍又は僞龍などと云ふ。

風水に依つて幸福を求めんとするには先づ第一にこの龍の生死、眞僞を確めて然る後に基を定むべきである。然らば如何にして龍の生死を識別するか。風水では動、曲の勢相を生とし、靜、直の勢相を死とする。だから龍にして、もしその勢相が躍動、屈伸するものは眞にして生であり、その勢相が、之に反し靜止、硬直なるものは僞にして死である。凡そ萬物の生死は陰陽五行の生氣に依つてあらはれる現象で、生氣充溢する時は生となり、生氣衰滅する時は死となる。而して生けるものは伸縮、屈曲活動して少しも休まない、卽ち生きて居るものは「動」をその本質とする。然るに死せるものは全く硬直の狀態を呈し少しも屈伸活動することなく、絕對の「靜」をその本質とする。この「動」「靜」の別は實に生氣の存否にかゝるのであるから、動くものには生氣あり、靜なるものには生氣なしと云はざるを得ない。動、曲の龍を生龍となし、靜、直の龍を死龍となすはこの理由に外ならぬ。風水の期待は郭璞の金言である『葬乘二生氣一』に依つてするを原則とするから、生氣あり、生氣の流行する生龍を求めて之にその基を定め、生氣なき、生氣の流行しない死龍を避けるのは當然な事であらう。

生龍は之を概して言へば、躍動、屈伸、一見して活動せるものであり、之に反して死龍は靜止、硬直なものであるから、直ち山龍の生龍なるや死龍なるやを識別することが出來る筈であるが、大むね山脉の行くや、送くるものあれば迎ふるもの之に應じ、鳳翔の如く鶴舞の如くにして來り、又は「之」の字「玄」の字の如く屈伸して進むが如きものは生龍である。

六、吉龍と凶龍

葬(陽基も亦同じ)は生氣に乘じなければならぬ。この生氣は生龍に流れて、死龍に流れない。從つて死龍が風水の目的に適せざるは勿論の事である。然らば死龍以外の生龍は悉く風水の目的に協ふであらうか。生龍は生氣を有し、之を運行する。けれどもその生氣に强弱あり、善惡がある。人はその出生するや一も陰陽生氣の造化に依らないものがない。にも拘らずその性一ならずして賢あり愚あり、善人あり惡人ある。これその生氣の多少善惡に依つて分かるゝ賦性に他ならぬ。龍も亦斯の如く、如何に生氣ある生龍だからとて、その賦性に千差萬別があつて、或は福を發し或は禍を致す。こゝに生龍の中にも吉凶がある事にならう。

今凶龍の代表的なものを擧ぐれば次の如くである。

1　石山。生氣は土に由つて行くのであるから、土壤のない石山にはこの生氣が流れない。從つて之は凶龍である。

2　斷山。生氣は丘壠の骨、岡阜の支に隨つて行く。故に山にしてその脉が斷絕されて居る以上生氣の流行が出來ない。凶龍。

3　過山。生氣は山勢の止る處に止まり、支の終る所に鍾る。だから若し、その山脉や支脉が止まらずして逸過するものは生氣も亦從つて逸走してしまう。凶龍。

4　獨山。生氣は會龍、卽ち後岡、前應（朝山、對山）左回（青龍）右抱（白虎）衆山の環合する處に止聚する。然るに之等を缺く獨山には生氣が聚らない。若し强いて此の龍に葬すれば實害か立どころに至る。凶之凶龍である。

5　童山。草木は陰陽の中和する處に繁茂する。故に草や木の鬱蒼たる處には生氣がある。然るに崩岩、破壠、焦枯險恠、一草一木を生ぜざる童山は其處に些しの生氣もないからである。凶龍である。

これは錦囊經に記載せる凶龍で、郭璞は『童、斷、石、過、獨。生二新凶一。消二已福一。』と云ふ古經の格言を引用して、この凶龍使用を誡めて居る。

猶ほ凶龍として忌避すべきものは、驚龍（物に驚異せるが如き山）、狂龍、衰龍、病龍、亂龍、懶龍等であり、之等の山は枯死したものでないから敢て生氣を流行しない譯ではないが、之等の龍脉に流るゝ生氣は、生氣本然のもの（風水では之を全氣と云ふ）でなく、その導體たる龍の生氣に影響されて、自づから驚氣と變じ、狂氣、病氣、亂氣、懶氣に化したものとなるから、その所發も亦災凶たるを免れない爲めである。

次に最もよく生龍と間違ひられるものに克龍と云ふ凶龍がある。これはその活動、屈曲、迎送の勢相から觀ただけでは極めて活動的であり、從つて盛んな生氣を導く生龍と誤認される事が往々ある。然しながらこの克龍は、躍動し來る脉節が五行の相生關係に連續するものでなく、その星體が（山形が）五行の相克關係を以て連續し來る處の龍であるから、その形狀如何に活動して居ても殺氣こそ發すれ、人生に役立つものではない。從つて凶龍たるは勿論である。猶ほ李朝陰陽科の地理學試驗のテキストと定められてあつた「明山論」には次の如き十二龍を列擧して、その吉凶を論じて居る。卽ち、

山は生氣の聚るを善とし生氣の散ずるを惡とする。一般に生氣の聚る山は其降勢（來勢）長くして起伏多く、生氣の散ずる山は其降勢短く、且つ起者伏する能はず、伏者起つ能はざるものであるが、この見地から山を相するに、生氣の聚る山に生、福、應、揖の四山があり、氣の散ずるものに枉、殺、鬼、刼、遊、病、死、絕の八龍がある。いま之を龍形から觀察すれば、生龍は山の來る祖宗より脉を發し、その途大頓小起、恰も生蛇の水を截するが如く、啄木の空を飛ぶが如くして來り、その出身左

右手足入首端正、横案分明なるもの。福龍は前起横案を生ぜざるも、その主方に後山ありて其の側を羽翼の如くに輔くるもの。應龍は横案なきも左右囘抱するもの。揖龍は囘抱重々體勢相讓るもの。枉龍は局促して紓暢せず背戻して收拾なく其の狀塊然として穴を受くるなきもの。殺龍は左右尖利なるもの。鬼龍は分枝擘脉（正脉に勝るもの）あるもの。刼龍は分擘衆多なるもの。遊龍は流離散亂するもの。病龍は欹側崩破せるもの。死龍は轉動する能はざるもの。絕龍は孤單にして無力なるもの。

而してこの十二山龍の子孫への所應を考ふれば、生龍は子孫長壽。福龍は子孫富貴。應龍は子孫忠孝。揖龍は子孫禮讓。枉龍は子孫夭惡顚邪。殺龍は蟲傷虎咬。鬼龍は瘟黃疾病。刼龍は殺戮破滅。遊龍は淫亂衰亡。病龍は產難長病。死龍は死喪不絕。絕龍は死絕無後(子孫絕滅)。

かく墓地の吉凶が直ちにその影響を子孫に及ぼすのであるから、山龍の吉凶を見分けるには深甚の注意を拂はなければならぬ。と

七、龍の成局、結穴

風水の法は生氣に乘ずる事であるが、この生氣に乘ずるには龍の如何なる部位でも可なりと云ふ譯でなく、生氣の止る處、聚る處に乘ずべきである。錦囊經は之に就て次の如く說いて居る。

「五氣行二於地中一。發而生二乎萬物一。其行也。因二地之勢一。其聚也。因二勢之止一。葬者原二其起一乘二其止一。」

卽ち山勢から云へばその勢の止まる處、その生氣から云へば生氣の聚る處に乘ずるのが風水の目的を達する所以である。風水ではこの生氣の聚る處を穴、勢の止まる處を局と云ひ、龍の止るものを成局、氣の聚るものを結穴と稱する。從つて成局の處結穴あり、結穴ある處成局あるは勿論のことであらう。

風水が生氣に乘ずるに何が故にその勢の止る處、その氣の止まる處を撰ぶか。これは草木が花を開き實を結ぶはその樹幹に於てゞなくて必ずや枝の尖端に於てであるが如く、又生物の生殖がその體勢の局する處に於て行はるゝが如く、凡て生氣の作用活動はその流體の局する處に於て發揮せられるのであるから、地中を流るゝ生氣も亦この動物植物の生氣と同じく龍勢の局する處に於て、その活用を盛ならしむるものであると云ふ觀念に由來するものである

生氣の活用とは何ぞや、それは易の繫辭傳に『天地絪縕萬物化醇。男女構精萬物化生。』と云ふて居る所の化醇であり化生である。そもそも風水は生氣の所產であつた人體を地に下して幸福を求めんとするのであるが、この人體が若し如何に生氣の盛に聚る所に乘じても、この生氣に同化しなければ何の役にも立たない。殊に風水の主とするところは死體を土中に埋葬する事に依つて、生の感應を求めんとするものである。さてこの死體の中、他の血肉は亡びても骨骸だけは亡びない。それはこの骨骸

は生氣の精から出來たものなるが故に容易に腐敗しないのである。この腐敗しない骨骸は、他の腐敗し易き血肉に比すれば生氣の保有期間が長いから、例令人は死してもその骨骸だけには未だ生氣がある。この生氣ある骨骸を生氣の充溢する地に葬れば當然感應する譯である。

然しながら、この骨骸が地中の生氣と同氣相通に依つて感應するにしても、その感應が同氣相通ずるが故に、地中の生氣が骨骸に通ずると云ふが如き消極的なものでは、風水の完全なる目的は達せられない。これだけでは父母の遺骸を、生氣に浴することに依つて、永く地中に保つと云ふ事だけは出來るが、これは風水の從なる目的であつて、子孫の富貴を致すと云ふ風水の主なる目的には適しない。

風水は、だから、もつて積極的感應、即ちこの骨骸を通じてその子孫の繁榮を效すが如き、生々發展の作《はた》らき、活用を欲する。この欲求に應へるものが、易に所謂る醇化であり化生である。この醇化、化生は、單に生氣の流れ聚るだけのものでなくて、生産的活動をなすの事である。天地の生氣男女の生氣が如何に多量に存在し流行したからとて、其儘では生産生殖の現象は起らない。その絪縕構精する場合に、即ち天地の元氣が盛んに活動し、男女の精が融構せられる時に於て始めて生産の發現を見るのである。

風水に於ける成局、結穴は、この意味に於ける生氣の醇化、化生に依つて生氣の活用を求め、以て静的生氣をして動的生氣たらしめ、生産現象を呈せざる生氣をして生産活動をなさしむる發現體となさしめ、而してこの生産力ある生氣を、父母の骨骸から子孫に誘導せむと企てる構成局、結合穴卽ち生氣融化窟に他ならない。

さて生氣の活動は之が陰陽の二元氣となつて作用する時に開始される。之を現代の例を以て云へば恰かも電氣の活動が陰電氣と陽電氣との化合する時に發現すると同様であつて、且つ電氣の活動が陰陽の兩電氣よりして成るが如く、生氣も亦實は陰陽の二元氣の結合作用に依つて發現するものである。だから生氣の活動をして盛ならしめんとせば、この陰陽兩元氣の交捗を離れて成立しない。從つて生氣の活動場たる局も穴もこの陰陽兩元氣の醇化結合する處でなければならぬ。

風水ではこの陰陽兩氣の合する處を「陽變陰合」に求め「陽來陰受」或は「陰來陽受」に求める。卽ち局穴を結成する處は、その地の形勢が陰陽の變合來受を爲す處でなければならぬとするのである。山は陰であり、水流は陽である。山の變動に名づけて龍と云ふ。變化ある龍は生龍である。この龍には生氣が流れる。これが陽變である。この生龍を迎へ、この山の前面を帶の如く繞ぐる水流は卽ち陰合である。陽來陰受も亦之と同樣である。郭璞が『得水を上となす』と云つたのは、成局結穴の處はかゝる陽變陰合、陽來陰受の處を最上とする旨を述べたものである。

こゝに「陰來陽受」に就て一言しなければならない。風水では地の高きを陰となし低きを陽となす、岡丘を陰となし平澤を陽とする。この陰陽形狀觀は普通に云ふ陰陽形狀觀と全く正反對の如くであるが、風水では地を對象とする限りその高を陰とし、その低を陽とするのである。その理由を略說すればかうである。天地の形を見るに天は覆ひ、地は載せて居る。覆ふものはその形凹であり、載せたるものはその形凸である。然るに天と地と相對せしむる時天は陽であつて、地は陰である。だから地上から見た天地和合の形狀は天が凹であつて地は凸である。そこで地を本位として云ふ時にはその性陰にしてその形は凸であり、而してこの凸は實は地上の山、岡卽高き地であるから地の高きを以て陰となさなければならない。陰陽は相反するものであるが故に、已に地の高きを陰とすれば、地の低きを陽となすは理の當然である。

そこで「陰來陽受」とはつまり凸形の龍脉來り、之を受くるに凹形の地域を以てした處である。これは錦囊經に云ふ處の『藏風之に次ぐ』の藏風式の成局、結穴に他ならぬ。來陰を受くる地域が凹形なるが故に、四周に衞護ありて空欽なきが故に、藏風に適するは勿論である。

この「陽變陰合」「陰來陽受」することに由りて始めて陰陽の元氣が中和化醇するのであり、この化醇に依りて生氣の活用を發揮するのであり、この生氣の發動あり、子孫の基根たる父母の骨骸が、之を介する事に依つて子孫の繁殖榮達が望まれるのであるから、風水ではこの來龍の生死及びその成局、結穴の如何には最も意を注ぐのである。看龍法が風水法術の主要なるものであり、之が大綱であつて、之を措いては風水の成立しないことは自明の理であらう。

藏風局（開城は一例）

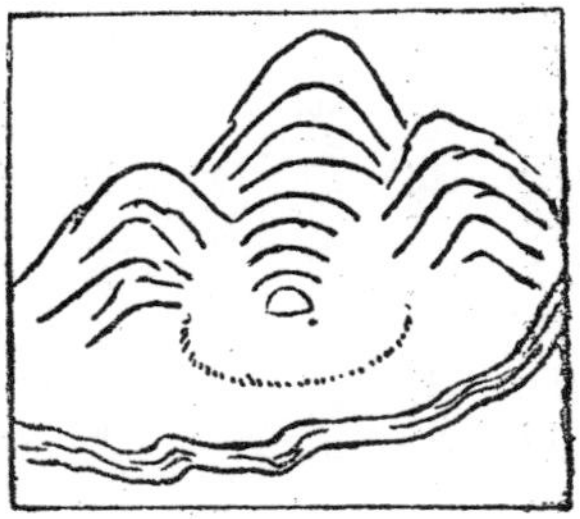

得水局（京城、平壤は此局）

第三節　藏風法

風水は生氣に乘ずる事であることは屢繰返して說述した。處がこの生氣は古塟經にも云へるが如く風に乘ずれば散ずる。生氣に乘ずるにはこの生氣の止聚を希ふ。然るにこの生氣が風に遇へば散逸してしまうのであるから、生氣の止聚をなさんとすれば、この風に就て鋭敏な注意を拂はなければならぬ。その注意の第一は風を防ぐことである。風を防ぐには屛風の如きものが必要である。處が風―生氣を散逸してしまう處の風も亦陰陽元氣の所生であつて、生氣とその由來を等しうする。錦囊經には之を

『夫陰陽之氣。噫而爲レ風。升而爲レ雲。降而爲レ雨。行乎地中。則爲二生氣一。』と風も生氣と同じく陰陽二氣の所生であると述べて居る。だからこの風も亦陰陽の元氣に外ならない。且つ風はよく地中から發する生氣を伴ひ散ずるのであるから、その内にこの生氣も含んで居ることは勿論であらう。故にこの生氣を含み、陰陽の元氣である風を捉へることが出來れば、この風からも所謂化醇を效さしむることが出來やう。同經にはこの風の取扱方を

「古人聚レ之。使レ不レ散」

と云つて居るが如く、風は吹き去らせてはいけない。然し之を聚藏すれば化醇に役立たしむる事が出來る。風水の法術に藏風法の重んぜらるゝはこの理由に基づく。

藏風法は、故に吹き來る風を拒むのでなくて吹き去る風を防ぐ方法とも云ふことが出來やう。かく風の入るを許して出づるを許さざるものであるから、之を防風と云はずして藏風と名づくる所以である。蓋し物を容れて之を出さざるを藏と云ふ、風水の風を用ふるは風を容れて局穴に於ける醇化をなさしむることであつて、決して之を逸散せしめざるに努める。故に風を藏すると云ふに外ならない。

然らば風水は如何にして藏風を致すか。風水の藏風法は陰來の地と陽受の地を以て局を成し、凸形にして來る龍を凹形の地勢を以て受け、穴を凹の中央に定むるを以てその大要とする。卽ち穴の四周

に山を以て圍繞し、その中央盆地に於て陰陽二元の冲和をなし、生氣の充溢活動を計らんとするものである。この四周を圍繞するものを風水では砂と云ふ。藏風法の研究は先づこの砂から考察して行かねばならぬ。

砂とは局穴の周圍を繞ぐつて生氣の止聚を促し、その醇化を助くる處の山及び阜岡の總稱である。風水では山を龍となすと云ふ事は前節に於て述べたが、これは通例その末端に結穴、成局をなす山、卽ち來脉を云ふのであつて、穴を中心としてその四周の山を呼ぶ時には皆之を砂と云ふのである。だからこの來龍も成局の上から見れば砂の一と見做されるのである。盖し龍と稱するは山脉の變化窮りなくして躍動するに名づけ、砂と云ふは成局を砂圖と見做してからの事であるから、龍にして砂、砂にして龍となる事もある譯である。例へば青龍は砂の一つであるが、甲局の青龍の末端に成局(乙)あれば、この甲局の砂たる青龍はやがて乙局の來龍となるのである。約言すれば龍とはその變動と來勢に名づけ、砂とはその成局に名づけたものに他ならぬ。

局を成す砂は次の如きものである。

一、四　神　砂

四神砂とは穴の四方を圍むものであつて、穴の後方に在るを玄武、前方に在るを朱雀、左方に在るを青龍、而してその右方に在るを白虎と稱する。若しこの穴が南面して居るものとすれば玄武は北、青龍は東、白虎は西、而して朱雀は南に相當する。もと〳〵この青白玄朱は東方を青、西方を白、北方を黑、南方を赤、而して中央を黄とした五方位配色から出たものであるから、青龍は東方に、白虎は西方に、玄武は北方に、朱雀は南方に定まるべきものであるが、風水ではこれを穴局の四周衛護砂と見做すが故に、この穴局が南面する場合には青東、白西、玄北、朱南となつて方位色と合致するが、この穴局の向きが南面しない時には、その四者とも四方位に合しない。そこで後玄、前朱、左青、右白として取扱ふのである。

故に錦嚢經にはこの四神を次の如く定めて居る。

「夫葬。以ㇾ左爲二青龍一。右爲二白虎一。前爲二朱雀一。後爲二玄武一。」

と。この左右前後の定め方は穴から見ての事であり、玄武は本山後山（來龍）を、青龍は左山を、白虎は右山を、而して朱雀は前應の山を指して云ふのである。さてこの四砂は風水上如何なるものがよいか惡るいか。郭璞は之が總論を次の如く試みて居る。曰く

「玄武垂頭。朱雀翔舞。青龍蜿蜒。白虎蹲踞。形勢反ㇾ此。法當二破死一。故虎繞謂二之啣尸一。龍踞謂二之嫉主一。玄武不ㇾ垂者拒ㇾ尸。朱雀不ㇾ舞者騰去。」

卽ち、後山は此處に定止するの趣きあり、前山は來つて翔舞を呈し、左山は蜿蜒伸びて回抱し、右山は虎の蹲踞して相迎ふるが如き趣あるがよく、もしこの四山の形勢が之に反する場合にはその葬は一族破滅の厄を免れることが出來ない。如何となれば右山卽ち白虎が盤繞して居るのは、この虎が塚中の尸を啣まむとするものであり、左山、靑龍が立踞して居るのは、これ靑龍が後山を妬むの意であり、玄武が頭を垂れずして昂然たるものは、尸を抱藏せむとするにあらずして、寧ろ之を拒絶するものであり、前山の翔舞せずして背するものは無情、無情なるが故に後山を顧みずして騰去するものであるが爲めである。

そも〳〵この四砂の任は穴の衞護であり、この穴の爲めの障壁であり、この穴に向つて集まり、穴に於ける化醇を助くる事に專念すべきものであるに拘らず、その何れもが或は無情にして反去し、或は互に嫉妬し、或は尸を啣むが如きものであつて、その任を全ふすることが不可能であるから、かゝる穴に藏する者が族滅の厄に遇ふは自然の理であらう。

かく無情、嫉視の四砂の有害なるは勿論であるが、四砂は猶ほその空缺あるを忌むのである。なぜならば、この四砂はもとより藏風の爲めのものである。然るにもし四砂に空缺あらんか、それでは藏風の役に立たない。故に靑烏經にもこの四砂の空缺ある穴を騰漏の穴、敗槨の藏と云つて嫌忌して居

るのである。郭璞も亦これを次の如く

「夫噫氣爲㆑風。能散㆓生氣㆒。龍虎所以衞㆓區穴㆒。疊々中阜。左空右缺。前曠後折。生氣散㆓於飄風㆒」

と述べて、この四砂が如何に藏風の上になくてならぬものであるかを說いて居るのである。

以上に於て、大體四神砂の總論とも云ふべきものを擧げたから、以下その一つ一つに就て考究の步を進めて行かう。

1　青龍白虎

青龍白虎は前述の如く支那の所謂四天動物たる龍、虎、雀、龜の四者中、その東西に位する東龍、西虎の二者を云ふのであつて、この二者は風水の成局上欠ぐべからざるものである。而してこの龍虎の任はその藏風にあるは勿論であるが、その主とするところは股肱の人體をよく衞るが如く互に相抱回して穴を護るにある。而してその狀恰かも胸襟を合せた如く緊密に相抱回するを佳とするのである。從つてこの龍虎は一重よりも二重三重と幾重にも繞り抱く程成局は完全に保護せられる譯であつて、風水ではその最も內部にあるものを內龍虎、その外にあるものを外龍虎と云つて居る事は前章に述べた如くである。

この龍虎にはその出身の如何に依つて、本身龍虎、外山龍虎及び湊合龍虎の三格がある。本身龍虎とは龍虎が穴後の來山から左右に恰も兩臂の如く發出したものであり、外山龍虎とは來龍卽ち本身からでなく、兩旁の山が來つて本身を抱擁するものであり、而して湊合龍虎とは龍虎の何れか一方は本身より發出し、他の一方が外山の來り湊つて龍虎をなすものであつて、本身發出の龍虎が最も有力であるから之を上となし外出龍虎、湊合龍は次を以て之に次ぐ。

その形狀は旣に述べたるが如く、槪して龍は蜿蜒たるを欲し、虎は蹲踞の狀あり、且つ互に相親睦して穴に有情なるを佳とし、或は龍の後山を嫉むが如く、虎の尸を啣はんとするが如く、或は龍虎互に相反嚙するが如く、及びその形、尖射、破碎、反逆、走竄、斜飛、直長、高壓低陷、瘦弱、露筋、斷腰、折臂、昂頭、擺面、粗惡短縮、迫狹、强硬、揷落、順水飛走、如刀、如鎗、如退等は皆凶惡なものである。

或は龍虎の影響を論じて、龍は王者と有文を表章したものであり、虎は武力と勇氣の表現であるから、この靑龍白虎の全吉なる穴の發福は、その子孫をして文武高官に出世せしむるものであるとも云つて居り、或は龍は長を管し、虎は幼を管し、或は龍は財貨の增殖を、虎は子孫の繁殖を司るものであるなどと論ずる者もあるが、要するに龍虎は來龍及び穴の主なるに對して從なるものであるから、この龍虎が如何に立派なものであつても來龍が眞龍でなく、從ひて穴が又眞穴でないならば眞の成局をなさない。だから風水ではこの龍虎を妻と見做し、この妻の貴賤は一に夫たる龍穴（來龍と結穴）の貴賤に依るとも譬へて居る。

斯の如く龍虎は衛護と藏風を助くるものであり、龍穴に對して從なるものであるから、成局にはこの二者を是非とも具備しなければならぬと云ふ程重要なものでない。要はこの龍虎あるに依りて穴に於ける醇化が完全に促進されゝばよいのであるから、もしこの龍虎二山を欠くも穴中の醇化が充分に行はれるならばそれで差支ないのである。それであるから、龍虎は山を以てすると限つた事でなく、その一乃至二を欠く場合に於ては、水を以て之に代ふる事が出來るのである。この場合には嚴密に云へばその成局は藏風局でなくて得水局となつた譯であるが、兎に角水が龍虎の位置にあつてよくその來龍を抱擁するならば、その生氣の貯積を致すが故に穴中に於ける醇化は充分行はれ得る。そこで龍虎は山だけでなく水を以て之に代用し得る事となつたのである。

山あれば水あるは、陽あれば陰之に從ふの理であつて、こゝに陰陽の兩氣が冲和し生氣の發生を招來する。もし山ありて水なきは陰陽冲和せざるものであるから、そこには生氣の發動を見ることが出來ない。そこで、幾重にも重なり合つて恰も著衣の襟を合せた如き抱擁するの龍虎を最も佳なるものとするが、この幾重にも重なり合ふ內外龍の間、內外虎の間に水ありて、その龍虎に添ふて繞ぐるものが、龍虎の最上であつて、かゝる龍虎を有する眞龍の成局は、王侯を出すの大地と稱せられて居る。蓋しかゝる成局は、生氣に乘ずる事大にして、その醇化を致す事完全なるが故に他ならない。

龍虎はその內外幾重にも層々として抱擁するを佳とするからと云つても、無制限に之を求むべきではない。もし之を無制限に求むるならば、龍虎の三格たる本身龍虎、外山龍虎、湊合龍虎からして、何れの山も一穴の龍虎とならざるはなく、之を擴く求むれば一穴の龍虎は遂に全國に及ぶであらう。然しながら龍虎は龍穴の從であり、夫たる龍穴の妻である。過ぎたるは及ばざるが如し、主賤にして從貴く、夫小にして妻大なるは、寧ろ災殃の臻る原由である。況んや龍虎の數多ければ多い程、穴に對して嫉視するもの、啣はんとするものゝ多在するを免れない。衞護する者の間に背反する者あればその衞護は衞護としての力を失ふ。從つて龍虎の數は來龍、龍穴の大小貴賤如何に依つて、その範圍を定めなければならない。故に成局の大小は、專ら來龍の本分に相應したものたるべく、龍虎の範圍は、龍穴の貴賤に依つて、その程度を異にすべきが風水に於ける龍虎の原則である。

風水では四砂の內、玄武は來龍の末端なるが故に勿論重要視するが、この玄武を除いては著しく龍虎を重要視する。これは藏風得水と云ふ風水の原義に龍と虎が適したものとして信ぜられたからに由來するとも考へられる。と云ふのは、孔子も易經の文言傳に『風從虎』と云へる如く、支那では古來風を左右するものは虎であると云ふ民間信仰があり、文龍は雲を呼び雨を降らすものとして、雨祈りをするには必ず龍神に對して行ふこと、支那朝鮮通じての習俗であるから、風を藏し水を得る事に專念する風水が、この風虎と雲龍とに重きを置くは極めて當然な事と云はねばならぬ。

2 朱雀、玄武

風水では成局をなす四砂の內、穴後の山卽ち來龍を玄武砂と云ひ、穴前に應對する山を朱雀と云ふ事は既に述べた。この二者の關係は玄武を主人とすれば朱雀は賓客であり、玄武を夫とすれば朱雀は妻妾である。風水の局を成すや前述の如く、「陰來陽受」卽ち凸來凹受を以てするか或は「陽來陰受」卽ち山來水受を以てするのであるが、この玄武と朱雀は實にこの陰來陽受をなすものであり、陽來陰受をなすものである。故に錦囊經にも玄武は垂頭を欲し、朱雀は翔舞を欲すと云ふ、この垂頭は陰來であり、翔舞は陽受である。風水では山の覆來するを陰來と名づけ、地の仰掌の如くこの來山を受けるを陽受と稱する事は既に說明した處であるが、錦囊經に云ふ垂頭とは山の覆して來ることであり、翔舞とは鳥の翔舞の形狀恰かも仰掌の如くなるを指したのであるから、つまり玄武垂頭は⽇形の陰來を意味し、朱雀の翔舞は凹形の陽受を意味したものに外ならない。

風水に玄武と朱雀の期する處は、この兩者相俟つて陰陽の中和を致さんとするに存する。既にその目的が陰陽沖和にあるのであるから、朱雀は之を山のみに限ることなく水を以てすることも可能である。この場合は玄武は山にして陽、朱雀は水にして陰、玄武來つて朱雀之を受くるは陽來つて陰之を受くるもの所謂「陽來陰受」であるから、陰陽の兩氣が相沖和することは當然であらう。

それであるから、陰陽の沖和、生氣の發動醇化を目的とする風水では、その成局をなす四砂の內での玄武と朱雀が尤も重要なるものであつて、靑龍白虎の比ではないのである。靑龍白虎は玄武朱雀の陰陽沖和、生氣の醇化を衞護し、之を助くる補助者ではあるが、冲和をなし醇化を致すものでない。然るに玄武と朱雀は陰陽兩氣の保有者であり、供給者であり、之が沖和と醇化をなす根本的な主役者であるから、風水の成局にこの玄武朱雀の兩者が最も重んぜられる所以は自づから明らかである。

さて藏風法では山朱雀卽ち陰來陽受の成局を主として論ずるのであつて、水朱雀卽ち陽來陰受の成局は、得水法に於て論ずべきものであるから、此處には山朱雀に就て考察し、水朱雀に就ては次節の得水法に於て詳論するであらう。

山朱雀は穴前に在りて玄武（或は主山）に應對する山であるが、この應對には朝山、案山の二者がある。朝山とは穴前にある山で、その主山に對する狀恰も賓の主に見ゆる如く、臣の君に謁するが如く、子の父に仕へ、妻の夫に順ふが如く、穴に上つて之を望むに、その形ち端然として特定し、衆山に異なりて、天然に主山（玄武）に朝拱するが如きものを云ふ。その形は千種萬態であるが、端正清秀を佳とし之に反するを不吉とする。例せばその形方にして秀づるものは、王侯宰相を司るが故にその發福、子孫に高位高官者を出し、尖にして秀なるものは、文章顯世の士を出し、圓にして肥滿するものは巨富を出すものとされて居る。之を星體（山の形）からすれば、一般に土星を最上となし、金星木星之に次ぎ、水星火星は他の星體と結合して帳形、貴人形等の如き好適の形を成すを妙とするのである。

この朝山に近朝と遠朝及び暗拱とがある、近朝は穴前を去ること遠からざるの朝山であつて、その高さは低きを可とし、若しその高さが玄武の入首せる頭腦を凌駕する時は客の主を壓し、臣の君を逆する意味に於て嫌忌すべきものとされて居る。之に反し遠朝は穴前を去ること遠く穴より之を望むにその尖端のみを見得るが如きものであつて、その高さは天に沖するものであつても差支がない。暗拱は龍穴から望見し得ない朝山であつて、古來『明朝（穴から見得る朝山）は暗拱に如かず』と云はれて居るが如く極めて有力なものとされて居るが、之を朝山として役立たしむると否とは一に來龍龍穴（略して玄武）の力量の程度如何に依つて定まるのである。卽ち青龍白虎の領域が玄武に依つて支配せられた如く、この朱雀たる朝山も亦玄武の大小貴賤如何に依つてその距離を定むべきものであるから、百里の來龍には百里以内の朝山を以てし、千里の來龍には千里の朝山を以てすべきであり、玄武の支配力の及ばざる遠距離のものは、たとひそれが絶大に有力な暗拱となるべきものであつても、之を朝山としてはならないのである。

次に朱雀砂の一つで穴前にあり、朝山よりも低き山を案山と云ふ。この案山は一般に低小なるを可とする。蓋しこの山は人の座前に使用する几案あるが如く、主山に對して恰もその几案に相當するが如きものを指すのであるから之を案山と稱するのである。從つてその形狀玉几、横琴、眠弓（絃を張らない弓）、玉帶、執笏、按劍、席帽、蛾眉、三臺、官擔、天馬、旌節、書臺、金箱、玉印、筆架、書筒等の如きを可とし、又一般に朝山の脚部にあつて、端正圓巧、秀媚光彩、平正齊整、回抱有情なるを美砂となし、如何にその形狀可なるも水に順つて飛走するもの、穴に向つて尖射するもの、或は臃腫粗大、破碎巉巖、醜惡走竄、穴に對して反背無情なるを凶砂として之を嫌ふ。

錦囊經に『全氣之地。宛委自後。回環重複。若踞而候也。若攬而有也。云云』と云つて居る最後の二句がこの朝山案山を述べたもので、之なければその穴自づから全氣の地卽ち生氣の醇化する處にならない。而して近代の風水が、朝山よりも寧ろ案山に重きを置くは『若攬而有也』の意味からであつて、この案山の主山に對する關係は恰も人の日常生活に缺くべからざるものは衣、食、住及び使用品であつて、その生活に重要なる點は來客や、從者などよりも直接であり、之なければ一日たりとも生活し得ない事からであるが如く、客たり、臣たり、從者たる朝山よりも、使用品を供給する几案たる案山をより直接なものとなし、より重要なものとするからに他ならない。之を要するに朝山は威權を保つ上に於てなくてならぬ裝飾品であり、案山は日常生活に缺くべからざる必需品として考察することが出來る。

從つて國都邑域、乃至帝陵王基等にはその威儀を整ふる上から云つて、侯、拱の朝山を必要とするが、威嚴を具備すべき必要なく、又之を備ふることの出來ない陽宅、陰基には、左迄朝山の存在を要しない。然しながら案山だけは如何なる小さな墓地に於ても缺くべからざるものである。だから成局には朝山を缺くも可なり。案山は絶對に缺いてはならない。これ、若しこの案山を缺く場合には、其處には決して局を成さないからである。

それであるから、山朱雀即ち朝山案山は、第一、玄武に對して「陰來陽受」の意味即ち藏風と生氣の醇化をなす事に於て、第二、玄武に威儀を添え、主山の必需品を供するの意味に於て、成局に重要なる役割を演ずるものと云ふことが出來る。

朱雀砂の一たる案山は近代の風水上如何に重要視せらるゝか、『主星靈光形也。案山靈光影也。穴比日月。案比水鑑。正々對照。不差分毫。則穴光始放。案影始回。』と稱して特に重要視して居るが、今、次の二例に依つてその一斑を伺ふことゝしよう。

慶尙北道安東郡臨北面美質洞水多山に安東面居住固城李氏の祖山(祖先の墓)がある。この山は「臥牛形」で塚はこの臥牛の角に當る處にあつて、丑坐未向、塚前には二段の石階があり、その前に碑を置き、山下に神道碑を立てた相當大規模なものである。而して夫人の墓はこの臥牛の腹部乳房に當る處に定められて居る。(この山の傍に通稱「男牛の峴」と云ふ地があるから、此の臥牛は牝牛の臥するものであらう。從つて夫人の墓はこの牛の乳房に相當する處に定められたものと見なければならぬ。)

この山に墓を造營してから五代目になつて子孫繁榮し、多くの高官を輩出し、十三代を經過した今日ではこの一門の子孫無慮五六千名の多數に上つて居るが、この墓地に就ては次の如き傳說が語られて居る。卽ち、李氏がこの山に墓地を卜定してから四五代は大した發福はなかつたが、六代目から續いて大官が輩出した。この大官達は報本反始、祖先崇拜の意味で屢々此の山に詣つて祭祀を擧行した。處がこの大官の參拜に來る事は此山の近くに住む部落民にとつて、送迎やら墓地修繕の賦役やら何や彼やで非常な苦痛であつたので、其の地の部落民は困りぬいて居た。そこへ一人の旅僧がやつて來て、部落民の困狀を聞き、實地に墓を踏査して見ると仲々立派なもので、幾代も大官が續出するものである。墓を調べた件の旅僧は部落民に、もし澤山の施物を自分に贈るならば、部落から大官參拜の厄を取除いてやらうと申出た。この厄が除かれる事であればと云ふので、部落民が澤山の施物をこの僧に贈ると、僧曰く『この山の前方に岩があるが、これがこの山の案山で、その形が籾殼狀をして居るので、この臥牛の食糧となつて居る。こゝに祖山を造つた李氏に代々大官が出るのはこの案山がある爲であるから、若しこの岩を碎いてしまへば、李氏に大官が出る事が止まる。從つてこの部落の厄も除かれる。』と。そこで部落民は一擧にこの岩を掘り出して破碎してしまつた。この事を傳へ聞いた李族は、大いに驚き早速その粉碎された岩を聚積して故の通りに置いたが、その事あつてからは李氏一門に大官の出世する事が止まり、小官だけしか出なくなつてしまつた。この出來事は李氏八九代頃の事であり、小官だけでも出るのは碎かれた岩を故の如く直したからであつて、若しそのまゝに棄て置いてたならば、この一族は遂に衰滅を免れなかつたのであらうとの事である。

李氏朝鮮初期の話しであるが、京城の兩班で孟思誠と云ふ學者があつた。（權陽村の門に、權遇、卞季良、許稠、權踶等と共に學んだ有名な政治家、一三六〇—一四三八）この人は非凡な地理學者で風水に關しては出來ない事とてはない程の達術者であつたが、嘗て地方官となり慶尙道の安東府に府使として赴任した事がある。孟の赴任した頃の安東府は兩班が數多く住んで居つたが、その中で慶州金氏(或は義城金氏)が一番羽振がよく、この金家の御きげんを伺はなければ如何な腕利きの府使でも施す術がなく、遂には官を去らなければならぬ憂き目を見ねばならなかつた。だから新任の府使は何は措いても眞先にこの金家を訪問して新任の挨拶を申し上げるやうな慣はしとなつて居た。孟府使が赴任して見ると、多くの吏民に迎へられて邑内に入つたが、先づ入つた處は府㙮の門でなくて金家の大門であつた。變だと思つて從者に訊ねるとかう云ふ慣習があるとの事。孟は憤つたが、先例を知悉して居る府吏に因果を含められたので、表面おだやかに禮を盡して金家に著任の敬意を表した。然し孟の心中はおだやかでない。こんな慣はしは府使の屈辱であり、同時に府治の障害であるから、孟は何とかして之を除かねばならぬと決心した。

孟府使がつら〳〵金氏の家運を研究して見ると、金家の宅が蠶頭山の下にあり、その南方に桑林が繁茂して居る。蠶頭山が桑林を前案とすればこの地は風水上絶好の基地である。風水に熟達して居る府使は直ちに金家の家運がこの桑林案に依ることを看破した。そこで徐ろに府の街區改正に事寄せて安幕から洛水に直流する水流を迂回させて金家と桑林との中間に通じ、又その河の堤上に漆の木を植えて防堤樹とした。孟府使の斯くしたのは、金家の盛運はこの蠶頭が桑葉を飽食するので、生氣に充ちるその生氣を多量に享けるからであるから、この蠶頭山と桑林案とを中絶して蠶をして飢餓せしめ、この蠶が飢餓の餘り、堤上にある漆の葉を貪り食へば、蠶の性として漆葉を食へば立處に死んでしまう。さうなれば蠶頭の生氣は衰亡に歸し、從つて金家の隆運も絶滅されてしまうに相違ないと思つてした事であつた。果せるかなこの豫想は的中して、爾後金家は次第に衰運に傾き、さしも優勢を誇つて居た金氏一門も見るかげもなく、零落し去つてしまつた。と云ふ事である。

四神砂の內でその主位に居り、風水は之なければ成立しない程重要なるものが玄武である。玄武は之を穴の後ろにあるを以て後山とも稱し、從たる青龍白虎に對して主であり、客たる朱雀に對して主であるから主山とも稱し、而して成局の本づく處であり、生氣を流行し來る龍の故を以て、或は本山又來龍とも稱する。だから之を廣義に解する時は穴の後方にある山を無限に玄武となすことも出來るが、風水の成局から云ふ場合にはかく廣義に解釋しないで、成局をなすに必要なるだけをとりて玄武となす。だから前述せる如く成局結穴は來脉の末端に現はれるのであるが故に、普通に云ふ玄武砂はこの結穴を中心として、この結穴の大小如何に依り之を定めるのである。處がこの結穴は來龍の力量に比例してその大小を異にし、力量大なるの龍は大なる成局を成し、その小なるものは小なる穴を結ぶ。從つてこの玄武も亦その大小を異にする譯である。玄武の形勢は葬經（錦囊經）にも云つてあるが如く、その垂頭を可としてその昂然たるを忌む。蓋し玄武の任は生氣を穴に注入し朱雀と共にその醇化を効すにあるのであるから、この玄武にして昂然として穴に入らずんば、如何に有勢なる生氣を保有するにしても、その醇化をなすことが出來ず、從つて風水の目的には適しないからである。玄武の垂頭せるものは好んで穴を結ばんとするもの、卽ち有情のものであるが之に反して昂然たるは結穴を嫌忌する無情のものであるから、如何に有情の朱雀が之を迎へても遂に局を成形しない。故に成局、結穴にはこの玄武砂の向背如何が最も重要なる役割を演ずるのであると共に、風水の成立にはこの形勢の吉凶善惡を判別する事に最も意を注ぐべきである。

玄武は來龍が穴を結ぶまでの山(地脉)を總稱しての名であるが、風水では之の部位に從つて來龍、入首、頭腦、蛾眉の名を附して居る。この來龍は前節看龍法に於て述べた廣義の來龍でなくて玄武砂の一部を成す狹義の來龍であるが、これは廣義の來龍卽ち山龍が將に穴局に至らんとしてその頭を垂れんとする首節に當る所を云ふのであつて、地勢上から云へば穴後の小高き處から幾分低くなつて後山に續く脉を云ふのである。この來龍の形は之の字玄の字の如く躍動屈曲して來るもの或は幾多の分脉を出しながら來るものが良く、その來るや直線たるか又は些の分脉なき孤直のものは不良なものである。なぜならば躍動屈曲して來るもの及び分枝をなして來るものはその生氣潑溂たる表象であり、その孤獨硬直なるは生氣の喪失せるを示すものであるからである。

入首とは龍の首の穴に入るの意であり、その部位は來龍の末節から小高き頭腦に移らんとする處である。頭腦とは穴後の高き處、穴をめぐる莎城の中央最高部を云ひ、而して娥眉とはこの頭腦から穴の中心に至るまでのカマボコ形の小丘である。この入首には直、横、曲、飛、潜の五格があり、娥眉には月眉形、八字眉形の二格があつて何れも良好なものとされて居る。

風水でこの玄武砂に入首、頭腦、媚眉等と名づくるは、つまり結穴は龍頭が朱雀と合局したものと見做すからで、龍頭あれば首あり頭腦あり、頭あれば眉間あり、眉がある譯である。かく玄武が龍頭を象つたものであるから、その成局中には龍頭にあるべき、角、耳、目、鼻、顙、鬚及び口の部位もある筈である。だから龍角に塋したとか、基を龍耳に定めたとかの事が昔から傳へられて居るのである。葬經にはこの各部位の吉凶に就て『鼻顙吉昌。角目滅亡。耳致侯王。唇死兵傷。』と云つて居るが、一行は之を説明して、鼻顙を吉昌となすは、その何れも中正を得て居るからであり、角目の凶なるは、倶に傍に偏在するが故に眞穴をなさない、これ滅亡の所以であり、耳の侯王を致すか如き大吉なるは、彎曲せるが故であり、唇の凶なるは淺くして露るゝが故に兵傷に死するの相であると云つて居る。（猶ほ龍體の各部位に就ては龍形の章に於て詳説する。）

今之等の玄武砂を圖示すれば次の如くである。

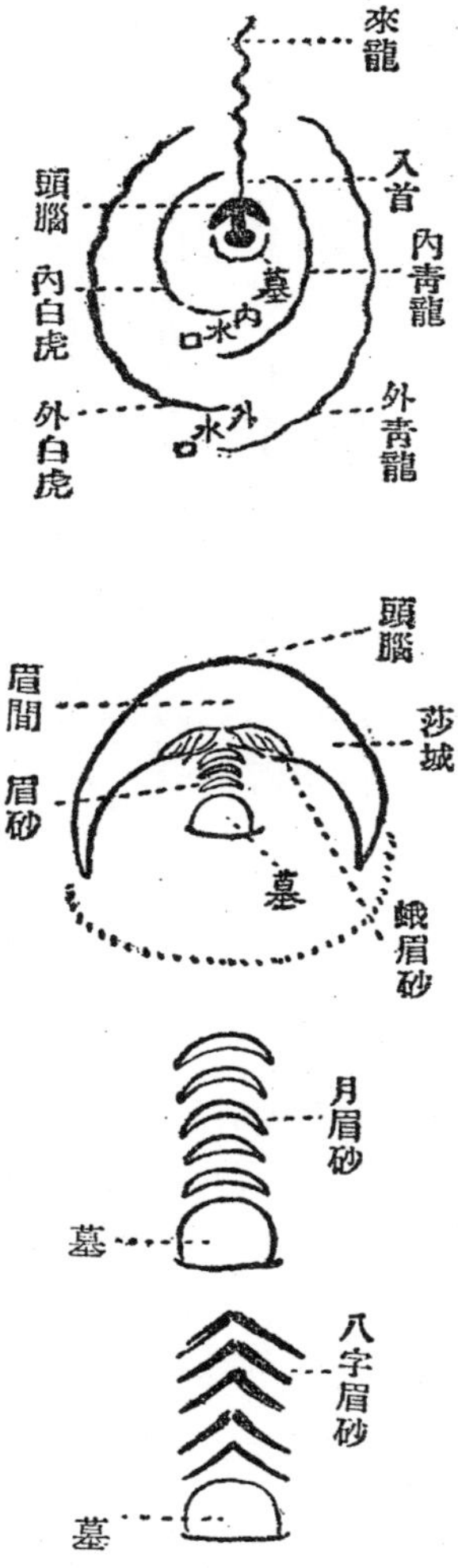

二、其の他の藏風砂

藏風に必要なる條件は穴の周圍にある衆砂(山及び水)が緊密に囘環重複して些の空隙を遺さざる事である。且つ四神砂の說明に於て已に述べたるが如く、穴の周圍にある砂は主山乃至龍穴の從者であり、衞護者であり、威儀を供具するものであり、需要を奉るもの、卽ち主山、主穴の從屬であり修飾である。從つてこの藏風砂はその數の多い程、風水の目的に協ふ譯である。而して事實風水ではこの砂數の多くして完備せるもの程立派な成局をなすものとして居るのである。さて四神砂以外のものを擧げれば次の如きものである。

1　輔　弼

この砂は龍穴の左右に特立した兩山が相對峙するもので、その高低、大小、遠近の相稱的なるを貴とする。この砂に次の八格がある。

一、日月夾照。これは圓聳の山で恰も太陽太陰の如きもの。
二、文武侍衞。これは卓立頓筆展旂の如きもの。
三、列屛列帳。これは方平延袤のもの。
四、天乙太乙。これは後龍の左右にあつて屹立するもの。
五、天孤天角。これは來龍の左右にあるもの。
六、金吾執法。これは前朝の左右にあるもの。
七、天關地軸。これは明堂の左右にあるもの。
八、華表桿門。これは水口の左右にあるもの。

以上は皆至貴を司るものであるから、これあればその穴は貴穴と見做される。然しながら左右均整を欠くものは貴格でない。

2　水　口　砂

青龍白虎の間を水の流れ去る處を水口と云ふが、この水口の兩岸にある山を水口砂と稱する。一般にこの水口砂は緊密なるを可とし、空缺にして水を直流せしめるものを不可とする。水の直流は得水法に於て述べるであらうが、風水上この水流は無情なるものとして嫌忌するから、この水口砂ありて水を直流せしめざるやうに努めなければならぬ。だから水口砂は一方水流の直去を防いで穴内の醇化を助け、一方に次に擧ぐるが如くこの局穴の威儀を具するものである。從つて其の山周密、稠疊交鎖し、高峯峭壁、異石墩阜が印笏の如く立ち、禽獸、龜蛇、金魚、獅象、旗鼓、屯兵布陣、倉囤横帳、寶殿龍樓等の如き、或は截を把る武夫の城を桿るか如き、將兵の拱衞、十里の重鎭をなすが如きを美砂となす。この水口砂の主なる貴格は次の如きものである。

イ　桿門。これは水口の兩側に對峙して門戸の護桿たるの山を云ふ。その形旂、鼓、文、武、侍從、日月、貴人、天馬、羅星、北辰、龜蛇に類するを貴となし、この桿門あれば公卿、郡主、皇妃、神仙、狀元を出すと云はれて居る。

ロ　華表。これは水口の間に奇峰か挺然として卓立し、或は兩山か相對峙し、水をその間隙に隨つて流れしむるか如き山を云ふ。その形は横欄、水口を窒塞し、高鎭高く天表に聳ゆるを可とする。水口の間にこの華表あればその奥には必ず大富貴の大地あり、遷都の基によろしく、又王侯を出すものと云ふ。

八　北辰。これは水口の間、巉巖聳立數仭なるもの、その形狀怪異なるものを云ふのであつて、中流に當つて挺然と朝入する勢あるを可とする、この砂は極めて貴砂であり、王侯の大地でなければ容易に見出されないものとされて居る。唐の楊均松はこの北辰を評して『一個北辰。管萬兵駙。馬公侯。』と、如何に風水家に貴まれる砂であるかゞ想はれる。而してその形は將軍、判官、小鬼、臥龍、麒麟、獅象、海螺、飛鳳、仙鶴、猛虎、展旂、推甲、涼傘、走旗、鋸齒、鎗刀、幡帶、排符、筆架等に類するもので、之を望めば神驚き、之に就けば心怖るゝが如き怪巖たるを要する。

二　羅星。これは水口關欄の中に墩阜の特起し、或は石或は土の阜が平地に突起して門戸をなし、水がその四面を繞ぐつて流るゝが如き砂を云ふ。石を上となし、土之に次ぐ。この羅星には眞假あり、眞なるは首尾を具へて、首は流に逆上し、尾は水に順ずるものであり、之に反するは假である。而してこの砂は內水口にあるを不可とし、外水口にあるを可とする。若し內水口にあれば抱養墮胎山と稱して不吉の影響を及ぼすものである。

以上の華表、桿門、北辰、羅星は水口砂中の至貴なるものであつて、その一を具ふるとも亦極めて富貴の龍穴が之に應ずるものとされて居る。

3　羅　城　砂

穴の周圍にあつて四神に從ひ、之を補ふ山岡を羅城砂と稱する。之を羅城と名づくる所以は、之等の衆砂が重々疊々、高聳周旋、層々包裹、盤旋圍繞、補㆑缺障㆑空。恰かも城の墻梁の如く穴をめぐるからに外ならぬ。又この圍繞の形が天に於ける諸星の帝座を衞るに垣の如くにめぐつて居るのと似て居ると云ふので垣局砂とも呼ぶ。陽均松の『外山百里作㆓羅城㆒』と云ひ、朱子の『拱揖環抱無㆓空缺㆒。宛然自有㆓一乾坤㆒。』と云へるは皆この羅城垣局を論じたものである。この砂中、穴後にあつて穴の枕となるべきものを樂山又は托山となし、來龍が橫形をなして入首するその外側にあるを鬼星となし、穴前案山の補山を官星となす。樂山は或は靠山とも云ふ。來龍軟弱なる時この樂山に靠つて立つを得、之に托して入首するを得るか故に、若しこの樂山を欠く時にはこの軟龍は廢して遂に眞穴を結ばない。鬼は尾であり、枕襯である。橫龍は之なき時は眞龍とならない。官は後撐である、案山をして有力ならしむる處のものである。蓋し『一重案。外見㆓青天㆒。後代絕㆓人烟㆒。雖㆑未㆓必然㆒。發必不㆑久。』と云ふ諺もあるが如く風水では孤獨の案、一重の案を嫌ふが故に之を補後撐たる官星を必要とし、而して之を官星と名づけたのは、穴前の山が主として官事を主る故である。地理大全には之等の山を『穴の前後左右に發生する餘氣（本身の餘氣）の山となし、前にあるを官、後ろにあるを鬼、龍虎の左右にあるを曜、明堂の左右にあるを禽と云ふ。皆之あれば富貴の龍穴たるを證するものである』と云つて居る。

之を要するに藏風法は後龍宛轉として來り、回環重複の朝對あり、左右の龍虎また周旋圍繞し、衆山積疊して皆來朝し、衆水聚會して奔流せず、陽に沖し陰に和する全氣の地を見出すことであり、而してその目的とする處は、風水の主眼たる『貴若千里。富如萬金。』の發福を人生に招致せむとする處のものである。龍あれば水從ふ、水あれば龍あるは陰あれば陽あるが如く、この二者は離るべからざるものであるから、千山の圍む處、其處には萬水の周流を見るであらう。山水の聚會する處そこに陰陽二元の聚貯活動が行はれるであらう。藏風法は先づ千山の聚會に著眼して陰陽生氣の化醇に乘ぜんとするものに他ならない。

明山論ではこの山聚を龍會と名づけ、之を都邑村落、即ち陽宅に就てその大小を數的に論じて居るが、それは次の如きものである。即ち龍會の所は、小は人村となり、大は京都となる。その龍會の數三十六を以て最大となし（この三十六を最大數としたに就ては明山論には何等の說明も加へてないから明白でない。李朝經國大典、陰陽科地理學試驗課目の一であつた胡舜申の「地理新法」にはこの三十六龍を、乾坤艮巽の四維の山が降勢して各九龍を發生するから龍には三十六龍があると說いて居るが、何故九龍を發生するかを說いてない。錦囊經に山を四勢にとり、龍を八龍に定めて居るが、これは陰陽の四象卽ち大陽小陽、大陰小陰、八卦卽ち乾、兌、離、震、巽、坎、艮、坤に由來するものであるが如く、この三十六も亦陰陽八卦から演繹したものではなからうか。卽ち八卦の陽爻の劃數十二と陰爻の劃數二十四との合計三十六を以て錦囊經の八龍を增大したものではなからうか。而してこの場合陰爻「⚋」は陽爻「⚊」に對して陰の表象とされて居るが、「⚋」をその劃から云へば「⚊」二者を列べたものであり「⚊」は陽の表象であるから、卦爻を單劃なるものに分解すれば全部陽となるであらう。然るに山が來龍たる時には陽であるから山の數を八卦であらはすには陰なるものを以てする事が出來ず、八卦を全部陽に變化することの出來る分劃法を用ゐて十二の陽爻はそのまゝ十二の陰爻を二十四の陽象に分解し之を合せて三十六の全陽象となし、之を以て三十六龍としたものであるかも知れぬ。さればこの三十六龍は八卦から離れたものでなく、古來八卦に依つて山を定めた觀念とその根本に於て一致しながらしかもその數を擴大することが出來る譯であるから。因に八卦を爻から見れば次の如くである。乾☰、兌☱、離☲、震☳、巽☴、坎☵、艮☶、坤☷。陽爻「⚊」十二、陰爻「⚋」十二。全劃數三十六。）その數の遞下するに從つて次の如き規模の差がある。

（イ）龍會三十以上三十六以下。列郡、方鎭。戶口數萬人物富庶、英豪出生、名臣卜居。

（ロ）同　二十以上三十以下。小郡、大邑。人物昌盛、寶貨產出。

(ハ)　同　十以上二十以下。小邑。鎭寨、官舍。

(ニ)　六七以上十以下。人村。戸口豐足。

而して龍脉の聚らざる所又は聚るも、その數に及ばざる所は一時隆昌を呈しても、やがて廢亡して永續しない。大郡の改められて小郡となり、大邑の易いられて小邑となるは蓋し之が爲めであると。

第四節　得水法

「山川融結。峙流不絕。山來水囘。逼貴豐財。……山頓水曲。子孫千億。山走水直。從レ人寄食。水過西東。財寶無窮。……氣乘レ風散。脉遇レ水止。……山來水囘。逼貴豐財。山囚水流。虜レ王滅レ侯。……山欲二其迎一。水欲二其澄一。」

これは青烏經の山と水に對する風水的原則である。

「風水之法。得水爲レ上。藏風次レ之。……氣者水之母。有レ氣斯有レ水。……法每一折瀦而後泄。……洋々悠々顧レ我欲レ留。其來無レ源其去無レ流。……夫外氣所三以聚二內氣一。過水所三以止二來龍一。」

右文は錦囊經の水に關する說明原理である。次に明山論に就て見るに、二氣第二の章に於て山水融結の理を論述して居るが、それは次の如くである。卽ち

「陰陽二氣融結して山と爲り水となる。故にこの山と水が相稱《カナ》へば陰陽の和を效し、この和は氣を冲する。陰陽の會するや生氣を爲す。故に山水の相會する處を吉地となす所以である。

山大にして水小なるを獨陽と云ひ、山小にして水大なるを獨陰と云ふ。山の起伏なきを孤陰となし、水の沈寂せざるを孤陽となす。之等は何れもその陰陽相稱和會せざるが故に凶地である。

山は千里の源を看、水は千里の委を看る。山は高きを尙び水は深きを貴ぶ。山は亂れずして起々すれば其氣聚り、水は亂れずして灣々たれば其の氣を止める。

山は起伏をその數(性)とするから、その吉凶はその高卑、厚薄、小大に依つて之を定め、水は曲折を數とするから、その善惡はその長短、深淺、緩急に依つて之を定める。

山は吉位より來るを可とし、水は凶方に去るを可とする。山が吉位に起てば、福祿日に臻り、水が凶方に去れば福祿日に久しい。

山の形吉なるは凶突なく、水勢順なるは逆禍がない。

一般に水なくして獨陽の山は殄絕を效し、山につかざる獨陰の水は衰殘を結果する。蓋し山は水に就かざれば其氣止まらず、水は山に就かざれば其の氣應じない。葬穴に得山得水を貴ぶ所以は、山なければ氣を受くるところなく、水を得ざれば、氣を蔭するところなきが故である。

穴の向きは山に接するを貴び、水に接するを尙ぶ。もし穴の向が山に背くものは祿を發せず、水に背くものは長益がない。

總じて「地理」とは「山水」の謂であつて「地理の法」とは山水二つながらその吉なるものを得て以て、子孫の富貴とその長久とを效さんとする事に他ならない。」

胡舜申の「地理新法」に依れば

「山は本來その性靜であり、水はその性動である。故にその本性から云へば山は陰に屬し水は陽に屬す。然るに陰は體を主とし陽は用を主とするから、吉凶禍福は水に於て尤も速かに現はれる。蓋し山水兩者を人體に比すれば山は形體の如く、水は血脉の如くである。人の形體に於ける生長榮枯は一に血脉に資す。この血脉が周流度あり、順にして差はざれば健康を得、逆にして節を失すれば必ず疾病を致す。山水も亦此の如く。水の來去にして山に合しなければ山の吉は成立しない。風水に水の重要なることはこの理由に依る。而して一般に山に對する水の吉凶は山の吉方より來つて凶方に去るを可とするのである。」と、

猶ほ朝鮮の民間に行はれて居る地理書の代表的なものである「地理大全」に水の性應を論じて居るが、それはかうである。

「水は龍の血脉、葬書には水を以て外氣とする。(この外氣は本來山水の回擁する樣を云ふのである)兩水の中に必ず龍あり、兩水が交れば龍氣が止まり、水が飛走すれば龍氣が散ずる。故にこの水は禍福と關係が深く、水深き處民多く富み、水淺き處民多く貧、水聚る處民多く稠、水散ずる處、民多く離ると云はれて居る。之を吉凶から考ふるに、その水洋々悠々我を顧みて留らんと欲し、その來る源なく(無源は源の遠くして知れないこと)その去る流れなき(直流せざること)を吉となし、情ありて穴を顧み、環繞纒抱戀々として捨てざるを可とする。而してその方角は重大視する必要がない(處が後の風水師は多く方位に重きを置き過ぎて、風水の本末をあやまる者がある)。得水を觀察するの法は、凡そ外水の大小深淺を審にして地の輕重を識り、内水(局内の水)の分合聚散を審にして地の眞假を識るの一事に盡きる。」

「人子須知」の水に關する論述もこの地理大全と大差なく管子の言を引いて『水地之血氣筋脉之通流者。故曰水其具財也。而地理家謂山管人丁。水管財識然。』と云つて居る。

以上の數書抄獵に依つて風水に於ける水が如何なる意義と重要さを有するものであるかは大旨理解せられるであらう。今之を總括的に論ずれば右諸經典並に葬書から風水上より觀たる水には次の如き特色あるを認めることが出來る。卽ち風水では水を山と同じく、陰陽二氣の發現體であるとなすこと

（是一）。己に陰陽二元氣の發現體と見做すが故にこの兩者を合すればそこに生氣があらはれることとなる譯である。風水はこの生氣に乘ずるのが主眼であるから、この生氣を發生するところの山と水とを是非とも必要とすることは自明の理であらう。次に風水では山と水とを對立せしむる時に山を陽として水を陰とすることである。（是二）山水兩者が同じく陰陽二元の所發であるにしても、それが直ちに動的生氣を發生するとは限らない。造化をなす生氣は陰陽兩者の冲和融合する時に於て始めてあらはれるものである。だから山と水とが陰陽兩者に分れて居ないならば生氣の醇化は效されない。そこで風水は山を陽水を陰として所謂「陽來陰受」せむとするのである。第三に風水では水の動を忌んで靜を望む。（是三）そも〳〵水は流動を本性とするが、この本性のまゝに流動するのでは如何に有力な山と會合しても生氣の醇化を成すことが出來ず、寧ろ山の生氣までも洗ひ去つてしまうであらう。だから融瀦せずして奔流するの水は凶水と目せられて嫌忌せられるのである。從つて朱雀はその翔舞を欲すると云ふも、それは山朱雀の場合であつて、水を以て朱雀とする時には決して躍動するが如きものであつてはならない。これ山は舞はざれば騰去し、水は瀦悠しなければ流去してしまつて、成局をなさないからである。第四に水が會すれば山を止めることである（是四）。兩水の合する處來脉を止める。この來脉は來龍である。從つてかゝる水の會する處には龍氣が聚止することは自明の理であらう。第五に風水では水を財を主どるものと考へて居る。（是五）この考は水聚る處に人多く住居し、水の湊る所物貨の集積する實際的經驗から由來するものであらう。第六に水は山の體に對して用であるからその影響が急速にして著しいと云ふこと。（是六）である。

風水に水の必要とせられる所には以上の所説に依つて明らかになつたが、然らばこの水を如何に處理し取扱ふべきであらうか、ここに得水法が風水上に一大役割を演ずる事となるのである。

1　水の得破

風水ではその成局をなす水の來るを得、その去るを破と云ふ。水は本來動を性とする、故に如何に風水上その靜を欲するからて云つて、流れ來れるものが、そのまゝ其處に滯留して行く處がなければその水は腐敗するを免れない。腐敗した水は『家庭不昌。子孫少亡』と云て風水では極めて嫌忌するものである。だから穴前に悠々洋々として靜かなるはよいけれども、決してそのまゝ流去の出口を止めてしまつてはならぬ。そこで風水ではこの來水を『法毎一折瀦而後泄』と錦囊經にも云つて居るが如く、穴前に留滯せしめて後再び之を流出せしめなければならない。

成局から云つて水の來るを「得」又は「見」と云ひ、その去るを「破」又は「不見」と云ふ。得とは水を得るの意、破とは水を放つの意、見は來水を初めて見るの意、不見はその水の去るや隱れて見えざるの意であつて、易に所謂『闢者之を乾と謂ひ、闔戸之を坤と謂ふ、一闢一闔して萬物生成す』るの闢が得であつて、闔が破であると云ふのである。卽ちこの得破は開閉を意味し始終を意味し、陽陰を意味する。風水の要は陰陽の生氣に乘ずる事であるから、この水の來去に於ても之を陰陽に觀立てゝ、只管生氣の活動に資せんとするに努むるを注意すべきである。從つて得、見、破、不見の說明を具體的に次の如く解釋して居るものも見出される。卽ち

「見者得也。不見者破也。見者夫婦相見之初。不見者天明相樂之處。相見之初。人所相見。相樂之處。人所不相見。故始見之爲得。不相見之爲破。」(地理抄妙)

水の來去を如此觀るのであるから、その去るやどこまでも見えてはならないことにならう。なぜならば見える間は相樂を致さず、從つて陰陽生氣の活動をなさないからである。風水がその水を欲するに直流水を嫌忌して、屈曲するものを望むのは、直流水には不見なく、屈曲水には不見の處があるからに外ならない。

次に風水では水の來る處を「天門」と名づけ、水の去る處を「地戸」と稱する。卽ち得、見の處を天門不見、破の處を地戸と云ふのであつて、かの易の闢闔を水の來去する處に具體的にあてはめたものである。故に天門の要は須らく開濶なるべく、地戸は須らく閉密なるを要すとなる譯であつて、もしも

天門にして閉塞し、地戸にして開濶せむか、山水が交會し得ず、從つて眞穴を結ばないと云ふのである。

2 水口

局內の兩水が合して外出する處を「水口」と云ふ。之に內外の別がある。この水口は一般に青龍白虎の相抱擁するの間を曲流するものであつて、得破の破であり、見不見の不見に當る處を云ふのである。何が故に之を水口と名づけたか。これに就ては二つの見方がある。その一つは局、穴は龍の入首したものであるから。この龍には口がなければならぬ。然るに青龍白虎の相擁する處は恰かも口を約するが如き形勢をなすが故に、此處を龍首の口と見做して水口と稱するに至つたと云ふこと、他の一つはこゝが恰かも青龍と白虎とが互に口を吻するの處であるから、之を水口と呼ぶと云ふことの二つであつて、單に水の出口であるから水口と云ふやうな單純な名稱ではない。風水では穴を龍穴、卽ち龍頭穴と見做すから、この龍頭に口あるが當然であり從つてこの水口を龍口（龍は水を出すが故に龍口、水口は同一の觀念と結びつけられる）と云ふ事には異議がない。然しながら青龍と白虎との口を連ねる處なるが故に水口と云ふことは少しく考究しなければならない。風水では生氣の醇化を貴ぶ、故にその局を成すもの悉く生きたものでなければならぬ。從つて穴の衞護に任ずる青龍も生きたものであり、白虎も生きたものである。生きたものは何等かの食物が必要である。風水家はこの飼料に充つるに水を以てした。卽ち『青龍山頭食二白虎陰水一。白虎山頭食二青龍陽水一。』の如く青龍には白虎の陰水を食せしめ、白虎には青龍の陽水を食せしめて以て、兩者の生氣を保たしめんとするのである。物を食するには口を以てする。青龍も白虎も共に水を食する口を向ひ合せて居るのであるが故に此處を水口となす所以である。

然しこの水口にはも一つ風水に重要な考方が殘されて居る。それは陰陽の冲和である。そも〳〵風水では青龍を陽、白虎を陰となし、青龍の內則に隨つて來る水を陽水、白虎の內側を流れ來る水を陰水とする。水口はこの陽水陰水の合する處であり、陽なる青龍は白虎の陰水を受け、陰なる白虎は青龍の陽水を受け以て互に陰陽の冲和を致す。而して之を受くるに口を以てすること恰かも、雌雄の氣を冲するに吻を接するが如くである。この氣を冲する事に依つて生氣の活動を見、この氣を和する事に依つて兩者の親睦を效す。生氣の活動は局內、穴中に於ける化醇を助くることとなり、兩者の親睦は協力して永くこの局穴を衞護する事となるであらう。水口が風水の成局に欠くべからざるは實にかゝる意義ある爲めである。從つてこの水口が開濶ならず極めて緊密なる、易の所謂闔を要することはまた容易に理解せられるであらう。

この水口には一般に陽水口、陰水口、及び陰陽合水口の三者がある。青龍短かく、白虎長くして青龍を抱くが如き場合に於ける水口を陰水口、之に反し白虎短かく、青龍長くして之を繞ぐるが如き場合に於ける水口を陽水口、而して青龍白虎の長さ相等くして相對する場合に於ける水口を陰陽合水口と云ふのである。水口は元來陰陽兩水の合する處であるから皆陰陽合水口でなければならぬ筈であるが、特に陰水口、陽水口と云ふは、青龍長き場合には陽水が陰水に勝り、白虎長き時は陰水が陽水に勝るから、その勝水に依つて名づくるのである。

3 水の陰陽

水が山に對して陰であることは已に述べた處であるが、風水では穴前に於ける水を陰陽二者に分つて之を論ずる。この穴前の水を陰陽に分つには凡そ三つの分け方がある、その一つは龍虎に依つて分つもの、卽ち青龍から流出する水(青龍水)を陽水となし、白虎から流出する水(白虎水)を陰水となすのである(前述の如し)。その二つは方位に依つて分つもので、これは二十四方位中、甲丙庚壬は陽干であるから、この方位から發現する水は陽水であり、乙丁辛癸は陰干であるから、この方位からのものは陰水なりとするのである。その三つの分け方は左右に依つて分けるのであり、左から發して右行するを陽水、右から發して左行するを陰水となすのである。

かく水を陰陽に分つ根本觀念は全く「陽來陰受」「陰來陽受」を致さむが爲めであり、陰陽兩者の冲和を成立せしめんが爲からに外ならぬ。水の陰陽冲和は既に水口の條に於て述べた。然らば水の陰來陽受、陽來陰受とは何か。これは水の聚會を云ひ、水の變化を云ふのである。局穴には恰かも着衣に於ける襟の如く山及び水が互に左右より來つて緊合するを要する。この緊合は兩者同じきものであつては生氣の發動を促さない。その一陰にしてその一陽なるに於て始めて、陰陽の和合冲融を爲す。卽ち風水では水の聚會を以て生氣の活動を效さむが爲めに、陰水來つて、陽水之を受け、陽水來つて陰水之を受けるものとしたのである。水は低に從つて周流する、その流るゝや決して一直線に走るものではない。直流して變化せざる水は、水の自然に反する。山に於てもその生氣ある龍は之玄の變化あるものである。水の性もと動、故に生氣あるの水は山の變化あると同じく屈曲あるものでなければならぬ。或は右曲し或は左折してこそ始めて生氣あるの水である。陽來陰受、陰來陽受とはこの變化を云ふのである。「╱」は陽來にして「╲」は陰受である。「╲」は陰來にして「╱」は陽受である、卽ち水流の左右に曲折して進むは陰陽來受である。風水に變化せざる直流水を忌むは、それが獨陽の水であり、獨陰の水であつて陰陽の冲和をなさず、從つて生氣の活動を效さないが爲に外ならない。水の陰陽は又單に陰陽冲和を致し生氣の活動を助くるのみにとゞまらず、各々その所應があつて、陽水は男を司り、陰水は女を司ると考へられて居る。いま之を墓前の水に就て云ふに、陰水陽水兩者相物合するを最上とし、陰水勝ればその子孫に女子多出し、陽水勝れば男子多出すとされ、而して若し之等の水が墓穴に對して凶方より出ずるか又は濁臭のものである場合には何れも之を淫水を稱して、その所應淫奔の男女を出すと云ふ。この所應に關しては次の如き興味ある事例が傳へられてゐる。

全羅南道靈巖郡昆二始面犢川里に犢川市場がある。この市場は今から(昭和四年)凡そ三十年前、故あつて同面龍山里にあつたものを此處に移したものである。その故あつてと云ふのはかうだ。この市場の向側に一つの墓地がある。これは靈巖面望湖里に住む某姓が地力盛な吉地として定めたものである。墓地設定の後、その所應空しからず、子孫は富貴繁殖したが一族間に屢々姦淫者を出す。そこでよく調べて見ると、墓前に流出する陰水が四時枯るゝことなく湧水すると云ふ程旺盛であるのでその影響であると云ふ事が知れた。風水術者に相談したところ、この影響を免れむとするには墓を他に移轉するか、左もなくばこの旺盛な陰氣を和げなければならぬと云ふ。子孫が富貴繁榮を來すのであるからかゝる發福著しき地を棄てゝ墓を他に移轉することは好まない。そこでこの旺んな陰氣を和げる方法はないかと考へた揚句、陰氣は女氣であり、女氣は男氣に依つて冲和されるから、この墓前に男氣を漂はせるに限る。それには一ヶ月六回づゝ澤山の男子が群集する市場を開設するに越した事はないと云ふので、遂に一族の者が運動し、龍山里にあつた市場を此の墓前に當る牘川里に移したのであると。

4 得水法

風水に於ける得水の原則は錦囊經の『源㆓於生氣㆒。派㆓於己盛㆒。朝㆓於大旺㆒。澤㆓於將衰㆒。流㆓於囚謝㆒。以返㆓不絕㆒。』である。張說、泓師、一行の之に施せる註に依ればこの原則はかうである『墓前を流るゝ水はこの墓地の生氣を司る方位に發し、生氣の已に盛なる處を經流し、生氣の大旺なる墓の直前に朝入し（停貯して顧み留ること）、生氣の將に衰へんとする處を澤《うる》ほし、而して生氣の代謝せむとするに流れ去つて、そのまゝ止まつてしまはないやうにすべきである。之を實例に就て云へば癸山（西山、金山）は金に屬するから、水は須らく金を生ずる土、土を生ずる火の方、卽ち巳の方からその源を發した金水でなければならぬ。而してその流れ方は漸く流れてこの癸山にとつては生氣の盛になる坤申の方（卽ち坤は土、申は金、坤申は土生金にして相生關係に立つ）に至り、かくて生氣の大旺たる庚酉の方（何れも金）に朝し（卽ち墓前に朝し）、一折して生氣の將に衰へんとする辛戌の方に歸り、終に生氣の代謝する（乾は金亥は水、金生水の處、之より以後皆水）乾亥壬以後の方に流去すべきである。而してこの源流、澤朝の水は必ず一時瀦留して後ち流れ去るを吉となし、その傾注直流無情なるを忌む。殊に墓前に朝する時には洋々悠々我を顧みて留らんと欲するが如く、且つその水の來るやその源を見ず、その去るや前山環抱の間に隱れて流出の處を見ざるが如きを吉とする。』と。

胡舜申は「地理新法」に於てこの原則を祖述し以てその應用の範圍を擴大した。その概略を云へば、總ての山を二十四方位に配して子、癸、丑、艮、寅、甲、卯、乙、辰、巽、巳、丙、午、丁、未、坤申、庚、酉、辛、戌、乾、亥、壬の二十四山となし、この二十四山を更に五行に配して申、庚、酉、辛、乾の山を金山。寅、甲、卯、乙、巽の山を木山。丑、艮、辰、未、戌、坤の山を土山。亥、壬、子、癸の山を水山。巳、丙、午、丁の山を火山となし、九星の配置から見て、金、木、土、水、火山の吉方と凶方とを定め、吉方より來りて凶方に去るを吉とする水流の來去の法則を決定したのである。(詳細は方位を論ずる處に於て述べるであらう。)この法則に依れば、

金山は巳方より水來りて寅、甲、卯方に去るが吉

木山は亥方より水來りて申、庚、酉の方に去るが吉

水土山は申方より水來り巳、丙、午の方に去るが吉

火山は寅方より水來り亥、壬、子の方に去るが吉

この法則はつまり水を五行の相生關係から考察して來水が相生を以て來り墓前に朝する時にその水

が山の五行と同一なるものとなり而してその去るやまた相生を以て行き、相生關係をつゞけながら恰かも山を右旋ぐりに周邊するやうに、その來去を定めたものに他ならない。之を具體的に說明すれば金山が巳より來る水を吉とするは、巳は火、之が丙、午、丁と右旋して未、坤に至るや、未、坤は土なるが故に火生土の相生となり、之が申庚に來るや申庚は金であつて、土生金の相生となり、而して酉は金の正位であるから(東、卯、木。南、午、火。西、酉、金。北、子、水。中央戊、己、土。)この來水は此處に於て最も旺んなるものとなり、而して辛戌乾亥に至るや、乾の金が亥の水に變化し始めるが故に漸くその減衰を來し、壬子癸等の水を經て遂に艮寅申の木に去れば、やがてこの水は乙巽の木から巳の火へと五行の相生を以て循環することになり、之を女子に譬ふればその來源は恰かも生れて長生するに當り、漸く來りて墓前に朝するは成年となりて嫁し、以て家事生產を營み、その去るや老衰して遂に死に歸するが如くなるを求めるのである。蓋しこの法則は水の最も旺んなる成熟せる生氣を墓前に聚め、之を以て山の生氣と陰陽冲和し、その生氣の醇化を效して以て人生に發福せむとするを主眼とするのである。

從つて風水の本質から考究すれば方位は左程重要なものではないのである。故に胡舜申は右揭の如き複雜な得水の法則を立てゝ明山論には『山は吉位より來るを可とし、水は凶方に去るを可とする。

山が吉位に起てば、福祿日に臻り、水が凶方に去れば福祿日に久しい。』と方位の重要なる所以を述べて居り、錦嚢經にも前掲の如く『生氣に源で、已盛に派し、大旺に朝し、將衰に澤ほし、囚謝に流れ去り以て不絶に返る』と較漠《やや》然ながら方位の關係を述べて居るが、青烏經等にはこの方位に就ては殆んど明言して居ない。要は山水の融結、陰陽生氣の止聚と、その醇化化生にあるのであるから、後の風水家の如く一にも二にも方位を云々し、方位に依らざれば風水が成り立たないかの如く方位を重視するは、全く風水の根本を忘失してその末枝に拘泥する、本末顚倒の見と云はねばならぬ。地理大全には得水の觀察法を述べて『凡そ得水を觀察するの法は、外水の大小深淺を審にして地の輕重を識り、內水の分合聚散を審にして地の眞假を識るの一事に盡く。』と云つて居るが、これは極めて妥當の言とすべきである。

5　水の種類、吉凶

明山論には次の數種をあげて水の種類と吉凶を述べて居る。

一　進龍水。龍口(內水口)に奔入して墓前に到るもの、この水は人口を進益するの應があり、左よりするものは男を進め、右よりするものは女を益する。

二　乘龍水。穴の左右にある水が墓壙に揖して合流するもの。この水は六畜、食、財を進益するの應がある。然しながらこの水が壙を過ぎて三吉の方(亥、卯、庚)に歸らなければ宜しくない。

三　隨龍水。これは遠くから來龍を逐ふて來り、成局の處に至つて、之を抱擁すること分明なる水で、その所應は富貴兩全である。就中、其の來る三吉方からすれば最善である。

四　朝龍水。これは朱雀より來つて穴に朝するもの、二重三重乃至四五重にこの水のあるを佳とする。この應は富貴隆盛與國同休である。

五　遠龍水。この水は結穴の處にあつて、この穴を遠抱すること、二重より五重に及ぶもの。この應は富貴綿遠。

六　護龍水。これは地戸卽ち水の去るべき方から逆流して結穴前に朝する處の水、之も二重より五重に及ぶを尙ぶ。この應は富貴敵國。忠孝兩全。

七　玄武水。これは穴の周圍を恰も欄の如く圈繞するの水、この應は子孫長遠。百福駢集。

この七水は水法の最も基本をなすものであつて、局穴に於ける水がこの七水に協はないものは、その水が如何に五行の相生であつても、又卦爻相得であつても、終に吉祥の應發を期することが出來ないと云ふのである。(明山論水脉第八の章)

風水では穴を中心としてその遠近に依り水を內水、外水の兩者に分け、穴に近きを內水とし、遠きを外水とする。明山論の七水に就て云へば前四者は外水であり、後三者は内水である。この内外の別は内龍虎を以て分ち、内龍虎内にあるものを内水、その外にあるものを外水となす譯である。この外水の主なるものは朱雀水、朝水であり、内水の主なるものは八字水又は蝦鬚水、極暈水、元辰水、天心水等である。いま之等を簡單に説明すれば次の如くである。

（甲）外　水

（イ）朱雀水。これは穴の前面を横流する水、悠々洋々として穴前に滯留有情を可とし、その流れ急にして有聲なるを無情悲泣の水となして凶となす。

（ロ）朝　水。これは穴前特來の水を云ふ。この水は屈摺彎曲悠揚深緩なるを吉とし。穴に向つて急直冲射するか又は湍怒聲を立つるを凶となす。

（ハ）去　水。穴前に水あり、その水が直流して流れ去るを去水となし、穴より之を見るのは極めて凶なりとする。然し小水去るあるも水系の大勢が穴に向つて逆朝するものはよろしい。

（乙）内　水

（イ）八字水。これは穴の後方玄武から左右に分發する兩水であつてその狀恰かも「八」字の形をなすが故に八字水と云ふのである。この水は玄武から主龍の氣脈を送つて下り、その氣を穴に冲せしむる處のものであるから、この兩水は必ず墓墳前に於て合するものでなければならぬ。之を八字の分合と云ふ。上に分八の八字水あるも若しこれが下合しないものはその穴は假穴であつて生氣を醇化する眞穴でない。この八字水には大小の二者あり、玄武の上部よりするを大八字水、頭腦の上部より分出するを小八字水と云ふ。

（ロ）蝦鬚水。これは穴の周圍に恰かも蝦鬚の如き水が幾條もあつてこの穴を周繞するものを云ふのであつて、この水は穴をとりまき保護して穴中の生氣の漏洩せざるやう穴を緊密ならしむる役目をする。之が穴前にあるものを特に合襟水とも云ふ。その穴前に合するの樣が恰かも人の胸襟を合するが如きを以てである。

（ハ）極暈水。眞穴には必ず太極暈と云ふものがある。これは穴の周圍を繞ぐつて隱々微々、彷々彿々、一見すれば形あるも、熟視すれば形なきが如く、遠くよりは望み得て、近くは之を失するが如き摸糊たる地脉の起伏のことである。この起伏の間にある水を極暈水と云ふ。この太極暈も極暈水も同樣に穴を守り、穴中に蟲蟻の侵入を防禦する處のもので、これあればその穴は極めて吉とする。

（ニ）元辰、天心水。龍虎の內方、穴前合襟の處にあるものを元辰と云ふ。水の有無に拘らず低地を存して居り、その前方を山なり水なりがあつて之を遮るものあれば吉。天心とは穴前明堂の中正なる處を云ふ。此處に水が聚り貯まれば、吉であつて、直去すれば「水破天心」と云つて後嗣を絶つの凶となす。

（ホ）眞應水。これは穴前に湧出する泉を云ふ。これは龍の勢が盛んで、それが溢れて泉となつたものであるから、眞穴に應ずる水である。故に眞應水と呼ぶ。この水は澄淸甘美たるを要し、靈泉とも名づけられて富貴を主るものとされて居る。

以上が內水、外水の大略であつて、陽宅陰基兩者に共通なものである。內水の眞應水に就ては次の如き傳說があるから、それを一つ紹介して置かう。

慶尙北道安東郡安東面新世洞李相龍の家は今から四百餘年前に造營されたものであるが、この家の東北の一隅にある一間の內房は古來三人の政相（總理大臣）を出す室と云はれて居り、已にその二人まで實現した。その內の一人に就て物語らるゝ處に依れば、今から凡そ百五十年位前の事、この家の生れで尙州郡洛東面柳家に嫁した娘が、身重になつたので實家に歸つて靜養して居たが、なに故となく、この室を好んで、母の制止も肯かず始終此の室に起臥して居た。やがて此の娘は月滿ち此の室を產室として玉の如き男兒を分娩したが、この子が實に、領議政となつた柳尋春であつた。

處が奇妙なことには此の家の主婦が如何に此の室を居室とし、又産室としても政相を生むことが出來ず。今までの二人とも皆此の家の娘で他に嫁したものから生れたものであること、卽ち外孫に限ることである。と。

この李家を實地に就て觀察するに、その基地安東の後方を繞ぐる映南山の一支象山の麓にあり、東に新羅時代、邑の鎭めとして建てた七層の塔ある塔洞を控へ、川を隔てゝ巫峽の連峰を望み、東南に洛江の二川が合流したるを襟帶となし、南方遠く開けて頗る形勝の地を占めて居る。家は酉座卯向、その作り（間取り）は日字形をなし、例の室の前庭には井泉ありて淸澄甘美、四時枯るゝ事なく靈泉と稱して現に飲料に供されて居る。想ふにこの泉が所謂眞應水であつて、富貴を主るが故に大官を出し、水は一般に女性を益するものとされて居るから、此家に生れた女性にのみその應ありて此家を嗣ぐ男子にはその應なく、從つて此家の主婦からは如何にこの室に起臥しても政相を產み得ないと云ふ風水的觀念からかゝる傳說が生じ、遇々外孫に大臣となつた者があつたので、この觀念は確實な事實として信ぜられるに至つたものであらう。

以上の外、水には各種のものがあるが、一々之を列擧するは煩に堪へないから、次にその主なるものに就て述べることゝしやう。

海潮。海は四方の江河の聚るところである。風水では聚水を最吉とするが、水勢既に聚れば龍勢も大いに止まる。凡そ大幹龍は多く海濱に止まつて融結し、王侯富貴を產することが少なくない。而して海潮の吉凶は潮頭高くして白きを吉とする。

江水。大江は河川の雄、諸水之に注ぐところのものであるから、その所應も偉大である。從つて古來多くの都會は大江を襟帶とした處に發達する。その勢浩蕩、彎曲屈抱するを吉となす。

湖水。湖も亦諸水の聚注するところ、その形狀汪洋萬頃、水平かなにして鏡の如きを最吉とし、その大小を論じない。之に臨む陰宅、陽基何れも可。

溪水。龍の小幹小枝は溪間に融結する。溪間の水は屈曲灣環、繞聚深悠、その緩なるを吉となして直、太、急、有聲を不吉とする。その大小を問はず要は曲水にある。

池塘水。これは地勢がくぼんだ處に諸水が流入するものであつて、その生成が自然にして、もとより存在するを可となす。この水が穴前にあれば火災、疾病を防ぐの應があるから最吉である。故に自然にあるものは決して塡塞してはならない。

平田水。水が田の中に聚合して平夷悠緩なものが吉。その有情に取る。次に湧出の泉に就て云へば、次の如きものがある。

嘉泉。其の味甘く、その色玉の如く、その氣香ばしき泉にして、春夏秋冬盈涸するなきもの、この泉陰穴の近くにあれば龍氣を旺にするので富貴を致し、陽基にありて之を飲用すれば富貴長壽慶びを多くする。

醴泉。これは其の泉の味甘きこと恰かも醴の如きを以て之に名づけた。この水は聖徳の瑞水であるから、この泉の湧出は人をして壽ならしめる。

溫泉。又これを湯泉、煖水と云ふ。これは龍の生氣が旺んなるが故に沸熱して湧出するのであるから眞穴を結ぶところのもの、富貴多出。

礦泉。これは龍氣が礦に鍾まりて發泄するのであるから、多くは礦の色紅色を帶する。生氣の礦に鍾つたものは世の寶となる、その發福の富貴たることは勿論である。

湧泉。地中、又は石巖から湧出するもの、而してその湧出は乍ち起き、乍ち沒する、恰も潮水の白泡の如きもの。これは地氣を漏泄するものであるから、仙宮、神棲の地によろしく、人の陰宅陽氣には適せぬ。

濺泉。その竅より出づる射るが如く、冷冽にして肅殺の氣あるもの、最凶泉である。

沒泉、黄泉。水の地に潛入するもの、雨ふれば水驟漲すれども雨止めばたゞちに地中に沒入して、四時乾竭するもの、この地は龍氣虚耗の兆であるから、陰宅に宜しからず、又所居の民は貧困たるを免れない。

冷泉。これは清流冷冽、極陰の氣を受くるものであるから融結造化をなす能はず、この泉あれば痔漏病醜、又地氣を發泄して家儲をなくする。

瀑布。これは斷岸にかゝる飛泉である。その大小形狀の如何に依つて、或は垂涙の如く、或は水簾の如く、或は白刃の如く、或は轟雷、撾皷の如く、或は泣哭悲訴の如く、その態樣一ならずと雖も陰氣人を襲ふて久しく居るに堪へざるが故に、神仙の居たるに適すれども陰宅陽基には向かない。

以上で得水の如何なるものであるか、又水は如何なるものを取捨すべきであるかを概論し了つた。要するに得水は衆山に對して泉水が都會するを欲し、その水はこの山及び都會の中央、局穴に向つて求心的に和冲協心の情あり、穴中に生氣を聚注して旺溢ならしめ、且つその生氣の融結造化が完全に行はれるに適するものを求むべきである。

第五節　占　穴　法

風水で穴と云ふのは前にも略述した如く人體に於ける經穴の意義で、朱子の山陵議狀に『所謂定穴之法、譬如二針灸一。自有二一定之穴一。而不レ可レ有二毫釐之差一。』と云つて居るのが卽ちそれである。前數節に於て成局結穴が如何なる處に見出されるかはほゞ明白となつた譯であるが。前節に述べた看龍は生氣の來るべき眞龍、生龍の選定であり、藏風、得水の法は又何れも成局の條件であり結穴への豫件であつて未だ穴そのものには及んで居ない。處が風水の主なる目的は實にこの穴にあるのであつて、この穴の吉なるものを相しこの穴に於て生氣の融結造化を享けんとするものであるから、たゞこの穴への前提としての看龍法や、藏風及び得水法だけでは未だ風水に點睛したものとは云はれない。從つて風水に於ける最も主要なる研究はこの穴の如何なるものなるかに下さるべきである。しかのみならず、この穴は成局內の何處にもある譯ではなく、『以二千里來龍入首一。惟融二八尺之穴一。』と古歌にも云つて居るが如く極めて小部に限結するのであるから、之を探し求むること容易ならず、且つこの穴を逸すれば錦囊經の所謂『毫釐之差。禍福千里。』の結果を生じて、來龍眞にして成局如何に美なるも遂に發福することなきに至るか、又は反つて大禍を招く事になるのであるが故に、占穴の一事は決して忽緒に附すべきものでないのである。

何が故に一指を差《あや》まれば所謂禍福千里、吉を變じて凶と爲すか。穴は人體の經穴の如きものであるから、この經穴を誤つて穴外に鍼灸を下さむか、或は立處に命を失ふが如く、生氣の融結する穴を求めずして棺を他の處に下さむか、生龍は死龍に變じ、吉局は凶局に化する虞れがある。死龍や凶局はその所應破滅に他ならない。卽ち一指を差れば發福の地を變じて發禍の地と化するのである。何が故に造化の生氣の集中するは、千里の來龍にして八尺と云ふが如き限局された小部分、所謂穴に於てするのであるか。唐の楊筠松は水晶の火を聚中し鑑の水を凝集するに譬へて之を說明した。凸レンズはよく太陽の光りを聚めて火を取ることが出來、凹鑑はよく太陰卽ち月の光りを聚めて水滴を結ばせることが出來る。而してその火を出し水を結ぶはレンズ又は鑑を日月の光體に對して直角に中正を保たしめた時でなければならず、又火となり水となる處はレンズ又は鑑の遠近何處にてでもあるのでなくして、そのレンズ、鑑の大小厚薄如何によつて一定の距離を保つ一點、卽ち所謂光學上の焦點以外にはない。陰陽の氣の凝集するも亦此の如く成局の大小如何に拘らず、その氣を集中するところは穴の一點以外にはないと云ふのである。

聚火滴水の理

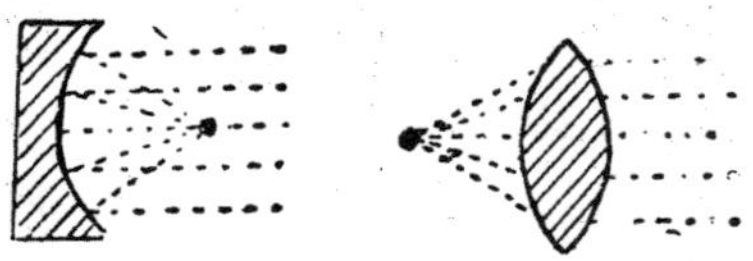

凸レンズ　　凹鑑

かく觀じ來れば龍脉の穴なるものはその成局の形勢如何に依つてその結處を異にするのであるから、占穴には須らく、先づ穴形の如何なるものなるやを察し、入首の如何を考へ、前後左右明堂の諸應に證し、且つその結氣に障害をなすものありやなしやを究明しなければならない。こゝに占穴法の存する理由がある。

1　穴形とその善惡

風水では穴の形を論ずるに當り窩、鉗、乳、突の四形を四象と稱して穴の基本形とする。これは陰陽說に所謂太極、兩儀、四象から取つたものであつて、太極は卽ち乘生氣の生氣、兩儀は陽來陰受、陰來陽受の陰陽、之を形にあらはせば凹凸、四象は太陽小陽、太陰小陰之を形にとれば窩鉗乳突であるから、風水の生氣に本づき陰陽に發して形に具現する穴形は全くこの四象の形たる窩鉗乳突以外にないと云ふのである。且又風水では楊筠松の云へるが如く穴は氣を聚め結ぶ處であり、而してその氣を結ぶは恰かも凹鑑の月精(陰氣)を結び、凸晶の日精(陽氣)を集むるが如しと考へて居るから、陰陽の元氣を聚中するには凹凸形のものに依つて之をなさなければならぬとなした、經驗的類推から穴場に凹形凸形の二者を定め、陰陽を山形にあらはした場合(陽は凹にして陰は凸なり)凹形が陽であつて凸形が陰なる處から、この穴場の凸凹を陰陽と見なし、陰陽には四象あるが故に、この四象に適合するやう凹場を凹形に屬する窩と鉗、凸場を凸形に屬する乳と突との四者に分つて、陰陽の發展說に一致させたものとも考へられる。

楊筠松が『穴亦如斯。穴聚二前朝山水氣一。來山旣聚二衆氣一。來下了。須臾百祥至。』と穴に於ける生氣の醇化とその所應とを凸晶凹鑑がよく水火を取るの例に準じて說明して居るのは、陰來陽受を凸來凹受

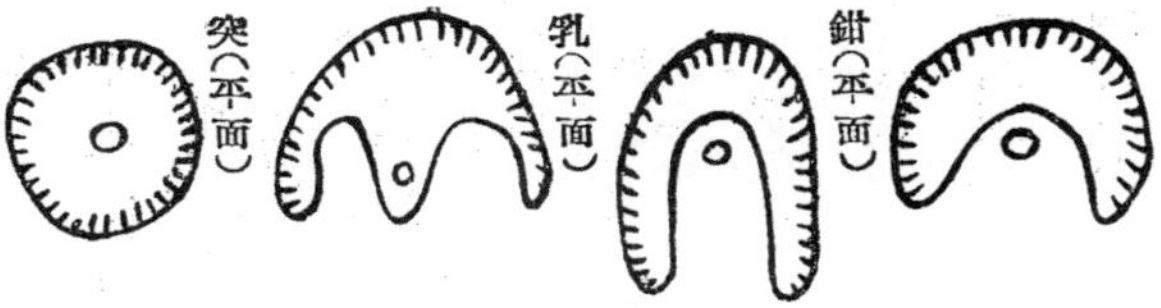

と見做し、凸はよく陽氣を聚め、凹はよく陰氣を聚めるから、この凸來り凹受くることは集中した陽氣と陰氣とが相冲和し、融結し、醇化すると考へた經驗的推論でなければならぬ。卽ち楊は風水の成局法たる陰來陽受を凸晶と凹鑑に見立て、穴はこの凸晶及び凹鑑の結氣點卽ち、光學の焦點を合する處に定むればよく陰陽生氣の醇化をなし、造化の力を發揮するから、百祥自づから至るとなしたものであらう。風水を要約して『草露尾端結。花香腹中藏。』となすは全く上述の意味に外ならない。さて穴形には窩鉗乳突の四者があるが、窩穴《い》とは錦囊經に『如形燕窠』と云つて居る處のもので、雞窠の如き、鍋底の如き、掌心の如き、旋螺の如き、金盤の如き、銅羅の如き、上に向つて凹形に開口せるものであり、廖氏の所謂「開口穴」である。鉗穴《い》とは廖氏の所謂開脚穴でその形恰かも釵鉗の如き、虎口の如き、合谷の如き、夾穴の如き、仙宮の如き、兎に角二者のものを挾まんとするが如き形狀を云ふのである。乳穴《い》は恰かも兩臂を開いた中間に乳房を垂れたるが如き形をなせるもので、或は垂乳、或は乳頭の如き形に類するを云ふ。廖氏は之を懸乳穴と云つて居る。突穴《い》は手中に起突ありて上方にふくらむ恰かも魚泡の如きものを云ふ。葬書に『形如㆓覆釜㆒。其

巓可レ富。』と云ふのがこれであつて鷄心の如き、魚泡の如き、鵞卵の如き、龍珠の如きの類である左に之が各論を試みるであらう。

一、窩　穴。この窩穴は前述の如く燕窠の如き形をなして開口し、左右に兩掬（兩方の手を以て物をすくふが如き形をなすもの）あるものでこの窩形穴は平地高山何處にも存在するが、高山は窟を以て眞となし平地は突を以て眞となすの故を以てこの窩穴の多くは高山に見出される。

藏口窩

張口窩

窩の形に凡そ四格あり曰く深窩、曰く淺窩、曰く廣窩、曰く狹窩、而してその何に於ても左右の兩掬が均等なるを正格となし、不同なるを變格とする。又この各に二體あり、左右兩掬の交會するものを藏口窩と云ひ、交會せざるものを張口窩と云ふ。四格の形にも亦各俯せると仰ぐとの兩者があり、その星身俯するものは須らく窩中に微《かす》かながら乳脉のあるをまつて穴はこの乳脉に就て扦《とゞ》むべきであり、その星面仰ぐものは窩中微突のあるを須ゐてこの窩心の突頂に就て扦《とゞ》むるを最吉とする。總じて弦稜（窩をなす周圍の丘、恰かも弓張月の如く立ちめぐれる狀を云ふ。）明らかに、兩掬彎環、口中圓淨、窩內衝融せるを吉となし、落槽、偏陷を嫌忌する。もし之を辨ぜずして用ゐんか（葬を下す）淫亂、少亡、貧窮、絕嗣の災應があるから誠に注意すべきである。

深窩は開口中の深くして凹なるものである。然しながら窩は元來が深藏のものであるから、その深さが度に過ぎてはならない。だから之を用ふるには深さの宜さを得ることであり、且つ窩中に微乳微突のあるを求むべきである。蓋し窩中に乳突のあるは之を陽中に陰あり、卽ち陰陽冲和の形となすから、この場合には可なり深く陷つて居るものでも差支ない、須らく窩中圓淨、弦稜明白、兩掬弓抱せるを要し、若し深きに過ぎて乳突なきか又は弦稜不正、左右偏頗するものは、假窩であり、虛窩であるから役に立たない。

淺窩は開口中淺く平かなるもの、これはその淺さが淺さ過ぎてはよくない。もし淺すぎれば窩をなさぬから、宜しく金盤の如く、又は荷葉の如きに類するものを求むべきである。これも亦窩中の弦稜明白兩掬弓抱せるを合格となし、淺きに失し且つ弦稜不圓、㿜坦無情なれば、これ眞窩にあらざるが故に不可。

濶窩は開口中の寬濶なるもの、窩は既に寬濶なるものであるから、餘り濶すぎてはならぬ。これも亦窩中に微乳微突あるを要し、この乳頭、突頂に安住すべきである。然るに之に反して寬濶に過ぐればこれ空亡虛冷の窩であつて快して氣を凝聚しない。窩中圓淨、弦稜明白、兩掬弓抱は合格、乳突なく、之に反するものは下葬すべきでない。

狭窩は開口中狭小なるもの。しかし太だ狭に過ぎては眞の開口でないから宜しくない。須らくその中を得べく、恰も燕窠、雞窠の如きを求むべきである。この穴も亦窩中圓淨、弦稜明白、兩掬彎抱を合格となし、之に反するもの及び狭小に失するものは之に下すべき眞窩でないのである。

以上は窩形穴の基本形であるが、この窩形の兩掬均當なるもの、卽ち正格に五體あり、兩掬の均齊ならざるもの、卽ち變格に二十體あり、この兩掬の外方に曜を帶ぶるもの（小さな砂を附帶するもの）卽ち帶曜格に八體があるが、左程重要でないから此處には之を省略する。

帶曜

二、鉗　穴。これは穴星（穴場の山形）が恰かも兩脚を開きたるが如く或は脚間に物を挟み、指間に物を摘まんとするが如く開口せるものであつて、その窩と異なるは窩の口內圓なるに反して鉗は圓ならざるにある。この鉗穴に直鉗、曲鉗、長鉗、短鉗雙鉗の五正格と邊曲邊直鉗、邊長邊短鉗、邊雙邊單鉗の三變格とがあり、この各々に鉗中微乳あるもの、鉗中微窩あるものゝ二體があり、又俯仰の不同がある。而してその吉凶を云へばその頂上（鉗の上部）端圓、鉗中藏聚、弓脚必ず逆水を須ゐるを吉となし、脚の直長に失し、水の頂上を貫漏し或は洗流するを凶とする。もし之を誤ればその所應、資財を退敗し、疾病を多く出し、幼孤老寡、隨つて絕滅を來すであらう。

直鉗は左右の兩脚が皆直なるもの、直なるが故にその長くして硬きを忌む。この穴前に横欄狀の案あるを可とする。若し兩脚直長上端圓ならず、下後に走瀉するものは內氣も外氣も共に融結しないからよろしくない。

曲鉗は左右の兩脚が彎曲して內方に抱くもの、牛角の如く穴場の左右を抱くものが最も妙である。

直鉗

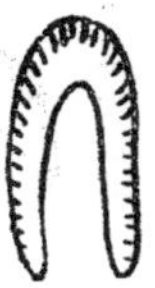

曲鉗

頂上端圓鉗中藏聚を可とし、頂端圓ならず、水に洗はるものは眞結をなさぬ。

長鉗は左右の兩脚皆長きもの。直硬と太だ長きを忌む、脚婉媚にして近く低き案が横抱すれば少し位長くても差支ない。頂上周圓、鉗中藏聚が佳く、兩脚長硬、案なければ眞結ならず、下すべからず。

短鉗は左右の兩脚みな短かきもの。短きに失すれば穴を護らないから不吉、外に抱衞あるを可とする。短かくして穴を護らなければ穴中の生成（胎）を漏し、外に包裏がなければ穴は孤寒たるを免れぬ。故に粗大に陷らず嫩巧婉媚、頭面光彩あり、四應有情を美となし、之に反するを融結なしとする。

雙鉗は左右の兩脚が皆雙枝を生ずるもの、この雙枝は互に交牙するを美となす。然らざれば眞氣が聚らないから不吉。之に左右の雙脚一長一短兩邊齊しきもの、一は前に一は後に交牙するもの、一は

雙鉗一

雙鉗二

雙鉗三

邊曲邊直鉗

邊單邊雙鉗

内枝甚だ短きもの。第一は彎曲有情、相鬭競せざるを吉となし、次は相光射せざるを吉と爲し、而してその三は光射せざるものに求め、もし止むを得ぬ時には人工を加へて之を馬蹄形に作營すれば吉である。而して之等に反するものは用に供せられない。

邊曲邊直鉗。これは左右の脚が或は左曲右直或は左直右曲、何れが一方直にして一方曲なるの鉗で、仙宮とも名づける。而してこの曲股(曲脚)が須らく水に逆するを可とし順ずるを不可とする。又右臂が尖かりて左臂を射るものも幼子貧寒の應ありてよろしくない。

邊長邊短鉗。これは兩脚の左右が相等しからず左右の何れか一方長く、一方短きもの、その長股(長脚)が水に逆するを可とし、順ずるを凶となす。

邊單邊雙鉗。これは左右の一邊が單脚で一邊が雙股なるもの、雙邊が水に逆し、左右何れにせよ長き方が弓抱するを吉となし、之が水に順じて飛走の勢あるを不可とする。

猶ほ鉗には此外變格帶曜格があるが之は略する。

三、乳　穴。これには凡そ六格があり、長乳、短乳、大乳、小乳の四者を正格となし、雙乳、三垂乳の二者を變格とする。そもそもこの乳穴はその乳體の缺、露、凹、折を最忌とするから必ず兩方の臂があつて弓の如く抱くを要する、從つて六格には各兩臂の紐會(交はる)するものと交はらないものとの二體がある。乳の圓中に舒暢し、乳上光圓、兩宮(兩臂)有情、外より之を見ればこの兩が共

不紐會乳

紐會乳

に拱きて乳上に置くが如きを可とし、兩臂無情又は左空右缺、折陷の箇處ありて、水の穿入し風の射入するが如きを凶とする。若し凶に下さむか、人滅絕、軍賊せられ、少亡し、孤寒、嗣を絕つの應がある愼むべきである。

長乳。これは兩臂の中間に乳の長く垂れたるもの。その長さ太だ長ければ龍脉が活動せぬから宜しくない。その形ち兩臂弓抱し、一乳の中央に正しく突出して不欹、不倒、不峻、不粗を合格となし、然らざれば眞結でない。猶ほこの長乳は穴を下すに天地人の三停立法がある。(天は上位、地は下位、而して人は中位に下すの法)

短乳。これは兩臂の中間に垂れたる乳の短きもの。太だ短かくてはその力微にして氣弱きが故によろしくない。左環右抱一乳正中、不粗、不峻を吉となし、然らざるを不可となす。

大乳。これは兩臂の中間にある垂乳の大なるもの。大なれば得て粗頑臃腫に陷り易きものである

長乳

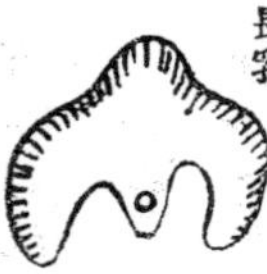

乳

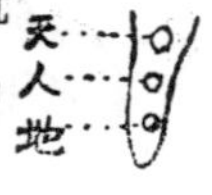

短乳

大乳

小乳

が、之に陥つてはならない。その形狀左右彎環、抱衞有情、一乳中正、不欹、不峻を可とし、之に反するを不可とする。

小乳。これは兩臂の中間に微乳ありて垂るるもの、太だ小に失すれば力微にして氣弱きが故に不可、又兩臂の乳を壓するが如きを忌む、乳頭光圓、左右相稱を美と爲し、兩宮環抱、乳正中、不欹不峻を吉、然らざるを凶となすこと前數格と同じ。

雙乳。これは兩臂の中間に雙乳を垂下するもの。雙乳の大小長短相等しきを可とし、その福力を發する等しきを佳とする。その形勢山體尊重、雙乳齊垂、左右の抱衞有情なるを合格とし、一長一短、一大一小、一瘦一肥、一斜一正なるは眞結せざるものとする。その乳頭の光圓なるを雙星乳、兀突するを麒麟乳と稱することもある。

三垂乳。これは兩臂の中間に三乳を下垂するもの。これもその大小、長短、肥瘦の相等しきを可とする。後龍旺盛にして氣の弘大なるを要し、左右廻環するを吉、之に反するを凶とする。この乳穴は又三台乳穴とも稱する。

以上の外に垂金、生水、夾木、帶火、穿土の五變格、帶曜八格あれど之を略する。

双乳

雙星

麒麟

三垂乳

三台

四、突　穴。突穴は高山にありて必ず左右兩臂ありて環拖藏風するを要し、孤露にして受風を忌むが、平洋のものは穴場のみ忽然起突し四畔坦夷たりとも、界水明白、來脈分曉なればよろしい、蓋し平洋の風は地面に從つて過ぐるが故に害をなさないのである。從つてこの突穴が高山よりも平洋に多いのは當然なことであらう。その形に四格あり、大突、小突二者を正格、雙突、三突二者を變格とする。突面光圓にして形體頴異なるを可とする。

大突。これその起突高大なるもの。太だ高大なれば粗頑にして突格を成さない。その大、粗、腫、頑懶に至らざるを佳とする。突面光圓形體頴異なるがよろしい。

小突。これはその起突微小なるもの。小微に失すれば起突の眞を成さないが故に微弱に至らざるを要する。突面光肥形體頴異なるを可となし、微小高低不明なるを不可とする。

雙突。これは二つの起突が相竝べるもの。この兩者とも大小高低肥痩相均等にして突面周正、形體頴異なるを可とし、大小肥痩不等高下參差するを不可とする。その圓さを雙星突と稱し、兩畔に小岐を出すものを麒麟突と稱する。

三突。これは穴星(穴の山)の三者竝んで起突するもの。これも亦その大小相等しく、突面光肥、形體顯異なるを合格とし、大小不均なるを不合格とする。之は三台突穴とも稱せられる。

平面 藏風突

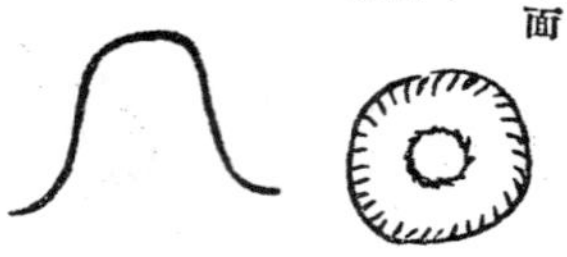

平面 平洋突

此の外突穴は、起基の方圓に從つて圓突、方突、稜突、直突、横突、曲突と稱するものあり、出金、出水、出木、出火、出土及び帶曜の五格八格があるが省略する。

2　穴星とその取捨

穴場の形には窩、鉗、乳、突の四者があつて、その形狀如何に依つて占穴すべきかは前述の如くである。然しながらこの穴場はそも〳〵來龍が入首して後の事であるから、この入首せる來龍の眞僞善惡に依つて四象の吉凶も左右せられる譯である。この入首せる來龍の穴場をなすものを穴星と云ふ。穴を定むるには須らくこの穴星に就て考察しなければならぬ。(風水では山や地の一體をなすものを星と云ふことは既に之を述べた。入首せる山が穴場の一體をなすが故に之を稱して穴星と云ふのである。)

この穴星に五星あり、この五星の各々に正體、側腦、平面の三格がある。五星とは金星、木星、水星、火星、土星であり、三格とはその星體の正、側、平の如何に依つて之を分つのである。卽ち正體とはその星辰が頭面端正、規模尊重なるもの、これは五行の正氣を鍾めて星象の正形を融出するのであるから、その結作(山の姿)星體淸秀なるの龍を上格となし、極品の貴を主るものとする。若し星體麤濁なるの龍であつても小貴巨富を主る。側腦とはその星辰の頭腦偏斜して形體の欹側なるもの。この穴星は頭顱同じからざるもその融結には變りがない。但だその姿閃巧奇を藏するが故に、必ず樂山托山を準として、その本脉を定めなければならぬ。而して星體淸秀なるものは上格、貴にして威權あるを主どり、星體麤濁なるものは慳吝、詭詐、殷富を主どる。平面とはその星辰地に倒れ、その形體平夷なるもの。平面穴星はその高低に不同があつても力量には變りがない。星體淸秀なるが上格、富貴綿延を主どり、星體麤濁不明なるは富厚を主る。

以下穴星の各に就て述べる。

一、金星穴。之に二體あり上下倶に圓きを太陽金星、上圓にして方を帶するを(下方なるもの)太陰金星と稱し、その各々に正體、側、平面の三格あり、又この格各々に窩鉗乳突の形があつて始めて眞穴を結ぶのである。その形は圓を本とす。今その形穴を察すれば次の如くである。

イ、正體金星。形圓にして端正なるもの、穴を中に結ぶ。正體金星にしてその星辰尊重なれば造化が完全に行はれるから最貴の穴とする。

ロ、側腦金星、形圓にして身側なるもの、穴を旁に結ぶ。

ハ、平面金星、面仰いで身圓なるもの、穴を頂に結ぶ。

左に之を圖示する。（此の圖は「人子須知」中所載の圖に據る以下同じ）

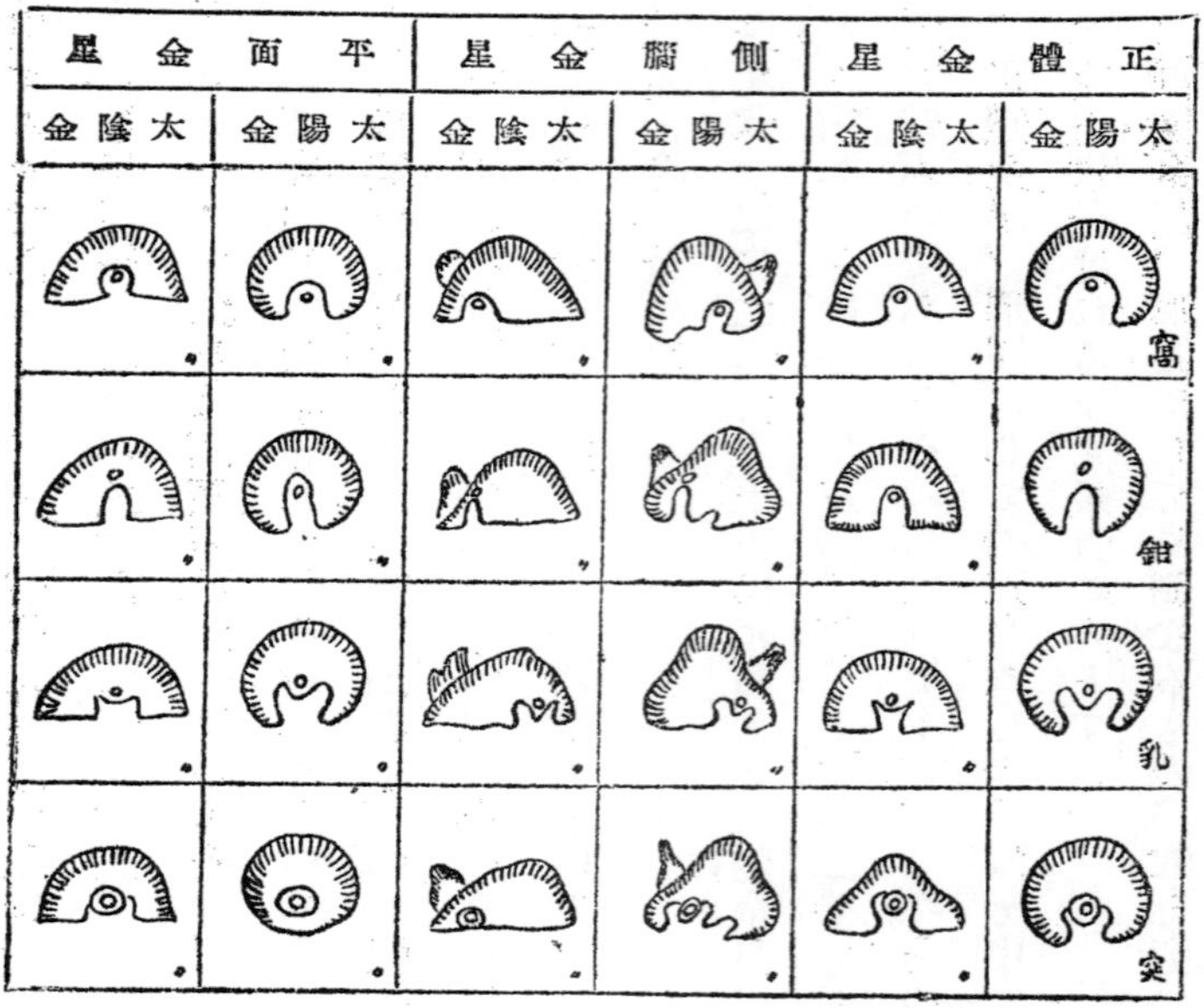

（穴星の左右にある山は枕、樂の山、側腦は之ありて安止する。以下同じ）

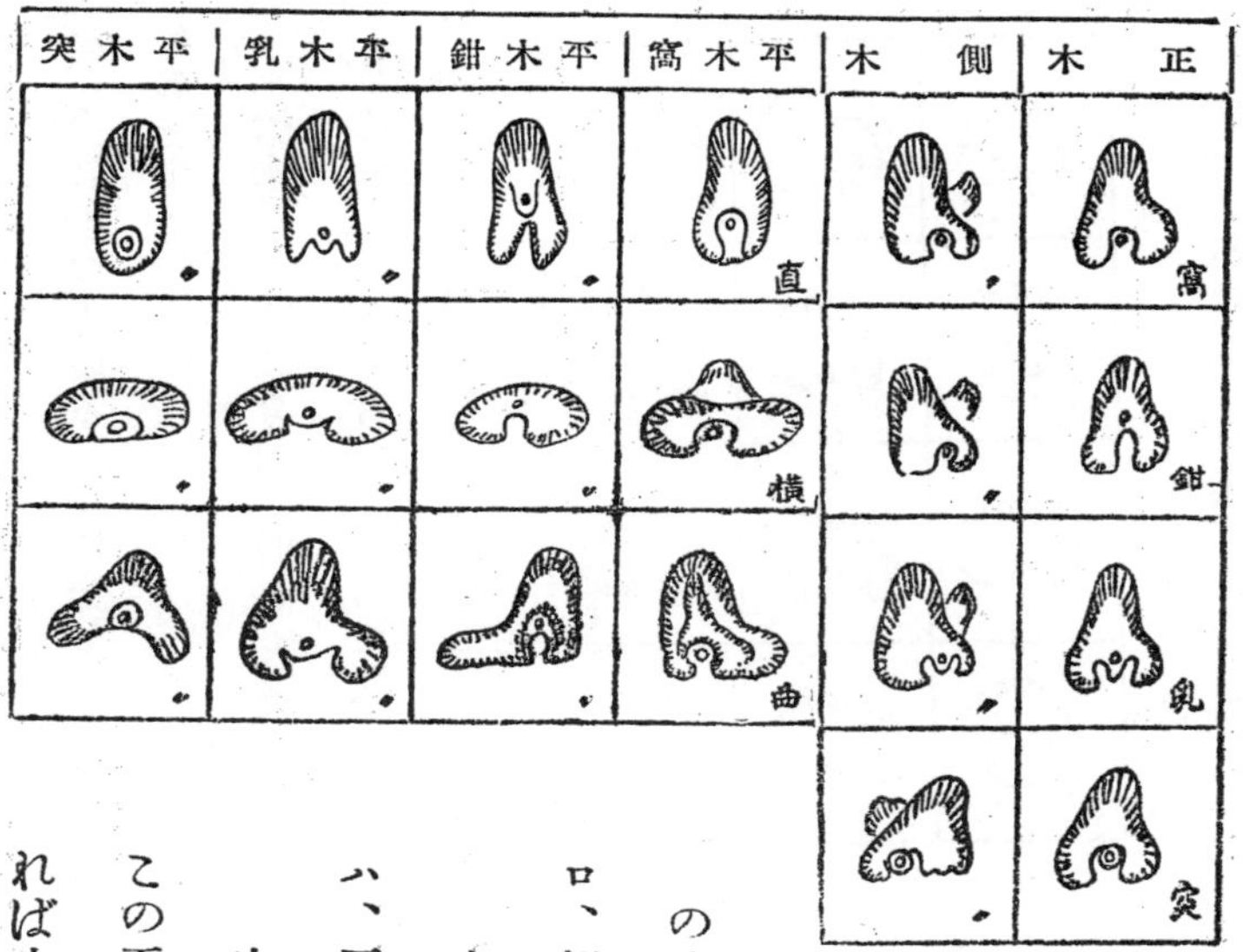

二、木星穴。これはその體直にしてその末圓、穴星の上尖がりて圓、身直にして聳ゆるものである。三格四象あること金星と同じ。その形直を本とす。

イ、正體木星、頭圓身聳、而して端正なるもの、穴を中に於て結ぶ。

ロ、側脳木星、頭圓身聳、而して欹側なるもの、穴を旁に結ぶ。

ハ、平面木星、面仰而身平長硬きもの、穴を節苞に結ぶ。

この平面木星に直木、横木、曲木の三體がある。圖示すれば上の如し。

三、水星穴。これは穴星の頭圓にして身曲するもの。この圓は金、これは蓋し水はその性もと動其質柔弱、金に頼つて成る、故に金を兼ねて始めて穴を結ぶからである。之にも三格四象あり。その形曲を本とす。

イ、正體水星、頭圓身曲、而して端正なるもの、穴を中に結ぶ。

ロ、側腦水星、頭圓身曲、而して欹邪なるもの、穴を旁に結ぶ。

ハ、平面水星、面仰身曲、而して倒地するもの、穴を頂に結ぶ。

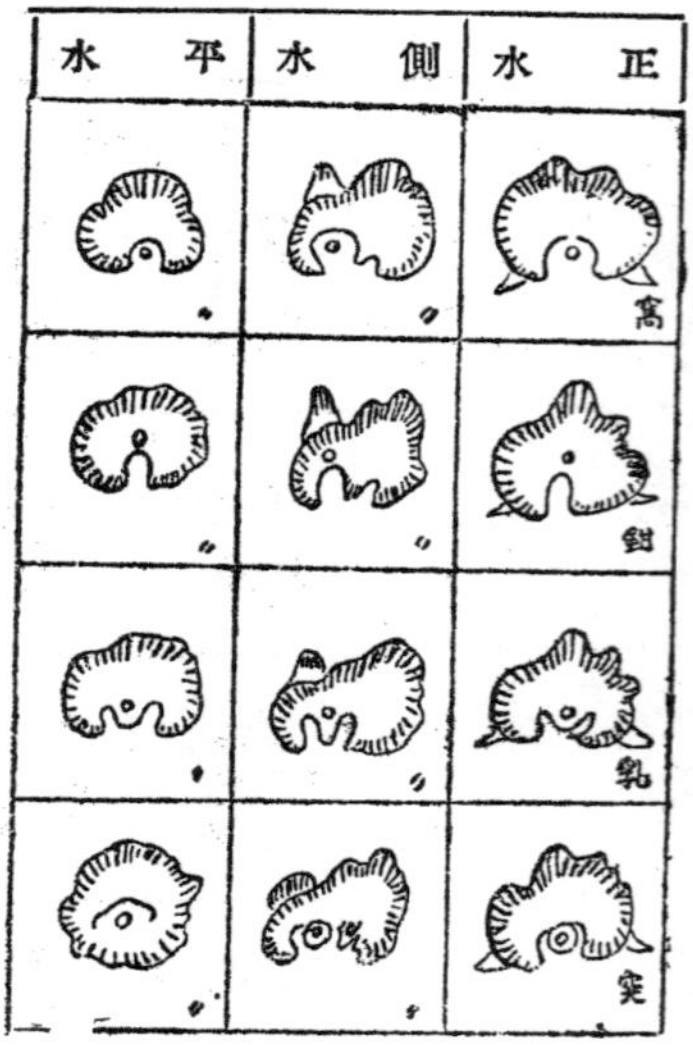

（穴星の左右に突出せるは曜）

四、火星穴。これはその形尖なる山。然しながら火性は至つて燥、金之に入れば鎔し、木之に入れば焚き、水之に入れば涸れ、土之に入れば焦すが故によく穴を結ばない。故に風水では結ばざる山として用ゐない。

五、土星穴。土は厚重にして方を性とする。故にこの穴星の形は端方なるを尙ぶ、卽ち穴星の頭方正にして身平かなるものを以てする。之に正體、側腦、凹腦（頭方にして中凹なるもの、）及び平面の四格あり、四象を倶有するは他の穴星と異りがない。

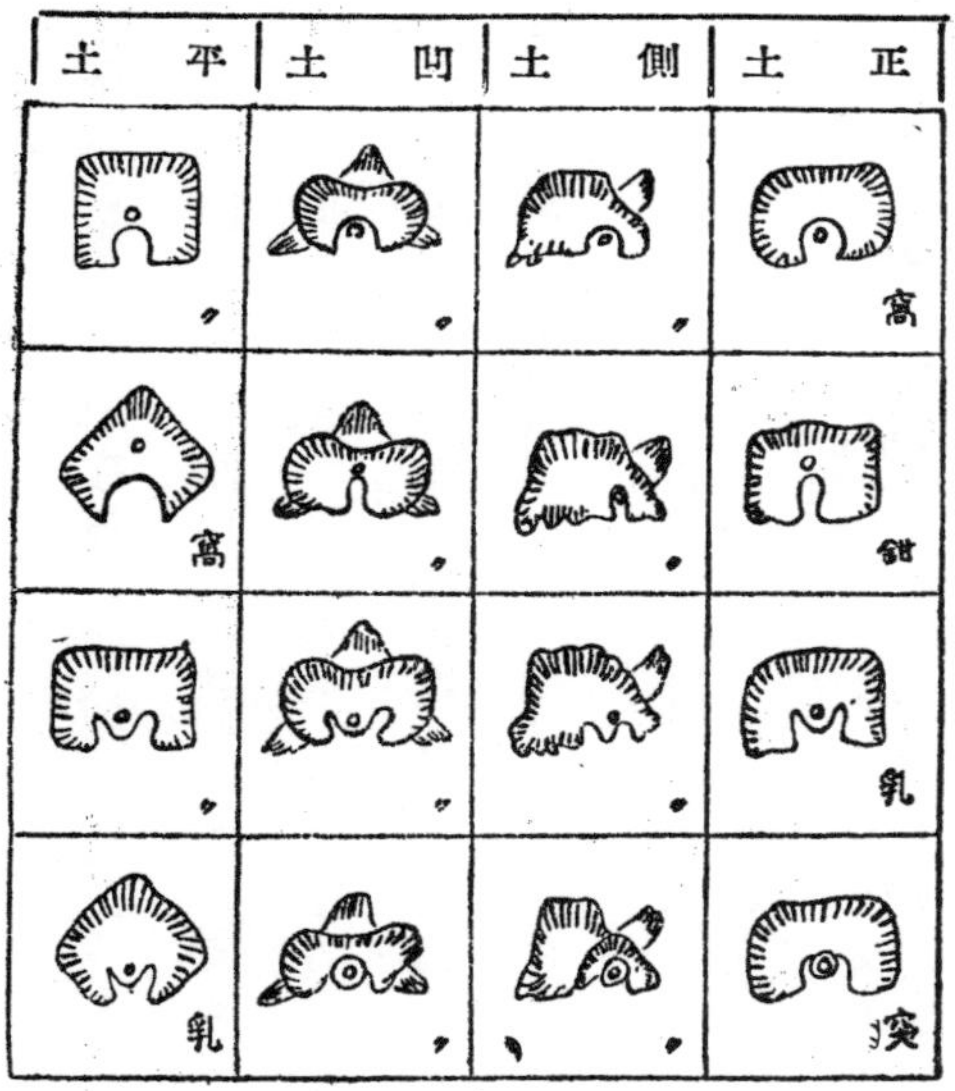

（鉗、突を略す）

イ、正體土星、頭方身平、而して端正なるもの、穴を中に結ぶ。

ロ、側腦土星、頭方身平、而して欹側なるもの、穴を旁へ結ぶ。

ハ、凹腦土星、頭方にして中凹、身平なるもの、穴を凹下に結ぶ。

ニ、平面土星、面仰にして身方倒地者、穴を頂に結ぶ。

3　眞穴の證佐

以上が占穴に必要なる穴星穴場觀察法の大體であるが、猶ほ點穴には此の外に成局の要素たる前後左右の山水の如何に依つて眞穴が何處にあるかを占定する方法がある。一般に眞穴の結ぶは前に美なる朝案、正しき明堂、聚勢の水あり、後ろに樂山峙ち鬼星撑り、左右の龍虎有情、纒護拱夾し、四旁は十道全く、界水は分合明白なるの中にあるのであるから、眞穴の結ぶや否や、その何處にあるや否やは之等數者の有無、形勢、性狀の如何を準として之を考察することが出來るとなすのがこの證佐法に他ならない。次にその各々に就て述ぶれば次の如くである。

一　朝山證穴。朝山に近遠の別あり、その各々に高低あることは旣に之を述べた。猶ほ之には左、中、右寄りの別がある。眞穴はこの遠近、高低の如何及び左、右、或は正にあるや否やに依つてその處を異にするが故に、占穴には先づこの朝山の遠近高低と結穴との關係を明にすべきである。その前に一寸云つて置くべき事は、風水では穴をその高低の位置から云つて天地人の三つに分つて居る事である。天穴は本山の高處（山顚）にあるもの、地穴はその山麓にあるもの、而して人穴は天穴と地穴との中間に位する中腹にあるも

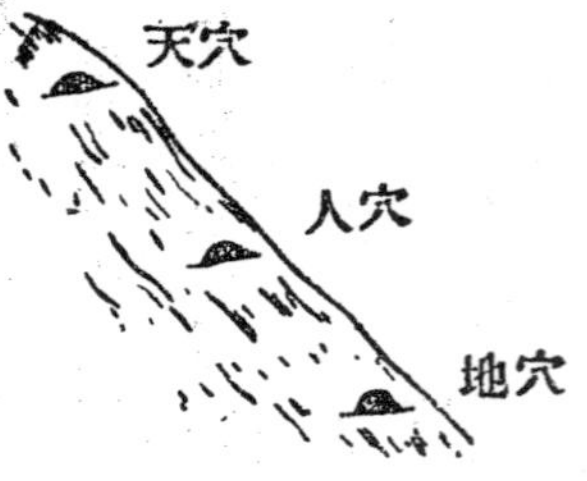

のを云ふ。

さて朝山高きか或は近ければ穴を凌壓するの恐れがある。凌壓せらるゝの穴は造化を完了することが出來ない。朝山低きか或は遠ければ局内の氣を散じ易きか故に生氣の融結に充分でない。だから眞に生氣の融結する處、即ち所謂レンズの焦點は朝山の高低遠近に依つてその結處を異にするのである。同樣にその左、右、正の位置に依つてもその結處を異にする。依つて次の如き關係が兩者の間に成立する。占穴はこの關係を考察してその功を成すべきである。

イ、朝山高　　穴、高　（穴の高さ朝山の眉に齊ふするを要す。）
ロ、朝山低　　穴、低　（穴の位置朝山の心に應ずるを要す。）
ハ、朝山近　　穴、天穴
ニ、朝山遠　　穴、地穴
ホ、朝山在レ左、　穴、向レ左
ヘ、朝山在レ右、　穴、向レ右
ト、朝山在レ正、　穴、向レ正

あまりに隔つた遠朝の山は如何に秀麗でも、それは氣聚を助くるの效はあるが穴を結ぶに參與するものでないから、穴を占定せむとする場合には近朝を主として考察すべきである。

二、明堂、前水證穴。これは穴前の明堂と穴前を流回する水流との關係から結穴の眞處を占定せむとするものである。そも〳〵明堂は穴前の平垣な場所で恰も君の臣を集めて政を議する處の意から名づけたものであることは既述の如くであるが、これも亦生氣の聚止せる處の表現に他ならないから、明堂は須らく正平でなければならぬ。然るに若し傾、瀉、倒側するものは生氣を融結しないから、之は眞の明堂でなく、從つてかゝる明堂のある後ろには眞穴を結ぶことがない。明堂には小、中、大の三者がある。小明堂は穴前の小なるもの、中明堂は青龍と白虎の內方にあるもの、而して大明堂は之を外明堂とも稱し（之に對して小、中の二者を內明堂と云ふ）、案山の內にある廣きものを云ふのである。

穴と明堂との關係は總じて、明堂が平正、圓正にして、且つ穴に向つて有情なるを可とし、その各々に就て云へば、小明堂は穴の直前圓暈の下にあるのであるから、緊要の赴きあるを可とし、平正にして人の側臥を容るゝが如きものはこゝに眞穴あるの證である。穴はその中にある。左右上下に偏すれば穴を失ふ。中明堂は交會の意あるを欲する。否らざれば穴氣消失の厄あるが故に眞穴を結ばない。最後に大明堂は融聚の處たるを要する。若し然らざれば穴氣を失ふのみならず、この穴場成

明堂と穴

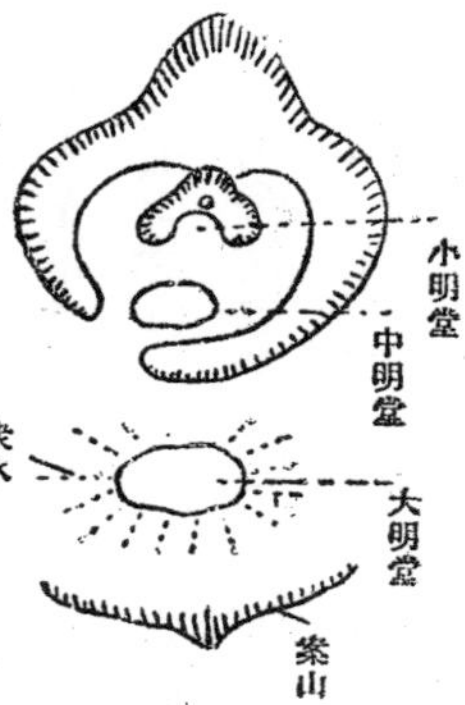

右水右穴

水逆穴高

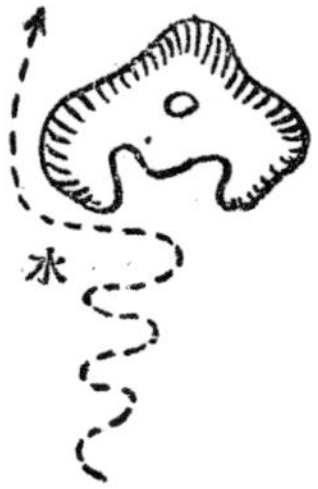

左水左穴

水順穴低

局の結作は遂に僞作なるを免れないのである。

次に穴と水との關係に就て云へば、旣述の如く水に界すれば龍止まり、生氣止住するのであるから、前水と生氣融結の處卽ち穴には共に密接な關係があるのは自明の理である。そこで水勢左側に聚り或は水城が穴場の左邊を弓抱する場合には穴は左に結し、水勢右寄りに歸聚するか或は水城穴場の右邊を弓抱する時には穴右に結し、水朝正中し或は水城穴前を圓抱して有情なれば穴は中央に結ぶのである。而してその發源遠くして來り寛き明堂に注ぐものは、その穴高きに結び、水勢順にして穴前に朝するの後破去するものは、その穴を低きに結ぶを水と穴との間に於ける關係の大綱となす。故に占穴は宜しくこの前水の如何を考へてその眞結の處を撰ぶべきである。

三、樂山澄穴。穴後に應龍の山あるを樂山となし、穴星の偏斜横落を補撐する山を鬼星と云ふことは旣に述べた。中正を得て居ない穴星例へば凹腦、側腦等の穴星を横龍と云ふが、この横龍は之等の樂山や鬼星がなければ其處に空缺を生じて生氣の融聚を來さない。故にこの横龍に於いて穴を結ぶものは、この樂鬼に依つてその焦點を成すのである。從つて次の如き關係が兩者の間に成立する。

イ、樂山左にあれば　穴は穴場の左に結ぶ。
ロ、樂山右にあれば　穴は穴場の右に結ぶ。
ハ、樂山左右兩邊にあれば　穴は穴場の中に結ぶ。
ニ、樂山四方にあれば　穴は穴場の中に結ぶ。
ホ、鬼星穴後を撐ば　穴は穴場の中に安んず。
ヘ、鬼星左を撐ば　穴は穴場の左に結ぶ。
ト、鬼星右を撐ば　穴は穴場の右に結ぶ
チ、鬼星兩旁拱抱すれば　穴は居中に結ぶ

四、龍虎澄穴。龍虎卽ち靑龍と白虎とは穴場の衞區、この龍虎なければ穴をなさない程結穴に有力なものである。依つてこの龍虎の大小力量の如何が又結穴に關係するは當然なことであらう。而してその關係は次の如くである。

イ、左龍强きか或は有情なれば　穴は左寄りに結ぶ。

ロ、右虎强きか或は有情なれば　穴は右寄りに結ぶ。

ハ、龍虎低くければ風を避くる爲めに　穴は小明堂に結ぶ。

ニ、龍虎高ければ壓捨を避けて　穴は天穴に結ぶ。

ホ、龍虎二つながら有情にして、不高不低なれば　穴は中に結ぶ。

五、天心十道澄穴。天心十道とは前後左右四應の山を指して云ふ。四應の山とは、後ろに蓋山、前に照山、左右兩畔に夾耳の如き山のあることで、或は之を稱して四應登對、蓋照拱夾とも云ふのである。凡そ眞穴にはこの前後左右の四照あつてその中心（天心）に結ぶのであるから、穴の眞結する處を占するには須らくこの蓋照拱夾を看るべきである。之を十道天心と云ふはつまり、眞穴はこの蓋照拱夾四山の中を結びつけた十字の中心に結ぶの意であつて、如何に四山を結びつけたものが十字をなしても、その線が四山の中から發したものでなければ、決して眞穴を結ばないのである。卽ち左右夾耳の山は高低の差があつてはならず、前後蓋照の山は左右に偏してはいけない。これ高低差あれば氣脈を脫し、偏すれば氣を虛ふするが爲めである。

十道眞結

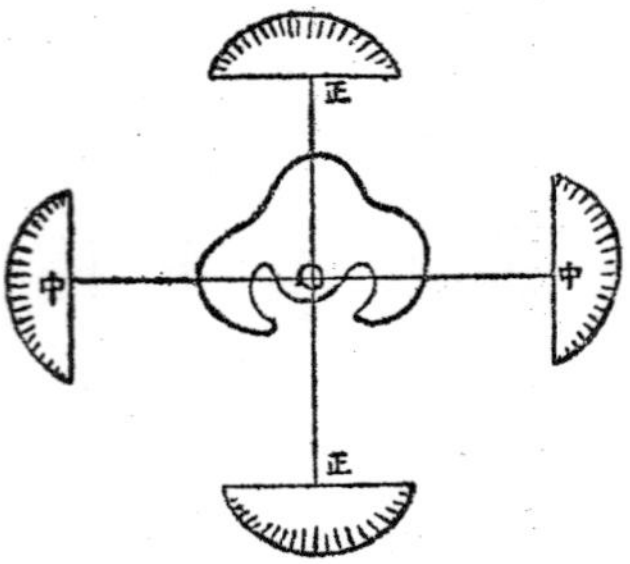

十道不眞結

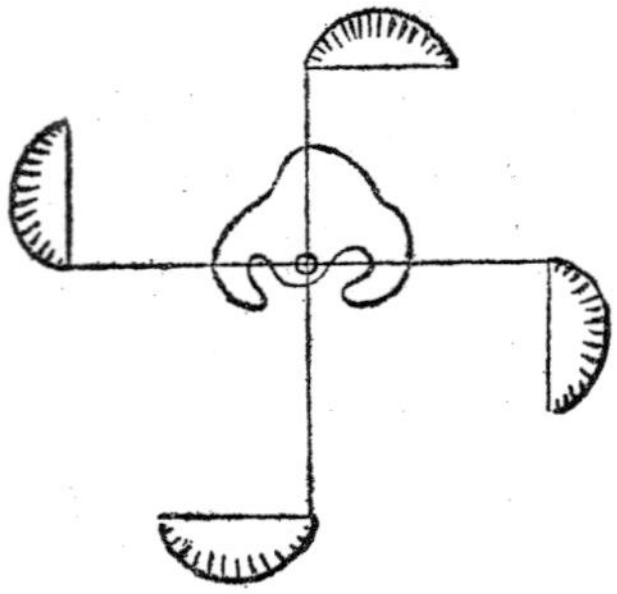

六、分合澄穴。これは穴の最も近き周圍の地脉水脉に依つて、結穴の處、及びその眞僞を判斷する處の證穴法であつて、風水の占穴上最も興味ある處のものである。分合とは穴後に分れた水脉が穴前に合することであつて、この分合に大八字水、小八字水及び鰕鬚水(又は毬簷水)の三者あり、先づ鰕鬚水が分合して穴を周ぐり、その外方を小八字、そのまた外方を大八字が各分合して穴を繞周するのである。而してこの三者は何れも分あれば必ず合あるを要し、合あればまた必ず分あるを要する。若し合ありて分なければ龍脉の來る眞ならず、故に內、生氣の接すべきなく、分ありて合なければ龍脉の止まる不明、從つて外、界脉の證すべきものがない、共に眞結でないのである。蓋しこ

の分合は氣脈を送り止めて生氣と穴に融注せしむる處の重大な任務を果すものであるから、この分合にして不明、且つ分ありて合なく、合ありて分なきの穴は決して眞に生氣の醇化する穴を結ぶ處ではないのである。

之を圖說すれば次の如くである。

分合圖

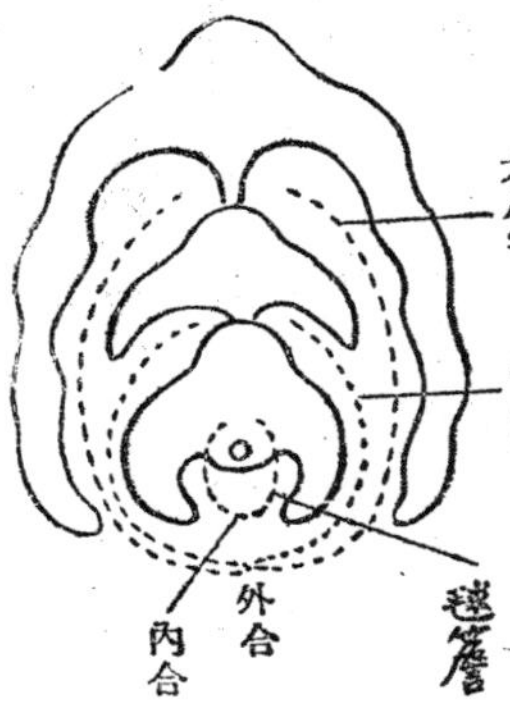

4　穴場に嫌忌する形勢

穴が如何に合理的に眞結の處に占定されても、その穴場がもし嫌忌すべきものである時には、折角融聚する生氣が散漫虛耗して吉を變じて凶となすから、その良好なるものを選んで嫌忌するものを捨てなければならぬ。今その代表的なものに就てその善惡を述べることとする。

一、粗惡なる者。凡そ結穴の處は其の穴星嫩媚光彩細巧を貴びてその粗惡を忌む。蓋し山は亦人の如く、人の粗惡醜陋なる者は其の心も亦必ず兇狠不良であるから、粗惡の穴處は必ず醜惡不良なる所應を發するであらう。故に之を忌むのである。

二、峻急なるもの。凡そ穴處は平坦にして柔緩なるを貴び、その峻急にして直硬なるを忌む。蓋し峻急なれば容受の性を缺く、從つて融結は望まれ得ない。

三、單寒なるもの。單寒とは孤立の山、獨自の壠にして四面從ふものなく或は穴に臨むところ孤露にして藏聚せざるものを云ふ。凡そ穴處はその周密煖固を貴び、單露孤寒を忌む。孤寒の穴は貧窮、孤寡を主どり漸く遂に絶滅を來すものである。

四、臃腫なるもの。凡そ穴處は人面の眉目光彩明白なるが如きを貴ぶ。その星辰粗臃肥腫瀰漫蠻醜のものは凶禍を主りてその應立處に至るが故に忌むのである。

五、虛耗なるもの。龍氣（卽ち龍脈）虛弱にして、蛇や鼠の巢窟となり之が爲めに傷耗せられるもの。凡そ生氣融聚の處は其地堅實物强固にして能く之を傷耗することが出來ないものである。然るに虛浮なるものはもと〳〵生氣の融聚するものでなく、又融聚しても能く螻蛾蛇鼠の爲めに穿たるゝが故にその生氣を漏泄してしまう。穴處に適せざるは當然なことであらう。

六、凹缺なるもの。立穴の處は須らく周密にして遮障あるを要する。然るに穴處が凹陥低缺あらんか、賊風射入して人丁絶滅の凶を發するのであるから最も愼まねばならぬ。

七、瘦削なるもの。穴處に當る山形が肥彩ならずして弱瘦薄削せるもの、瘦削は龍氣の微弱なること、恰かも容貌瘦弱の人はその氣血衰敗せるが如くであるから、神棲の地には適しても決して人の陽基陰宅としてはならない。

八、突露せるもの。これは穴處に當る處が藏聚せずして突露し風に吹かれて居るもの。この處には生氣が聚らない、眞穴を結ばざるは勿論である。

九、破面せるもの。穴に當る處、穴星の頭面が破碎せるもの。穴處は完固無傷を喜ぶ、既に破碎して氣脉の漏泄をなす、之に葬むれば禍ありて福なし。

一〇、疱頭なるもの。穴處黑白の砂石相雜はり、而して木を生せず、生ずるものは黄茅疎草が處々にある恰かも疱瘡を病める人頭の如きものは、人の血氣盛ならずして膚脉不活なるが故に此病をなすが如く、龍神枯瘁し、氣脉虛弱なるが故に此の外形を呈するのであるから、良穴を結ばざるは當然であらう。

一一、散漫なるもの。穴處は收斂束聚を貴ぶ、散漫にして穴場懶坦濶蕩、而して界水なく又突窩なきものは融結がない。

一二、尖細なるもの。穴處の尖鋭微細なるもの。尖細微弱なるが故に生氣鍾まらず不可。

一三、蕩軟なるもの。穴處濶蕩曠軟にして恰かも手皮の如く懶坦たるもの、不可。

一四、頑硬なるもの。山形死直活動せずして粗頑急硬なるものは不可。穴處はその活動宛媚を貴ぶ、頑硬峻直なるものは融結することが出來ない。當然忌避すべきものである。

一五、巉巖なるもの。穴に臨む處、石出崢嶸にして巉巖畏怖すべきものも宜しくない。氣は土を以て聚るから石山に葬らざるは古來明師の金條である。

一六、幽冷なるもの、極めて陰幽寒冷の地。この地を養尸の地と云ふ。蓋しかゝる處に葬れば百餘年を過ぐるも壞れず、棺を開けば猶生けるが如く面色改らず、皮膚もつやあり、風に當つて後始めてその色を變ずるものである。かゝる處は龍に眞脉なく、山に正穴がないから決して用ゐてはならぬ。如何となれば生氣あればその穴煖、煖なれば腐肉を致す。然るに百年舊體を保つは其處に冷寒の陰氣のみありて生氣なきの證である。風水の要は生氣に乘ずるにある。これ幽冷の地、養尸の地を嫌忌する所以に他ならない。

5　穴に於ける屍體の變化と追孝

以上を以て穴處の嫌忌すべきものの大體を擧げた。こゝに一の注意を促す事は、嫌忌の最後にあげた幽冷の地卽ち養尸の地に就てゞある。風水が百年も屍體を變せざる幽冷の地を嫌忌する理由は、やがて風水の葬墓に對する觀念、風水が父母の屍體に關する意見を明白に說明するものである。從ひてこの養尸を忌む理由を窺ふことは、直ちに風水の親葬に對する根本觀念を知る事とならう。故に今暫らく風水が穴處に幽冷、養尸の地を嫌忌する理由を考究して見よう。

その理由の一つは前述せるが如く、葬は生氣に乘ずるを主眼とするものであるが、養尸の地は生氣の脉なき地であるから之を嫌忌すると云ふにあつた。處が之を嫌忌する主なる理由は、この地に埋めれば屍體の肉をして速かに腐らしめることが出來ないと云ふ處に存する。古來尊屬親を埋葬するにはその棺の厚からんことを希ひ、又その棺材に腐朽せざるものを選び、且つこの棺內に腐敗を防止すべき各種の藥物を充塡したりした。これはそも〳〵屍體の速に腐朽するを防ぎ、永くその舊體を維持するに努めたものに相違ない。然らば父母の屍體を埋葬するには百年も舊態を維持する養尸の地こそ最も望ましき吉穴たる譯でなければならぬ。然るに風水では厚棺の作爲に增せる自然の冷穴を棄てゝ寧ろ屍體の速に腐肉と化する煖地を求むる。從つて風水は人子として親の死後を安んぜんとする情緖を絕ち、所謂孝の本義を滅せむとするものであるやうに見受けられる。

徐氏は此の點に關して次の如く明確に風水を辯護して居る。卽ち『或人予を難じて曰く、人子の地を求むるは親を安んずる所以である。今乃ち百年不壞、容顏生けるが如き養尸の地あり、何の吉か之に如かん、然るに此を棄てゝ腐れ易く朽ち易の穴を欲し、親體をして速かに腐れしめ以て、富貴を生人に冀ふ、豈孝子の心ならんやと。答て曰く、此の謂に非ざるなり、萬物同じく化に歸す、いづくんぞ不化の理あらん。彼の養尸の化せざるは乃ち至陰極寒の地、北人の氷を藏するが如し、苦寒の地を以てするが故に氷化せず、南方は苦寒なければ氷化し易くして能く藏する能はざるなり。古人妃を殯するに水銀を以て尸中に灌入すれば亦久しくして化せず、これ水銀の至冷にして尸を養ふを以ての故に化せざるのみ。今養尸の地冷氣尸を侵す、尸化せずと雖も魂骸寧からず、豈人子親を安んずるの心ならんや。且つ感應生人に迨びて子嗣を生ぜず、或は生ずるも育たず漸次嗣を絕つに至る。又豈人子孝親の心ならんや。葬書に枯骸得氣と謂ふ所の得氣は地脉冲和の生氣にして原陰の冷氣にあらざるなり。生氣を得れば卽ち煖、煖なれば則ち腐肉化し易くして骨骸久しく存す。遺體も亦之に因つて以て嗣續蕃昌、祭祀不替、大孝實に是に在りと云ふべし。』と。

風水が養尸の地を嫌つて、腐肉の速かに化し易き穴を欲するは父母の本骸を地に返して以てその子孫に蔭し、子孫の繁昌と從つてその祭祀の永續するを以て父母への孝となし、如何に父母の屍體が百年舊體を維持したからとて之を祭祀する子孫がなくなつたのでは決して孝とは云はれない。孝は須らく祭祀を永遠につゞけ得るものでなければならぬ。この永遠の祭祀を欲せば、子孫の繁榮を效さなければならぬ。子孫の繁榮は父母の本骸が生氣に感應する時に始めて望まれる。然るに屍體舊の如く容顔生けるが如き間はその骨骸は生氣に溶することが出來ない。そも〳〵子孫と父母の屍尸との關係は、父母の精が子孫であり、而して父母一身の精は骨骸であるから、子孫の受くるものは父母一身の精である骨骸からであつて、肉や皮からではない。だから生氣の影響を速に受けて、祭祀の完全永久に行はるべき子孫の榮盛を求めんとすれば、勢としてその肉の速に腐れて、集聚する生氣が直接に骨骸に感應するやうにしなければならぬ。

この骨骸が地氣を受くることに依つて始めて、子孫の繁榮を望み得ると云ふ觀念は、徐氏の創意ではなく、それは旣に靑烏經に於ても又錦囊經に於ても之を明白に述べて居るのである。卽ち『百年幻化。離レ形歸レ眞。精神入レ門。骨骸返レ根。吉氣感應。累福及レ人。』と云ふ靑烏經の骨骸感應說や『本骸得レ氣。遺體受レ蔭。』と云ふ錦囊經の本骸得氣說の如きは皆この觀念を云つたものに他ならない。も一歩を進めてその古きに溯れば㙚は骨骸のみを埋める事であつて、人の死亡するや之を樹上、草上又は地上に放置して、その皮肉の腐敗散落するを待ち然る後骨骸のみを納めて之を土中に埋めたものである。

如此き風習の由つて來る理由は之を論證すること容易でないけれども、考察するところ原始社會に於ては死者の生ぜし場合嫌忌し畏怖するの念から之を山野に棄てたものであつたが、その屍體が日時を經過するに從つてその皮肉を消失するも、その骨骸だけは容易に腐朽しないので、骨骸だけは何時までも嫌忌乃至畏怖の對象物となるの虞れがあり、遂にこれを永久に生人の視界から除き去らんが爲めに、土中に埋めたものであつたと觀る事が出來る。果してこの觀察にして誤りなからむか、人の骨骸はこの時に於て旣に人の精靈、身體中に於て最も不滅な、根本的な精靈と見られて居たものであり、同時にこの骨骸が最も生人への力强き働きかけをなすものと信ぜられて居たものであると云ふことが出來るであらう。如何となれば人の死するや之を人里離れた山野に棄て、或はのべ送りの往き路と戾り小徑とを別にして、死者の靈魂の歸來を防ぎしが如き、往昔に於ける送死の風習は一として屍骸を精靈視して以てその影響から免れんとしないものはなかつた。又往昔から人體の各部はそれ〴〵に精靈あるものと信ぜられ、一本の毛髮も一片の爪も忽にすべきものでないと信ぜられて居たのであるから、人體の內でその死後最も腐朽し難き骨骸が、最も强固な精靈、最も畏るべき、最も生人に對して影響ある精靈であると考へられるのは決して無理のない事柄である。

かく骨骸が最も生人への影響ある精靈であると云ふ精靈觀念に、人の骨骸は人體を形成せし生氣の精氣にして、人は父母の精氣を亨けて出生すと云ふ陰陽の精氣觀念が結びつけば、こゝに父母の骨骸はその子孫と最も交捗あるものとなり、父母の骨骸の吉凶善惡は直ちにその子孫に影響し、父母の骨骸が陰陽の生氣に醇化すればその發展體たる子孫も亦感應して富貴繁榮を得、之に反して父母の骨骸が生氣に浴せざるか、又は容易に腐朽するが如き場合にはその子孫は衰微絶嗣を免れることが出來なくなると考へられる事も自然の推理であらう。だから風水では腐肉はその速かなるを欲すれども腐骨は之を『不蓄之穴。是謂二腐骨一。其爲レ可レ畏。可レ不レ愼也。』（靑烏經）と大いに嫌忌するのである。

之を要するに風水では、穴煖かにして入屍の速かにその腐肉を效し、こゝに融注し醇化する生氣を直ちにその骨骸を以て受け、この生氣に浴する骨骸の感應に依つて子孫の繁榮を致し、子孫の繁榮に依つて父母祖先の祭祀を絶たしめざらむとするを以て孝の至極となすのである。從つて孝を完全に遂行せむとすれば須らく吉地を求めて父母の骨骸をして容易に生氣に乘ずるやうに努むべきであるとするのが風水の本領に他ならない。風水が陽基よりも陰宅に重きを置くは至孝をその目標とするからであり、陰宅に重きを置く風水が血族を中心として團結する社會、從ひて忠よりも孝に重心を置く社會に於て盛んに行はるゝ所以も自づから首肯せられ得ると云ふものである。

6　穴の土色と深淺。

愈穴を占定し得た場合、次にはその土色及び土中の埋藏物に就て一考を煩はさねばならぬ。蓋し穴は生氣の醇化をなすの處であるからこの醇化融合を助くるものであるべく、之を妨げるものであつてはならないからである。そこで穴を掘つた時に先づその土質を檢する事を要する。一般にその土質は細くして堅く、潤があつても餘り濕潤に過ぎたものでなく、その斷面が豊潤で光澤があり、兼て五色の色を具へたものを吉土となすのである。そも〳〵その土地乾燥して豊潤ならず、恰も粟を積んだ如きもの、或は濕氣多くして土質堅膩《なめらか》ならず、その狀恰かも刲肉《さきにく》の腐爛せるが如きもの、及び穴中に水泉あり、或は沙礫があるものは皆螻蟻蛇鼠の穿入する處となり且つ水を浸透し、風を吸引するが故に生氣を漏洩散泄するのみに止まらず、此處に埋めたる棺槨を乾燥し、黑焦せしむるか、腐朽せしむるか、又は水に漂はす事になり、遂に或は養尸、或は焦骨、或は腐骨、或は敗槨の結果を致すことになる。而して之等の養尸、焦骨、腐骨、敗槨共に風水では最も凶惡なるものとして嫌忌するのであるから穴中の土質は決して等閑に附すべきものでない。次に土色の吉凶を云ふに、土色には青黃赤白黑の五色がある。穴中の土がこの五色を具備したるものを大吉となすのである。さてその五色は本來五方、五行の配置であつて、東、木、青色。西、金、白色。南、火、赤色。北、水、黑色。中央、土、黃色の五色である。この配色は東方には五行の木氣が盛んであるからその色青、南方は五行の火氣が盛なるが故にその色赤を呈すると云ふのであつて、つまりこの五色は五行の氣の色、五行の氣ある所にはこの五色あり、逆に五色のある處には五行の氣が存在するとなす處から來て居る。そこで穴中の土色も亦かくの如く、生氣の土中にあるや、その氣の本性に依つてその土に色づける。一般に土色の黃色を呈するは、これ土氣の凝結せるが爲めに外ならないのであつて、同樣に土中に流るゝ金氣が凝聚すれば土色を白色にし、木氣が凝結すれば土色を青色に彩り、水氣盛なれば黑色を、火氣强ければ赤色を呈せしむるものである。故に穴中の土色が五色を具ふるものは五行の全氣が具備して凝結するの表現であるから、その藏骨に適當なるは勿論の事であらう。

然しながら、穴はもと〳〵土を本體とするものであるから、如何に五色を具へたものであつたからとて、こゝに自づから黃を主とし他の四色を從とする輕重關係の存在するを看過してはならない。而してこの主たる黃色を基本として他の四色はこの黃色と互に相生關係に立つものでなくてはならない。だから若し五色の具備するものであればその土層從つて色層が白、黑、青、赤、黃(金、水、木、火、土)の順位になつて居ることを要するのであり、五色の備はらざる時に於ても例へば白、青、黃とか青、赤、黃。黑、赤、黃等何れも相生關係になくてはならぬのである。風水が穴中の氣溫煖なるを必要をすることは既に述べた處であるが、この溫煖は火の性であり、溫煖なるの穴卽ち溫穴は溫(火)穴(土)であつて、火生土の相生關係をなすが故にその生氣醇化を速かに且つ順調に運ばしめる所以であるのである。

穴、殊に葬墓に於ける穴の要は埋藏にある。穴中への埋藏には穴の深淺がなくてはならぬ。穴は恰かも人體に於ける經穴の如きものであるが故に、人體に於ける穴が五體の各局部に依つてその深淺を異にすると等しく、生氣の注中する地中の穴も亦、成局の如何に依つてその深淺に差異があるのである。從ひて眞穴に入葬せむとすれば須らく、この深淺を考察して之に的中しなければならない。

一般に風水では『陰脉入穴。穴宜深。陽脉入穴。穴宜淺』を以て眞穴の結處を得るの法となすが、これは陰脉は凸形の脉であるから、その氣の聚結する處は、その突端の將に「陽受」に接するの處であり、陽脉はその形凹であるから、その氣の凝集する處は、その中央が將に「陰來」に接するの處であるが故に、凸脉にして入穴するものは深く、凹形にして穴をなすものは淺き處に生氣の凝融が行はれる、卽ち眞穴を結ぶと云ふのである。

この深淺に就て風水は穴土を浮土と眞土とに二分する。浮土とは地表から眞穴を結ぶ處までの土であり、眞土とは眞穴を結ぶところの土である。穴土には必ずこの浮土がその層の厚さ二三尺より丈餘に當るものがあり。この浮土を去つて始めて眞土が現はれるのである。この眞土は眞氣の凝聚する所であるからこれは入壙の時に多く掘り去つてはならない。入壙にはその厚薄如何を見て開穴の深淺を定め、要はこの眞土が棺を包んでその下方に猶多くの眞土を殘すを吉とする。だから開穴には寧ろ淺きに失するも深きに失すべからずと云ふ諺の存するもこれが爲めであらう。

第三章　風水と陰陽

第一節　總說

風水の構成要素たる山、水及び方位の內、山及び水の二者に就ては前第二章に於て之が解說を試み、その風水上に於ける取扱方を說述した。從つて次には直ちに構成要素の第三たる方位に就て論述すべき筈であるが、風水の基本的構成から看れば山と水は最も重要な要素であつて、この一者を缺いては風水は成立しないに反し、方位は山と水の兩者程重要なものでなく、且つ之を明らかにするには陰陽、五行乃至十干十二支等の豫備知識を以てゞなければならぬので、第二章には風水の構成に最も重要なる山と水の兩者を「風水の法術」として論究したのである。そこで方位は陰陽殊に風水說が採つて以て助けとなす陰陽五行を略說した後に於て、陰陽五行の風水的應用の一と看做して考察するであらう。

さて陰陽說及び五行說は古來支那上古に於て發生發達したものであると謂はれて居る。然しながらその由來未だ明確なるものでなく、何時、何處に於て創說されたかに就ては今日の處動かすべからざる定說もないのであるが、その影響するところは非常な廣き範圍に渡り、支那文化廣くは東洋文化の大部分は、多少によらず皆この二五說（陰陽を二、五行說を五として二五說と云ふ。）の影響を蒙らないものはない位であつて、風水說も亦その影響を受けたものの隨一に數ふべきものである。

前にも旣に述べたるが如く、風水說はその由來、原始民族がその地上に於ける生活的要求から地を相する事を考へ、この考へ方が漸く抽象的に且つ專門的に進むに從つて一種の相地法相地術となり、この法術に巧みなる者は相地術者として取扱はれて居た者であつたのであらうが、それが段々專門化し且つ各種の學說に依つて刺戟せらるゝに從つて、常人には容易に理解し得ざる有力な法術となつたものであらう。この民間傳承的相地法をして、一個の體系あり基礎ある學說法術たる風水說にまで發達せしめた、その刺戟と寄與こそ實に陰陽五行の學說であるのである。

風水の本質をなす生氣に乘ずるところの所謂生氣、親子の間に於ける精氣感應の所謂精氣等の觀念は、單なる良好な土地――生活上安全にして資料を得るに好適なる土地を相定し占定するだけの要求からは考へ及ばざる程高等なものであるから、風水の本質をなすかゝる生氣、精氣等の觀念は確かに風水說の發達過程、卽ち相地法が風水說の體系を作り上げる途中に於て陰陽五行說に影響され寄與されたものに相違ない。蓋し相地法がやゝ專門的となるや、地に實際生活上の良否より離れた意味に於ける吉凶、人の運命を規定すべき未知未見のものあるを信じ、このものの吉凶存否を知らむが爲めに此處に占卜の術のあらはれた事は民族生活上の當然の精神的發展であり、且つ歷史的事實であるが、この人の運命を規定する何等かの力あるものが土地にありとなすは、何處の民族に於ても共通なる精靈信仰に他ならない。この民間信仰たる精靈觀念、卽ち精靈を眼には見えなくても一種の物的存在と認めてその個體が吉凶を支配すると信ずる觀念が、一躍して生氣とか精氣とか云ふ理的存在、氣的存在の觀念、且つ生氣の流動など云ふ抽象的觀念にまで飛躍することは到底不可能な事である。

風水はその名義に於てこそ、原始的相地法、占地術の名義を留めて居るが、その實質內容は全く生氣、精氣と云ふが如き民間信仰の內容をなすものよりは數段の進步を遂げたものに依つて占められて居る。この實質內容をなす生氣、精氣は陰陽五行說の本質をなすものであるから、何時の時代かは不明であるが風水はその發達過程に於て、その原始的民間信仰的內容を棄て、之に代ふるに陰陽五行說の本質をなす生氣論を採用したものと云はざるを得ない。

且つ又風水の宗と仰がるゝ靑鳥經、錦囊經に於て旣に陰陽八卦、五行生氣等の觀念を風水の基礎となすが如く取扱つて居るのであるから、風水說の發展は或はこの陰陽說五行說を採用した後に於て始めて一の法術、學說としての體系を整へて世に現はれたものとも觀ることが出來る。だからもし陰陽說、五行說がなかつたならば、或は又この陰陽說、五行說を採用しなかつたならば、風水說は全く原始的な相地法に止まつて、風水說とまでに發達し得なかつたかも知れない。

風水說が土地の吉凶に依つて人の運命を左右することが出來ると云ふ處から、殊に父母の屍體を吉地に葬れば子孫の繁榮發達を效し得るの故を以て父母の死後吉地の選定に奔走し、或は家財を蕩盡し或は長き歲月の間棺を路傍に遺置する等の事があるので、これは不孝の行爲であり、從つて之を考ふる風水說は世を毒する惡說なりとして排斥する者が古來些くなかつたのであるが、如何に手强はき反對と排斥があるにせよ、よくその命脈を保ち、社會の各層に汎くその信徒を保有し來つたのも、實は風水がその根基に陰陽、五行說を据えて居たからに他ならない。若し風水說を撤底的に非難し攻擊せむとすれば須らくその根基をなす處の陰陽五行說から否定してかゝらなければならぬ。然るに支那朝鮮を問はず、風水說の攻擊者であつた學者—儒學者—にしてよくこの陰陽五行說を論難攻破した者なく、寧ろ之に反して陰陽五行說の信奉者であり、陰陽五行說の硏究に沒頭し、之を以て宇宙人生を解釋し得る哲學となし金料玉條となして居たのであるから、風水說がこの陰陽五行說を放棄せざる間は如何に大いなる攻擊の咆哮を耳にしてもビクともする必要がなかつたのである。

多くの處に於て風水は葬に重きを置き、風水と云へば葬法の如く、風水說の書は之を葬書、葬經なりと解せられて居るが如く、風水の取扱ふものは葬に限られたるが如き觀がある。この葬に重きを置く風水が、もしその內容にこの陰陽說を有つて居なかつたならば、埋葬に關する原始的の觀念をそのまゝ是認することが出來なかつたであらう。葬に關する原始的觀念とは何ぞや、それは死は未生の本處に歸ることであり、葬は母體に入るの觀念であり、やがてそれから關聯して考へられる再生の觀念である。この母體復歸の觀念、再生の觀念に應へてよく之を說明し得るものは陰陽說、五行說を除いては外に適當の學說がないのである。蓋し、後に於て述ぶるが如く、陰陽說、五行說は全く人の出生、乃至生物の出生に於ける要素と過程との具體的なものから學說へと發達したものであるか、又は之より出發したものでないにしてもこの具體的事實に依つてその發達を促進されたものであるから、葬墓に於ける再生觀念を說明するにはこの陰陽說、五行說が最も好適な學說であると云ふことが出來やう。

地を母と見做す觀念は風水說の發達せる支那に於て古き上代から存在したものであり、人の死後再生の觀念も亦各民族に共通な觀念であるだけに支那にも古くから存在する觀念であつて、「七生報國」の句はよくこの觀念の存在を物語るものである。この再生觀念あり、地母觀念あり、この兩觀念が結び付いて地に入葬することに依つて再生を望み得る觀念に發展することは極めて容易なことであらう。處が事實に於ては再生は一種の傳說異談に止まり、何人もこの再生を確實に實驗し且つ明に證明することが出來ない。從つて支那に於ては、エジプトに於けるが如く將來死體が再び生命を吹き返して生き出すから、その時まで肉體の損傷しないやうにミイラとして保存すると云ふが如き具體的ながら空想的の觀念でなく、死者を母體たる地中に復歸せしめ、この母體から再び新生命を出生せしめむとする抽象的ながら實際的の觀念を發達せしめたのである。而してこの觀念を如實に實現に移さむとしたものが風水說そのものなのである。

風水說がその成局結穴を求むるに、陰陽の冲和、陰陽兩氣の融合、生氣の醇化、而して親體の精たる骨骸をこの氣に乘ぜしめ、以てその精たる子孫の發展繁殖を求めんとするは、全く地母に依つて再生を效さむとする觀念の延長に他ならない。親子はその精のつながりに於て一にして二ならざるものであるが故に、子孫の繁殖はやがて之を死せる親の再生と見做すことが當然であらう。而してこの再生觀念に理論的根基を與へたものこそ實に陰陽の二元、五行の精氣の融合、消長、循環に依つて萬物の生死を說明せむとする陰陽、五行說に他ならないのである。

さてその陰陽說、五行說とはどんなものであるか。

第二節　陰陽、五行說

そも〳〵陰陽說に依れば、宇宙一切の現象は太極から分れた陰陽兩元氣の動靜に依つて現滅し、消長するものであつて、森羅萬象悉く陰陽の活動內容にあらざるものがない。今この萬有を自然と人生とに區分すれば(廣き意味に於て自然と人生は森羅萬象を總括したものである。)この自然と人生とは兩つながら同一なる陰陽兩元の支配を受けて消長起滅するのであるから、人生に於ける榮枯盛衰、吉凶禍福百般の事一として悉く陰陽に依つて作爲せられないものはない。從ひてこの陰陽の法則を熟知する事が出來れば自然の人生に對する關係も明らかになり、又人生に於ける榮枯盛衰も解釋せられると云ふのである。五行說は宇宙萬有の本質を爲す要素を木火土金水の五つと見做し、森羅萬象卽ち自然と人生とは皆この五要素の活動――五行――の範疇に屬するものであるから、この五行の消長活動の法則に隨つて人生の隆替禍福は放されるのであるとなすのである。だから陰陽說も五行說も等しく自然と人生との成生發展起滅消長の法則を究明し、この法則に順應して人生に於ける利用厚生の目的に資せんとする處の學說であると云ふことが出來るであらう。

かく陰陽說も五行說も人生の榮枯を判別し、利用厚生への資に供せらるの點に於ては全く相等しきものであるから、人生に於ける利用厚生の目的からすれば、その何れが一つで間に合ひ、敢て兩者を必要としないでもよいと云ふ事にならう。處がこの兩者はその利用厚生の目的に添ふ點に於ては同等であつても、その說の本質內容に於ては全く別異なものであつて、たとひ陰陽五行說と續けて稱せられるにしても陰陽說と五行說とは全く同一のものではないのである。然らばその本質的別異とは何であるか。それはこの兩者が宇宙萬有の生滅消長に對する見方を全く異にする事である。卽ち陰陽說に於ては宇宙の現象を二つの相對的關係と見做し、明あれば暗あり、消あれば長あり、大あれば小あり、動靜、得失、盛衰、生滅、天地、男女と云ふが如く、宇宙の存在並びにその活動は、一としてこの相對的關係に依つて致されざるものなしとするのであり、五行說に於ては萬有をその構成的關係より觀察し、森羅萬象は悉く木火土金水と云ふ五元素の離合、集散、多少、有無、卽ち之等五元素の構成關係如何に依つて定まるものであるとなすのである。だから陰陽說と五行說とは一の宇宙現象を兩方から觀察したのであつて、其の間少しも衝突したり矛盾したりする處がなく、寧ろ陰陽說を完全に、又五行說を完全に發達せしむるには、互に相提携して行かねばならない性質のものである。陰陽說と五行說が後に合體して陰陽五行說となつたのは誠に當然すぎる程のものと云はねばならぬ。

そも〳〵陰陽說は易經から出發するものと云はれて居る。それは易の繫辭傳に、

『是故易有太極。是生兩儀。兩儀生四象。四象生八卦。八卦定吉凶。吉凶生大業。』

とあるのが陰陽說の大綱であるとするからである。

さて易《エキ》とは何であるか。易は居守《キモリ》の象形文字であり、この虫が日に十二時に變色するところから、こ

の變色、變易の意味をとつて文字となしたものである。且つ易は吉凶禍福を占ふ卜筮の典據となされて居る點から云つても、この易なるものは變化を、宇宙の變易を云つたものに相違ない。太極は又之を無極とも云ふ。これは現象に對する本體、陰陽と云ふ相對的活動の未だ發現せざる本原の狀態、又は陰陽兩者が完全に融合して消長なき、從つて活動を收息せるが如き絕對境を意味するのである。兩儀とは陰陽の相對的なるものに名づけた總稱であり、これから宇宙の活動は開始せられる。四象はその活動の第二段をなすもので、陰陽の兩者が互に組合さつて四組の相對形式を生ずる、卽ち太陽、太陰、少陽、少陰である。而して八卦は四象の各形式に再び陰陽の兩者を組合せた八つの相對形式をなしたもので、これが易筮の基本たる乾、兌、離、震、巽、坎、艮、坤の所謂八卦であるのである。この八卦の相對形式を基本として自然と人生に於ける現象の吉凶を定めることが出來、この吉凶を定むる事に依つて人生の大業を成すべきものであると云ふのである。

　陰陽說はこの兩儀四象乃至八卦を表示するに「爻」と云ふものを用ゐ、この爻を重ねてその發展形式を表示する。この爻には二つの基本形があつて、横連一劃「⚊」を陽爻となし、中空二劃「⚋」を陰爻となす。つまり陽を表示するに「⚊」を以てし、陰を表示するに「⚋」を以てするのである。從つて兩儀、四象、八卦はそれ〴〵次の如き爻に依つて表示される。（次頁圖參照）

次に陰陽說ではこの陰陽を數に依つて表示するが、この場合には、陽を奇數となし、陰を偶數とするのである。而してその數の初めは陽に於ては三をその基本數となし、陰に於ては二を以てその基本數とする。

○　太極

兩儀
⚊　陽
⚋　陰

四象
⚌　太陽
⚎　少陽
⚍　少陰
⚏　太陰

八卦
☰　乾
☱　兌
☲　離
☳　震
☴　巽
☵　坎
☶　艮
☷　坤

陰陽を爻即ち形に於て表示する時は⚊を陽とし⚋を陰となし、數に依つて之を表はす時は三を陽の初數、二を陰の初數となす。之は可なり興味ある事であつて、この陰陽說が初めより絕對の太極から相對の陰陽が發現するなど云ふ理窟つぽいものでなくて、全く原始人が自然の事象を說明せむとするに最も手近にあつて、よく了解し易すき人事を以て之を推考した、擬人的解釋法又は已を標準として之が說明を試みた準已的說明法に依つて考へ出されたものであると云ふ事である。

易の繫辭傳には、

『古者包犧氏之王㆓天下㆒也。仰則觀㆓象於天㆒。俯則觀㆓法於地㆒。觀㆔鳥獸之文ト與㆓地之宜㆒。近ク取㆓諸《コレヲ》身㆒。

遠ク取ニ諸《コレヲ》物一。於レ是始作ニ八卦一。以通ニ神明之德一。』

と。之に依つて見れば陰陽に依つて吉凶を定めんとす八卦の作者は、古聖包犧氏の作なりと云ふことになつて居る事がわかる。包犧氏の如き偉大の文化作製者に依つて作られたのであるから、易、陰陽八卦は高遠な見地から創設され、と同時に尊信するに値するものであるかも知れない。然しこゝでは作者その人の何人なりやが問題ではない。これを作つた動機とプロセスが重要な點である。前掲に於ける『仰則觀ニ於象天一。』以下『於是始作ニ八卦一。』の數句は確實に自然現象に對する原始的觀察、擬人的解釋のプロセスに依つて陰陽八卦を作製したことを告白して居るのである。猶ほ繫辭傳の一節を見るに、

『天地絪縕《シテ》。萬物化醇《スル》。男女構《ヘテ》レ精。萬物化生《ス》。』

と、天地自然界に起る現象を全く人事に比して解釋して居るのである。だから易に於ける陰陽は宇野哲人氏の謂へるが如く『易の作者は恐らく人類に男女の性別あるより想起して、陰陽の二元を設けたるものにして、奇數を以て陽とし、偶數を以て陰とするも、亦恐らく同じ理由に本づく。人類は男女に因つて生々するより推して物に及ぼし、萬物にも亦雌雄あるを知り、更に天を以て萬物の本なりとする古來の信仰に本づき、之に配するに地を以てし、遂に天地を以て陰陽なりと斷定するに至りたるものの如し』（國譯漢文大成、易經）、男女間に於て行はるゝ生事を標準とし尺度として案出された

ものに相違ない。人に於ける男女を以て陰陽を想定したとすれば、男女の別はその特徴に依つて定められるのであるから、陰陽の表象にはこの男女の特徴を具象化したものを以てするのが最も自然な考方であらう、陽陰をあらはすに之を形象に於ては⚊と⚋を以てし、之を數に於ては三と二を以てするは、皆男女の特徴物を象形的に且つ隅意的にシンボライズしたものに他ならない。

然らば⚊を陽となし⚋を陰となすの由來如何。三を以て陽となし二を以て陰となすの理由如何。他なし前者は男女の特徴を動的に觀、後者は之を靜的に觀たものである。繫辭傳はその第六章に、

『夫レ乾ハ其靜也ヤ專。其動也ヤ直。是以大レ生焉。夫レ坤ハ其靜也ヤ翕。其動也ヤ闢。是以廣レ生焉。』

と乾坤の靜動狀態を說明して居るが、この乾坤は、男女であり、男女の特徴物である。其動也直、男性の特徴物がその動いて直なるの時、之を具象せむとすれば｜であり、女性の特徴物を其の動態卽ち其動也闢に依つて具象すれば‖より外に寫し方がない。(男女の特徴がその靜なる狀態に於てあつても之を寫すに｜と‖とを以てして差支ない譯である。しかしその靜かなる時には一は專、一は翕、專は曲線たることもあり得べく、翕は二片の合したものではあるが、既に合したものであればその二片なるや否やを明示せざる場合もないではない。從つてその特徴をハッキリ具象化せむとすれば、その直と闢、卽ち、その動態を寫したものでなければならぬ。又爻を表はす時「｜」「‖」を「⚊」と「⚋」と横

にしたのは、陰陽の組合せをなし、卦をつくる場合に之を竪に使用したのでは陰陽の別をハッキリ表すことが出來ないからである)。陰陽の數的表示、卽ち男女の特徴物を靜的にあらはしたものは、易の說卦傳一章に、

『昔者聖人之作レ易也。……參レ天兩レ地而倚《タツ》レ數。』

と、云つて居る處の天三、地二の表現である。この參レ天兩レ地を解釋して宇野氏は『天は圓にして地は方。圓は一にして周三。方は一にして周四。その半をとりて二とす。又一は數の始なるが故に、之を奇數として目せず、三を以て奇數の始めとし、二を偶數の始とす。天は陽にして奇、地は陰にして偶なり。故に天を參とし、地を兩とす。』(國譯漢文大成、易經)と謂つて居るが、この解釋にはあまりに抽象的であり、且つ理窟づくめの點があつて、自然的な、具象的なものではないやうに思はれる。

この『參レ天兩レ地』の天と地は乾坤であり、從つて男女であることは乾坤の說明に於て明らかなる處である。然らばこの天を三、地を兩卽ち男を三、女を兩とするはどうしてであるか。他なし、これも前述せるが如く陰陽の形象表示に男女の特徴のシンボルを以てしたると同樣に、男女の特徴を靜的に觀、數的に考察し、表現したものである。何をか天三と云ふ。それは男三にして男子の特徴物が一者中央に

位し、二者その兩側に從ふものであり、而してその動態に於ては中央の一者のみ主位を占めて兩側の二者は殆んどその存在を認め得ざるが如き變化をなすに反し、之が靜態にある時には中央、兩側の三者悉く一見してその並存を認め得らるゝ處から、之を數的に表示して三となしたものである。地兩も亦同樣に女子の特徵物の靜態に於ける形狀を數的に表示したものである。卽ちその狀恰も孤形の二片をその絃を中線として並べたるが如く、中央より分割せられたる兩片に依つて成るものであるから、之を數的に見て兩卽ち二となしたものである。(猶ほ陽を三とし陰を二とする事に就ては前揭の『參ゝ天兩ゝ地』の「參」「兩」の文字の象形が男女特徵物の象形に類似する處から、『三ゝ天二ゝ地』と云はずして殊更ら『參ゝ天兩ゝ地』としたものであるとも觀られるが、こゝでは詳論しない)。「支那古代經濟思想及制度」の著者田崎仁義氏は陰陽及び乾坤の文字をその構成から考察して『陰は雲より、陽は日より其義を取る。支那古代の思想に於ては雲を以て水の氣となし、日を以て火の精となすこと通說なれば、陰を以て水を表示し、陽を以て火を表示するに至るは思想上當然の歸結なり。而して水は濕潤、火は乾燥、故に濕潤を陰とし、乾燥を陽とす。日は天に懸り、水は地に堪ふ。故に天を陽とし。地を陰とす。父は天の如く母は地の如し、故に父を陽とし、母を陰とす。而して父は男、母は女なるを以て男を陽とし、女を陰とす。斯の如く總有事物の相對的なるものに配同法を行ふて、一を陽性、他を陰性となす。卽ち上下南北、尊卑貴賤、大小長短、剛柔强弱、明暗晝夜、動靜進退、圓方奇偶等その二者中何れもその前者を陽とし後者を陰とするに至る。……乾は日を以て主要素となし、天の陽氣を以て萬物に光熱を與へ、坤は土を以て主要素となし、地の德が庶物を養育申長することを表示するが乾坤二字なり。』と謂ひ、陰陽の文字は暗雲の自然現象から考へて作つたもので、この自然現象に類同的なる相對物を悉く陰陽の兩者と見做したものであり、乾坤も亦天光地育の自然現象からとつて純陽純陰、從つて父母と見做したものであると論じて居るが、之等の文字はその構成を天地自然の現象にかたどつたものに相違ないにしても、この自然現象に刺戟されて始めて父母、男女の對立を認めたものでなく、父母、男女に依つて生產の行はるゝ事實を以て天地自然の生產現象を解釋せむとし、而して自然現象を父と母、男と女と見做す事としたが、人にあらざる自然現象そのものを男女又は父母と云ふ人的名稱を以て呼ぶのが不適當であり、且つ一切の森羅萬象を之に依つて說明せむとするには、宇宙現象の一部分に屬する人の名稱、卽ち父母とか男女とかを用ふるのが拖括的でない處から、人の父母、男女に相等し、同時に一切の現象を說明するに適當なる名稱を人以外に求め、日、雲、天地こそ一切を包容した對立的大現象なるを以て、こゝに日晴から「陽」を、雲雨から「陰」をとり、而して天日を「乾」とし地土を「坤」となすに至つたものであらう。卽ち陰陽、乾坤等の文字も亦人の男女、父母を根據とし、之を推して自然現象一切を解釋せむが爲めに求め作られたるものであると考へられる。易に『天地之大德曰レ生。』（繫辭下傳）とか『乾道成男。坤道成女。生々之謂レ易。』（繫辭上傳）と云ふが如き易陰陽說はその本質を「生」「生產」に置くのであるから、卽ち生、生產を以て宇宙の現象を解釋し、人事の吉凶を判定せむとするものであるから、この生、生產の最も具體的にして認識せられ易き父母、男女の觀念を演繹して、その學說の體系を作りあげることは當然な行き方であると云はねばならぬ。

陰陽から發展した八卦、乾、兌、離、震、巽、坎、艮、坤は之を自然現象に配合して天、澤、火、雷、風、水、山、地として居るが、易の說卦第十章に依れば、乾を父、坤を母となし、而して他の六者を乾坤六子として居る。卽ち震が長男、巽が長女、坎が中男、離が中女、艮が少男、兌が少女である。從ひて八卦は父母六子の親子團體であり、父母、三男三女の異性結合であり、而して之を生產的に見れば父母に依つて三男三女を出生した現實生產と、將來に於て生產をなすべき三男三女の未來生產との組合せ、約言すれば現生と再生とを具有した自然の發展關係、所謂生々の道を表現せむとしたものに他ならない。この八卦を父母六子に配する說明は之を易に見れば、

『乾天也、故稱ニ乎父一。坤地也、故稱ニ乎母一。震一索而得レ男、故謂ニ之長男一。巽一索而得レ女、故謂ニ之長女一。坎再索而得レ男、故謂ニ之中男一。離再索而得レ女、故謂ニ之中女一。艮三索而得レ男、故謂ニ之少男一。兌

三索而得レ女、故謂二之少女一。』（說卦第十章）

と云つて居るが、この一索再索三索の索は陰爻陽爻の組合方を下から順次に一再三としたものであると考へられるが、謂ふにこの六子設卦も亦抽象的、理論的なものでなく、具體的な事實的なものからであらう。卽ち震は☳を以て表示されるが、之を數的に見れば五、故に陽に屬することは勿論であり、而してこの五數を構成する爻に就て云へば陽爻が最もその下位、末端に在るからその活動作用から見て直ちに陽的活動をなすことが出來る、換言すれば成熟せる男性を表示するものであるが故に之を長男としたのであり、巽はその卦象☴、その數四、而して陰爻最下位に在り、故に陰にして陰性的活動に適するを表示する處から、之を長女となし、坎はその卦象☵、その數五なるが故に陽、然れどもその陽爻中位にありて尖端にあらず、卽ち男は男なれどもその陽性的活動期に至る迄にはやゝ若干の隔りあるが故に之を中男となし、離はその象☲、その數四なるが故に女、陰爻中間に位すれば中女となし、艮は卦象☶、數五、男なれどもその特徴最も後位にあるが故に、之を最も未成の男卽ち少男となし、兌は卦象☱、その數四、故に女なれどもその特徴最も未熟なるが故に之を少女となしたものであつて、全く實際的事實から想定されたものと云ふことが出來る。

猶ほこの乾坤六子說に於て注意すべき事はその三男三女各卦象の構成が陰爻陽爻の兩者から成つて

居る事である。今之等の陰爻陽爻を陰陽の兩要素とすれば男にも女にも皆この兩要素を含んで居り、その男たり女たるは奇偶の數的關係からであり、長少の差は特徴の發現程度に依繋することである。だから男女長少の別は陰陽兩要素の量的多少にあるのでなくて、その發現關係の優劣に依るものであるとした事である。この優性を陽となし劣性を陰となす觀念こそ、陰陽說が具體的なものから漸く抽象的に、實際的なものより理論的なものに進展せむとする萠芽觀念であつて、男女と云ふも本來から絕對的に別異なものでなく陽性が優位に立つ時は男を成し、陰性が優位を占むる時は女を成すものであると云ふことは、やがて自然界の現象も亦絕對的に對立する兩者の本來から存立するものでなくて、その陽性陰性の優劣如何に依つて相對的な現象を呈するものであると云ふ處まで到達すべき觀念の發展を效すであらう。

然らばその陽性陰性とは何ぞや、周茂叔は「太極圖說」に於て、一元氣の流行增進を陽、一元氣の收斂消退を陰と解釋し、而してこの一元氣を太極として『太極動而生レ陽。動極而靜。靜而生レ陰。靜極後動。一動一靜。互爲二其根一。分レ陰分レ陽。兩儀立焉。』(太極圖說)と云つて從來、父母、男女と云ふが如き具體的な相對物から由來した陽陰兩要素の二元的なものを全く一元的なものに歸納して、宇宙の現象は一元的な本體たる太極からあらはれるもので、そのあらはれるや動、靜、進退、長消の二形式をとるものであると、陰陽を一元氣の發展過程に於ける二つの形式としたのである。

かく宇宙の發現を動靜、進退、消長的に論ぜんとすれば勢い、その本體を個體的なものとして置く譯に行かない。その消長の自由なるものは古來氣體である。變化流動を性とする本體は、從つて當然氣體であると考へられねばならぬ。旣に易の本體が氣であり、陰陽の本體たる太極が氣であるとすれば、その流形たる陰陽も亦氣的流形となさゞるを得ない。こゝに一元氣の進長を稱して陽氣となし、一元氣の消退に名づけて陰氣となすに至つたのである。

陽氣陰氣は右の如く一元氣の進退、長消に名づけたものであつて決して二元的なものでないのであるが、宇宙の現象を說明するには、之を別々なもの卽ち陽氣、陰氣の兩氣として取扱ふ事が最も容易であり、理解し易いので、陰陽說では通例この陽氣陰氣を、別異なものゝ如く見做し、この陰氣陽氣の優勢なるに從つて自然現象に陽者と陰者の差別相を顯現すると云ふ自然現象の簡便な解釋法を試みて居る。この解釋法に從へば、火は陽氣の盛んなるものであり、水は陰氣の盛んなものであるが、これは火に陰氣を欠き、水に陽氣を欠く所以にあらずして火は陽氣が優勢なる位置を占め、水は陰氣がその優位を有つからであると云ふのである。又陽氣は進長の氣であり動的な氣であるから、一般に活動的なものはこの氣の優勢なるからであり、陰氣は消退の氣であり、靜的な氣であるから、一般に不活動、靜止的なものはこの氣の優勢なるからであると解釋される。從つて春や夏が陽であり、秋や冬が陰であるとされ、太陽(卽ち日)や晝が陽とされ、太陰(卽ち月)や夜が陰とされるのである。

處が宇宙の現象にはもと〱その發現が流形的なものであるから一として絶對的な、永久不變なものとてはない。だから宇宙の現象界は全くの變化體系である。この變化體系に名づけて「易」と云ふのであるが、この變化を稱して陰陽説では陰陽の循環と云ふ。春あれば秋あり、夏あれば冬あり、生るゝものは死し、成るものは破れ、一として常住の姿を保つものがない。同樣に破れたるものは成り、死せるものより生れ、冬は春にめぐる、陽は陰に往き陰は陽に來る、之を陽陰の往來と云ふ。この往來循環の自づから行はるゝを天地の度數と云ひ、また天地の造化と稱する。

さて陰陽は本來太極から分れた二つの作用であり、氣であるから、それの一方のみでは宙宇現象を發現させる事が出來ない。兩者相まつて始めて造化をなすことはその由來から見て當然なことである。卽ち陽は陰をまつて始めて活動し、陰は陽を得て始めて發動するのである。故に陰氣も陽氣も單獨にあつてはこれ等は造化の働きをなさず、陰陽兩氣の冲和するに依つて始めて生産を行ふ。これを生氣と稱するのであるが、この生氣は、だから一元氣たる太極から分れた陰陽兩氣の合した小一元氣とも云ふ事が出來るであらう。從つてこの生氣から出生した者は復た一小太極と見る事が出來るであらう。

果して陰陽說ではこの陰陽が沖和して成り生じた者を復た太極とも稱して居るのである。之を例せば父母は何れも陽氣陰氣の沖和物であるが、父の盛なる氣の陽氣と母の盛んなる氣の陰氣を享けて生れた子は、陰陽の兩氣を沖和した生氣の所產たる一太極に他ならないのである。

然しながらこの陰陽沖和して成出したものは、そのまゝに終止せず、卽ち父母から生れた子には男子あり女子があつて、一は陽を優勢に、一は陰を優勢に保有したものに成り、この兩者は再び父となり母となつて新しき子孫の生出を促すが如く太極から陰陽兩者に分れ、この陰陽沖和して太極をなし、この太極また分陰分陽し、かく分合を繰返して終止する處がないのである。從つて體本たる太極から分れた陰陽は第二次第三次乃至第無限次の小太極、卽ち現象太極を成生して止まる處がないのであつて、之を圖示すれば次の如き關係に於て現象界は發展するものと見ることが出來よう。

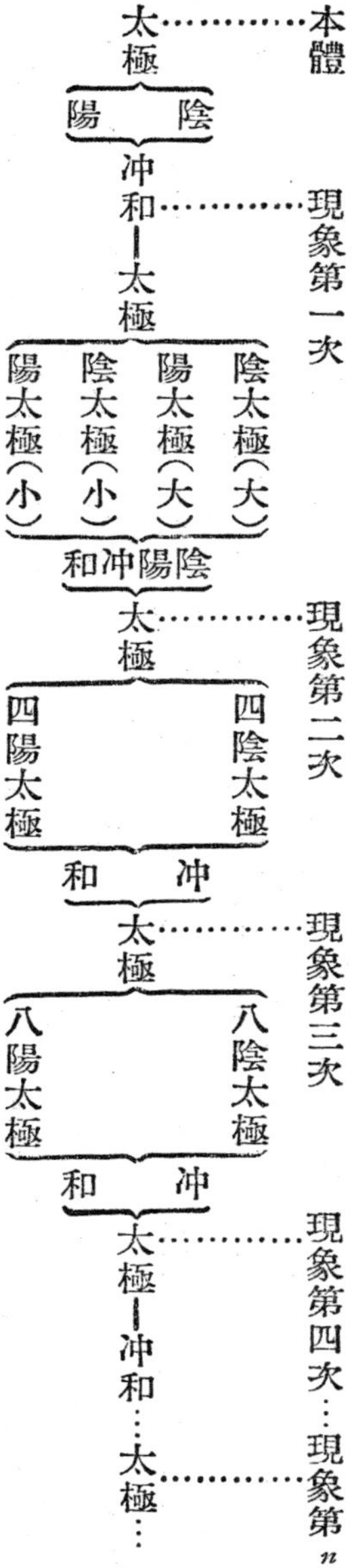

以上は陰陽の現象界に於ける生々の方面に就ての理論であるが、陰陽活動には既に前述せるが如く、猶ほ循環的原理の存することを見遁してはならない。『動極而靜。靜而生レ陰。靜極後動。一動一靜。互爲二其根一。』と云ふのがそれであつて、晝極りて夜となり、夜極りて復た晝となり、春盡きて夏、夏去りて秋、秋暮れて冬至り、冬極りて復た春を立するが如き現象は全く陰陽の循環原理に基づくものに他ならないと云ふのである。だから榮は枯を、盛は衰を生は死を約束することであるが、同時に枯も衰も死も亦その極るや復び榮、盛、生に向ふのであるから之を喜憂するの理由は少しもない譯である。

之を要するに陰陽說は自然現象の說明を爲さむが爲めに、人事を以て之を具體的に解釋することから出發し、漸く進んで抽象理論的に宇宙に恒存する原理を究明せむとしたもので、その結果、宇宙の本體たる太極から陰陽の二活動形式があらはれて現象界を發展せしむるが、この現象界に於ける現象は、陰陽の活動原理たる生々の原理と、循環の原理との二つの原理に依つて、無限に繼續顯現せられるものであると說くのである。この生々の原理と循環の原理とを知悉してよく自然現象の消長起滅を豫測する事が出來るならば、人生に於ける利用厚生は極めて容易に致され得るであらう。陰陽說の基をなす易が、吉凶禍福の豫知行事卽ち卜筮の資に供せられ、八卦、六十四卦が卜筮の金科玉條として重視せられるのも、自づから首肯せられるであらう。

第三節　五行說

五行說は支那に於て發生發達したものとされ、その根據は書經、洪範九疇の一たる五行であると云ふ。五行とは水火木金土の行用である。この五行はその初め自然と人生に於てなくてならぬ材用の意味に解せられて居たが後ちには宇宙萬有を形成する五つの活動的元素《エレメント》とされ、遂に陰陽說と結び付いて自然現象を發展せしめる五つの精氣であると云ふことになつた。(この五行の沿革發達に就ては史學雜誌第四十一編第一號に佐中壯氏が「五行の氣に就いて」と題して、五行の原義は最初全く物質的な觀念から出發したものであるが、後に氣の精なるものが聚積すると物をなすと云ふ支那古代からの思想を逆に行つて、物質たる五行を氣的に考へるやうになり、それを鄒衍が印度の五大(地、水、火、風、空)思想の影響を受けて五行を宇宙を構成する五元素となし、殊に土を他の四元素を包むものとして中央に位置せしむるに至らしめたものであらうと論じて居る。この五行の發達沿革に就てはこゝに詳細な論述を必要としないから略する事とし、風水說を說明し、風水說に影響する處のものに就てのみ、その說述を試みることとする。)さて五行とは如何なる性質を有するか、書經洪範には之を次の如く

『水曰潤下、火曰炎上、木曰曲直、金曰從革、土爰稼穡。潤下作鹹、炎上作苦、曲直作酸、從革

作辛、稼穡作甘。』

と云つて、その各の性狀と味覺的屬性とを述べて居る。之等の性狀並びに味ひは、五行を全く物質的に觀察してからの事であつて、水の潤下、火の炎上、木の曲直、金の從革（任意にその形體を變化し得ること）、土の稼穡（播種及び收穫）などは悉く具體的な實狀から與へられたものであり、且つその味ひに至つても、水を煮て鹽を得、灰に含まるゝアルカリ、木皮を搾つた液汁の酸味あること、土壤の甘味あること、及び金物の皮膚を刺戟する痛覺が、恰かも辛味に依つて刺戟されるが如き、日常經驗上の事實から推して附會したものであるから、五行を以て自然現象を說明せむとする觀念も、陰陽說に於けるが如く、全く人的經驗を基礎として出發したものであると云はねばならぬ。

五行の相互關係には相生と相尅との二原理がある。それは、

木生火、火生土、土生金、金生水、水生木、（相生原理）

水克火、火克金、金克木、木克土、土克水、（相克原理）

の二原理であつて、五行說に於て最も重要なる役割を演ずる法則となつて居るが、これも亦斑固の說明に依れば、

『木生レ火、火生レ土、土生レ金、金生レ水、水生レ木。其火燋レ金、金生レ水、水滅レ火報二其理一。火生レ

土、土則害レ水、莫二能而禦一。五行所二以相害一者天地之性。衆勝レ寡、故水勝レ火也。精勝レ堅、故火勝レ金。剛勝レ柔、故金勝レ木。專勝レ散。故木勝レ土。實勝レ虛、故土勝レ水也。』

と云つて、相生相克は實際的な經驗に基くものなることを述べて居る。即ち日常の經驗では木を燒けば火となり、その燒け殘つた灰は集つて土となる。金屬の土中から掘り出される事は勿論、金屬はよく空氣中の水氣を冷凝して水滴を結ばせ、植物は水を與へなければ枯死し水を得て繁茂する。而して金を熔かすには火を以てし、木を切るには金物を以てし、土を掘るには木を以てし、水を防ぐには土を以てし、火を消すには水を以てするのが最も普通な實際的やり方である。之を斑固は『五行の相害する所以は天地の性』なりと抽象的に云つては見たものゝ、之を詳細に說明するに當り、再び實驗的の立場に下つて『衆は寡に勝る故に水は火に勝つ。精は堅に勝る故に火は金に勝つ、剛は柔に勝る、故に金は木に勝つ。專なるものは散なるものに勝る、故に木は土に勝つ。實は虛に勝る、故に土は水に勝つなり。』と述べて居るのも、未だ五行を具體的物質的なものより、抽象的な存在として取扱ひ得なかつた爲めであらう。

漢時代から、この五行は五色、五方、五季に配當せられるやうになつたがそれは次の如くである。

五行	五色	五方	五季
木	青	東	春
火	赤	南	夏
金	白	西	秋
水	黑	北	冬
土	黃	中央	四季

この五色も亦、木葉の青綠なる處から木を青となし、火炎の赤きところから火を赤となし、金屬の光澤あるものが白色を反射するところから金を白、水の深く湛然たるものが暗黑なるところから、水を黑に、而して土色が多く黃色なるところから（殊に支那では文明の傳播地域たる黃河流域にはこの黃土層が多いので）、土を黃としたもの、卽ち日常の經驗から配色したものであるに相違ない。又木を春に配したるは春になりて植物新綠の芽をふくからであり、火を夏にしたのは夏季に炎熱甚しきからであり、金を秋に配したるは秋冷黃葉恰も金屬の色と觸覺の如きからであり、水の冬は水の寒冷と冬の寒冷との聯想からであり、而して土の四季は、土が中央を占めて四方を統合するの意味に倣ひ、土は春夏秋冬を綜合したもの卽ち四季を司るものであるとしたものであらう。次に五行を五方に配した

るは管子の云へる如く『東方其氣風、風生」木。南方其氣陽、陽生」火、西方其氣陰、陰生」金。北方其氣寒、寒生」水。中央土。』南方は温かく温かきは陽であるから火、西方は日の沒する處月の初まる處なるが故に陰陽から云へば陰、而して金聲は陰なるを以て西方を金となし、北方は寒冷、寒冷は雪や氷に依つて代表され雪氷は水であるから北を水、而して東方の風至る時吹き來る時は、萬木新たに甦つて萌芽を出すを以て東を木としたものであらう。

この五行を方位に配する點に關し注意すべき事は、易の八卦が創定された頃には中央と云ふ觀念が未だあらはれて居らぬ事である。卽ちその頃、八卦を方位に配したものには、伏義の定めたと云ふ先天圖、文王の定めたと云ふ後天圖の兩圖式があるが、それは各々次の如くであつて何れも中央を立てゝ居ないのである。

後天方位圖（甲）

先天方位圖（乙）

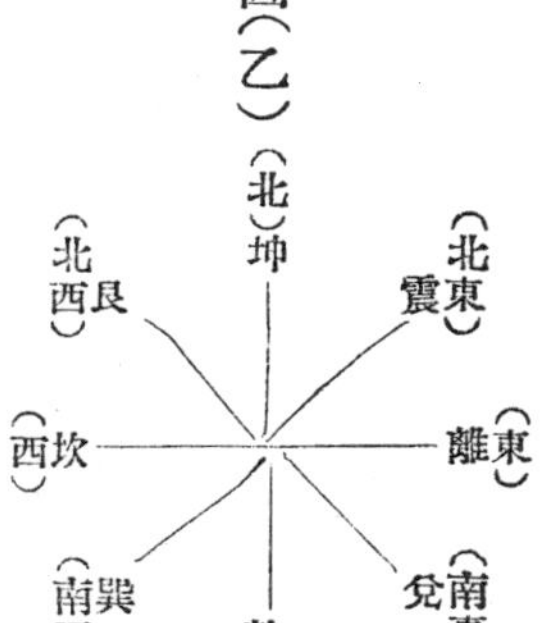

（この八卦方位の說明は易の說卦傳にあるが今直接必要なき故之を略する）して見れば方位に中央を立てたのは、五行の盛になつて來た漢以後に於てであると見なければならぬ。然らばこの五行に於ける中央の觀念は如何にして發達したものであらうか。

佐中壯氏は（史學雜誌第四十一編一號）支那で五行を四季並に方位に配する際土を中央となし、四季となすのは、印度の「五大」思想の影響からであらうと云ふ。それは五行の大發展は戰國時代に鄒衍等に依つてなされたものであり、（西紀前五〇〇）鄒衍の思想體系は印度の五大思想と共通して居る處が多く、而して印度の「五大」思想ではアトマンから空が生じ、空から風が生じ、風から火が、火から水が、水から地が生じたとなし、且つ空は音を有し、風は音及び觸覺を有し、火は音、觸覺並に形狀を有し、水は音、觸、形狀並に味を有し、而して地は音、觸、形、味並に香ひを有するが故に五大の各々は自己を產んだものの性質（屬性）をも併せ有して居る。從つて地（土）は水、火、風、空の四大の性質を具有するものであると云つて居るから、この地の四大具有思想に影響されて五行に於ける土（地）を四季となし方位の中央となしたのであらうと云ふのである。

然しながら土を中央とする思想は本來支那に於ておぼろげながら存在して居たものであるから、土が中央にあつて水火木金四者を統括するものであると云ふが如き理論的な觀念は或は、印度の五大思想に影響されたものかも知れぬが、五方位など云ふ考方から離れて、土を中央となす觀念が古來支那に存在してゐたので、五行思想の發達過程にこの土を中となす原始的な考へ方を採用し、五行の配方に於て土を中央となすやうになつたもので、別段印度の五大思想に依つて發展させられたものではなく、適〻印度思想に於ける五大が、地を主位と定め而して他の四大を之に依つて統括せしむることと恰も五行に於て土を中央となさんとする觀念と全く共通せる點がある處から、五行の配當法が確實なものに違ひないと云ふ論證の資に、印度の五大思想を供したものであるかも知れない。

さて土を中とするの思想は五行說など云ふ理論的なものから離れて已に支那の實生活に於ける經驗上から發生して居る。而してそれは中を重んずることと、地(土)を母と見做したこととから出發する。中を重んずることとは自己民族の誇り、自己社會、自己文化尊重の原始民族に共通なる自己社會を中心として四周の民族社會を賤視する觀念からであつて、支那では古來自己社會を「天下」と稱し、その四周を「爾雅」に所謂『九夷、八狄、七戎、六蠻之を四海と謂ふ』と云ふが如く賤視した。而して支那革命は、その長き歷史を一貫して四圍の雄强民族が所謂中原之鹿を獲る事、卽ち中國に君臨する事に依つて繰返されて居るのであるが、この歷史的事實は支那社會に於て(廣い意味の)中央に進出する事が天下を取る事であり、同時に中央が最も注目せられ、尊重せられたことを物語るものである。且つ支那古來の政治觀念に依れば、最も重んずべき統治者は最も中央に居るべきものとされ、四方の國々の中央に中國あり、中國の中央に畿甸あり、畿甸の中央に帝都あり、都城の中央に宮殿を建て、此處に於て君王は天下を治め、四海を保ち、萬機を綜覽するものと考へられて居た。

支那では古來地を萬物の生產母體として重要視した。遊牧民族の間に於ては地の效用は左まで重要視すべきものでないかも知れぬが、早くから農を本として社會生活を營むだ支那中國民の間に於ては、生活の本據となり生活の資財を產み出す土地は極めて尊重すべきものであつたに相違ない。土地の生產力は、その實天の晴雨に依つて大いなる影響を受くるものであると云ふことは、やがて考へつかれる事であるが、原始人の間、その智力の幼稚なる時代に於ては、恰かも乳兒が直接自分を愛育する母のみを先づ認識するが如く、直接生活の資用を供する地を重視して、間接と思はれる天に就ては左程の關心を持ち得ないのが人文發展の通則である。支那に於てもこの通則に漏れず、人々の腦裡には地の重視すべきことが先づ印象せられ、この先入的觀念が地を以て最も尊重すべきものとなすに至つたものであらう。

旣に天を認め、生產物乃至宇宙の現象は天と地との協合に依つて成生されるものであると考ふるに至つた頃陰陽說が發生し、やがて自然現象は陰陽二氣の永久につゞく發展過程であると抽象的に理論的に學說化された。而して陰陽を物に配するや陽を天となし地を陰となし、父を陽となし、母を陰となし、男を陽、女を陰、盛を陽、衰を陰、强を陽、弱を陰、大を陽、小を陰と、相對的に陰陽を配する場合、優位、上位に居るべきものを陽となし下位、劣位に居るべきものを陰としたのである。だから普通に使用される言葉の順序からすれば、天地、父母、男女、盛衰、强弱乃至大小と云ふが如く、陰陽と呼ぶ場合、陽を先にして陰を後に、卽ち「陽陰」と云はなければならぬ筈である。然るに陰陽說では之を陽陰乃至陽陰說と云はずして陰を先にし陽を後につけて「陰陽」と云ふ。これそも〳〵實生活の上から地を直接なもの天を間接なものとし、同時に天よりも地を重視した先入的觀念が、自づから用語上に表現されて「陽陰」たるべきものを「陰陽」と呼び倣したものであらう。

「陽陰」を「陰陽」と呼び慣はした事は兎も角、生產的に見て天よりも地を重視することは爭はれない事實であるから、この土地重視の考が中央尊重の觀念に結びつけば土は他のものに比して中央の位置を占むべきものであると云ふ觀念の發展は自然でなければならない。五行の一つ一つを方位に配せんとするに當り土を以て中央に位置せしむる事も亦當然な歸結であらう。殊に土は萬物を生む母であるから、五行に於ける餘他の四者も亦悉く土を親とすべきものであり、土と他の四者との關係は恰も親と子との如しと見做される。親が中央に居して、子がその四周に仕侍するは家庭に於ける原則である。

この家庭の原則を移して宇宙に於ける五行の位置を定めたのが五行五方位（木東、金西、水北、火南、土中）の配當方であらう。

地を母となす地母觀念に關聯して土色を黄となす觀念が古來支那に存在するが、この黄土觀念も亦土を中央となす考方に有力な援助をなしたものとして看過してはならぬ。そも〳〵數千年の歴史を閲する支那の社會は、黄土の上に建設され支那の文化は黄土に依つて育ぐくまれて居る。支那社會は上古パミール高原地方から黄河の流域に沿ふて東下し。高士地方にその居を卜した。この黄土は農生産上肥料を要せざるが如き肥沃の土壤であつた。だから農を以て生活の本とした支那社會には、この黄土が最も貴重なるものとなされたであらう。傳說に云ふ支那社會の建國第一帝王は軒轅氏である。而して、その帝號が黄帝であり、土徳を以て王たりと云はれて居るのはそも何を物語るものであらうか。これは支那社會の建設が黄土を基礎として成され、その文化も亦黄土の徳から發祥したものであることを人格的に傳へたものと見なければならぬ。易に『天は玄にして地は黄なり』と云ふ天地配色の觀念は、その本源を實生活の中から、卽ち黄土に依つて生活するところに發したものであらう。

かくの如く土を黄色となす觀念は、生活を黄土の上になす經驗から出發したものであることは疑ふ餘地なきが如く、從つて黄土の尊重から黄を中央となす事も當然な譯であらうが、黄色を中·央として尊信するの觀念は、一方人の生殖を希ふ處から生殖の機關を尊重する、支那古來の民間信仰に依つて影響せられて居るとも云ひ得るのである。凡そ民間信仰なるものは生產力あるものに偉力を信ずる事が多いものであるから、生殖をなす機關及び之に類する物、乃至生殖のプロセスに類する行事が、偉大なる力を發揮するものとして、魔除けに、又祝福の爲めに尊信し、且つ儀式として生殖に類する事を行ふものであつて、之等を性信仰と稱すれば、この性信仰は古來各民族、各社會に通じて民間信仰界の一大範圍を占めて居るものである。

支那に於ても古くよりこの性信仰が、有勢に普及して居た事は、別段取りたてゝ論ずるの必要なき事實であつて、この信仰は單に原始的なもののみに止まらず、宗教に、美術に乃至哲學にまで純化され、理論化されて發展して居るのである。且つ支那に於ける性信仰は長き歷史と大いなる文化の影響を受けて、他の社會に於けるが如き單に外面に見得る性機關の形狀のみに止まらず、性機關の全體系及び性殖の全プロセスが信仰の對象とせられる程の發達を示して居る。從ひて支那に於ては早くより旣に性機關の全部に就て智識と尊信が效されて居たものと云ふことが出來る。殊に孔子が『君子は庖厨を遠ざく』べきものであると誡めた如く、支那では家庭に於て食用に供すべき、又は祭祀に供すべき牛羊を料理したのであるから、生殖の機關に就ての知識は極めて詳細に渡つて居たものであると察せられる。猶又一部の狂暴な者の間には、妊婦を割つて胎兒を取出すとか、變態性慾者の間には、性器官を料理するが如き、又惡疾を治癒する爲めに性器を採取するが如き事實も、少なからず敢行されて居たから、性器に對する智識は案外詳しく知れ渡つて居たものと考へられる。

かくの如くして早くより既に生器官に關する詳細な智識があり、且つこの性器に對する性信仰が作用すれば、生産を司る、生産の行はるゝ、生産に於て陰精と陽精の融合して新生を成す處の部分——内生殖器(卵巣、子宮)が生産的に最も重要なるもの、最も尊重すべきもの、最も偉力あるものと云ふ事になるであらう。然るにこの內性器は受胎後、胎兒の發育につれて黃膜を形成するのであるから、この內性器が最もその機能を發揮するの時は黃色を呈するものであると觀察されたであらう。この點に關しては小林胖生氏が「亞東」第七巻第一號第二號に『黃土文明と信仰』と云ふ論文を掲げ、その中に詳細に論じて居るが、それに依れば、崇黃思想は第一、農卽ち黃土至上崇拜であり、第二に五行說に黃土を中央とする處からであり、而して黃土を中央となす由來は、東を靑龍、西を白虎、北を玄武、南を朱雀とするに對し中央を「黃婆」とするが爲めである。さてこの「黃婆」は母體性器の汾泌液乃至卵黃、卵黃膜、中宮が老衰する時黃班を生じて黃化するが如き生理的實驗から想定されたものと思はれるから、崇黃思想は黃土至上崇拜に母體黃色崇拜と云ふ性崇拜が結び付いて發達したものであらう。との事であるが、この見方は極めて暗示に富んだ興味ある觀察と云はねばならぬ。

この中黄觀念に就てはもう一つ日常吾人の經驗する事實から『生産は中黄より』と考へつかせられるものがある。それは鳥の卵であつて、鳥の卵は卵殼内に卵白を湛へ、その中央に卵黄を擁し、この卵黄はカラサに依つて龕燈式に吊られて居るので、如何に動搖回轉してもいつも中央の位置を保つて居る。而して雛鳥はこの中央に位する卵黄から發生する(實は卵黄の一部にある受精點、俗に目と云ふ一部から發生し、卵黄は之が發育して雛となる爲めの養分であるのである)から生命の源はこの卵の中央に位する黃體にあり、この黃體が生々の德を具へたものと考へられるのは自然の理である。猶ほこの黃體は高熱に遭へば凝固して恰も黄土の一塊たるが如き觀を呈することも日常の經驗する處である。而してこの現象は五行の相生原理たる火生土を想起せしむるに充分であるから、この鳥卵に關する日常の經驗から土を中央とし之を黄とする觀念に及ぶ事もあり得る事であらう。

以上に於て五行說が全く實際的な自然觀察又は日常の經驗を基礎として發生發達したものである事を各方面から觀察したのであるが、この觀察にして誤りなからんか、五行說は陰陽說と同じく宇宙萬有の現象を主として生産的に解釋せむとするものであり、その解釋の標準も亦人に最も理解せられ易き人事の經驗に置いたものであり、而して人事の經驗は主として生殖、生産に屬する種類のものであると云ふことが出來る。從つて五行はもと〱人生に役立つ五つの財と云ふ觀念から出發し、一歩進んで自然界を構成する五つの元素的物質の如く考へられるに至つたが、自然現象を生產的に解釋せむとする支那古來一貫せる民俗意識の衝動に導かれて、陰陽が生產に役立つ二つの作用となされたと同じく、生產を效果する五つのもの、五つの作用と認められるやうになり、かくて五行は氣となり、陰陽と結びついて、宇宙現象を生產的に解釋する陰陽五行說となつたものである。

易繫辭上には『精氣爲ㇾ物、遊魂爲ㇾ變』と云ふ句があり、王弼は之に註して『精氣烟熅、聚而成ㇾ物、聚極則散、』と云ひ、淮南子天文訓には『天地襲ㇾ精、爲㆓陰陽㆒』と云ふ一句があり、高誘は之に註して『襲ハ合也、精ハ氣也、』と云ふが如く支那には古くから精氣が聚積して物質を生ずると云ふ考があつた。(佐中氏「五行の氣に就て」史學雜誌四一ノ一參照)この精、氣が物を成すと云ふ觀念は少しく自然現象を注視する者には直ちに考へ及ぼさるゝ觀念である。凡そ文化の幼稚なる人々の間には同一の人でありながら强弱大小賢愚の差あるは、この差を生ぜしむる何ものかが存在し、この何ものかの支給の多少に依つて決せられる事、恰かも肥料を與ふるの多少に依つて植物の成長結實に差を生ずるが如しと考へるものであり、又健康なものが病氣になり、富者が一朝にして零落するのは、普通人には見えない精靈があつてその力を振ふからであると考へるものである。この何もの、又は精靈は或る作用(力)

を有する物的存在と考へられて居るが、この不可見的存在物に依つて可見的差異現象があらはれると信ずる思想は、やがて自然の現象を説明するにも擴げられ、自然現象はその背後にある不可見の勢力物があつて、之を左右するものであるとなすに到ることは誠に當然な過程であらう。易の『精氣烟熅聚而成物』に於ける精氣、之を單に氣と云はずして精氣と云ふ、之れこそ精靈觀念と同一なるものから出發したものたるを語るものでなくて何んであらうか。

旣に現象の裏にこの現象を發生せしむべき精氣があると考へる以上は可見の現象がその萬象を呈するに從つて、その裏面に於て之を動かす不可見の精氣にも各種の種類があると云ふ事は直ちに考へられる。同一なる野に咲く千草のその花色に種々あるのは、各その花を咲かしむる精氣の如何に依つてであり、卽ち赤き花は赤き花を咲かしむる氣、赤氣、同樣に白き花は白氣、黃花は黃氣に依つてであると云ふことも容易に考へ合はされる。かく自然現象が、各々異つた精氣に依つて異つた現象を呈するものであると云ふことになれば、この自然現象の要素を幾つかの要素に分攝する時はこの精氣も亦當然その要素の數に應じたものに分攝せられなければならぬ。だから若し自然界を水火木金土の五要素に分攝すれば自然界に活動する精氣も亦水火木金土の五精氣がなければならぬ事とならう。

その始め五材、五物と云ふ、全く物質的な五行は右の如き心理的發展過程を經て「呂氏春秋」の出來た頃には立派に土氣、木氣、金氣、火氣乃至水氣と云ふ五氣をつくり上げてしまつた。今呂氏春秋應同篇の一節を掲げて、このプロセスを如實に物語らせる事としよう。

『凡帝王者之將《スル》興《ラント》也。天必先見《アラハス》祥《ヲ》乎下民。黄帝之時、天先見《ス》大螾大螻。黄帝曰、土氣勝。土氣勝、故其色尚黄、其事則土。及禹之時、天先見草木《ノ》秋冬不殺。禹曰、木氣勝。木氣勝、故其色尚青、其事則木。及湯之時、天先見金刄生《スル》於水《ヲ》。湯曰、金氣勝。金氣勝、故其色尚白、其事則金。及文王之時、天先見赤烏銜丹書集于周社。文王曰、火氣勝。火氣勝、故其色尚赤、其事則火。代火者必將水。天且先見水氣勝。水氣勝、故其色尚黒、其事則水。水氣至而不知數《ノ》備《ルヲ》、將徒于土。』

この一節は支那上代に於ける革命を五行の相剋原理、卽ち木は土を克し、金は木を克し、火は金を克し、水は火を克し、土は水を克する（克するは勝つと同じ）事に依つて説明せむと試みたものであると思はれるが、その試みが歴史的事實と符合するや否やは別として、宇宙の自然現象は、その裏面に活動する五つの元力、卽ち五氣に依つて效されること、及び、その氣の勝らんとする先兆として、その氣のシンボルとされる動植物があらはれる事等、五行思想が如何に民間信仰的プロセスを經たものであるかを充分に物語つて居る。

さてこの五行の氣が萬物に發展するの順序如何。五行說に從へば宇宙の萬物は五行を要素とするのであるから、萬物の一として五行ならざるものはない譯である。然るに前述せるか如く、自然の現象はその現象をあらはす氣に依つてあらはされる、例へば草木が木の氣に依つて繁茂するが如く、各現象はそれ〳〵その現象を生ぜしめる處の各特別の氣に依つて支配せられるのであるから、嚴密に云へば宇宙の現象は五つしかないと云はねばならぬ。卽ち宇宙一切の現象は金氣から出發した金現象、木から出發した木現象と云ふが如く五つの現象に限定されてしまはねばならぬ。かくの如く現象が若し限定されたものとすればこの五現象の間に變通自在と云ふことが許されない。如何に五行說が五行の相生則を固執したからにしても、全く異なる元氣からあらはれた現象の間に、相生と云ふことのあり得べき筈がない。金水を生ずると云つても、金と水とが全く別異な氣から發したものである以上、金には水の少量をも含んで居らぬ譯であるから、決して金から水の生ずる事を理論的に認めることが出來ない。是に於てか五行說は陰陽說にその援助を求めなければならなくなつた。

陰陽說は太極から分れた陰陽の兩儀が發展して萬物を成すと云ふ。この點、五行の氣が活動して萬物を成すと云ふ五行說と共通して居る。故に陰陽說と五行說とは相一致すべき性質のものであつた。

さて陰陽說は自然現象には男女、優劣、强弱、生死と云ふが如き相對的現象の存在から考へ出されたものであり、五行説は人生に必要なる五材と云ふが如き材料的の觀念から出發したものであるから、この陰陽說と五行說とが結び付くには、材料たるべき五行が優劣、强弱と云ふ相對的關係卽ち陰陽の發展法則に從つて萬物となると云ふ風にすれば極めて順調に調和することとなろう。而してかく兩者が調和する事に依つて始めて兩說ともその發展體系を完ふする事が出來る譯である。卽ち陰陽說は要するに、宇宙現象は相對的に發展するものであると云ふ形式說明であるから、五行と云ふ材料的な要素を欠いては、何が相對的に發展するか、その內容を具へざる事になり、萬物化生、殊に生產的に宇宙現象を說明するには不充分の嫌がある。五行說も亦旣に前述せるが如く發展形式を欠くが故に萬物の生出を完全に說明することが出來ない憾がある。然るに五行と云ふ內容が陰陽と云ふ形式に依つて發展するものであると云ふ事になれば、宇宙の本體から現象が發展すること、所謂天地の造化を說明するに、形式內容共に具備したものとなつて、この兩說の握手に依つて始めて自然現象の說明が完全につくこととなる譯である。

そこで造化卽ち宇宙の現象は、陰陽五行說から次の如く說明せられる。宇宙には萬物の成分となるべき五つの元氣がある。この五氣が萬物に成生するのであるが、その成出されたものに各種の差別があるのは、この氣から物を成出する場合に陰陽の支配を受けるからである。宇宙から成出されたものは一小太極である事は既に述べた處であるが、この意味からすれば萬物悉くが一小太極であり、この小太極はその規模の小なる點に於て大太極と異るものであるけれども、その本質組織に於ては別異なものでないこと、恰かも大判の寫眞を手札型に縮寫したやうなもので、小さくはあるけれども全部を具へたものであると同樣である。從つて萬物が五行の氣から成るとすれば、萬物は悉く五行の氣を全部具へたものと云はねばならぬ。なぜなれば五行の氣は太極以外に出でず全部太極に具備されたものであるから、その太極を縮小した小太極たる萬物の各々にも亦、五氣、五行が全部具備して居ること は理の當然であるからである。

萬物が小太極であり、五行を悉く具備したものとすれば、萬物はその本質に於て同樣なものであるが、その外形卽ち物として差異あるは如何なる譯であるか。これこそ陰陽にその說明を俟たねばならぬ點である。卽ち五行の氣が發して萬物をなす場合には必ず陰陽の法則に從ひ、或る氣は陽に、或る氣は陰に發せられる。この陽的發展は之を優性、陰的發展は之を劣性と見做せば、五行の氣が萬物へと發する時は、その氣の或ものは優性にはたらき或るものは劣性にはたらくが故に、成物の外形に於て差別相を呈するので、それは恰かも父母の精を二つながら受けたものでありながら、その子に男性、女性の差別を生ずるのは、一は父の精を優性に、一は母の精を優性にあらはしたものであると全く同一の理である。卽ちその子に男女の差を生じたのは、男子は父の精を陽性に受け母の精を陰性に受けたのであり、女子には父母の兩精を具へながら只、女性が陽性にはたらいただけの相違である。

之と同様に吾人の日常使用する五行、例へば金に就て云はゞ、金は五行の五氣から出來たもので、單に金氣の一つから成つたものではないが、水にあらず、木にあらざる所以は、金を成す場合、金氣が陽位を保ち卽ち優性にはたらいて、他の四氣は陰氣に措かれ、卽ち劣性にはたらいて居るからに他ならないのである、之は木や水に於ても亦、然りであつて、木は木氣が陽にはたらき他のものが陰にはたらくからであり、水は水氣が主となつてはたらき、他の氣が從としてはたらくからである。そこで五行を方位に配して東木、西金、南火、北水、中土となすのも、東方には木の氣のみが存在するのでなく、東方では木の氣が陽位を保つと云ふ事であり、南火は、南方は火氣が盛んであつて他の四氣が劣位にあると云ふ事になるのである。

かく五行の發展を陰陽的に觀察し來つて始めて、五行間に於ける變通自在が認められ、木が火を生じ、火が土を生ずると云ふが如き五行の相生關係も、金が木を克し、水が火を克すると云ふが如き五行の相克關係も亦、木を燃せば火を發するとか、火に水を注げば消ゆるとか云ふ具體的な實際的な説明でなくて、抽象的、理論的に説明せられる事となるであらう。卽ち木の火を生ずるは、木に於て陽氣を占めて居た木氣が火氣の爲めにその陽位を讓つて劣位に退くことであり、水の土を生ずるは、水氣の陽位が土氣の陽位と代はるが故であつて、その關係は全く陽が陰に變じ、陰が陽に變ずると云ふ陰陽の變化に歸著するのである。こゝに於てか五行の相生則は、實は陰陽說の變化則に他ならないものとなつてしまうのである。又金が木を克し、水が火を克する關係も、木に於ける木氣が金の金氣にその陽位を占領されて陰位に退き、水に於ける水氣が、火の陽位を占むる火氣の地位を奪つてしまうことであつて、この相克關係も亦全く陰陽の變化法則に統合せられるのである。

かく五行の相生相克は陰陽說の陰陽變化則に依つて立派に說明せられ、兩者は全く陰陽變化則の內に歸結せられるのであるから、五行說は陰陽說に依つて始めてその完成を效すことが出來たと云はなければならぬ。

猶ほ五行の相生相克の必要なる所以、卽ち何が故に五行が現象へと發展する時に、相生と相克との二方式をとるかの點に就ても、之が說明は陰陽說に於て始めて與へられるであらう。陰陽說では太極から萬物へと發現するその方式に陽陰の二方式を樹てる。卽ち動、靜、進、退、長、消、生、死の如く動、進、長、生の陽方式或は進動方式と、靜、退、消、死の陰方式或は靜退方式の二方式の範疇に於て一切の現象は發現するとなすのであるが、この進動方式、靜退方式、或は陽方式、陰方式こそ實に五行の相生則であり相克則であるのである。だから五行の相生は五氣が萬物に發成する陽的、進動的發現であり、相克は之に反して陰的、靜退的發現を云つたものに他ならない。從つて五行の相生、相克は同等に行はるゝ自然現象發現の法則であるが、人生に於てその相克關係を嫌忌して凶となし、相生關係を吉となして喜こぶのは、生產、生生を希ふ人間の、進動を喜こび、靜退を惡くむところから進動方式たる相生を好み、靜退方式たる相克を厭ふ人情からであらう。

以上は陰陽五行說の理論的解釋であるが、之を具體的に說明せむとしたものに「太極圖說」なるものがある。この圖說は宋の周敦頤（一〇一七―一〇七三）の作であり、且つ後世陰陽、五行に關聯する各種圖說の宗となつたものと云はれて居るが、今暫らくこの圖說に就て批評を試みる事としよう。

この「太極圖說」は易の太極から萬物の生ずる過程を『陽變じ陰合して水、火、木、金、土を生じ、この無極の眞（太極）、二五の精（陰陽五行の精氣）が合して凝り乾道男を成し、坤道女を成してこゝに萬物を生ず』と云ふ意味を圖に表示して說明せむとしたもので、それは上圖の如きものである。

太極圖

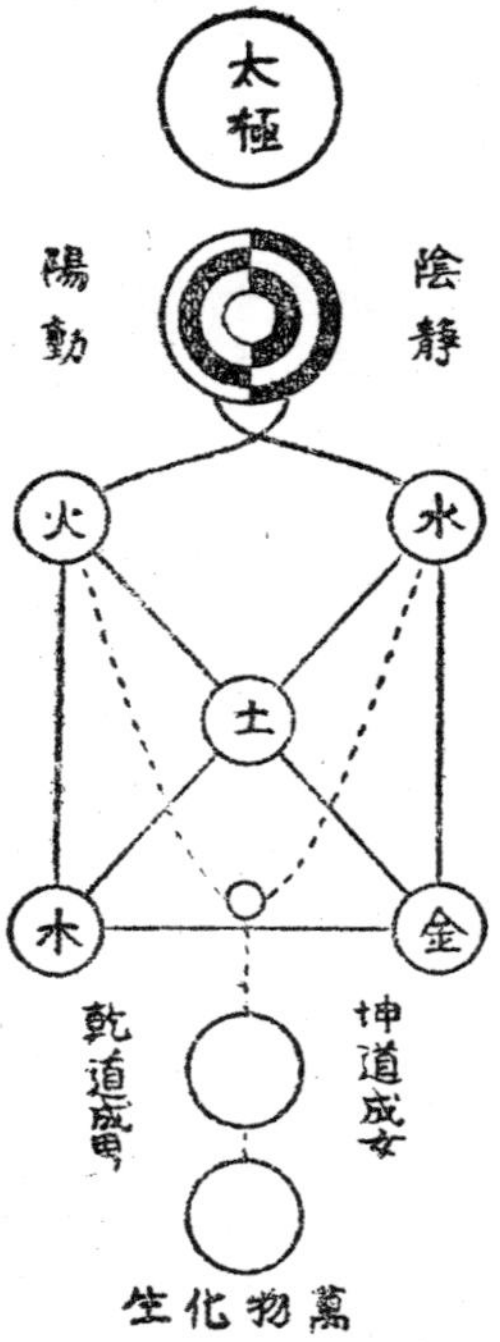

この圖説に依れば本體から現象となるのは、太極から陰陽、陰陽から五行、五行から兩性の萬物になると云ふことになつて居るが、結局易の所謂『陽變陰合 萬物化生』を具體的に説明せむとしたものである。右圖に於て最も重要なる點は陰陽と五行との協合であつて、陽、陰から五行への交線は「陽變陰合」をあらはし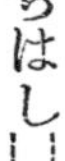は陰陽五行のプロセスを經て成り生じたもの、即ち男女の兩性であり、萬物であるから、太極から萬物、本體から現象への中間過程として缺くべからざるものこそ實にこの陰陽五行の協合に他ならぬとなすのである。而してその協合は陽變陰合と、之に順應する五行の活動との二要素に盡きる。

然らばこの陽變陰合、及び五行の活動とは如何に之を解釋すべきであらうか。之は達觀するに男女兩性の協合して新たなる生命を發生する過程を云つたものに他ならない。何故なれば陰陽は旣に前述せるが如く之を形象的にあらはす場合にも、復た之を數象的に表はす時にも、男女の性別を分つ特徴物たる性器より象徴したものであるから、「陽變陰合」も亦、この男女特徴物の實際的活動狀態（男女兩性の生的交渉狀態）を象徴的に云ひあらはしたものであると考へる事が出來る。男性の性器が生的活動をなす時には必ずその形狀に變化を生ずる。即ち柔より硬に、專より直に（易に所謂ゆる、『夫レ乾ハ其靜也專。其動也直。』であり）變ずるものであり、女性の性器が生的活動をなす時には、その作用は己に生的交渉をなすものの大小强弱の如何に應じて之に適合するを任とするものである。（易に『夫レ坤ハ其靜也翕、其動也闢。』と云ふのが卽ちこの合を意味したものである。）だから男性器の活動狀態は變化であり、女性器の活動狀態は適合である。從つて之を生殖的交涉、卽ち生産活動から云へば男陽の變に對して女陰の合ありて始めて易に所謂ゆる『男女構精』が行はれるのである。

五行の性情に就ても前述の如く書經洪範の說明に據れば火は炎、上。水は潤、下。木は曲、直。金は從、革。土は稼穡を意味することになつて居るが、之はつまり陰陽冲和の狀勢、換言すれば男女兩性の生的交涉狀勢をあらはしたものと見ることが出來る。卽ち火の炎、上は男陽の乾燥して上に向つて發揚することを、水の潤、下は女陰の濕潤して壓下することを、木の曲、直は男陽の轉囘、直突する活動を、金の從革は、女陰の柔かく如何なる風にでも順應迎合する活動狀態をあらはしたものであり、而して土の稼穡は、稼は種子を蒔くことであるから下種（射精）を、穡は刈りあげのことであるから收納（受精）を意味せしめたものである。而してこの稼穡が中央にして黃色なる土に於て行はるゝことは、生殖に於ける受精作用が、その中央に位し、黃色をなす處卽ち子房（或は子宮）に於て致されることを物語つて居るものである。

かく觀察し來れば太極圖說は易の陰陽發展說明たる『天地絪縕して萬物醇化し、男女精を構へて萬物化生する』の提言を祖述して、太極から萬物の生ずるには陰陽五行の活動過程を經なければならぬ、陰陽五行の活動過程こそ實に易の繫辭に云ふ『男女構精』であり、この構精を機態的に性狀的に而して動作的に觀察すれば、それは五行の活動に他ならないと、その過程を考究したる結果、陰陽説の中には五行説がなければならぬこと、天地の現象はこの陰陽五行の協合に依つて始めて完全に說明することが出來るとしたものであらう。

第四節　風水に於ける陰陽五行の應用

前二節に於て述べた陰陽と五行とは如何に風水上に應用されて居るであらうか。風水說がこの陰陽說及び五行說に依つて發達させられ、支持されて居る事も既に論じたのであるが、然らば如何なる點に於て支持せられ、發達させられて居るか。本節に於てはこの點を明にしたいと思ふのである。

さて風水が原始的相地術から進んで所謂地理說、風水說の體系を具へた時には生氣感應、陰陽冲和等の、風水說に於ける基礎的根據をこの陰陽說から仰いで居ること、及びその生氣の流行する地脈、卽ち風水說に云ふ所の龍、砂等の形が、五星をなすに從つて生氣の流れに種々あり、且つその五星の繼承が相生なる時は吉にして、相克關係にある時には凶果を齎すものであると、五行說に云ふ所の二法則を以て、その吉凶を定めんとすること等は已に述べた處であるから、今は之を略する事にして、その他の方面に於ける風水上への影響を考ふる事としよう。

その影響の第一は方位である。風水では方位に依つて吉凶の差があると云ふ。然らばその方位とはどんなものであるか。風水に於て用ふる方位は主として次の二十四方位圖である。而してこの二十四方位を用ふる場合には悉く陰陽、五行の觀點からするのである。卽ち上圖の如し。

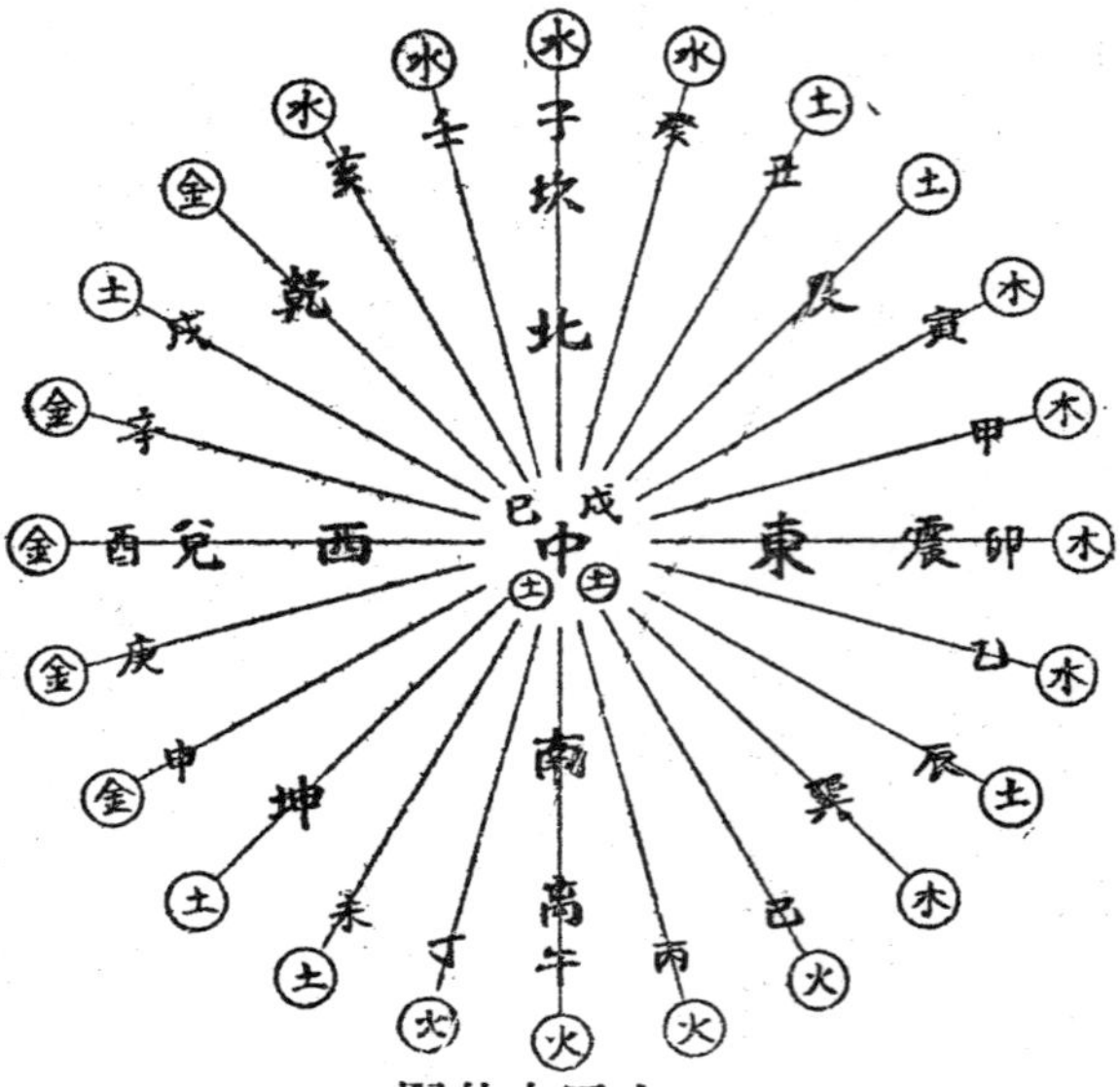

二十四方位圖

この圖は五行、八卦及び十干、十二支を組合せたものであつて、五行は東西南北及び中央に配し、八卦は震兌離坎を東西南北の四正に、乾坤巽艮を北西、南西、北東、南東の四隅に配し、十干の甲乙丙丁戊己庚辛壬癸は之を五行に配して甲乙を木、丙丁を火、戊己を土、庚辛を金、壬癸を水となし、從つて五行の配方位に應じて甲乙を東方に、丙丁を南方に、戊己を中央に、庚辛を西方に、壬癸を北方に列し、次に十二支の子丑寅卯辰巳午未申酉戌亥は、子を正北に置きて順次左方に三〇度の距りを保ちながら、癸艮の間に丑を、艮甲の間に寅を、甲乙の間に卯(正東)を、乙巽の間に辰を、巽丙の間に巳を、丙丁の間に午を(正南)、丁坤の間に未を、坤庚の間に申を、庚辛の間に酉を(正西)、辛乾の間に戌を、乾壬の間に亥を配列したものである。だからこの二十四方は五行の五方、八卦の八方、十干の十方、十二支の十二方を組合せたものであるが、五行の五方は、中央に配するが故に四方、八卦の八方はその四正五行の四方に重複するが故に四、十干は戊己を中央に配するから八、而して十二支は子卯午酉が五行の四正と八卦の四正と重複するが故に、重複せざる丑寅辰巳未申戌亥の八と五行八卦の四正と重複する子卯午酉の四となり、以上の四八八四を合して二十四としたのである。

次にこの二十四位を五行陰陽に配すれば四水、四火、五金、五木、六土であり、この水火金木土に陰陽を分つのである。又之を八卦に配すれば一卦三位を司るものとされて居る。卽ち次の如くである。

水 { 陽 亥壬子
　　 陰 癸

火 { 陽 巳丙午
　　 陰 丁

坎 { 壬子癸 }

艮 { 丑艮寅 }

震 { 甲卯乙 }

金	陽	乾庚申
	陰	辛酉
木	陽	寅甲
	陰	卯乙巽
土	陽	艮辰戌
	陰	坤丑未

巽	辰巽巳
離	丙午丁
坤	未坤申
兌	庚酉辛
乾	戌乾亥

十干十二支の起源に就ては或は易より發展したものと云ひ、或は干は、河圖に基き、支は洛書に基くと云ひ、或は黄帝の時に起つたものだと云はれて居るが、兎に角古來、この干支を以て時空の循環度數を表示するものとして使用されて居る。幹枝考には『黄帝内傳曰、帝既斬二蚩尤一、命二大撓一造二甲子一正レ時。月令章句曰、大撓探二五行二情一、占二斗剛所一レ建、於レ是始作二甲乙一以名レ日、謂二之幹一。作二子丑一以名レ月、謂二之支一。支幹相配、以成二六旬一。』と云つて居る。この甲子は、十干と十二支の初字を採つたものであるから、干支が時を正す爲め作られ、干は日に名づけ、支は月に名づけ、而してこの兩者を相配して六十となし、之を以て一年の日數を正さんとしたものであるに相違ない。月の十二、時刻の十二などは、皆この十二支を以て一年の時間を定め、一日の時間を測らんとしたものである。その後

この時間的測定法はやがて空間的測定に應用せられ、こゝに干支を以て方位を區分し、空間的度數循環の理を、之に依つて説明せむとしたものである。

十干は之を陽陰に配して甲・丙・戊・庚・壬を五陰となし、乙・丁・己・辛・癸を五陰とする（內地で干支をえとと稱するのはこの陽陰の事であつて、甲をきのえ、乙をきのとと云ふは、甲が五行に配して木の陽であるから木《キ》の兄《エ》となし、乙が木の陰であるから木《キ》の弟《ト》としたのである。丙、丁を火のえ、火のととし、戊己を土のえ、土のと乃至壬癸を水のえ、水のととするも亦同じ理由に依る。而してこの十干は普通十二支と組合されて用ゐるところから、干支を通稱してえとと呼びなすに至つたものである。）又之を五行に配して甲・乙を東木、丙・丁を南火、戊・己を中土、庚・辛を西金、壬・癸を北水とする。十二支も亦此の如く陰陽、五行に配して子・寅・辰・午・申・戌を六陽、丑・卯・巳・未・酉・亥を六陰となし、寅・卯・辰は木に屬して東方に配し、巳・午・未は火に屬して南方に配し、申・酉・戌は金に屬して西方に配し亥・子・丑は水に屬して北方に配し、更に土は辰・戌・丑・未の間に旺なるの故を以て之を四季（中央）に配するのである。この十二支は復た十二獸に配する。卽ち、次の如し。

十二支名	支名の意義	配獸	配當理由
子	陰極（幽潛隱晦）	鼠	迹を藏《かく》すものなるが故に

午　陽極（顯易剛健）　馬　快行するものなるが故に
丑　陰　牛　犢を舐り、俯して慈愛するが故に
未　陽　羊　跪きて乳を哺し、仰ぎて禮を秉るが故に
寅　三陽（陽勝つときは暴）　虎　その性暴なるを以て
申　三陰（陰勝つ時は黠）　猴　性黠なるを以て
卯　月門　兎　一竅にして感じて盛ならず
酉　日門　鷄　一竅にして盛りて感ぜず
辰　陽起變化盛　龍　龍は變化の盛なるもの
巳　陽起變化次　蛇　變化の物にして龍に次ぐ
戌　陰斂りて持守す　狗　鎮靜のものたり
亥　同右　猪　同右

（日本百科大辭典井上圓了說に依る）

而してこの干支は之を以て時間及び空間の循環度數を計測するのみに止まらず、陰陽及び五行、殊に五行の生克の法則を適用して時並びに方位の吉凶を判斷する爲めに廣く用ゐられたものであつて、人

生に良好なる時は、この干支循環の内にあり、人生に利あるの所は方位の吉方にありとなすのであるから、吉地をトし盛運の地を求めんとする風水術に、この干支占吉法の採用せられたことは自然の理と云はねばならぬ。(風水は土地を主とするものであるから、干支の時空兩者測定機能の内、土地に關係多き空間的職能、卽ち方位を重視するのである。然しながらその時間的職能も、全く之を顧みないと云ふ譯ではない。後述せむとする葬時と、被葬者の生年、月、日、時——四柱——とが葬事に影響する處少からずとするが如きは、明らかに干支の時間的職能に依つたものである。)

さて風水では、この方位を如何に利用するか。それは要するに陰陽の冲和を求め、五行の相生を求め、以て生氣の旺盛なる活動をなす地を占定せむとするものに他ならない。旣に方位に陰位あり、陽位あり、木位・金位・土位・水位・火位があるとすれば、陰陽五行の觀念に從つて、その方角からはその方位に應じた氣が流れ來ると考へられるであらう。卽ち金位に當る酉方からは金氣が流行し、木位に當る卯方からは木氣が、又陽の盛なる午方からは陽氣が、陰の盛なる子方からは陰氣が、流行すると考へられるであらう。

この時乃至方位に依つて、氣運に差等あるの觀念に就ては、青烏經では明確に之を說述して居ない。只葬法の注意書の內に『穴吉葬凶。與棄屍同。』と云ふ句があり、楊筠松は之に註を下して、『穴雖レ吉而葬不レ得二其年月一亦凶。』と解釋して居るが、この一句が果して楊の註せるが如く、葬時の吉凶を述べたものであるか否や明瞭でない。或は楊筠松(唐時代の人)の頃に、葬時の吉凶と云ふ事が論ぜられて居たので、青烏のこの一句を說明するに、これは葬時の吉凶を云つたものであらうと推察して、右の如き註をつけたのかも知れない。處が錦嚢經に於ては、『寅申巳亥四勢也。衰旺繫二乎形應一。震離坎兌乾坤艮巽八方也。來止迹二乎岡阜一。』とか『四勢之山生二八方之龍一。四勢行レ氣八龍施レ生。』とか『朱雀源二於生氣一、派二於已盛一、朝二於大旺一、澤二於將衰一、流二已囚謝一、以返二不絕一。』或は『葬有六凶。……時之乖爲二一凶一。』或は『耳角之辨、百尺之山十尺相邇。以レ坎爲レ首、甲角、震耳、八山對求乾角在癸。龍目宛然直離之申。兌以レ坎爲レ鼻、艮以レ坎爲レ脣。土圭測二其方位一玉尺度二其遠邇一。』等と隨所に時間の吉凶、方位の吉凶を擧げ、殊に方位に關しては相當重き注意を拂つて居るやうである。

之が胡舜申の「地理新法」に到れば、風水は全く方位に依つて定まるかの如き重要性を帶びる事となつて居る。今少しく此書の序說に於て如何に方位を重視するかを胡舜申に語らしめよう。

　地理說は漢晉以前の偉人に依つて創述されたものであるが、唐よりこの方、斯の術を鬻いで利を貪る者あるに至るや、俗說の續出を見、その何れが信憑するに足るやを閱別するに苦しむやうになつた。然るに地理は他の醫藥卜筮の一身一家に關するものと異なり、吉凶の所應一家の繁榮か滅族かの大影響があるのであるから、一日たりとも之を忽にして置けない。そこで自分は年來專念之が研究に盡し、十餘年研鑚の後漸くその奧氣に徹することが出來た。今之を地理新法と名けたけれども、舊を擧げて新にしたまでゝ、之が造詣は靑囊を祖とし郭璞を宗とし、曾、楊、一を明にし、月師を衍し、劉次莊に及ぶものである。さてこの新法の大要を云はゞ、この法は五行生旺死絶を經とし、九星を緯として編したもので極めて簡明、之を實際に就て驗するも一として中らざるはない。この法は本と定都建國遷相立縣を主としたものであるが、之を陰陽の宅基を定めるにも適し、寧ろ規模の小なるだけ陰陽の宅に用ゐれば易々たるものがある。依つて、世の盲昧を開き、天下の人をして吉福を得て凶禍を免れしめんが爲めに板に、鏤して汎行す所以である。

と。而して舜申の方位論は大略次の如くである。

方位には二十四方位があるが、この方位の吉凶は絶對的のものでなく、中心となる(局穴を定める)山の如何に依つてその吉凶を異にする相對的なものである。從つて甲山から云つて吉方に當る所でも乙山には凶方に當るかも知れないことになる。そこで胡は二十四山を五行に配して、水山、火山、木山、金山、土山の五局に攝し、その局を中心として更に二十四方位の吉凶を考へることとしたのである。この第二次的方位の吉凶は然らば何に依つて定めるか。胡は之を五行の氣と九星との配合に依つて定めることとした。卽ち五行の氣も之を陰陽循環から見れば、胞、胎、養、長生、沐浴、冠帶、臨官、帝旺、衰、病、死、墓の十二輪廻を繰返すものであるから、之を方位に配すれば、この輪廻圖上の或ものが、方位圖上の一方位に合した場合、その方位は、輪廻圖上の或ものに相當する氣運を保有するものである。次に九星も之を運行的に見れば、貪狼、貪狼、文曲、文曲、武曲、武曲、巨門、廉貞、廉貞、破軍、祿存、祿存の十二を繰返すものであつて、五行の十二輪度に合するものである。そこで五山局は、それ〲次の如き方配をなすのである。

五行	養	長生	沐浴	冠帶	臨官	帝旺	衰	病	死	墓	胞	胎
山局╲九星	貪狼	〃	文曲	〃	武曲	〃	巨門	廉貞	〃	破軍	祿存	〃
金山	辰	巳	午	未	申	酉	戌	亥	子	丑	寅	卯
木山	戌	亥	子	丑	寅	卯	辰	巳	午	未	申	酉
水山	未	申	酉	戌	亥	子	丑	寅	卯	辰	巳	午
土山	未	申	酉	戌	亥	子	丑	寅	卯	辰	巳	午
火山	丑	寅	卯	辰	巳	午	未	申	酉	戌	亥	子

丁・酉
乾・亥）金山

艮・卯
巳）木山

子・寅・甲・辰
巽・申・辛・戌）水山

未・坤・庚
癸・丑）土山

乙・丙
午・壬）火山

之に依つて觀れば方位の吉凶は五行九星に依つて定められる譯であるが、然らばこの五行九星の各はそれ〳〵如何なる性質のものであらうか。この五行は氣運の循環を恰かも人の一生と見做したものであるから、胞、胎、長に氣の發達を見、臨官帝旺に到りて極盛に達し、衰病に至り衰へ、死墓に收納して、再び胞胎にその萌芽を現はすことを意味したものである。從つてその各に當る方位が如何なる氣運を保つかは自づから明白とならう。次に九星に就ては次の如き性質が定められて居る。

1. 貪狼　九星の魁神、生氣、生龍。聽明、文筆、人口、官職を主る。
2. 文曲　遊魂。淫佚、遊蕩、疾厄を主る。
3. 武曲　本と庫莊の星。富を主り、旺氣を得て盛ふ。
4. 巨門　天醫帝王の宮。左右の輔弼5.6.ありて佐く。聽明、貴、壽、財を主る。
7. 廉貞　五鬼、獨火、枉龍。刑殺凶毒の事を主る。
8. 破軍　絶命、死龍、殺曜。刑刼惡疾を主る。
9. 祿存　絶體、病龍。疾病を主る。

世に六秀山と稱するは貪狼(2)、巨門(2)、武曲(2)に相當する山のことで、之等は何れも天星の秀を得て貴きが故に六貴龍とも稱し、事實、京都州縣、寺觀、塚宅の佳き者は、多く此の六山を主山とするものである。次に水に就て云へば一般に吉方より來つて凶方に去るを可とするが、それは

貪（養生）武（官、旺）より來る可。去れば生旺の氣を衝敗する。

文（沐、冠）廉（病、死）祿（胞胎）に去る可。來れば乖厲の氣隨つて至る。

巨（衰、輔弼）、これ物の出入する門なれば來去皆可。

破（墓）、これは氣の藏蓄の方、來去ともに宜しからず。

の如き事を云ふのである。

方位を觀るには規準點を定める必要がある。この點を正中と云ふ。公舍は廳事を以て正中となし、神佛の祠は大殿を以て正中と爲し、居宅は堂を正となし、家墓は壙を以て正中とする。要はその「心」に於て規準點を置き、而してそこから方位を定むべきものである。風水ではこの正、心を坐と云ひ、この正の正面を向と云ふ。概して云へば坐山から向つて我を克するものは忌まねばならぬ。胡舜申は猶ほ方位の外に「時」に就ても、葬時、及び被葬者の四柱が、葬の目的に影響あることを述べて居る。それに依れば、葬をなすの日は、山運日、山頭白日を首とし作山日、葬山日之に次ぐ。斬草、起工、起靈、行喪の行事はよろしく之等の日に依つてなすべきである。而して之等の葬日を定めるには主山を

本とすべきものであつて、艮山ならば何時が艮山の山運得氣であるか、何時が得白不得白であるかを考へてしなければならぬ。この葬時に關しては『歲の善は月の差にしかず、月の善は日の善に如かず、日の善は時の善に如かず、時の善は地の善に如かず』と云ふ事が云はれて居る。次に土地が如何に吉地であつても、此處に葬せられる人の四柱——生年月日時の五行——がこの土地と合したものでなければその效を見ることが出來ない。一般に富貴の者はその先人を葬するに當り、先人の本命と地理とが適合したからであり、貧賤な者はこの兩者を謬つて居たからである。如何に立派な地を選定しても左程效驗の顯れないのは、盖し術の不善なるにあらずして術を用ゐる方法、卽ち時間的合致に間違があつた爲めに他ならないと。

胡舜申の地理新法は明時代のものであるが、明時代に於てあらはれた「人子須知」等に於ても、盛に方位を論じて居るから、此頃には方位が風水の主要素をなすものの如く考へられて居たものと察せられる。從つて之等の山書に依つて培はれたそれ以後の風水說が、この方位に重きを置くことは當然なことと云はねばならぬ。

胡舜申の云へるが如く、結局を中心としてその周圍の二十四方位に吉方あり凶方ありとすれば、この結局を、如何にして吉果を生じて凶災を免れるが如き方位に向けるべきかが問題となろう。風水ではこれを坐向と云ふ。この坐とは結局の中心であり、向はこの坐の正面に當る方位を云ふのである。さてこの坐向を定めるには如何にして定めるか、それは羅經を用ゐて分金をなすのである。之を墓に就て云へば屍體を入葬する時、その壙を掘る前に、棺を置く坐向の方角を定めるには、主山の脉節を中心にして其處から一直線の線を引き、その方位に應じて之を定めるのであるが、之を分金と云ひ、この線を分金線と云ふ、而してこの分金をなすに使用する器械を羅經と云ふのである。この羅經は又一名輪圖と稱し、この輪圖は河圖洛書の出でたる後、周の三代時代に出來たものと云はれて居る。

この分金は基坐を定むる時、その主山の龍脈と坐と水口との三處の干支を考察して五行の相生相克則に當てはめ、相克を避けて相生を求め、以てその所應に發福を效さむとするものであるが、主山や水口は一定して動かないものであるから、坐をこの分金線に合するやうに考察して定めんとするものである。例へば壬坎脈、亥坐、辰水口に就て云ふに、坎は子にして水、亥は辛亥にして金（納音五行に依れば辛亥は釵釧金にして金）、水口は辰であるから土（辰は丙辰にして沙中土）なるが故に、この墓地は水口より墓穴（坐）及び主脈と三者の關係が五行の相生關係に相當する。卽ち水口と坐とは土生金、坐と主脈とは生金水であるから、この墓地は吉なりとなすの類である。

この分金に使用して、如何なる方位が五行の何にあたるか、從つて相生相克を決定する事の出來る方位五行發見法を納音五行法と云ふ。これは干支の組合せたる六十甲子に、八卦五行を配合したもので、次の如き表に依つてあらはされる。（普通之を「六十花甲子」と云ふ）

納音五行（六十花甲子）

甲子乙丑 海中金	丙寅丁卯 爐中火	戊辰己巳 大林木	庚午辛未 路傍土	壬申癸酉 劍鋒金	甲戌乙亥 山頭火
丙子丁丑 澗下水	戊寅己卯 城頭土	庚辰辛巳 白蠟金	壬午癸未 楊柳木	甲申乙酉 泉上水	丙戌丁亥 屋上土
戊子己丑 霹靂火	庚寅辛卯 松栢木	壬辰癸巳 長流水	甲午乙未 沙中金	丙申丁酉 山下火	戊戌己亥 平地木
庚子辛丑 壁上土	壬寅癸卯 金箔金	甲辰乙巳 玉燈火	丙午丁未 天河水	戊申己酉 大驛土	庚戌辛亥 釵釧金
壬子癸丑 桑柘木	甲寅乙卯 大溪水	丙辰丁巳 沙中土	戊午己未 天上火	庚申辛酉 石榴木	壬戌癸亥 大海水

さて分金線を決定するには「輪圖」又は「羅經」と稱する中央に指南針（磁針）があり、その周圍幾層にも天地の度數を配列してある分度器を用ゐて龍脈の方位と水口の方位とが如何なる干支に當つて居るかを檢出し、この干子を納音五行表（前掲表）に依つてその方位の五行を見出し、而してこの主脈の五行と水口の五行との間に入つて、この兩者のものと互に相生關係をなす五行に相當する方位を考へ、その方位を坐とするのである。先例を以てすれば。先づ龍脈の坎なるが故に水なるを知り、次に水口

の辰は丙辰にして土なるを知り、然る後にこの土と水との間に入つて、土と水との兩者と互に相生をなすべきものを求める。土と水の間に入つて之等と互に相生をなすものは金に外ならぬ。そこで六十花甲子表に就て金にあたる辛亥を求め、この地を以て坐とするのである。

以上は風水が方位を如何に尊重するかの一斑を述べたまでであり、猶ほ風水はこの方位に就て、風水の全部が方位から成立するかの如く、各種の關係を立てて居るが、要するに、それ等は二十四方位を五行の相生相克則に照らして、その相生關係を求め、その相克關係を避けむとするものに他ならぬ。しかしかくの如く風水の全般が恰もこの五行の相生相克に依つて支配せらるるの觀あるは、風水が如何に五行說に依つて援けられて居るかを示すものと云はねばならぬ。

陰陽說が風水の發達の上に大なる基礎を與へたことは別に特に云ふ必要もなき事である。風水說が他の學說よりも根强き信仰を民俗の間に幾久しく植えつけて來たのは、一方陰陽五行說が餘他の何れの文化にも影響し、而してその哲學的なる點は今猶ほその偉大さを支持して居る爲めに、この偉大なる學說にその根據を措く風水說が陰陽五行說の勢力を維持する限り、容易に說破せられ得ざる處にも依るが、一方風水の通俗的な觀念が具體的陰陽の冲和にあつたものを陰陽說に於ても亦之を肯定し、その生氣、精氣的發展觀はよく風水に於ける民間信仰的觀念を證明するが如く見えるので、風水こそ最も生産、再生の希望に添ふものであると信頼され、並びに風水の説明が全く人事の日常經驗を標準として理解し得らるる陰陽的方法に依つてなされるので、風水の原理が比較的誰れにでも了解ざれ易すき事等の理由に依つて效されたものと見ることが出來る。

風水の定局に陽來陰受、陰來陽受を原則することが、人生に於ける男女兩性の性的交渉に合致するものであるとなす觀念から出發したものであることは前旣に述べた處であるが、この具體的實際的觀念から出發したものでも、それが動かすべからざる風水法の原則とされたのは、陰陽說に依つて哲學的理論的解釋を與へられたからであり、又天地の本體から自然の萬有現象の生起發展する過程を說明する陰陽五行說が、如何に風水を支持せむとしても、それが一般民衆に容易にのみこめるものでなければ、風水說は人生に必要なるものとして廣く信頼せられなかつたであらうが、陰陽五行說はその本來が具體的なところから出發して居るだけに、風水を說明するに全く男女兩性間に於ける生產を標準として之をなすことが出來たのである。風水說は高遠な理論を日常的經驗から容易に理解せしめた陰陽五行說に依つて、その存立を完ふして居ることが出來るものと云はねばならぬ。

從つて風水說ではこの陰陽を男女の兩性となし、陽來陰受は男來女受であり陰來陽受(山來水回)も男來女受であると見做し、又天地の陰陽は夫婦を定配して後初めて萬物を化生するものであるから、山も亦是の如しと云ふので、二十四方に當る山を陰陽――男女の兩性――に分ち、次の如き夫婦的配當をなし、之に適合する山を生氣旺なる吉山となすこともあるのである。卽ち次の如し。

夫婦配				
	乾・甲（老父）	坎・癸・申・辰（中男）	震・庚・亥・未（長男）	艮・丙（少男）
	坤・乙（老母）	離・壬・寅・戌（中女）	巽・辛（長女）	兌・丁・巳・丑（少女）

かくの如く風水では、陰陽の配合冲和をその根本要件とするのであつて、風水的行事は一としてこの陰陽冲和の範圍を脱しないものである。その一例として、一般にあまり知られて居ない埋棺の深さを測る尺度をここに擧げて見よう。風水では埋葬をなす穴の深さを一定せず、山の地形を觀て之を異にする。一般には山の凸形の地には淺く、凹形の地には深く掘鑿するものとされて居る。それは凸形の地は、生氣が外に發散せむとする勢にあるから『乘二生氣一』の目的を達するには、淺く外部に接して埋めることを要するが故に淺く、凹形の地は、生氣が内藏の勢にあるから、その内部に沒入するを要し、從つて深くする譯である。然らばその淺き深さは凡その位であるか。淺きは三尺乃至五尺、深きは六尺乃至十尺を普通とするが、要は地表から掘り下げて陰陽の生氣の最も融合して居る處に棺を置くべきである。

この穴深を測る尺を「玉尺」と云ふ、これは玉を以て作つた尺の意味でなく『玉手を以て測つた尺』の意である。玉手とは玉女の手指の事である（玉女とは十七八歳より三十歳位までの若き女を云ふ）。玉尺は、玉手二指二、三指三を以て一尺の長さとした單位である。卽ち若き女の指二本を並べて二回測つた長さに、同指三本を並べて三回計つた長さを合せたものを單位一尺の長さとしたのであつて、卽ち女の指一本の幅が a ならば $(a+a)$ を二回つゞけたもの卽ち $2(a+a)$ に、$a+a+a$ を三回つゞけたもの卽ち $3(a+a+a)$ を加へたもの、つまり $4a$ に $9a$ を加へた $13a$ を以て一尺の長さとしたものである。だからこの玉尺一尺は、a の幅が大なるか、小なるかに依つて $13a$ の長さも異つて來るのであるから、玉尺一尺の長さは、他の尺度の如く正確なものでなく、結局若い女の指を十三本並べた幅の長さを玉尺の一尺、葬穴を計る一尺の單位としたものに他ならない。

この葬穴の深さを測る玉尺に、玉手二指二、三指三を基本とするは決して無意味なものでなく、全く陰陽の冲和から由來するのである。卽ち二指の二は陰の基本數を表示するものであり、之を二度並べるは陰の基本形を表示するものである。又三指の三は陽の基本數を表示するものであり、之を三回並べるは陽の原始形象を表示するものである。だからこの二指二、三指三を合せたものは陰陽を數的に又形象的に和合せしめたものである。而して之を玉尺一尺に就て云へば、十三指の內四指が陰であり、九指が陽であるから、一尺の間に陰の部分と陽の部分とがあり、この尺を以て深さを測り行けば、その穴は地表から置棺の處に達するまで、陰陽を繰返して行くこととならう。例へば、その穴深が三尺ならば陰、陽、陰、陽、陰、陽となり、五尺ならば陰、陽、陰、陽、陰、陽、陰、陽、陰、陽となつて、どこまでも陰陽の變化を繰返して穴底に達することとなるのである。

實際に於て墓穴を掘る場合は男子が之に從事するのであるからこの玉尺計測をなすことが出來ない。そこで男子が二指二、三指三と測り、男子の指幅は女の指幅より大であるから、女子の指で測つた心持でその長短に加減することになつて居る。(この玉尺を以て穴深を測るのが陰陽の沖和からであると云ふ眞義を忘失した處では、普通造營等に用ふる木尺を用ゐて平氣で居る者もある。)何が故に二指二、三指三の測定に、男手を以てせずして女手を以てするかに就ては、明確な説明を下すことが出來ないが、これは墓地を母體と見做すところから、生産をなす場合母體となる處の女子、然かも生産可能期の玉女の指を以てしたものであつて、つまり生産の希望から考へつかれたものであらう。

この玉尺は、玉手二指二、三指三卽ち玉指十三を以てするのであるから、これは東西兩洋に見出される「十三」信仰の一種とも見做すことが出來る。而して「十三」信仰は、女性が生産可能期間に於ける、年十三回のめぐりにその端を發するものであるから、墓地を母體と見なす以上墓穴に入塟することは、恰かも母體が受胎することであるに等しく、受胎はめぐりなき時には不可能であり、且つめぐりの後に於てその可能率が高いので、墓穴にも玉尺を以てこのめぐりをつけて後入塟する方が完全な

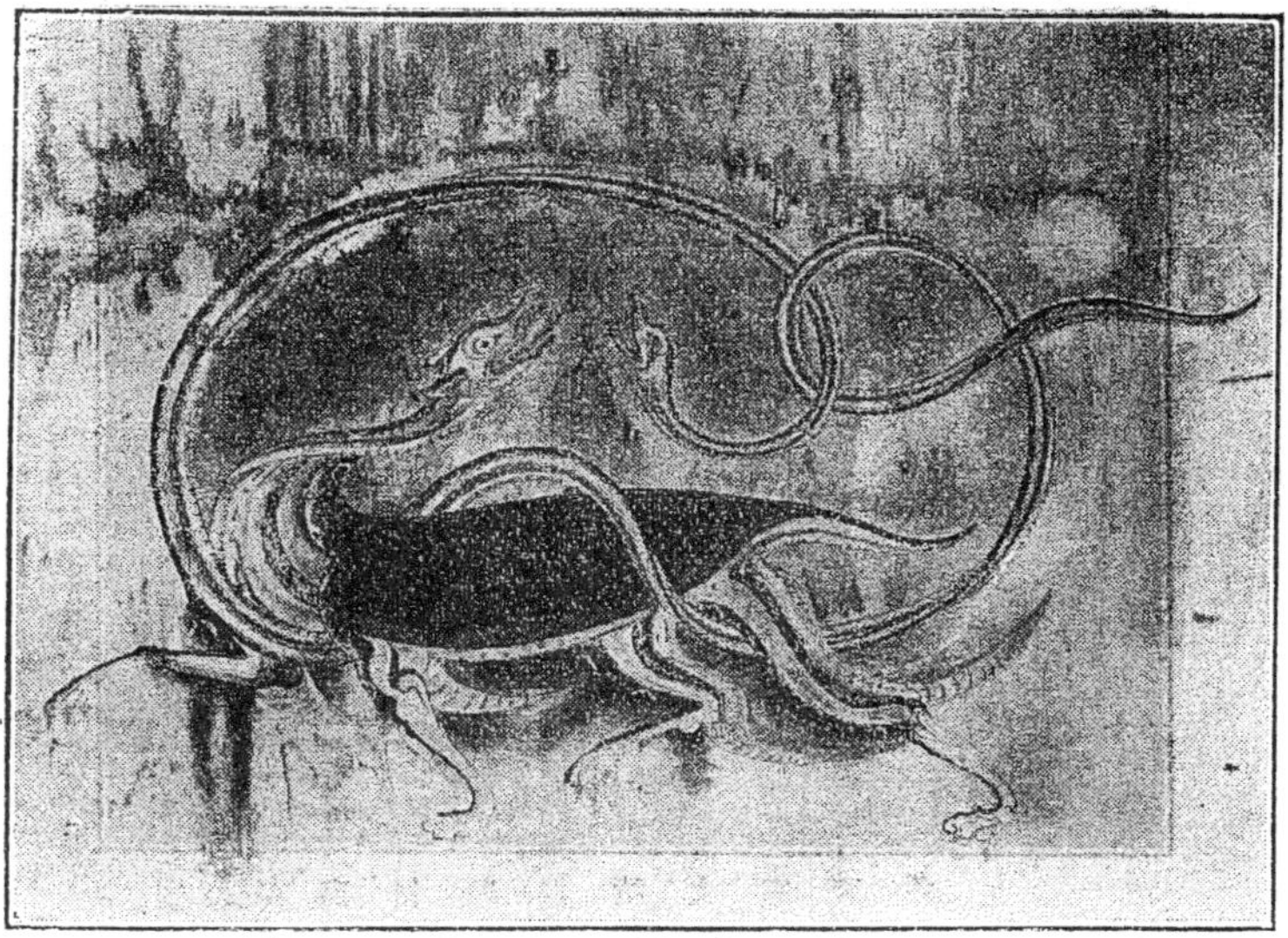

高句麗古墳玄室北壁玄武（玄龜）陰陽冲和

りと云ふ擬制的方法に依り、二指二、三指三の卽ち十三指の玉尺を以て墓穴を掘る尺度としたものと考へられる。民間信仰的見地からすれば、玉尺はこのめぐり觀念から由來するのが本原的であつて、之を陰陽の冲和と見做すのは、この十三がたま〳〵陰の基本數二（陰の基本數だけ）と陽の基本數三（陽の基本數だけ）とを合せたものであるので、之を陰陽の冲和せるものと、陰陽說に依つて解說を試むる第二次的なものであると見るのが妥當であるやうに思はれる。かくの如き陰陽に依つて生產可能となし、この可能を助けむとするものは幾多の墓地構成及び裝飾にも應用せられて居る。例へば墓地の後圓前方は、圓を陽、方を陰となして、陰陽の結合を意味するものであり、平安南道

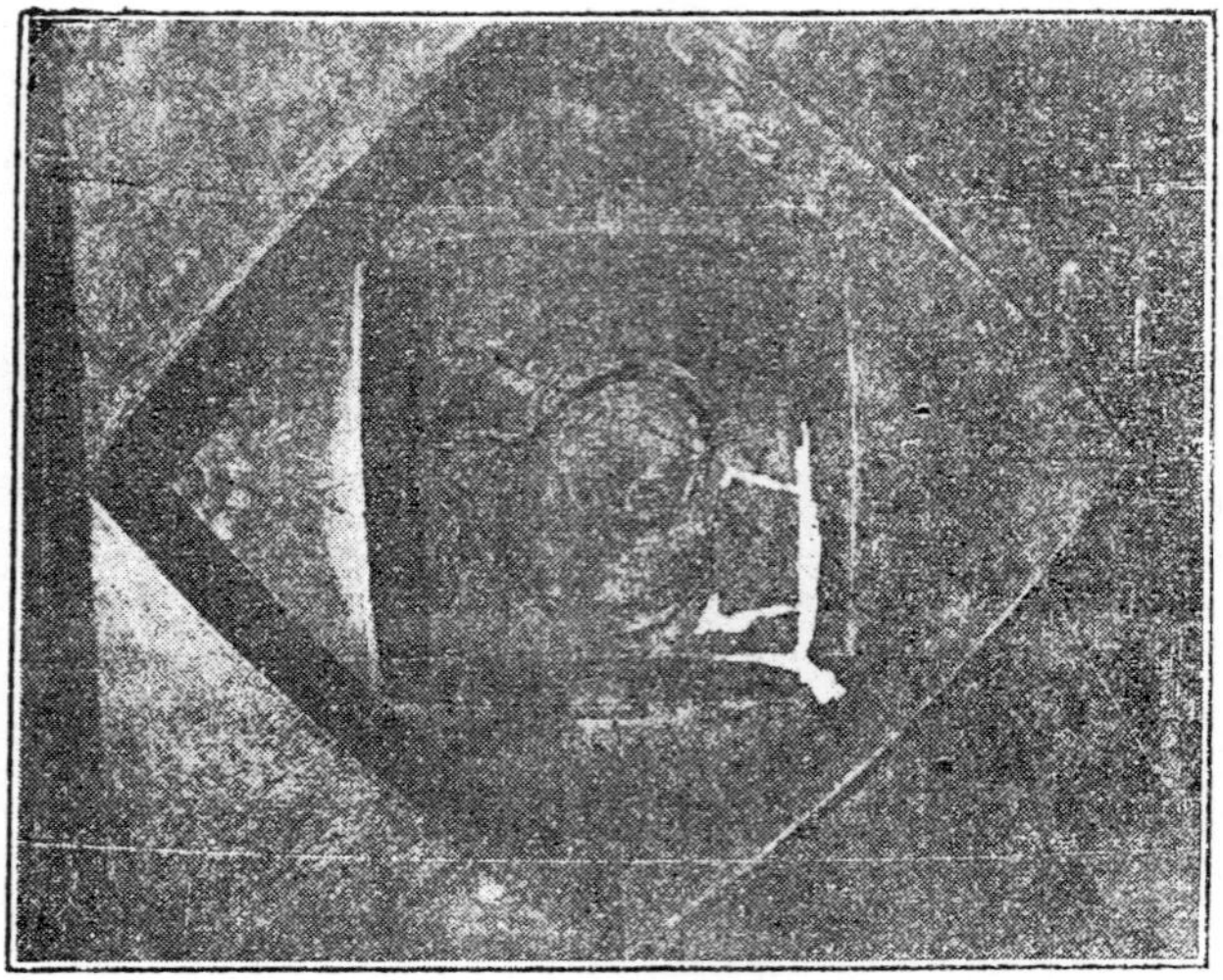

高句麗古墳玄室天井

方形を三重に組合せて陰陽の冲和を圖り中央に龍を描いてその冲和を終る。

江西の古墳にある玄武の壁畵が、龜と蛇とのまきついたものであるのは、龜を陰、蛇を陽として、陰陽の冲和を具象化したものである。

以上に於て陰陽五行が如何に風水說に影響し、應用されて居るかの大略を述べた。この陰陽五行の應用に到つては廣汎に且つ微細に風水說の領域を占めて居るので到底之を詳細に擧げることは出來ない。しかしながらこの應用は要するに陰陽の冲和と五行の相生相克との二原則の範疇を出でないのであるから、この原則が如何なるものであり、如何に風水に用ゐられるかを知らば、以てこの應用の大綱を悟つたことであり、大綱に通ずればその末に拘泥するの必要もないであらう。

第四章　風水と類形

第一節　類形の影響

今を距ること五百年のそのかみ、高麗の太祖が三韓を一統して國都を開城に奠めたが、それは有名な風水學者である處の、國師道詵の卜相に依つたものであり、道詵は此處を『千年の都城』であると立派に折紙を附けたのであつた。處が高麗の末期に至るや、國威漸く衰頽に傾いて來たのでどうやら『千年の都城』も怪しくなり、遂に國都の運數は千年を保つ程のものでなく、將にその衰運に向つて居るのであるから、國運を挽回するには是非とも盛運ある漢陽か平壤に遷都しなければならぬ。と論議する者、或はこの國都が敢て運數の盡きたのでなくて、何か國都の風水上缺陷があるからであると論ずる者が出づるに至つた。この後者の論據はかうである。

この開城の都は、有名な術僧道詵が地理を詳査してからの設定であるから、風水上缺點のあるべき筈がないが、道詵が地理を相定した時恰も天氣が曇つて居たので、遠望が利かなかつた。處が今日空のよく晴れた時に望めば、開城から巽の方に當つて漢陽の三角山が見え、開城に對しては窺峯（虛を窺つて、その運を奪はんとする峯）となつて居る。この窺峯（盜峯）があるが爲めに、開城の國都たる運數は段々に滅盡されつゝあるのであるから、その結果、國運が日に危きに頻するのであると。

遷都は何にしても容易でないので、後者の議に從つてこの窺峯を防ぐ方法を講ずる事となり、之を防ぐには、窺峯は賊峯であり盜峯である（恰かも人の腹中をねらつて居る山だから）から盜賊除けに用ふる燈と、犬を以てするに如くはないと云ふので、常明燈一個を巨岩の上に置き、鐵製の犬を十二個鑄造して、之を都城の東南隅（巽方）に列し、以て遠く三角窺峯の賊難を壓勝する事とした。現に開城郡青郊面德岩里にある燈擎岩、松都面と青郊面とを界する烏川に架してある坐犬橋（善竹橋の南にある）は、何れもその當時の名殘りを留めて居るものである。

かゝる風水的防備を施したにも拘らず、高麗の世は間もなく李氏に代はられ、國都は、開城に閉ざされて漢陽に開かれるに至つたのは、なぜであるか。それは開城の窺峯となつて居た三角山が、もとは立派な山であつたのだが、李太祖の即位三十年前頃落雷があつて、今見るが如き三つの刄を立てた如き形と變つた（三角山とは三つの角《つの》の山の義であると云ふ。）ので、燈も犬もそれを壓する事が出來ず、開城はこの仰刀の威力に依つて終に致命的な打擊を蒙つた爲めであると。（現在民間に傳はる開城滅亡傳說）

慶尙南道昌原郡は、その昔久しい間郡治の所在地であつた義昌から一不祥事の出來に依つて此處に移したものと云はれて居る。この郡治移轉を惹起した不祥事とは何か、現在里民の間に行はるゝ傳說に依ればそれは次の如くである。此郡に赴任して來た某郡守に、一人の美しき少女があり、歲十二、何うした事か身重の體となつてしまつた。外出した事もなく男子の來客もないのにかゝる仕末とは怪しいと云ふので、種々調べて見ると、兵營の南方に聳ゆる連山の一峯頂下に大岩石があり、之を遠望すると恰も野犬が尾を交へて居るの狀をなして居る。郡守の少女の室からはそれが眞正面に見えるので、この少女が朝夕この怪岩のみを見て樂しんで居たところから、不思議や、之に感じて妊孕したのであると云ふ事がわかつた。そこで郡守は之を不祥事の甚しきものとして、遂に郡衙を昌原に移轉したのであると。（慶南史蹟名勝談叢）

平安北道江界は山河襟帶の地、平北邊域に稀に見る繁盛の都邑であるが、この江界の殷盛なるは單に交通上地勢上からだけでなく、この地形が風水的に觀て永久に隆盛を持續すべき處であるからと信ぜられて居る。さて江界の邑基は概觀するところ、南川、北川の兩川が主山たる南山を抱いて、禿魯江に合流する局にあり、この江を隔てゝ獨山に相對して居る。傳說に依ればこの南山は女性の山であり、江界邑に臨むところがその女根であり、而してその姿勢恰かも衣をかゝげて之を開張せるが如くであるので、これに向つて現に昂然として聳立する獨山が、その昔この南山の魅力に引かれて遠く渭原の地から一夜にして飛び來つたのであるが、禿魯江に遮られたが爲めに、怨みを呑んで對岸に止まらざるを得なかつたのであると。それで江界は渭原から獨山を引き寄せた程の魅力强んな南山の麓にあり、渭原から一飛びに飛び來つた如き强悍なる獨山に面して居るので、南山の生氣は永遠にその潑溂さを保ち、然かも元氣盛なる陰陽の兩山が虎視眈々として相對峙して居るので自づから生氣の發動を促がすが爲めに、その影響に依つて江界の繁盛を持續するのであると。猶ほ江界は古來多淫の女子を出し、且つ淫風盛なるの地と稱せられて居るが、この多淫の婦女を出し、淫風の盛なることも等しく南山、獨山、相對立するに影響されたものであると云はれて居る。（昭和四年）

忠淸南道天安郡並川市場は、同郡北面銀芝里銀石山の麓に居住する朴南熙の祖先朴文秀の塚墓の爲に設立されたもので、銀石山の頂上にあるその墓から約一里を距てゝ居るが、墓からよく展望し得る。而してこの市場がどうして出來たかと云ふに、今から約二百年前の事、繡衣御使であつた朴文秀が、並川地方に滯在中彼の馬丁金某（一説には馬丁でなく、彼の門客で相談相手であつた者と云ふ。）が、元地觀師で墳墓の選定に妙を得て居たので、朴文秀はこの金某に命じて、自分の死後の墳墓を選定させた。かくて選ばれた處が、天安郡北面銀石山の頂上、卽ち今の朴文秀の墓地である。然るにこの地の形が恰も將軍像（舊韓國時代の將軍の姿）に類似して居るの處から、もし此處に墓を定める時には、將軍は必ず兵卒あるを要する、兵卒なき將軍には何等の威力もない、從つてその子孫への發福を望むことが出來ない、もしその威力を保たしめ、發福を盛ならしめむとすれば、必ず多數人の集合する市場を墓前に開設し、市場に集合する群衆を以て兵卒に擬せなければならぬ、と云ふ條件がついて居た。朴文秀の死するや、彼の子孫は父の遺言に從つて、この條件を充すが爲めに、この並川市場を開設したのである。猶ほ朴文秀の遺言に依ればこの市場が墳墓から展望し得る範圍內に在る間は子孫の繁榮を效すが、若し展望區域外に移轉されゝば、子孫は直に衰微すると云ふ事であつた。（昭和五年天安警察署長報告）

李朝英祖朝の人秋波禪師の俗離山遊記に、宋時烈の記文を引いて居るものに依れば、俗離山は世に小金剛と稱し、世祖大王が嘗て巡遊せられた事のある程有名な山であるが、その山勢皆な西に面し、その一峯水晶峯上に、頭を擧げて西に向いて居る龜石がある。國史の記載に曰く、中原人がこゝに遊んでこの龜石を見、中原の財帛が日に東國に輸《うつ》るのは、此の龜の致すが爲めであるとなし、遂にその頭を斷ち、その背に十層の浮圖（塔）を建てゝ、以て之が壓勝としたと。（朝鮮佛敎通史）

以上數種の傳說は、風水說が如何に物の形勢に重きを置くかを、物語る代表的な例話としてあげたものであるが、風水は是の如く物類の影響に依つて、人生に吉凶の運命を致すものであるとなすのである。だから風水では單に『乘二生氣一』の本則に從つて生氣の聚融する地を求むるだけでなく、その地に於ける形勢類物の種類、性質及びそれから與へられる人生への影響を、考究しなければならないこととなつた。かくてこの形勢の影響觀念は、風水説の宗となす靑烏經、錦囊經に於て已に發達し、爾來今日に及んで愈々風水説の主要觀念となつて居るのである。

さてこの物勢形狀が人生に吉凶の影響を與へると云ふ觀念は、文化の原始時代に已にあらはれた民間信仰の一たる、類物信仰から由來するものである。原始人は自然の現象を解釋せむとする時、最も了解し易き自己並びに自己の周圍にあるものを標準とするものであつて、その己を標準として、解釋するを擬人化作用と名づくれば、この擬人化作用に依つて作り出されたものが、民間信仰となつた場合、そこに萬物悉く人と等しき知情意の精神的活動ありとなす萬有神の觀念となり、この觀念を玉手箱として神、精靈、鬼、魔等の眼に見えぬものまで跳り出すのであるが、周圍にあるものを標準として、解釋するにも亦、此の如く犬の顏に似たる人は、犬に似たる働きあり、猴に似たる人は、猴の如く狡黠であり、男根に類する石は男根と等しき神秘力を發揮するもの、女陰に類する岩間はよく出産の威力を有す、となされるのであつて、終に或るもの甲に類似する物乙は、その形狀の類似するに依つて甲と等しき力を發揮し得るものである、と云ふ類物信仰を發生するものである。

風水に於ける物勢影響の觀念は、この類物信仰的要素を、風水説發達の過程に於て取り入れたものであると考へられるが、この觀念も亦、風水が陰陽五行說に依つて、理論づけられたと同様に、陰陽五行說から是認せられたものであらう。陰陽五行說では宇宙の萬物は一元氣から二氣、五氣と發展しこの氣が化して物を成すとなすのであるから、萬物は悉く氣の所產に他ならない。處が萬物は一として同一なものがない、この差別は主として形狀の差別であるが、この差別相を呈する所以は差別を呈するが如き氣の作用に隨ふのである。だから『氣の象は形』であり、或る物が如何なる氣の所產であるかはその物の形に依つて表現せられる譯である。木氣の流るゝ木山が直立せる樹幹の如き形をなし、伏鍾の如き金山に金氣が流れ、火焰形をなす山に火氣流るるが故に火山となすが如きはこの理論から云はれたものである。この陰陽五行發展の理論を推しすゝめて行けば同じやうな形狀をなす二物は同じやうな氣の所產であり、同じやうな氣の所產なるが故に、その二物の間にはその物の屬性たる作用即ち「力《ハタラキ》」に於ても同じやうな相似點があるとせざるを得ないであらう。おぼろげながら、その形狀の類似せる物は類似せる力を發揮すると信ぜられた類物信仰が權威ある陰陽五行說から理論的解釋を與へられる事になれば、そのおぼろげさを脫して確固たる信念となり行くは當然なことであらう。

類物信仰には又おぼろげながら、相對立する二者の間には、兩者の間に相當の間隔を置いても互に影響するものであり、兩者が直接に交接しなくても間接にその作用を及ぼし合ふものであると考へるところがあつた。この間接交涉、間接影響の觀念も亦陰陽五行說に依つて理論的に立派に證明せられる。即ちそれは『氣感』―氣の感應原理からであり、『生克』―相生相克の法則からであると云ふのである。曰く萬物は氣の所產である。その氣の極するところ五行の五氣、陰陽の二氣、終に太極の一元氣に攝せられるものである。陽春の山野そこには百花娟を競ひ、千草錦氈を擴げる、この百花千草の滿發もそのもとを考ふれば春の氣からであり、土の氣からである。長幼男女の別はあつても同胞は父母兩精氣の化成せるものに他ならない。旣に氣を同じくするが故に萬物の間には『感應』あるは必然の理である。氣の活動には相生と相克の作用があつて、宇宙萬有の增進減退は、悉くこの二作用の範疇に屬するものである。氣にはこの感應ありこの二作用あり、この氣の所產である萬物の間に交涉あり、影響あるは誠に理の當然であつて、その直接なるや間接なるやは深く問ふところでないのである。

　かく、陰陽五行說に依つて、理論づけられた類物信仰が、風水の要素をなすに至つては、山水の形勢が直ちに人生に影響ありと信ぜられ、この形勢が人生の運命を左右するものであるとなさるゝも亦、自然のことであつて、先例に見るが如き開城は漢陽の三角山が窺峯たる間は燈火と、坐犬に依つて防ぎ得たが仰刀となるに及んで開城はその感應に依つて、恰かもその腹に刃を刺された如き、致命傷を負はされ遂に沒落の止むなきに至つたと云ふも、極めて自然的な風水傳說と云はねばならぬ。

義昌郡宰の女子が自然に孕胎したるも性的交捗の狀勢をなす犬岩を朝夕熟視せるが故に遂に之に感應して感應妊娠を結果したものであり、江界の女氣盛にして淫風絕えざるは南山の陰岩がその類物的力を發揮するに由來し、朴文秀の墓地が子孫に繁榮を送るは將軍が市場の群衆を兵卒と見做してその威を張るに適するからであり、猶ほ中原人が俗離山上の龜石に對しその頭を截斷して、背上に十層の浮圖を立てたるも龜のよくものを背上に載せて水中を行く處からこの龜石も亦支那の貨物を朝鮮に輸す力を發揮すると考へたからであつて、等しく風水の類物的信仰觀念から解釋せられたものである。

猶ほこの類物信仰の一種に、瑞物の出づるは聖人將に出でんとするの兆であるとされて居た瑞物信仰が昔から支那にあらはれ、而してそれが諸方に傳來されて居た。今二三の典據を擧ぐれば、

『昔者黃帝治㆓天下㆒……鳳凰翔㆓於庭㆒、麒麟游㆓於郊㆒。』（準南子、覽冥訓）

『昔者禹及㆔立爲㆓天子㆒、天下化㆑之、蠻夷率服……麟鳳在㆑郊。』（新書、雜事篇）

『或曰、鳳凰麒麟太平之瑞也、太平之際見㆓來至㆒也。』（論衡、講瑞篇）

『天下太平、符瑞所㆓以來至㆒者、以爲王者承㆓統理㆒、調㆓和陰陽㆒、陰陽和萬物序、休氣充塞、故符瑞竝臻、皆應㆑德而至……則鳳凰翔、鸞鳥舞、麒麟臻。』（白虎通、封禪篇）

と云ふが如くこの瑞物信仰に從へば、瑞物――例へば瑞星、瑞鳥、瑞獸等の世に出づるは聖人出でゝ

天下太平を致す時である。而してこの天下太平の時は天地の陰陽がよく調和した時であつた。黄帝の代に鳳巣出現し、夏后の世、神龜河に出で、伏羲の時龍馬洛に出で、文王の時鳳凰岐山に鳴き、孔子の時麒麟が出現したのは皆その時がよく陰陽調和し天下太平を效せる時であつたのであると。

この瑞物信仰は類形信仰の隨一たるだけまた風水にも強く影響した。卽ち瑞物の世に出づるは陰陽調和せる處であるから山も亦、此の如く、この瑞物の出現する處、卽ち瑞物の形をなせる處は自づから陰陽の調和せる處である。蓋し氣と物とは本體と現象との如きもので甲物の現はるゝは甲氣からで、又乙氣内にあつて始めて乙形外に現はれるのであるから、瑞物の出現せる處には瑞氣の存するからに他ならない。而して瑞氣は實に陰陽のよく調和せる生氣に外ならないのであるから、瑞物の形を現はす山にはよく調和せる陰陽の氣が畜積されて居るとされるのは當然なことでなければならぬ。古來朝鮮に於ける郡邑都會の墓地を、常に瑞物の形に類せる地に選定したのは、この類形瑞物信仰に由來するものであらう。

朝鮮には、この類物信仰と再生信仰とが結び付いてあらはれたものと考へられる墓形が少なからず存在する。それは處女型と母性型とであつて、その何れも處女乃至母性に類似する墓形が其處に埋まる者をして優勢なる再生の運を享けしむることが出來ると云ふ信仰からであることは云ふ迄もない。

一般に朝鮮の墓地殊に風水的に造營された墓地は、その概觀よく母性に類似する處のものが多く、中にはまこと眞に迫るが如き觀あるものも少なくないのであるが、殊にその墓形が八字交叉形をなせるもの又は内外八字水の分合多きものなどは、極めてよく母性を表徵したものであつて、一見して直ちに之が、再生觀念を具體化した母性墓地であると察することが出來るのであるが、その最も類似を深めたものは、單にその表面外觀のみでなく内部の構造にまで及んで居る處のものがある。

羨道と玄室

イ、斷面

ロ、測面

ハ、平面

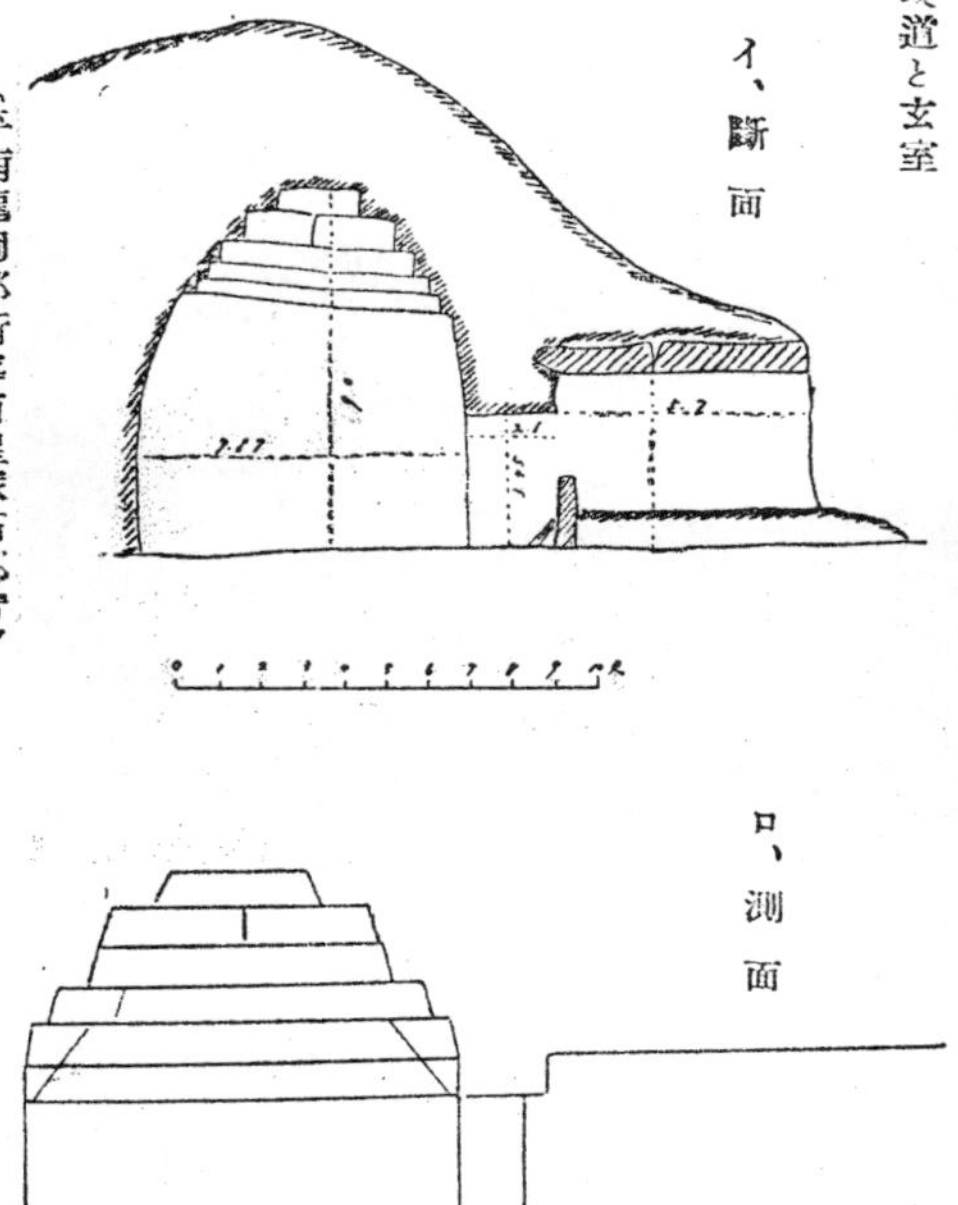

（平南龍岡郡新寧面星塚石槨實測圖（本府土木局營繕課實測））

（平南江西郡江西面遇賢里大墓石槨實測圖）

琉球の龜甲型墓

高句麗乃至百濟の古墳に汎く用ゐられて居る美道と玄室とを具へた墓穴は、實に母性を如實にあらはしたものであつて、玄室は母體の胎室に、而して美道は母體の産道に象つたものである。或はこの美道玄室を、墓は人の死後の居宅であるから、生前に於て住居せる家屋の構造をまねて地中に前庭、後室の居宅に類するやうに造つたものであると説明し得ないこともないが（事實この考方の存在は、玄室と美道との間に柱を樹てゝ扉戸の如きものを附し、恰も家屋に於けるが如き構造をなすものがあるに依つて窺はれるが、これは寧ろ第二次的のものであつて、第一次的な母性形を、居宅化し美化したものに外ならないものである。）この美道玄室を具ふる墓に類する琉球の墓を參考するならば、この疑ひは氷解するであらう。

琉球のカーミーヌク式墓

琉球の墓形にはカラフアーフ式と云ふ破風造型のものと、カーミーヌク式と云ふ龜甲形のものとの二形式があるが、この後者即ちカーミーヌク式のものこそ、よく母性を具象化して居るのである。此の型式は前方に長方形の前庭があり、その後方に、前庭に面して一小口を開くのみの無花果形の暗室があり、死者あればこの前庭に殯して、その腐肉を待ち洗骨して後、骨を壺に納めこの壺を後ろの暗室内に藏するのであるが、この前庭こそ美道に相當し、無花果形の暗室こそ玄室に相當するものである。この無花果形の暗室及び前庭に向つて一小口を開くものなど、全く母性の胎室をそのまゝの形に於て象徴して居るのである。

次に處女型のものであるが、これは墓畔に樹木を植えず、穴後に眉砂と稱する櫛狀の辨膜を附する處の墓である。この眉砂は穴中に水の流入するを防止する爲のものであると云はれて居るが、若し單に流水防止の爲めであるならば、それよりも後方の玄武頭腦の小高き丘に依つてこの目的は達せられるから、强ひてこの眉砂を必要としないのである。だからこの眉砂が流水防止と稱せらるゝのはやはり第二次的のもので、第一次的な眉砂の意味はもつと原始的なもの、卽ち處女性を表徵するものとして附帶せられたものであらう。樹木は古來、その地表にあるや人體に毛髮のあるが如しと云はれて居るから、墓畔に樹木を置かないのはそれが處女性を表示するものであることは論ずるまでもない。或はこの樹木を植ゑざる事に對して、樹根が穴中に入れば墓室を侵し、穴中の生氣を奪ひ去るが故に、植樹を禁ずるのであると云ふ者もあるが、これにも理由のあることながら、若しそれのみであるならば、樹根の伸及し得ざる地域にまで植樹を禁ずる必要がない譯である。

猶ほ墓墳を造る場合、山の傾斜面を削り取りて圓く墳丘のみを殘し、入葬に際して穴を掘る時その墳丘の後部をそのまゝに、中央前部を掘つて穴となし、納棺の後、中央前部に土を補つて圓墳となすの葬法を採るものがあるが、この墳丘の後部をそのまゝ殘し置きて、鑿穴納棺するは、之を處女性の特徵をあらはしたものと見るより外に、充分なる說明をなすことが出來ないのである。

墓地形の種類

(1) カーミーヌク墓前景

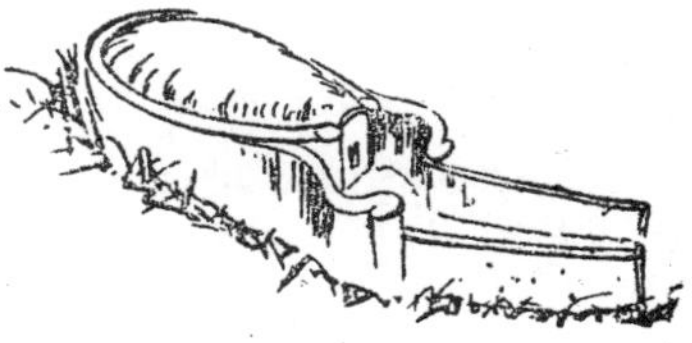

(2) カーミーヌク墓側景

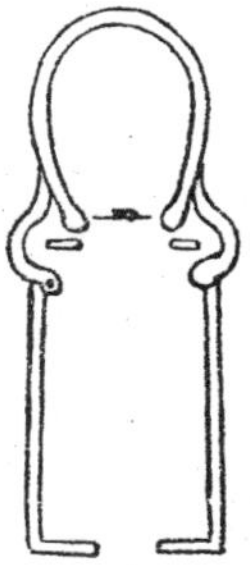

(3) カーミーヌク墓平面圖

(4) 鳥致院附近にある母性墓、靑龍白虎は兩腿の如く墓は下腹部の下方に定めてある。

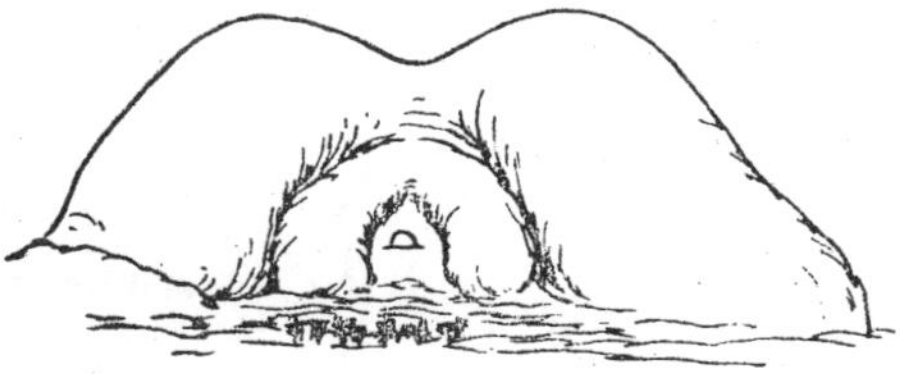

(5) 黃海道長壽山驛の東方母性墓

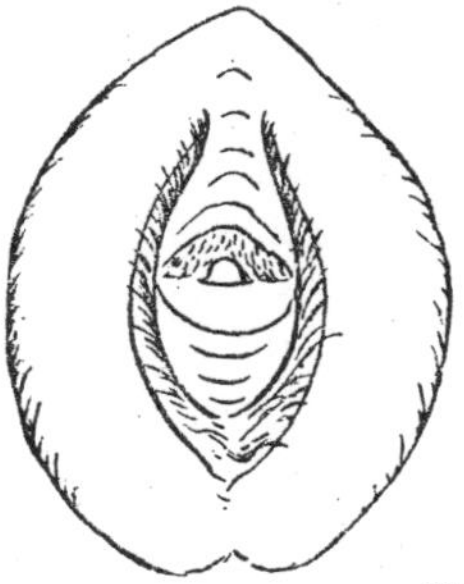

(6) 母性墓京城附近

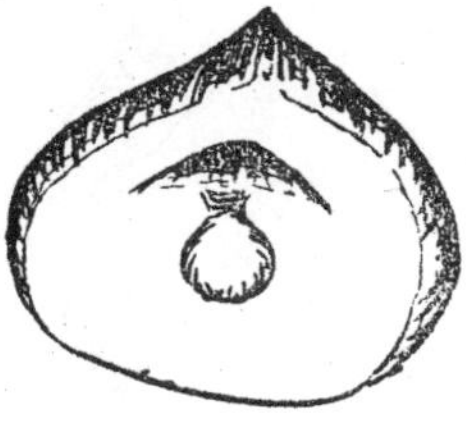

(7) 全義附近にある處女型墓寶珠形

(8)

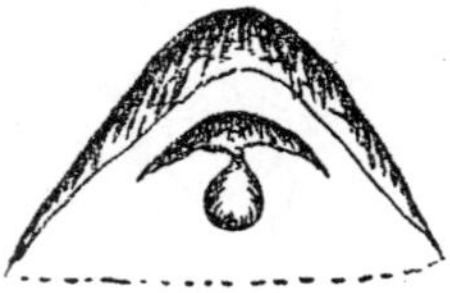

全義附近にある處女型墓

三角形

(9)

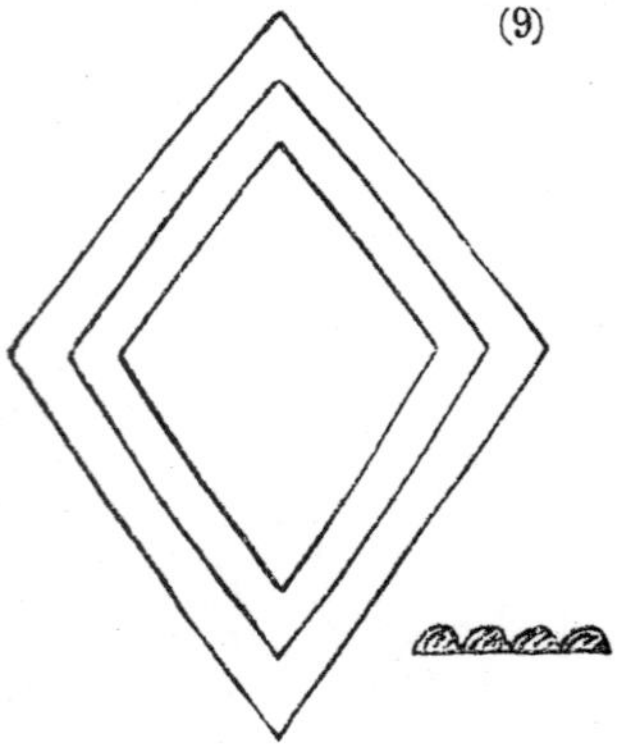

分合式

(10)

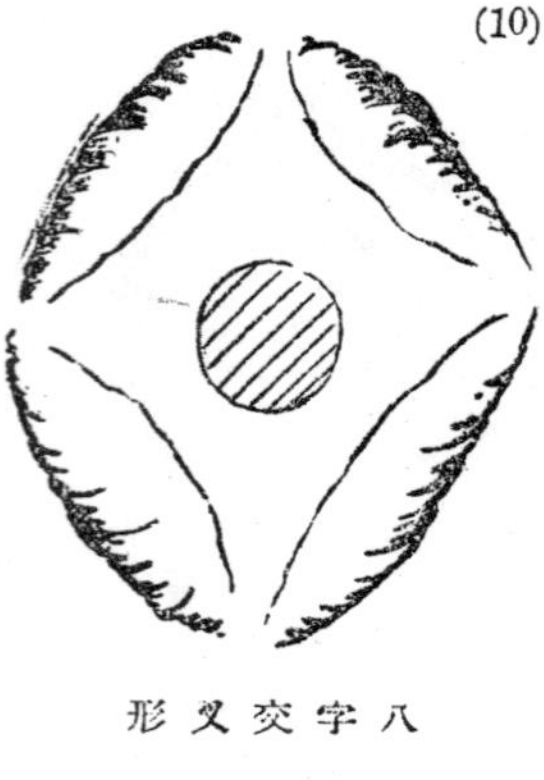

八字交叉形

(11)

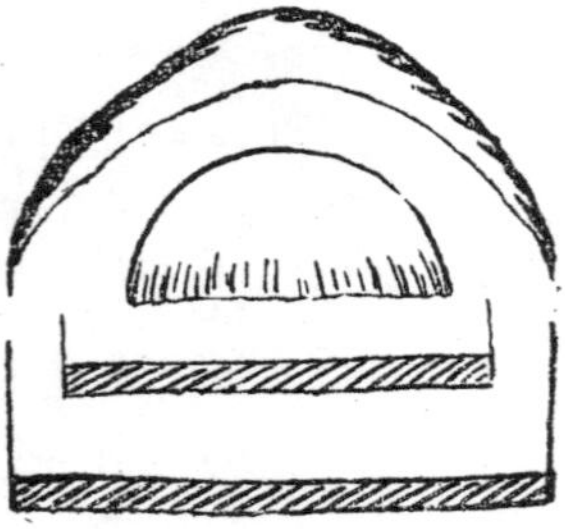

圓方形（前方後圓）

開城附近

(12)

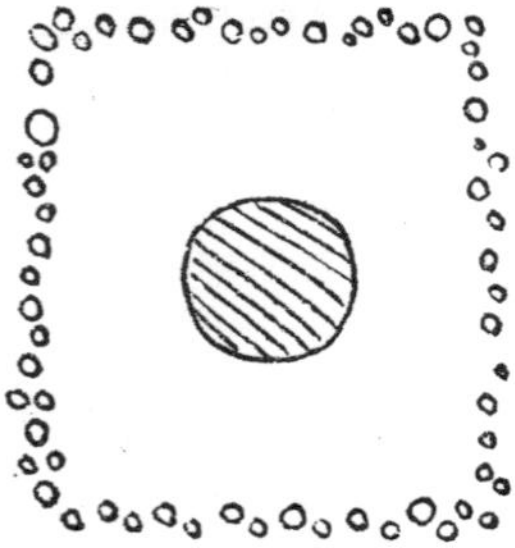

方中圓形（方は樹木）

金泉附近

(13)

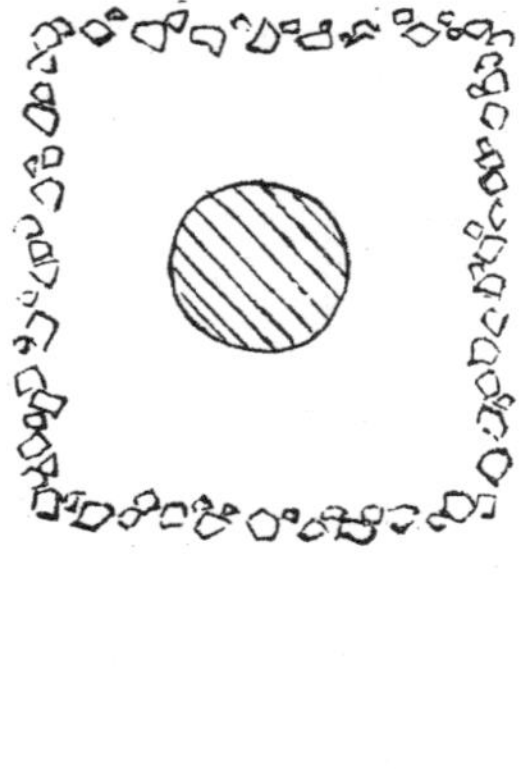

方中圓形（方は石垣）

濟州島、慶南進永附近

墳後殘存式造墳法

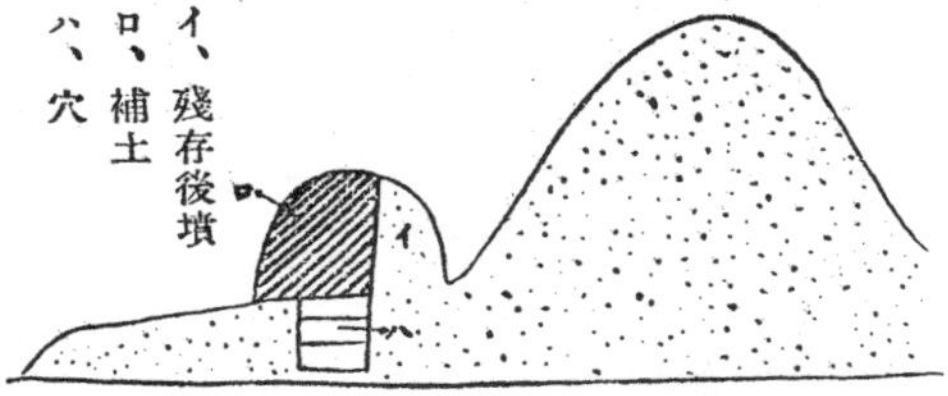

イ、殘存後墳
ロ、補土
ハ、穴

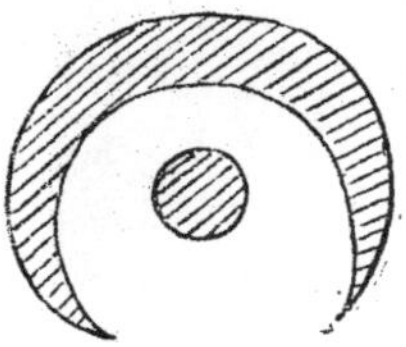

(14) 新月形　大田附近

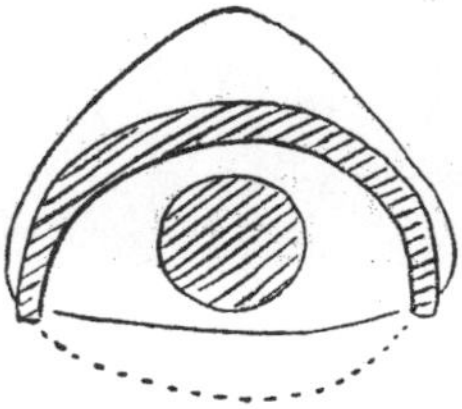

(15) 半月形　京城附近

(16) 乳房形。圓丘の頂に墳を置く、咸安驛附近伽倻古墳にこの類多し。

母性墓斷面、正面［＿］は棺の位置この上に圓き封土を盛る（京城附近）

他に移葬せる母性墓の穴（京城附近）

第二節　類形の吉凶

風水は地の吉凶を選ぶ術であり、運命の禍福を決するの法であるから、風水に類形の影響を考ふる場合には必ず人生に與ふるその吉凶の影響であることは云ふ迄もない事である。而して風水上に云ふ類形の吉凶は要するに人生の經驗上吉福なりとせられて居るものに類するものは吉福の影響を與ふる吉なるものであり、災禍なりとせらるゝものに類するものは人生に凶災の影響を與ふる凶なるものであると云ふ風に解釋されて居る。この解釋法は前節に於て述べた如く吉物は吉氣からあらはれたものであり、災物は災氣より生じたものであると云ふ觀念からのみならず善良なるものは善良なる影響を與へ、凶惡なるものは凶惡なる影響を及ぼすと云ふ、實際上の經驗から歸納せられたものでもあるから、類形の吉なりや凶なりやを判定するには理論的よりも寧ろ常識的の見地からすることが少くないのである。

この類形の吉凶に關しては青烏經に於て已にその一端を示して居る。曰く『富貴之地、文筆挿耳、魚袋雙聯、庚金之位、南火、東木、北水、鄙伎』と楊筠松は之を註して『兩圓峯ノ相連ルモノ、是ヲ魚袋ト爲ス。西方ニ出ヅレバ金魚袋トナシ富貴ヲ主ル。南方ニ出ヅレバ火魚ト爲シ醫家ヲ主ル。東方ニ出ヅルヲ木魚トナシ僧道ヲ主ル。北方ニ出ヅルヲ水魚ト爲シ漁人ヲ主ル。』と云ひ、又『大富之地、圓峯金櫃、貝寶沓來、如川之至。貧賤之地、亂如散蟻。』等と云つて居るが、之等の吉凶を判ずる標準は主として日常の經驗から由來する常識に置かれて居り、南火、東木等の理論的説明は、この常識的判斷を助くるものとして役立てられて居るやうである。

錦囊經に於てはこの類形をやゝ詳細にあげてゐるが、それに依れば『形勢不經氣脱如逐、』即ち形勢が異常であれば、其處には生氣の聚止するものでない。と云ふ總括的な吉凶判別の大綱を立て、然る後ちに次の如く各別にその吉凶の影響を論じて居るのである。

一、形如仰刀、凶禍伏逃。仰刀の如きものは凶禍、迯逃を藏するの罪に伏す。

一、形如臥釼、誅夷逼僭。誅戮せらるゝか又は他に逼僭せらるゝの厄あり。

一、形如横几、孫滅子死。几案横さまに穴を過截するものは絶祀滅族の厄あり。
一、形如覆舟、女病男囚。恰も覆舟の如きものは、女長じて病み、男は獄に囚せらる。
一、形如灰囊、災舍焚倉。水なく明堂乾燥して恰も灰囊の如きものは、天火人火に依つて舍倉を失ふの厄にあふ。
一、形如投算、百事昏亂。籌算を投擲せしが如きものは、百事昏昧敗亂す。
一、形如亂衣、妬女淫妻。山形、衣裳を亂擲せるが如きものは、女妬、妻淫に奔る。
一、形如植冠、永昌且歡。冠をつけたる如く端正なるものは、昌盛且つ歡悅を效す。
一、形如覆釜、其巓可富。平地に覆釜の如きものその中央の巓に葬すれば巨富となる。
一、形如負房、王侯崛起。屛を以て四向を環合せる中央に支幟の特峙するものは王侯に出世す。
一、形如門戶、貴不可露。龍遶、虎踞、前案恰も門戶を閉せるが如きは他に漏すべからざる極貴を致すの地。
一、形如燕窠、昨土分茅。四周の中央凹み、燕窠の如きものは公侯となり、又彊土を守るの臣を出す。
一、形如側罍、九棘三槐。來岡遠く前應囘抱するものは、公卿を連出す。

一、勢如萬馬自天、出王者。後岡の來勢恰も萬馬の奔馳して天より下るが如きものは王者を出す。
一、勢如巨浪、出千乘。峯嶂支幟の相連る恰も巨浪の起伏するが如きもの、千乘の王公を出す。
一、勢如降龍、出三公。龍天より降り、前應水あり、諸山雲の如きもの、三公を出す。
一、勢如雲從璧立雙峯、翰墨詞鋒。雲の湊集して雙峯に從ふ如きもの、當代に詞藻の士を出す。
一、勢如重屋茂草喬木、開府建國。人屋の重々として連接するが如く草木繁茂するもの、開府建國の地に適す。
一、勢如驚蛇屈曲、滅國亡家。蛇驚けば走つて住まらず、滅國亡家の厄あり。
一、勢如戈矛、兵死刑囚。戈矛の如く尖利なるものは凶。
一、勢如流水、生人皆鬼。水の直流するが如きもの凶。

以上は郭璞葬經の類形に於ける吉凶の大概であるが、此經では形と勢とを區別して考へて居るので次の如く形と勢との關係を述べて以て類形の章を結んで居る。卽ち『夫勢與形順者吉、形與勢逆者凶。勢凶形吉、百福希一、勢吉形凶、禍不旋日。』と、云つて勢と形と順(生)なるものは吉、形と勢と逆(克)するものは凶、その勢凶にしてその形吉なる時には百福の中一福を希ひ得る望みはあるが、もし勢吉なるも形が凶なる場合にはその禍は立處に至るであらうと論じて居る。これは勢は來龍、後岡に就てその類形を云ひ、形は穴の周圍に就て云ふのであるから、穴からすれば勢は間接であり形は直接であるからに他ならない。かく形と勢とを分つ場合には形の吉凶が主で、勢の吉凶は從であるから普通の場合に於ける類形は概してこの「形」に重きを置き「勢」にまでは之を論及しないのである。

胡舜申はこの類形に就てはあまり之を重視せず、類形に於ける吉凶の影響は充分之を是認しては居たが、術に未熟なるものは、この風水からすれば末枝たる類形のみ拘泥して大綱を忘失する虞れがあると云ふので之を省略して詳細に論じなかつた。今彼の類物觀を窺ふに、それは次の如くである。卽ち『山の形勢說は郭氏の葬書に書かれたものが後世いろ〳〵と粉飾されたものであるが、結局物の形と氣とは常に相連屬するもので、物に奇秀の形あれば則ち奇秀の氣あり、醜惡の形あれば則ち醜惡の氣あること恰も雄偉の形相ある人は其の氣性必ず雄偉、その容姿卑俗なればその氣性も亦卑俗なるが如きものであるから、地理の形勢論はその山の形勢に應じた氣を人生に享受せむとしたものに他ならない。然しながら風水の法は細に入れば細に入る程複雜を極めると同時に、その微に入れば入る程大綱を忘失するの虞れがある。醫家が局所療法に如何に妙を得ても、患者の生命を危殆より救治し得なかつたならば、それは本末を辨まへない者であるが如く、地理の法も須らくその大綱を明にしてその煩はしき末微に泥んではならぬ。』と。

「明山論」では類物の影響を是認するのみならず、その吉凶論に於て吉形が凶形に變化することがあると云ふ吉凶變化の事を論じて居る。卽ち『神仙の地はその山形疊雲の如く、將相の地は山形圭璧の如く、富貴の地は山形倉廩の如く市井の地は山形聚蟻の如くである。尋龍全書に山肥人肥、山瘦人飢、山清人貴、山破人悲、山歸人聚、山走人離、山長人勇、山縮人低、山明人智、山暗人迷、山順人孝、山脊人欺、と云つて居るが如く、人の淸濁、美醜、貧富、貴賤、夭壽、子孫の多少は皆地の形に依るものである。さて山形には千種萬様ありて一々之をあげる譯に行かないが、端正福厚、雲に聳えて來るものは、後來を「寳殿」となし、前應を「樓臺」とする。而してその形尖秀なるを「筆」、圓秀なるを「簡」、方秀なるを「笏」、足の走るものを「旗」、頭高きものを「馬」、圓厚なるものを「祿」、連接するものを「羅城」、踏節重疊するものを「屯軍隊仗」となす。且つ方にして小さきものを「金箱」、圓にして小さきものを「玉印」、尖にして利《と》きものを「衙刀」、横にしてすぐなるものを「衙杖」とするを普通とするが、若し山水が歸一聚中せず、來龍に生氣なく、陰陽冲和の局を成さず、眞穴を結ばない場合には、たとひ是等の奇山があつたとしても、それは反つて凶惡なものとなるのである。卽ち旗は「賊旗」に、玉印は「僞印」に變じ、衙刀は「殺刀」となり衙杖は「徒枝」とかはり、「肥大」は「虛腫」に變化するのである。』と論じて類形は風水の本となるべき來龍結穴成局の如何に依つて吉なるものも凶に變化するのであるから、單に類形のみに依つて風水の吉凶を判斷することは極めて危險である事を暗示して居るのである。

この類形の吉凶が局穴の吉凶如何に依つて變化すると云ふ觀念は極めて風水上意義あることであつて、この類形の影響吉凶は絕對なものでなく、生氣の融化と云ふ主たるものに相應して變化する相對的なものである事を意味するが故に、この類形の役目は全く穴局の輔佐たるに止まり、穴凶なれば類形も凶を佐くるものとなり、局吉なれば類形はその吉を增大する處のものとなり、穴局を離れてこれのみが獨立に吉凶の影響を人生に及ぼす譯のものではないと云ふ事になるのである。卽ち風水上に於ける類物の影響は生氣の融化する穴、局を通して始めて間接に人生に及ぶものであると云ふ事になるのであつて、この點が單に類物はその眞物と等しき力を人に及ぼすものであると云ふ直接影響を考ふる類物信仰と異なるところである。

だから風水に於ける類物の影響は之を氣的に考察すれば類物から發する類氣を、局、結に於て融化する陰陽生氣の中に化合せしめ、その化合した精氣から人生へと影響するものであるとなすのであつて、恰も治療の爲に藥劑を調和する時に主藥に和するに從藥又は使藥(主藥のきゝめをよくする藥)を以てするが如く、獨立には何等の太した影響を與へ得ない類形でも、融化する生氣と混和することに依つて偉大の力を效す事もあり得るのである。風水に類形の重んぜられる所以も、復た類形のみに重點を措くべからざる所以も、かゝる理由に基づくのである。

第三節　類形の種類

風水に於ける類形の種類には形をなすものの單複に依つて單獨形と複合形との別がある。單獨形とは例へば山、砂（朝案等）、明堂、水等個々のものが如何なるものに類するかの類形であり、複合形とは結局を中心として、小は結穴大は成局の全範圍を綜合しての形が何に類するかを云ふのである。今單獨形に就てその種類及びその影響の大略を列擧するであらう。

一、五星類形

風水では山形を天の五星に配して五星に區別することは旣に第一章に於て述べた。卽ちその形直にして聳るものを木山、尖にして側ちたるものを火山、方にして几狀なるものを土山、頂圓脚潤、伏鍾の如きを金山、曲動波浪の狀をなすを水山とする。然しながら之を類形から見れば千山悉くこの五形にあてはまるべくもないのは勿論であるから、風水には『山象物形取ニ其彷彿一。』と云つてその形狀範圍を擴め、且つ最も標本的なる類形を正體となしその他のものは之を五星の變格と見做して取扱ふのである。さてこの五星類形には次の如き名稱が附されて居る。

貴　人。木星を貴人となす。二者竝立するを雙薦貴人、三立するを三台貴人と云ふ。屛帳あれば必ず貴。屛帳侍從なければ、之を孤獨貴人と稱す。

太陽、太陰。金星の圓くして缺けず恰も日の形をなすを太陽と云ひ、圓くして缺あり、月の狀をなすを太陰と云ふ。

將　軍。木體にして金を帶ぶるを將軍となす。

仙人舞袖。主山木星にして前に栞案の横はるものを仙人舞袖と名づく。

玉女擊鼓。主山木星、青龍白虎の端に鼓あり、前に舞童あれば玉女擊鼓と稱す。

武　士。金頭にして火を帶び、石あるものを武士と云ふ。

仙　人。木星帶火を仙人と名く。その飄々たるに類形す。

胡　僧。木星帶水を胡僧と云ふ。鞠躬如たるにとる。

金　匱。高土帶金を金匱となす。

玉　屛。端正な土山の壁の如く立つものを玉屛となす。

天　倉。土石の正方なるものを天倉となす。

天　馬。金山連なり火山を帶するものを天馬となす。兩馬脊馳するを忌む。

帳。　水山の横はるを帳と云ふ。

玉　帶。水星の彎抱するものを玉帶となす。

旗　山。木星、火星の連結するもの。その頭聳え、脚揚るものを旗山となす。四五峯ありて高く低く側列するを出陣旗となし、低頭するを降旗となし、山體破碎するを敗旗となす。

浮　雲。木星が連起し、その形跡にして發揚の勢あるを浮雲となす。

祥　雲。木星連起し、その形密なるものを祥雲となす。

天　梯。木星連起、高低に段階あるを天梯となす。

天　橋。金星の連なるものを天橋と云ふ。

庫。　金星を庫となす。

鍾、釜。何れも金星、その三列するを三台となす。

獅。　金頭、土身、火尾を獅となす。（金星頭を、土星身を、火星尾をなすもの）

虎。　金頭、土身を虎となす。

以上のものを圖示すれば次の如くである。

五 星 類 形 圖

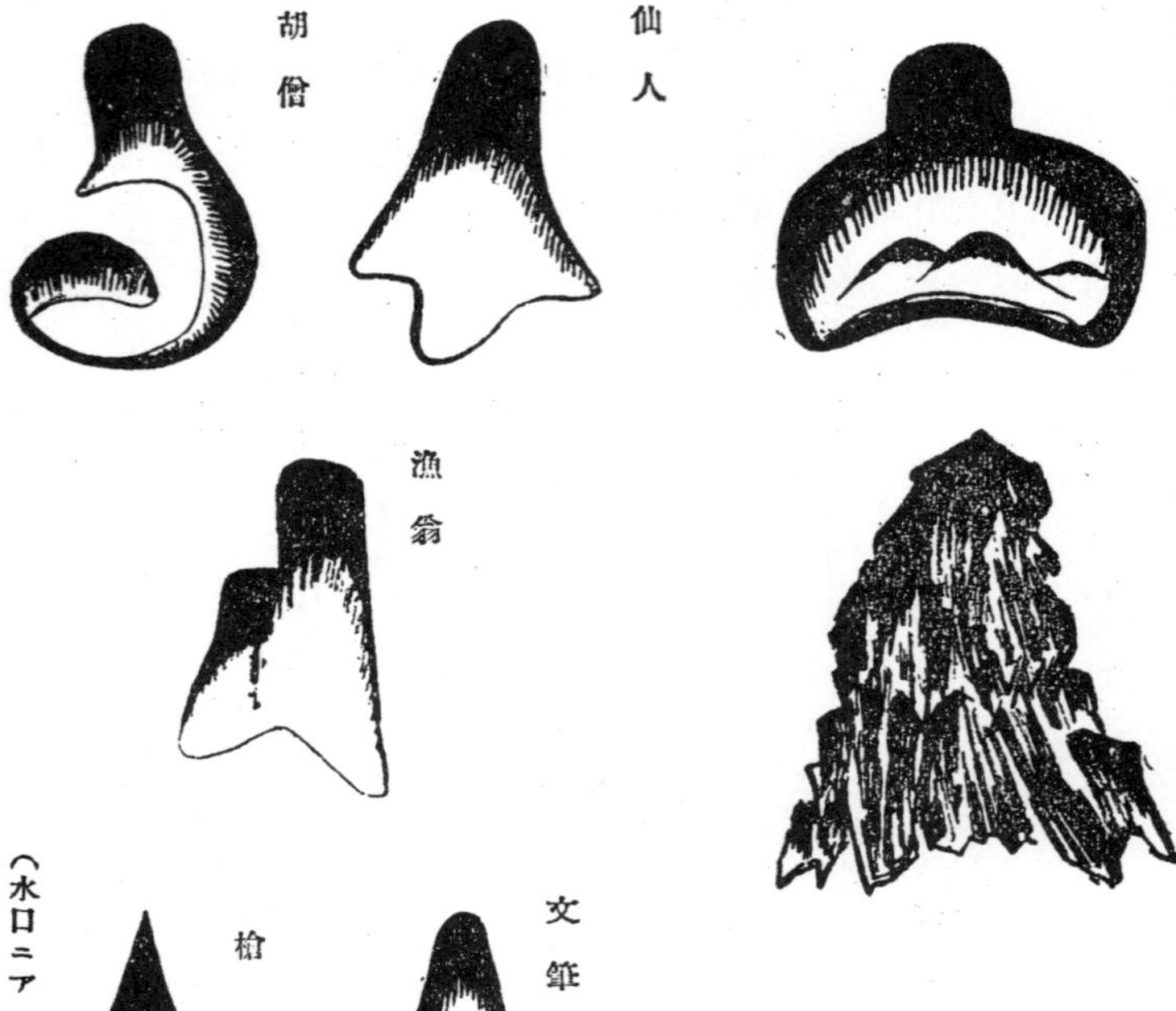
貴人
仙人
胡僧
武士
漁翁
玉女
金童
文筆
槍
（水口ニアレバ華表）
天馬
將軍
雙貴人
三台貴人

金匱

玉屏

天倉

帳

玉帯

旗山

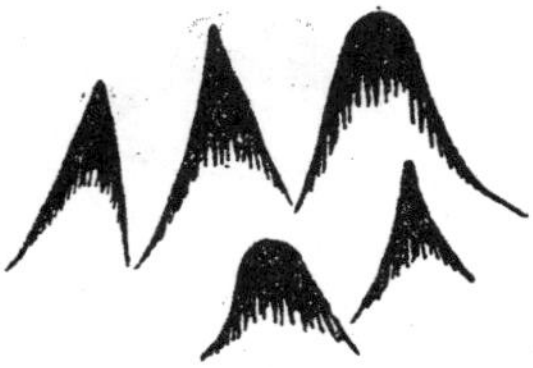

雲山

天梯

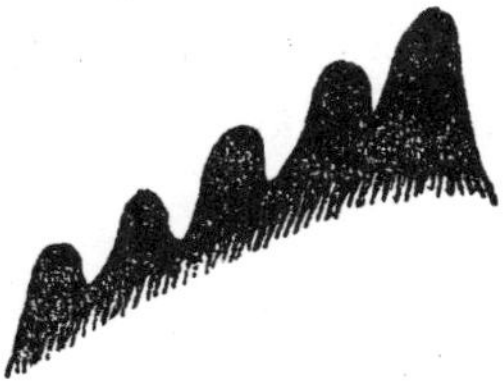

庫

鍾

釜

三台

天橋

獅

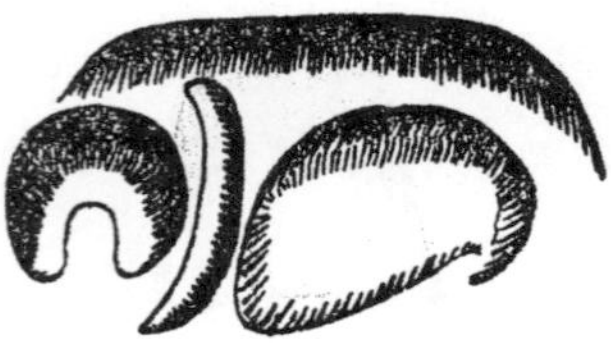
虎

牛

金鶏

飛鳳

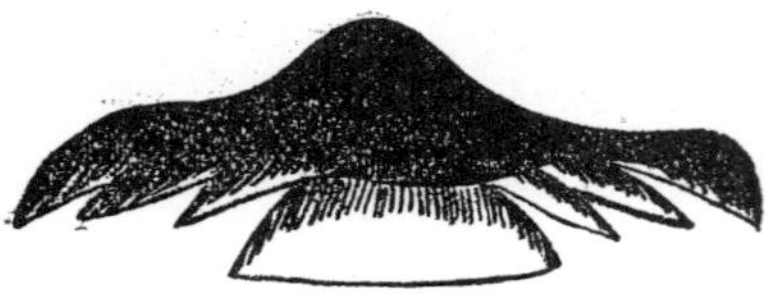
仙鶴

龜

二、類形砂

五星及び之から發展する諸々の變格の組合せに依つて次の如き類形砂がある。

披髮貴人。木星帶火、斜側するもの、文武全才を主る。案山によろし。

幕外貴人。木星が水星數重の山外にあるもの、陞朝の貴を主る。案山。

蛾眉。半月狀をなし光媚纖巧なるもの、文章、狀元、神童及妃を主る。案山。

福壽。中央稍起ちたるもの、富貴雙全、壽亦綿延。案山。

金箱。土の低平なるもの、方正平圓なるを要す、科各高顯、爵祿豐厚。案山。

龍車。龍頭穴に向つて車を引く如きもの、上格貴砂となす。案山。

鳳輦。鳳輦の狀をなすもの、上格貴砂。案山。

帝座。雲山中に秀麗なる一峰聳立兩肩均平なるもの、封王侯、子孫襲爵、出后妃、男尙公主、朱紫滿門富貴不替。

文筆。星尖卓立するもの、文章科第、名譽傍出すべし。

狀元旂。木星排列して水體をなし、足開いて蛾眉を出すもの、文名天下に冠たり。

點兵。亂石が平田又は平野にありて大小一ならざるもの、大將功名を立て身榮顯す。

屯　軍。小阜、土岡、石等雜然と局外平野と大山間にありて屯軍の如きもの、大將、節制。

幞　頭。幞頭は人首に加ふるもの、君に面する者でなければ敢て戴かない、この山穴前にあれば王侯、烈士、極品世享爵祿。

金、銀帶。平面水星彎抱するもの、平坡田圩穴場を圓抱するもの、典州郡、婦に因つて貴を得。

金魚袋。墩埠の長曲するもの、下關、水口にあるを宜とす、鼎臣、滿門朱紫。

錦　帳。水星横濶、龍富龍なれば錦帳、貴龍なれば掛榜となす、貴、案、傍出すべし。

横　琴。平岡、恰も琴を横へたるが如きもの、文章、名譽富貴雙金。案山。

粧　臺。星峰疊擁して粧臺の狀をなすもの、嬪妃を出す、家も亦女に依つて榮ゆ。案。

龍棲鳳閣。これは本王者の居、最貴、封公侯、朱紫滿門富貴鼎盛。案。

鏡　臺。台山の外圓峰頭を出し鏡の狀をなすもの、女貴、宮妃となる。

盃　盤。小山重疊して盃の狀をなす、位正郎に至る。

仙　橋。水星の兩角火を撑るもの、神仙を主る。案、水口砂。

群仙簇隊。秀麗の諸峯森々簇々重々疊々恰も蜂屯蟻聚の如きもの、三千粉黛八百烟花富貴の象、故に公侯國戚駙馬女妃を主る。案。

掀裙。一山數脚飛開して裙を掀くの狀をなす、富貴を得れども男女。皆淫。

臥牛。土星の變格。富厚。水口砂。

伏虎。土星の變格。富貴。水口砂。

駱駝。馬に似て背に峰あるもの、富貴雙全、水口砂。

獻花。兩脚飛開して中間坑を開くもの、故に獻花と云ふ、これ專ら女人の淫濫を司る。

墮胎。山脚兩開して掀埠を出すもの、富貴なれども不育。無嗣。

右類形には各上中下の三格があつてその發福の程度も異ることは勿論である。(以上人子須知)

禽砂類形。來龍の後方にある禽砂は脚ありて相顧みる動物に類した類形をとる。卽ち牛、虎、象、黿、猫に類似せる砂を禽砂とする。

鬼砂類形。來龍の後方にある鬼砂は尾あり長く引き相顧みざるもの、牛尾、虎尾、蛇尾、鎗劍に類する如きものをとる。

曜砂類形。穴場の傍にある曜砂は、龍虎の前後にありて刀、釖、針、鑽、鳥嘴の如き物に類するをとる。

官砂類形。案山の前後にある官砂の類形は鎗尖、刀削、立峰、禽獸の臥するが如き、亂石推積して羅星の如きをとる。何れも穴場から見て圓美なるを宜しとする。

朝案類形。一般に彎弓、半月纒抱を妙とし、又土星を最上、次は金星、而して水星火星は帳をなし、貴人となすを可とする。穴前所見の砂にして最美とする類形は推花積鱗の如き、執杖排衙の如き、貴人觀榜、上殿臨軒の如き、棒誥執笏、上馬按劍の如き、雙童雙薦、桂笏玉圭、金箱玉印、圓壁、雙輔雙弼、龍車鳳輦、御屏帝坐、御爐牙笏、宰相峯、狀元峰、祥雲簇隊、幞頭、玉几、晒袍、金帶、冠蓋、誥軸に類するものであり、之に次いで美砂とするは、金鍾、玉釜、華蓋、三台、金筒、玉軸、横琴、席帽、金銀瓶、縜旂、縜鼓、招軍捷報、跪爐、筆陣、文簾、幞靴、履、倉囷に類するもの、而して賦なるものとなす類形は破胸、獻花、倒尸、探頭、縮脚、掀幞、合掌、木杓、枷鎖、露臍、破面、奠杯、仰㝠、鶉衣破網、提羅持鉢、開嘴唆筆、降旗倒鼓に類するものである。（以上點穴大全）

明堂類形。明堂とは穴前の平坦なる地で、天子が天下の朝を受けるが如く穴が山水の朝を受くるところであり、之に內外の二者ありて內明堂は發祿の遲速を主どり、外明堂は發福の大小を主るものである事は既に前述せる如くであるが、この明堂の形にも種々あり、一般に圓、方、横、抱、平、廣、豊、進、周、靈なるものは貴にして、曲、直、欹、虛、野、散、偏、破、衝、纒、促、狹、泣、漏、刼、病、反、獄、悴、亂なるものは賤なりとし、而してその類刑及び發福所應は次の如くである。

圓　盤心の如きもの、　子孫の義を主る。
方　碁局の如きもの、　子孫の智を主る。
横　平案の如きもの、　子孫の忠を主る。
抱　帶の遶る如きもの、　子孫の孝を主る。
平　坦平なるもの、　子孫の信を主る。
廣　包容するもの、　子孫の富を主る。
豊　龍會するもの、　子孫の多子を主る。
進　内を照すもの、　子孫の多財を主る。
周　閉密なるもの、　子孫の旺產を主る。
靈　大石大樹あるもの、　子孫の聰慧を主る。
直　直去して囘抱なきもの、　退財を主る。
曲　曲竄驚蛇の如きもの、　生別を主る。

欹　傾流不正なるもの、　偏頗を主る。
虚　水口風に當るもの、　耗失を主る。
野　廣漠收拾なきもの、　遊蕩を主る。
散　水流龜背の如きもの、　破産を主る。
偏　半大半小のもの、　福祿平かならず。
破　半凹半凸のもの、　災咎荐りに至る。
衝　水の墳を衝くもの、　族滅速し。
纏　水纏脚して受刑するもの、　族滅遲し。
促　前後通側するもの、　夫妻相尅。
狹　左右相挨、　兄弟多爭。
泣　水流悲泣の聲あるもの、　哭泣を主る。
漏　水孔穴に入り潛出するもの、　宿疾を主る。
刧　悪石刀兵の如きもの、　殺傷を主る。
病　積土尸首の如きもの、　疾病を主る。

反　背、弓梢の如きもの　　五逆を主る。

獄　深くして井谷の如きもの　　官事に坐す。

恠　神靈の據る所　　神鬼怪を送る。

亂　樹石縱横　　家活灰飛。

右諸類形中その凶を一二併せ犯せば大害を生じ、其の吉四五を併せ有するものは富貴久長子孫福慶綿々として盡きないであらう。(以上明山論)

方位類形。類形はたゞ砂形にのみ止まらず猶ほ進んで方位に迄之を及ぼし來龍(主山)の方位に依つて類物を異にするものであると云ふ一種の秘訣が傳へられて居る。即ち

巽は簾、風蛟となす龍虎交はる風を忌まず、巽山作穴宜しく高座にすべし。

巳は蛇たり蚯蚓たり、急々到來するは驚蛇、緩々屈曲するは生蛇となす。

丙を鹿となす本《もと》尾なし、穴星、後ろの長來なきも可。

午を馬となす本と無膽、穴星風に斷く、坐は高處にす。

丁を獐となす、無尾、此の山懸後梨なきも可。

未は羊屬その角返廻す、直來を用ゐず、よろしく曲穴すべし。

坤は豻に屬す、脊本厚し、脊は肥に在りて曳に在らず。

申を狖となす好んで攀樹す、高く江邊に臨み枝邊に依る。

庚を烏となす、好んで啄括す、左右の鼠肉は高きを憂へず。

兊を鷄となす、もと無唇、前短を恨むなし、長さは宜しからず。

辛を雉となす、好んで走隱す、不在の所宜しく、在宜しからず。

戌を狗となす、好んで窺見す、山の窺ひ照らす處に穴あり。

乾を狼となす、友を失ふを怕る、單行宜しからず、雙行すべし。

亥を猪となす、唇短、眞穴の前に唇氈なし。

壬を燕巢となす、前短を恨まず宜しく一字なるべし。

子を鼠となす、偸食を好む、窺峯を詳察して點穴すべし。

癸を蝠と爲す、もと兩役、雙行を悼むなく宜しく單にする勿れ。

丑はもと無骨牛、牛は參行、下つて低處にあり。

艮を獅となす眼隱を好む、每に辰風を厭ふて庚風を好む。

寅を虎となす、且つ正、低處坐高、生風を好む。

甲を狐となす、疑難處、後の在穴を顧み、穴も亦顧みる。

卯を兎となす、もと無尾、後短を恨むなし、廣きは宜しからず。

乙を貉となす、托隱を好む、草木盛處穴星落つ。

辰を龍となす、好んで雨を听く、前に角石なければ穴も亦非。

これは秘訣であるので、容易に解し難たく、記述してあるが、結局、穴を如何に定むべきかを來龍の方位と、類物との配合に依り、類物の性狀に考へて、占穴すべきを述べたものである。


（以上道先乙用經）

（類形砂圖）

披髪貴人

蛾眉文星

福壽文星

鳳韋

帝座

文筆

狀元旂

點兵

屯軍

幞頭

金帯

金魚袋

錦帳

横琴

粧臺

鍾臺

盃盤

龍棲

鳳閣

仙橋

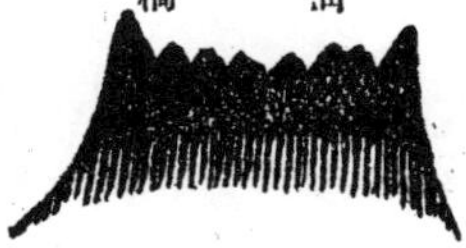

群仙簇隊

掀裙

臥牛

伏虎

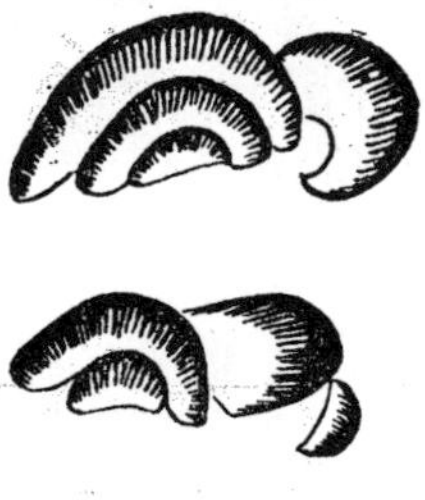

駱駝

獻花

隋胎

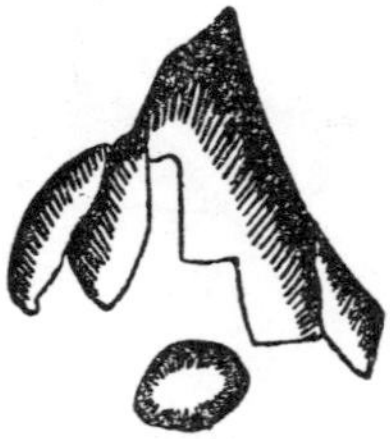

龍車

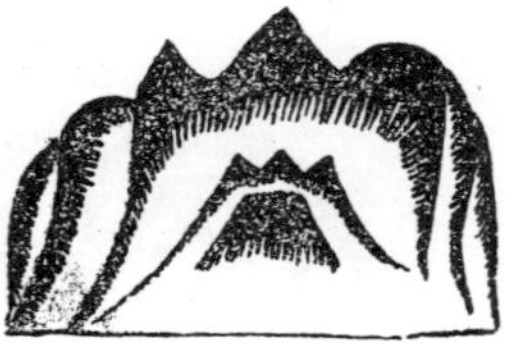

金箱文星

幕外貴人

第四節　類形の種類（複類形）（その二）

類形の種類の第二に屬するものは複類形卽ち局、穴を中心としたその周圍の諸砂を複合綜合したものであつて、風水說では通常之を單に「形」と呼んで居る。この複類形は成局の形狀如何に依つて名づけるのであるから、その地形の多種多樣なるに從つてその名稱も多數の異るものとなる譯であり、且又その成局の規模を大にするか小にするかに依つてその形狀に相異を來すから類形名も自づから變化する筈であるが、古來因習的に吉地として選定する墓地は槪して或る範圍内に止まることとなつて居るので類形名も亦無數に附けられないのである。類形名が無制限でないのに之を使用する人は無限であるから從つて類形名の或るものは屢々多くの人に用ゐられることとならう。今順次にかうした代表的な類形の意義内容を説明し、併せて如何なるものが最も多く用ゐられるかを朝鮮に於ける記錄と報告とに依つて瞥見することとしよう。

○金鷄抱卵形

金鷄は天鷄、この天鷄が夜半に先づ曉を報じて然る後地上の鷄之に倣つて鳴く、故にこの金鷄形は上吉、而して鷄は一度抱卵すれば二十餘雛を化生せしむ故に此の形も亦大吉。從つて此の地形の所應は衆を率るの偉傑及び代々多くの子孫を繁殖するにある。

○臥　牛　形

牛はその性溫順にして而も剛。而してその食をなすやよく臥食する。臥牛形はその案山に穀草形の砂が多積するを要する。然れば心配なく臥食し得るから。故にこの地形の所應は大人を出し、子孫世々臥食し得る幸福者を出す。しかし牛は產兒數少なきものであるから子孫の繁殖は金鷄抱卵形に比すれば幾分劣る憾がある。臥牛形に墓を定むる適所は、角、鼻、尾、乳、眉間(兩角間)等であり、而してその可なる理由は角はよく物を貫き威を示すが故に、鼻は「雲心賦」に云へる如く『牛則耳不ㇾ聽而鼻聽。蛇則耳不ㇾ聽而目聽也。』でよく物を識別するの機官であるが故に、尾は身を襲ふ蠅、虻をよく逐ひ拂ふが故に、乳はよくその雛兒を養ふが故に、而して眉間は鬪をなす時之を以て敵に當り、且つ江を渡る時には必ずこの兩角間だけは水に漬けないが故に之等の箇所は皆良好なのである。

○金龜沒泥形

金龜は天龜である、天龜はよく氣を哈いて物を生ずる、この天龜が泥中に沒すれば、土生金、卽ち五行の相生關係になるから、この土は五行の氣を受け、地中より五行の氣を哈いてよく物を生ずる。だからこの形は墓地よりも寧ろ宅地としての方が大吉である。

○玉女彈琴形

玉女は遊藝に熟達した才媛、琴は樂器、風流絕美の玉女が琴を彈ずれば、誰か歡喜せざらん、誰か歌舞せざらむ。この地形の所應は世々人才或は登科者、富者、玉女を出すとされて居る。

○玉女散髮形

この形は案山に月梳形、右に面鏡形、左に粉匣油壺形あるを要する。散髮は盛粧せむが爲めの姿であるから、やがて端麗な容姿となることを豫期する、故にこの所應は人に羨望せらるゝ位に上り、又は注視の目標となる才子佳人となる者を出すのである。

○雙龍弄珠形

龍は口から狐珠を哈いて而して後に昇天する。もしこの狐珠を得ざれば萬年經つても昇天することが出來ない。故にこの珠を得んことを希ひ、もし珠を得れば喜び極つて之を弄ぶは自然の情である。而して弄珠はやがて昇天の兆であるから、この地形の所應は廟堂に立つ大官をを出すのである。

○寶釵出匣形

奇代の寶釵だからとて匣中に藏して用ゐなければ無用の長物である。然るに一度び匣を出でんか、姦邪を鎮滅するの大利をなすであらう。故にこの地形の所應は天下を裁すること恰かも利刃を以て空を切るが如き偉傑を出すものとされて居る。

○飛鳳歸巢形

鳳は稀世の靈鳥である。若し此鳥が出れば人間には君子出で聖人出づるとされて居る。歸巢は雛を生成せむが爲めである。だから此の地形の所應は聖人君子を出生するものとして大吉地である。

○產　狗　形

狗は多產であり、その產は極めて安易である、だからこの地形の所應は容易に子孫の蕃殖を望み得るの吉地である。

○蓮華浮水形

蓮華は花も實も具備した圓滿な華である、この圓滿具足の華も外水又は水中にあつては開かない、水面に浮んだ時が將に蓮花の秀香を滿發する時である。この所應は子孫擧つて圓滿にして且つ高貴華麗な生活をなすに至るところの大地である。

○梅花落地形

此の花は稀世にして高潔な花であり、その落花するや高香四方にかほり擴がる、故に子孫發福大である。

○桃花落地形

此の花が地に落ちれば人皆之を愛惜して止まない、故にこの地に入葬すれば諸人に愛惜せられるやうな君子を出すであらう。

○龜　尾　形

龜は夏后の時九宫占數を載せて出で、天地五行相生相克の理を能く知つて居る靈物である。且つこの龜は陰陽の元氣を多分に調和して所有するものであるから、その尾は生氣卽ち五行の精氣が都會發露する處である。故に此の處は吉地であつて、富貴繁榮を招來すること疑ひない。

○風吹羅帶形

これは穴後に貴人形の砂あり、穴前に官服形の砂あり、而して南に飄風砂があれば吉地である。風吹羅帶とは高貴の人が美麗な官服を著けてその羅帶を快よく風になぶらせて居る形象であるから、此の地に入塋すれば、その子孫にこの地形に應じて高位高官が輩出すると云ふのである。

○也　字　形

この形は穴後に平字形の砂あり、穴前に天字形の砂あるを要し、若し之等が具備すれば非常な大地である。その譯は、凡そ文字の始まりは天地玄黃宇宙……(千字文)と天の字を以てその首となし、文章の終りは必ずや也又は乎の字を以て結ぶを普通とする。故にこの也字形は文章を以て世に鳴るの士を出し、天字は文字の首なるが故に一世に冠たる文豪を出し、終始一貫して顯文の人を出す地とされて居る。

○伏　虎　形

この形は穴前に獐形砂あり、乾戌方卽ち白虎の腰部に缺處があつて。此の缺處から穴に向つて風の吹き來るあるを要する。獐形砂は伏虎の眠氣醒しの好物であり、而して戌方の風は之を犬聲と云ふから、もしこの方から風が吹き來る時は伏虎はこの風聲を聞いて犬の吠聲と信じ、好餌來れりとなして、むくりと起き出す、むくりと動き出す時山の運氣が發してこの地の占有者に福を與へる。故に大地である。

○金釵落地形

○金釵路傍形

○金釵絶脚落地形

この何れも、金釵の地に落つるや金聲を發して人の注意を惹く、故にその名聲出づるや野に遺賢ありとなして高位に拔擢せられるやうな人物を出し、且つ金が地に落ちたのだから、五行の相生、土生金の理に適して多くの子孫を繁殖せしむるものと云ふ。絶脚落地は釵の首部が地に落ちたことを意味する。

○渴馬飮水形

○渴鹿飮水形

この何れも、穴前に蓮池あるを要する。若し之がない時には池を鑿つて之に充てなければならない。渴したものが水を欲するや、その意水に專にして他を顧みない、殊に馬、鹿の性にして然り、だからこの地形の穴前に水あるや之等の動物は急性に水に奔らんとする。この勢あるが故に山運發して福を發すること著しい譯である。從つて何れも吉地。

○老鼠下田形

この形は穴前に粟糧又は庫稟形の砂あるを要する。もしこの砂なければこの鼠は身を隱すの處なくして鳶にさらはれるか、又は飢えて斃死するであらう。もし之あればその本性を發揮して盛に子孫を繁衍せしめる。故にこの地形は子孫繁盛の目的に添ふ吉地である。

○三女同坐形

三女は母、妻、息婦の三女である。この形は穴前に三つの童子案（砂）あれば、一家和合子孫繁盛の吉地であるが、もしこの三童子砂を缺かんか、この形は三陰都會の地と稱し、その所應世々無子婦、寡婦を出す亡地である。

○玉兎望月形

この形は前案に月巖形の砂があれば吉、なければ不吉である。その譯は玉兎は雌兎であり、月中には雄兎（玉子の如き雄兎）が居る。故にこの玉兎の望月するは雄兎に依つて孕を欲し、産を欲するのであるから、その意慾強く從つて山運の所應發福も亦强大である。從つてその吉地たるは勿論である。

○漁翁垂釣形

この形は前案に魚形砂あれば吉。如何なる大物を釣りあげるかも知れない。如何なる高官を得るかもしれない。

○飛蛾附壁形

山の青壁上に飛蛾が附いて居るのは最上の美形である。穴前花枝形あり、左に東風扇あり、この形と調和すれば吉地である。

○巳　頭　形

この形は前案に蛙形砂があれば吉。これ巳の將に蛙を喰はんとするの象、從つてその山運發福疑ひなし。

○蠶　頭　形

この形は前に桑形案又は桑林あれば吉。蠶は桑葉を以て食とする、故にこの桑林あれば、他に氣を移さずして之を食する事に專念する。從つてその運氣盛にしてその發福も亦決定的である。

○行　舟　形

これは主として陽基に用ゐられる形であり、舵、檣、碇を具備すれば最も大吉であるが、その一を具へても吉、もし之等のものを悉く缺かんかこの船は安定を得ずして覆沒するか、又は流失するの虞れがある。又この行舟形の地は井水を堀ると船底を破つて浸水するが故に凶である。行舟形は人物を滿載して將に出發せむとする船を止めて置くの意味で、この形の土地には人及財貨の豐集を招來する所應がある、卽ち此の地を邑墓とせばこの邑の發達隆昌は疑ないと云ふのである。

○玉女織錦形

この形は前に弄梭形、右に沈絲水あるを必要とする。もしこの水なければ井を掘るべし。この所應、玉女の錦を織るが如く、子孫絕え間なく顯貴の人物を輩出する。

○浣紗明月形

これは陽基に用ゐる。紗は美麗な織物である、それを明月に浣濯するものであるから猶一層その美麗を增すであらう。この地の所應は紗の美を加ふるが如く、その子孫は愈々出でゝ愈々優れたる人物を出すと云ふことである。

いま之等の形を圖說すれば次の如くである。

類形の圖

蓮花形

梅花形

靈龜形

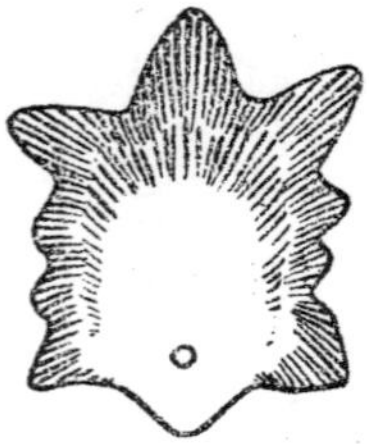

游魚形

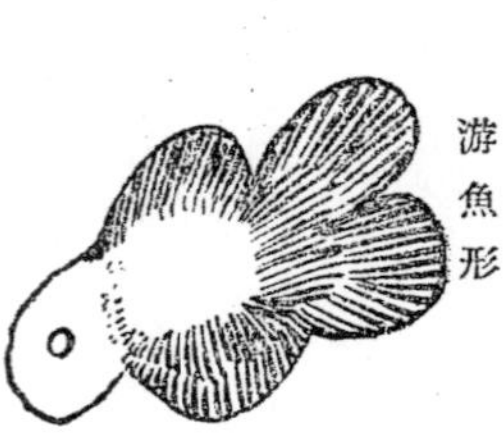

粧臺形

上龍　妃嬪を出す、家も亦女に因て榮顯

中龍　女貴

賤龍　女子嬌妖淫賤

鏡臺形

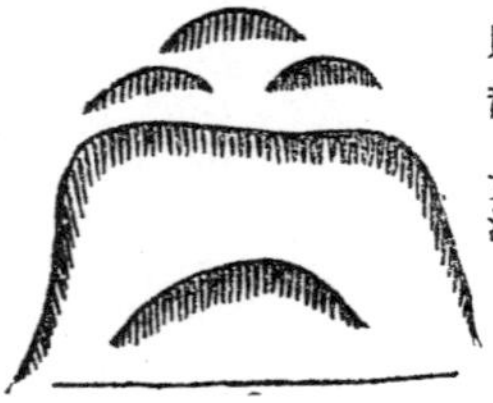

上龍　女貴宮妃となり榮一品

中龍　女封誥を受く

賤龍　女淫

獻花形

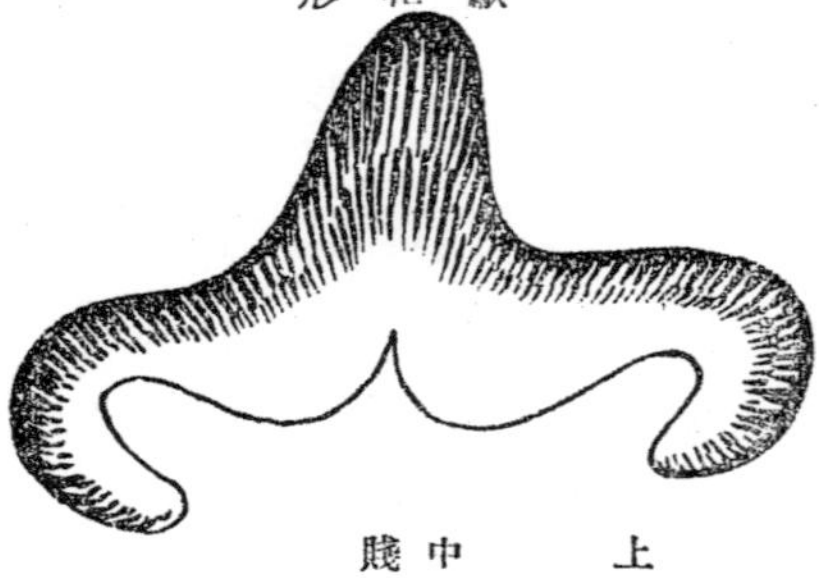

上龍　富貴にして婦人淫濫醜聲遠揚

中龍　婦人淫濫

賤龍　娼妓

（以上琢玉斧から）

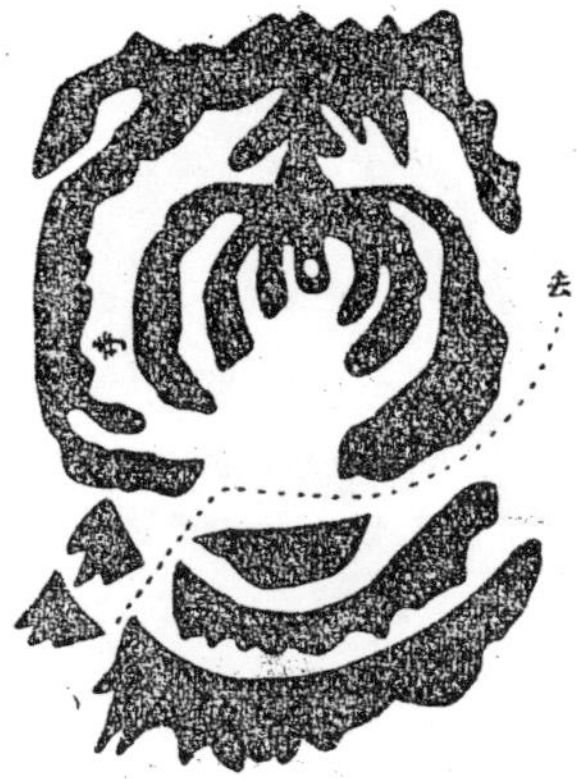

玉女散髪形　（長湍西四十里）

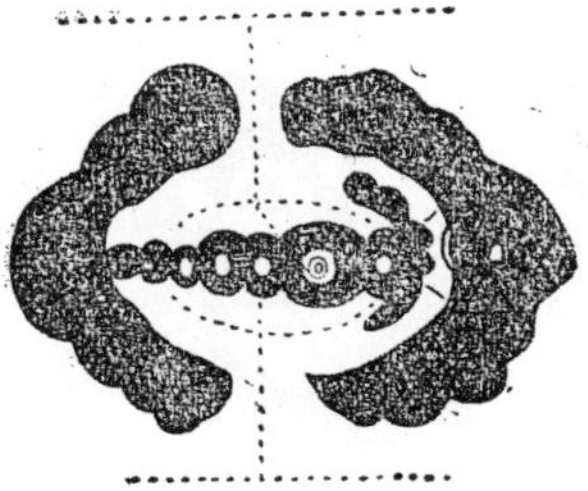
將軍大座形　（公州見山南五里）

産狗形　（富平南面）

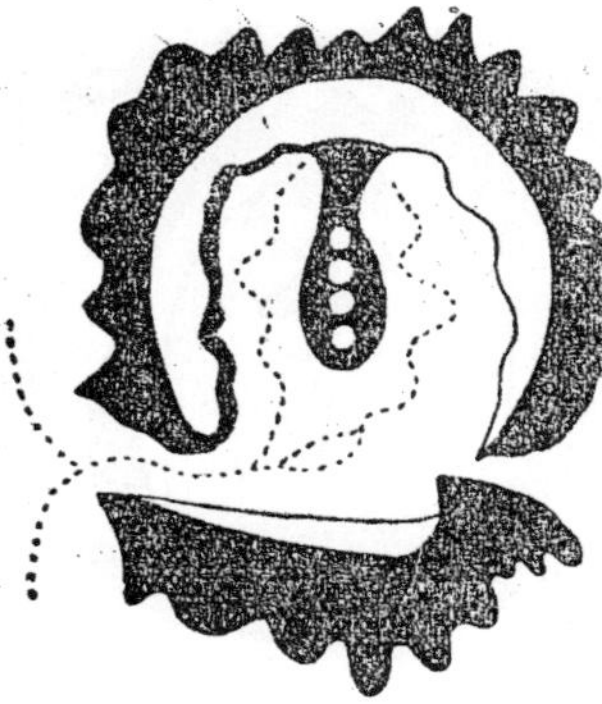
行舟形三檣案　（淸州石室下大溪）

金鷄抱卵形　（鎭川葉屯峙下）

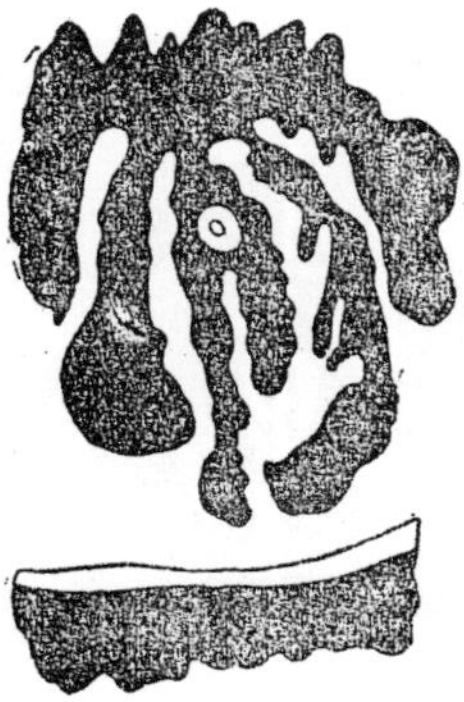
風吹羅帶形　（南海東南中）

靈龜下山形（林川南邑）

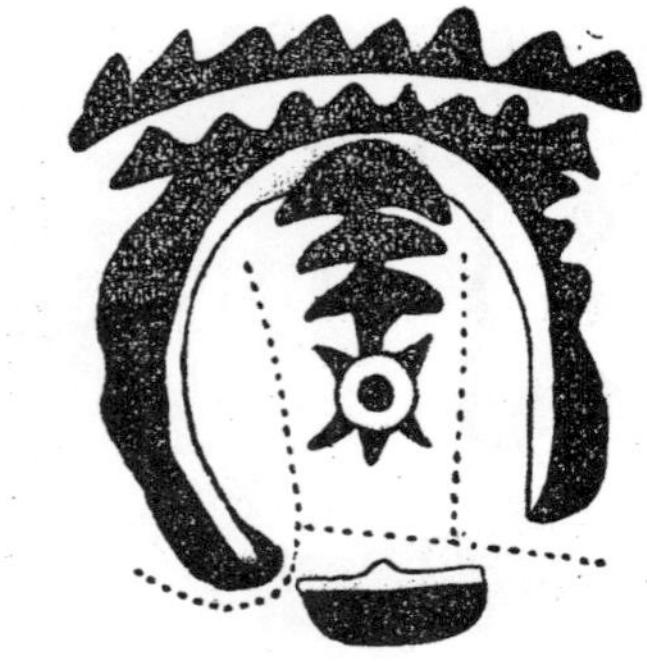

金鷄抱卵形（鎭川葉屯峙下）

金盤形玉女案（丹陽北七里）

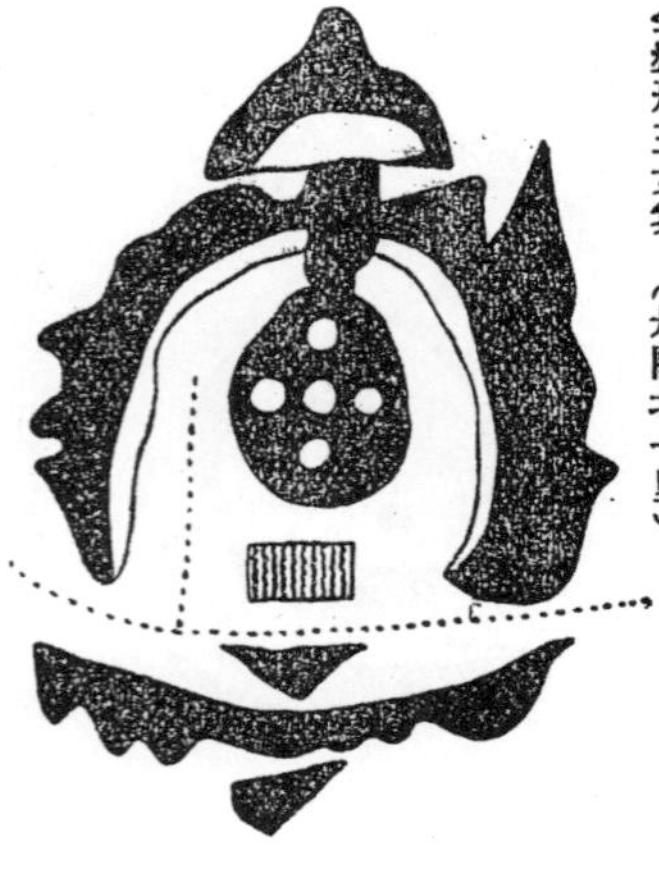

金鷄抱卵形（金浦白石山）

猛虎下山形眠犬案
（清州東防東里）

蓮花出水形（一云梅花落地形）（稷山）

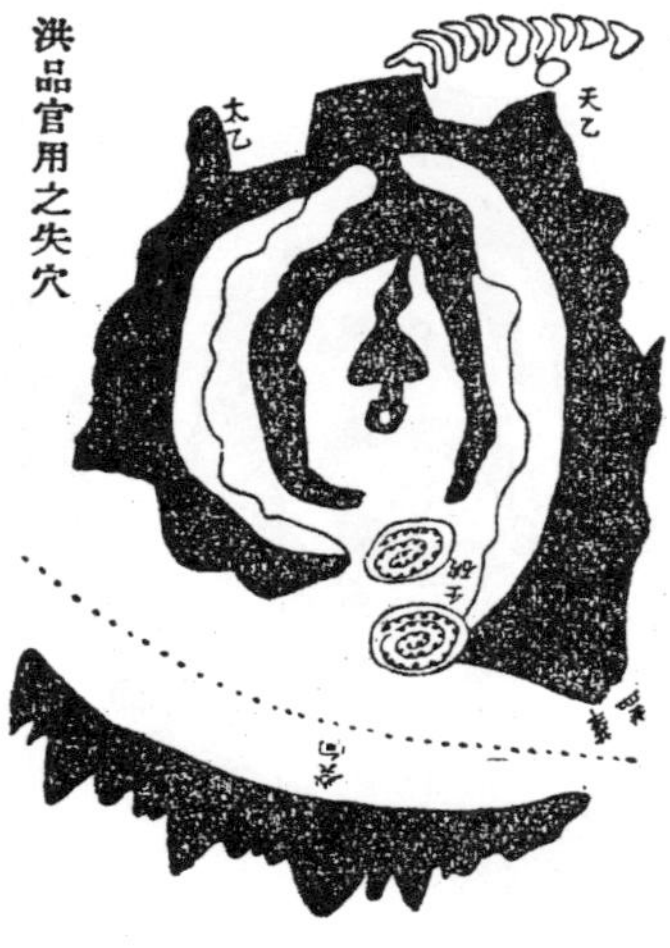

洪品官用之失穴

次に朝鮮に於ける複類形の種類及びその所應をあぐれば次の如くである。

飛鳳歸巣形（公州東二十里）

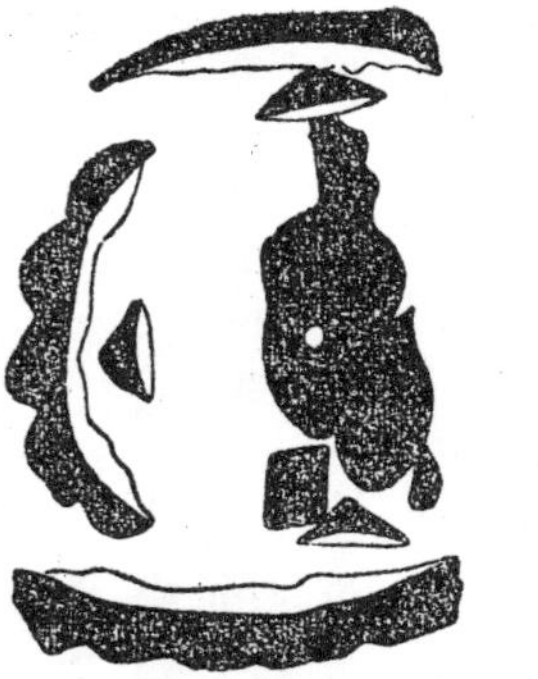

臥牛形積草案（鎭岑雌牛山）

臥牛形平坦案（燕岐東二十里）

飛龍飲水形（扶餘南十里）

（此圖は巽坎妙訣雲心鏡から）

浣紗明月形の地（慶北安東川前）

地（所在）名	類形名	所應
恩津	渇馬飲水形	宰輔之地
同	內堂廣濶、大勢融聚	士大夫居之則文武多出位至將相
益山	一鹿逐群形	多出貴人君子
全州	上帝奉朝形	馬韓古邑
參禮（邑基）	峰巒箇々合星宿、流水曲々入卦例、二十八將羅列、四位合格	人才重出文武倍出財物水湧、府庫充積之象、外關不鎖內關多貪
同	寶劔出匣形	萬世香火之地
同	臥牛形	多位宰輔四五代後微々
鷄龍山下	蟠龍（盤龍）形御印、玉帶砂雨傘案アリ	九代三公之地
右附近	伏獅形	刺使、兵使數百年
泰仁古縣	四神格、沐浴呈態、四維無統	文武百千、然深亂世出
同	臥龍形	出宰輔
同	飛鳳形	多出公卿
泰山主山	仙人舞袖形	千年香火之地、子孫不貧、不富、不貴、不賤
同	象頭形	富饒之甚
同	玉女端坐形	翰林七代之地

同	陰陽龍蛇聚形 無珠
古阜（邑基）	行舟形
同	仙人坐府形
同	仙人鋪氈形（瀛州―主山 方丈―祖山 蓮華―案山）
同	雲中盤龍形
扶安	回龍隱山形、雲雨雷電案
來蘇寺上	玉女騰空唱歌格
實相寺側	双仙望月形
同	將軍望陣形
同	仙人舞袖形
同	仙人望海形
格浦	飛龍昇天形
金山寺附近	臥龍
九成山下	仙人讀書形、鳳凰來儀形
任實	飛禽啄木形
雲峯	渴龍飮水形
八公山	天皇第一峯、帝座之象

多出文官、雨龍、無珠故大民有相傾相軋之難小民有朝聚暮散之害

舍櫓居洲有下吏凌長之弊

陽宅則文千武萬將相不知其數、但シ所應ハ二百年後カ

陰宅則（湖南第一勝地）子孫千億文靈四十歲子不絶、名公巨卿不知其數

五代文科三代玉堂、且富貴多子孫、純吉無凶

十餘年發福、淸顯忠孝可冠一世

初五代獨子有位、六七代百子千孫文武科甲富冠一鄕位至判閣

出二代文興顯起斯文宗匠者

當出兵仙三人以勳起家爲東方甲族而貴不過十五代子孫千億

多出昇人、文章名賢亦冠一世

人材双科官疊々近千年香火之地

出宰輔

直淸之士、名節之人輩出之地

可以救貧者

文科七八連代不絶

聖賢輩出公鄕林立、千百年扶植國綱培養風化者盡出

南原（邑基）	一線微脉自東而來、因作平坂、曜川横來明朗洒落、內關廣開、外關緊塞	出人材、邑多貧民、村多富戶、坐與水口不合、大民有忤逆之流、小民無登科之望、此其欠也
同	將軍大坐形	出數代三公、以穴弱多葬之故、必見初敗
同	飛龍騰空形	屢代宰輔之地
同	飛鳳歸巢形主星端肅尊嚴	多出名賢、穴星單弱不可多葬
同	七星形、平地突穴	來脉多斷經由百年內可以獨子傳家、其富貴隆熾亦至五六代後か
同	帝座狭身、陰陽受會、穴	當代發貴綿々官爵、至二十代出王妃宰相之地、（秘錄所傳）
求禮	五鳳歸巢形陰陽具吉	文章名士代代不絕
順天（馬耳山右邊）	五虎臥嶺形頭三穴尾二穴	第一、五代三公三十代繁華之地 第二、七代大將節度之地 第三、第四、第五、屢代食錄富貴之地
同	龍馬飲水	文科三人
同	金釵落地	當代貴至二品科官連綿五六代不絕
同	雙龍飲水形	白花文科十餘代
同	盤龍戲水形	厚千經屢代富貴、出文科名士
興陽	臥牛形	屢代富豪
長興	仙人舞袖形、横琴案	屢代卿相之地
寶城	遊魚上灘形	極文明、且多富格
同（泰山下）	半月形	出王妃

同	伏虎形	出文武一品、千年香火之地
同　福	燕巢形	出公侯之地、長遠無窮
谷　城	通明山上三穴	一、出將相、一、出豪富文武一品 一、出儒林之長
長　城	歸龍形	眞富貴之局
同	將軍大坐形	三代後十餘代武將之地又封君
同（同門山上）	大穴	出妃婿、誕聖人、文千武萬
同（右　下）	將軍出陣形	文武兼全皿食連代
同	龍馬騰空形	相府臺閣儒賢碩士連代不絕、間出無後が缺點
同（白蓮山南）	仙人舞袖形	出文衡
任　實	風吹羅帶形	文武科十餘人、累代享福
同	龍馬飲水形	得時則可出五代翰林、七代文科、位至二品
高　山	躍馬脫鞍	可出宰輔、享福長遠
同（安心寺下）	將軍守門形	當出大將五人、後孫繁衍
臨陂（戌山下）	天造穴	天下之宗匠儒道之盛可卜于南土
西　浦	飛龍形	文武二品
雲湖（南）	臥龍形	屢代三公之地
沃　溝	玉山之首穴	出將相、然而不能長久

萬頃	金釵特在路傍	公卿必出
同	海蝦弄水形	出翰林玉堂
金堤	渴馬飲水形	救貧之地
金堤	將軍大坐形、貴格多シ	將相文武連出十餘代
扶安	龍蛇聚會形	國婚兼大富貴
興德	仙人登舟望海形	宰相
靈光	臥牛形	長遠無窮
法聖浦	大地	過百年則必生賢才名於南土
務安	天然地祕之地、神坐（玉龍子）	東萊鄭氏祖山、文化柳氏之山ニ遠ク勝ル、出儒林孔孟亦出釋迦
同（竹田下）	飛鳳歸巢形（湖南之大地）	子孫千萬烜爀無比
長城（玉泉菴）	菴上穴	多出神人名士貴冠東方
同	飛龍行雨形	宰相、天下門人多出
上古菴左	燕巢形	名公賢相
鎭安	玉女騰空唱歌形	千年富貴双全
長溪	將軍出洞形	二十代將相間出
茂朱安城界	仙人舞袖形	五世相公
龍潭（邑基）	行舟形	

同	浮槎形	十二代將相之地
同（邑西）	窓間馬蹄形	世々翰林
同（邑南）	九龍爭珠形	五百年卿相之地

（以上「道仙秘訣」中から）

次に現在各地に行はるゝ類形に就き、その如何なるものが最も多く用ひらるゝかを示せば次の如くである。

大地と稱せらるゝ基地形名	所在地名
金龜沒泥	金海、晋州、錦山
飛龍	唐津
蓮花浮水	唐津、遂安、江華、江陵、報恩、茂朱、漣川、尙州、雄基
猛虎出林	遂安、城津、安東、金化、吉州、高陽
渴龍飲水	遂安
群雁落地	城津
鷹峰下伏雉形	城津
渴馬飲水	鎭川、茂朱、茂朱、漣川、井邑、井邑、高敞、春川
瑞龍上天	鎭川

白鵲抱卵	鎭川
黃鶴抱卵	谷山
雲中仙坐	安東、漣川
九節癸丑 金鷄抱卵	安東
天馬嘶風	谷城、密陽、錦山
飛鳳抱卵	谷城、尙州、密陽、晋州、金堤、金堤、錦山
三女同坐	谷城
鶴鳥飲水	榮川
飛鳳上天	榮川
老鼠野出	榮川
梅花落地	原州、水原、茂朱、青松、大田、錦山
百子千孫	原州、驪州、密陽
玉兎望月	原州、報恩、漣川、錦山
風吹羅帶	泰川、江華、井邑、會寧、成川
蟹口	泰川
仙人登空	江華
白馬鞍子	江華

玉女奉盤	江華
金鷄抱卵	江華、金化、金化、江陵、麗州、茂朱、青松、漣川、龍岡、龍岡、井邑、會寧、大田、錦山、成川
蜂形	金化
將軍出戰	金化
飛鳥上天	江陵
盤吒擧頭	江陵
山鼠下田	江陵
金鳩啄木	江陵
青鶴抱卵	江陵
桃花落地	江陵
平沙落雁	江陵、茂朱、茂朱、晋州、錦山
柳枝鶯棲	江陵
蓮霞浮雲	江陵
漁翁垂釣	丹陽
馬喰形	丹陽
將軍大座	丹陽、水原、龜城、寶城、錦山
玉女織綿	丹陽

玉女散髮	丹陽、長湍、漣川、河東、元山、醴泉
渴龍飲水	慶山
鷗鵡逢虫	和順
屯字	和順
楊柳結露	寧遠
龍頭形	驪州
蜈蚣形	驪州
雲中盤龍	驪州、錦山
掛燈形	水原、青松、長淵
牧丹爛發形	水原
玉女織綿	水原
仙女散髮	水原
五代兵權之地	洪城
飛龍望海	洪城、井邑
天穴地	報恩
金盤地形	報恩、報恩
漁翁垂釣	報恩

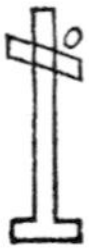

仙人讀書形 玉女彈琴形	報恩、コレ等ノ名稱ノ附帶シタル處、山岳ニシテ十數ヶ所アリ
伏虎聞犬	海南
鳳凰抱卵	海南
長勝之地	海南
冶形	茂朱
燈火形	茂朱
水回魚龍尾	茂朱
金盤弄珠形	茂朱
連火地	茂朱
飛龍上天	茂朱、河東
仙人舞袖	茂朱、高敞、錦山
玉女彈琴	茂朱、(琴形ノ場所ニ)青松、高敞、濟州島、錦山
五指彈琴	慶州
虎穴	長湍
龍蛇聚會形	靈光
烏頭形	青松
宿虎形	青松

蓮花半開ノ形	青松、長淵、長淵
金盤玉臺	青松
飛鶴形	漣川
鷲巣形	漣川、慶山
生蛇出林形	漣川
登馬形	漣川
鳥形	漣川
飛龍上天形	漣川、寧邊、金堤
渇馬形	漣川
山仙舞形	漣川
觀音坐蓮形	漣川
龜形	漣川
萍沙落雁形	漣川
也字形	漣川
伏雉形	唐津、長淵、長淵、寧邊
彈琴形	城津、長淵
新婦形	長淵

彎弓形	長淵
烏頭形	長淵
鳴犢形	長淵
閼頭形	長淵
蓮花到池形	襄陽（襄陽郡巽陽面祥雲里ニ「現ニ麟蹄郡邑内李時榮ノ墓地」、道詵秘訣ニ邑南二里ニ「蓮花倒池形」ノ吉地アリト名記シアル由）
金龜陷泥形	襄陽
臥牛形	遂安、鎭川、江陵、水原、茂朱、寧邊、尙州、金堤、永同、錦山、錦山、成川、（牛ハ産兒僅少ナルニヨリ最良トハ稱セラレヌ）德川
渇鹿飲泉形	寧邊
三日月形	寧邊
老鼠下田形	寧邊、熙川
青龍呑珠形	龍岡
舞鶴形	龍岡
翻鶴形	龍岡
仙狗吠月形	井邑
眠狗形	井邑
蓮葉浮水形	井邑
老僧禮佛形	井邑

金龜沒泥形	井邑
白鶴展翼形	井邑
金盤玉帶形	尙州
將軍出陣形	尙州
伏虎形	原州、密陽、(密陽郡府北面德谷里案内、「密陽面孫氏の墳墓」)金堤、春川、大田
遊魚弄波形	晋州
枯木生花形	晋州
仙人讀書形	晋州、金堤、永同
峰穴ノ地	金堤
五頓錦山ノ地	金堤
金釵絕脚ノ地	金堤
海蝦弄鬚ノ地	金堤
蓮花倒水形	金堤、高敞、寶城
蓮花渡水形	金堤
上帝奉廟地	論山
飛鳳歸巢形	論山
萬代榮華地	論山

雲中明月形	永同
飛龍昇天地	永同
飛蛾附壁形	永同
靈龜成尾ノ地	河東、(傳說ノミニ止ル)
飛鳳渡海ノ地	河東
白鷺下江ノ地	高敞
君臣封助ノ地	高敞、(子爵尹德榮ノ墓地アリ)
金盤玉壺ノ地	高敞、高敞
群臣奉朝形	高敞、錦山
飛龍登天形	高敞
猛虎登嶺形	高敞
伏狗形、猛虎形	高敞
飛禽落地	寶城
三龍爭珠形	寶城
玉女端坐形	寶城
鴻哭丹楓ノ地	寶城
盤龍戲珠形	寶城

金盤荷葉ノ地	大田
半月形	甲山、錦山
將軍形	甲山
一代千孫之地	甲山
將軍大座軍馬結陣形	羅南
伏龍弄珠形	濟州島
犀牛望月形	濟州島
黃龍上天形	濟州島
靑鳥抱卵形	濟州島
平地蓮花遊形	濟州島
猫形地	元山
秋遷形地	元山
九龍爭珠形	元山
浮槎渡江	錦山
七邑都破水	錦山
柳地鶯巢	錦山
蜘蛛張網	錦山

九龍弄珠	錦山
金榜吹簫	錦山
紅桃落盤	錦山
將軍下馬形	熙川
伏蛇出林形	熙川
將軍對座形	成川
燕巢形	成川
走獐形	成川
巳頭形（玄字又ハ之字ヲ最良トス）	成川
盆形	成川
仙人吹笛形	德川

（以上は昭和四年五月各道五六ヶ郡づつに就きその地の警察署長の手を煩はして調査したもので、全鮮を通じて七十箇郡に現行されてゐるものである。）

第五節　風水の裨補

風水の吉凶が藏風、得水、方位及び類形を要素として效されるものであると云ふ事は既述の如くである。然るに之等の要素が悉く吉なる影響を及ぼす地局は容易に見出さるゝものでない。從つて滿全の大地は、人の探査に依つて見出さるゝよりも、人德あるものに天から宿命的に與へられるものであるとされて居た。然しながら滿全の地を求めて、それより來る盛んな發福を招致せんとする欲望は誰にでも存在する。この欲求が旣にある處へ、風水說はその法術に從へば造化を奪ふ事が出來ると云ふ運命改變の可能を提唱し、且つ藏風、得水、方位、類物の吉凶を仔細に論究し、之あるが故に凶、之あるが故に吉と云ふ事を明にした。殊に類物信仰の要素が强く作用するに及んでは、甲に類するものは甲として取扱はれ得る事となつたから、風水の法術は、ここに自然的成局を發見すると云ふ所から一步を進めて、人爲的に吉局を作成する處まで發展した。この人爲的風水法に依つてあらはれた代表的なるものが、鎭護の爲の風水塔であり、補虛の爲の造山であり、防殺衞護の爲めの厭勝物である。

一　風水塔

朝鮮では高麗以後之を裨補所又は裨補寺塔と通稱して居たが、それが風水の爲めに築造されたものであるから風水塔として述べる。この風水塔は地力を裨補するが爲め、國都の基地を永遠に動搖せざる鎭めの爲めに造られたもので、主として寺であり塔である。そもそも朝鮮では三國時代の上代から寺塔を以て鎭護の力ありとなし、盛に之を建築したものであつた。例へば慶州にある皇龍寺の九層塔に就ての傳說に依れば、この九層塔は護國の爲めに建てたもので、この塔を樹ててから天地が安泰となり、三韓が一統したと云はれて居る。卽ち、

『貞觀十七年……善德王議二於群臣一。群臣曰請二工匠於百濟一然後方可。乃以二寶帛一請二於百濟一。匠名阿非知、受レ命而來經二營木石一。率二小匠二百人一。……樹塔之後天地開泰、三韓爲レ一豈非二塔之靈蔭一乎。後、高麗王將謀伐レ羅。乃曰新羅有二三寶一不レ可レ犯也。何謂也。皇龍大六、幷九層塔、與二眞平王天賜玉帶一。遂寢二其議一。……讚曰、鬼拱神扶壓帝京。輝煌金碧動飛甍。登臨何啻九韓伏。始覺乾坤特地平。」又海東各賢安弘撰東都成立記云。新羅第二十七代、女王爲レ主。雖二有道一無レ威。九韓侵勞。若龍宮南皇龍寺建二九層塔一則隣國之災可レ鎭。第一層日本、第二層中華、第三層吳越、第四層托羅、第五層鷹遊、第六層靺鞨、第七層丹國、第八層女狄、第九層穢貊。』（三國遺事）

この九層塔は、慈藏法師が支那遊學の際五台山に於て文殊菩薩から、朝鮮の山川は崎嶮であるから人性麤悖、多く邪見を信じて居るので時々天禍が下さるのであるが、佛塔を建てれば之を免れ得るであらう、と云ふお告げを聞いて、歸國の後善德王に建塔の議を上聞したに由來し、安弘の東都成立記に云ふが如く、三韓を統一し隣國を厭勝むせが爲めに建てたものであるや否やは明確でないが、兎に角、立塔に依つて國家の安全を保護し、且つ他國からの侵犯を防ぐことが出來ると云ふ觀念が、當時

の人々に信仰せられて居た事だけは確實であつたと思はれる。（この立塔護國の信仰は、佛教傳來とゝもに支那から傳承されたものであることは、慈藏が歸國の後建塔を上聞したと云ふ前揭の記事にも想像されるが、猶ほこの時代と時を同ふする日本に於ても國分寺を建て、又この國分寺に各塔を樹てて邦國の鎭護とした事實などから考へても、この建塔護國信仰が、佛教に依つて傳へられたものであると云ふことが出來る。）

三國遺事は猶ほ一つ立塔護國傳説を載せて居る。卽ち金官城にある婆娑石塔（金官城は今の金海、古の駕洛の國都であつた。）は第八代銍知王二年壬辰に立てた四面五層の塔であるが、これは國福を祈ると共に南倭を鎭むることを兼ねたものであると。かく寺塔に鎭護の力ありと信ぜられて居た信仰を、その反面から物語る俗傳を紹介すれば次の如くである。卽ち、

『俗傳云逆水者州之南馬等烏村南流川是。又是水之源致二大龍寺一（天龍寺）。中國來使樂鵬龜來見云。破二此寺一則國亡無レ日矣。』（三國遺事）

と、これは慶州に昔から逆水と客水とがあつて、これあるが爲めに國都に災を及ぼすのであると云はれて居たのであるが、その實この逆水は天龍寺からその源を發する川であり、この天龍寺は支那の使臣樂鵬龜に依つて『この寺を壞せば新羅は日ならず亡びてしまう。』と護國の重鎭であると見なされた

寺であるから、其處から發源する川に國を禍するやうな凶水が流れる筈がないと云ふ意味のものである。この破寺國亡信仰卽ち、鎭めのものをなくすれば災厄至ると云ふ信仰は、鎭護するものあるが故に國泰しと云ふ信仰と自づから相表裏してあらはるゝものであらう。

寺塔が自國の護りであり、他國に對する鎭めであると云ふ觀念は、邦國の鎭護だけでなく、只災禍を鎭めると云ふ意味にも發展することが出來る。從つて護國と云ふ意味から離れて、單に災禍の鎭めの意味にだけ重きを置いた護塔傳說もなければならない。處が之を如實に物語る傳說が、駕洛國太祖陵崇善殿碑に載せられてある。曰く、

『駕洛の七年戊申、后(太后)大船に乘じ海に浮んで來る。王(太祖)は幔殿を設けて以て之を迎へた。后自ら言ふ、「妾は阿踰陀國君の公主(嫡女)である。今年十六歲。父妾に語つて曰ふには夢に上帝が命じて、駕洛の元君がまだ配偶がないから宜しく王女を遣はして后となせと云はれた、爾駕洛へ往つて后となれと。そこで妾は石塔を船に載せて風濤の災厄の鎭としたので恙かなく此處に至ることが出來た。」と、かくて遂に立てられて后となつたのである。』(原漢文、朝鮮金石總下)

高麗の太祖がその子孫に遺した誡めであると稱せられる十訓要の其二に依れば、多くの寺院は皆風水僧道詵が山水の順逆を考へて開創したものであり、而してその配置は國土の要所々々に定めたので

ある、この開創は、結局地德を盛ならしめる爲にしたものであるが、建寺立塔が地德を盛にするからと云つて、無暗に之を增設しては、恰かも新羅の末葉に競つて塔を樹てた爲め、却つて地德を衰損して遂に滅亡した如く、國運危殆に頻するから、濫りに建寺、立塔をしてはならないと云つて居る。原文を擧ぐれば次の如くである。

『其二曰。諸寺院皆道詵推二占山水順逆一而開創。道詵云、吾所二占定一外、妄加二創造一、則損二薄地德一祚業不レ永。朕念後世國王公侯妃朝臣、各稱二願堂一、或增二創造一、則大可レ憂也。新羅之末競造二浮屠一、衰二損地德一以底二於亡一。可レ不レ戒哉。』(高麗史卷二)

この道詵は朝鮮に於ける風水の宗師と仰がるる程、風水に長じたものであり、高麗太祖の爲めに國基の開城(昔の松都)を定め、その他諸種の風水的業蹟を遺した者と傳へられて居る人であるが、この道詵の地德を盛にするの觀念は、全く支那風水思想の傳承に他ならないやうである。風水術者の間に祕されて居る「道先乙用經」には、この事卽ち傳承の由來、及びこの建寺、立塔が全く風水的國家鎭護の意味のものであつたことを記載してゐる。

『東國山川峻急、故爭變兵起掌習尋矣。汝傳二吾道一歸二東國一先設二浮屠一建レ寺建レ塔以境二背去之勢一且補二空缺之地一、以塞二險惡之氣一。然後看二水神之來去一、看二明堂橫峽㾓落、穴前長短風門不レ露。又看八方空缺、岩石善惡、道路砂石、有無朝山高險。又看龍虎主案之遠近。又看水單獨重疊。又看山水衝射朝山遠。詳細審察然後定穴可也。云云』

この引用文は『道先乙用經』と云ふ寫本からであり、寫本には、時も作者の名も擧げてないから、此書が何時代誰に依つて作製されたものか明瞭でないが、昔から道詵が唐の頃支那に渡り、風水術に長じた僧一行禪師に就てその法術を學修したと傳へて居るので、或は後世に於て作爲したものであるかも知れぬ。然しながらこの書の作爲が後人のものにせよ、建寺、建塔が風水的に利用せられたものであると云ふ信仰は、昔から存在したものと解することが出來るであらう。

この風水塔に就ては、後章に於て詳細に記載するであらうから、此處には只一二の代表的な現存するものを擧げて置くに止める。

（a）慶北安東の古刹古塔。慶北安東塔洞にある七層塔、市場南方畑中の五層塔は、何れも塼造の古塔であり、邑西に立つ一個の古刹は法龍寺と稱する三國時代の築造にかゝるものであるが、之等は何れも安東の南方が洛東江に面して開き、何等の防衞がなかつたので、所謂『寺塔防虛之法式』に從つて、邑南に一直線に多數の寺塔を建て、以て邑基の鎭護とした名殘りである。猶ほ法龍寺の北面壁間には『鎭邑千年幸吉寺』と白刻せる板額を揭げて居る。

（b）忠州の中央塔。忠清北道忠州邑內を北西に距ること約一里二十町許、可金面塔坪里に中央塔と稱する九層の石塔がある。此の塔は新羅元聖王十二年（桓武天皇の御宇）に建設したもので、塔の建設由來に就ては二說が傳へられて居る。一說は此の塔を建てた頃、此の地方が恰かも朝鮮の中央に位するので、中央鎭護の爲めに建てたものであるから之を中央塔と呼び來つたと云ひ、一說は、當時この忠州の地に王氣が盛んであると云ふので、この王氣を抑壓せむが爲めに建てたものであると傳ふるのである。鎭護說にせよ、鎭壓說にせよ、とにかくこの塔が風水的目的の爲めに建てられたことは兩說の歸するところである。

安東の禆補古刹法龍寺

二　補虛山（石）

風水は第二章第三節藏風法に於て既に述べたるが如く、その穴又は局に空缺あるを嫌忌する。從つ

徳水の補虚山

てこの空缺あるが爲めに極めて良好な吉地も之を棄てなければならない。處が風水は自然の地理だけでなく之に人工を加へても可なる所以が説明せらるゝに至るや、こゝにこの空虚を補ふ補虚法が構ぜられることゝなつた。この補虚法には寺塔を以てするもの、新に山を造つて之に充てるもの、或は石を置き、或は樹を以てするものなどがあつて、その種類決して尠くないが、いまその代表的なものに就て記述することゝしよう。

（a）徳水縣の補虚山。京畿道開城郡中面徳水里塔洞の東、道路の邊に底部の周圍百八十尺、高さ約三十尺の馬塚と稱せられる小山が畑中に突出して居り、その附近には三個の大石が散在して居る。之は普通馬塚と呼ばれて居るけれども徳水縣

全南求禮五味里の補虚林

の補虚山で、その昔徳水縣を此の地に置く時、艾浦川がその前面を東繞して臨津江に注ぐので、東方が虚となり風水上缺陥がある處から（縣治からすればこの方が水口に當り、縣治から水の流出を見得るので、風水の法則上水の來るは見えてもよいが、去るは見えてはならないと云ふので）此處に山（假山又は造山と云ふ）を造つて森となし、寺及び石幢を置いて共にこの空虚を補つたものであると。猶ほ寺址及び五層塔の基石は此處から程遠からぬ畑中に見出される。

全南海南邑防虚林

（b）　興旺里の五峯山。開城郡進鳳面興旺里（以前は興王里として居た）に五峯山と云ふ水田の中に竝立する五箇の山がある。これは高麗の末期權勢を擅にした偉僧辛旽の造つた補虚山であると云はれて居る。辛旽が居を此地に卜したのは此地に王氣ありと昔から傳へられ、里名も興王里と云ふので自ら王位に卽かんとする下心からであつたが、さて住居を構ふるに當り、その基をこの造山から見て北方の山麓に壬座丙向として定めたのである。處がこの基をめぐる青龍も白虎も雄谷にして長くはあるがどこまでも竝走して抱擁の勢をなさない。折角立派な土地ではあるが、南方が空濶では王氣がこの方に散逸してしまうと云ふので、こゝに土工を起し、基地の前面に五つの假山を造つてその運氣を盛ならしめんとしたものである。（この五峯山の所應發福に就ては二つの說が傳へられて居る。一つはかくして風水的完備を致したので、辛旽その者は王位に卽けなかつたけれども、その子は王位に卽いた。恭愍王は辛旽の血を受けたものであるからと。而して一說は、此處の風水は南方が大朝水の形勢をして居るのであるから、もしこのまゝにして置いたならば或は旽が王位に卽くことが出來たかも知れぬ、然るに王位に卽くと云ふ發福をあまりに焦つた結果、この五峯山を造つて地運――朝水の氣運――遮つてしまつたので、却つて王位處か左道の罪人として敢えなき最後を遂げるに至つたのであると。）

（c）安東の塞虛山。朝鮮李朝宣祖四十一年（西記一六〇八）に、安東の住人權龍巒の編纂した「永嘉誌」に依れば、慶尙北道安東には、次の如き多くの補虛山があつた。

『造山。塞虛山。城內造山四。一在㆓官廳前公須西㆒爲㆓人吏設㆒。一在㆓營廳前大路中央㆒爲㆓官奴婢設㆒。一在㆓司倉東㆒爲㆓民人設㆒。右三造山宛如㆓三臺㆒。一在㆓司倉南大池中㆒、若㆓島嶼㆒、上古罪人定配云。安幕谷造山三。一在㆓府城北門外二十步許路東溪西㆒。一在㆓氷庫前溪西路㆒。一在㆓北門外北洞三里許石佛下大路東㆒。此三造山、鎭㆓塞北渠洞口之虛㆒云。三街造山。在㆓城西門外二十步許三路合處㆒。栗谷里造山。在㆓洞口以寒洞口之直向府基。新世里造山二。一在映南山下大路傍。一在法興寺下、犬項上頭大路東林邊。柳林造山。在浦松項兩水間。尊堂造山。在慕思樓西諺的里南。府基行舟形、此造山象繫舟之島嶼、埋金鐵以旺金氣云。古有一府官欲取鐵掘破、時白晝晦暝風雨大作、竟不能掘取云。安奇造山。在神堂前迎恩亭（府北五里）西。植楡柳鎭北洞。犬項造山。在迎春亭（府東五里）西大路東。立春日定獻官祭東皇于此。祭日盛五穀種于器、置其上觀其穀滋潤者、占其茂實云。』

この種の補虚造山又は假山は、安東のみでなく各都邑にもあつて、時々補土改築したものであつたが、現今は只その名殘りを殘址に止むるのみである。

（d）　岔山防虚石。岔山に雙石佛がある。これは雙石佛重建碑（朝鮮哲宗九年戊午）に依れば、

『邑之南有雙石嵋峻魁傑、其形如佛。竊想昔人、剏立之始蓋爲水門之防虚也。』（郡南石佛重建記）（朝鮮金石總覽下）

とあつて、水門の虚を防ぐ爲めに設立したものらしい。この水門防虚は京城にもあつて、今の京城グラウンドの地に水門がありその側に假山が設けてあつたが、今は全くその影を留めない。

三　衛護厭勝

これは穴局に集まる吉氣の逸失を厭勝又は衛護に依つて防ぎ、且つ外から殺氣の衝來して穴局の吉

氣を害するを防ぐ爲めのものであつて、主として類物的信仰から考察されて居る。次にその實例をあげて會得の資に供するであらう。

（a） 平壤の沈碇。平安南道平壤の地形は古來「行舟形」（牡丹臺から見て舟の行くに似たりと云ふ。）とされて居り、この行舟を停留するには碇をつけなければならぬと云ふので、碇を練光亭の下の深淵に沈めて置いたものである。大正十二年この碇を探し揚げて見ると鐵製の大きな碇であつた。引揚げた上は最早沈碇でもあるまいと云ふので、そのまゝに打棄て置いた。不思議やその年平壤始つて以來の大洪水がやつて來て、平壤全市は悉く浸水し殆んど廢墟となるところであつた。

こんな大出水も未曾有、こんなに浸水したのも未曾有、この未曾有の出來事は決して遇然なことでなく、たしかに沈碇を引揚げた爲めであるとされた。この出水と浸水は鎮めの碇りを引きあげた爲め「行舟」が行衛知れず押し流される運氣に變つたからであるから、もしこのまゝにして置くならば、平壤はやがて次の出水であとかたもなく消失してしまうであらう、と云ふ議が唱へ出され人心頗る恟々たるものがあつたので、此頃に至り再びこの碇をもとの處に沈めて「行舟形」の平壤の鎮めとした。（昭和四年）

（b） 江西の鶴卵邱。平安南道江西郡江西邑は、その狀恰かも鶴の兩翼を張れるが如き麗しき後山に擁されて居る。この後山を舞鶴山と稱するが、この山に對して人爲的類物風水が致されて居る。いま昭和四年版の同郡「郡勢一斑」に依つてその由來を尋ねるに『此山は江西邑後に在り、往昔之を登龜山と稱し神社佛閣多かりしが現今唯だ其の趾を遺すに止むるのみ。山形恰も舞鶴に似て右翼を玉女峯、左翼を鳳凰臺と稱す。恰も鶴の兩翼を張りて南方の平野に翔けんとするの觀あり。今を距る百年前、時の郡守趙根、山名を舞鶴山と改稱し、同時に普林面九龍山を棲鶴山、邑內蓮塘彌勤池を鳴鶴池と改稱せり。又江西平野に流るゝ水橋川の北岸に花山と稱する于山ありしが、之を修築して圓錐狀となし、石を磨きて其の麓に埋め、之を鶴の卵を抱けしなりとて之を鶴卵邱と命名せり、則ち鶴をして邑を捨てゝ遠く去らざらしめむとするの意なり。』と、卽ちこの邑は後山の舞鶴山に育まれて居るのであるが、この舞鶴がその棲む處、遊ぶ池を與へられなければ安住せず、且つその抱く卵を供すれば愛惜の情に惹かれて永く此の地を去らぬであらう、この祥鳥たる舞鶴が棲あり、池あり、且つは卵まであるが故に永く此の地に住すれば、その吉氣も亦永く此の地に止まるであらう。從つて江西邑は永遠にこの吉氣を受けて繁榮をつゞけることが出來る。かうした風水信仰に依つて山名が改稱され、卵邱が築かれたのである。

（c）　京城奠都と唖陶。古老の傳ふる處に依れば、李成桂（李朝の太祖）が都を漢陽（今の京城）に定むる時、僧無學、近臣鄭道傳の兩人をして漢陽の風水を精査せしめた。精査して見ると、漢陽の基地は誠によい大地ではあるが、左右の山川が啞聾多出の形をなして居るので、將來都城民の間に、多くの聾啞者が出づる虞れがある事が判明した。そこで奠都の後、早速之を防遏する爲めに、漢江村に啞陶店(啞陶の製造所、今の高陽郡漢芝面漢江里附近、啞陶店は今なし。)を設けて啞陶を製出し、之を都民の各戸で使用せしめる事とした。

この啞陶は今でも汎く民間に使用されて居る貯金玉の事であり、俗名벙어리《ボンオリ》항아리《ハンアリ》(啞の陶器の意)と云つて、其の形やゝ寶珠形に類し、長さ一寸五分、幅一分位の容《いれ》口しかない中空のつぼであつて、その中に錢を入れ、入れたが最後決してその口からは出せないから、中に澤山錢がたまつた後之を破壞して出すことになつて居る。この口が容《いれ》るだけで出さないところから啞陶と名のつけられたことは云ふ迄もない。現時のものにはないが、今から三十年位前のものには兩側に手で持つためめの耳がつけてあつたと云ふ。この啞陶を聾啞多出の防止の爲めに使用せしめたことは、この啞陶が口あり喰ふだけは喰ふが、死ぬまで一口も吐かないのと、耳あれども音をきかないところが聾啞に類似して居るから、これを聾啞者と見做して都下の各戸に使用せしめ以て出づべき人間の聾啞者の代はりとしたもので、既に各戸に聾啞者がある以上これ以上聾啞が出ないと云ふ壓勝である。こ

れは類物を以て人に代へることが出來ると云ふ代身信仰を風水に應用したものに他ならない。

（d）火防の獬豸。李朝の初め國都を漢陽に定めた時、宮殿の向《むき》をいづれにするかに就て、無學と鄭道傳との間に爭が生じた。無學は、仁旺山を玄武とし白岳と木覔（南山）とを左右の龍虎として酉坐卯向にすれば王業を永久に傳へる事が出來るが、若し白岳を玄武として子座午向にすれば正面に火の山である冠岳山が宮城を衝壓して居るから內憂外患こもゞ〳〵臻るかもしれないと、仁旺玄武說を主張した。處が鄭道傳は、古來一國の君王は南面して民を治めると云ふのが天下の通法であるから、之をまげる譯に行かない、冠岳山は正面にあるけれども漢江を隔てゝ遠くにあるのであるから左程の影響はあるまいと抗論して遂に直接冠岳山に面するを避け少しく向きを東方に變へ、壬坐丙向として宮基を定めたのである。處が果せるかな二代太宗の時已に兄弟骨肉の變あり、世祖反正の變あり、且又壬辰の外患あり、景福宮は幾度となく火災の厄に遭遇した。そこでこれはたとひ冠岳山が漢江を隔てゝ遠くにあるからとて（水克火の理に依つて冠岳山の影響は漢江の水に消滅されると云ふ理由。）風水では『見ゆる殺は害し見えざる殺は害せず』と云つて局から見ゆる殺――危險物は如何に遠いからとて影響を及ぼすものであるから、之を防障しなければならぬ。しかし冠岳山を遮り隱くすだけの大規模な設備は出來ないので、こゝにこの冠岳山の影響を克する方法を講じなければならない。そして考へ出されたのが、水獸の獬豸を宮前に置きて之を壓勝すること、及び强盛な冠岳山の殺氣を消滅せしむる爲めに、水壺を冠岳山の各處に埋めることである。かくして出來たのが、現に總督府正面玄關前左右に列せられてある獬豸であつた。

（ｅ）鶴翼を押へて宮闕を建つ。李朝の國初漢陽に都を奠むるや、宮殿の建設に無學がその主任となつた。無學は宮闕の礎を立つべき地を相し、さてこゝに立柱せむとしたが、柱は立たずして仆れてしまつた。幾遍繰返し如何に人數を增加しても一本の柱すら立てられない。流石の無學も之にはほと〳〵困つて居ると、側の畑に黑牛を使つて耕作して居る一人の老農夫の言葉が耳についた。その言葉は『この牛め、貴樣のトンチンカンさは丁度あの無學のやうだ』と耕しながら牛を叱つたのであつたが、之を聞いて無學は大いに驚き、これは只人でないと考へたので早速その老農夫に就て、その理《わけ》をたづねた。その老農は答へて云ふ、漢陽は鶴の舞つて居る形をして居るのだから、鶴の背中に建物をしようとすれば、先づあの羽を押へてからではなければ駄目だ、羽をそのまゝにして置いて背に建物をしようと焦るから、如何にしても柱が立たないのだと。無學はこの言を聽いて悟る處あり、先づ宮城を築いて鶴翼を押さへ、然る後に宮闕を建ると、今度はスラ〳〵と工事がはかどつて行つたと云ふ事である。

(f)　城門の壓勝。今の京城昔の漢城には八大城門と稱して崇禮(南大門)、興仁(東大門)、敦義(西大門)、肅靖(北門)、惠化(東小門)、彰義(紫霞門)、光熙門(南小門)、昭義(西小門)の八門があつた。現存するものは崇禮、興仁、肅靖、彰義の四門であつて、中にも崇禮と興仁とは城門の代表的な大門として八大門中の雄なるものであり現存するもの丶中でも立派なものである。從つてこの南大門と東大門とが京城の裨補的風水に利用された事も決して偶然ではない。南大門の正面に掲げてある門額には「崇禮門」の三字が他の諸城門の門額が皆横書であるのに惟これのみが縱書にして居るが、この崇禮の禮は五行に配すれば火に屬するから南方の意をあらはすと共に、之を縱書としたのは南方に聳ゆる火山たる冠岳山の殺氣を壓勝するが爲めであつたと傳へられる。これは火の性「炎上」と云ふところから崇字の象形と縱書とに依つて火の炎上を表象し以て火を以て火に對抗せしめたものであらう。

東大門は興仁之門と云ふ。而して他の諸城門が悉く三字名を用ふるにかゝはらず此門だけは興仁之門と「之」の字を一つ餘分に使つて四字として居る。仁は五行に配すれば木に屬するからこれが東方を意味するは勿論であるが、この「之」の字を加へて四字となしたのは、京城の東方が空虛であるから此の虛を補はんが爲めにしたのであつて、此城門だけにその外方に曲城を附設したのも全く同意に出たものと云ふことである(別乾坤四卷六號京城號)。考ふるに「之」の字は「玄」と同樣に風

安東壽木の古樹

水では曲屈を表象するものとされて居るから、この「之」字に依つて氣運の直流を防いで、氣運の屈曲卽ち躊躇を致し以て生氣蓄積を害せざるやう希望したものであらう。（第三編第四章京城の風水參照）

（g）安東の壽木。慶尙北道安東邑內には各所に巨大な老樹が時世から忘れられた遺物として參々天に聳えて居る。處がこの老樹こそうら若き若人の夭折を救つた風水的傳說の立役者であるのである。今は昔京城の兩班で風水說に通曉した學者孟思誠がこの地安東に府使として赴任した時、先づ彼の心を痛ましめたものは年若き寡婦の多いことであり、その原因は靑年の男子がよく夭折するからであると云ふ事であつた。風水に長じた孟府使は種々と考慮の末この影響を洛東江の水氣の致すものとつきとめ、この水氣に卽して凶を吉に變ずる玄妙なる風水的法術を敢行してこの夭折現象をもの丶見事に一拂してしまつた。起死回生の法術とは何ぞや、それは洛東江の水系イ形に對して、安東の後山から流る丶水系を二形に改鑿疏通して、安東の水形を「仁」字形につくり、次に邑内各所に樹を植えてその配置恰も「壽」字の如くならしめこの水の仁と木の壽とを以て安東邑內を包んでしまつたのである。これは水の性は仁であり、木の性は壽であるから、この水をして仁の本性に立ち歸らしめ、水生木の五行相生からこの水氣を木の相生に利用し、この木をその本性たる壽字につくつて以てその本性を發揮せしめ、水は木を害するなく、木は壽につくられて夭を防ぐから以て『仁者長壽』の古義にもかなひ、安東の運氣は長壽の發福をなすものと變化されると云ふ理由からである。この法術の效果は間もなくあらはれて、それからは男子の夭折者なく從つて空閨に泣く少婦もなくなつてしまつたと云ふことである。現に安東郡廳の前後に點在する老樹はこの壽木の一部を成したものである。（昭和五年二月）

之等裨補防殺乃至壓勝の例に至つては猶ほ數限りなく存在するが、こ丶には只風水が人爲的に氣運を變じ得るものであり、惡氣を防ぎ得るものであると云ふ信仰の存在するを窺ふに止め、詳細は後に述ぶること丶する。

第五章　風水書と風水師

第一節　風水の書籍

朝鮮に行はるゝ風水の書籍は、その大部分支那に出來た風水書を輸入したものか、又は之をそのまゝ飜刻したものであつて、朝鮮に於て著作されたものは、その多くは、風水師が自己の相地上便宜に供する爲めに、支那風水書の記事を拔萃した覺書の如きものであつて、しかもその拔萃の典據を明記してないから、何書から拔萃したものかもわからない。且つその製作が自己の覺書に供する爲めであるから、書籍の大きさ紙質に一定の型あるなく、多くが肉筆本又は寫本であつて、飜刻せられたものは數ふる程しかないのである。

さて如何なる風水書が最も重んぜられたかと云ふに、新羅高麗に使用されたものは明らかに傳はつて居ないから詳細に之を述べることが出來ないが、李朝の法典たる經國大典には、風水書を科擧の一課目として列擧して居るから、李朝に入つてからのものはその大略を窺ふことが出來る。然らばその課目として定められた風水書は如何なるものであるか、經國大典禮典陰陽科の試驗課目中には、地理學として次の如く列擧して居る。

地理學(講書)青烏・錦嚢・背講胡舜申・明山論・地理門庭・撼龍・捉脈賦・疑龍・洞林照膽・經國大典臨文(原典＝國初より成宗までのもの)

地理學。青烏、錦嚢經背誦明山論、胡舜申、洞林照膽、經國大典臨文(續大典＝成宗以後英祖までのもの)

琢玉斧臨文(新增＝正祖の頃。後間もなくこの琢玉斧と洞林照膽とは廢せられた)

風水の書籍

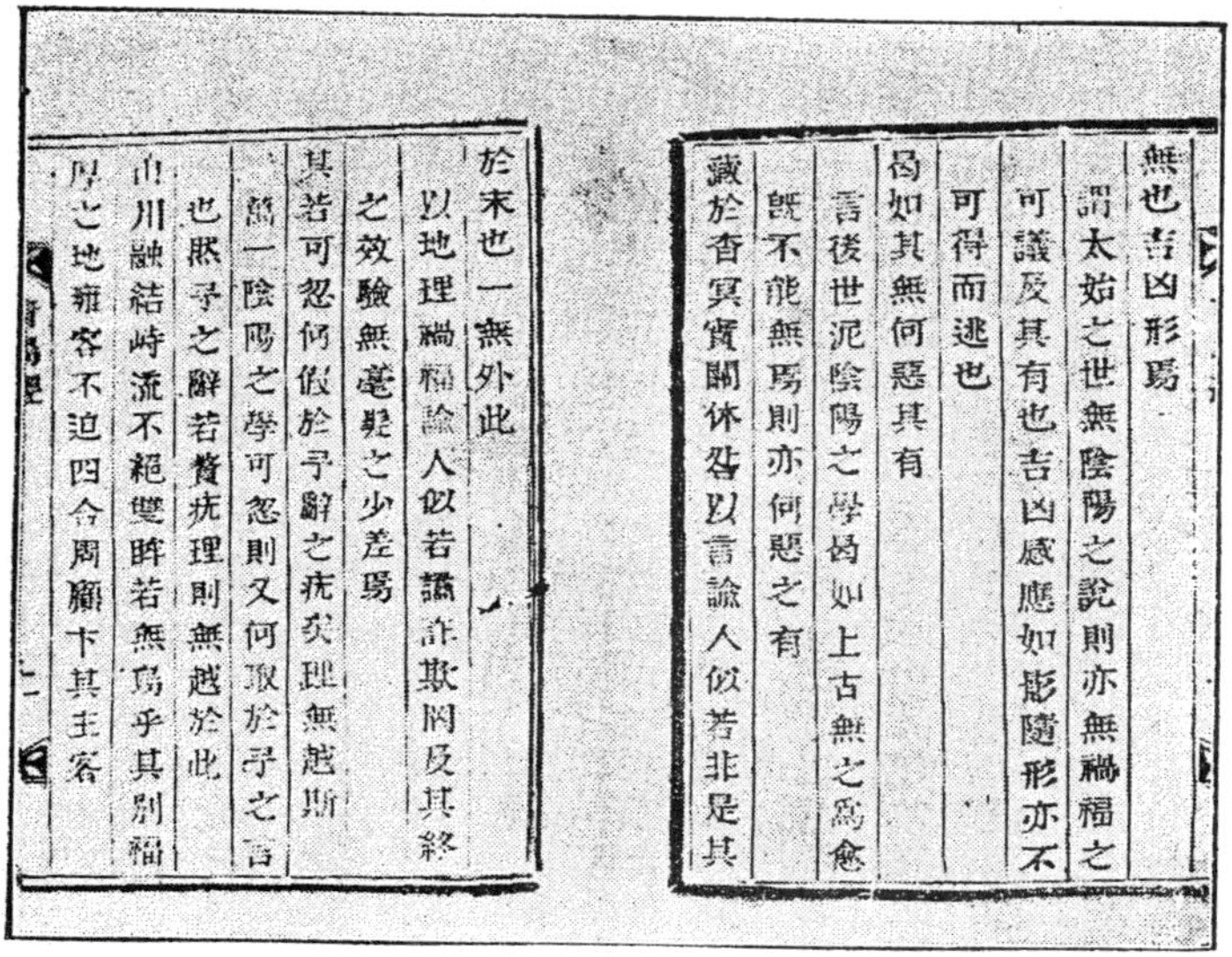
無也吉凶形焉
謂太始之世無陰陽之說則亦無禍福之
可議及其有也吉凶感應如影隨形亦不
可得而逃也
曷如其無何惡其有
言後世泥陰陽之學曷如上古無之爲愈
旣不能無焉則亦何惡之有
藏於杳冥實關休咎以言論人似若非是其
於末也一無外此
以地理禍福論人似若譎詐欺罔及其終
之效驗無毫髮之少差焉
其若可忽何假於予辭之疣贅理無越斯
爲一陰陽之學可忽則又何取於予之言
也然予之辭若贅疣理則無越於此
山川融結峙流不絕雙眸若無烏乎其別禍
厚之地雍容不迫四合周顧卞其主客

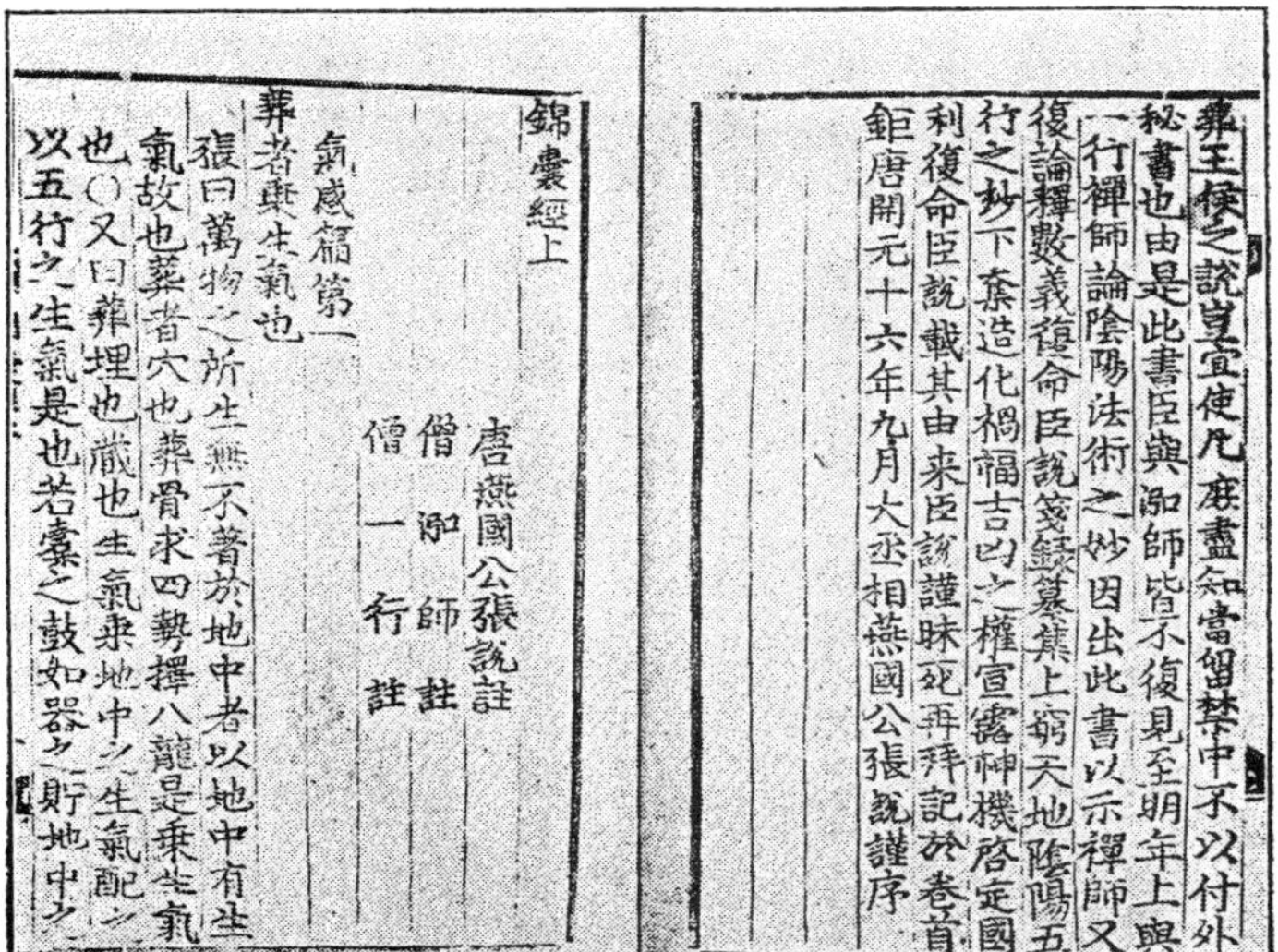
葬王侯之說豈宜使凡庶盡知當留禁中不以付外
秘書也由是此書臣與泓師皆不復見至明年上與
一行禪師論陰陽法術之妙因出此書以示禪師又
復論釋數義復命臣說箋録纂集上窮天地陰陽五
行之妙下參造化禍福吉凶之權宣露神機啓廷國
利復命臣說載其由來臣說謹昧死再拜記於卷首
鉅唐開元十六年九月大丞相燕國公張說謹序

錦嚢經上
唐燕國公張說註
僧泓師註
僧一行註
氣感篇第一
葬者乘生氣也
猶曰萬物之所生無不著於地中者以地中有生
氣故也葬者穴也葬骨求四勢擇八龍是乘生氣
也○又曰葬埋也藏也生氣乘地中之生氣配之
以五行之生氣是也若橐之鼓如器之貯地中之

風水書內容（上靑烏經・下錦嚢經）

之等の書籍は何れも支那の風水書であつて、その輸入されたものを寫本となし、又は印本として使用したものである。さて右地理學課目中靑烏經、錦囊經、胡舜申、明山論は何れの時代も通じて除かれてないから、之等の四書は地理學課中の主要なるものとして重んぜられたものであり、殊に靑烏經と錦囊經の二書は、經國大典の原典に於ても續典に於ても、他の課目が皆臨文なるに反し、背講背誦すべきものとしてある處から察すれば、最も重要視せられたものであつたと見ねばならぬ。從つて李朝鮮に於ける地理書、風水書は、科擧の課目に於て靑烏經、錦囊經、胡舜申、明山論をその定本として始終したものであり、他の幾多の地理書が輸入され、流布されたにしても、この四書が常に風水書の權威として見られて居たものであると見ることが出來よう。

右四書及び大典に列擧せる書籍は科擧の定本だけあつて、朝鮮に於ても飜刻製本せられたものが多く流布して居るが、之等を除いた他の風水書は支那本そのまゝとして、或は寫本として流布して居るのである。而して現在風水師の間に使用されて居るそれ等の風水書は次の如き多數に上つて居る。

朱子踏山賦。道詵踏山賦。踏山歌。程明道、程伊川踏山歌。地理大全。地理正宗。地理大成。地理要覽。地理大全要訣。地理大要。地理五決。地理雪心賦。地理要訣。地理摠論。地理全書。地理五訣三師訣抄。地觀。地可書。地理直指元眞。地骨經。地理書。地理訣。地理大典。地理通經。地理妙譯。地理精書。地家書。寥公地理大全。地理秘鑑。地理辨正疏。青嚢經。青好經。淸五經。青烏經。郭璞葬經。赤霆經。黄帝宅經。感龍經。地理正經。玉尺經。天五經。龍甲經。玉髓眞經。唐一行山書。無學地相書。成居子地家書。山法全書。山歌書。山書。山法全書。河洛書。河洛全書。河圖洛書。鰲頭統書。陽宅書。秘方書。五道通書。玉龍子秘訣。精校地理五訣。三要地理五訣。道仙秘訣。金龜訣。子龍子秩。三師訣。舞鶴訣。山水訣。堪輿訣。風水錄。明堂錄。名山錄。經地論。唐一行看山論。龍八字好用論。戊己圖。各山圖。朴聖儀圖式。分野圖。封山圖。陽宅大全圖說。人子須知。人自須。人坐須知。人子擇地。六甫集。正陽集。山歌集。點穴大全。陽宅大全。參贊秘傳。陽宅正宗。陰宅正宗。損吉龜鑑。協記辨僞。安民地學。天機全元。四大極法。李儀承。彈子。直指元眞。圃地理。九星編。雪心賦。道禪倒杖歌。入志眼。辨入門。正陰正陽。天機大要。天機會元。要集抄文。雪神賦。聖淨法。說心賦。新增選擇玉連池。山勢。一片金。難解。沈氏地學。心簿錦繡。六韜三略。日家龜鑑。正宗合篇。穿山透地。俯察玄機。無憾篇。陽宅三要。平沙玉尺。(以上昭和四年朝鮮全道五十六警察管內調査報告)山林經濟。歸厚錄。天元五歌陽宅。博物志。山林秘記。八域志。病龍論。(以上川崎繁太郎氏「朝鮮の古地學」引用書名に據る。)選擇要略。選擇記要。增補天機大要。協吉通義。撮要新書。洪範衍奇。洪範正宗。秘局玉匙。秘訣輯錄。道宣秘訣。鄭鑑錄。無學秘記。土亭家藏訣。北窓秘訣。西山大師秘訣。杜師聰秘訣。西溪家藏訣。南師古秘訣。五行妙法。風水錄。風水集議。占例。玄鑒。秘訣全集。（以上朝鮮總督府古圖書目錄方術類所錄）八域可居法。雪心鏡。（以上李王職圖書館藏）

以上が現在まで朝鮮に行はれた風水書の主なるものであるが、猶ほ此以外にも門外不出、他人不見等の幾多の風水書があることは勿論である。

第二節　風水書の内容

風水の書籍、前節の如く數多くあるが、その内容は概ね同樣なものであつて、之を大觀すれば風水の可能なる感應論、實際に吉凶の地勢を論ずる山水論、及び吉凶の影響を及ぼすものとされる方位類形論の三者を論述する處のものである。いまその内容を具體的に說明する爲めに、二三の代表的風水書に就てその態樣を述べることゝしよう。

一　靑烏經

李朝陰陽科地理學課の首位に置かれた靑烏經とはどんなものであるか。いま現存する印本に就て見るに、判は菊二倍、十六行十七字詰、九枚の薄いものであつて、印刷せる活字、使用せる紙質、及び最終頁に奥付してある「丙寅重刊」の刊行年記から察すれば、左程古いものでなく李太王三年（西紀一八六六）頃のものであると思はれる。

表題は單に「青烏經」としてあるが、本文第一枚冒頭には「地理全書青烏先生葬經」と書名を掲げてある。本文に入るに先つて大唐國師楊筠松（この人は支那唐の僖宗（八七四—八八八）時代に帝室地師として光祿大夫に任じた鬱林州竇州の人、字は叔茂、萬人に子孫繁榮の墓地を相してやつたので、人から救貧先生と敬稱され、相墓に山の形を主とし、水向を從とする一法を考へ出した。その著作に撼龍經、三十六龍書、疑龍經の三名著があり、多くの有名な門人を輩出した。——古今圖書集成藝術卷六七九）の序文がある。この序文に依れば、この青烏經は地理陰陽の術に精通した漢代の人青烏先生の說述したもので、晋の郭璞が、その葬書中に所々『經曰』と引用して自說の證として居る典據は此の書であり、その論述は簡約であるが嚴にして常、卽ち嚴正且つ不變の玉章であるから、誠に後世陰陽家及び陰陽書の祖をなすものである。と云つて居る。

本文は其文體甚だ簡訣であるから、單に通讀しただけでは文意を明解するに苦しむ點が決して尠くない。從つて楊筠松が之に註釋を加へては居るが、その註釋が、平易に流暢に文意の連續をつけ得て居ない。かく一句一句が訣の如く格言の如く列べられて居るのは讀過に容易でないだけ、又解釋に苦しむだけそれだけ、後世の學者に貴重なるものとされ、又自由な解釋の餘地を與へるので、葬經の原典たり、葬書の祖なりと尊崇せらるゝに至つたものであらう。

さて本文には章節なく一文の連續であり、その處々に楊の註釋が附加されて居るものであるが、便宜次の如く區切つてその大體を解說紹介しよう。

一　陰陽と吉凶。太古渾淪の氣が動き大朴（瓠）の如きものが分れて陰となり、陽となり、淸と爲り、濁となり、生物となり、こゝに生老病死の現象があらはれた。然し未だこの現象の由來を理解し說明する陰陽五行の說が創說されてなかつた時代には、之等の現象は勿論人生に於ける禍福の議すべきものなく、吉凶を判すべき術もなかつたのである。處が人の禍福吉凶に就ての關心が强き結果遂に陰陽五行の學說が說き出された。もと〳〵宇宙の現象、人生の禍福は、陰陽五行の運行である處へ、之を理解すべき陰陽五行說が說き出された以上は、之に依つて禍福を議し、吉凶を卜することは、誠に當然の事である。

二　塋と人生。人の禍福は葬地の吉凶と重大な關係をもつて居る。地理の吉凶は陰陽五行に依る。人或は地理禍福の說を譎詐欺罔の術の如く考へる者もあるかも知れぬが、その始めこそ眼に見えず、從つてその效驗の解らない事があつても、終末に於ては毫髮の少差なく豫想が適中するのであるから、葬と人生、陰陽と地理との關係は極めて密接なものであり、極めて愼重に考究すべきものでなければならない。

三　葬地の善惡。然らば葬地の善惡は如何にして之を判別するか。葬地は須らく山川融結し、その山の峙ち川の流、二つながら備はり、福厚の地、雍容、規模寛大にして迫らず、前後左右の四合空缺なく圍繞し相顧み、その主客を明にせるものを吉地の大觀とする。之を更に論ずれば、山は迎ふるが如きを佳とし、水は湛然たるを可とする。之を動靜から云へば、山はもと靜なるものであるから、その動く趣きあるを欲し、水はもとその性動であるから須らく靜滯の情あるを欲する。

四　生氣と風水。なぜ右の如き山川の地勢を吉地とするか。葬は陰陽の生氣を受くることが目的であるから、この氣の充蓄する處を吉地となす。處が氣は風に乘ずれは散じ、脉は水に遇へば止まる。だから藏隱蜿蜒の所、山來水回の所が富貴豐財を效すの吉地とされる譯である。

五　感應と所應。如何に立派な吉地でもそれが人生に役に立たなければ問題にならぬ。葬の吉凶に依つて人生に禍福の所應あるのは如何なる譯であるか。宇宙陰陽の幻化である人の死するや、之はその現象(形)を離れて本體(眞)に歸する事である。卽ちその精神は神界に入り、その骨骸は本體の土に返るのであるから、もしこの骨骸が吉氣に感應すれば、この骨骸の延長たる子孫に累福が及ぶであらう。蓋し東山焔を吐けば西山に雲起るが如く、死者を葬つた墓穴が溫穴(穴溫なれば速に皮肉が腐敗し去つて骨骸が直接に地氣に浴するから)ならば、その子孫の富貴を致すは同氣感應の然らしむるところからである。だから生人の富貴なるは亡骸を容るゝ墓穴が吉地なるのお蔭に他ならない。從つてもし之に反した場合、卽ち凶穴に葬した時にはその子孫は孤獨貧賤を免れないのである。

六　地勢と吉凶。葬の吉凶は地の形勢に依る。之を山に就て云へば草木を生ぜざる無衣の山(童山)、崩陷坑塹して無氣の山(斷山)、全山悉く岩石で土なき山(石山)、山勢止まらずして奔過する山(過山)、雌雄なき山(獨山)、明堂なき山(逼山)、斜欹して不正なる山(側山)は何れも凶山であり、包結なき山の穴は不蓄の穴と稱して腐骨の凶あり、朝對なき山の穴は不及の穴と稱して生人絕滅の應あり、空缺ある山の穴は騰漏の穴と稱して翻棺敗槨を來し、幽陰なる山の穴は背囚の穴と云つて寒泉滴瀝の厄があるから何れも凶穴である。

七　相　地　法。來勢止まるの所、その形昂然として居るのは氣の盛なる象徵であるが、かゝる形勢に加ふるに前面水の漂ふあり、後方支壠相連るの地は公侯に至るの貴地である。來勢縮み、その形靜止するは氣象の局促せるものであるから、かゝるものにその前案が回曲して居る時は致富の地である。地貴にして平夷、土貴にして支ある場合にはその氣の安止して欹險なき處を穴となし水は遲延の狀を吉とする。平澤の地では氣をその內に求むべきであつて外形に拘泥してはならない。

八　向きの定め方。墓穴の向きに陰陽があり、穴の左を陽、右を陰とするが、左寄りの穴は右に向ひ、右よりの穴は左に向つて、陰陽調和するやうにすべきである。

九　陽宅の地相。地の吉凶に依つて人生の禍福を望むことは、單に葬墓だけでなくて、都を定め縣を立するにも應用せられる。公侯の墓地は、龍馬騰起して小にして首鋭なる圭笏の山に對するを吉となすが如く、官貴の墓地は、文筆山側に峙ち魚袋山が双つ並べるを佳とするが如く、大富の墓地は、圓峯金櫃ゝ貝寶沓來、恰も川の集り至るが如きをよしとするのである。而して之等の相地に、更に方位の影響を考慮したならば、立派な墓地が擇ばれるであらう。

一〇　葬時と葬忌。幽陰の宮、卽ち墓地は神靈があつて支配して居るものであるから、葬に先ち先づ酒を酌んで地祇を祭らねばならぬ。古墳の近く新設することは、その一方榮えて一方は孤貧たるを免れないから愼まねばならぬ。穴が如何に吉なるものでも、葬時が適當でなければ、その結果は棄屍と同一である。

一一　風水の可能。風水の原理は、陰陽符合、天地交通、內氣萠生、外氣成形、而して內外相乘するにあるから、眼を以て、山川の形勢を觀察し、心を以て、その理を考ふれば、よく造化を會得し、行くとして可ならざるものなきに至るであらう。

二　錦囊經

錦囊經は、世に風水の祖として考へられて居る支那晋時代の人、郭璞の作つたと稱せられる「葬書」或は「郭璞葬書」の事である。何故この葬書を錦囊經と云ふに至つたかに就ては、次の如き說が傳へられて居る。唐の玄宗帝が、嘗て地理に祥しい泓師を召して、山川の形勢を尋ねた事がある。その時泓は事每に此葬書を引用して說明した。そこで帝はこの書を泓に求めたところ、泓は之を獻ずるに當り、此葬書が天下の珍書であり、且つ濫りに他見すべからざる秘寶書である旨を申上げたので、帝は之を錦囊に封入して手文庫の中深く藏し、誰にも見られないやうにして置いた。この事があつてから、此葬書を錦囊經と呼ぶやうになつたのであると。

朝鮮に現存する錦囊經は、朝鮮で朝鮮紙に朝鮮出來の木活字を以て印刷したもので、その大きさは菊二倍の大判であり、唐の燕國公張說、僧泓師並に僧一行三人の合註を施した註釋本である。この合註は、張の序文に依れば、唐の開元十六年九月に帝命に依つて施したものであるとの事である。本文の體裁は、靑烏經よりやゝその體裁を整へ、氣感篇第一、因勢篇第二、干支篇第三、山勢篇第四、四勢篇第五、(以上上卷)貴穴篇第六、形勢篇第七、取類篇第八、(以上下卷)の二卷八篇より成り、各篇とも葬書の本文よりも三人の合註の方が多く、而して之等の註釋は本文よりも一字下げに組んであるものである。

氣感篇第一

此篇では『葬者乘生氣』と先づ風水の原理を提唱し、生氣は地中に周行する、人はその體を父母に受けたものである、父母の本骸と子孫の遺體とは、恰も『銅山が西に崩ずれば靈鍾東に應じ』、『木春に華けば、西木室に芽ぐむ』が如く互に相感應するものである、だから父母の本骸が生氣に感ずれば、その子孫は榮えると云つて居る。

さて生氣に乘ずるの法如何。その先決問題として生氣とはどんなものであるかを考へねばならぬ。郭璞に從へば、

『夫陰陽之氣。噫而爲レ風。升而爲レ雲。降而爲レ雨。行二乎地中一。則爲二生氣一。』

卽ち陰陽の氣の流動するものを形而上形而下の二者に分ち、その有形有聲なるものを風、雲、雨となし、その無形無聲なるを地中の生氣となすのである。地中に周行する氣を特に生氣と云ふのはこの氣が地中にあつて萬物を出生せしむるからである。

而してこの生氣は風に乘ずれば逸散し水に界へらるれば止まる、そこでこの生氣を聚止して散行せざらしむるやうにするのが生氣に乘ずるの原則となる譯で、隨つて古來之を風水と謂ふ所以である。卽ち藏風得水が生氣に乘ずるの原理であるが若し之を二つに分てば得水を上となし之に次ぐを

藏風とする。氣盛なれば流行すと雖ども水に界すれば其餘勢止まるあり。零散すと雖も深ければ聚まるであらう。故に涸燥の地には淺藏すべく、夷坦の地には深藏すべき(死體を)である。之を要するに、生氣は四山朝集、風なければ則ち聚り、衆流交會して水に界すれば則ち止まり、淺深その宜しさを得て、生氣に乘ずることが出來れば、風水に協つた事になるのである。

次に人體がこの生氣に乘ずるの關係であるが、それには生氣と人體との關係を研究しなければならない。この關係を說いて郭璞は、

『夫土者氣之體。有土斯有氣。氣者水之母。有氣斯有水。』『丘壠之骨岡阜之支。氣之所隨。經曰。土形氣行。物因以生。蓋生者。氣之聚。凝結者成骨。骨者人之生氣。死而獨留。故葬者。反氣納骨。以蔭所生之法也。』

と述べて居る。卽ち氣は土を假りてその用を效すのであるから土は氣の體をなすものであり、土と氣は體用の關係にある。又水は五氣(五行)の初めであるが、これは陰陽の氣から發生するものである。故に氣のあるところ必ず水がある譯である。而して氣は丘壠之骨、岡阜之支に隨つて行くのであるから山川融結して居る處には必ず生氣が止聚する。且つ土の形勢に隨つて氣が行き、氣の行く所萬物この氣に因つて生ずると、古い葬經に敎へてあるが、蓋し物の生れるは氣の聚つたものであ

り、之を人に就て云はゞ、その氣の凝結したものが骨となるのである、だから骨は人の生氣と云はねばならぬ。さて人の死するや他の血肉は散じても、獨りこの骨だけは留つて居る、卽ち人の生氣だけは留つて居るのである。だから「葬」はこの氣を反し骨を納めて以て、その生氣から生じたところのもの——子孫——にその蔭效を及ぼさんとする方法に他ならない。

約言すれば風水の法は、天地の生氣、地中の生氣、骸骨の生氣、この三者を合して一となし、子孫はその父母の骸骨を介して天地の生氣に浴し、以て生々發達の幸福を效さむとする利用厚生の術と見ることが出來る。

因勢篇第二

第二篇は生氣の來往止住する土地の地勢を論じたもので、先づ第一に五行と八卦(八方)との地勢考究上相表裏するものなるを說明して居る。卽ち、

五行の氣は地中に行き發して萬物を生ずるが、その地中を行くや、地の勢に因り、その聚るや勢の止るに因る、だから葬は其の地勢の起來を原《たづ》ね、その形勢の止る處に乘ず(埋葬する)べきである。地に寅《大陽》・申《少陽》・巳《大陰》・亥《少陰》の四勢あり、この衰旺は形に繫つて應じ、氣の流行に震《東》・離《西》・坎《南》・兌《北》・乾・坤・艮・巽の八方あり、氣の來止はこの岡阜を迹づけて見るのである。而して塋穴をなすの地は、要するに休囚

を捨てゝ生旺を取るを要する。

次に地勢を考ふるには地脉を原ね、山勢を察するにはその骨を原ぬべく、勢を觀るには千尺の遠きより察し、形穴を察するには少くも百尺の地點から見るべきである。もし吉方より、遠來する勢あり、氣を止め聚むるの形あれば、これを全氣の地とする。この地は當にその氣の止まる處を撰んで葬すべきである。

この全氣の地にして後龍宛轉委曲して來り、回環重複して朝對をなし、左右又また周圍環繞し、前案重疊三陽六建（三吉六秀、亥、卯、庚を三吉、艮、丙、巽、辛、兌、丁を六秀となす）俱足せざるなきもの、若しくは人の踞して侯ふが如きものあり、若しくは手に攬らんとして取らんとするもの備はり、進まんとして却き、止らんとして深き、洋々悠々たる水流、もしくは我を顧みて留めんと欲するが如き狀あり、衆山積疊して皆來朝し、衆水聚會して奔流せず、陽に冲し陰に和するもの、後龍高聳、肥膏、而して穴前の水沉蓄して流れず、草木欝蒼として繁茂するの地は、

『貴若㆓千乘㆒。富如㆓萬金㆒。』

の吉地である。古葬經にも『形止氣蓄。化㆓生萬物㆒。爲㆓上地㆒也』と云つて居るが、それは當然なことであらう。

平支篇第三

これは墳墓を定めるに、平坦の地でも支脈の存在する處ならば撰ぶことが出來ると云ふ事を論じたものである。凡そ山形土脉の落つる處は必ず平夷の地を求めて穴を定むべきである。もしこの平夷の地がなければ山勢土脉が止まらず生氣も止聚しないからである。又もし平洋の地に葬せむとせば、支脈の存在する處を相する。璞は『地貴二平夷一。土貴レ有レ支。』と約言して居るが、かゝる地土は何れも生氣の止聚する處であるからである。

何故なれば支の起るや氣も隨つて始まり、支の終るや氣も隨つて鍾るから。然らば如何なる支がよいかと云ふに、隱々隆々微妙玄通のものが吉地を含んで居るのである。青烏經にも『地に吉氣あり土に隨つて起る所』、とあるが、支にも氣の止まるものがあり、それは水に隨つて止るのである。つまり勢の來るや順、その形氣の止るに適した處を求めて、其中に葬すればその子孫永吉無凶であると云ふのである。

山勢篇第四

こゝでは主として山勢を論じて居る。卽ち

山はその勢險なりとも衆山衆水聚會するの地は吉地であるから當に之に葬してよい。さてその墓穴を定めるには、先づ主山の來勢連綿として盛なるをとりて休囚死絶を捨て、卽ち主力の衰旺を考へ、然る後左右應對の相(生)する所を擇びてその害(克)するものを避けなければならぬ。蓋し來と相とは福の自づから生ずるところ、廢と害とは禍の自づから生ずるところ、而して葬墓に依つて至る禍福は日を旋さずして迅速にその子孫に及ぶのであるから、心ある者はこの葬墓に依つて自然の力を奪ひ、天命を改める事も出來るのである。古の葬經にも『葬山之法。若レ呼ニ谷中一。』と、如何にその所應の速なるかを誡めて居るのも之が爲めであると。

次に山勢を方位から云へば、吉慶榮貴を享くるの宅は、山勢寅申巳亥の四方位より來り、之より八方(八卦の方位)の龍を生じ、この八龍が四勢の齎せる生氣を得て活力を發揮するが如き處にある。例へば山勢寅よりして離山に活氣あらしめ、坎艮の山が申勢を得て躍動するが如き、宅穴が、四勢あり、八龍之に依つて活躍するものであれば、吉慶榮貴招かずして自ら臻るに相違ない。

さて山勢にも吉凶があり、その凶なるものに葬せむか禍は立處に至るであらう。郭璞は山の葬すべからざるものとして次の五つをあげて居る。

1　石山。生氣は土に因つて行くのであるから、土のない石山には生氣が流れない。從つて石山のよろしくないのは自明の理である。

2 斷山。生氣は丘壠之骨。岡阜の支に隨つて行くのであるから、山にして旣にその脉を斷絶してゐる以上生氣の來ることが出來ない。依つて不可塟。

3 過山。生氣は山勢の止る處に止まり支の終る所に鍾《あつま》るのであるから、もしその山や支脉が止まらずして橫過するやうな處では生氣も亦隨つて逸去してしまう。これ過山に葬すべからざる所以である。

4 獨山。生氣は會龍卽ち後岡前應、左回右抱、衆山環合する處に止聚する。然るに獨山は之等を缺く、故に生氣が止まらない。もし强ひて葬すれば災害立どころに至るであらう。

5 童山。陽に冲し、陰に和し、草鬱林茂の處にこそ生氣はある。然るに崩岩、破壠、焦枯險恠、一草一木を生ぜざるの童山は、少しの生氣もないから決して葬すべきでない。

だから古經にも『童、斷、石、過、獨。生二新凶一。消二已福一。』と誡めて居る。卽ち之等の山は單に不吉であるだけでなく、此地に葬せむか、凶災新に續生して、已に享くべき福も消盡してしまうと云ふ恐るべきところである。

以上に於て山勢、方位、形象を論述したが、之を要するに占山の法卽ち葬法は、勢の辨じがたきを以て第一となし、形容の別ちがたき之に次ぎ、方位の正しきを得る、又之に次ぐの順序であるから、山勢こそ占山者の最も注意すべき事柄である。

之等の勢形に鑑みて、葬墓の上地となすは次の如きものである。

1　山勢伏するが如く、連るが如く、一頓一起、表裏承接、來勢連綿として絕えず、その遠き恰も原を天に發するが如きもの。

2　平洋の地で、恰も水の波浪起伏細紋を畫くが如きもの。

3　支壠の奔騰、恰も馬の馳するが如きもの。

4　山勢の來る困弱の相なく、大いに奔らんとするが如き勢あるもの。

5　山勢の來り止る處、隱伏してまた去るの趣なく、恰も戸の如きもの。

6　來龍貴にして衆山朝從し、恰も貴人が萬寶を懷ろにして燕安休息するが如きもの。

7　來龍富厚、池湖僚繞、恰も貴人端生しその前に水陸珍羞の萬膳を具して潔齊するが如きもの。

8　納氣の充滿せる、恰もふいごに依つて風を孕むが如きもの(皷橐の如きもの)。

9　左右前後の形勢、恰も器のものを貯ふるが如きもの。

10　龍の蟠居するが如き、鸞の翔舞するが如きもの。

11 主山に對して諸山の恰も禽の鸞に伏するが如く、獸の龍に蹲伏せざるなきが如く、而して主山(後岡―玄武)の尊隆なるもの。

12 玄武(主山《北方の》)の形勢、萬乘の尊貴の如きもの。

13 日月星辰、皆悉く塚宅を照らすが如きもの。

14 衆流悉く會する、恰も百川の海に朝するが如く、千山の環衞、恰も萬宿《(星)》の辰《(キ)》に拱するが如きもの。

15 前後左右の四勢端明にして童、斷、石、過、獨の五害親近せざるもの。

之等の諸相を具備したものを上地となし、その十分の一を缺きたるもの、即ち九分通りまで具はつて居るものをその次の上地となすのである。

四勢篇第五

こゝに云ふ四勢は山勢の四勢でなく、穴を中心とした前後左右の四山勢を云ふのであるが、之等にもそれぞれ吉凶善惡があるから、須らく講究して置かなければならない。

そこで前後左右の四勢とは何ぞやと云ふに、塋法では左(東)を青龍、右(西)を白虎、前(南)を朱雀、後(北)を玄武と云ふ。この左右前後の定め方は、主山の上から見ての事であり、朱雀とは前應の山を、玄武は本山を、青龍は左山を、白虎は右山を指して云ふのである。

さてこの四勢の關係はどんなものがよいかそれは、

玄武垂頭　　主山定止の趣きあり
朱雀翔舞　　前山來向翔舞の趣あり
青龍蜿蜒　　左山蜿蜒回抱の趣あり
白虎蹲踞　　右山虎の蹲踞して相迎ふの趣ある

が如きものがよいのであつて、もし山の四勢が之に反する處に葬した場合には破滅の厄を免れない。と云ふのはもし、

右山が盤繞して居るものは、之れ虎が塚中の尸を啣み
左山が立踞して居るものは、之れ龍が主山を妬み
玄武が垂れずに昂然たるものは、尸を抱藏せんとするに非ずして之を拒み
前山の舞はずして背するものは無情、無情なるが故に主山を顧みずして騰去するのであるから不吉な譯である。

以下四勢の各に就て細論を試みれば、次の如くである。

之を朱雀に就て云ふに、これが若し水なる場合には、四季㒒々として恰も悲泣するが如き水聲をたてるのを忌む。その聲大なれば滅族、小なるも孤寡の所應を免れない。しかしその水にして順流曲折、又恰も環佩劒履の如き水聲をなすものは、公卿之象として喜ぶべきものであるから、水ある場合にはよくその流聲の吉凶に注意しなければならない。

龍虎に就て之を云はゞ、主山の支脉が靑龍、白虎をなすものは、その形相恰も人の肘臂を左回し右抱するが如きものたるを要する。之を回抱の龍虎と云つて吉氣がその中に聚るのである。

墓前を流るゝ水に就て更にその詳細を論ずれば、その水源をこの墓地の生氣を掌る方位に發し、その生氣の盛なる處を經流し、その生氣の大旺なる墓前に朝入し、その生氣の衰へむとするところを澤ほし、而してその生氣の代謝せむとするの處に流れ去るを佳とするのである。之を具體的に云へば、癸山は金に屬するから水は須らく金を生ずる巳方からその源を發した金水でなければならぬ(金方を流るゝから巳から出ても金水と云ふ)。而してその流水は漸く流れて坤申の方(氣の盛なるところ)に至り、かくて庚酉生氣大旺の方に朝し、(卽ち墳前に朝揖し)一折して辛戌の方に歸り(生氣の衰へむとするところ)、終に乾亥壬以後の方に流出すべきである。而して源流朝澤に於て、その水流が必ず一時瀦蓄して後ち流れ去るを吉となし、その傾注直流無情なるを忌むのである。又墓前を流るゝ水の流れは、洋々悠々として我を顧み留まらんと欲するが如く、其の來るやその源を知らず、その流れ去るや前山囘抱の間にかくれて流出の處を見ず、又汪々洋々として停蓄し流出の觀なきものを吉とする。古經にも『山來水囘。貴壽而財、山囚水流。虜王滅侯。』と云つて居るが、本山の來勢強く、その前水洋々悠々として顧み留らんとするが如き地に葬すれば、顯貴、長壽、財寶並び臻り、之に反して、山囚はれて生氣なく、水直流して無情なるの地に葬せむか、王侯たる有德にして身分高きものも或は虜にせられ、或は滅されるであらう。

かく、山と水とは密接な關係があつて、山水囘旋洋々悠々として、去を欲せず、眷戀として及ばざるが如きは貴相、その來るや無源、その去るや無流、これ上下周密の相、山來水囘は山水相聚の相、山囚水去は、山水相背去するの相、水は山を逐ふて變化し、山は水に因つて盛衰する。葬山の法、決してその水を輕視してはならない。古、多くこの山水の法を秘したるは、又當然なことである。（以上上卷）

貴穴篇第六

次に愈々葬墓の第一要點たる墓穴に就て論述して居る。

そも〳〵墓前の水が必要であり、その囘抱を佳とするは、地中に周流する生氣を停蓄して散失せしめざらむが爲めであつて、生氣は水に界すれば止住するの理に基づくのである。山勢宛委遠くより來り、此處にその勢を止むると雖も、之を界し之を回抱する水なければ、この來勢の中に溢れ來つた生氣も蓄聚するに由ない。從つて古經にも、かゝる墓穴は腐骨之藏(『不蓄之地。腐骨之藏也』)であると云つて居るが、父母の骸骨にして腐朽するならば、その人生に無なきは勿論、寧ろ害その子孫に及ぶを免れ得ないであらう。

地中より噫《は》く生氣は、よく風の爲めに散逸せしめられる。葬法に龍虎の左右回抱を要するは、墓地の區穴本山を衛護するが爲めである。然るに左右にこの龍虎を空缺し、又前朝對案界水なく、玄武短折して來らざるもの、卽ち四方皆空なるの地は、聚住すべき生氣を、一方風の爲に散騰せしめられ、一方界水なきが爲めに、そのまゝ漏泄させてしまう。かゝる地は古經にも敗槨の藏(『騰漏之穴。敗槨之藏也』)と云つて無益有害のところと定められて居る。

愈々穴を掘つた時に、その穴が吉いものか否かが問題であるが、之を定めるには須くその土質を檢すべきである。

一般にその土は細《こまか》くして堅く、潤《うるほひ》があつてもあまり濕澤(水氣多し)でなく、その斷面が豊潤で光澤があり、兼て五色の色を具へたものでなければならぬ。そもそも生氣の土中にあるや、その本性に依つてその土に色づけるものであつて、其處にあるの金氣が凝すれば土色を白色にし、木氣凝すれば青色、水氣は黑、火氣は赤、土氣は黃となす。而して土は、この五色を悉く具ふるのものを上となし、四三を具するもの之に次ぎ、一二色を具ふるものを下となすのである。(普通土色は黃色を呈するものであるが、これは地の凝結するや黃を以て本となすが爲めである。)

然るにもし、その土乾燥して潤澤ならず、恰も粟を積んだ如きもの、或は地濕氣多くして堅膩《けんち》(堅く肥えなめらか)ならず、恰も封肉《さきにく》の腐爛せるが如きもの、及び水泉あり、或は沙礫あるものは、皆凶宅であるから之を避けなければならぬ。

之を具體的に論ずれば、葬穴には三者の吉なるものと、六個の凶なるものとがある。いま順次吉穴から說明して行けば、

1　天光下臨。地德上載。藏神合朔。神迎鬼避。一吉也。

天の星辰よく穴上を照し、山川の氣脉融結して生氣充ち、その生氣の上に棺槨を載せ、神魂を埋葬するに吉朔(吉い月日)を選んで吉神を迎へて凶鬼を避ければこの葬は吉葬の第一である。(因にこの天光、地德に就て「陳」と云ふ人は本書の「註」に天光とは貪狼、巨門、祿存、文曲、廉貞、武曲、破軍、左輔、右弼の九星で、地德とは乾、坤、艮、巽、坎、離、震、兌の八山であ

り、貪狼は艮山を巨門は巽山を主るから、上に貪狼巨門が照臨しその下に艮山巽山あり、上下相照すれば吉なりと謂ふ九星と八山との臨載協合を論じたものであると述べて居る。然しこれは可なり解釋し過ぎた議論であつて、やはり本文の意は生氣の止住するところ天の日月之を照すを吉穴となすと云ふに止まり、九星八山の配合などを考へたものではないであらう。)

2 陰陽冲和。五土四備。已穴而溫。二吉也。

陰陽冲和し、五色の内四色まで備はり、穴を掘りてその中溫なれば、これ生氣盛なるの兆であるから吉穴と云ふべきである。

「一行」はこの墓穴に就て次の如き意見を添付して居る。卽ち葬するには、開穴の第一日が大吉二日目之に次ぎ三日また之に次ぎ、四日に及んでは地中の氣を失つてしまうから注意しなければならぬ。又穴中の氣を驗するには、燭に點火して入れ、その火輒に滅するは不吉、その焰動いて止まらざるは風吹くの兆であり、此處に葬すれば黐棺轉尸の厄があるから大凶であると。

3 目力之巧。工力之具。趨全避闕。增高益下。三吉也。

これはよく葬法を用ゐて審に形勢を觀じ、人工を用ゐてその具備すべきを具へ、且つその形勢全き處に趨きて闕處を避け、高きは增して崇高ならしめ、下きは益之を下げる等來龍の生氣をして穴中に注がしむるが如くすれば以て吉葬となすことが出來ると云ふのである。

次に六凶をあぐれば

1 陰錯陽差。一凶。

四勢八方、左右前後、陰陽相差錯するものは凶。

「陣」は之に、陰山には陽水を、陽山には陰水を以て陰陽冲和すべきであるとの意見を添加して居る。

2 歲時之乖。二凶。

葬時に死者の四柱と葬時の月日とが乖離してはならない。又山頭坐向の生旺とその四柱とが合しなくてはならない。もし之を顧みず互に相乖くやうなのは凶葬たるを免れない。

3 力小圖大。三凶。

墓地は身分相應でなければならない。身分微小なるにかゝはらず、その墓地だけ王侯を出すが如き地に定めて以て王侯の出生を圖るのは却つてよろしくない。

4 憑福恃勢。四凶。

現在の福財に憑依し、權勢を恃んでやるのもよろしくない。

5 僭上偪下。五凶。

丘塚の制、棺槨の美、僭上の擧に出で、その葬に當りて、みだりにその下に逼るが如きもよろしくない。

6　變應見恠。六凶。

葬に際して、又葬せる後、各種の變應あるは不吉の相である。例へば變異あり、口舌敗破し、泉沙傷損し、蛇蟻群出するが如き變應あるはよろしくない。

だから古經にも『穴吉。葬凶。與棄尸同』と誡めて居るのであつて、如何にその墓穴が三吉を具へたものであつても、もし之に葬る場合に右六凶を犯すときには決して好果を得ることが出來ず、その禍害の生ずること恰も尸を野に棄てたものと同一であるのである。

之を要するに郭璞の意見は、葬は生氣に乘ずるを主眼とするから、生氣を充溢停蓄せしむるが如き形勢の地を選び、星震之を照し豐溫の土あるの穴を求むべきであるが、其の葬に當りて決して無理があつてはならぬ、もし六凶の如き無理を敢てすれば、折角の吉地に窆しても、それは何等の好果を來さざるのみならず、却つて災禍を效すものであると云ふにある。

形勢篇第七

この篇に於ては、主として墓地とすべき山の形相を論じて居る。形勢篇とは云へ、來勢に關しては已に前篇に於て述べてあるので、此處には專ら山形山相を論じて居る。

さて山形を觀察する場合如何にして之をなすか。郭璞は古經の觀察法をそのまゝ踏襲して、墓地とすべき山を龍に見立てゝその論歩をすゝめる。

古經には、山勢來りて止まり、形象聳えて昂く、前に澗水あり後ろに岡阜積疊するの地は、宛も龍が水に臨まんとするの形であるから、之を『龍骨之藏』と云ふて居る。この墓地を龍と見做したならば、何處に墓穴を選定すべきであるか。旣に龍と見做す以上、それには頭あり體あり尾あり、頭に鼻あり額あり角あり目あり耳あり唇あり、體に腹あり胸あり脇あるものと見なければならぬ。この各部位に於て何れが吉にして何れが凶であるか。

先づ頭首から云へば

a　額、鼻　これ等は中正を得て居るから吉昌。

b　角、目　これ等は倶に傍に偏在するから穴を受けない、故に滅亡を來す虞れがある。凶。

c　耳　これは彎曲して居るが故に侯王を致す。吉。

d　唇　これは淺くして露れて居るから、兵傷に死するの相。凶。

e　腹　宛々としてその中間に蓄(ふくらみ)あるを龍の腹とするが、その深く曲つた處―臍――は、先づ富を得後に貴を得るの大地である。大吉。

f 胸、脇　これをもし傷けた場合には、朝に穴して暮に哭すると云ふ程その所應著しく、一族を滅するの相である。大凶。

處がイザ實際に吉凶の形相を判別しやうとなると、重岡群壠衆支ありて、何れをそれと辨別しがたい。然るに一度その吉凶を誤れば、禍福は宵壤もたゞならざる違ひであるから、餘程注意しなければならぬ。この辨別至難の一事例として一行は次の如き面白き逸事を述べた。

唐の玄宗皇帝が嘗て東宮であつた頃、白雲先生(張約)と溫泉の野に遊獵した、馬を馳せること二十餘里、轡を緩めて小山にさしかゝると其處に新しい墳墓が一つあつた。その道にかけて造詣深い白雲先生はしばらくこの新塚に注目して居たが『墓穴が法にはづれて居る』と云ふ、東宮は『どうしてか』と問はれる。白雲は『これは龍頭を下つて龍角に枕すると云ふ形だから三年經たぬ間にこの屍體は自づと銷鑠してしまう』と對へた。丁度そこへ樵が一人通り合せたので誰の墓かと問ふとこの山の南に住む崔巽が死んだので葬つたのだとのこと。東宮はこの凶穴から蒙る災厄を救つてやりたいと思つて樵に案內させて巽の家に行つた。巽の子は喪服を著けて客を迎へたが、客が東宮であるとは露知らない。東宮はこの前山の新墳はその葬法を誤つて居ると告げた。するとその子は父の遺言に遵つてした事だと云ふ。何う云ふ遺言かと東宮の問に對して、その子の答へた言葉には東宮も非常に驚かされた。その言葉はかうであつた『父の云はれるには之は龍頭を安んじて龍耳に枕すると云ふ葬法で、この法通りに葬すれば三年ならずして萬乘の天子が直々《じき》に此處に御出になるに違ひないとの事でした』。東宮の驚きは勿論さしもの白雲先生も一言なく『臣學未精。經曰。毫釐之差。禍福千里。とはこの事だ』と赤面して自分の不明を恥ぢたと。

山を龍體と見なす以上、それには尾もあるに相違ない。山勢の盡きて擧ぐるものを尾となすか、然らば之と首との辨別を如何にしてするか。それには首頭ならば耳、角、目、鼻等の道具がある事に注目すればよい。もし之等の道具を缺いて居るものは尾に外ならないのである。

次に、前揭一行の挿話にもあつた如く、同一の龍頭でもその耳なるや角なるやを辨ずるのが仲々容易でない。槪して云へば、百尺の山ならば耳と角との間はその隔り十尺位であるから餘程注意して研究するの要がある。

之を方位から觀察すれば、坎を龍首となせば。甲地に角あり、震地がその身に當る。又八山に對して之を求むれば、乾はその角癸にあり、目は離之申に直し、耳は丑艮にある。癸は坎を以て鼻となし艮は坎を以て唇となすのである。猶ほ一行はこの龍身の各部位に就て、その吉凶禍福の所應を

述べて居るが、それは

a 穴坐其唇。人口遭迍。
b 穴居其臍。萬事成立。
c 穴居其目。禍來必速。
d 穴居其尾。流移不已。
e 穴居其額。富貴興旺。
f 穴居其腹。珠珍滿目。
g 穴居其角。人物銷鑠。
h 穴居其耳。佐明天子。
i 穴居其腰。人離物消。
j 穴居其足。貧賤碌々。
k 穴居其鼻。名登上第。
l 穴居其腸。必遇災殃。

であつて、その龍身の各部位に依つて、皆それぞ所應の差異があると云ふのである。

墓穴に關しては猶ほ金に乘ずれば水を以て相生となし、坤の山に穴を定むれば木を以て克となす等、相生相克を考慮すべきである。要は外圍ありて八方の風を防ぎ、穴內に五行の生氣を秘するを佳とする。その龍虎抱衞、主客相迎、その他微妙の點に至つては到底備《つぶ》さに之を述ぶることが出來ないが、それは進んだ智者のよくすべき處であり、もし深く陰陽に通じた者に於ては、その功、造化自然の力を奪ふことさへも出來るのである。

次に八山の葬法を論ずれば、總じてその勢を先にして次にその形を求むべきであり、而してその求むべき形勢は、各々次の如きを可とする。

（葬るべき山）	（その勢）	（その形）
一　乾山	起伏而長。	潤厚而方。
二　坤山	連袤而不傾。	廣厚而長平。
三　艮山	委蛇而順。	高峙而峻。
四　震山	蟠而和。	聳而峨。
五　巽山	峻而秀。	銑而雄。
六　離山	馳而穹。	起而崇。

七　癸山　　大來而坡垂。　方廣而平夷。

八　坎山　　曲折而長。　秀直而昂。

次に岡阜支壠の形にしてその相よく動物に類似するものがある。例へば牛、馬、鸞、鳳、蛇、黿《大すつぽん》、鼉《わに》、魚、鼈《すつぽん》等のものがあるが、之を辨別するには、牛は伏したるを、馬は將に馳せんとするを、鸞は舞ふを、鳳は飛騰を、蛇は委蛇として屈曲するを以てその特長となし、水中の棲物は之に對する水を以て別つのである。而して之等の山岡に葬した所應を云へば、臥牛に葬すれば富、飛鳳に葬すれば貴、鸞は美女、馬は一般に凶、蛇に至つては相當考慮を要する。

猶ほ之等の形をなすものは、概してその隱伏して動かざるの趣きあるを要し、その動き走らんとする趣きある場合には決して葬してはならない。これは左右前後の山も皆その止伏して生氣を藏するに努むるを要するが如く、もし之等のものにして活動せむか生氣は聚止せずして逸散してしまうであらう、故に之等の動形あるを忌むのである。

取類篇第八

この篇では先づ支壠に葬するの法を說き、次に山の形勢の物に類するに依つてその吉凶を論じて居る。

重岡疊阜群壠衆支、むらがり立つて居る場合にはその何れを擇ぶべきか、それにはその特異なるもの、その情伏尸の如きものを探がさなければならぬ。特異なるものゝ判斷は衆山が倶に大なる時はその中小なるを特となし、衆山が皆小なる時はその中大なるものを特となすのである。然るにもしこの特異なるものを見出すこと能はず、どの山も皆同じやうであり、形勢の別なく、主(東山)客(朝山)同情にして、賓主の辨なき處には決して葬してはならない。

右は主として岡阜に就てであるが、支壠に於ては少しくこれと相違がある。そも〳〵支も壠も同様な特質を有し、その前面は恰も掌の如く平夷であるが、一般に支はその扶摸小にして地中より隆起せるもの、壠は遠く來つて地上に峙立する規模の大なるものである。さてこの支壠に葬るには如何にすべきか、支も壠もその前は平夷であるから其處に穴を定める譯に行かない。處が支は平地に突起したもので、地中を奔つて來た地脈が此處に至つて止まつたのであるから、その生氣の聚結するはこの支の頂に於てである、だから支に葬するには其の山顚に穴を定むればよい。次に壠はその勢遠く來つて峙立して居るのであるから、その生氣は平地に接せむとする足の處に聚る、故に壠に葬するにはその麓に穴を定めなければならない。從つて支に墓穴をトせむとせば須らくその首の如きを、而して之を壠にトせむとせばその足の如きを占むるのが適法である。

愈々類形を論ずる事になつたが。之に先立つてその類形がもし異常のものであつてはならないことを念頭に置く必要がある。と云ふのは、もし物形に類する山形にして異常なる場合には聚止すべき生氣が逸脱してしまうからである。さて次に各種の類形に就て論述しよう。

一　仰刀。凶禍伏逃。その形上狹くして尖、峯の脊恰も、仰刀の如きものは、その法主(墓主)が逃竄を藏するの禍に伏する。

一　臥劍。誅夷逼僭。その形狹くして長くその首鋭く、細き峯脊ある恰も臥劍の如きものは、その法主誅戮せらるゝか他に逼僭せられる。

一　横几。孫滅子死。几案に横たはりて穴を過ぎり截するが如きものは、その法主絶祀滅族の厄がある。

一　覆舟。女病男囚。中高くして兩頭垂れたる恰も覆舟の如きものは、法主の女長病、男は獄に囚せられる。

一　灰嚢。災舍焚倉。水なくして明堂乾燥し恰も灰嚢の如きものは、その法主火災《(天火)(人火)》に依つて舍倉を失ふの厄にあふ。

一　投算。百事昏亂。山形籌算を投擲せし如きものは、その法主百事昏昧敗亂する。

一　亂衣。妬女淫妻。山形圓淨ならず、衣裳を亂擲せるが如きものは、法主の女、妬妻淫に陷る。

一　植冠。永昌且歡。その形冠をつけたるが如く端正なるものは、法主昌盛且つ歡悅を效す。

一　覆釜。其巓可富。平地に釜を覆せたやうなものには、その中央の巓に葬すれば富盛を致す。

一　負扆。王侯崛起。屛を以て四向を環合《とりまい》たその中に支壠の特峙するものがあり、その生氣止る所に葬すれば、法主王侯に出世する。

一　門戶。貴不可露。龍遶り、虎踞し、前案恰も門戶を密閉せるが如きは、極貴の地人に知らしてはならない。もし漏せば僣越の心を起させるから。

一　燕窠。胙土分茅。四面周回して恰も燕窠の如く。其の中間の凹處に葬つて聚氣に乘すれば、公侯となり、又彊土を守るの臣を出すであらう。

一　遠來回曲。九棘三槐。來岡愈遠而愈大又その前應回抱するが如きものは、これ公卿を出すの地。

以上で類形を終つて、次に勢の他物に類するものを擧げる。卽ち後岡卽本山の來勢が、その形相の如何なるものに類するかに從つて、吉凶を異にするを述べるのである。

一　萬馬自天。王者。その勢恰も萬馬の奔馳して天より下るが如きもの（その來るや遠くその源天に連るが如きもの）は、王者を出す。

一　巨浪。千乘之葬。峯嶂支壠巨浪の起伏するが如く、相連なりて絶えざるの勢は、千乘の天子を出すの大地である。

一　降龍。爵祿三公。その勢、龍が天より降り、前に水ありて遶回し、諸山の相向ふ恰も雲の龍に從ふが如きものは、三公を出すの地である。

一　雲從璧立雙峯。翰墨詞鋒。雲の湊集して雙峯に從ふ如きものは、當代に詞藻の士を出す。

一　重屋茂草喬木。開府建國。その勢、人屋の重々として連接するが如く、其の止るや龍蟠虎踞、鬱草茂林その護從となり、衆山朝揖して四水回環するものは、開府建國の地である。

一　驚蛇屈曲。滅國亡家。蛇驚けば走つて住まらず、滅國亡家の地である。

一　戈矛。兵死刑囚。その勢戈矛の如く、尖利なるものは凶。

一　流水。生人皆鬼。水の直流して去るものは凶。

以上で形勢の各論を終つた。さて形勢は互に相協合してその功を奏するものであるから、兩者の關係に注意しなければならない。一般に勢と形と順なるものは吉、形と勢と逆するものは凶、その勢凶にしてその形吉なる時には百福の中一福を希ひ得る望みはあるが、勢吉なるも形凶なるものに至つてはその禍日を旋さずして直ちに至るであらう。これ勢は遠にして見がたく、形は近くして觀やすきが故である。又穴に對する影響から云へば、勢は間接であり、形は直接であるからである。だから葬墓には極めて細心の注意を拂つて之を占定すべきである。

三　胡舜申

李朝經國大典陰陽科地理學課の中に規定されてある「胡舜申」は支那明の奉議郎通判徐州軍州主管學士兼管內勸農黨田事賜緋魚袋胡舜申の撰に成る「地理新法」であつて、現存するものは朝鮮本大判全一冊四十枚ものである。本書は上下二卷二十三章から成るものであつて、之が目次を擧ぐれば、次の如くである。序說。五行山圖。一、五行圖。二、五行論。三、山論。四、水論。五、貪狼論。六、文曲論。七、武曲論。八、輔弼巨門論。九、廉貞論。十、破軍論。十一、祿存論。十二、形勢論。十三、擇地論。十四、三十六龍論。十五、主山論。十六、龍虎論。十七、基穴論。十八、坐向論。十九、放水論。二十、年月論。二十一、造作論。二十二、相地論。二十三、辨俗論。結論。

さて胡舜申の「地理新法」は如何なる內容をなすものであるか。その大綱は彼の序說と結論に於て述べられてあるから、各章に就て之を窺ふの煩を避け、序說と結論とに依つてその大要を述べることとしよう。（胡）は所謂く。地理說は漢晋以前の偉人に依つて創述されたものであるが、唐より此の方この術を鬻いで利を貪る者があらはるるや、俗說續出、その何れが信憑するに足るかを判別するに苦しむやうになつた。然るに一方地理は他の醫藥卜筮の一身一事に關するものと異なり、地理の所應は一家の榮禍に關し、或は滅族と云ふ程の大影響を及ぼすものであるから、一日たりとも之を忽緒に附して置けない。そこで自分は(胡)年來意を專らにして之が研究に沒頭し、十餘年研鑽の結果漸くその奧義に徹することが出來た。今之を「地理新法」と名づけたが、舊を擧げて之を新にしたまでゝ、之が造詣は赤松子の囊經を祖とし、郭璞葬書を宗とし、曾楊一を明にし、月師を衍し、劉次莊に及ぶものである。次にこの新法の大要を云はば、五行の生旺死絕を經とし九星の貪狼等を緯としたもので、極めて簡明、實際に就て驗するも一として的中せざるはない。この法もと定都建國遷州立縣を主としたものであるが、現今は陰陽の穴の爲にするものが多く、且つその法を得ざるが爲めに多くの人は非常な困難を感じて居る。處がこの法は定都立縣の爲のものであるから、陰陽の穴に用ゐんとすれば鷄を割くに牛刀を以てするが如く、極めて易々たるものである。依つて世の盲昧を開き、天下の人々をして凶禍を免れ吉福を得せしめんが爲めに、之を板に鏤して汎行する所以である(以上序文)。陰穴に父母の骨を葬ることは猶ほ木の根を地に植る如きものである。若しその木根が佳地を得れば、千枝萬葉擧つて皆繁茂するが如く、父母の骨が生地を得ればその所生者に及ぶ所蔭《おかげ》に依つて百子千孫と雖も受福せざる者なきものである。然しながらその地が同様でも、植ゑたる木に偏枯のあるのは、本來その木の禀受する氣の弱きが爲めであるが如く、人も亦その天命に依つて衰隆の差あるを免れない。けれども、之が培壅に努むれば、枯れんとしたものも繁茂するが如く、その子孫にして勉强自修すれば、富貴の至るは天理であり、之に反すれば、貧賤を免れない。故に吉凶の來るは、其の人の德に象ると云ふが如く、全く山水のみに賴るべきものでない。山水の吉凶はこの人德に合致するものである。だから山水の法術に陰陽有無の説は信すべきものではあるが、決して之に泥むべきものではない。

世に、地の形勢がよく人生の運命を支配すと云ふものがある。山の形勢説は郭氏の葬書に書かれたものが後世にいろ〳〵と粉飾されたものである。結局物の形と氣とは常に相連屬するもので、奇秀の形あれば則ち奇秀の氣あり、醜惡の形あれば則ち醜惡の氣あること、恰も雄偉の形相ある人は其氣も必ず雄偉、卑俗の風貌ある者はその氣も卑賤なるが如きものである。而して地理の形勢論は、その山の形勢如何に依り、その異る氣を享受せむとしたものに外ならない。然しながら風水の法は細に入れば細に入るほど複雜を極めるが、その微に入る程大綱を忘れる虞れがある。醫者が局所療法に妙を得ても、患者の生命を衰弱から救ひ得なかつたならば、それは醫療の本末を辨まへない者であるが如く、地理の法も須らくその大綱を明にして、その煩鎖な細事に泥んではならない。大綱を明にすれば細網は自から擧げられるものである。

地理の法は極めて幽玄で、容易に會得することが出來ないから、倒底、凡人の及企すべきものでなく、又智者にしても、佛者の悟りの如く脱然として天啓を受けたるが如き、濶然として心得する以外には、之を會得すること不可能であると云はれて居るが、決してそんな事はない。その理論を古來の信ずべき葬書に探り、その實證を所在の州縣に徴して之を研究すれば誰にでも會得せられ得るものである。自分の提唱するこの新法も亦實にかくして樹立したものである。卽ち理論の典據は郭璞の葬書にとり、その實證は之を所在の州縣に照らしたものである。だから、この法を以て州縣を觀察するに、一として的中せざるなく、その繁榮するものは格に合したものであり、衰微するものは格に合せざるものである。然れば則ちもし吾法を知りて之を用ゐんと欲せば、請ふただ之を實證の上に就て試よ、これ最も近くして知り易く、一世を誣罔する能はざる事であるから。と。

四　明　山　論

この書も李朝科擧、陰陽科地理學課中に擧げられたもので、常に靑烏、錦囊の次、卽ち第三位、臨文の第一位に置かれて居るから、相當重要なものとして取扱はれて居たものであると察せられる。この書はその序文にも述べてあるが如く、北巖老人蔡成禹の撰著であり、郭璞の葬書の如き古書ではないが、先人にして地理に通曉した者の作である處の「明山論」を稿訂し、補欠し、その謬妄を改删したものである。而してこの書の撰著年代は序文の終りに記されて居る『日月合璧、五星連珠の歳』とある紀年が何時を意味したものか、今のところ明瞭でないので何時頃のものか判明しない。

いま窺はんとするこの書は朝鮮本の印本大判であり、內容は序文、本論、跋文の三部より成り、序文跋文は蔡成禹の作であり、本文は次の十三章に分たれて居る。卽ち大易第一。二氣第二。十二名山第三。節目第四。穴法第五。立向第六。明堂第七。水脉第八。吉凶砂形第九。眞龍第十。鬼刧第十一、吉鬼第十二。三十六龍順會第十三。である。而してこの書は、蔡成禹が舊書「明山論」を稿訂改删したものであるから、その內容は蔡成禹の風水に對する見解とほゞ同樣であらう。而して蔡の風水的見解は、之をその跋文に於て知ることが出來るから、以下この跋文の梗槪を述べて本書の內容解說に代へることとする。

蔡は謂ふ。宇宙の大道が一判して陰を生じ、陽を生じ、この陰陽が分れて天地を生じ、天地の位が定まつて五行順施し、五行が相生相克して萬物はこもごも興廢する。而して物は形あるが故に形に逆らふ能はず、數あるが故に數を逃れることが出來ない。故に山岡の往來、水脉の聚散、其の情、其の性、その材、その位、各々定體あり、而してその美惡醜好、吉凶禍福は類に觸れて之を推較することが出來る譯である。龍脉の行度には祖あり宗あり、父あり母あり、兄弟、夫妻、子孫、隨從護衞、降伏鬼刧その族屬決して一つでない。その龍を成すや、また少あり中あり、盡あり老あり、窮あり絕あり、その節目も亦決して一樣でない。之を一身に譬へたならば、土が肉、石が骨、水が血、木が毛髮であるから、成龍の處は、土は多豊、石は多怪、水は多聚、木は多く茂る處たるを原則とする。眞龍を求めんとすれば、だから、息土豊に、靈泉聚り、奇木茂り、怪石峙つの處を撰むべきであり、もしこの四者具備の處を探し得たならば、それは眞龍を得たものである。

眞龍を得た後は正穴を求めねばならぬ。正穴は丘壠なれば坦然平夷のところ、平夷なれば隆起峯堆のところである。而して穴を龍の胸乳に定むれば蔭益あり、股肱に定むれば用力の應がある。平正なるものは欹側を忌み、滿ち實つるものは空缺あるを嫌ふ。又遠看(相對の山)遠くその局廣ければ入穴は狹く、近くして高ければ入穴は低く、その勢散すれば入穴は聚、斜なれば入穴は正、峻なれば入穴は平、窄なれば入穴は寬にするのが穴法の大約である。

葬には四不塟と云つて忌むものがある。それは天二人二であり、形ありて穴なきものは不葬、穴あるも魂なきものは不葬、(天二)、次に陰德を積まざるの家は吉地に不葬、子孫寡劣の家は大地に不葬(人二)。又葬には天符の吉凶、土地の盛衰に依つてその發福を異にする。もし或る地が天符の吉、土地の盛に當る時には、その地が氣を聚集するに足らないものでも富貴隆盛の所應があり、之に反し若し天符の凶、土地の衰に當つた時には、假令百里の山、千里の水があつても祿を發することが出來ない。然しながら、之等葬不葬の判別は、獨り有識の士のみの會得するところで、尋常の術者のよく知る事能はざる點である。と。

五　人子須知。地理大全。

何れも支那本であつて、朝鮮で飜刻されたものはない。この兩書は汎く民間に行はるゝものであるから、その大體を紹介して置く。「人子須知」は、支那明の世宗四三年嘉靖甲子(一五六四)に江右德興の人徐善述、徐善繼兄弟が風水の諸書を聚め折衷して一書としたもので、乾集六卷、坎集五卷、艮集四卷、震集三卷、巽集五卷、離集八卷、坤集二卷、兌集六卷、已上八集三十九卷からなり、乾、坎の二集は龍法に關する諸書諸論を叢集し、艮、震の二集は穴法を、巽集は砂法を、離集は水法を、坤、兌二集は天星を論じたもので、各集、各卷とも必ずその說明に適當なる實例を附加して居るのが此書の特色である。而してこの書が如何にして編著され、如何なる內容を含むかは緖言十條に依つて略ぼ察することが出來るであらう。その十條とは、一條、地理を知らざるべからず。二條、柩を停めて久しく葬らざるは不可なり。三條、祖塚に侵葬すべからず。四條、舊穴に葬を圖るべからず。五條、公位に拘泥すべからず。

六條、輕易に改葬すべからず。七條、大を圖るに專意すべからず。八條、古格を觀ざるべからず。九條、良師を擇ばざるべからず。十條、陰德を修めざるべからず、である。この書の朝鮮に行はるゝものは菊版型八冊一秩のものか、四六判八冊一秩のものであり、廣く分布を見るのは後者の方である。

「地理大全」は明の鄒廷猷の編輯したもので、その書名はつぶさには『地理大全入門要訣』であり、卷首、總論、卷一龍法、卷二穴法、卷三砂法、卷四水法、卷五陽宅、卷六五行、卷七羅經の七卷から成る一冊本で人子須知程の內容がないが、よく簡明に多くの風水書を要約してあるので、恰かも小人子須知の趣きがある。從つて人子須知よりも讀破携帶共に簡便であるから、人子須知よりも多くの人に使用されて居る。

六　朝鮮民間の風水書

朝鮮で作られた風水書の多くは前述せるが如く、支那書の寫本でなければ風水師の備忘錄的なものであつて、支那風水書から自己の施術に必要なる部分を拔いて書き集めたものであり、諸說を批判するとか、又は自己の學說を論ずるとかしたものは、殆んど皆無と云つてよいであらう。今「地理摠論」に就て見るに一頁八行、一行二十字以內五十頁の橫四六判で、記載せるものは『行龍祖子孫三代相逢之法』。『先天通脉法』。『後天通脉法』。『四大分局法』。『亡命某生を丑六十甲子ヱ起順行』。『舊墓生旺方

法』。『宿魂殺十二月忌方法』。『天干地支三合坐法』。『刼桑看支法』。『黄泉水殺法』。『二十四龍陽陰分界』。『供뫼運法』。『二十四山吉凶論』。『陰陽交感之圖法』と云ふが如く全く備忘錄であつて漢文と諺文とを交へたものである。又『要集抄文』を閲すれば『地理大要』が一頁百二十二字で盡されて居り『心眼決』、『先後天配合龍格』。『窺山法』。『亡命忌山法』。『生旺方法』。『葬穴淺深法』と云ふが如く何等各節の間に連絡あるなく、全く拔萃の書き集めに他ならないのである。

然しながら朝鮮風水書の中にも、實地に山川を巡遊して(之を踏山と云ふ)各地の風水的吉凶を記述した誠に貴重なものもないではない。いまその代表的なもの二者を擧ぐれば、一は「道仙秘訣」と名づくる踏山記であり、一は「雪心鏡」と稱する圖錄である。この雪心鏡は又の名を「巽坎妙訣」と云ふ。巽坎とは巽が風であり坎が水であるからつまり風水妙訣の意であつて、何時頃誰の手に依つて出來たものか不明であるが、主として京畿道一圓に於ける吉地大地の圖を蒐錄したものであるから、李朝に入つてからのものたるは勿論である。二百餘個の吉地圖をかゝげ、その所在、類形、所應を附記したものであつて、その中の一たるものが近年王家の山所に選定された處から察すれば、可なり風水的眼孔の明るいものに依つて撰び描かれたものであると思はれる。踏山記の道仙秘訣は李朝中葉以後の一風水僧が南鮮地方殊に全羅道、慶尙南道を巡遊して各地の村落都邑の基地、既設墓地並びに陰陽兩宅として良好なる吉地を實査批評したもので、上記地方の吉地は殆んど盡されて居るの觀がある。道仙秘訣と名づけたのは後人が、南鮮の風水僧であり高麗王基を選定した有名な國師道詵の作に紛らはさんが爲めにつけたものであらうが、この踏山記中に出て來る年時が李朝中葉以後のものであるから、高麗末期の人であるとされる道詵の著作である事は決してない。しかも道詵を道仙と誤つて居る程であるから、後人が道詵の作に擬したことには間違がない。それは兎に角充分なる風水的知見を以て詳細に南鮮各地の吉地を說明して居る點は朝鮮風水信仰を窺ふ資料として貴重なものである。

この實際的風水書の中で異彩を放つて居るものが李重煥の「八域誌」、主として卜居の地を風水的に批判したところから「八域可居法」とも云ふ一書である。これは風水を水口、野勢、山形、土色、水理、朝山水の六つの要素に分ち、この六要素の善惡可否を標準として朝鮮全道に於ける可キレ居ルの地を批評したものであるが、その風水觀察の六則は次の如くである。一、水口、閉鎖を要とす、野中は逆水溯流して基局を欄遮するが吉、閉鎖二、三、五重あるを大吉とする。二、野勢は、日月星辰の光燦然として恒に照らすを可とし、四山高壓、晝は日を見ること少く夜は星晨を望むこと少なきを不可とする。蓋し人は陽氣を受けて生ずるから日月恒に照す處は人才生じ、人無病であるが、星辰を見ざる處は鬼窟に等しく嵐瘴の氣充ち人を害するからである。山居は野居に如かずとは之を謂ふ。三、山形は祖山宗山が樓閣又は鳥の飛揚するが如き勢あり、主山秀麗端正、清明軟媚なるものを上となし、後山綿々野を渡りて來り忽起高大、峰巒之を紆囘しその枝葉洞府を結作して宮府（基地の處）に入るが如く、地勢豊碩にして穩重、重層高殿の形をなせるもの之に次ぎ、四山遠く却つて平濶なる地を包圍し、山脉その姿を平地にかくして水に界してその氣を止むるが如きものまた之に次ぐ。來龍懶弱、或は頑鈍にして生氣なく、或は破碎欹斜、生色なきの地は人才出ずることがない。四、土色は堅密にして、井泉清冽なるを吉とし、粘黒礫は嵐瘴あるが故に不吉。五、水理、山は水を得て化生の妙を盡すものであるから、その來去理に合して會聚するが吉。陽基では水は財錄を管するものとするが故に、積水の濱に富厚の家、名村、盛墟が多いわけである。だからたとひ山中にても溪澗が聚會するを吉とする。六、朝山水、朝山は遠ければ清秀、近ければ明淨、一見人をして歡喜の情を發せしむるが吉。麁惡、欹斜、孤峰、崩落、窺闖、の容あり、又奇石怪岩ありて人をして不快恐畏の感を懷かしむるものは不吉。朝水は水外水とも云ふ。小川小溪は逆潮を吉とし、大川大江は順潮するを可とする。凡そ大江大水の逆潮する處にある陽基陰宅は、その初めこそ興旺する事もあるが暫くして敗滅せざるものがない。潮水は一般に龍と合し、屈曲悠揚として來るべく一直射の勢あるを不可とするのである。（以上八域可居法陽宅論）

第三節　風水師

朝鮮では風水に依つて地の吉凶を相卜するものを風水師、地師、地官、地觀と云ふ。風水師と云ふは風水術に通じた先生、地師は地理に通じた先生の義であり、地官はその初めは王家が陵を造營する時風水師をしてその地域を相せしめ而してこの相地に任ぜられた者を地官と稱したに由來する。この地官は制度上常置の官でなく、王陵選定相地の必要ある場合に任命した臨時官であつて、臨時に任用したものである。處がこの任用は、京城に集まる全鮮の風水師の中から、その優秀なもの三四名の者を選出して任命する事になつて居たから、一度地官に任用された者は、その風水的技術が全鮮風水師の中で第一位に位するものであると折紙をつけられる事になり、且つ朝鮮では一度何かの官に就けば退官の後でもそのまゝ官名を襲用する慣習があるので、一回地官に任ぜられた者は永く地官の官名を自他ともに稱したものである。そこで「地官」は偉い風水師と云ふ意味に解せらるやうになり、後には實際地官に任用された事のない者でも、敬稱として用ゐられるに至つたものであるが、今では最早この「偉い」とか敬稱とかでなく全く風水師の別稱として呼ばれて居る。次に地觀は地を觀る者の意であるとも解せられるが、これは地官と地觀とが同音である處から誤用されたものであらう。

風水師に成るには漢文が讀めるやうになつてから、風水の書籍數種を學び、後ち先輩の風水師に就て實地の指導を受け、猶ほ全道の山々を實地遍歷し(之を踏山と云ふ)て理論と實際との符合するや否やを工夫會得し、然る後に始めて一人前の風水師としての資格がつくのであつて、少くも修業を始めてから十餘年の歲月を經なければならない。地官として任用せられるには、經國大典に規定せる地理學科の全部に通曉しなければならなかつた事は云ふ迄もない。

かくの如く風水師は漢文の讀める者でなければ修學が不可能であるが故に、風水師になるには誰れもがなれたのではなく、漢文の修學を許された者の間《うち》からに限られて居た。だから平民から風水師の出やう筈がなく、少なくも吏屬、中人以上(兩班、中人、吏屬、平民、賤民の五階級中漢文を學び得たものは上三階級のみ)でなければ風水師にはなれなかつたのである。從つて風水師の地位は、他の卜占術を業とする盲人巫女等とはその類を異にして世に遇せられたものである。

現今風水師の數がどの位あるか、之は風水師と云ふ名簿が出來て居る譯でなく、又學問ある者は誰れでも、風水に興味を持つ場合之を研究してその術に達すれば、その結果多少なりとも風水師として遇せられる事があるので、どこまでが專業者、どこまでが好事家と區別することも出來ないので、未だ嘗て之が數の調査をした事がなかつた。從つて適確な人數はわからない譯であるが、一地方だけでも二百人乃至三百人を數へるのであるから、全鮮では少くも五千人は下らないであらうと云ふ事である。かく澤山の風水師があつても、眞實風水の學理と技術とに通達した所謂名人とも稱すべきものは幾人もあるものでなく、その多くは風水の本末を忘却して只管類物又は方位に拘泥し、あらゆる牽強附會を以て風水を得たりと考へて居る人達なので、甲の見るところ乙の觀察と異なり、丙の吉とするものを丁は凶となすが如く、風水の占定を乞ふ者にとつては何れを信じてよいかわからない結果、遂に之が決定を巫卜に委ぬるが如き事さへあるのである。故にかゝる一般の風水師に對して名人を特に明師と呼んで區別して居るのである。

風水師に對する報酬は一定して居ない、父母の葬に遭つた者が風水師に依賴して吉地を選定した時には自分の父母が安住すべき良墓を選んで貰つたので、父母への孝養を盡し得たと云ふ喜びと、父母を吉地に葬つたからその子孫たる自分達がやがてそのお蔭に依つて繁榮長盛するに相違ないと云ふ期待から、風水師に對して出來るだけの好遇と報酬とをする譯であつて、風水師から何々を提供せよとか、かくせよと云ふが如き請求をするのではない。而してその報酬は約言して『卑辭厚幣』と云はれて居る通り、被選定者は風水師に對して恭敬の態度を以て之を好遇し、厚幣としては飮食は勿論、衣服一襲に若干の金錢を添えて贈るのが原則とされて居る。處が風水師の中には幾ら〳〵出せと風水師の方から報酬額を定めて吉地の選定を請負ふが如き者もないではないが、もと〳〵吉地選定などはその報酬額を定めてなすべき性質のものでないから、選定を依頼した者の志しに隨つて報酬を贈られるのが一般の慣習となつて居るのである。

風水師相墓の圖（笠の人は喪人）

風水師が漢文を讀み得る者でなければなれない關係上漢文の修學を許された階級に限られたものであることは旣に述べたところであるが、朝鮮の風水師には僧がその主位に居つた事を看過してはならない。高麗李朝を通じて朝鮮風水師の第一人者と認められ且つ風水說を朝鮮に傳へた唯一者とせられるのみならず、高麗の王基を確立した處の新羅末の人道詵も僧であり、李朝五百年の王基を定めた人無學も僧であり、西山大師秘訣の著者として知らるゝ釋休靜も僧であり、（李朝宣祖時代の人）、南師古秘訣の著者であり、明宗の朝にその風水天文卜筮占相に通曉せしところから天文學教授となつた南師古も、少年時神僧に遭つて之等の學問の秘訣を受けたものである。

高麗惠宗元年甲辰に立てられた、京畿道開城郡嶺南面太院里沙器幕洞にある五龍寺法鏡大師碑文に依ればこの碑を建てた時に風水の事を考へた者は『專知地理事大德聰訓』（朝鮮金石總覽上）とある處から、僧であつた事が窺はれる。また、高麗史に依れば、肅宗六年平州の僧覺眞なるものが妄に陰陽を揚言して衆人を眩惑したので詔して谷州に流した事があり、高宗十年には僧崔山甫を殺した事がある。それはこの崔山甫が森溪縣の人で陰陽術數に通曉し、剃髮して本縣金剛寺の主となり、後ち周演之と變名し、京に至りて占術を以て人を惑し、崔忠獻の子瑀に近づきて親しく信任され、遂に勢日に熾に、能く人の禍福を云ふ、人皆な之を畏れ爭つて賄賂を遺つたので間もなく鉅富を積むに至つた。又術僧道一を弟子となし、人の聲を察し、色を觀てよく貧富壽夭を辨ずると云ひ、因て多く婦女の美なる者を引掠した。が人々その威を畏れて一言も訴ふるものがなかつた。後ち遂に前王後位の謀略を敢てし事露れて道一と共に殺された事であるが。之等の陰陽僧術僧と云ふ、皆な風水說に通じたと稱する所謂風水僧であつたに相違ない。

以上は高麗に於ての出來事であるが李朝に於ても、無學が京城の王都を選定したこと及び王陵（今の東九陵）を定めた事を始めとして、多くの墓地が皆風水僧に依つて定められたと傳へて居るのである。

いま一二の例を擧げて見るならば、李朝光海君の頃風水僧性智と云ふ者が居り、風水術に長じた審僧性圓に從つて之を學びあまりにその術を濫用したので『汝用術太繁、無名貪貨、禍將及身、愼之愼之』と性圓に誡められた事もあつたが、之を意に介せず風水の術を以て士大夫の家に出入し、終に光海君のお氣に入りとなり寵幸比びなきを利して己が邸宅を新闕の近くに建て、多くの沙彌、遊髡を畜へ宛然一伽藍の觀を呈した程であり、やがて仁慶宮の新説を建議して、之を建てたが、光海君に代つて仁祖王の立つや、仁祖王の元年夏五月直ちに命を下して仁慶宮を毀ち、遂に一般僧尼の城内に入るを禁じてしまつたのである。(宣祖朝の人趙汝籍の「青鶴集」に據る)

忠清南道公州郡長岐面—公州を距る約二里の錦江邊に李棹山と云ふ錦江に臨んだ形勝の山がある。この山には全義李氏祖先の墓があるがこの墓地はこの地方での有名な吉地と云はれて居り、次の如き傳説がある。それは今から數百年も前の事、この附近に住む錦江の渡し守に李棹と云ふ者があつた。この人はその性寛容、仁愛に富み、大變憐み深くて、可憐な者と見れば、無い手から施し物をして居たので、公州附近に徘徊する物乞ひどもは、全く神の樣に李棹を尊敬して居た。或日の事李棹が渡し場に乘り手を待つて居ると、一人の見すぼらしい僧が來て渡しを乞ふ、李は乞ひに應じて向ふ岸に舟で渡した處が間もなくその僧がまたやつて來て渡船を乞ふ、かくて一日の内に數回も往復した。普通の船頭であつたら、かう幾度も〱厄介をかけるのでは怒つてしまうところであるが、李は少しも嫌な顔もせずいつも親切に渡してやつた。そこでその旅僧はつく〲李の顔を眺めて、見れば喪中のやうだがよい墓地でも見付かつたかと問ふ、李は父が死んで最早三年になるがよい墓地がないのでそのまゝにして居る。どこかよい土地があつたら早速葬りたいのだと答へると、その僧は言下にこの川向ふに見えるあの山が吉地だから早速あれを墓地として葬つたがよい、然しこゝは非常な吉地だから他の權力ある者に見付かつて掘り返へされかも知れぬ、もし掘り返へされたら、子孫萬代の運が絶えるから、掘られないやうに石灰千俵でしつかり固めなければならぬ。且つ紙に『南來妖師朴相來單知一節之死未知萬代榮華之地』と書いて之を石に刻して墓地の上層に埋めるやうに教へて、何處ともなく去つてしまつた。かくて出來たのがこの墓でその後子孫繁榮し高官出で現にこの一門は五萬餘名の多きに達して居ると。(昭和三年)

慶尙北道安東、臨北面美質洞水多山にある李增の墓が、臥牛形であり代々名官が輩出し、この官員が屢々墓參に來るので、墓山下の部落民が非常に苦しんで居ると、この墓地から名官の出るのは案山に粗殼岩があるからだから、之を破壞し去れば名官の出づるは止み、從つて墓參の爲めに苦役される事もなくなると敎へたのは一人の雲水僧であつた。(前章參照)

同じく安東李相龍の家は今から四百年以前に建てられた古建物である。この家は方術上から東に向つて「用」字形に設計されたもので九十九間《かん》と云ふ大きなもの、東西の兩方に門を造つたが、南方には一小門をも開かなかつた。處が或る時見知らぬ一人の旅僧が訪ねてこの家を熟視して居たが、この南壁に小さくともよいから門を造れば盜難をまぬかれると云つて敎へた。前々から盜難に苦しんで居た矢先であるので、早速この言に從つて一小門を南方の壁間に開くこととした。屢々見舞つた盜人はこれ幸とこの小門から侵入した、處が不思議やその盜人がこの門から內に一步足を踏み入るゝや否や眼が眞暗くなつて一物も見えない。そこで家人に捕へられて門外に放逐されると眼が見えるやうになる。これが評判になつてこの門は盜侵入者の眼が見えなくなる不思議な門として盜人仲間に恐れられたとの事である。この門は今では常時閉鎖して居る。（昭和五年）

全羅南道靈光での話しである。一風水僧が踏山して靈光の牟平村の一家に宿を乞ふと、主人は年已に四十程であるがまだ子がない、しかし鄭重にもてなして呉れた。翌朝この風水僧は主人に謝して半里も行くと速發（用ふれば發福の速なる地）の地があるので早速引返して門をたゝくと、主人は恠しんで何故かと問ふ、僧は心持よく一夜を寬ろがせて貰つたから何か御禮したいのだと云つて、主人を伴ひ行き一年內に貴子を設け、その後子孫蕃衍大小科（大官小官）を出す地を示して、ここにその父の墓を移葬させることとした。（道仙秘訣）

斯の如く多くの吉地は、皆僧侶に依つて選定されたものと傳へられて居る處から察すれば、風水師なるものの大部分が僧侶であつた事を想像せしめられるであらう。

然しながら風水師が僧侶のみでなかつた事は勿論であつて、高麗朝に於ても書雲觀等には風水術に達した學者があり、李朝にても陰陽科の學者中に風水術を課したものであり、且つ國都漢陽（今の京城）の基地を定むる時は、無學よりも寧ろ學者鄭道傳の持説が通つた程であり、安東に於て風水術を以て各種の救濟事業を行つた孟思誠なども學者であり、南師古、李土亭、鄭斗卿、成兪正、尹參議、朴相宜等も學者にして風水に達した者であつたのである。

この外風水師に準ずる者に巫女がある。平安南道鎭南浦附近では墓地の選定を巫女に爲さしめる慣習もある（平安南道衞生課報告）位であるが、これは嘗て風水師に依賴して墓地を吉地に選定したにも拘らず一家に災厄が頻發するので、之を占つてみるとその墓地がよくない爲めであると巫女の神占にあらはれた時か、甲乙兩風水師の言が符合せず何れをも信ずることが出來ない時、又は風水師が近くなくて吉地の選定をして貰ふことの出來ない場合に、巫女又は盲人に神占を乞ひ如何なるが故に災厄あるか、何地に遷すべきか、何時何處に營むべきかを求めるのであつて、この占定は旣に風水信仰から離れてしまつたものと見るべきものであり、從つて巫女等を風水師と見做すことは出來ないのである。

以上は風水師が如何なるものであるかの大略であるが、これは朝鮮風水の沿革と密接な關係があるものであるから詳細は後日朝鮮風水の沿革を論ずる時に於て取扱ふであらう。こゝではただ風水師がその法術を濫用する餘、遂に世を毒するものと考へられる至つた由來の一つを牧民心書の著者丁若鏞に語らしめてこの節を結ぶこととする。

『案、地師中國謂二之塟巫一。凡塟巫之利在二於新占一。故先塋之側、雖二餘穴尚多一必吹レ毛覓レ疵、言二其不吉一。乃與二喪主一走レ外求二山圖一占二新穴一。凡新穴皆他人之地、安得レ無二訟爭一。訟之繁悉由二地師一。每遇二一訟一若係二當禁之地一。牧宜下問二地師之名一照レ法嚴刑一不上レ饒貸。則瓜遞之前、山訟不二後作一矣。』(牧民心書「山訟」)

地師の利は新占にあるから山訟(墓地の爭訟)が頻繁に起ると鏞は云つて、一訟ある毎に地師の名を問ふて之を鞫すべしと教へて居る。この教への爲めか風水師と名のりをあげる者はなくなつてしまつた、けれども山訟は李朝中葉以後に於ける地方官牧民官の結構な副收入の財源に利用されたので、風水師の名はなくなつたが新占は益々多く而して山訟は愈々増加したのである。だから山訟あるが故に新占あり、新占あるが故に風水の世を害することが少くなかつたのであると云ふ奇現象を呈したのであつた。

韓国併合史研究資料㊶

朝鮮の風水（上）

2003年６月復刻版第１刷 発行
2009年12月復刻版第２刷 発行

揃本体価16,000円（＋税）

編著者　朝鮮統監府
発行者　北村正光
発行所　株式会社 龍溪書舎

〒179-0085 東京都練馬区早宮2-2-17
TEL 03(5920)5222 振替 00130-1-76123
FAX 03(5920)5227

落丁・乱丁はおとりかえします。
揃：ISBN978-4-8447-5470-1

印刷：大鳳印刷
製本：光進印刷